À force de vivre

DU MÊME AUTEUR

Les Armes à faim, poèmes, Éditions de l'Autorité, 1955.

Le Ciel fermé, poèmes, Éditions de l'Hexagone, 1956.

Les Tisserands du pouvoir, roman, Les Éditions Québec-Amérique, 1988, Éditions de la Table ronde, 1989.

Lévesque, portrait d'un homme seul, essai, Les Éditions de l'Homme, 1993.

Lévesque, Portrait of a Man Alone, McClelland & Stewart, 1995.

Je n'aime que toi, roman, Lanctôt Éditeur, 2004.

Bancs publics, collectif, « La vie à même la terre », Éditions Michel Brûlé inc., 2006.

À force de vivre

CLAUDE FOURNIER

MÉMOIRES

Libre Expression
Une compagnie de Quebecor Media

Catalogage avant publication de Bibliothèque et Archives nationales du Québec et Bibliothèque et Archives Canada

Fournier, Claude, 1931-

À force de vivre
Autobiographie.
ISBN 978-2-7648-0339-4
1. Fournier, Claude, 1931- . 2. Producteurs et réalisateurs de cinéma - Québec (Province) - Biographies. 3. Écrivains québécois - 20e siècle - Biographies. I. Titre.

PN1998.3.F68A3 2009 791.4302'33092 C2008-942532-4

Édition : André Bastien
Direction littéraire : Nathalie Savaria
Révision linguistique : Yvan Dupuis
Correction d'épreuves : Annie Goulet
Couverture : Chantal Boyer
Grille graphique intérieure : Marike Paradis
Mise en pages : Hamid Aittouares
Photo de couverture : Groupe Librex
Photo de l'auteur : Attila Dory

Remerciements
Les Éditions Libre Expression reconnaissent l'aide financière du gouvernement du Canada par l'entremise du Programme d'aide au développement de l'industrie de l'édition (PADIÉ) pour ses activités d'édition. Nous remercions le Conseil des Arts du Canada et la Société de développement des entreprises culturelles du Québec (SODEC) du soutien accordé à notre programme de publication. Gouvernement du Québec – Programme de crédit d'impôt pour l'édition de livres – gestion SODEC.

Les Éditions Libre Expression
Groupe Librex inc.
Une compagnie de Quebecor Media
La Tourelle
1055, boul. René-Lévesque Est
Bureau 800
Montréal (Québec) H2L 4S5
Tél. : 514 849-5259
Téléc. : 514 849-1388

Dépôt légal – Bibliothèque et Archives nationales du Québec et Bibliothèque et Archives Canada, 2009

ISBN 978-2-7648-0339-4

Distribution au Canada
Messageries ADP
2315, rue de la Province
Longueuil (Québec) J4G 1G4
Téléphone : 450 640-1234
Sans frais : 1 800 771-3022

Diffusion hors Canada
Interforum

Les bonheurs de l'enfance auraient pu durer toute ma vie. Mais soudainement les choses se sont bousculées. Et j'ai commencé à vieillir, moi aussi.

Depuis des heures, ce 23 juillet 1931, les nuages s'empilaient comme du linge sale dans l'immense cuvette où se cache la petite ville de Waterloo entourée par ses collines granitiques, contreforts des Appalaches. Des montagnes trapues dont le dos arrondi par les millénaires fait dire, même à ceux qui ne possèdent aucune notion de géologie, qu'elles sont les plus anciennes du monde.

Le tonnerre n'arrêtait pas de gronder et, de temps à autre, un éclair allumait le crépuscule, sa lumière terrifiante enflammant les grands ormes de la rue Foster et les clochers de deux églises qui s'y trouvent côte à côte : l'une catholique, l'autre protestante unie.

L'air était lourd, humide, presque insupportable et c'est avec impatience qu'on attendait le coup de tonnerre qui déclencherait tout, celui de la délivrance, qui fracasserait le lourd couvercle du ciel pour laisser passer la pluie et desserrer l'atmosphère.

Cette délivrance, personne ne l'attendait avec autant d'impatience qu'une jeune femme, étendue à l'étage d'une modeste maison de bois qu'elle et son mari avaient louée, à la fin du printemps, rue Eastern.

C'était sa première maternité, et des contractions particulièrement aiguës lui arrachaient des gémissements qu'elle essayait d'étouffer en mordant dans un coin chiffonné du drap de dessus, aussi moite que celui de dessous. L'eau qui bouillait en bas sur le poêle de la cuisine pour stériliser les linges nécessaires à l'accouchement avait répandu dans toutes les pièces une moiteur qui suintait jusque sur le papier peint des murs de sa chambre, dont les motifs de plantes tropicales exhalaient des odeurs d'éponge mouillée.

Lorsqu'un coup de vent subit se mit à tordre les arbres autour de la maison, la dame aux cheveux grisonnants qui vaquait aux préparatifs de l'accouchement se hâta d'allumer un cierge, qu'elle alla poser sur le rebord de la fenêtre du côté d'où elle sentait venir l'orage.

— Mon dieu, murmura-t-elle, enfin de l'air et qu'il pleuve un bon coup !

— Il n'y aura pas d'orage, dit l'homme qui venait d'entrer, c'est en train de passer en vent et ensuite ça va continuer de languir.

— Vous avez vu le docteur ? s'informa-t-elle, déçue que la pluie ne vienne pas chasser la canicule.

— Il sera là dans une heure, il prétend que rien ne presse.

Mince, plutôt petit, le visage presque imberbe, les cheveux châtain clair, l'homme qui grimpait l'escalier à pic jusqu'à la chambre de sa femme ressemblait davantage à un adolescent qu'à un futur père.

Les respirations pénibles de sa femme recroquevillée dans le lit le figèrent un moment sur le pas de la porte. Depuis qu'ils s'étaient épousés, ils n'avaient fait l'amour qu'une fois. Une seule fois, pas bêtement ou par pruderie, mais par égard, réserve et ménagement amoureux.

Maintenant, en l'apercevant dans cet état, il la regrettait, cette fois. Il se disait qu'il eût mieux valu patienter encore. Elle n'aurait pas eu à accoucher pendant les grosses chaleurs de l'été et, surtout, il n'y aurait pas eu ce déménagement pénible durant les derniers mois de la grossesse.

Déménagement ? Non, plutôt un exil !

Trois ans auparavant, il avait quitté Waterloo pour accepter un emploi de comptable dans les moulins à papier de la Price Brothers, à Port-Alfred. Au Saguenay, quatre cents kilomètres au nord, le bout du monde !

Lui, si timide, ne comprenait toujours pas comment il avait réussi à détourner Juliette Gagné d'un garçon qui la courtisait depuis un bon moment et qu'il considérait beaucoup plus séduisant que lui. Pianiste, par surcroît, dans les bars à la mode de la région.

Bon ! il fallait mettre à son crédit qu'il avait un emploi stable juste au moment où commençait à sévir la crise économique. Physiquement, il n'avait pas l'allure d'Edwin, le pianiste, et ne récitait pas par cœur, comme lui, les poèmes de Paul Géraldy, mais il était plus attentionné et d'une galanterie un peu démodée qui plaisait beaucoup. Comme aussi ce bégaiement très léger qui semblait correspondre davantage à de la retenue qu'à un trouble de la parole.

— Omer !

Il sursauta à son nom lancé comme un appel au secours. Il se précipita vers Juliette, s'assit au bord du lit, prit sa tête ruisselante dans ses mains. Il voulut la serrer contre lui, mais une contraction violente la retira à son étreinte. Elle se redressa vivement sur son séant, cherchant sa respiration comme une noyée puis, une fois le souffle retrouvé, se laissa retomber lourdement sur le dos. Énorme coquille d'escargot, humide et luisant, son ventre faisait paraître encore plus grêles ses jambes et ses bras, où les muscles saillaient comme des cordes et ondoyaient avec la douleur des contractions, dont le rythme s'accélérait.

— Qu'est-ce que je peux faire ? demanda-t-il d'un ton désemparé.

Elle ne répondit que par des gémissements, presque des râles qui le saisirent de panique. Il se précipita en bas en murmurant qu'il allait trouver le médecin.

Ce dernier, dans la soixantaine avancée, un bonhomme qui arborait une impressionnante moustache, frappait à la porte.

— Ah ! docteur Larose, il était temps ! dit le futur père qui le présenta à sa belle-mère Zénaïde. Elle va vous aider, elle a tout préparé.

Le médecin déposa sa trousse de cuir et monta l'escalier en déboutonnant son veston. Il redescendit au bout de quelques minutes et annonça, l'air rassurant :

— Aucune inquiétude, elle va nous faire ça comme une grande fille et ça ne devrait pas être trop long. Toi, Omer, j'ai l'impression que tu vas nous énerver si tu restes là, tu devrais sortir. Tiens, va donc fumer une cigarette avec ton père, j'ai vu en passant qu'il travaillait encore à sa boutique.

Le « vieux » docteur Larose – car il y avait maintenant son fils Léopold qui pratiquait avec lui – avait mis au monde les dix derniers des quatorze enfants de Louis-Joseph Fournier, dont Omer, le sixième.

Tandis que le médecin déballait ses instruments en donnant d'une voix calme des ordres à Zénaïde pour qu'elle prépare leur stérilisation, le futur père voulut s'assurer qu'on n'avait vraiment pas besoin de lui.

— La première fois, je n'en connais pas beaucoup qui ont le cœur assez bien accroché, dit le médecin avec un sourire convenu envers son auxiliaire. Avec ta belle-mère, on va bien se débrouiller.

Omer sortit.

Il resta un long moment autour de la maison à fumer une cigarette. Il n'y avait pas de jardin, seulement une étroite couronne de gazon qu'il parvenait à couper tant bien que mal avec la tondeuse primitive que lui avait passée un voisin. Habile et minutieux à la tenue des livres, il n'avait pas la moindre idée de la façon dont s'y prendre pour aiguiser ces lames ébréchées qui arrivaient parfois à broyer l'herbe mais qui, la plupart du temps, se contentaient de l'éparpiller en torons échevelés. Il ne savait pas davantage quoi faire des quelques plantes qui entouraient le perron. Une pivoine dans le plus cruel délaissement avait fini par produire quelques fleurs chétives rose blême tandis que des iris qui résistaient mieux à l'abandon avaient, miracle de générosité, permis à Juliette d'arranger, fin juin, quelques bouquets pour la maison. Au plus grand désarroi d'Omer, celle-ci faisait déjà des plans pour des plates-bandes et un potager, alors que lui cultivait plutôt une aversion pour la terre et tout ce qu'on y rencontre de répugnant : lombrics, limaces ou mille-pattes.

N'entendant rien d'anormal venant de la maison, il décida de suivre les conseils du médecin et de marcher jusqu'à la boutique de son père. Il prit un raccourci à travers le cimetière protestant au milieu duquel il s'arrêta, oppressé par une angoisse indéfinissable. Le vent avait cessé, mais des nuages liserés d'un reste de jour bougeaient quand même à vive allure ; ils chamarraient le ciel noir en projetant sur les tombes d'étranges lumières.

Il fit demi-tour et pressa le pas. Il n'était encore qu'à une centaine de mètres de chez lui lorsqu'il entendit sa belle-mère crier son nom. Il revint en courant ; elle l'attendait dehors, l'air effaré.

— C'est un garçon, annonça-t-elle nerveusement.

Comme il se précipitait dans la maison, elle le retint par le bras.

— Le docteur veut que vous alliez vite chercher son fils Léopold, il a besoin d'aide.

— Qu'est-ce qu'il y a ? demanda-t-il d'une voix blanche.

Elle ne répondait pas.

— C'est elle ?

— Non, elle va… pas trop mal. Le bébé aussi, il respire, il a ses bras, ses jambes.

— Pourquoi de l'aide ?

— Dépêchez-vous ! Le docteur pense qu'il y en a un autre.

— Un autre quoi ?

— Un autre bébé !

Il fallut au jeune médecin à peine plus de temps pour revenir en voiture avec Omer que ce dernier avait mis à la course pour le prévenir qu'on le réclamait d'urgence.

Une vingtaine de minutes plus tard, un peu avant minuit, un autre garçon arrivait, en moins bon état que le premier. Il avait un bras fracturé. Le vieux docteur rafistola rapidement le bras avec une éclisse, mais pour éviter au nouveau-né de se retrouver tout à coup à la porte des limbes, il demanda à la grand-mère Zénaïde de l'ondoyer. Précaution inutile, je restai bien vivant jusqu'au lendemain pour le baptême officiel alors qu'on me donna le nom de Claude. Le jumeau, lui, fut baptisé Guy.

Après le départ des deux docteurs, une fois que dans la maison tous furent aussi rassérénés qu'il est possible de l'être après une double naissance inopinée, mon père prit conscience qu'il avait oublié que ce 23 juillet coïncidait avec leur premier anniversaire de mariage. Rien à offrir ! Pas même un petit bouquet.

Pour ma grand-mère qui essayait de nous ajuster du mieux qu'elle pouvait dans l'unique berceau, tout en ménageant mon bras en éclisse, des jumeaux comme cadeau d'anniversaire, c'était bien suffisant, peut-être même que le gendre avait fait un peu fort.

⁂

Nous avions à peu près cinq ans lorsque la famille emménagea juste au-dessus du commerce de mon grand-père paternel. Une sœur et un autre frère étaient venus, dans l'entre-temps, rejoindre les bessons du départ.

Errer dans cet immeuble dédaléen où Louis-Joseph Fournier & Fils menaient de front une sellerie, une cordonnerie et un tabac, tout en vendant les peintures Sherwin Williams et un assortiment de valises provenant de la maison Fournier, rue Notre-Dame à Montréal – aucun lien de parenté –, était un véritable voyage au pays des merveilles.

Ah ! entre parenthèses, le « & Fils » de l'enseigne qui ornait la devanture du magasin de la rue Foster resta longtemps symbolique. Le grand-père conduisait l'affaire seul, mais il tentait désespérément d'y intéresser son fils Ernest, le mouton noir (il ne fut pas le seul) d'une progéniture de quatorze enfants dont deux avaient déjà accédé à la prêtrise. Un autre, déjà en versification au Séminaire de Saint-Hyacinthe, manifestait lui aussi un penchant pour la soutane. Trois curés dans la même famille, le rêve de ma grand-mère, une Arès de naissance, était à portée de main ! Éventuellement, la guerre de 1939 et la menace de la conscription, dont seraient exemptés les séminaristes, viendraient confirmer cette troisième vocation.

Mais Ernest, Ernest !

Il avait deux ans de plus que mon père, mais il était coureur, il buvait et n'avait pas voulu poursuivre ses études, c'est-à-dire que, pour lui comme pour mon père, on ne lui en avait pas tout à fait laissé la possibilité. Dans une aussi grosse famille, il fallait en sacrifier par-ci par-là pour arriver à payer les études classiques de ceux qui au moins montraient un intérêt pour le sacerdoce.

Désespérant d'Ernest, Louis-Joseph avait un beau jour décidé de profiter du long week-end de la Toussaint pour décrocher l'enseigne de son commerce et y ajouter le fameux « & Fils », car mon grand-père possédait aussi ce talent : il peignait des enseignes, des panneaux publicitaires sur les immeubles ou prenait des contrats de lettrage sur des camions. Pour tirer de longues lignes droites, il s'était fabriqué avec le pelage de je ne sais quel animal des pinceaux de différentes tailles dont les poils atteignaient jusqu'à cinquante centimètres de longueur. Avec ces mèches imbibées de couleur, il obtenait à main levée des raies parfaites. Une fois alignés les points de départ et d'arrivée qu'il ne quittait plus des yeux, la langue à moitié sortie entre les lèvres comme un gouvernail, il tenait le cap d'un trait net et continu. Un phénomène !

Le « & Fils » finit par s'insérer insidieusement comme le ver d'une pomme dans le crâne d'Ernest car, le printemps suivant, il se joignit au commerce de son père, mais en y ajoutant ses spécialités : dans le magasin, à gauche en entrant, on trouverait désormais des radios, des phonographes, des disques. Et un des nombreux bâtiments de la cour serait consacré à la réparation de vélos et de moteurs électriques de toutes sortes. Il y avait déjà dans cette cour l'atelier de menuiserie du grand-père, son séchoir à tabac et trois autres hangars : un pour stocker les surplus du magasin, deux pour abriter les montagnes de bois de chauffage pour l'hiver.

À l'arrière de chacun des trois étages de l'immeuble couraient de longues galeries ouvertes d'où partait un réseau de cordes à linge reliées à des poteaux fixés à la corniche des bâtiments du fond de la cour. Chaque jour de lavage, la dizaine de cordes se remplissaient de linge, donnant à la place un air de fête, surtout l'hiver alors que chemises et longs sous-vêtements, raides comme des planches, dandinaient leurs membres de pantins gelés que le soleil faisait étinceler de mille feux.

C'est réfugié sur la plus haute de ces galeries avec mon frère que, durant un violent orage de fin d'après-midi d'été, j'ai vu pour la première fois la foudre frapper. Précédée d'un coup de tonnerre inouï, une boule incandescente de la taille d'un ballon de plage plongea du ciel, s'empala sur un des poteaux de corde à linge, qu'elle descendit à toute vitesse avant de disparaître dans le sol, creusant un cratère d'où monta ensuite une étrange fumée blanche.

Quelques années plus tard, durant la classe de catéchisme, nous allions entendre parler du feu du ciel pour la première fois, mais le besson et moi – contrairement aux autres – le connaissions déjà de visu.

Il m'est arrivé à deux autres reprises de voir la foudre tomber : d'abord, dans le jardin de la maison de ferme, où je venais d'emménager en 1965, et de nouveau un an plus tard, avec des conséquences qui auraient pu être dramatiques. Dans la *bay-window* donnant sur le mont Yamaska, je tapais à la machine la narration d'un film que j'avais réalisé sur le poète maudit Émile Nelligan, à qui cet orage cataclysmique, les trombes de pluie, les éclairs incessants auraient sûrement inspiré un poème remarquable. Tout à coup, la maison entière fut secouée par une détonation terrible, les fenêtres qui me faisaient face s'éclairèrent d'une lumière terrifiante et, par le châssis de l'une d'elles restée ouverte, une boule de braise roula dans la maison jusqu'à la prise électrique où était branchée la machine à écrire, elle bondit ensuite le long de ce fil et vint s'abîmer dans l'Olivetti, qu'elle crama instantanément.

À sa sortie, le film sur Nelligan provoqua toute une controverse et me valut d'un critique, qui ne devait pas savoir que j'avais miraculeusement échappé aux foudres du ciel, la virulente épithète de « vicieux sans excuse ».

Chez Louis-Joseph Fournier & Fils, c'était ouvert tous les jours sauf le dimanche, de sept heures du matin à six heures du soir. Mais après le dîner, mon grand-père retournait à l'atelier et n'en ressortait jamais avant dix ou onze heures. On pouvait frapper à la porte d'en arrière et se faire ouvrir en cas d'urgence ou en mal de bavardage, « ce genre de conversation vide et agréable, comme l'écrit Proust, où les sympathies, les antipathies, les mouvements du cœur humain, les singularités du caractère et de l'humeur, sont l'objet principal ».

La cordonnerie-sellerie se trouvait derrière le magasin proprement dit et laissait au premier coup d'œil l'impression d'un capharnaüm de bric-à-brac. Comme la lumière du jour se frayait difficilement un chemin à travers les carreaux poussiéreux de la porte et de l'unique fenêtre, c'était toujours la pénombre. Sans les ampoules suspendues au-dessus des aires de travail et coiffées de réflecteurs en fer-blanc, on n'y aurait rien vu.

En accédant à la boutique par le magasin, on apercevait à droite un long établi dont une partie de la surface servait pour ainsi dire d'entrepôt : en effet, vingt ans de retailles de cuir le recouvraient, un terril d'au moins cinquante centimètres de hauteur. Comment, lorsqu'il cherchait la moindre rognure, mon grand-père arrivait dans ce méli-mélo à mettre la main dessus directement restait un mystère.

Le mur derrière l'établi était couvert d'une centaine de tiroirs où étaient classés anneaux, boucles, boutons, bossettes, cabochons de cuivre ou d'argent, fermoirs, grelots, enfin tout l'arsenal des garnitures de bourrellerie. Sur le devant de chaque tiroir était fixé un spécimen de son contenu.

À gauche de l'établi, la machine à parer, puis au-dessus, alignés comme des sentinelles de faction sur un panneau de bois, les outils pour le travail à la main : couteaux, griffes, abat-carres, rainettes, emporte-pièce et marteaux, un bataillon d'alènes : rondes, plates ou en losange, outils dont mon grand-père avait lui-même fabriqué tous les manches afin de les avoir bien en main.

Les stocks de peau, des cuirs fins aux plus épais, étaient enroulés dans des cylindres disposés en pyramide sous la table de travail.

De l'autre côté de la boutique se dressaient un plus petit établi servant à la cordonnerie et un banc avec son pied de fer à l'allure menaçante. Contre le mur d'en face, où était percée la seule fenêtre, mon grand-père avait placé un gros banc à mâchoires, une pince-étau. C'est cette espèce de cheval de bois qu'il montait pour coudre, après avoir emprisonné les pièces de harnais dans ses grandes mâchoires, qu'il prenait toujours la précaution de recouvrir de cuir quand il les resserrait sur des morceaux délicats.

Enfant, j'en ai passé des heures à contempler cet étonnant chevalier. Dans le contre-jour de la fenêtre et la danse cosmique de la poussière, son crâne chauve et luisant prenait l'allure d'un heaume, son gilet noir qui ne le quittait jamais devenait cuirasse et chaque coup d'alène, une charge meurtrière : perce l'alène, pousse l'aiguille, reperce l'alène, retire l'aiguille, la colonne de points progressait méthodiquement sur le tracé de la griffe jusqu'à la victoire de la couture.

L'hiver, quand on faisait chantier partout sur les fermes des alentours, la boutique ne désemplissait pas de charretiers arrivant avec des réparations d'urgence, surtout des traits déchirés par les lourdes charges de billots que devaient tirer les attelages dans les chemins enneigés.

Tandis que les chevaux avec leurs traîneaux piaffaient dehors dans le froid, les clients s'agglutinaient dans la boutique et attendaient la réparation autour du poêle, un crapaud trapu de fonte grise dont une grille retenait la bave ardente. Les hommes déboutonnaient leurs mackinaws glacés et délaçaient leurs bottes de cuir, mêlant aux odeurs de pipe ou de cigarette des exhalaisons de bergerie humide.

Dans cette chaleur moite, on eût dit que plus rien ne pressait pour personne. On mettait à jour les carnets de naissances et de décès, on papotait sur l'un ou sur l'autre et, à l'approche du printemps, ça ne ratait pas, commençaient les discussions byzantines sur la saison des sucres : quand viendrait le temps d'entailler ? la neige fondrait-elle trop vite pour que les érables coulent longtemps ? les prix du sirop allaient-ils encore baisser ?

Rien ne semblait faire davantage plaisir à mon grand-père, durant ces moments d'affluence, que de nous voir là, « les bessons de mon fils Omer », disait-il avec fierté.

Nous étions ses chiens savants.

Entre deux ouvrages, par exemple, il ouvrait le tiroir de son établi dans lequel il gardait toujours une provision de menthes et de cacahouètes grillées. Il nous demandait de commencer à compter et alignait les cacahouètes, une pour chaque nombre, sur la surface plutôt crasseuse de l'établi. Impitoyable, il refermait le tiroir et nous séparait nos gains aussitôt que l'un de nous se trompait ou qu'un spectateur soufflait une réponse qui tardait trop. Nous apprîmes rapidement à compter jusqu'à trente et quarante.

— Je n'ai pas hâte qu'ils commencent l'école, disait-il avec malice, ils vont me ruiner !

D'autres fois, pour montrer combien nous étions serviables, il nous laissait enfiler du ligneul dans des aiguilles ou nous demandait de passer le sol au peigne fin à la recherche de petits clous de cordonnerie qui s'incrustaient entre les planches et que le balai laissait derrière. Ces tâches éminemment importantes étaient en général rémunérées par de belles grosses menthes, des palets blancs et frais comme des icebergs qui fondaient délicieusement dans la bouche.

D'autres fois, mon grand-père nous amenait devant le «cercle du crapaud chauffant» en recommandant à tous d'être très attentifs.

— Celui-ci, à ma droite, c'est Guy, et l'autre à ma gauche, Claude ; vous les avez bien vus, bien remarqués ?

Il leur tournait ensuite le dos nous dissimulant devant lui et, à la manière d'un prestidigitateur, nous brassait comme deux as de pique et nous plantait de nouveau devant eux :

— Maintenant, lequel est lequel ?

Chaque fois, c'était la pagaïe. Forcément, on se trompait au moins une fois sur deux. Mon grand-père, lui, ne faisait jamais d'erreur.

— Veux-tu bien nous dire, Jos, comment tu fais ? C'est comme deux gouttes d'eau.

— Vous n'avez pas remarqué, expliquait-il narquoisement, Claude a une tache de vin sur le jarret gauche.

— Bon yeu, tu vois ça à travers ses bas !

— Ouais... avec des bonnes lunettes.

— Il nous fait marcher, ce torrieu-là !

Et chaque fois, mon grand-père me forçait à descendre mon bas et exhiber pour ces bigleux ce que, lui, affirmait voir au travers : la bille rouge sang que j'ai sur le jarret.

Et le magicien de rire dans sa barbe : personne ne pensait à observer la coiffure. Je portais la raie à gauche ; mon besson, à droite.

*
* *

Dans la cuisine ce matin, branle-bas de combat. Le linge à repasser traîne en piles partout, après avoir passé trois jours sur la corde à tenter de sécher entre les averses; mon père, levé à la dernière minute comme à son habitude, avale ses Corn-flakes en vitesse sur le coin de la table tout en surveillant des toasts dans le grille-pain et les deux plus jeunes qui chialent: Jean-Pierre, dans sa chaise haute, qui attend une tartine de confiture, et Hughette, notre sœur de quatre ans, dont ma mère tripote les cheveux depuis une bonne demi-heure pour lui faire des boudins. Chaque mèche humide qu'elle entortille dans une étroite bandelette pour la nouer ensuite au ras de la tête lui arrache des lamentations de suppliciée.

Nous, les bessons, avalons notre petit déjeuner en silence mais dans la plus grande appréhension; des culottes neuves qui doivent être prêtes pour ce soir gisent en friche sur la tablette de la machine à coudre, les morceaux sont taillés, mais pas assemblés, et ça tiendra comment, pas de boutons, pas de boutonnières?

— Et eux, demande maman en jetant un œil vers nous, je vais le trouver quand, le temps de leur couper les cheveux?

— Envoie-les chez Pinel, réplique papa.

— Et si on restait comme ça...

— Les cheveux en broussaille, vous allez rester, mais ici!

Il n'y en aurait eu qu'un, ma mère n'aurait sans doute pas eu la même attitude, mais il y avait la paire! Deux, ça ne pardonne pas, ça va chercher l'œil, alors elle nous voulait toujours impeccables. Elle passait des heures à sa machine à coudre pour nous tailler des vêtements:

acheter tout fait, on n'en avait pas les moyens. Chaque costume avait toujours sa réplique identique, et comme nous étions exactement de la même taille, tout aurait été interchangeable, si elle n'avait pris soin de broder nos initiales à l'intérieur des principaux vêtements. Pendant des années, cette petite étiquette m'est apparue comme la seule preuve tangible que nous ne serions pas à jamais confondus, que chacun d'entre nous était un et unique.

Ce fut entendu. Exceptionnellement nous irions chez M. Pinel et maman aurait le temps de préparer tout le monde pour l'inauguration du Théâtre Star, le cinéma dont son frère Eugène était gérant et projectionniste ; sa femme, Lucienne, la caissière. Ce soir, on y projetterait « en primeur » le film américain *Stowaway* avec Shirley Temple. L'oncle Eugène avait visionné la bande-annonce et nous avait raconté que la célèbre fillette de huit ans incarnait Chin-Ching, une petite Chinoise perdue dans Shanghai... elle fait la rencontre d'un bel Américain et ils se retrouvent sur un paquebot qui vogue vers les États-Unis. Il n'avait pas voulu en dévoiler plus, mais il disait que c'était un film magnifique avec beaucoup de musique. Et Shirley Temple – à qui ma sœur espérait de tout cœur ressembler un peu avec ses cheveux boudinés – parlait anglais et mandarin dans le film ; pas étonnant que, si jeune, elle fût une telle vedette.

Nous allions au cinéma pour la première fois de notre vie, mais les choses allaient changer, car l'oncle Eugène dans l'aménagement du Star avait prévu à l'arrière du poste de la caissière une ouverture par laquelle on avait une vue directe sur l'écran. Nous pourrions nous faufiler là aussi souvent que nos parents le permettraient ou qu'ils auraient envie de se débarrasser de nous. Plus tard, l'oncle Eugène commença à nous faire monter dans la cabine de projection pour nous apprendre à rembobiner les films et à charger les diapositives de publicité projetées avant les programmes. Puis, la tête dans la petite lucarne donnant sur la salle, on essayait avec notre anglais rudimentaire d'arracher l'intrigue au tintamarre du projecteur.

Ce fut notre *Cinema Paradiso* bien avant le film de Tornatore.

Le salon de M. Pinel se trouvait au rez-de-chaussée de l'édifice Bonneau, un des plus imposants de la rue Foster : trois étages de brique rouge couronnés par une corniche blanche sur une frise verte.

Des galeries avec leurs balustrades de bois ouvragé étaient accrochées sur toute la longueur des étages supérieurs, formant un passage couvert pour les commerces au niveau de la rue : la boucherie Bonneau, le barbier, le fleuriste et une mercerie.

Mon souvenir de ce Pinel, c'est qu'il était grand et sec et qu'il avait le coup de ciseaux si rapide qu'on n'arrivait pas à distinguer le mouvement frénétique de leurs ailes d'acier. Elles nous cliquetaient autour de la tête comme un oiseau-mouche géant.

— De la visite rare ! s'exclama-t-il en nous voyant entrer.

Puis, s'emparant d'abord de moi, il me hissa sur une des deux chaises de barbier après y avoir posé un banc de bois pour me rehausser. Tandis qu'il m'étouffait presque avec la pèlerine à rayures qu'il me noua autour du cou, mon frère prit sur lui de grimper sur l'autre chaise.

— Descends de là, petit possédé ! lança-t-il en pointant d'un geste menaçant ses ciseaux vers lui.

Guy retraita aussitôt dans un coin où il y avait trois chaises et une table jonchée de revues jaunies.

Le pauvre Pinel manifesta son mécontentement en reniflant si fort qu'il faillit s'étouffer en aspirant les touffes de cheveux qu'il venait de couper. Heureusement, un homme entra juste à ce moment qui devait être un gros client, car le barbier reprit sa bonne humeur et l'invita à prendre l'autre chaise.

— Je vous passe tout de suite, dit-il, ces jeunes-là ont tout leur temps !

Voilà donc à quoi servait l'autre chaise. M. Pinel intercala encore deux clients comme ça pendant que, prisonnier de ma camisole de force, je m'amusais comme une croûte de pain.

Le besson, lui, pouvait au moins bouger ; il profitait des moments d'inattention de Pinel pour rassembler en petits monticules les touffes de cheveux sur le linoléum et les balancer d'un coup de pied discret par la grille de chauffage du plancher. L'hiver prochain, ça ne manquerait pas d'ajouter un fumet de cochon grillé aux odeurs de Cologne et d'eau de Floride qui flottaient dans le salon.

Le dernier intrus coiffé et rasé tout frais, je redevins l'héritier légitime du trône assez longtemps pour que Pinel me fasse l'honneur de couronner sa belle ouvrage : tondeuse pour nettoyer le cou, jet de brillantine pour lisser la huppe et la chaise qu'il fit pivoter devant la glace pour mon appréciation. Quoi dire ? sinon que temporairement je ressemblais un peu moins à mon frère, qui grimpait déjà sur le trône à ma place.

Normalement, j'y serais allé de quelques bêtises moi aussi tandis que le barbier s'affairait à reproduire chez mon besson la coupe exacte qu'il venait de me faire, mais non ! Le nez sur la vitrine, je rêvassais sans trop comprendre à la complexité d'une vie. Quel écheveau ce devait être puisqu'en six ans seulement j'avais appris à compter, je connaissais aussi l'alphabet, je me débrouillais pour me faire comprendre par les petits Anglais de la rue, mon père mettait plus de temps à me battre aux échecs et, ce soir de juin, nous irions pour la première fois au cinéma.

Pour revenir à la maison, il fallait traverser la rue Foster. Guy s'y aventura le premier. Je ne sais pas pourquoi, j'eus une hésitation avant de le suivre en courant. Une voiture surgit à toute vitesse. Le conducteur, qui n'aurait jamais eu le temps de freiner, vira brutalement pour m'éviter mais il n'y réussit pas tout à fait. La plaque arrière de la voiture s'enfonça profondément dans mon crâne, juste au-dessus de l'œil droit, et me traîna sur une bonne longueur avant que l'auto s'immobilise… presque en face de la clinique du Dr Larose, le jeune.

C'est tard le lendemain que je commençai à prendre conscience que le fil de ma vie continuait toujours de s'enrouler sur son fuseau, qu'Atropos ne l'avait pas coupé. Ma tête, mon visage, tout n'était que pansement, il ne restait qu'une petite lucarne pour l'œil gauche.

La première personne que j'aperçus par cette boutonnière qui me rattachait au monde, c'était ma mère. Elle me fixait avec une telle intensité, son visage était si blanc et si immobile que je me crus d'abord au ciel. Et sa voix me parvint petit à petit, de très loin d'abord, avec des mots d'amour et d'inquiétude, puis ma mère tout doucement glissa de ce créneau, remplacée par mon père, par mon jumeau ensuite, ma sœur, et finalement mon petit frère. Juste des visages silencieux, les uns après les autres, presque irréels, comme les images d'une lanterne magique.

Shirley Temple n'y était pas. Ce n'était donc ni un rêve ni du cinéma. Mais la vie.

*
* *

Lorsque j'ai vu pour la première fois le village de L'Anse-Saint-Jean, petit port de cabotage accroché au rocher noir d'un fjord de la rivière Saguenay, ma mère, qui est née là, avait disparu depuis plusieurs années, mais j'éprouvai l'étrange sentiment de l'y retrouver.

Les silhouettes fines des goélettes qui filaient effrontément sur l'eau de ces profondeurs abyssales, leurs voiles ondulant comme les larges bords d'un chapeau, c'était elle.

Ces petites maisons de bois aux couleurs moqueuses piquées sans rime ni raison, mais avec hardiesse dans le plissé du paysage, c'était elle aussi.

La douceur marine de L'Anse, les parfums d'épinettes dans les soupirs du vent, les oiseaux silencieux à tire-d'aile dans le lointain, l'ourlet gris des nuages, le liséré de spleen sur tout le paysage, c'était encore elle.

Ce spleen indéfinissable imprégnait toujours le regard de ma mère. On eût dit que le pays qu'elle avait quitté ne s'était pas décollé d'elle, que les eaux mystérieuses du Saguenay n'avaient jamais quitté le fjord de ses yeux. Toute sa vie, elle resterait une naufragée.

De sa famille là-bas, il n'y avait plus pourtant qu'une sœur aînée, Blanche-Alice. Sa propre mère, Zénaïde, l'avait tout de suite suivie dans les Cantons-de-l'Est, puis son père et ses quatre frères qui ne trouvaient plus de travail dans leur région, abîmée par la grande crise économique. Mon grand-père Ladislas ne survécut pas à cette transplantation ; trois ans plus tard il succombait à une inexplicable maladie de langueur.

Il ne me reste aucun souvenir de lui, sauf ce qu'on en racontait : il était homme de bâtiments ancrés en pleine terre alors que son marin de beau-père n'avait d'estime que pour les bâtiments qui bougent sur l'eau, comme sa robuste goélette que le vent emportait, pleine à ras bord, d'un bout à l'autre du Saguenay et jusqu'à Québec. Sans doute pour narguer le beau-père, Ladislas s'amusait parfois à construire pour les enfants des berceaux qui balançaient plus douillettement que des goélettes sur l'eau.

La tendresse de mon père pour sa Juliette, l'appréciation des dames de la petite société pour ses incroyables talents de couturière et de modiste, l'admiration de sa belle-famille pour sa vivacité et ses clowneries imprévisibles aux fêtes de famille (qui faisaient craquer le grand-père Louis-Joseph, mais embarrassaient Marie-Louise, la grand-mère et son aîné, l'abbé Ovila, qui s'est toujours cru le premier moutardier du pape), son élégance faite de rien, de simplicité surtout, et de distinction naturelle, tout aurait dû intégrer ma mère dans ce nouveau pays.

Non ! car il y avait le reste.

Je ne sais pas où elle trouvait le temps, mais elle lisait : des poèmes d'abord, autant Paul Éluard que Verlaine et Géraldy, les articles de Louis Francœur, le seul journaliste qui trouvât grâce à ses yeux, puis elle rêvait… elle rêvait de la reine Astrid.

Elle s'en était fait une âme sœur, presque sa jumelle. Astrid était née princesse de Suède le 17 novembre 1905 ; ma mère naquit deux jours plus tôt, le 15 novembre 1905, déjà dans son cœur princesse du Petit-Saguenay !

Lorsque les souverains de Belgique annoncèrent comme un véritable mariage d'amour l'union du prince Léopold à la ravissante princesse Astrid, les photos du futur couple royal inondèrent la presse, et c'est à ce moment que se nouèrent ces liens invisibles avec ma mère.

Comment cette dernière aurait-elle même pu imaginer – ce qu'on connaît encore mal aujourd'hui – l'activité scélérate du grand-oncle, Léopold II, roi des Belges ? qui pilla le Congo, au début du siècle dernier, empilant derrière lui, comme du fumier, un humus inexprimable : huit millions de cadavres d'Africains.

Mais ce qu'on racontait sur le jeune couple était si romantique !

À leur première rencontre dans un bal à la cour de Suède, Astrid, malgré sa grande timidité, avait accordé la première danse au séduisant Léopold. Elle n'osait même pas le regarder, puis lorsque la première petite fois elle leva les yeux sur lui, elle sut qu'elle était perdue... Lui aussi de son côté. Ils ne se quittèrent plus de la soirée, au grand dam des autres prétendantes.

À compter du jour du mariage princier, le 10 novembre 1926, ma mère n'eut plus qu'une idée, trouver un mari qui posséderait au moins autant d'affinités avec Léopold qu'elle en avait avec Astrid. Si mon père l'avait seulement soupçonné, il ne se serait pas morfondu lorsqu'il rencontra Juliette pour la première fois avec cet Edwin, un colosse à cheveux noirs lissés et à moustache.

Mais en apercevant Omer, elle comprit tout de suite qu'elle arrivait au terme de ses recherches. Le royaume du Saguenay ne lui procurerait jamais plus semblable à son prince que cet homme débonnaire et doux, aux cheveux clairs, aux lèvres pulpeuses, avec en complément une telle distinction.

Lorsqu'au début de 1934 la reine Astrid donna naissance au prince Albert, son troisième enfant, la reine du Petit-Saguenay – pourtant mariée trois ans et demi après elle – l'avait déjà rejointe. Elle aussi avait maintenant deux fils et une fille !

Je venais d'avoir quatre ans, mais le souvenir reste vif d'une détresse subite de ma mère alors qu'elle arrangeait, en écoutant la radio, un énorme bouquet de marguerites jaunes, cueillies dans le grand champ qui nous séparait de la rivière Yamaska. Elle s'arrêta net, devint d'une pâleur extrême et courut se réfugier dans sa chambre en réprimant ses sanglots.

C'était un bulletin de nouvelles à propos d'un couple dont je n'avais jamais entendu parler. Il montait dans les Dolomites par une route en lacet dans un cabriolet grand sport lorsque la femme pointa à son mari un massif de fleurs magnifiques. Il quitta la route des yeux, oh, même pas une seconde, et la voiture plongea dans un ravin. Des témoins qui suivaient se précipitèrent au bord du versant. Ils virent un homme serrer contre son cœur une femme ensanglantée et se mettre à crier, un long hurlement parti de très loin et qui grandit peu à peu en se répercutant d'un bout à l'autre de l'étroite vallée : «Astrid, Astrid.»

Je poussai sans faire de bruit la porte de la chambre de ma mère. Elle était prostrée sur son lit et sanglotait. Je m'agenouillai devant elle, le visage enfoui sur ses genoux. Sa robe sentait l'herbe fraîche et les fleurs. J'avais envie de chialer aussi, mais c'eût été dérisoire devant cette détresse dont je ressentais les tressaillements dans tout son corps. Lorsque enfin je sentis l'apaisement de sa main sur ma tête, je finis par marmonner quelque chose comme :

— Ces personnes, tu les connaissais ?

— Astrid, celle qui est morte… c'était ma jumelle.

— Tu as une jumelle aussi ! m'exclamai-je, stupéfait.

— Pas tout à fait, non… pas tout à fait.

Elle se leva lentement du lit, ouvrit le tiroir du bas de sa commode, souleva une pile de linge qui cachait des livres et une collection de photos découpées dans des magazines et enveloppées dans du papier de soie qu'elle déplia avec grand soin.

La première photo me coupa le souffle : une dame au port de reine et aux formes gracieuses posait debout en robe de noce dans un long escalier, elle portait un diadème de dentelle piquée de myosotis et tenait dans ses bras un bouquet dont les fleurs, que je ne connaissais pas, tombaient en cascades jusqu'à ses genoux ; la traîne de sa robe, déployée devant elle, descendait en jolies ondulations jusqu'au pied de l'escalier, des mètres et des mètres plus bas.

— C'est elle, murmura ma mère.

Elle sortit une autre photo de la grande dame, accompagnée cette fois d'un homme dont je ne pus faire autrement que de remarquer qu'il ressemblait à papa.

— Est-ce que papa connaît la reine ?

— Ce n'est pas ton père, rectifia maman, c'est le prince Léopold.

— Sait-il combien il lui ressemble ?

Elle hocha la tête :

— Je ne lui ai jamais parlé du prince.

Et je compris que ces photos, elle les lui cachait. Elle sourit tristement en les replaçant dans leur pochette de soie.

— Tu sais, papa, ça le rend triste quand je rêve, il croit que je ne suis pas heureuse, qu'il n'arrive pas à me donner assez. Mais, dit-elle en m'écrasant contre son sein, tu le sais, toi, qu'on a tout, qu'on ne manque de rien.

Je ne répondis pas, car en effet je ne voyais pas de quoi on pouvait manquer, surtout blotti contre celle qui m'apportait le plus de bonheur au monde et qui me laissait pénétrer dans ses rêves.

— Les livres qui sont là, pourquoi tu les caches ?

— Parce que, dans une petite maison avec des enfants, il faut protéger les choses qu'il ne faut pas abîmer. Ils sont écrits par des poètes. Tu vois, celui-ci, c'est par Paul Éluard. Tu sais, sa mère était couturière, comme moi, et son père, comptable, comme le tien.

— Je pourrais être poète aussi ?

— Mais oui, si tu acceptes de garder enfermé dans ton cœur les malheurs du monde jusqu'au moment où tu sauras les faire jaillir au bout de ta plume comme des étincelles de rêve et de bonheur, tu pourrais.

Elle ouvrit au hasard le livre de ce monsieur dont le père était comptable lui aussi.

— C'est un poème, expliqua-t-elle, qu'il a intitulé *L'Amoureuse*.

Elle est debout sur mes paupières
Et ses cheveux sont dans les miens,
Elle a la forme de mes mains,
Elle a la couleur de mes yeux,
Elle s'engloutit dans mon ombre
Comme une pierre sur le ciel.

Elle a toujours les yeux ouverts
Et ne me laisse pas dormir.
Ses rêves en pleine lumière
Font s'évaporer les soleils,
Me font rire, pleurer et rire,
Parler sans avoir rien à dire.

Ces mots, je les avais tous compris, mais je ne m'expliquais pas comment ainsi réunis ils pouvaient devenir sentiments et fuser comme les gerbes éblouissantes d'un feu d'artifice. Si la poésie, c'était ça, comme je souhaitais un jour moi aussi savoir agencer les mots en panaches enflammés !

Ma mère souleva la pile de linge et replaça au fond du tiroir de la commode les photos de la reine qui venait de mourir, posant pardessus aussi délicatement qu'un linceul les livres de poésie.

— Si tu apprends vite à lire, tu sais que je possède ces trésors.

Quatre ans plus tard, au début de l'été 1939, la reine Élizabeth et le roi George VI d'Angleterre vinrent en visite officielle au Canada, la première depuis son couronnement. Ils parcourraient le pays dans un train royal dont le trajet les conduirait à quelques kilomètres de Waterloo : à Foster, un village si minuscule que le convoi n'arrêterait pas, il se contenterait de ralentir, le couple royal saluant de la passerelle arrière du dernier wagon.

Si mesquin qu'il fût, ce travelling royal souleva l'enthousiasme d'un grand pèlerinage. Les gens vinrent de partout autour, il y en avait des milliers : sur le quai de la gare, grimpés sur le toit, dans les arbres, les autres massés sur des kilomètres le long de la voie, agitant toutes sortes de drapeaux, sauf évidemment celui du Canada, qui n'existait pas encore.

Mon père avait convaincu son frère Ernest de nous emmener tous dans sa voiture, même le petit dernier qui n'avait pas encore quatre ans.

Ma mère refusa net de nous accompagner. Mon père s'offusqua de son entêtement. D'ailleurs, personne ne comprenait. Le couple royal, c'était sans doute la seule chance d'une vie de le voir en chair et en os, et à côté de chez soi !

Nous l'abandonnâmes, tous un peu tristes, sauf moi qui savais que, dans la cachette de sa commode, il y avait des trésors, des trésors royaux auxquels elle était plus attachée.

Tandis qu'à Foster les souverains anglais nous envoyaient distraitement la main de la passerelle décorée de leur train en marche, la reine du Petit-Saguenay devait, dans la solitude de sa chambre, partager sa nostalgie avec la tendre reine Astrid, sa presque jumelle disparue.

⁂

Même si la ville de mon enfance porte le même nom que Waterloo où l'empereur Napoléon connut sa plus cinglante défaite, son crève-cœur, elle n'avait rien de cette «morne plaine» de Belgique; c'était, comme je m'en souviens, le paradis!

D'abord, il y avait le lac, une nappe d'eau de belle dimension, alimentée par un torrent plein de tumulte, dévalant des collines des États-Unis où par temps clair on apercevait la chaîne des Green Mountains. Et ce lac – où mon frère et moi encore tout petits faisions des pêches miraculeuses de crapets-soleils enjoués, de perchaudes et d'achigans – est le bassin d'une rivière qui traverse toute la ville, la Yamaska. Deux cents kilomètres de méandres langoureux ou d'eaux impétueuses qui se déversent dans le fleuve Saint-Laurent, près du lac Saint-Pierre.

En sortant de chez mon grand-père, on n'avait qu'à tourner à gauche, descendre au bout de la rue Saint-Joseph – cent mètres! – et on butait sur la rivière.

Souvent, les «jours maigres» du vendredi lorsque maman avait du mal à joindre les deux bouts, nous partions avec nos cannes de bambou y pêcher le repas du midi. Et si le temps ne s'y prêtait pas, elle nous envoyait chez le boulanger qui nous laissait emporter pour trois sous une boule de pâte levée, une outre molle et enfarinée recouverte d'un torchon. Elle en taillait d'appétissantes galettes qu'elle faisait frire à la poêle en plat principal; pour dessert, des plus petites, tartinées à la mélasse.

Et nous avions, à deux pas de chez nous, un laitier personnel, M. Cod, un Rip Van Winkle à longue barbe que le progrès n'avait pas encore réveillé car il élevait en pleine ville, derrière chez lui, dans un pré minuscule, quatre vaches Jersey dont il nous apportait le lait, matin et soir, tout de suite après la traite, car il ne disposait pas d'une glacière. Du lait onctueux avec un long col de crème.

Rip Van Winkle, c'était le lait, mais que je vous parle de M. Henry Bird ! M. Bird ne baragouinait pas un traître mot de français, mais ce drôle d'oiseau d'Anglais un peu raide, toujours en blouse blanche, possédait un bec s'y connaissant mieux que pas un en toute une gamme de produits exquis. Entrer dans son épicerie, où chaque planche du sol était lisse et polie comme un cuir à rasoir, c'était pénétrer dans quelque monastère où le culte de ce qui est divin pour le palais respirait l'adoration perpétuelle.

Dans ce temple des mille et une odeurs, ce qui retenait tout de suite l'attention, c'était l'énorme roue de vieux cheddar fermier anglais déposée sur un plateau de marbre. Une meule entêtée, indécoupable, qu'il fallait ébrécher à coups de couteau pour réunir ensuite les rognures en une sorte de puzzle donnant l'illusion générale d'une pointe de fromage.

Et la mélasse ! Sitôt que, dans l'arrière-boutique, M. Bird ouvrait la bonde pour remplir la bouteille qu'on avait apportée, la Barbade tout entière s'engouffrait dans l'épicerie ; ça flairait le soleil, la canne à sucre, le tafia. Lorsqu'il posait la bouteille sur le comptoir, une bande dorée, finement alvéolée, était déjà remontée à la surface, tranchant sur le liquide foncé comme le collier au cou d'une odalisque.

Tandis que l'épicier faisait le plein de mélasse, mon frère ou moi avions tâté du pied le seau contenant le beurre d'arachides, juste derrière le comptoir. S'il pesait lourd, c'est qu'il venait de le recevoir. Alors, une vraie frénésie nous faisait oublier que cela n'était pas prévu dans la commande. Avec des pinces, M. Bird descellait le seau de métal, en soulevait délicatement le couvercle pour ne pas le tordre et nous laissait humer la tremblante pâte marron clair sur laquelle flottaient, comme de l'or à la dérive, des pépites d'arachides.

Il étendait un papier sulfurisé sur le comptoir, dépêtrait trois ou quatre grandes louches du seau et les y secouait en un monticule informe et flageolant qui cherchait tout de suite à échapper aux plus rapides manœuvres d'enveloppement.

Jusqu'à la maison, ce paquet mouvant et instable n'arrêtait pas de nous causer des soucis. La pâte d'arachide, se moquant de sa doublure, manifestait résolument sa fraîcheur en suintant son huile à travers une double épaisseur de kraft. Plus on serrait notre trésor, plus il cherchait à nous échapper.

Lorsque, les mains gluantes, les yeux exorbités, nous arrivions enfin à glisser le paquet fuyant sur la tôle émaillée du comptoir de cuisine, ma mère – sans doute trop amusée – ne sourcillait jamais ; elle s'empressait de transférer l'animal informe et poisseux dans un bocal de verre, nous donnant à lécher ses lambeaux de peau sulfurisée.

Le paradis, c'était aussi Adam Lumber, l'immense cour à bois qui nous séparait de la rivière, derrière la propriété du grand-père. Il s'élevait là une centaine de temples, des piles de bois d'œuvre de quatre mètres de hauteur sur cinq de largeur et allant jusqu'à huit ou dix mètres de profondeur, chacune entourée d'une allée où croissait toute la mauvaise herbe du monde tandis que, dans les millions d'interstices entre les planches et les madriers, rampait et grouillait tout ce qui répugne et attire quand on est enfant.

Cet extraordinaire terrain de jeux était, bien sûr, interdit et gardé par une clôture dont les ouvertures nous étaient assez familières, puisque nous y avions travaillé nous-mêmes en creusant des galeries ou en élaguant à la cisaille une maille par-ci par-là.

Jeu de cache-cache, jeu de piste, jeu de con, murs d'escalade, champ de bataille, haut lieu de règlements de comptes, refuge de toutes les tempêtes, havre des premiers jeux de l'amour, tout pouvait exister dans cette favela dont la configuration variait au rythme des ventes de la Adam Lumber. Seuls éléments immuables, tous ces *No Trespassing,* placardés partout sur la clôture d'enceinte comme autant de cartons d'invitation. Pourquoi Adam, qui en avait pourtant été chassé, aurait-il joui pour lui seul de son paradis en le camouflant en cour à bois ?

Cette nuit de la mi-août était trop lourde pour que j'aille fermer la fenêtre de la chambre. Pourtant, les quintes de toux suivies de râles râpeux provenant de la maison voisine m'avaient réveillé et me tourmentaient depuis une heure. Le besson, dans son lit jumeau, dormait comme si de rien n'était.

Je me levai pour aller m'appuyer contre l'allège de fenêtre, le nez collé sur le grillage dont cherchaient à triompher quelques maringouins obstinés ; ils passaient une première patte pour se cramponner, puis essayaient de s'infiltrer par une maille avec de petits coups de bélier à répétition. Quand je les sentais trop près de la victoire, une pichenette bien appliquée les catapultait dans la nuit. Mais chez les voisins, de cette chambre du rez-de-chaussée, continuaient de monter ces toux convulsives, suivies de crachements sinistres et de râles déchirants. C'était une fille dans la vingtaine. L'an dernier, juste avant l'hiver, son père avait été emporté par la phtisie ou la tuberculose, je ne faisais pas bien la différence. Lui aussi avait toussé une partie de l'été, mais on l'entendait à peine, sa chambre étant à l'autre extrémité.

Depuis qu'on avait découvert ce malheur dans cette maison, séparée de la nôtre par l'étroit chemin menant à la cour arrière, maman nous avait recommandé d'y passer rapidement et de longer le mur de notre côté, surtout l'été lorsque les fenêtres restaient ouvertes ! La maladie, nous avait-on prévenus, était propagée par des bacilles, des insectes infiniment petits pour qui la maille d'un grillage devenait un portail monumental.

Malgré la chaleur, il me sembla plus prudent de fermer la fenêtre, et je retournai me coucher en tirant le drap par-dessus ma tête. Étouffant, mais à l'abri, j'essayais d'imaginer ce qui se passait dans la rivière, au bout de la rue où j'étais allé, hier soir, avec mon frère étendre des lignes dormantes afin de refaire la provision de barbottes de mon grand-père.

Cette fois, nous avions fait fort !

Nous avions submergé une dizaine de lignes chacune munie d'une douzaine d'hameçons, fixant une des extrémités à des piquets plantés solidement sur le bord. Nous avions ramassé dans l'herbe humide, à la tombée de la nuit, des vers de terre si dodus et si vigoureux qu'avec moins d'une quinzaine nous avions réussi à garnir généreusement la centaine d'hameçons. Même tronçonnés et hachés, les appâts continuaient de se tortiller en invites irrésistibles.

Mon grand-père était la seule personne que je connaissais friande de ce poisson répugnant, noir, visqueux, glissant, sa grande gueule armée de barbillons menaçants ; et méchant ! Il peut bloquer les rayons de ses nageoires et les planter comme des dards de porc-épic dans la chair des imprudents, et goinfre ! il avale presque chaque fois l'hameçon. Pour les décrocher, l'un de nous coinçait le poisson avec ses deux pieds, l'autre extirpait l'hameçon avec des gants de cuir épais. Je commençais déjà à en faire des cauchemars, ce qui n'aiderait pas à passer le reste de la nuit.

Heureusement, notre tâche s'arrêtait avec la livraison du poisson à mon grand-père, qui les conservait à la cave, dans une vieille cuve. Les barbottes sont increvables, elles pouvaient vivre là des semaines, mon grand-père leur jetant à l'occasion des limaces ou des vers trouvés de-ci de-là dans la cour. Lorsqu'il avait envie de poisson, il en attrapait une ou deux, leur tranchait la tête d'un coup de couteau et les écorchait. Là, c'était encore plus dégoûtant... Je finis par m'endormir sur ces images hideuses de chair informe, sanguinolente comme du foie.

— Marie-Louise ne m'a rien préparé d'autre pour ce midi ; vous ne me laisserez pas le ventre vide, nous lance grand-papa, moqueur, en nous voyant prendre le chemin de la rivière avec nos gants et un sac de jute. Et que je vous dise, ajouta-t-il, j'ai réfléchi... j'ai pensé à augmenter mes prix à cinq cents la barbotte au lieu de deux, mais attention ! pas pour du méné.

Cinq cents : un cornet de crème glacée ! Nous en eûmes le sifflet coupé, mais pas longtemps. Avec son air matois, il poursuivit :

— Le pensionnat, ça va arriver vite, encore une couple d'années ! Profitez-en donc pour commencer à économiser.

Je n'ai pas le souvenir que nous ayons manifesté le moindre signe d'intérêt pour cette remarque qui nous parut des plus tendancieuses.

— Cinq cents ! répéta-t-il, croyant peut-être que nous n'avions pas entendu, mais nous avions déjà tourné le coin.

S'il avait pu prévoir ce qui nous attendait à la rivière !

Nous commençons à tirer la première ligne de l'eau, elle doit être emmêlée, elle bouge à peine. Nous nous arc-boutons et tirons de toutes nos forces, elle sort enfin petit à petit : des barbottes, il y en a piquées à tous les hameçons, elles se mettent à se démener, à battre le sol violemment de leurs queues et à y cramponner leurs nageoires raidies pour nous contrer. Il doit bien en avoir une dizaine hors de l'eau lorsque la corde trop tendue se coupe et disparaît dans l'eau brouillée avec son butin, autant de pièces de cinq cents qu'on ne retrouvera jamais !

Quand nous avons enfin retiré toutes les autres lignes, nous comptons nos prises : quatre-vingt-cinq barbottes qui continuent de taper le sol en cadence, un vrai numéro de danseuses à claquettes, deux perchaudes à l'agonie et la carcasse d'un pneu de vélo. Nous voilà complètement ahuris. Mais le premier à nous sortir de cette torpeur, c'est le besson ; lui a déjà fait des comptes.

— Sais-tu que nous en avons pour exactement quatre dollars et vingt-cinq cents, plus les perchaudes évidemment ?

— Les perchaudes...

— C'est vrai, ajoute Guy généreusement, on pourrait les lui offrir en prime.

La somme est si faramineuse qu'elle nous paraît d'abord chimérique, mais l'image qui s'en forme dans nos cerveaux décuple bientôt nos énergies. Une heure plus tard, le grand sac de jute que nous avons trempé dans la rivière par déférence pour nos prises est plein à ras bord, son ouverture ficelée solidement.

Malédiction ! En y mettant toutes nos forces, nous arrivons à peine à soulever ce sac qui remue et se convulse sans arrêt, en pleine danse de Saint-Guy. Plus loin, au bord de la rivière, j'aperçois une vieille brouette de bois. Je cours chercher l'engin qui n'a plus ses flancs mais dont le fond à moitié pourri retient encore les brancards. La rouille fait grincer la roue mais ne l'empêche pas de rouler.

C'est un convoi de misère qui vient s'affaisser dans la cour devant la porte arrière de la boutique de grand-papa. Un des brancards s'est à demi détaché durant le voyage, la masse grouillante du sac pendouille de chaque côté de la brouette et par les interstices des planches du fond, le moyeu de la roue s'est éventré et menace, à chaque nouveau tour, de dégringoler de l'axe.

Mon grand-père sort de la boutique accompagné d'un type dans la soixantaine, un étranger qui parle un anglais étrange dont on ne saisit qu'un mot par-ci par-là. Et décharné ! On le verrait passer derrière une affiche sans la décoller.

— C'est tout de la barbotte ? demande le grand-père.

— De la barbotte d'exposition ! répondons-nous fièrement.

Grand-père demande à l'efflanqué de lui donner un coup de main et ils empoignent le sac, le rentrent à la cave. Ils le vident dans le grand bac d'eau et les barbottes commencent aussitôt un ballet aquatique incompatible avec leur hideur… Mais les deux perchaudes remontent à la surface, exposant leurs ventres jaunasses, raides comme des bâtons.

— Il me semblait qu'il n'y avait que de la barbotte, fait remarquer sévèrement mon grand-père.

— Non, mais celles-ci, on vous les donne, c'est un cadeau, explique le besson.

— Vous les donnerez au chat, je ne mange pas de poisson mort ! Bon, si on réglait nos comptes, dit-il, en remontant vers la boutique avec son client.

Il s'installe à son banc de cordonnier, où il a commencé à poser de petits œillets sur la tige en cuir de bottes étranges dont le pied est de forme ovale, et monté sur une semelle de peau résistante mais souple quand même et recouverte d'une fine couche de caoutchouc. Ces drôles de chaussures, il y en a huit, il y travaille sous l'œil attentif du type qui baragouine une remarque de temps en temps à laquelle mon grand-père répond invariablement par un signe de tête affirmatif.

— Qu'est-ce vous faites ? lui demandons-nous, morts de curiosité.

— Vous en avez combien, de barbottes ? reprend grand-papa.

Je n'ose pas le lui dire. C'est Guy qui annonce quatre-vingt-cinq !

Il arrête net son travail, réfléchit un moment, puis maugrée :

— Quatre-vingt-cinq barbottes, à…

— À cinq cents, ça fait quatre dollars et vingt-cinq cents pile, réplique Guy.

Grand-papa paraît si estomaqué par l'importance de la somme que j'essaie d'alléger l'atmosphère en demandant à la blague :

— On dirait que c'est des bottes pour chien.

— Eh bien, t'as raison, c'est des bottes de chien.

— C'est M. Whittle, nous présente-t-il le grand maigre en le pointant avec l'emporte-pièce. Il ne vient même pas du Canada…

— Newfoundland, précise Whittle.

— Terre-Neuve, explique grand-papa sans arrêter de travailler. C'est à plus de mille kilomètres d'ici et c'est son chien qui le transporte partout.

Son chien ! Nous étions bouche bée.

— Oui, son chien ! De race terre-neuve, comme son maître. La première fois qu'il est arrêté me voir, parce qu'il a de la famille dans le coin, j'ai suggéré de fabriquer des bottines pour le pauvre animal, qui était en train de passer à travers le coussinet de ses pattes. Il crut que je blaguais ; eh bien, c'est le quatrième set que je lui fais. Son chien ne boite plus et malgré tout le millage, il a les pattes d'un chiot.

— Où est-ce qu'il est ?

— Devant, attelé à sa charrette.

Nous courions déjà dehors quand grand-papa nous retint.

— Réglons donc cette affaire de barbottes... Moi, ça pourrait me repartir de l'idée.

Il ouvrit le tiroir-caisse, sortit pour chacun de nous trois pièces de vingt-cinq cents et un dix cents.

— Mais grand-papa, dit Guy en blêmissant, on s'était entendu sur cinq cents la barbotte, pas deux cents.

— Tout à fait, dit-il, ça fait une différence de deux dollars cinquante-cinq cents que je range ici dans ma poche de salopette pour ne pas l'oublier. Demain, on va aller à la banque ensemble ouvrir un compte et déposer ça pour vos futures études.

Nous suffoquions.

— Et si on décidait de ne pas étudier ? riposte Guy.

— Comme vous voudrez, ça restera votre argent.

— Une fois parti, reprenez tout, dis-je furieux, en tendant la monnaie.

— Mais non, vous avez bien travaillé, gardez ça pour des cornets de crème glacée, des lunes de miel... ce qui vous fera plaisir.

Nous sortîmes du magasin à toute vapeur pour arrêter net sur le trottoir. En bordure de la rue, il y avait une bête magnifique, un chien costaud aux formes harmonieuses, au poil long de jais luisant, aussi immobile qu'une statue. Il n'était même pas attaché. La charrette était complètement bancale, il manquait une roue et ce côté reposait sur l'essieu.

Nous aurions tout de suite accouru vers l'imposante bête, mais accroupie près d'elle, caressant sa bonne tête poilue, il y avait la voisine, drapée dans une robe de chambre en chenille dont la couleur claire accentuait encore la diaphanéité de ses mains et de son visage parcheminés, un fantôme dans son suaire. Une quinte de toux subite nous fit reculer d'un pas, le chien, lui, dressa les oreilles et prodigua quelques coups de langue à la main exsangue qui le caressait.

L'oncle Ernest s'amena avec la roue qui manquait et dont il avait changé des rayons endommagés. M. Whittle l'aida à soulever la charrette. L'oncle avait aussi retiré les vieux pneus, les remplaçant par des pneus ballons plus confortables sur les routes de gravier. Ils étaient usagés, il les lui laisserait pour moins que rien.

Pendant tout ce branle-bas, la jeune fille et le terre-neuve n'avaient pas bougé, ils étaient en contemplation. M. Whittle en était médusé, il murmura quelque chose à l'oreille de l'oncle Ernest, qui lui chuchota qu'elle souffrait d'une maladie contagieuse. L'homme haussa les épaules.

— Il t'offre d'aller faire un tour de charrette, dit mon oncle à la jeune fille.

Un sourire illumina son visage hâve, elle se redressa avec difficulté et se traîna jusqu'à la charrette. C'est une plume que M. Whittle souleva de terre pour la déposer délicatement sur le siège, où il prit place à son tour. Avant de partir, il lui drapa les épaules d'une couverture de laine, car le soleil tombait. L'homme avait à peine touché les rênes que le terre-neuve se mit en route, tout doucement, comme s'il était conscient de ce qui se passait, et petit à petit il se mit à trottiner.

Mesurant sans doute la profondeur de notre déception de n'avoir pas été invités, l'oncle Ernest lança comme ça :

— Il paraît que vous venez de faire un coup d'argent, les bessons.

— Rien. Quatre-vingt-cinq cents, dis-je, en faisant tinter la monnaie dans le fond de ma poche.

— Y a un bon moment que vous vouliez des raquettes de tennis, j'ai trouvé deux bonnes vieilles Spalding, j'ai refait les cordages en neuf, du vrai nerf, je serais prêt à vous les faire à un dollar chacune, avec trois balles usagées en prime. Vous voulez les voir ?

Il nous entraîna vers son atelier. En effet, elles étaient irréprochables, presque neuves, ce qui rendait la proposition encore plus engageante. Me disant qu'il n'avait peut-être pas bien compris notre situation fâcheuse, je sortis les quatre pièces de monnaie de ma poche et les lui mis sous le nez : trois pièces de vingt-cinq cents et une autre de dix cents.

— Et toi, demande-t-il à Guy, c'est la même chose ?

À ma grande surprise, le besson avait en plus des quatre pièces un vieux sou noir qui venait d'on ne sait où… Enfin, on était encore loin du compte !

Je ne sais pas combien de temps il nous fit languir ainsi les mains tendues, mais à la fin l'oncle Ernest pigea les six pièces de vingt-cinq cents et nous remit les raquettes en disant :

— Vous ne pourrez pas vous plaindre d'avoir été plumés. Et puis, j'ai déjà parlé au club de tennis : si vous acceptez de passer le rouleau après la pluie et de balayer les rubans, ils vous laisseront jouer pour rien !

— Le chien revient, nous cria grand-papa de l'arrière de sa boutique.

Nos raquettes écrasées contre la poitrine, oubliant même de remercier l'oncle Ernest, nous courûmes à la rue.

La jeune fille que Whittle prit dans ses bras pour la ramener sur le pas de sa porte semblait fragile comme du verre, mais ce n'était plus un fantôme. Elle avait sur les lèvres et les joues une teinte douce de carmin, ses yeux profonds scintillaient comme des corolles de pervenche dans la rosée.

Il était trop tard pour partir en promenade à notre tour, mais qu'importe. La pêche miraculeuse, les raquettes de tennis, c'était le septième ciel !

La nuit qui suivit fut beaucoup plus fraîche, laissant déjà présager la fin des grandes vacances. Un coup de vent par la fenêtre vint me réveiller en sursaut. En portant la main contre ma joue, j'eus une sensation désagréable : elle était aplatie et quadrillée de rayures profondes, je bondis de mon lit pour réaliser que j'avais dormi contre le cordage de ma raquette.

Comme j'allais fermer la fenêtre, un râle abominable vint de la maison voisine, sibilant, rauque, intermittent. Puis des soupirs ou peut-être des sanglots à la queue leu leu s'enchaînèrent en de sourds et interminables raclements qui arrachaient le cœur.

Et le vent qui maintenant sifflait en s'engouffrant dans le corridor entre les deux maisons.

Pour la première fois, j'eus envie de fondre en larmes, sans qu'on m'ait rien fait, sans qu'on m'ait puni et sans que je connaisse vraiment la personne qui me chavirait.

Le lendemain matin, il y avait beaucoup d'animation dans la rue. Je descendis les marches quatre à quatre. Un groupe d'une vingtaine de personnes étaient assemblées devant la maison des voisins, où était arrêté le gros corbillard noir *Wilfrid Ledoux, frais funéraires,* avec son inscription peinte argent par mon grand-père.

J'aperçus deux hommes sortir de la maison avec un brancard sur lequel on pouvait à peine distinguer une forme humaine sous le cocon blanc qui l'enveloppait. Ils le glissèrent dans le corbillard, qui fit ensuite un virage en U tandis que des badauds arrêtaient la circulation.

Le temps que je remonte avaler sans appétit mon bol de céréales et que je redescende, Waterloo était redevenue comme avant.

C'était le paradis, mais tout à coup je devins très angoissé, je réalisais que l'au-delà était juste à côté.

⁂

Au Canada, le premier lundi de septembre, c'est fête du Travail, c'est-à-dire que, curieusement, ce jour-là est sacré, on ne travaille pas, tout reste en suspension. Et lorsqu'à huit ans, l'âge que je venais d'avoir six semaines plus tôt, on n'a pas de vrai travail, eh bien c'est encore plus étrange.

En ce congé du 4 septembre 1939, je me levai le premier, je m'habillai en vitesse et, passant par la cuisine, j'ouvris délicatement le couvercle grinçant de la boîte d'étain où l'on conservait le pain, j'en pris un quignon et je descendis.

Le store vert fade était descendu derrière la grande vitre de la porte du magasin de grand-papa, une marque de capitulation vraiment exceptionnelle.

Même le ciel, morne et incolore, semblait reprocher au soleil d'avoir pris congé. J'allai m'asseoir un long moment sur le tuyau de fonte noire qui délimitait l'étroit rectangle gazonné devant la galerie grillagée du logement des grands-parents, contigu au magasin.

Il me semblait que la mie blanche que je mâchonnais était aussi immatérielle que mon âme, dont le souffle ténu restait si imperceptible qu'il n'eût pas troublé un miroir. Cette inconfortable sensation de non-être pouvait aussi dépendre du retour en classe, le lendemain matin, ou des quelques jours éprouvants que nous venions de passer, le besson et moi.

En effet, la semaine précédente, devant le prix des manuels dont nous aurions besoin pour l'école, maman nous suggéra de faire la tournée de quelques familles dont les enfants montaient de classe. Qui sait ? Ou bien on nous laisserait ces livres à bon compte ou on nous en ferait carrément cadeau.

Quêter, quoi !

Deux jours plus tard, nous n'avions pas entrepris la moindre démarche. La suggestion devint alors un ordre péremptoire.

Nous finîmes par nous mettre en quête, mais seulement après une véritable empoignade, notre première entre bessons. Je refusais carrément d'être celui qui irait frapper aux portes. Il s'y rendrait le premier, annonçant le sujet de notre visite, puis je m'approcherais lentement – selon les réactions – pour fournir des détails sur ce que nous recherchions. J'acceptais même de tourner le boniment de manière à orienter subtilement la personne vers le don plutôt que la vente, ce qui se prêtait mieux aux sommes mises à notre disposition par ma mère. Ainsi, nous développerions chacun notre spécialité : lui, l'entrée en matière, moi, la négociation. Je fis valoir qu'il avait toujours eu une plus grande gueule, qu'il était l'aîné, qu'à cause de ma timidité je risquais de m'enferrer. Il refusa obstinément, préconisant l'alternance. Alors, qui plongerait le premier ?

— Toi, me dit-il, puisque c'est toi qui argumentes depuis le début.

Retourner contre moi des arguments si logiques ! J'étais livide de colère. Les coups faillirent se mettre à pleuvoir lorsqu'il y alla d'une concession importante : il acceptait de briser la glace.

La tournée, nous l'avons commencée du côté du square Foster, le plus loin possible de la maison, dans l'espoir qu'on ne nous reconnaisse pas. C'était une résidence plutôt cossue, loin de la rue, ce qui me permit de rester à bonne distance tandis que Guy effectuait les premières démarches. Manque de chance, cette famille dont on nous avait pourtant fourni le nom avait déjà « donné » les manuels des enfants.

J'essayai de faire valoir à Guy qu'un coup pour rien retardait le principe de l'alternance, mais il demeura inflexible.

Je frappe donc à la prochaine porte. J'attends. Mon cœur se met à battre d'espoir, pas de réponse ! Je vais faire demi-tour lorsque je l'entends crier :

— Frappe encore ! Plus fort !

Finalement, on vient ouvrir ; une dame primesautière s'exclame :

— Tiens, un des petits jumeaux ! Où est l'autre ?

Tandis qu'elle lui fait signe d'approcher, j'explique le but de notre visite. Nous trouvons là pour quelques sous une grammaire française en assez bon état et un catéchisme si écorné qu'elle nous le donne.

— Un «Je sème à tout vent», ça ne vous intéresserait pas? demande-t-elle.

Nous la regardons hébétés.

— Un petit dictionnaire Larousse illustré, explique-t-elle, une vieille édition, il faudrait recoller la couverture mais sinon... les dictionnaires, ça ne change pas, c'est toujours pareil.

— On n'a pas vraiment ça dans notre budget, rétorque Guy, et puis il y en a un chez nous.

Elle retourne dans la maison et revient avec un Larousse effondré, des milliers de mots agrippés à une épave.

— Prenez-le, je suis sûre qu'en vous faisant aider par le grand-père Fournier... il est si habile.

Le malheur, c'est que lorsque nous trouvions un manuel, il fallait en dégoter un autre, identique. Nous ne réussîmes pas complètement à habiller Pierre et Paul, mais presque. Il fallut trois jours de visites.

Trois jours!

Trois jours pour ravaler notre amour-propre et commencer à comprendre que, dans la grande famille Fournier, on avait décidé d'émonder l'arbre généalogique de telle manière que le maintien de quelques chicots contribuerait éventuellement à la croissance de belles branches à bois. Il devenait clair que nous étions du côté des chicots.

Subitement, je n'avais plus envie d'être là, à l'ombre de Louis-Joseph Fournier & Fils.

Je me dirigeai lentement du côté de la rue Shaw, longeant l'usine de la Adam Lumber qui, de la rue, cachait complètement le paradis derrière. Silence absolu. Pas même le clic-clac feutré des courroies de transmission qui actionnent planeurs, scies et bouvets.

Une troupe de moineaux s'abattant sur un tas de crottin au milieu de la rue me fit sursauter. Ils piaillaient, picoraient, se colletaient, comme des voyous sur un magot. Repus, ils reprirent leur envol, sauf un retardataire qui recommença avec son bec et ses pattes une inspection minutieuse du butin. Sa persistance semblait récompensée, car à tout moment je le voyais extraire des bribes délicieuses de cette pâte triturée.

En traversant la rue Shaw, on apercevait l'entrée de la cour à bois, cadenassée, évidemment. Qu'importe ! Il y avait une entrée secrète un peu plus bas. Mais sous ce ciel morose, l'endroit avait l'air exactement de ce qu'il était : des tas de planches glauques et grisonnantes. Je poursuivis ma route jusqu'à une maison qui faisait le coin avec la rue principale. Je ne voyais pas âme qui vive, alors j'allai m'affaler sur le perron. On allait souvent traîner autour de cette maison et le vieux couple d'Anglais sans enfant qui l'habitait n'en avait jamais pris ombrage ; au contraire, la dame sortait souvent nous offrir de petits gâteaux qu'elle appelait « scones » et qui ressemblaient à des croquignoles ratées et moins sucrées.

L'école ! Elle recommençait demain matin et ça n'allait pas être de tout repos. Depuis Noël l'an dernier, des tests avaient déterminé qu'à moins d'imprévu, mon frère et moi grouperions première et deuxième. Le seul imprévu fut la gueule des autres à la distribution des prix de fin d'année ; nous les raflâmes tous, sauf ceux de discipline. De nous voir accéder tout de suite en troisième ravissait tous ceux qui nous regardaient de travers avec nos culottes courtes de gamins. Ces détracteurs n'avaient pas manqué de nous faire savoir que le titulaire de troisième était le frère Philémon, un mariste rubicond qui pétait dans sa graisse et dont les pattes dodues frémissaient de curiosité jusqu'au bout des doigts.

Depuis un mois, sans expliquer pourquoi, nous avions cherché à convaincre maman de nous faire des pantalons. Peine perdue, c'était contre les principes même de son esthétique. Pour elle, tant qu'un garçon n'était pas d'une certaine taille, il n'était élégant qu'en culotte courte, quinze centimètres au-dessus du genou ; bas longs l'hiver, mi-bas printemps et automne.

Je le sentais déjà, ce frère tentaculaire, enrouler ses appendices autour de mes cuisses, entrer sous la jambe de ma culotte et faufiler ses doigts potelés jusqu'à mon zizi.

Mon visage se contracta en une grimace convulsive telle que je perçus à peine une voix inquiète qui demandait :

— Qu'est-ce que tu as, es-tu malade ?

Malgré sa douceur, cette voix me fit tressauter. Isabelle Girouard, dont les parents habitaient au bord de la rivière, avait remonté la rue Shaw et elle était venue s'asseoir en face de moi, de l'autre côté du perron, sans que j'en aie eu connaissance. Elle avait six ans, c'était une amie de ma sœur Hughette.

Comment aurais-je pu lui expliquer ce qui m'avait troublé ?

Heureuse diversion, mon besson arrivait vers nous en courant, tout énervé, suivi par ma mère.

— Veux-tu me dire où tu étais passé ? demande-t-il, des trémolos dans la voix.

— On te cherche partout, renchérit ma mère.

— Je suis là… Je suis avec Isabelle, dis-je, le plus calmement du monde.

— Tu ne peux pas rester là, réplique maman nerveusement en m'entraînant avec elle par la peau du cou. C'est la guerre ! Il y a la guerre !

J'étais confondu. Quelle guerre ? Bon, depuis plusieurs mois, on entendait raconter à la radio toutes sortes de chicanes qui se déroulaient en Europe, bien loin de chez nous. Mais la guerre !

— C'est commencé depuis hier, dit ma mère. L'Angleterre, la France, l'Inde, l'Australie, tout le monde a déclaré la guerre à l'Allemagne.

— Pourquoi on attend aujourd'hui pour nous le dire ?

— Parce que aujourd'hui, c'était hier en Europe.

J'ai fait comme si je comprenais ce qu'elle racontait.

Comme on arrivait à la maison, maman continuait d'expliquer qu'il faudrait prendre des dispositions extraordinaires, que la guerre changeait tout, que les Allemands pourraient venir nous attaquer jusqu'ici.

Je commençais à être diablement nerveux, je ne l'avais jamais vue dans un tel état de surexcitation.

Et le plus gros choc de la Deuxième Grande Guerre, je l'eus à ce moment précis, en entendant un fracas épouvantable, terrifiant. La maison voisine, celle où était morte la phtisique, venait de s'écrouler comme fracassée par une bombe.

Je restai tétanisé.

Il ne restait rien qu'un amas de débris d'où montait un nuage de poussière qui parvenait vaillamment à percer la moiteur de l'atmosphère.

Ce n'était donc plus des hostilités de radio, c'était à côté ! Plus menaçantes que la pire des maladies contagieuses.

Maman me tirait par le bras, mais je ne bougeais plus, incrusté là par les horreurs de la guerre.

— Pourquoi les Allemands commencent chez nous ? demandai-je d'une voix tremblante, nous ne leur avons rien fait.

— Ce n'est pas les Allemands, dit ma mère, c'est ton oncle Ernest. Il a enfin décidé de se marier. Il détruit les microbes et la vieille maison, il va en construire une neuve et ouvrir un nouveau commerce.

Cette journée qui avait commencé si tristement, la guerre, par bonheur, était en train de nous la chambarder.

⁂

Désormais, nous écouterons tous les soirs, à l'heure du dîner, les nouvelles à la radio afin de ne rien manquer de la guerre. Maman, en plus de lire chaque jour son *Devoir*, a réclamé que papa renouvelle notre abonnement à *L'Action catholique*, le quotidien de Québec, dans lequel elle trouve au moins quelques nouvelles venant du Saguenay.

Considérant qu'on a même inventé le mot *blitzkrieg* pour définir la vitesse éclair avec laquelle les Allemands se sont emparés de la Pologne en moins d'un mois, les choses se mettent ensuite à languir jusqu'au printemps 1940.

Les événements s'étalent.

Un sous-marin allemand coule par erreur l'*Athenia*, un paquebot britannique avec mille quatre cents personnes à bord, croyant qu'il s'agissait d'un navire de guerre. Pas plus brillant, un avion Anson de la Royal Air Force envoie par le fond deux de ses propres sous-marins, puis, quelque part au large de Montevideo, des croiseurs britanniques endommagent tellement le vaisseau amiral allemand *Graf Spee* que le capitaine Langsdorff saborde le navire et se tire une balle dans la tête.

En Grande-Bretagne, où l'on s'attend au pire, un million et demi d'enfants sont évacués de Londres ainsi que des autres grandes villes et disséminés partout dans les campagnes afin de les protéger de bombardements qui n'arrivent toujours pas, alors on finit par les ramener dans leurs familles.

C'est la guerre, mais ça ne bouge pas beaucoup. On commence à en parler comme d'une « drôle de guerre ».

Au risque de passer pour hâbleur, j'affirmerais que la guerre avait déjà, toutes proportions gardées, bousculé plus de choses à Waterloo et dans notre famille que dans le reste du monde.

D'abord, ma mère était de nouveau enceinte. Elle attendait un cinquième enfant pour l'automne 1940, ce qui nous forcerait à abandonner le logement au-dessus du magasin du grand-père. Cette perspective de déménagement, catastrophique de prime abord, devint rapidement providentielle. L'oncle Ovila (oui, le curé qui ne s'est jamais pris pour la queue d'une poire) venait de graduer de l'Université Cornell et d'être nommé professeur de biologie à la faculté des sciences de l'Université de Montréal. Il prit alors la décision d'investir une partie de ses honoraires dans une maison, à Waterloo, une maison plutôt jolie avec un immense terrain et deux bâtiments accessoires : une grande remise et un poulailler.

Cette maison comptait cinq chambres à coucher. Elle était si parfaite pour nous que mon père, harcelé par ma mère, partit avec son courage sous le bras négocier un loyer abordable avec son aîné, que la générosité ne démangeait pas sous la tonsure.

Dès la fin du printemps, la famille s'installa donc dans cette maison de la rue Saint-Joseph où l'ex-propriétaire, M. Desforges, qui avait l'air à nos yeux d'avoir au moins cent ans, avait exigé, même s'il n'y habitait plus, de pouvoir cultiver son potager au moins une dernière saison.

En retour, il partagerait la récolte avec la famille et nous enseignerait le fin du fin de la culture potagère. Il y mettait aussi une autre condition : depuis toujours, sauf durant les froids sibériens de l'hiver, le couple Desforges sortait de la cuisine et se rendait dans une chiotte au bout du hangar pour y faire ses besoins. Je suis convaincu que M. Desforges n'avait pas lu Flaubert, mais, comme le grand auteur, il n'avait foi qu'en ces « décompositions fécondantes » et savait à quels « sucs d'excréments » il devait le parfum de ses fleurs et la saveur de ses légumes. Son engagement envers le potager était donc conditionnel à ce que la famille promette d'aller satisfaire ses besoins au même endroit.

Pour mon père, qui éprouvait un haut-le-cœur juste à la vue d'une mouche pendant le repas, ou pour ma mère enceinte, utiliser ces chiottes était hors de question. L'expédition étant considérée comme périlleuse pour les deux enfants plus jeunes, nous, les bessons, fûmes donc assignés d'office à l'engraissement du potager!

Il fallut quelques visites avant de m'apprivoiser à cet endroit sombre et nauséabond où seuls les interstices entre les planches laissaient filtrer un peu d'air et de clarté. Un de ces matins, un trait de soleil fit étinceler quelque chose sur la tablette au-dessus de la porte. Absorbé comme je l'étais par ma besogne fécondatrice, je n'avais jamais remarqué cette tablette ni ce qui y était empilé et que je ne parvenais pas à identifier.

Eh bien, c'était un trésor! Le trésor des latrines de la rue Saint-Joseph: des centaines et des centaines d'emballages de thé Salada en papier argenté, minutieusement aplatis et empilés jusqu'au plafond. Depuis des années, la compagnie Salada offrait en primes des timbres de collection en retour de la petite théière dorée figurant à l'un des bouts de ses emballages d'une livre. Le besson et moi avions commencé à nous intéresser à la philatélie, mais au rythme où l'on buvait du thé dans la famille, chanceux si nous arrivions à collectionner six ou sept théières par année.

Dans mon excitation, je faillis perdre une jambe par le trou du siège en grimpant pour atteindre la tablette. Avec précaution, je retirai un emballage d'une des piles, je le dépliai et miracle! la théière y était, intacte, rutilante et dorée. Mon cœur fit un bond, j'en tremblais, j'étais en face d'une collection de timbres d'une richesse potentielle inimaginable. Qui aurait cru qu'une telle émotion fût possible en pareil endroit?

C'était l'heure de partir pour l'école. Je prends donc la décision de ne pas informer Guy de ma découverte avant notre retour en fin d'après-midi, mais toute la journée se passe en théières qui défilent dans mon cerveau et se métamorphosent en timbres venant de pays lointains aux noms fabuleux: Azerbaïdjan, Kirghizistan, Abyssinie, Mozambique, Basutoland, Éthiopie, Tchad, Trinidad et Tobago. Autant de timbres magnifiques qui figurent dans le catalogue Salada mais qui vont chercher dix ou vingt théières chacun, trois ans d'infusions quotidiennes dans une maison normale! Jusqu'ici, le plus que nous nous étions offert avait été quelques spécimens de France ou du Canada, le bijou de notre collection étant pour le moment un timbre du Canada à l'effigie de George V, oblitéré en plus!

Il nous fallut presque deux semaines pour retirer toutes les théières sans les abîmer et des mois ensuite pour choisir sans trop nous bagarrer les timbres contre lesquels nous voulions les échanger. Pendant ce temps, je ne crois pas qu'il y ait eu dans toute la ville des enfants se sentant plus chanceux et plus riches que nous.

L'extraction de ces précieuses théières produisit un impressionnant terril de papier d'étain qui marqua les débuts d'un modeste commerce ainsi qu'une contribution que nous considérâmes longtemps significative pour la victoire des Alliés : notre collecte d'étain et de papier.

En y fixant des ridelles, nous avions converti en fourgon notre voiturette d'enfant. Et chaque semaine, nous faisions le tour de la ville pour ramasser les tubes d'onguents et de dentifrice vides, les vieux journaux, les papiers d'emballage, le carton. Nous traînions nos cargaisons jusqu'au square Foster, à la Roxton Mills, où, grâce à une tante qui y occupait un poste de secrétaire de direction, nous étions traités franchement comme des grossistes en récupération. Nos marchandises, toujours bien triées, étaient pesées avec diligence et payées rubis sur l'ongle… quelques sous noirs la livre.

Cette tante Anna de la Roxton jouissait en outre du prestige d'avoir été choisie Reine des Champignons. Waterloo – avant de se décréter récemment sur l'internet « capitale internationale du vélo » – était à cette époque la « capitale des champignons ». Pourtant les champignons y étaient introuvables chez les commerçants et nous ne connaissions personne qui en mangeât parce qu'ils poussaient, disait-on, dans la crotte de cheval, mais la Slack Brothers en cultivait des tonnes qu'elle exportait partout ailleurs.

Ces champignons blancs poussaient dans l'obscurité, à l'intérieur d'une centaine de hangars bas, longs et sinistres, recouverts de papier goudronné, qui occupaient une vaste superficie à l'entrée de la ville. Dans l'espoir sans doute d'apprivoiser les citoyens à cette culture bizarre, la Slack Brothers sélectionnait chaque année une vingtaine des plus jolies filles de la ville et les transformait en champignons pour qu'un jury puisse désigner une reine.

Chaque candidate enfilait une longue robe fuseau blanche, en guise de pédicule, et posait sur sa tête un encombrant chapeau circulaire de paille écrue, le look du parfait champignon de Paris !

Compte tenu de l'aversion générale qu'entretenait la population pour les champignons, la vénération qu'elle portait en retour à leur reine demeurait étonnante. Une grande photo de cette dernière était accrochée bien en vue, dans le hall de l'hôtel de ville, et sa majesté présidait, dans son accoutrement officiel de champignon, à plusieurs cérémonies durant son bref règne d'un an.

Au moment où les grandes vacances de 1940 allaient commencer, les événements de la guerre avaient pris une tournure catastrophique : la Hollande, la Belgique et la Norvège avaient capitulé tour à tour et, après moins de trois semaines de bataille, la France s'apprêtait à se rendre elle aussi. Sans vantardise, je dois dire qu'en dépit de nos culottes courtes nous avions mieux repoussé les assauts répétés du rougeaud frère Philémon que les Français ceux des Allemands avec leur prétendue infranchissable ligne Maginot.

Comme à son accoutumée, ce mardi soir 18 juin, M. Desforges était arrivé pour travailler dans le potager vers les six heures, nous forçant à avaler notre repas en catastrophe puisque l'entente était que nous lui donnions un coup de main chaque fois que nos devoirs n'en souffriraient pas.

Ce M. Desforges dont nous avons convenu qu'il avait au moins cent ans avait déjà dû mesurer un mètre cinquante, mais l'âge l'avait courbé comme un arbre dans un éternel orage, la peau de son visage et de ses mains était plus brune et plissée que la racine d'un céleri-rave et tout son corps dégageait une odeur de terreau humide. La terre l'attendait et il avait déjà commencé à se confondre avec elle.

Mais ce pygmée possédait l'énergie d'un forcené. À l'automne, avant d'abandonner la maison, il avait bêché le jardin et les plates-bandes à la main, transportant par brouettées les excréments des chiottes pour les incorporer au sol, il avait couvert de paillis les vivaces fragiles : le thym, l'estragon, les pavots et les rosiers. Et depuis la fête de Saint-Joseph, la cuisine du minuscule logement qu'il occupait maintenant à trois rues de chez nous était encombrée des semis préparés dans une ribambelle de boîtes de conserves qu'il gardait d'année en année.

Dès les premiers beaux jours de mai, nous l'avions aidé à semer le persil, les radis et les pommes de terre. Pour le reste des semences et le repiquage, il attendait patiemment la fête de Dollard, le 24 mai.

Lorsque nous le rejoignîmes au jardin, il ne nous avait pas attendus, il buttait les pommes de terre à coups de binette secs et rapides. Il s'arrêta le temps de nous expliquer qu'on buttait les patates pour arracher les mauvaises herbes, mais surtout pour éviter que les tubercules prennent la lumière et verdissent. M. Desforges prétendait qu'une pomme de terre verte était un poison vif. Comme je retournais vers la remise chercher l'autre binette et que Guy faisait un geste pour le relayer, M. Desforges nous entraîna plutôt vers les rangs de radis.

— Vous voyez, il y en a qui sont prêts. Vous allez récolter les plus beaux en faisant attention de ne pas arracher ceux qui sont encore tout petits.

Nous étions ébahis. Il y avait en effet sous les fanes vert tendre des radis rouges et brillants, des billes de rubis. Nous achevions d'en ramasser deux grosses bottes sous l'œil amusé du chef jardinier, lorsque papa nous rappela à la maison. Au ton de sa voix, il y avait urgence.

Nous entrons avec nos merveilles et maman nous fait tout de suite chut! comme si elle ne remarquait même pas ces bouquets de radis rutilants.

La radio est allumée et on entend la voix solennelle et ferme d'un homme:

« Mais le dernier mot est-il dit? L'espérance doit-elle disparaître? La défaite est-elle définitive? Non! Croyez-moi, moi qui vous parle en connaissance de cause et vous dis que rien n'est perdu pour la France. Les mêmes moyens qui nous ont vaincus peuvent faire venir un jour la victoire.

« Car la France n'est pas seule! Elle n'est pas seule! Elle a un vaste empire derrière elle. Elle peut faire bloc avec l'empire britannique qui tient la mer et continue la lutte. Elle peut, comme l'Angleterre, utiliser sans limites l'immense industrie des États-Unis. »

Nous ne savions pas qui parlait, mais à voir les larmes sur les joues de notre mère et le visage sombre de notre père, nous savions que le moment était gravissime.

« La guerre n'est pas limitée au territoire malheureux de notre pays, poursuit la voix à la radio. Car la guerre n'est pas tranchée par la bataille de France. Cette guerre est une guerre mondiale. Toutes les fautes, tous les retards, toutes les souffrances, n'empêchent pas qu'il y a, dans l'univers, tous les moyens pour écraser un jour nos ennemis. Foudroyés aujourd'hui par la force mécanique, nous pourrons vaincre dans l'avenir par une force mécanique supérieure. Le destin du monde est là.

« Moi, général de Gaulle, actuellement à Londres, j'invite les officiers et les soldats français qui se trouvent en territoire britannique ou qui viendraient à s'y trouver, avec leurs armes ou sans leurs armes, j'invite les ingénieurs et les ouvriers spécialisés des industries d'armement qui se trouvent en territoire britannique ou qui viendraient à s'y trouver, à se mettre en rapport avec moi.

« Quoi qu'il arrive, la flamme de la résistance française ne doit pas s'éteindre et ne s'éteindra pas. »

— C'est la fin, dit maman, en tournant le bouton de la radio, la France aux mains des Allemands, c'est comme si elle n'existait plus.

Elle commence à desservir la table et aperçoit enfin nos radis.

— D'où ça vient, ces beaux radis ?

— Du jardin !

— Notre jardin ? demande-t-elle, presque incrédule.

— Oui !

Subitement, il n'y a plus de désespoir, plus de guerre, il n'y a que ces radis rouge flamme qu'elle contemple avec émerveillement. Elle en sépare un de ses fanes avec l'ongle de son pouce et croque dedans, puis nous en offre.

— Ce sont, dit-elle, les meilleurs que j'aie jamais goûtés.

— Qui c'est, ce général qui parlait à la radio ? demandé-je alors à ma mère.

— C'est le général français Charles de Gaulle. Il n'a pas voulu capituler, il s'est sauvé en Angleterre et essaie de rallier tous les Français qui, comme lui, veulent continuer à se battre contre Hitler. Je crois, dit-elle, que c'est un homme héroïque.

Cet homme que la France a choisi, il y a quelques années, comme le plus grand Français de tous les temps, comment aurais-je pu, même dans mes rêves les plus fous, imaginer alors que je serais l'unique cinéaste, le soir du 24 juillet 1967, à le filmer à sa sortie impromptue sur le balcon de l'hôtel de ville de Montréal alors qu'il prononça son fameux : « Vive le Québec ! Vive le Québec libre » ?

Des images qui ont fait depuis le tour du monde, des images un peu tremblotantes car j'étais debout caméra à l'épaule, à la téléphoto, et qu'il restait à peine assez de lumière pour filmer.

Et le bébé dont ma mère allait accoucher trois mois plus tard, mon frère Daniel, est celui qui m'accompagnait comme preneur de son au moment de ce discours historique du général de Gaulle !

*
* *

À compter du 7 décembre 1941, alors que les Japonais fondirent sauvagement sur les Américains à Pearl Harbor, le monde entier entra en guerre. Seuls quelques pays réussirent à conserver une certaine neutralité. Pour nous, cependant, les horreurs, les bombardements et les massacres demeuraient confinés aux titres de journaux et aux nouvelles de la radio. Même la débâcle du débarquement de Dieppe, le 19 août 1942, alors que neuf cent sept soldats canadiens furent tués, laissait dans nos têtes de onze ans une conscience vague et lointaine de la mort.

C'est indirectement que la guerre frappa à notre porte, transformant cette notion de la mort en une réalité terrifiante. À moins de deux kilomètres de Waterloo, du côté de Warden, on avait bâti une usine de munitions, un assemblage d'une vingtaine de bâtiments en blocs de béton, disposés pour des raisons de sécurité à distance respectueuse les uns des autres.

Un jour, un de ces bâtiments où l'on fabriquait des obus a explosé, tuant sur le coup trois personnes et en blessant plusieurs autres. Les victimes, toutes de Waterloo, furent exposées au salon funéraire Ledoux, où les citoyens, par centaines, allèrent leur rendre un dernier hommage. Combien de fois, le besson et moi, avons-nous monté le perron jusqu'à la porte du salon, avant de rebrousser chemin en apercevant les trois crêpes sinistres suspendus à l'entrée.

L'idée de cette visite hantait mon sommeil. La veille des funérailles, je pris mon courage à deux mains et, vers la fin de l'après-midi, je marchai d'un pas déterminé jusqu'au salon. Personne ne faisait la queue dehors, ce qui raffermit encore ma résolution : qui sait ? les morts n'y étaient peut-être plus.

La porte était ouverte. Je franchis le seuil en détournant le regard des trois crêpes. Sitôt à l'intérieur, une odeur inexprimable m'assaillit qui devait être l'émanation même de la mort puisque je la découvrais ; je continuai comme un somnambule jusqu'aux trois cercueils ouverts autour desquels se pressait un petit groupe de personnes, d'autres étaient assises sur des chaises droites le long d'un mur et figées dans des attitudes de deuil, les yeux rougis, un mouchoir froissé à la main. Sans aucun doute, des parents ou des amis.

Dans les cercueils de chêne capitonnés, une jeune femme et deux hommes, jeunes aussi, leurs visages ambrés, polis, et sûrement refaits puisqu'on n'y décelait aucune trace de l'explosion qui avait provoqué leur mort.

Je ne restai que quelques secondes, mais l'image est encore vive dans ma mémoire de ces figures satinées, plâtrées pour farder une réalité nouvelle pour moi, la mort.

Depuis un an ou deux, ma mère avait recommencé à coudre pour les autres afin de suppléer au salaire, qu'on eût dit « invariable », de mon père. D'ailleurs, maman menaçait souvent de se rendre elle-même plaider pour des augmentations auprès de M. Parkes, le gérant de la Southern Canada Power, la compagnie de distribution d'électricité pour laquelle travaillait mon père. Et elle l'aurait fait s'il n'était pas chaque fois devenu livide de peur, soutenant qu'une telle démarche entraînerait son congédiement sur-le-champ.

Grand-mère Zénaïde se mit à revenir à la maison plusieurs heures par jour afin de permettre à maman de consacrer plus de temps à la couture. Elle habitait toujours Waterloo, mais depuis quelques années, c'était chez un de ses fils, l'oncle Ti-Bé, dont la femme avait grand besoin d'aide, ayant accouché coup sur coup de sept ou huit enfants.

Depuis quelque temps, le beurre et le sucre étaient rationnés. Chaque maisonnée, selon le nombre de personnes, avait droit à sa ration de coupons pour se procurer ces denrées. Conséquence de la guerre bien bénigne dans notre cas puisque nous ne mangions jamais assez de sucre ou de beurre pour épuiser nos coupons. Non, le drame pour maman, c'était les chemisiers fins que lui réclamaient ses clientes et pour lesquels elle ne parvenait plus à trouver de soie.

Il nous arrivait après l'école d'aller traîner près de la MacDonald Metal, depuis que cette usine avait commencé à fabriquer des fusées éclairantes pour l'armée. Plusieurs fois par semaine, à la tombée du jour, on testait ces fusées. On les tirait et, à une centaine de mètres de hauteur, un petit parachute se déployait, la fusée s'allumait et retombait lentement en illuminant les alentours. Un jour, le vent entraîna une de ces fusées avec son parachute à l'extérieur du terrain d'essai, fermé par une redoutable clôture métallique de trois mètres de hauteur, couronnée par deux rangs de fil barbelé.

Une demi-heure plus tard, maman s'extasiait devant notre butin : un parachute de soie blanche de deux mètres de diamètre, de quoi tailler un magnifique chemisier. Elle était si excitée que nous décidâmes, le besson et moi, d'aller rôder chaque jour, au crépuscule, autour de l'usine. Mais le vent n'était pas souvent favorable, et s'il soufflait trop fort, on ne faisait carrément pas de tests. Le nez contre la clôture, nous regardions avec dépit les fusées retomber dans le périmètre de la cour en se dandinant, indolentes, au bout de leurs parachutes. Des semaines plus tard, nous n'avions récupéré que deux autres morceaux de soie transformés aussi vite en chemisiers. Avec l'hiver qui approchait, la lumière tombait vite et on effectuait les tests plus tôt, mais le froid rendait les expéditions ardues.

Un soir, la brise parut parfaite, légère et soufflant du bon côté. Nous partîmes avec le pressentiment de frapper un grand coup. Nous n'avions pas encore atteint l'usine que les détonations des fusées se firent entendre, éclairant le ciel de leurs cônes de lumière fugitive, mais intense. Une fois sur place, le vent qui avait semblé si propice devint un souffle d'agonisant, puis plus rien ! Les fusées fendaient l'air, les unes après les autres, les parachutes se déployaient et les balançaient avec insolence, comme des pieds de nez, tout au long de leur retombée dans l'enclos. Cela devint si intolérable que je grimpai subitement comme un enragé jusqu'en haut de la clôture et, contournant les barbelés je ne sais plus comment, me laissai retomber de l'autre côté. Guy en resta médusé.

Avec frénésie, je me mis à courir d'un parachute à l'autre, coupant avec mon canif les cordes les reliant aux restes de la fusée. J'en ramassai ainsi une dizaine que je chiffonnai en grosse boule pour les lancer à Guy. J'allais recommencer lorsque le sifflet strident d'une sirène me catapulta littéralement de l'autre côté de la clôture. Le besson ayant récupéré le butin, nous décampâmes de là plus vite que des gazelles poursuivies par un tigre.

Ce n'est qu'une rue plus loin que je sentis une douleur aiguë au pied droit. Je m'assis par terre et arrachai ma chaussure sans même la délacer. J'aperçus dans ma chaussette de laine un grand trou dont les bords étaient encore ardents. Je la retirai vivement tandis que Guy secouait de ma godasse de la poudre qui s'y consumait encore. Sans m'en rendre compte j'avais marché dans un amas de débris incandescents.

Le pied brûlait trop pour que je remette ma chaussure alors je revins à cloche-pied jusqu'à la maison. Nous avions déjà convenu de raconter à maman qu'en revenant de notre cueillette j'avais stupidement mis le pied, pour faire le brave, dans les cendres fumantes d'un gros tas de feuilles mortes, n'imaginant jamais qu'il y avait de la braise dessous.

Et nous qui espérions tellement lui faire plaisir avec notre impressionnant butin. Raté ! Elle fut si préoccupée par ma brûlure, s'en inquiéta tant qu'elle fourra dans son panier de couture sans la défaire la boule de parachutes et, se doutant sûrement que j'avais fait une bêtise, nous interdit formellement d'un ton courroucé tout nouveau raid du côté de la MacDonald Molding Metal. Le plus insupportable, ce n'était plus la brûlure, mais le gâchis ! J'avais angoissé celle à qui je voulais plaire par-dessus tout. Cette déception, comme toutes les autres que je lui causerais, reste toujours aussi vive.

Il y avait déjà plusieurs mois que le vieux M. Cod avait cessé de nous livrer du lait. Apparemment, il n'était pas bien et il avait dû se débarrasser de ses quelques Jerseys. Nous avons donc commencé, comme tout le monde, à nous approvisionner auprès d'un laitier classique qui vendait du lait pasteurisé et faisait sa ronde chaque matin avec une voiture à cheval l'été et un traîneau l'hiver. Son lait coûtait plus cher et nous en buvions « comme des veaux », se plaignait souvent mon père, mais par chance ce laitier faisait aussi le trafic des coupons de rationnement. Nous pouvions lui échanger nos coupons de sucre ou de beurre inutilisés contre quelques pintes de lait gratuites.

Je ne sais pas s'il y a une façon «catholique» et une «protestante» d'embaumer les morts, mais encore aujourd'hui au Québec, cela se fait souvent dans des entreprises différentes selon la religion ou la langue, car on tient pour acquis que les Anglais sont protestants et les francophones, catholiques.

Le salon funéraire «anglais» se trouvait rue Foster, mais nous habitions juste derrière, dans la rue transversale, à cent pas. Les histoires de morts nous traumatisaient, mais heureusement il semblait mourir beaucoup moins d'Anglais que de Français, alors ce salon voisin n'était pas trop achalandé.

Un après-midi que je cherchais mon besson dans le voisinage, j'entrai dans le garage où était remisé le corbillard des Anglais, croyant que Guy aurait pu s'y trouver. Une fois là, je vis que la porte menant à une autre partie du garage était entrouverte. J'appelai Guy : pas de réponse. La curiosité m'amena alors jusque sur le pas de cette porte où la peur me figea sur place. C'était la morgue, et sur une longue table métallique en inox était étendu le corps nu et rigide de notre laitier, M. Cod. Je restai tétanisé devant cette image crue et grossière de la mort. J'aurais voulu prendre mes jambes à mon cou, mais je n'y arrivais pas, comme s'il eût fallu que je laisse le temps à l'épouvante de ce tableau de bien s'imprégner.

Des mois plus tard, lorsque je fermais les yeux pour dormir, le corps sec et hâve du bonhomme se dressait devant moi et me tourmentait durant des heures, barrant toutes les routes menant au sommeil. Il y a longtemps maintenant que M. Cod ne me fait plus peur, mais cette image de la mort continue d'être un tourment, elle est incrustée dans mon crâne, refuse de se laisser apprivoiser et ne suscite jamais quelque sentiment de paix ou de sérénité. Lorsqu'elle se présentera en personne, la mort, je suis sûr que j'aurai envie de crier : «Je ne peux pas croire que c'est déjà fini !»

L'été de 1943 fut celui d'un curieux exil. L'oncle Louis-Joseph, qui avait décidé de devenir le troisième prêtre de la famille (par vocation ou pour échapper à la guerre, on n'a jamais trop su), étudiait en troisième année au Grand Séminaire de Saint-Hyacinthe et passait le mois de juillet comme moniteur aux Grèves, à Contrecœur, une colonie de vacances qui accueillait des enfants défavorisés de Montréal. Cette colonie, il l'avait fait miroiter comme un endroit quasi paradisiaque, au bord du Saint-Laurent : une immense plage de sable fin (et vaseux), de l'eau cristalline (boueuse et grouillante d'algues), des chalets tout confort (des baraques de fortune avec des paillasses posées sur des brancards), une nourriture excellente (de la barbaque indescriptible ou des tranches de saucisson de Bologne habilement nappées de moutarde Condor pour masquer la moisissure) et finalement, toutes les activités sportives (la plus fréquente consistait à étendre dehors chaque matin, en priant pour du soleil, la centaine de paillasses de ceux qui pissaient au lit toutes les nuits et qui assuraient à la colonie son parfum distinctif).

Ce cauchemar de quinze jours fut cependant précédé d'un vrai rêve éveillé : notre premier voyage à Montréal. Grand-père Fournier se rendait dans la métropole une fois par année afin d'y faire ses emplettes de sellerie ; il en profitait aussi pour reconstituer son modeste inventaire de valises et de porte-documents.

Nous prîmes avec lui le train du Pacifique canadien jusqu'à la gare Windsor. Premier émerveillement, la traversée du fleuve Saint-Laurent sur le pont Victoria dont les piliers en X n'en finissaient plus de balayer la vitre sur laquelle nous restions le nez collé, le besson et moi. Tout était impressionnant : la largeur démesurée du fleuve avec ses eaux tourbillonnantes et, loin vers l'horizon embrumé, la silhouette d'une autre structure qui enjambait le fleuve, le meccano géant du pont Jacques-Cartier

À l'arrivée du train, il approchait de midi, alors grand-papa nous emmena manger au restaurant Aux Délices, au coin des rues Drummond et Sainte-Catherine. Il nous fit monter par la rue Peel afin de nous permettre d'admirer l'édifice Sun Life, à l'époque le plus élevé de l'Empire britannique, vingt-cinq étages !

Pour atteindre la salle à manger des Délices, il fallait traverser une pâtisserie d'une magnificence insoupçonnée : des comptoirs réfrigérés regorgeant de petits gâteaux étagés de pâte croustillante intercalée de crème blonde, moelleuse, et tapissés de glaçage lustré avec de fines marbrures de chocolat noir ; des ribambelles d'animaux « en pâte d'amande », précisa grand-papa : des cochons, des lapins, des chiens et même des grenouilles vert tendre tirant une langue rouge ; des barquettes débordant de fraises, de framboises ou de bleuets vernissés, des meringues, des sablés, des beignets, des îles flottantes comme en préparait parfois maman, mais zébrées, celles-ci, de zigzags de caramel. Derrière les comptoirs, des jeunes femmes en robe noire et collet de dentelle blanche se tenaient au garde-à-vous, aussi prêtes à servir, aurait-on dit, qu'à intervenir en cas d'assaut par un client en état de fringale violente.

Il fut décidé que nous choisirions notre dessert avant d'entrer dans la salle à manger qu'une lourde tenture de velours séparait de la pâtisserie. Sage décision. Comment avaler toute bêtise de plat principal, l'esprit torturé par des choix aussi déchirants à faire ? Non, il valait mieux savoir d'avance qu'une île flottante, oui ! et une grenouille attendaient de l'autre côté de la blanquette de veau. Le besson choisit une grenouille lui aussi, et une meringue.

Ce fut un repas très solennel. C'était la première fois que nous voyions grand-papa à table, en costume et cravate, le coin de sa serviette solidement ancré à son gilet. Même aux repas du jour de l'An, il laissait tomber le veston. Une dame portant le même uniforme que les gardiennes de la pâtisserie vint prendre notre commande, mais quand nous eûmes terminé, c'est un garçon tout noir et habillé de noir qui vint reprendre les assiettes et les couverts. Seule sa chemise blanche, ornée d'un nœud papillon, permettait à son visage de se détacher de son costume. Cet homme nous fit toute une impression car nous n'avions jamais vu un Noir en chair et en os, sauf les modèles en bois que mon grand-père fabriquait, des valets de salon présentant allumettes et cendrier.

Après ce repas mémorable, l'exil ! Un autobus bourré d'enfants arrêta nous prendre sur le parvis de l'église Notre-Dame dans le Vieux-Montréal. Tout au long du trajet vers les Grèves, aucun des passagers, qui avaient l'air de tous se connaître, ne nous adressa un traître mot. Pourtant, ils n'arrêtaient pas de piailler avec un accent différent du nôtre, un accent dont j'apprendrai plus tard qu'il est celui de Montréal.

Pendant ces quinze jours de concentration, l'oncle Louis-Joseph avec sa soutane noire et son visage émacié apparut de plus en plus comme un véritable geôlier ; par crainte de sembler nous favoriser parce que nous étions ses neveux, il nous parlait à peine sauf pour nous répéter la litanie des règlements.

Le jour de la libération ne pouvait venir assez vite. Pourtant, quand il arriva, une catastrophe nous attendait.

Un mois avant notre départ pour cet univers concentrationnaire, un voisin nous avait fait le cadeau d'un chiot que nous avions abandonné avec appréhension, parce que mon père détestait les animaux domestiques, et les chiens plus que tout. Il éprouvait pour eux une véritable répugnance. Si le chien, par exemple, avait l'impudence de poser le bout de sa patte sur la table, il fallait ni plus ni moins la désinfecter avant que mon père ne décidât de s'y asseoir pour manger. C'est uniquement grâce à l'intercession de maman qu'il s'était résigné à cette adoption, mais en posant une série de conditions si strictes qu'on aurait pu croire l'animal pestiféré.

À notre retour, le chien n'était plus là.

Selon les explications confuses de ma mère, l'animal n'avait pu se résigner à l'absence de ses maîtres ; dès notre départ, il avait commencé à manifester des signes de détresse, et malgré toutes les attentions qu'elle lui prodiguait, elle l'avait retrouvé sans vie quelques jours plus tard.

— Et le vétérinaire Gariépy ? demandâmes mon frère et moi avec désarroi. Il habite dans la rue !

— Justement, dit maman, votre père n'a pas lésiné, il lui a emmené le chien, mais le docteur n'a rien trouvé d'anormal, juste une bête qui avait dû s'ennuyer à mourir.

Elle paraissait sincère, mais à sa mine piteuse on voyait bien qu'elle dissimulait quelque chose. Mon père avait profité de notre absence pour faire disparaître le chien, je l'aurais juré, mon jumeau aussi.

Ce meurtre prémédité fut très difficile à avaler. J'ose dire qu'il nous empêcha sans doute de remarquer que les forces de notre grand-mère Zénaïde périclitaient. Plus l'automne avançait, plus elle tirait de l'aile. Le peu qu'elle mangeait, elle ne le digérait qu'en avalant des quantités extravagantes de sels d'Epsom comme s'il fallait régulièrement débloquer le tractus digestif avec cette grenaille primitive. Elle continuait cependant d'aider maman comme elle le pouvait, sans jamais se plaindre. Mais elle était aussi minée par l'inquiétude de voir son fils cadet s'embarquer pour l'Angleterre. En effet, notre oncle Marcel, excellent skieur, avait joint les rangs de l'armée canadienne dans un bataillon spécialisé de skieurs alpins. Pour opérer où ? On peut se le demander.

Il dut lui-même ne pas savoir quoi répondre à cette question car, lorsque le train de nuit qui l'emmenait à Halifax pour partir outre-mer ralentit au passage de Foster, il sauta dans la neige du wagon en marche avec deux autres de ses collègues. Après avoir marché plusieurs heures, ils se réfugièrent dans la cabane à sucre d'une érablière de South Stukely, à une dizaine de kilomètres de Waterloo. C'était en 1943, trois jours avant Noël.

Le lendemain soir, la barbe longue, dans des vêtements de fortune, presque méconnaissable, il arriva à la maison à l'improviste et tomba dans les bras de maman, qui exulta en apprenant qu'il avait faussé compagnie à l'armée. Puis, elle le fit monter dans la chambre que grand-maman, trop faible, n'avait pas quittée de la journée. Il repartit quelques heures plus tard. Sa mère, il l'avait vue pour la dernière fois. La veille de Noël, Zénaïde fut transportée d'urgence à l'Hôpital de Sherbrooke. Tôt le lendemain, nous venions de commencer à déballer nos étrennes lorsque le téléphone sonna. Grand-mère venait de mourir, à soixante-trois ans. Papa nous demanda de dégarnir l'arbre de Noël et retourna dans la chambre où maman s'était réfugiée avec son chagrin.

Le besson et moi étions enfants de chœur depuis presque trois ans et très en demande : de vraies images ! Même taille, appliqués, attentifs, et latin compréhensible, pas baragouiné. Nous avions donc déjà assisté à beaucoup de funérailles, mais jamais aussi tristes que celles de grand-mère Zénaïde. La grande église était presque vide.

Du côté de ma mère, il y avait trois de ses frères avec leur femme. Pas question pour le déserteur Marcel de sortir de sa planque et risquer d'être cueilli par la police militaire. Quant à tante Blanche-Alice, elle dut rester au Saguenay, n'ayant pas les moyens de se payer un aussi long voyage.

Du côté Fournier, eh bien, les rangs étaient minces : mon grand-père et une tante particulièrement proche de maman, Anna, l'ex-reine des champignons. Le service fut célébré par le jeune vicaire de la paroisse, les frères de papa, qui étaient prêtres, s'étant défilés pour des raisons sûrement valables. Il faut dire que la fratrie de mon père entretenait une estime assez modérée pour les Gagné, ces pauvres diables, ces immigrés de la crise.

Après le service funèbre, le corps de Zénaïde fut transporté dans le caveau au sous-sol de l'église ; on attendrait que la terre dégèle pour l'enterrer au cimetière dans un endroit dont on ne retrouve plus de vestiges. Je ne connais même pas de photos de cette grand-mère au curieux prénom et, maintenant, jusqu'à son souvenir s'estompe, parfaite démonstration du fugitif et du transitoire de notre passage sur terre.

Il était temps que l'année se termine car j'avais l'impression d'avoir appris sur la vie et la mort, cet étrange bout en bout, beaucoup plus qu'on doit en savoir à douze ans.

⁂

Des études classiques. La question ne s'était jamais posée. C'était évident que nous en ferions. Mais où et comment ? Normalement, nous aurions été admis au Séminaire de Saint-Hyacinthe, où la phalange des Fournier s'était retrouvée, dont les trois prêtres, mais la pension était bien au-delà de ce que pouvait payer notre père, qui tâta l'oncle Ovila, le professeur de biologie. D'autant que ce dernier, qui effectuait aussi de la recherche en entomologie, venait de gagner un beau magot en vendant une recette qui permit à l'armée américaine d'élaborer l'insecticide DDT. Ainsi, les pauvres *marines* qui affrontaient les Japonais dans les îles Marshall et Gilbert du Pacifique ne seraient plus dévorés comme des malheureux par les moustiques.

Je crois que mon père s'était naïvement imaginé que son aîné investirait une partie du produit de cette vente dans l'avenir de ses neveux. Non ! Fine mouche, Ovila avait déjà fait le tour de la question ; il avait découvert que, pour trois sous par année chacun, nous pourrions faire notre cours classique au Juniorat de Chambly chez les oblats de Marie-Immaculée. Mais il y avait un petit hic, la vocation religieuse ! Le cours était au rabais parce que le juniorat existait comme pépinière de futurs oblats.

— La vocation, ça ne se voit pas, expliqua Ovila, et tes jumeaux sont assez fins pour faire semblant. Ils peuvent voguer comme ça jusqu'en rhétorique. C'est un gros bout de chemin.

Après la rhétorique et avant les deux années de philosophie, il fallait déjà se commettre : prendre l'habit, prononcer des vœux temporaires et entrer au noviciat.

— Il sera toujours temps pour eux de se récuser, conclut Ovila, à moins qu'une vraie vocation n'ait fleuri d'ici là. Sait-on jamais ?

Ni Guy ni moi n'avions jamais entendu parler de cet ordre religieux. Jésuite, dominicain ou oblat, au fond qu'importe la dénomination quand on fait semblant !

Le Juniorat de Chambly ne se trouvait qu'à soixante-dix kilomètres de Waterloo, mais quelle expédition pour s'y rendre ! Il fallait prendre un autobus ou une voiture jusqu'à Granby et, là, monter dans le tortillard de la Montreal Light Heat and Power qui allait jusqu'à Montréal, en passant par Chambly. De la gare au juniorat, il restait trois kilomètres à parcourir à pied. Aménité pour les nouveaux élèves, on dépêchait un frère convers à la gare avec une vieille camionnette.

Heureusement, les congés étaient rares : dix jours à Noël, deux mois durant les vacances d'été, et les visites des parents, rationnées : une par mois, excluant l'avent et le carême. En quatre ans, nos parents ne nous visiteront qu'à trois occasions, dont une fois pour assister à une comédie musicale (très religieuse) sur des airs de Johann Strauss dont nous avions conçu les décors.

Notre départ pour le pensionnat, où les cours commençaient dès la troisième semaine d'août, provoqua tout un branle-bas. D'abord, le besson et moi devions mettre un terme à deux importantes activités commerciales. En effet, à la collecte de papier et d'étain recyclés à des fins militaires nous avions ajouté le commerce d'œufs de poules heureuses. Au bout de la propriété, dans un petit bâtiment que nous avions transformé en poulailler depuis trois ans, nous élevions une cinquantaine de pondeuses. Nous faisions le tour de la clientèle deux fois par semaine avec ces œufs frais de poules dorlotées, gavées de grain, d'herbe tendre fraîchement coupée, de vers de terre et d'épluchures de carottes, de pommes de terre ou de navets.

Il arrivait que le bonheur de nos gallinacés, des Plymouth Rock grises et noires et des Rhode Island rouges, soit brutalement interrompu lorsque l'une d'elles succombait à la paresse. Elle était alors vite condamnée à passer au pot.

La première exécution donna lieu à une vive prise de bec sur la répartition des rôles. L'un de nous devant tenir la poule, cou étiré sur une bûche, tandis que l'autre assénait le coup de hache fatal, il fut difficile de déterminer lequel des bourreaux avait la position la plus enviable. J'ai le souvenir d'avoir été celui qui dut donner le coup de grâce alors que Guy resta avec la tête de la suppliciée dans les mains tandis que son corps, battant frénétiquement des ailes, effectuait dans la cour une série de cabrioles, semant des plumes et aspergeant du sang partout.

Dès le moment où fut prise la décision de nous envoyer au pensionnat, nous avions tenté, en vain, de persuader Hughette ou Jean-Pierre, qui restaient à la maison, de prendre la relève, espérant soustraire nos poules à ce destin funeste ! Nous dûmes donc nous résigner à la solution finale au rythme de deux ou trois exécutions par semaine.

Et durant ce fichu été que j'aurais dû employer à fortifier ma vocation, le pire arriva, je tombai amoureux pour la première fois : une petite Anglaise aux lèvres pulpeuses qui habitait au bout de la rue. Eh oui ! la puberté, dont j'avais à ma grande surprise fait la découverte presque un an plus tôt, avait brusquement allumé en moi une flamme vive pour cette Muriel Martin que je croisais pourtant sans émoi depuis que nous nous étions établis dans la rue.

Ce passage à l'adolescence, personne ne nous en avait prévenus. Ni mon père, qui en eût été fort incapable, ni ma mère, qui n'avait peut-être pas prévu que le temps passait vite et moins encore qu'il était déjà là. Ces transformations, je les voyais bien et je commençais à trouver du plaisir à certaines caresses jusqu'au moment tout à fait imprévu de la première éjaculation. À cette jouissance intense et inattendue succéda l'effroi. Une véritable épouvante qui dura des mois. Jusqu'à la prochaine fois où j'osai de nouveau me masturber, curieux de savoir si la même jouissance se reproduirait et résigné à en mourir si ce jaillissement opalin était la manifestation d'une maladie grave et incurable.

Mes amours avec Muriel étaient partagées, mais elles étaient aussi rudimentaires que des ailes d'autruche ; pas besoin de voler lorsque c'est déjà le paradis de marcher main dans la main au bord de la rivière, d'assister aux concerts de la fanfare au square Foster ou de s'asseoir ensemble au club de tennis pendant les tournois. Au milieu du monde, nous osions à peine nous toucher, juste des frôlements un peu prolongés, le temps de sentir la chaleur de sa peau ou de humer le parfum d'amandes de ses cheveux auburn et bouclés.

Était-elle aussi belle et parfaite que le souvenir que j'en conserve ? Après notre premier baiser, la veille de mon départ pour le pensionnat, je ne l'ai plus jamais revue. Quand nous sommes revenus pour les vacances de Noël, son père avait été muté dans une autre ville pour son travail. Trouver où elle était partie, à quoi bon ! Au juniorat, il était interdit de correspondre avec d'autres que les membres de sa famille immédiate, et chaque lettre reçue était décachetée et analysée avant de nous être remise.

Après ce premier et unique baiser de Muriel, j'avais recueilli avec précaution, dans un mouchoir blanc, l'empreinte de rouge sur mes lèvres. Combien de fois, lorsque les lumières du dortoir s'éteignaient, suis-je allé sortir le mouchoir de sa cachette dans la malle au bout du lit. Je le dépliais et reniflais avec mélancolie ce souvenir vermeil de mon extase.

Notre arrivée au pensionnat avait provoqué une commotion. Avec nos bas golf et nos culottes courtes, nous étions loin d'être standard ! Maman, qui avait passé une partie de l'été à coudre pour des clientes, n'avait pas trouvé le temps de terminer notre trousseau et, comme elle ne pouvait se résigner à nous voir en pantalons, elle avait décidé d'attendre l'automne pour nous en envoyer. Encore qu'elle eût préféré des jodhpurs. Elle avait en horreur les pantalons pour de jeunes garçons !

Ce n'était pas l'avis du supérieur du juniorat, le bon père Lebel, qui s'empressa de nous convoquer à sa chambre… l'un après l'autre, pour nous informer que notre mère devait de toute urgence se conformer au règlement et nous faire parvenir des pantalons. Curieux ultimatum puisqu'il en profita pour glisser une main sous ma culotte et explorer ma zone adolescente, me gardant solidement coincé contre lui avec son autre bras et me rabotant la joue en guise de caresse avec son visage mal rasé et piqueté de taches noires, luisantes, qui lui donnaient un air de rat.

Il fallut bien trois semaines pour que maman obtempère au règlement, ce qui fournit l'occasion au supérieur de me convoquer de nouveau à sa chambre et de reprendre ses explorations.

Dans la grande salle d'étude commune, il y avait tous les mois lecture solennelle par ce supérieur des bulletins de chacun des quelque cent vingt élèves.

Il devint vite évident que résister aux avances persistantes du religieux condamnait les récalcitrants à des bulletins de plus en plus pitoyables, quels que soient leurs résultats académiques. Pendant les quatre ans passés dans cette pépinière religieuse, l'évaluation de notre vocation et nos notes de conduite n'ont jamais cessé de s'anémier. Cet exercice communautaire permettait aussi au supérieur de passer les commentaires les plus humiliants sur les délinquants et de porter aux nues certains de ceux dont il était le directeur spirituel et, sans aucun doute, l'agresseur perpétuel.

Je me souviens d'un élève qui était dans la classe juste au-dessus de nous et que le supérieur encensait à chaque bulletin. À l'entendre, ce garçon s'en allait, ma foi ! très allègrement vers la sainteté.

Quelle ne fut pas ma surprise au printemps 1947 d'être agressé par celui-là même que le père Lebel nous citait en exemple tous les mois !

À la mi-mai, le juniorat s'était transporté pour une semaine dans un village de tentes, à Ottawa, où se déroulait un congrès marial international. Chaque matin, des centaines de messes étaient célébrées par des prêtres du monde entier et nous constituions une partie d'un vaste réservoir d'enfants de chœur.

Est-ce le hasard ou parce que je me débrouillais bien en anglais, mais je fus assigné au service de trois archevêques, dont deux que Pie XII venait d'élever au cardinalat : le cardinal Francis Joseph Spellman de New York, le cardinal James Charles McGuigan de Toronto, et Mgr Richard James Cushing, de Boston, qui deviendrait lui aussi cardinal, en 1958. De tous les servants, je crois que je fus le plus choyé, le cardinal Spellman me faisant remettre un billet de dix dollars chaque fois que je servis sa messe.

Nous étions loin à cette époque des révélations qui devaient entacher le clergé et « mon » cardinal Spellman en particulier dont, malgré tous les efforts de l'Église, le passé homosexuel finit par être étalé au grand jour : ses liens intimes avec Roy Cohn, bras droit du sénateur McCarthy, ses aventures avec des danseurs de Broadway que sa limousine allait cueillir après le spectacle pour les exercices de nuit à l'archevêché.

Ces comportements, nous ne connaissions que cela à notre époque, mais il fallait la boucler !

Ils faisaient partie à ce point de la vie courante qu'il eût paru incongru de nous en offusquer. À la petite école, c'était la main rose et potelée du frère Philémon ; au juniorat, celle du supérieur et les caresses de ses joues rugueuses ; dans la tente du congrès marial, la main du « futur saint » glissant comme une couleuvre sous ma couverture à la recherche de nourritures terrestres ! Quelle drôle de pensée, la pureté, lorsqu'il se trouve toujours quelqu'un quelque part pour souiller l'idée de l'amour.

Par chance, il y a eu une vraie rencontre. Avec la poésie ! Celle que je lisais et celle que je commençais maladroitement à écrire. Des poèmes à ma mère. Qu'elle ne lut jamais. (Quelle timidité stupide de ma part de ne les lui avoir jamais montrés.)

À partir de la méthode, j'utilisai tout le temps d'étude qui me restait pour écrire ces poèmes qui parlaient d'elle, s'adressaient à elle et exprimaient cet amour que l'absence exacerbait. Pas de l'ennui, ni de la mélancolie, plutôt les fantasmes merveilleux de sa bouche si proche et si insaisissable ; de caresses tendres et amoureuses ; de mots doux, de confidences dont j'entendais le murmure ; de la chaleur enivrante de son corps allongé en rêve sur moi ; d'enlacements et de baisers aussi sensuels qu'imaginaires.

Je finis ainsi par noircir tout un cahier, une centaine de poèmes que je ne montrerai jamais à personne, sauf quelques-uns, les plus fades en somme, que je lui envoyai à l'occasion en guise de lettres.

Quelle période bizarre, presque schizophrénique, que ces années de juniorat alors que tout nous poussait vers l'entrée en religion : la messe obligatoire chaque matin, le port d'un crucifix à la ceinture (comme celui des religieux oblats, mais plus petit), les repas en silence et ceux du Vendredi saint (un potage aux légumes avec du pain sec) pris à genoux sur le sol de terrazzo, les harangues interminables de missionnaires, débarqués du Keewatin dans le Nord-Ouest canadien ou du Basutoland, missions de prédilection des oblats et surtout les visites, deux fois l'an, du père Roland Lelièvre, dont les prédications atteignaient une démesure proche de l'hystérie.

À l'entendre, cet homme avait soustrait des centaines de brebis perdues aux flammes de l'enfer, en survenant *in extremis* avec l'absolution au moment même où elles allaient trépasser. Mais comme il ne pouvait toujours se trouver là à l'heure fatidique, il recommandait formellement de réciter trois Ave par jour, le parfait antidote au péché mortel en cas de mort subite. Cette habitude quotidienne aiguillait infailliblement l'âme en perdition vers le purgatoire plutôt que l'enfer, destination moins définitive. Mais il n'arrêtait pas de nous citer des exemples affolants : un tel qu'il venait de convaincre des trois Ave avait été foudroyé par une crise cardiaque la nuit suivante, un autre avait été renversé par une voiture quelques jours plus tard, un autre encore s'était noyé... à la première occasion ; ces fameux Ave, on commençait à les redouter : étaient-ils une sauvegarde ou un arrêt de mort ?

Débarquait aussi à l'occasion cet illustre oblat, le cardinal Jean-Marie-Rodrigue Villeneuve, prétentieux et rétrograde archevêque de Québec. Il cherchait déjà à javelliser nos jeunes cerveaux en prêchant contre la liberté de la presse, contre le vote des femmes et en nous réclamant de convaincre nos parents de voter en faveur de la conscription.

Puis, les vacances arrivaient et cet embrigadement s'évanouissait comme par magie. Il ne m'arrivait pas une minute d'imaginer que je serais prêtre un jour et cela ne chagrinait pas maman, loin de là ! Elle avait toujours souhaité que ses jumeaux devinssent journalistes ou écrivains.

Dès les premières grandes vacances, ce qui eût pu encore subsister de vocation fut anéanti par la rencontre de Lise, dont la famille venait de s'établir à Waterloo. L'arrivée d'une telle famille dans une petite ville ne pouvait que semer un certain émoi. Roland Boucher, le père, était chef de gare, directeur de chorale (la paroisse en cherchait désespérément un), bel homme et tombeur (la ville pouvait, je suppose, en accommoder un de plus) ; l'aîné, Gérald, beau garçon aussi, était suivi de cinq filles plus jolies les unes que les autres.

Nous avions tous les deux treize ans, Lise et moi, mais il me semblait qu'elle ne prenait pas mes déclarations au sérieux, y répondant souvent par un sourire moqueur ou des attitudes d'indifférence qui me tracassaient assez pour m'empêcher de dormir, à l'occasion. Une de ces nuits d'insomnie, je sortis cueillir des fleurs dans le jardin, j'en fis un bouquet, et je marchai d'un pas rapide jusque chez les Boucher, qui habitaient dans une grande résidence de trois étages, en haut de la côte du couvent, une assez bonne distance.

Lise couchait à l'étage dans une chambre dont la fenêtre en ogive donnait au-dessus du portique d'entrée. Il devait être trois heures du matin. J'eus beau toussoter, lancer de petits cailloux sur le toit du portique. Rien. Pourtant, d'en bas, dans le silence de la nuit, j'entendais respirer, c'était elle ! J'appelai son nom doucement, plusieurs fois. Déception. Toujours rien.

En désespoir de cause, je me dirigeai vers l'arrière de la maison. Je trouvai une grande échelle que j'arrivai à appuyer sans faire de bruit contre le toit du portique, ce qui me permit de grimper avec mon bouquet jusqu'à la fenêtre. Son lit était juste là et je la voyais dans la pénombre, à travers le grillage. Mon cœur battait à se rompre et je ne doutais pas une seconde que ses petits airs de détachement tomberaient pour toujours devant l'audace de ma démarche. Je grattai avec mon ongle contre le grillage. Enfin, elle ouvrit les yeux et me reconnut juste à temps pour ne pas hurler de frayeur. Son visage s'illumina d'un sourire que je ne lui avais jamais vu.

Une fois le grillage retiré, nous restâmes pudiquement enlacés, en équilibre sur l'allège de la fenêtre, nous bécotant entre ciel et terre et aspirant à un infini que nous ressentions au plus profond de nous-mêmes, mais qui nous effrayait. Eh oui, les vœux qu'à l'oreille nous nous murmurions pour toujours, comment aurions-nous pu en garantir la pérennité ?

Cette éternité dura quatre ans ! Des années compressées durant les vacances de Noël et d'été. Seule Lise existait. Je ne voyais qu'elle. Je passais des soirées entières à écouter Debussy, surtout, qu'elle interprétait magnifiquement au piano. Je lui réclamais *Cakewalk, Clair de lune* ou *La Cathédrale engloutie* jusqu'à des heures tardives, car j'avais depuis longtemps appris à déjouer notre chaperon, sa grand-mère aveugle, en reculant les aiguilles de l'horloge sur la cheminée du salon. La vieille dame venait les tâter régulièrement en ronchonnant que le temps ne passait pas vite.

Florence, la mère de Lise, sans doute désabusée d'avoir attendu son mari trop souvent, n'avait pas développé d'appétit pour servir de chaperon. Elle montait à sa chambre tôt et lisait, ses prédilections allant à Anatole France et une bouteille de Courvoisier dissimulée dans la poche tout étirée d'un vieux peignoir de chenille accroché sans façon dans la penderie.

Durant ces étés-là, nous commençâmes aussi à travailler. Avec notre frère Jean-Pierre qui allait entrer lui aussi au pensionnat, les affaires financières étaient loin de s'arranger.

Le besson, lui, se trouva un emploi à la boucherie Bonneau. Pas pour les livraisons, mais pour les préparations de viande à saucisse, un salmigondis qui lui fit perdre à jamais le goût de la charcuterie. De mon côté, j'eus plus de chance lorsque le patron de mon père à la Southern Canada Power décida que j'étais assez grand pour assister les électriciens qui construisaient une nouvelle ligne de transmission entre Waterloo et Knowlton. L'été d'après, je fus promu à une tâche qui me donnait beaucoup de visibilité : crampons aux pieds, harnais de sécurité à la taille, je grimpais dans les poteaux et je changeais les ampoules grillées dans les rues de la ville. Je n'étais jamais si fier que lorsque, du haut d'un poteau, je pouvais héler une personne que je connaissais. Invariablement, on me criait :

— Tu n'as pas le vertige ?

Je raidissais les jambes, comme on me l'avait enseigné, pour bien piquer les griffes dans le bois, je me cambrais du mieux que je pouvais et j'envoyais un grand salut de la main pour accentuer le désinvolte de ma décontraction et ma stature d'homme de ligne !

Mais c'est de conduire que je me mourais.

Aussi, chaque fois que je me trouvais dans le camion, j'observais tout de la conduite : démarrage, embrayage, changements de vitesse. Si bien que vers la fin du deuxième été, je décidai que j'étais prêt à emprunter le camion, en ne le demandant à personne évidemment. Après les heures, il restait garé dans la cour et je savais où on en cachait la clef.

Papa était toujours le dernier à s'en aller. J'attendis donc qu'il parte sur son vélo (il ne voyageait pas autrement, ayant toujours juré qu'il ne voulait pas d'auto et heureusement ! car il n'en eut jamais les moyens).

J'insérai la clef, actionnai le démarreur et le moteur se mit à tourner instantanément. Je ne sais pas à quoi je m'attendais, mais je restai un long moment sous le choc, incapable de bouger. J'avais la tremblote, mais je sentais aussi monter en moi une impression de toute-puissance.

L'intérieur cradingue de la cabine, je ne le voyais pas, ni le coffre à gants plein à ras bord de paperasses, ni les accrocs dans la moleskine du siège ; j'avais les yeux rivés sur les cadrans du tableau de bord dont les indications restaient énigmatiques, sauf celle de la jauge à essence, aux deux tiers.

Après avoir retrouvé mes sens, je réussis mais vraiment du bout du pied à enfoncer la pédale d'embrayage. J'avais si bien en tête le schéma de la boîte de vitesse que sans anicroche je me retrouvai en marche arrière, puis en première pour sortir dans la rue par un passage étroit entre deux immeubles. Par bonheur, il ne se trouvait personne sur le trottoir, car dans mon excitation je ne pris pas la peine de faire d'arrêt avant d'enfiler dans la rue principale.

Je me dirigeai du côté de la rue Western, où je savais qu'il n'y aurait pas beaucoup de circulation, afin de roder un peu ma conduite avant de monter la côte du couvent jusque chez Lise. Un quart d'heure plus tard, la camionnette n'avait plus de secrets pour moi, j'avais le sentiment d'être né avec un volant dans les mains.

Lise, qui lisait dans le jardin devant chez elle, fut étonnée de voir ce camion s'arrêter dans l'entrée, mais complètement éberluée de m'apercevoir derrière le volant.

— Tu sais conduire !

— Ouais, fis-je en haussant les épaules, c'est très utile pour mon travail ! Tu viens ?

Serrés sur la banquette crasseuse, l'un contre l'autre, je proposai qu'on fasse le tour du lac Brome, une balade d'une trentaine de kilomètres. Je pourrais lui indiquer au passage l'importante ligne de transmission que j'avais aidé à construire, l'été auparavant, et nous pourrions nous arrêter à Pointe Fisher, voir le soleil disparaître doucement dans l'eau.

La route sinueuse longeait le lac, sillonné par de petits voiliers aux ailes ouvertes, où elle côtoyait des propriétés magnifiques, soulignées par des murs de pierres sèches s'étirant parfois sur plus d'un kilomètre. Ces résidences somptueuses que l'on devinait à travers des bouquets d'arbres appartenaient depuis toujours à des Américains de New York ou de Nouvelle-Angleterre et monopolisaient presque toutes les rives de ce lac aux sautes d'humeur violentes et imprévisibles.

Au volant de mon camion, conduisant bravement d'une seule main, l'autre posée sur le cou de ma dulcinée, les harnais, les crampons et le reste de l'attirail suspendus dans la boîte derrière et bringuebalant contre le dos de la cabine, je m'imaginais avec le sourire béat, mais conquérant d'un Gene Autry dans ses westerns...

Lise appuya sa tête contre ma joue. Elle ne disait rien, mais son souffle m'effleurait de ses caresses frémissantes et son corps sucré embaumait la fraise des bois. Naturellement hâlée, sa peau conservait toujours ce parfum de fruit sauvage. Chaque femme, je commençais à le découvrir, avait son essence, et cette odeur respirée une fois allait se fixer à jamais dans la mémoire afin que le passé puisse redevenir à tout moment le présent et que soit reconstitué ce qui fait qu'une femme est ce qu'elle est et ce sans quoi elle ne serait pas.

Au retour, alors que je m'engageais dans le square Foster, ma conduite fut mise à rude épreuve par les piétons qui traversaient la chaussée en courant pour avoir les meilleures places autour du kiosque. Catastrophe ! C'était soir de fanfare et la fanfare municipale remontait justement la rue. J'obliquai brusquement vers la bordure du trottoir dans une zone sombre sous un gros érable. C'est que le directeur de l'harmonie qui approchait était l'électricien qui conduisait habituellement « mon » camion. Je me mis à suer à grosses gouttes et je murmurai d'une voix tremblotante :

— C'est George Young !

Lise comprit immédiatement que c'était l'ennemi et que notre situation était désespérée, que notre western ne connaîtrait pas de *happy end*, si romantique fût-il.

L'incroyable se produisit. Juste au moment où la fanfare arrivait à notre hauteur, une légère défaillance musicale fit se tourner le directeur vers ses musiciens pour les aider dans un passage difficile de cette marche de John Philip Sousa. À reculons et cadençant le pas, il nous frôla presque, puis se retourna pour se diriger vers le kiosque au milieu du parc. Il ne nous avait pas vus.

Je déposai Lise chez elle et, sans perdre plus de temps, je me dépêchai d'aller garer le camion. Dans mon énervement, je ne trouvais plus le bouton pour allumer les phares et je roulais comme un engin fantôme dans la nuit qui tombait. En entrant dans le passage étroit conduisant à la cour, un coup de volant malencontreux projeta le camion sur la droite, où il emplafonna le mur de briques de l'immeuble. Le choc rogna sauvagement une aile et m'arracha le cœur. Ce bruit atroce de métal froissé ! Un cauchemar.

Bien sûr, je ne soufflai pas un traître mot de cela à la maison.

Moi qui rêvais chaque nuit depuis des mois de conduire, qui m'imaginais au volant de voitures rapides et rutilantes, je cherchais désespérément le sommeil en comptant ne plus jamais me réveiller. C'était évident, j'allais être mis à la porte, peut-être congédierait-on aussi mon père, et il y aurait les dégâts à payer. Combien pouvait valoir une aile de camion ? Je n'en savais rien, mais l'insomnie qui se prolongea tard dans la nuit eut sur ce coût un effet inflationnaire affolant.

Et notre pauvre mère qui avait, ce printemps même, ouvert une boutique de modiste, afin d'aider la famille à joindre les deux bouts. Combien de temps devrait-elle passer à trimer sur des chapeaux de dames pour éponger ma bêtise ? Le nouveau commerce un peu excentré – c'était le seul de la rue – occupait l'entrée principale de la maison ainsi que le salon et il ne restait plus pour nous, au rez-de-chaussée, qu'un minuscule boudoir, la chambre des parents, la cuisine et la salle de bain.

Une enseigne perpendiculaire à la façade indiquait *Salon Juliette*, et un ouvrier avait transformé les deux fenêtres en vitrine, où maman exposait ses créations sur d'élégantes têtes de bois sculptées par mon grand-père et merveilleusement peintes par elle, des dames au sourire mystérieux et aux yeux rêveurs frangés de longs cils, attractifs comme des droseras.

Hélas, il venait autant de dames pour faire rebouiser leurs vieux chapeaux que de clientes désireuses de profiter de l'imagination débridée de la modiste. Maman avait stocké des capades de toutes les couleurs et des peluches de soie et des pailles d'Italie et des plumes et des aigrettes et, en un tournemain, elle en fabriquait une parure de tête gracieuse et hardie qui allait chercher le regard du plus indifférent des hommes. Son plus simple bibi à plumes devenait tentation comme l'éclat d'une fleur au temps de la fécondation.

Elle était minuscule, notre mère, à peine un mètre cinquante et moins de quarante-cinq kilos, mais elle travaillait avec une rapidité et une habileté incroyables. Et le regard qu'elle plongeait sur tous ! Deux yeux noirs, indéchiffrables, abysses de rêve et d'éternelle mélancolie. Des clientes fortunées, elle en avait malgré tout quelques-unes : la femme du médecin, celle du notaire et une autre, pas très classe mais jolie, fin de la trentaine, veuve d'un homme riche qui lui avait laissé sa fortune et un nom qui l'ennoblissait un peu : Lagrandeur.

La veuve Lagrandeur ne rechignait pas à la dépense et, surtout, elle faisait confiance à sa modiste dont elle était prête à assumer toutes les originalités. Chaque fois qu'elle sortait du Salon Juliette avec une nouvelle création, l'aguichante veuve arrêtait au bureau de mon père, c'était sur sa route, pour se pavaner avec son achat, toujours extasiée devant l'incomparable talent de sa femme. Il rentrait à la maison, tout fier de rapporter les propos louangeurs de cette cliente dont le béguin évident qu'elle manifestait à son endroit lui échappait, mais qui commençait à turlupiner ma mère. Il en eût fallu bien davantage pour percer la coquille de mon père, qui avait la confiance en soi d'un escargot et ne pigeait pas les plaisanteries de ses collègues au sujet de cette veuve joyeuse… qui arriverait un jour à ses fins.

Mais l'air n'était pas à la rigolade lorsque je me présentai au travail, le lendemain de mon escapade. En le garant, j'avais serré le camion au maximum contre un mur à droite. Oui, cela camouflait un peu l'avarie, mais il sauta aux yeux de George Young qu'il y avait là quelque chose de louche ; d'ailleurs s'il s'était lui-même placé ainsi, comment son passager aurait-il ouvert la portière pour sortir ? Pas très malin de ma part.

Sur le portique du magasin, porte entrouverte, mon père attendait. J'essayai de me glisser du côté de la cour, mais un « Claude » retentissant me scia les jambes.

Un grand comptoir séparait l'espace du magasin en deux, l'avant étant réservé aux électroménagers. Derrière le comptoir où les clients acquittaient leurs factures mensuelles d'électricité se trouvaient le bureau de mon père et celui de l'ingénieur chargé de l'entretien du réseau. Une impressionnante porte de métal noir sur laquelle était gravé en lettres d'or le mot *CHUBB* sortait légèrement en saillie du mur du fond. En plein centre, la poignée de la combinaison du coffre-fort entourée de rayons et de chiffres noirs, cabalistiques, sur fond argent ; à gauche, le puissant levier pour ouvrir cette porte qui semblait pouvoir défier le plus entreprenant des malfaiteurs. Mon père, le seul avec le gérant à posséder la combinaison secrète, devait arriver le premier, chaque matin, afin d'ouvrir le coffre à l'abri de tout regard indiscret. J'étais très fier qu'il ait cette responsabilité.

Papa me précédant, je traversai la première partie du magasin comme un condamné à mort. Il passa derrière le comptoir me faisant signe de rester devant. Il fut aussitôt rejoint par George Young, un Écossais rouquin qui, au lieu de son visage souriant habituel, avait pris la mine âpre d'un autoportrait de Van Gogh; et par M. Parkes, le gérant, avec son air habituel de miséréré. Le tribunal était constitué.

— C'est toi qui as pris le camion, hier soir? demanda mon père d'une voix résolument sévère.

Je me trouvai soudain très bête. J'avais eu toute la nuit, j'aurais pu m'inventer un mensonge crédible, raconter que j'avais essayé de bouger le camion pour le laver et qu'il y avait eu ce petit accrochage. Non, je n'avais pensé à rien et je dus répondre à la question par un signe de tête affirmatif et piteux.

— Et tu as eu un accident, poursuivit Young avec son fort accent, tu as frappé quelqu'un?

— Non, fis-je, seulement un mur, le mur de la maison d'à côté.

Je ne sais pas ce que mes juges imaginaient, que j'avais embouti une autre voiture? qu'il y avait pu y avoir des blessés? pourquoi pas des morts? mais cette histoire de mur sembla détendre l'atmosphère.

Je vis Van Gogh reprendre tout à coup sa bonhomie de directeur de fanfare et éclater d'un gros rire.

— C'est vrai que ça passe serré, expliqua-t-il ensuite en anglais, j'ai bien failli le baiser moi aussi, ce mur-là, avec un verre dans le nez!

M. Parkes, qui ne parut pas apprécier outre mesure la remarque de son électricien, lui fit signe de retourner au travail et me condamna à passer les prochains jours à faire de l'ordre dans l'arrière-boutique, un véritable bordel. Les autres sanctions dépendraient de la façon dont je m'acquitterais de cette première sentence, et il y avait cette question de dommages dont il discuterait avec mon père.

En trois jours, le foutoir était devenu une boutique d'exposition. J'avais séparé chaque longueur de fils électriques par calibre; il y en avait des centaines jetés épars dans des barils, j'en avais fait des rouleaux, attachés et étiquetés ; j'avais minutieusement classé par catégories marrettes, isolateurs, connecteurs, fiches mâles et femelles, je leur avais assigné des boîtes, et, pour finir, j'avais, à force de Javel et de Old Dutch, réussi à redonner à la cuvette des W.-C. sa blancheur éclatante d'origine, un miracle considérant l'usage avaricieux que l'on faisait de la chasse d'eau.

M. Parkes fut si impressionné par mon travail qu'il annonça à mon père qu'il oublierait le coût de la réparation du camion. La compagnie s'en chargerait. Durant les deux semaines qui restaient avant la fin des grandes vacances, M. Young, le principal responsable du fouillis de la boutique (j'avais retrouvé dans le bazar l'embouchure d'une trompette qu'il avait perdue depuis deux ans), me laissa conduire le camion chaque fois que nous sortions de la ville. Lui en profitait pour répéter des airs de fanfare, sifflant à tue-tête et battant la mesure comme un forcené sur le tableau de bord, donnant la danse de Saint-Guy à l'aiguille de l'indicateur de vitesse.

Et si la vie se terminait ainsi, pensai-je en appuyant à fond sur l'accélérateur. À toute vitesse. En transe. Sans faux-fuyants. Plus la peine d'avoir de vocation, ni de faire semblant. Ce serait l'éternité de l'amour.

L'éternité de l'été.

*
* *

J'ai le souvenir net d'un seul printemps de ma vie. Un printemps d'une telle mélancolie, sur lequel je ne peux m'empêcher de revenir.

Celui de 1946.

La saison avait pourtant commencé sous d'heureux présages : la naissance en mars de la dernière de la famille, Camille, dont la venue six ans après les autres, sans être vraiment prévue, avait réjoui tout le monde. Le 14 août de l'été précédent avait été un jour de curieuses coïncidences aigres-douces : maman venait d'avoir la confirmation qu'elle était enceinte, le Japon avait capitulé après la deuxième bombe atomique lâchée sur Nagasaki et mon oncle Marcel, le déserteur, avait été gracié par les autorités et pouvait ainsi reprendre une vie normale après avoir échappé à la police militaire durant deux ans.

Avant les fêtes de Noël et durant les derniers mois de sa grossesse, maman avait travaillé jour et nuit, victime de sa réputation de modiste qui ne cessait de grandir. Des clientes, il en venait maintenant d'aussi loin que Granby ou Sherbrooke et toutes, évidemment, voulaient leur chapeau pour le lendemain. Je me souviens de Mme Gariépy, la femme du vétérinaire, arrivant avec un châle sur la tête, la veille de Noël, quinze minutes avant la messe de minuit, pour prendre possession de sa nouvelle coiffure, une toque en écureuil de Russie sur laquelle maman achevait de fixer deux pompons de soie rouge. Ces peaux d'écureuils, elle ne les avait achetées que mégissées, alors elles avaient passé une partie de l'automne à sécher, tendues avec des broquettes sous le siège des chaises de cuisine, ce qui donnait des haut-le-cœur à mon père quand il lui arrivait par inadvertance de frôler cette partie poilue du mobilier.

Pile comme le ténor entonnait le *Minuit, chrétiens,* Mme Gariépy – son mari était marguillier – remonta l'allée centrale de l'église jusqu'au premier banc en allongeant le cou pour faire admirer son magnifique chapeau de fourrure lustrée qui n'avait pas besoin de signature. Toutes les élégantes savaient que cette schapska, ce trophée, était l'œuvre de la petite modiste de la rue Saint-Joseph. Mais celle-ci n'était pas à la messe, elle était effondrée sur son lit, crevée, les reins brisés, ses poings soutenant tant bien que mal la masse de son ventre palpitant.

Lorsque vint le moment de l'accouchement, maman était encore si affaiblie que le Dr Larose insista pour qu'on la transporte à l'Hôpital de Granby, craignant des complications. Il faisait une de ces tempêtes de neige, aucun taxi ne voulait risquer cette quinzaine de kilomètres, surtout avec une femme sur le point d'accoucher. Mon père dut se résigner à demander à son frère Ernest. Il lui offrit dix dollars, le double de ce qu'aurait coûté un taxi. Ernest s'empressa de rendre ce service mais dut se fâcher devant l'insistance de mon père à le payer.

Mon père ! Il a toujours eu cette fierté un peu ridicule. Lui qui n'avait rien, jamais un sou vaillant, était incapable de demander de l'aide ou d'en accepter.

Au juniorat, c'est le supérieur qui nous annonça, plusieurs jours plus tard, la naissance de cette petite sœur. En effet, mon père nous avait fait parvenir un mot, mais comme aucune correspondance ne nous était permise durant la période du carême, le supérieur décachetait toutes les lettres et déterminait quelle nouvelle transmettre. Il fallut attendre Pâques pour lire la lettre et apprendre que notre sœur avait été baptisée Camille et que, plusieurs jours après sa naissance, maman manquant terriblement de forces, papa demanderait à une cousine du Saguenay de venir aider durant quelques semaines, surtout qu'au printemps, Pâques approchant, l'activité reprendrait de plus belle au Salon Juliette.

Abruptement, un après-midi de mai, on vient nous chercher, le besson et moi, à la cour de récréation. Le supérieur nous convoque à son bureau. Ces convocations sont devenues une véritable source d'angoisse, car depuis le début de l'année nous avons eu vent, grâce à l'indiscrétion bienveillante de nos directeurs de conscience, de ce que nous avions fait deux fois l'objet d'un ballottage, cérémonie secrète au cours de laquelle le supérieur distribue à chacun des maîtres chargés de l'enseignement ou de la discipline une boule blanche et une boule noire. Ceux qui continuent d'avoir confiance dans la vocation de celui dont le nom est appelé déposent la boule blanche dans un sac de velours que l'on se passe de l'un à l'autre, ceux qui n'y croient plus ou qui doutent que le sujet puisse encore s'amender déposent la boule noire. Une majorité de boules noires et c'est le renvoi immédiat, décision sans appel. Les deux fois, il semble que nous ayons échappé de justesse à ce destin fatal, alors nous vivons sur la corde raide, en sursis, entraînant involontairement dans ce sillage d'incertitude notre petit frère Jean-Pierre, qui a commencé ses éléments latins.

C'est ainsi que l'annonce de la mort subite de notre grand-mère Fournier nous est arrivée presque comme un soulagement. Avec en prime une semaine de congé ! Nous prîmes le train le soir même pour Waterloo, avec Jean-Pierre, dans une atmosphère de vacances bien plus que de deuil.

Pendant je ne sais combien d'années j'avais cru que cette grand-mère avait succombé à une fulgurante indigestion de concombres. En effet, ce soir-là, après avoir dîné uniquement de concombres frais et de pain beurré, elle avait senti une lourdeur en se couchant. Mon grand-père avait offert de se relever pour lui préparer du thé, quelque chose.

— Je te défends bien, Louis-Joseph, avait-elle répliqué, à l'heure où tu dois te lever pour travailler, dors !

En se réveillant, mon grand-père avait étendu la main pour la toucher. Elle était froide. Elle l'avait quitté sans qu'il en ait eu le moindrement conscience.

Dans la famille, cet événement a longtemps fait porter aux innocentes cucurbitacées une responsabilité qu'elles n'ont sans doute jamais eue, car bien après j'ai su que grand-mère s'était plainte d'angine quelques semaines auparavant. Sur la recommandation de l'aîné – toujours Ovila, on ne faisait rien d'important sans le consulter –, on l'avait emmenée à l'Hôpital de Saint-Hyacinthe, mais elle avait refusé d'y séjourner, même une nuit, et les examens écourtés n'avaient rien révélé d'alarmant.

Marie-Louise Arès, qui venait de mourir à soixante-six ans, n'avait que dix-huit ans lorsqu'elle épousa mon grand-père, en 1898. Elle était déjà maîtresse d'école et calée en français. C'était une petite boulotte aux yeux vifs que je n'ai jamais vue se reposer. Entre la cuisine, les travaux ménagers et la comptabilité du commerce de son mari, le seul temps qu'elle s'accordait chaque jour était consacré à la lecture du journal *Le Devoir*. Et ce n'était pas du repos. Le journal, elle aurait pu l'ouvrir, bien assise dans la berceuse toujours près du poêle comme une récréation, non : elle l'attaquait ! Elle le dépliait d'une gifle sur la toile cirée de la grande table de cuisine, s'asseyait droite sur une chaise droite, parcourait studieusement la première page en suivant les articles avec le doigt et ensuite la page éditoriale. Dix minutes plus tard, elle refermait le journal d'une autre gifle, le pliait en le lissant et allait l'empiler dans la boîte à bois pour allumer le feu.

Le Devoir, elle s'y était abonnée dès le premier numéro, le 10 janvier 1910. Elle n'oublia jamais la date de parution, qui coïncidait avec le début de difficultés qu'elle eut dans les trois derniers mois de sa septième grossesse et qui l'obligèrent à ralentir ses activités, lui donnant l'occasion de se familiariser avec la pensée nationaliste du fondateur, Henri Bourassa, dont elle donna d'ailleurs le prénom à l'enfant qu'elle portait et qui devint le deuxième prêtre de la famille.

Marie-Louise n'avait pas de temps à perdre à discuter politique, mais les idées véhiculées dans *Le Devoir* par Bourassa ou son remplaçant Georges Pelletier, en 1932, et par l'historien Lionel Groulx, à partir des années trente, elle s'assurait de les inoculer à mon grand-père par des réflexions fines et judicieuses, de petites piqûres de pensée quotidienne qu'il propageait ensuite à sa clientèle, s'assurant d'aller mollo sur le nationalisme, pour lequel il ne partageait pas la même ferveur que sa femme. Mais contre la conscription durant les deux grandes guerres, ça il y allait franco sans qu'on l'y pousse.

— Tiens, Louis-Joseph, cette idée de regroupement d'agriculteurs, parles-en donc à ton petit journaliste de *La Terre de chez nous* lorsqu'il reviendra à la boutique.

On était en 1936. La crise faisait rage et *Le Devoir* avait publié un éditorial suggérant aux producteurs de se regrouper en coopératives pour mieux vendre leurs produits. Le « petit journaliste », c'était Gérard Filion, qui était rédacteur en chef du journal officiel de l'Union catholique des cultivateurs et qui avait pris l'habitude d'arrêter chez Louis-Joseph Fournier & Fils chaque fois qu'il passait par Waterloo. Il y restait des heures à causer avec mon grand-père et, quand il s'en trouvait, un ou l'autre de ses six beaux-frères Arès, des agriculteurs dont les grands-parents ont colonisé cette partie des Cantons-de-l'Est.

Presque un an jour pour jour après la mort de grand-mère, celui qu'elle surnommait avec condescendance le «petit journaliste» devenait rédacteur en chef du *Devoir*. Filion continua assez longtemps de faire halte à la boutique et je peux imaginer qu'elle n'aurait pu, malgré sa réserve, se retenir de venir discuter avec lui, maintenant qu'il était à la barre de son journal favori. Elle aurait sans doute saisi le prétexte de travailler à la comptabilité dont tous les éléments étaient classés dans des boîtes à chaussures, datées et rangées par ordre alphabétique dans le minuscule bureau qui séparait la boutique du magasin. Elle exigeait de mon grand-père qu'il fît une facture en bonne et due forme même pour les travaux qu'on lui acquittait en liquide, ce qui lui permettait de rouspéter lorsqu'elle tombait sur une facture de cinq cents pour une réparation qui avait exigé des heures de travail. Elle savait tout de suite qu'il s'agissait d'une jolie cliente, plus souvent qu'autrement Françoise, la femme du Dr Larose, qui habitait en face. Consciente de l'attrait de ses rondeurs, Françoise Larose s'amenait avec du travail et instantanément mon grand-père laissait de côté ce qu'il faisait pour l'accommoder. Si, de surcroît, elle restait sur place pour faire la causette, sa facture plafonnait à cinq cents, qu'importe le temps ou la difficulté. Et elle lui apportait tout: souliers à ressemeler, monture de lunettes cassée, aspirateur déglingué ou encore la poupée que sa fille Josée décapitait régulièrement.

Pendant les trois jours où fut exposée la dépouille mortelle de grand-mère dans le salon d'où on avait retiré une partie du mobilier, la maison ne désemplit pas. Jour et nuit. Il y avait maintenant trois prêtres dans la famille – Louis-Joseph, un autre oncle que l'on appelait Jos pour le distinguer de son père, ayant été ordonné, l'année auparavant –, donc les prières ne dérougissaient pas au salon. Entre eux trois et le curé de la paroisse, il s'en trouvait toujours un pour entamer la récitation du chapelet. La seule façon d'échapper au barrage d'Ave était de passer à la salle à manger, où la table était couverte en permanence de plateaux de canapés, de sandwiches et de gâteaux. À la cuisine, la horde de mes tantes, débordées par le ravitaillement et la vaisselle sale, n'avait pas le loisir de sombrer dans le deuil. Par bonheur, aux petites heures du matin, le va-et-vient des visiteurs ralentissait et les curés montaient se coucher, ce qui permettait aux amateurs de bridge dont faisait partie mon père de jouer quelques parties en terminant les victuailles.

Même mon grand-père, dont tout le monde se demandait comment il se débrouillerait sans sa Marie-Louise, ne semblait pas trop affecté par la disparition de sa compagne de quarante-huit ans, tant il y avait de brouhaha dans la maison.

Le matin des funérailles, la foule qui voulait se joindre au cortège bloquait complètement la rue principale, et la circulation dut être détournée. On était venu de partout enterrer cette femme dont on ne connaissait rien en somme, mais qui devait être de qualité puisqu'elle avait été mère de quatorze enfants.

Une femme de tête et de devoir. Sans jamais d'effusions. C'est à cela que je pensais avant de donner l'encensoir à l'oncle Ovila au moment du Libera – eh oui, le besson et moi avions été réquisitionnés comme servants de messe. Je ne me souvenais pas qu'une seule fois cette grand-mère m'eût pris dans ses bras, ni qu'elle eût prodigué quelque signe de tendresse à l'un de ses enfants. Marie-Louise ne dorlotait pas, elle éduquait, elle ne mitonnait pas, elle nourrissait, elle n'avait pas de passe-temps, elle occupait ce temps à piquer des courtepointes, tricoter des chaussettes ou sertir des conserves.

Dans l'église, plus remplie que pour la messe de Noël, on voyait que les cœurs étaient gros, mais on n'entendait pas de sanglots. Se pouvait-il que les fidèles eussent perçu que la disparue n'eût pas souhaité autre chose que l'appréciation pure et simple d'une vie de plénitude et de droiture ?

Après l'inhumation, parents et amis – il devait y en avoir plus de deux cents – furent invités chez mon grand-père. Dans le nombre de voitures qui encombraient la rue Foster, il y en avait une qui était particulièrement remarquable : une Rolls-Royce Phantom II, à la longue carrosserie beige et au toit marron. En septembre, deux ans plus tôt, c'est dans cette bagnole sublime que tante Anna, dont la robe de mariée et le costume de voyage avaient été conçus par maman, était partie en voyage de noces avec le notaire Durocher, son nouveau mari. La Rolls leur avait été prêtée par un parent à lui, le Dr Joseph-Ernest Gendreau, fondateur de l'Institut du radium de l'Université de Montréal.

Ce qui me parut bizarre ce jour-là, c'est le conciliabule qui durait depuis un bon moment, près de la belle voiture, entre ce docteur à l'air très important et mes parents entraînés auprès de lui par tante Anna. C'est surtout ma mère qui parlait, agitée, nerveuse, inquiète. Le docteur, un peu empesé, cravate et costume noirs, hochait occasionnellement la tête en l'écoutant, puis il mit la main dans sa poche et remit à mon père ce qui me sembla être une carte de visite.

Ce n'est qu'au retour du pensionnat, en juin, que s'éclaircirait le motif de ce mystérieux entretien. Déjà, en arrivant à la maison, nous avions remarqué que l'enseigne *Salon Juliette* avait disparu. Et maman, d'habitude si gaie, nous accueillit avec une lassitude telle que les pires appréhensions nous assaillirent. Aussitôt nos bagages posés, elle demanda à Jean-Pierre d'aller retrouver notre sœur au jardin, elle voulait parler à ses aînés.

Elle serra nos mains dans les siennes, glacées, et de grosses larmes se mirent à couler lentement le long de ses joues pâles et creusées. Un peu après la naissance de Camille, elle s'était découvert une petite tumeur au sein droit, un fibrome qui avait d'abord paru insignifiant au Dr Larose. Quelques semaines plus tard, la multiplication rapide de cellules monstrueuses ne laissa pas de doute : c'était un cancer.

Il fallait opérer, de toute urgence. Elle avait quarante ans et ne s'y résignait pas. C'est ainsi qu'Anna lui avait parlé du parent de son mari, le type à la Rolls-Royce, le Dr Joseph-Ernest Gendreau, qui avait étudié à Paris avec la grande Marie Curie et avait commencé à faire des miracles avec le radium, dans son institut installé au sous-sol d'un édifice de la rue Saint-Denis, à Montréal.

— Anna, penses-y, Montréal, du radium… dit tristement ma mère, comment veux-tu que nous trouvions l'argent pour pareils traitements ?

— C'est un homme généreux, rétorqua la tante, si nous lui parlons, il te fera peut-être du bon.

— Les voyages à Montréal, c'est déjà au-dessus de nos moyens.

— Je ne peux pas croire, Omer trouvera au moins l'argent pour te payer l'autobus.

Le jour des funérailles, le Dr Gendreau avait offert de donner les traitements pour rien. Maman n'aurait qu'à payer son transport et sa chambre quand elle devrait coucher à Montréal.

Lorsqu'elle annonça sa décision au Dr Larose, il fit une scène : la radiothérapie, c'était expérimental et il n'y croyait pas une seconde, encore qu'on en disait un certain bien contre les métastases de cellules osseuses.

— Mais une tumeur au sein, disait-il, c'est comme du chiendent, si on ne l'arrache pas tout de suite, il se répand.

— J'ai commencé les traitements à Montréal, nous expliqua ma mère, c'est très dur, mais j'ai confiance. Je ne vous ai rien dit quand vous étiez là en mai, car je ne voulais pas vous inquiéter avant les examens.

Nous étions muets, bouleversés. Le radium viendrait-il à bout d'un ennemi aussi sinistre que le cancer ?

— J'ai confiance, répéta-t-elle. Vous aussi ayez confiance, c'est ce qui va m'aider.

Confiance ! Sa voix avait changé, elle était devenue granuleuse, ses doigts s'étaient ossifiés, son visage s'était attristé, ses pommettes plus saillantes avaient perdu toute couleur, ses grands yeux gris s'enfonçaient plus profondément encore dans leurs gouffres insondables et mystérieux. Ma mère, je la sentais déjà engagée sur un chemin où rôdait aussi la mort.

Sainte Marie Curie, priez pour nous.

*
* *

L'aventure au juniorat se termina brusquement un mois avant la fin de la versification. Nouveau ballottage, triomphe des boules noires ! Renvoi immédiat. C'est ma conduite qui avait précipité cet ultime ballottage, mais Guy fut renvoyé aussi, victime de sa gémellité !

L'embêtant, c'est qu'il y avait, à la fin de cette année de versification, d'importants examens du ministère ; si l'on était recalé ou si l'on ne s'y présentait pas, il devenait impossible de poursuivre son cours classique.

Après avoir pleuré et supplié, nous obtînmes de justesse la permission du supérieur de revenir à Chambly pour la semaine des examens. On nous installerait comme des galeux dans une petite pièce adjacente à la salle d'examens et, le reste du temps, on nous confinerait à l'infirmerie avec interdiction formelle de communiquer avec nos ex-confrères.

C'est Charles Atlas qui fut à l'origine de ce drame.

Durant les vacances de Noël, j'étais tombé sur un article de magazine vantant les mérites de la « tension dynamique », une technique de développement musculaire mise au point par Angelo Siciliano. Ce dernier avait émigré aux États-Unis, en 1905, avec ses parents, des paysans de la Calabre. En visitant une galerie d'art de Brooklyn, Angelo était tombé en pâmoison devant des statues de dieux grecs. Il résolut dès cet instant de se développer un corps olympien. Trop pauvre pour se procurer de véritables haltères, il s'en improvisa avec des pierres, attachées tant bien que mal à des bâtons, et commença son entraînement, mais lors d'une visite au zoo, l'observation des animaux lui fit concevoir une méthode de musculation sans appareils, cette fameuse « tension dynamique », dont il se mit à propager la technique après avoir changé son nom pour celui plus accrocheur de Charles Atlas. J'avais tout de suite commandé par la poste un fascicule expliquant en détail comment devenir un dieu grec. Une série de photos de Charles Atlas, en petite tenue, démontraient noir sur blanc comment on pouvait transformer un avorton de quarante-trois kilos en dieu de l'Olympe.

Dès le retour au pensionnat, je m'étais ouvert à Richard Ramsay, compagnon de classe et candidat plausible, de la possibilité miraculeuse d'une telle métamorphose. Nous nous en fîmes la promesse : d'ici les grandes vacances, nous nous serions sculpté des corps d'Adonis.

Chaque soir, nous attendions que les lumières du dortoir s'éteignent et nous nous relevions en douce pour aller vers les cabines de douche. Là, misérables chenilles, nous nous adonnions aux exercices qui, nous n'en doutions pas, nous transformeraient bientôt en papillons magnifiques.

Hélas, un surveillant nous surprit une nuit en pleine besogne de métamorphose et nous traîna chez le supérieur avec notre vade-mecum illustré.

Je me souviendrai toujours de l'air concupiscent du père Lebel en apercevant ces deux adolescents en caleçon qu'on poussait dans son bureau. Il renvoya le surveillant et passa la prochaine heure à essayer de nous faire admettre ce qui l'eût tant excité d'entendre.

— Vous feriez mieux de tout avouer, vous étiez en train de vous caresser... Vous vous masturbiez, c'est ça ? Ou vous alliez vous sucer si on ne vous avait pas pris en flagrant délit ? Dites-le !

Plus nous protestions de notre innocence, plus il se faisait insistant et explicite. Il posait sa main veinée, bleuâtre, sur ma cuisse, puis sur celle de Richard, remontait lentement jusque sous nos slips tandis que perlaient des bulles de salive entre ses lèvres tremblantes qui murmuraient :

— C'est ce que vous faisiez, n'est-ce pas, avouez-le donc !

— Non, continuions-nous de protester. Non, nous faisions de la gymnastique.

— De la gymnastique, railla-t-il, en vous excitant avec ces cochonneries !

Et il nous plaquait sous le nez les photos de notre idole Atlas, presque nu.

Nos dénégations obstinées le rendirent fou. Le visage convulsé, les yeux exorbités, il commença à se branler sous sa soutane, répétant sans arrêt d'une voix que son excitation grandissante faisait chevroter de plus en plus :

— C'est ça que vous faisiez ? Allez-vous l'admettre ?

Un frisson parcourut tout son corps, il râla de jouissance et, ruisselant de sueur, se laissa tomber dans son fauteuil en nous mettant dehors d'un geste.

Je nous revois encore, Richard et moi, en caleçon et pieds nus sur les planchers de terrazzo froid, regagner le dortoir. Notre rêve s'écroulait, nous ne serions jamais des dieux grecs.

Deux jours plus tard, le besson et moi étions renvoyés. Pour une raison inexplicable, Richard, mon partenaire de métamorphose, fut épargné, et on cultiva sa vocation une année de plus à Chambly.

Au départ du juniorat, le supérieur nous donna une lettre à remettre aux parents. On aurait pu croire qu'il y expliquait les motifs de notre renvoi ; pas du tout, c'était un compte en souffrance de plusieurs mois dont il exigeait le règlement avant l'immatriculation, sans quoi il n'autoriserait pas notre retour pour les examens.

La réaction de papa fut immédiate, il n'avait pas l'argent pour acquitter cette facture, donc nos études s'arrêteraient là et nous pouvions considérer avoir eu de la chance puisque lui avait dû quitter l'école après six ans au primaire.

— Tiens, dit maman qui venait de retirer sa bague de fiançailles, vends-la s'il le faut, mais les jumeaux vont continuer leurs études.

Après un long silence, mon père lui rendit la bague en affirmant qu'il allait s'arranger d'une façon ou d'une autre, puis il se tourna vers nous :

— Ces examens, vous faites mieux de ne pas les caler. Peut-être qu'avec de très bonnes notes nous arriverons à vous faire admettre au Séminaire de Saint-Hyacinthe, surtout si l'on obtient l'appui de votre oncle Ovila.

Durant le mois qui restait, nous vécûmes comme des cloportes, le nez dans nos livres. Et nous décidâmes de participer pour la deuxième année au concours littéraire du journal *Vie étudiante,* un concours de nouvelles, ouvert à tous les étudiants du Québec. Notre première expérience s'était terminée magistralement, j'avais remporté le premier prix et Guy, le deuxième. Quelle carte de visite pour Saint-Hyacinthe si nous répétions pareil exploit !

À la dernière minute, avant de poster nos nouvelles pour le concours, Guy, qui considérait la mienne meilleure, s'inquiéta qu'on ne me décerne pas le prix deux années d'affilée et suggéra de la signer et je signerais la sienne. Cela me parut une idée prudente.

Les résultats des examens et du concours littéraire dépassèrent toutes nos espérances. À l'immatriculation, Guy terminait premier du Québec en français et moi, premier en thème latin et en version grecque.

Quant au concours de *Vie étudiante,* « Guy » remporta le premier prix, moi, le deuxième ! J'eus quand même un petit pincement au cœur en songeant qu'on n'aurait peut-être pas hésité à me le décerner deux fois de suite.

Des années plus tard, durant la grève des réalisateurs de Radio-Canada, à laquelle je pris une part active en écrivant des sketches pour le spectacle des grévistes à la Comédie-Canadienne, Gérard Pelletier, qui avait été directeur de *Vie étudiante* et président du jury au moment du concours, me raconta que lui et sa femme Alec étaient restés sidérés devant la qualité des nouvelles que nous avions soumises, d'autant que les concurrents étaient en général plus âgés, des étudiants de belles-lettres, de rhétorique ou de philosophie.

Le Séminaire de Saint-Hyacinthe nous ouvrit ses portes toutes grandes !

Le Juniorat de Chambly était une pépinière de religieux, le Séminaire de Saint-Hyacinthe, un collège « normal » dirigé par des prêtres séculiers, c'est dire que tout fonctionnait par privilèges selon la fortune ou la notoriété des parents. Ceux qui pouvaient s'offrir les nombreux suppléments avaient droit à de petits plats différents à l'heure des repas, ils pouvaient aussi boire du lait ou du Coca-Cola, avaient droit à une collation de biscuits et de lait au chocolat durant la récréation de l'après-midi et sortaient en ville lorsque leurs parents les visitaient. Certains, encore plus favorisés, louaient au vestiaire un casier supplémentaire pour y emmagasiner des provisions de toutes sortes qu'ils réchauffaient au besoin sur un petit poêle au gaz. Ils ne s'embarrassaient guère de manger leurs gâteries à la barbe des autres qui crevaient de faim après un repas infect, spécialité fréquente de la cuisine de ce pensionnat.

Je m'étais lié d'amitié avec Jacques Arpin de Sorel, avant de savoir – juré ! – qu'il comptait parmi ceux qui disposaient d'un garde-manger d'urgence. Je me demande encore si c'est par générosité ou par compassion, mais Jacques ne pouvait s'empêcher de partager ce qu'il me voyait dévorer des yeux, des choses aussi délectables que du ragoût de boulettes Cordon Bleu, des chips ou des tablettes de chocolat O'Henry.

Un mois après le début de l'année, nous eûmes la chance, le besson et moi, de voir deux postes de vendeurs s'ouvrir pour la collation de l'après-midi. Soit, nous passions une partie de la récréation à vendre les brioches et le lait au chocolat, mais nous étions repayés de deux brioches et d'un Vico chacun, mille fois mieux que de ronger son frein en regardant les autres se goinfrer.

Il y avait l'oncle Jos, le plus jeune des curés Fournier, qui enseignait au séminaire, ce qui dans le cours normal des choses nous eût valu un certain nombre de faveurs, comme fumer une cigarette à sa chambre ou être invités par-ci par-là au réfectoire des professeurs. Jamais. Une seule fois, il nous convia à sa chambre, c'était pour nous demander d'écrire à la maison, papa avait du retard dans le paiement de notre pension et cela l'embarrassait beaucoup.

Les seuls passe-droits nous vinrent toujours de l'abbé Jean-Paul Morin, notre professeur titulaire de belles-lettres, issu d'une famille à l'aise de Saint-Hyacinthe. L'abbé Morin avait sa chambre au séminaire, mais il n'y restait guère, vivant surtout dans une grande maison qu'il avait héritée de ses parents, rue Dessaulles, face à la rivière. C'était de sa bibliothèque personnelle que nous arrivaient les Verlaine, Baudelaire, Rimbaud, Zola, Gide ou Sartre, les rayons de celle du séminaire étant garnis de valeurs plus conformes : Claudel, Daniel-Rops, Péguy et les classiques.

Mais sans contredit, le roi du Séminaire de Saint-Hyacinthe, c'était l'abbé Charles-Émile Gadbois, fondateur de *La Bonne Chanson*. En 1937, l'abbé Gadbois, qui tout au long de ses études théologiques s'était passionné pour l'étude des neumes et le chant grégorien, fonde *La Bonne Chanson.* Son plan d'action est élémentaire : fournir à chacun des élèves du séminaire, où il enseigne et dirige la chorale, une chanson par semaine qu'il tire avec une modeste machine à copier.

C'est une idée de génie qui correspond si étroitement au besoin du Québec de résister à l'américanisation et de protéger la langue française que les cahiers de *La Bonne Chanson* connaissent un succès instantané. Toutes les familles veulent se procurer ces chansons que le bon abbé a expurgées et purifiées et qu'elles peuvent chanter sans crainte, qu'importe l'occasion. Les illustrations, la plupart créées par une religieuse de la Présentation de Marie, sœur Marie Sainte-Hortense, sont tout aussi recommandables.

Est-ce la coïncidence qu'il fût né jumeau lui aussi, bien qu'il n'ait jamais connu sa sœur Germaine, décédée six mois après la naissance ? L'abbé Gadbois se prit tout de suite d'amitié pour le besson et moi, nous payant pour travailler à *La Bonne Chanson* les jours de congé, et nous laissant lui proposer des projets d'illustrations de chansons.

Installé avec ses ateliers au sous-sol de l'immense chapelle du séminaire, l'abbé Gadbois, dont l'entreprise connaîtra son apogée au début des années cinquante, mène vite grand train. Il se fait aménager, près des ateliers, des appartements personnels décorés avec goût et… insonorisés avec soin, car il ne fait pas que de la musique. Il a ses petites manies d'aller traîner du côté des gares de Montréal, offrant aux jeunes filles de Saint-Hyacinthe qu'il y rencontre de les ramener dans leur patelin et invitant, par la même occasion, les moins rétives à visiter le berceau de la bonne chanson. Combien de fois nous est-il arrivé d'aller malencontreusement frapper à la porte capitonnée de son appartement, perturbant sans doute une séance d'initiation à la chanson de folklore.

Mais un mystère persiste toujours pour moi : comment ce bonhomme astucieux et indépendant a-t-il pu se plier, en 1955, à l'ordre de Mgr Douville, l'évêque de Saint-Hyacinthe, de renoncer à toutes ses activités à *La Bonne Chanson* et céder à l'évêché tous ses biens meubles et immeubles, y compris ses actions majoritaires dans le poste de radio CJMS qu'il venait de fonder à Montréal ? « La plus grande épreuve de ma vie », a écrit l'abbé Gadbois, dépossédé brutalement de biens dont il estimait la valeur à plusieurs centaines de milliers de dollars. Quelle foi il fallait avoir pour se départir ainsi de l'œuvre de sa vie, accepter de devenir petit vicaire à Sherbrooke et ensuite aumônier dans une école secondaire de Sorel ! À moins que certains écarts du temps où il était ce flamboyant chef d'entreprise l'aient exposé à un chantage dont les conséquences eussent été pires encore pour l'Église et pour lui.

La maladie de ma mère coûtant de plus en plus cher, nos difficultés de trésorerie avec le séminaire s'aggravèrent rapidement. D'excellents bulletins de conduite auraient certes incité l'administration à une certaine patience, mais nous n'étions pas sur cette voie. Plutôt que de nous assagir, on eût dit que la situation pénible de nos parents nous avait lancés sur une pente suicidaire menant tout droit à notre renvoi. Nos coups pendables, notre admirable désinvolture devant la discipline restèrent légendaires longtemps après notre congé du séminaire. Moi, par exemple, qui eusse dû triompher en latin, j'avais bêtement pris le parti de venger mes collègues qui détestaient le titulaire de ces cours, l'abbé Vadnais, un curé ventru qu'ils surnommaient le Pit. Chaque fois qu'il allait entrer en classe, je répandais une longue trace d'essence à briquet sur le parquet de terrazzo, de la porte jusqu'au fond de la salle. Sitôt qu'il poussait la porte, j'allumais et une guirlande de flammes, comme la traînée lumineuse d'une comète, accueillait le Pit, qui tombait presque en syncope. Il lui fallait chaque fois plusieurs minutes pour se remettre du spectacle pyrotechnique en son honneur.

Il a bien sûr fini par découvrir le responsable et je me suis retrouvé condamné à marcher en solitaire autour d'une statue, devant le séminaire, à chaque récréation pendant deux mois. Privé du droit de fumer et forcément relevé de mes fonctions de vendeur de brioches.

Mon frère Guy n'attendit pas qu'on lui montrât la porte. Il décida de plier bagages quelque part en avril. Il avait entendu parler d'un poste de journaliste à *La Voix de l'Est*, il y avait fait une demande d'emploi sans en parler à personne, même à moi. Une semaine plus tard, il était à l'emploi du quotidien de Granby. Moi, prisonnier à Saint-Hyacinthe, j'étais mort de jalousie.

En mai, on me rendit ma liberté.

Libre de ma vie.

Et séparé du besson pour la première fois.

Lui travaillait déjà, alors que je ne voyais rien devant moi et que l'avenir s'étendait comme un vaste désert à traverser avec de bien maigres provisions.

*
* *

Été de désespérance, 1949.

J'avais le sentiment d'avoir été jeté à la mer d'un bateau qui filait loin de moi et que je ne pourrais jamais rattraper. L'horizon se fondait avec l'eau en une grisaille lugubre qui donnait l'envie de sombrer.

Et ces préoccupations accablantes dans le crâne ! Tant que j'avais été au collège, la maladie de ma mère était restée abstraite, un souci qui survenait le soir comme un éphémère et disparaissait avec le sommeil. Plus maintenant ! Maman était là, diminuée par sa maladie que le radium n'avait visiblement pas enrayée. Elle était amaigrie, ses yeux déjà profonds s'étaient creusés davantage, son teint semblait avoir cuivré sous l'effet de la radiothérapie. On la sentait tiraillée par des doutes atroces, elle entrée si ferme et résolue dans ce combat pour la vie. L'espoir passait à tout moment dans la pénombre, éclipsé par le spectre terrifiant de la mort, puis redevenait lumineux mais en adoptant une trajectoire qui se refermait de plus en plus. Et qui se briserait. Fatalement.

Aux incertitudes de l'avenir s'étaient ajoutées les inquiétudes me concernant. Le rêve d'être journalistes que ma mère avait caressé pour nous, mon jumeau l'avait déjà réalisé, mais à moi, il apparaissait désormais comme un mirage inaccessible. J'avais fait parvenir des demandes d'emploi à plusieurs journaux, sans obtenir de réponse, sauf d'un quotidien, je ne me souviens plus lequel, qui m'offrait de vendre de la publicité contre une commission.

Mon père fut le seul à trouver cela excitant, sans doute parce qu'il lui aurait permis de me rayer de la colonne de dépenses dans le grand livre de la famille. Et pourquoi pas d'inscrire quelque chose dans celle des revenus ? Après tout, n'avait-il pas lui-même, aussitôt qu'il avait commencé à travailler, comme ses frères et ses sœurs d'ailleurs, versé une pension tant qu'il était demeuré sous le toit familial ?

Le problème, c'est qu'un mois plus tard, je n'avais pas vendu le moindre espace publicitaire, malgré une tournée de la plupart des marchands de Waterloo et de Granby. Un de ceux-ci, sûrement pour me rendre service, m'avait entretenu longuement de la vocation de vendeur qui, selon lui, me faisait défaut. C'était un appel qui réclamait de l'élu de posséder de l'entregent, du bagout et, avant tout, une confiance contagieuse dans ses produits ou ses services. Le bonhomme me tapota gentiment l'épaule en m'expliquant d'un ton paternel :

— Mon garçon, tu n'es pas dans ton élément. Je t'écoute depuis tout à l'heure et tu ne me convaincs de rien ; si j'achetais de l'espace dans ton journal, ce serait par pitié et prends ma parole, avec la pitié, on ne va pas loin dans la vie.

Je ne me sentais pas capable non plus d'accepter un emploi de vacances, comme j'avais fait depuis plusieurs étés, puisque je devais me concentrer sur l'avenir. Et l'avenir n'est pas un travail temporaire.

Constatant mon désarroi, ma mère offrit de me prêter une trentaine de dollars pour aller tenter ma chance à Montréal, où j'allai d'abord frapper à la porte de *Vie étudiante,* dont j'avais par deux fois remporté les honneurs du concours littéraire ! Non seulement on m'y accueillit à bras ouverts, mais on m'offrit sur-le-champ d'écrire et d'illustrer des articles, puisque je savais aussi dessiner, ou du moins, à cette époque-là, je le croyais ! Le hic, c'est qu'on ne pouvait me payer que dix dollars par semaine. Les premières semaines, on me permettrait de dormir dans la chambre qu'utilisait dans l'immeuble du journal l'abbé Llewellyn, aumônier de l'Université de Montréal.

Je me souviens du téléphone exalté que je fis aussitôt à ma mère, j'étais « journaliste » moi aussi, à « Montréal », et je pourrais bientôt lui rendre l'argent qu'elle m'avait avancé. Cette vie de rêve : l'exploration nocturne de la rue Sainte-Catherine, la découverte des « grands » restos, l'American Spaghetti House, Ben's ou de l'épicerie de luxe Dionne, en face des Délices où j'étais allé jadis avec mon grand-père, tout cela prit fin abruptement lorsque l'abbé Llewellyn rentra de vacances.

La piaule assez cradingue que je dénichai sur Saint-Hubert près de Sainte-Catherine amputait mon salaire de six dollars par semaine et je devrais me nourrir avec les quatre dollars qui restaient, un exploit, même en 1949. Vite, il fallait des solutions. Mais qu'est-ce qu'on peut faire bouger à Montréal quand on a dix-sept ans et qu'on vient d'un patelin dont le nom fait chaque fois pouffer de rire parce qu'on le prononce à l'anglaise, et qui provoque également le rire lorsqu'on le prononce à la française puisqu'on pense tout de suite à Napoléon et à sa cuisante défaite ?

Primo, je fais parvenir un mot pressant à l'abbé Gadbois, en espérant qu'il ait des accointances, puis je me rends chez le peintre-sculpteur Charles Daudelin, dans le quartier Notre-Dame-de-Grâce. Non seulement Charles est-il originaire de Granby, patelin voisin de Waterloo, mais son frère cadet, qui était mon collègue de belles-lettres, lui a parlé de moi.

Charles arrive de New York, où il a étudié avec Fernand Léger, et vient de s'installer avec sa femme dans cet appartement dont presque tout l'espace est consacré à la fabrication de marionnettes originales et sublimes pour des spectacles qu'ils donneront bientôt dans un castelet ambulant. Il y a çà et là des squelettes de bêtes fantastiques en fil de fer qui attendent leur enveloppe de plâtre et d'autres personnages fabuleux pour lesquels Louise taille et coud des costumes multicolores, des esquisses de personnages fraîchement sortis de l'imaginaire de Charles, qui n'arrêtera jamais de travailler durant toute ma visite – il modèle le visage d'une sorte de bonze joufflu, soude des vertèbres de baleine –, sauf pour partager le café qu'apportera Louise dans une Vesuviana que l'usage n'a pas encore ternie, une boisson onctueuse, presque noire, dont eux seuls possèdent le secret puisqu'ils torréfient eux-mêmes leurs grains, habitude qu'ils conserveront toute leur vie.

Après plusieurs heures durant lesquelles se nouèrent des liens avec Charles – qui ont duré jusqu'à sa disparition, en avril 2001 –, celui-ci m'écrivit un petit mot à l'intention de Robert Prévost, le décorateur attitré des Compagnons de Saint-Laurent. Je pourrais éventuellement devenir son assistant et m'engager dans une carrière théâtrale, à la décoration ou à l'écriture, ce à quoi – dois-je l'avouer – je n'avais jamais vraiment songé.

J'allai rencontrer Prévost qui sembla intéressé par ma candidature, d'autant que les Compagnons venaient de déménager dans une église, au coin de Sherbrooke et de De Lorimier, et qu'ils échafaudaient de grands projets dont les circonstances voulurent que je ne fasse jamais partie.

Charles, combien de fois, après qu'il eut réalisé une de ses plus belles œuvres publiques, *Embâcle*, Place du Québec, à l'angle du boulevard Saint-Germain et de la rue Bonaparte à Paris, lui ai-je téléphoné de là-bas pour prendre de ses nouvelles et surtout pour le tenir au courant du fonctionnement de cette sculpture dont l'eau doit sourdre afin qu'elle prenne sa vraie signification, ce sur quoi la Ville de Paris n'a pas toujours veillé avec beaucoup de soin. Chaque fois que je devais lui annoncer que le cours de l'eau était bloqué, il explosait de sa voix rocailleuse :

— Appelle l'ambassade, appelle la Délégation du Québec, je vais les appeler de mon côté. C'est la Place du Québec, qu'ils y voient, bâtard !

Le premier courrier que je reçus à mon adresse de la rue Saint-Hubert fit naître les plus folles espérances. C'était un mot de l'abbé Gadbois. Il avait envoyé une lettre à Gérard Delage, éditeur du journal *La Presse*, en lui demandant de bien vouloir me recevoir et m'expliquait que Delage était un de ses confrères de collège avec qui il continuait d'entretenir d'excellentes relations.

Je ne crois pas que M. Delage, qui devait devenir le prince des gastronomes du Québec et grand promoteur de l'industrie hôtelière, soit resté longtemps à *La Presse*, mais c'est grâce à lui que je pus passer un test pour me joindre à la rédaction. L'affabilité de son accueil me rasséréna tout de suite, car en arrivant devant l'austère immeuble du journal, rue Saint-Jacques, je crus m'évanouir, mes jambes en coton ne me portaient plus. Je me voyais déjà journaliste dans ce qui était alors le plus grand quotidien français d'Amérique.

Le poste ouvert en était un de traducteur. Presque toutes les nouvelles nationales et internationales arrivaient en anglais par téléscripteur, ce qui nécessitait une armée de traducteurs.

— C'est une bonne façon de faire ses premières armes, expliqua M. Delage. Ensuite, si vous en avez le talent, vous pourriez devenir véritablement journaliste ; c'est ce que vous souhaitez, n'est-ce pas ?

— Ce serait mon rêve.

C'est au bureau du journaliste Roger Champoux qu'on m'installa pour traduire une assez longue dépêche de l'agence Reuters dont je n'ai pas le moindre souvenir du sujet, mais la traîtresse portait en elle le piège qui causa ma perte : *Czechoslovakia* que je traduisis bêtement « Czéchoslovaquie ». M. Delage lut ma traduction rapidement, sans sourciller, et voilà que pour un moment je crus l'affaire dans le sac. Puis tournant le papier de mon côté, il pointa un index fatidique sur le mot « Czéchoslovaquie ».

— Il y a un problème ? demandai-je, le souffle coupé.

— Oui, m'expliqua M. Delage, il faut écrire « Tché » pas « Czé ».

Je n'ai plus jamais écrit « Tchécoslovaquie » autrement, mais il était trop tard.

— Vous écrivez assez bien, conclut M. Delage, mais vous n'êtes pas prêt pour un grand journal comme le nôtre. Nous ne pouvons nous permettre des erreurs aussi élémentaires.

Mais le dictionnaire, me dis-je en moi-même, on doit dans le doute avoir accès à un dictionnaire. Il poursuivit, mais je ne l'écoutais déjà plus, mon rêve s'était effondré.

— Vous êtes très jeune, vous devriez poser votre candidature dans un journal de province, y prendre de l'expérience, quitte à revenir nous voir dans quelques années.

Bien mis dans un costume marine, chemise blanche et cravate rouge à pois, M. Delage se leva, me serra la main et ajouta avec un sourire bienveillant :

— Jeune homme, je suis certain que vous trouverez quelque chose ailleurs ; ici, c'est une grosse boîte, vous comprenez. Bonne chance.

Je sortis de *La Presse,* humilié, brisé par ce CZÉ, trois lettres qui m'avaient fait couler à pic, trois lourdes pierres attachées à mon cou. Je remontai la rue Saint-Hubert comme un somnambule, fourrai quelques morceaux de linge dans un sac et décidai de retourner à Waterloo pour quelques jours.

Tandis que je faisais du stop à la sortie du pont Jacques-Cartier, rive sud, ma déconfiture me turlupinait à un point où tout à coup je n'avais plus envie de rentrer à la maison. Je regardais derrière et je m'en voulais de ne pas avoir eu le courage de passer par-dessus le bastingage du pont alors que j'y étais. Lesté par ce fichu CZÉ, j'aurais calé au fond et l'on ne m'eût jamais repêché ! Absorbé par mes sombres pensées, je n'avais pas remarqué un semi-remorque qui venait de s'arrêter sur l'accotement en soulevant un nuage de poussière. Son klaxon me fit bondir et je courus vers le camion.

— Où est-ce que tu vas ?

— Waterloo.

— Je passe par là.

Le chauffeur était dans la quarantaine et semblait moins que bavard. Il m'avait invité par un grognement à monter avec lui, puis avait remis son poids lourd en marche sans un mot. Une vingtaine de kilomètres plus tard, alors que nous traversions Chambly, il me demanda si j'étais étudiant.

— Un peu, fis-je en hochant la tête.

Il hocha la tête à son tour et s'enveloppa de nouveau dans le ronflement apaisant du gros diesel.

Quatre ans, justement ici à Chambly, et une année de belles-lettres étriquée, oui, il faudrait bien que je continue un peu à étudier. Ce cours classique, si je l'avais terminé, n'aurais-je pas su écrire « Tchécoslovaquie » et ne serais-je pas en ce moment même derrière une machine à écrire à la rédaction de *La Presse* ?

— Et vous, vous allez où ?

— J'ai une livraison à Schenectady, New York, puis je file jusqu'à Scranton en Pennsylvanie. Là, je dors un peu et je continue jusqu'à Pittsburgh. Faut que je sois au dock avant demain soir.

— Je ne connais pas Pittsburgh, je pourrais continuer avec vous jusque-là ?

Il me jeta un regard étonné, haussa les épaules.

— Ça ne me dérange pas, fit-il.

Puis, il se mit à chercher de la musique à la radio, comme pour retrouver une solitude dont le privait ma présence. Il jeta son dévolu sur du country. Chaque fois que la distance parcourue écorchait le signal, il se jetait fébrilement sur le bouton de la radio jusqu'au prochain poste diffusant de la musique country.

Pendant des heures, nous restâmes de purs étrangers avec pour unique lien ce flot ininterrompu de musique nasillarde. Toute la gamme : des chansons de Roy Rogers à Vaughn Monroe en passant par celles des Sons of the Pioneers. Les succès de l'heure comme *Riders in The Sky*, *Room Full of Roses* et *Tumbling Tumbleweeds* revinrent presque aux demi-heures, comme si on nous envoyait le point par radio : vous êtes bien en direction des Smokies, cap ultime, Nashville.

Il faisait nuit lorsque le capitaine décida de jeter l'ancre à Scranton dans le stationnement de ce resto-station de service où étaient déjà amarrés une demi-douzaine de poids lourds comme le nôtre. Je savais maintenant que le bonhomme s'appelait Thibault, qu'il venait de Beauceville, qu'il était marié et avait deux enfants.

— Descends-tu manger quelque chose ? Ils font du maudit bon chili con carne.

Je n'avais aucune idée de ce qu'était un chili con carne, mais ce qui me tracassait le plus, c'était où je dormirais. Il y avait une couchette derrière le siège, pour le chauffeur bien sûr, et je n'avais pas osé aborder mon dessein de m'affaler d'une façon ou d'une autre sur les deux sièges avant.

Avec ses trois pompes Mobil gas rouge feu, deux pour l'essence et une pour le fioul, chacune enjolivée d'un cheval d'or ailé, les pans de lumière laiteuse se répandant dans la cour bitumée par les vitrines du *greasy spoon*, le lieu paraissait sorti tout droit d'une toile d'Edward Hopper, il avait la même beauté désolée, la même langueur. Et puis, cet intérieur triste baignant dans sa lumière crue, la solitude palpable des quelques voyageurs accrochés aux tables bancales comme à des bouées de sauvetage, cela aussi filtrait l'indescriptible nostalgie des images du plus Américain des peintres.

C'était à la portée de mes moyens, je commandai du chili. Thibault fit de même, mais il commença le repas par un potage d'une telle densité que je fus étonné de le voir émietter par-dessus les légumes grossièrement coupés une dizaine de biscuits soda qui absorbèrent aussitôt tout ce qui restait de liquide, transformant la soupe en une sorte de pâté qu'il dut attaquer agressivement avec sa cuillère.

Dès notre entrée dans le restaurant, je remarquai la connivence furtive entre Thibault et une des deux serveuses, une femme dans la trentaine, un prototype d'Irlandaise aux cheveux fins et frisottés tirant sur le roux, les yeux verts, la peau du visage comme de la porcelaine.

Plus appétissante que jolie. Avec un charme irrésistible qui la mobilisait tout entière : ses regards, son sourire, ses gestes.

Thibault n'accepta jamais que je règle ma facture, ni même que je laisse un pourboire. Il me glissa la clef du camion et me dit avec une lueur narquoise dans les yeux :

— Va t'étendre sur la couchette, je vais me débrouiller.

Le matelas nu était sale et tout en boursouflures, je ramenai la couverture de laine grise et je m'étendis tout rond. Par les vitres entrouvertes de la cabine entrait le tintamarre des grillons, interrompu seulement par le passage de camions aux moteurs plus stridulants que les leurs.

Les mains derrière la tête en guise d'oreiller, je rêvai longuement avant de m'endormir au destin de routier qui m'apparut, cette nuit-là, fort enviable. Confortablement enfoncés dans leur siège, les yeux rivés sur des paysages qui se bobinent à toute vitesse dans leur crâne tandis que peut divaguer leur esprit, les routiers vont d'escale en escale, s'attardant là où un cœur les tient à l'attache, puis de nouveau sur la route ils continuent de repousser l'horizon à l'infini avec le nez rutilant et nickelé de leur camion.

Thibault, je me l'imaginais avec sa serveuse irlandaise et un parfum de friture qu'aucune eau de Cologne ne devait réussir à masquer, et je l'enviais. Je n'avais encore jamais fait l'amour à une femme, mais dans le cocon tiède de cette cabine, le désir en devint si impérieux que j'aurais conclu sur-le-champ un pacte avec le diable pour posséder moi aussi une petite serveuse avec tous ses parfums.

Au début de l'après-midi, le lendemain, Thibault me déposa à l'entrée de Pittsburgh, lui devant bifurquer au sud vers Duquesne, où se trouvait son terminal. Pendant cette traversée d'est en ouest de la Pennsylvanie, je me mourais de tout savoir sur cette serveuse : quand il l'avait rencontrée ? Depuis combien de temps la connaissait-il ? Avait-il, comme un marin, une fille dans chaque port ? Celle de Scranton s'appelait Tracy, je ne sus rien de plus, mais mon répertoire country continua de s'enrichir.

Dès qu'il fut monté dans le camion, il alluma la radio, la vissant sur un poste qui dispensait un flux continu de country, intercalant par-ci par-là quelques informations sur la météo et la vitesse des vents dont la force, ce jour-là, envoyait valser la remorque que nous tractions. Thibault ne pouvait pas, comme la veille, ne conduire que d'une main, utilisant un gros bouton de corozo fixé au volant avec une bague et fumant cigarette sur cigarette. Non, la roue presque à bras-le-corps, il devait tirailler pour maintenir le cap tandis que je lui allumais les Camel et les lui glissais entre les lèvres.

— Quand ça souffle de l'ouest dans le corridor des Alleghenies, t'as intérêt à être chargé, à pas charroyer de la plume.

Pittsburgh avec trois sous en poche. Quelle idée sotte j'avais eue ! Je descendis vers les quais de la rivière Monongahela où la ville venait de construire une voie express surélevée, faisant disparaître les derniers vestiges d'une époque où ce secteur était le centre d'un commerce maritime florissant. Seuls souvenirs de ces quelques heures dans la capitale de l'acier : la multitude de ponts, certains magnifiques, et les rues à pic comme j'imaginais qu'il devait y en avoir à San Francisco. Fatigué, ne sachant trop quoi faire, je frappai à la porte du presbytère d'une paroisse catholique. Si j'acceptais de servir sa messe tôt le lendemain matin, le curé, sympathique et plein de charité pour l'errant que j'étais, me permettrait de passer la nuit sur la banquette du bureau du presbytère. Sitôt après la messe, je me rendis à la sortie de la ville faire du stop pour le retour. Adieu Pittsburgh pour laquelle, j'en avais le pressentiment, je n'éprouverais jamais de nostalgie.

Hélas, celui qui veille sur les autostoppeurs ne remit pas un Thibault sur ma route et il fallut presque deux jours pour revenir jusqu'à Waterloo. J'eus tout le temps de réfléchir à cette équipée ridicule et à ce qui m'avait poussé deux autres fois depuis mon retour du collège à entreprendre ces impulsifs allers-retours en stop ; une fois jusqu'à Kingston, en Ontario ; l'autre à Albany, New York. Cette tendance irrésistible répondait peut-être à l'envie de me fuir moi-même, de me dérober à l'avenir incertain ou d'échapper à la tristesse infinie de la maladie de ma mère. J'ai souvent, au cours de mon existence, manqué de courage au moment d'affronter les épreuves, surtout mes difficultés d'être, sans doute à cause de mon imagination, qui les métamorphose chaque fois en hydres terrifiantes appelant à des combats héroïques devant lesquels mon cœur flanche.

Lorsque j'arrivai finalement à la maison, ma mère travaillait dans le jardin. Accroupie, elle désherbait une plate-bande de fleurs dominées par les corolles orangées des pavots que le soleil illuminait comme des lanternes vénitiennes. Elle se redressa en m'apercevant, son sourire était triste. Je voulus la prendre dans mes bras en la soulevant de terre comme je le faisais souvent ; elle exhiba ses mains terreuses, comme un empêchement. Qu'importe ! Je la pressai longtemps contre moi, emprisonnant ses avant-bras maigres et osseux que je sentis tout à coup se raidir et me repousser.

Elle se laissa glisser sur l'herbe, brisée de fatigue. Je m'assis près d'elle. Après un long silence, elle m'annonça d'une voix monocorde qui laminait toute émotion :

— J'ai été examinée par un autre médecin. Trois ans de radium, il n'était pas d'accord, terrifié même, je l'ai bien senti. Demain, je rentre à l'Hôpital Saint-Vincent-de-Paul, à Sherbrooke. Ils vont m'opérer. Si je ne veux pas que tout soit envahi à mon retour, il fallait bien que je sarcle, ce n'est pas ton père qui sait le faire.

Puis, elle eut un petit sourire, comme un semblant d'espoir ou de réconfort, je ne sais pas.

Le soleil baissait, l'éclat des pavots s'éteignit.

⁂

L'offensive chirurgicale sur ma mère fut brutale.

On retrancha d'abord le sein droit, puis on se mit à gratter et tailler à même les chairs pour éliminer tout ce qui paraissait douteux: on éplucha le côté droit du thorax jusqu'à l'extrémité supérieure du bras et on descendit ensuite jusqu'au coude, ne laissant pour ainsi dire que la peau sur les os. On charcuta abominablement aussi bien dans le vif que dans les tissus à demi consumés par le radium, attaquant la maladie à coups de ciseaux et de bistouri au milieu d'une forêt de pinces hémostatiques.

Elle resta plus d'une semaine à l'hôpital avec bien peu de visites. Le jour où je décidai de me rendre à Sherbrooke en stop pour la voir, un pressentiment curieux me fit arrêter d'abord au journal *La Tribune.*

Cherchant à me donner du courage avant d'entrer au journal, je restai longtemps sur le pont de la rue Dufferin à contempler les chutes de la rivière Saint-François, qui encerclaient presque entièrement l'immeuble de pierres grises, l'eau tumultueuse frôlant les allèges des fenêtres du sous-sol à travers lesquelles j'apercevais une enfilade de linotypes.

J'avais envoyé une demande d'emploi à ce quotidien mais n'avais jamais reçu la moindre réponse, ce qui ne me confortait pas dans ma démarche.

Aussitôt dans le hall, je suis intercepté par la voix haut perchée d'une réceptionniste-standardiste:

— Je peux vous aider?

Je m'approche et j'explique que je cherche un emploi.

— Un emploi comme quoi ?

Est-ce la timidité ? mais il me semble que son ton est cassant et qu'elle ne m'écoute pas vraiment, trop occupée à planter ses fiches dans le standard.

— *Good morning*, bonjour *La Tribune*, à qui voulez-vous parler ? Un instant, je vous mets en communication.

— De préférence... journaliste.

— On m'a prévenue qu'on cherchait un correcteur d'épreuves, l'annonce paraît dans le journal d'aujourd'hui. Correcteur d'épreuves, ça vous intéresserait ?

Malgré la notion plutôt vague que j'ai de ce métier, je réponds oui sans hésiter.

— Attendez-moi une seconde.

Le standard sonne sans répit. Elle branche, débranche ses fiches avec une rapidité déconcertante, sans donner l'impression qu'elle regarde ce qu'elle fait. Puis, dans un rare moment d'accalmie, elle fait un appel très court et me dit :

— Vous allez droit devant vous et, passé les portes doubles, vous tournerez à gauche, tout de suite après la grosse distributrice de *Coke* : c'est la rédaction, vous demanderez M. Desrochers.

J'arrive à l'entrée d'une salle qui me paraît immense. Une vingtaine de gros pupitres de chêne y sont disposés, sans ordre apparent, où sont assis des journalistes qui tapent à la machine, parlent au téléphone ou s'agitent d'une manière ou d'une autre, presque tous une cigarette suspendue aux lèvres. Je suis frappé par le désordre sur chaque pupitre : des monceaux de journaux, de tablettes à noter, de dictionnaires, de feuillets pour écrire et, à travers ce fouillis, toujours un grand cendrier de verre mordoré, débordant d'allumettes calcinées, de mégots, de boulettes de gomme à mâcher et autres rognures. Le fracas des chutes qui entre par une grande fenêtre homogénéifie le tumulte ambiant.

Je parviens à attirer l'attention d'une journaliste à qui je demande où se trouve M. Desrochers. Elle m'indique d'un signe de tête un homme imposant avec de longs cheveux gris ondulés et une barbe, grise elle aussi, et si touffue que c'est une cigarette qui marque l'endroit où doit normalement se trouver la bouche. Je fige sur place. Cet homme, je le connais, sa photo est dans les manuels de littérature : c'est le poète Alfred Desrochers.

Je m'approche de son bureau qui fait face à tous les autres. La tête appuyée dans sa main gauche, il parcourt un article de plusieurs pages en suivant studieusement avec un crayon de mine et ne me voit pas. Sur ses doigts fins et osseux, les jointures ressortent comme des nœuds, ses ongles sont plutôt longs, ceux du pouce et de l'index jaunis par la nicotine. Brusquement, le crayon s'emballe et encercle deux mots avec une fureur noire, Desrochers redresse sa tête de lion et rugit :

— Amédée, baptême !

J'aperçois au fond de la salle un homme dans la trentaine, cheveux brun clair frisottants, relever aussitôt la tête en rougissant.

— Faut te le dire chaque fois, continue de tonner M. Desrochers, « bien que », pas « malgré que »... Le « malgré que » appartient toujours, quant à moi, à l'usage populaire et entraîne un subjonctif imparfait inélégant.

L'Amédée en question aimerait répliquer, argumenter, je le vois à ses lèvres frémissantes et au sang qui lui monte au visage, mais il hoche la tête en signe d'accord et recommence à travailler.

L'air bourru, M. Desrochers se tourne ensuite vers moi :

— C'est toi qui cherches un travail de correcteur d'épreuves ?

— Oui, monsieur, ou journaliste.

— Tu sais écrire ?

— Oui, je pense, et je tape à la machine, j'ai appris avec une méthode.

Il me dévisage en silence, se racle la gorge :

— Assieds-toi là, au pupitre, tu vas m'écrire un feuillet sur le temps, la température.

— Est-ce que vous souhaitez quelque chose en particulier ?

— Ce que tu voudras. Quand on sait écrire, on peut écrire sur n'importe quoi. Tiens, un feuillet, c'est ça.

Il exhibe une feuille, du papier journal, d'environ vingt-quatre centimètres sur dix-huit, puis il ordonne à la personne qui occupe le pupitre en face :

— Boissay, donne ta place à ce garçon-là pour une quinzaine de minutes et en attendant corrige-moi cette copie-là. Il lui tend une liasse d'épreuves avec les articles correspondants, Boissay, l'air soucieux, va s'installer à une grande table à quelques mètres derrière moi. Il s'y trouve déjà un homme dans la quarantaine, l'air maladif, en bras de chemise avec une visière verte sur les yeux, qui doit lui aussi corriger des épreuves.

Je n'ai plus la moindre idée du détail de ce que j'écrivis sur ce feuillet à propos du temps, sinon que nous étions fin août, qu'il faisait lourd et que je me sentais moi-même un peu triste. Je reliai la nostalgie de la lumière de fin d'été à celle des écoliers partout qui devraient bientôt dire adieu aux vacances, de la saison qui partait pour toujours en nous laissant le souvenir de ses lunes rousses et de ses nuits tièdes avec leurs concerts de grillons, le hululement des oiseaux de nuit… Une réflexion sur le temps qu'il faisait dehors et au-dedans de moi.

C'est en tremblant que j'allai porter à M. Desrochers le feuillet qu'il ne me laissa pas le temps de relire.

— Apporte-moi ça, ordonna-t-il aussitôt qu'il me vit retirer la feuille de la machine, qu'on règle ça avant de partir manger.

Il lut d'une traite, puis je le vis écrire des notes sur le feuillet et le poser dans un panier où se trouvaient déjà d'autres articles.

— Peux-tu commencer vendredi prochain ?

C'était dans deux jours ! Évidemment que oui.

— Tu vas arrêter voir Alphée Gauthier, en sortant. Je l'appelle. C'est le grand patron, tu discuteras salaire avec lui. Ton petit billet, c'est pas mal, il va être dans le journal d'aujourd'hui, il me restait un espace en première page.

J'étais bouche bée, cloué sur place, incapable même de remercier. J'entendis M. Desrochers passer son coup de fil à M. Gauthier, puis je l'aperçus qui me congédiait d'un geste en concluant :

— Vendredi, sept heures moins quart du matin !

J'ai fait oui de la tête et j'ai dû finir par bredouiller quelques remerciements avant de tourner les talons. J'allais sortir de la salle lorsque je l'entendis s'adresser au journaliste qui m'avait cédé son pupitre :

— Boissay, tu videras ton bureau, à partir de vendredi le jeune va prendre ta place et toi, tu continueras à corriger des épreuves.

Je ne pus m'empêcher de jeter un regard vers celui que j'évinçais. Il était abasourdi comme moi, mais humilié, alors que je flottais.

Les négociations salariales avec Alphée Gauthier demeurent à ce jour un modèle de concision. Dès que ce bonhomme un peu obèse à l'air éternellement préoccupé me vit, il lança :

— Vingt dollars par semaine, ça te convient ?

J'acquiesçai immédiatement.

— Dans un journal, eut-il ensuite la gentillesse de me prévenir, on sait l'heure à laquelle on commence, jamais celle à laquelle on finit.

Cela aussi m'allait. En fait, tout m'aurait convenu !

Je repassai par le standard annoncer à la réceptionniste que j'avais obtenu un emploi de journaliste.

— Il y aura même un article de moi dans *La Tribune* d'aujourd'hui.

Elle parut sincèrement impressionnée.

— Le journal paraît à quelle heure ? demandai-je.

— Dans une demi-heure, si tu veux revenir je t'en garde un numéro.

Le tumulte des chutes derrière l'immeuble du journal n'était en rien comparable à l'agitation que je sentais en moi. Ma vie basculait dans une voie où tous les espoirs étaient permis : je venais d'avoir dix-huit ans, j'étais journaliste et j'allais gagner ma croûte.

En sortant du journal, je tournai à gauche, traversai le pont de la rue Dufferin et continuai vers un quartier d'anciennes résidences où avec un peu de veine je trouverais une chambre à louer. Une dizaine de minutes plus tard, rue Prospect, je frappais à la porte d'une maison où une pancarte annonçait une chambre.

Une dame aux cheveux blancs et à l'air effarouché me fit visiter une grande chambre à l'étage, voisine de celle qu'elle occupait avec son mari. Elle demandait six dollars par semaine, mais surtout, elle s'inquiétait que je ne fasse pas de bruit, que je sois propre car elle ne faisait le ménage qu'une fois par semaine, que je ne reçoive personne à moins que ce fût durant le jour et que je garde alors la porte de la chambre ouverte. Je partagerais avec eux la salle de bain, donc là aussi obligation stricte d'ordre et de propreté.

Elle parut brièvement rassurée lorsque je lui annonçai que je venais d'obtenir un emploi à *La Tribune,* mais elle se ravisa aussitôt.

— Vous ne buvez pas ? demanda-t-elle avec inquiétude, les journalistes ont cette réputation.

Je dis que je buvais « socialement » parce que je n'avais aucune idée quoi répondre d'autre.

Toujours inquiète, elle voulut savoir d'où je venais.

— Waterloo !

— Vous n'auriez pas connu un M. Desforges à Waterloo ? Il est mort l'an dernier, c'était un cousin germain de mon mari.

— M. Desforges ! Nous habitons son ancienne maison, rue Saint-Joseph ; c'est lui qui m'a montré à jardiner.

Du coup, elle fut si en confiance qu'elle me remit la clef et oublia de me faire payer une semaine d'avance, ce qu'elle me réclama sitôt que je mis le pied dans la maison, le surlendemain. Heureusement, car au moment de la visite je n'avais pas cette somme sur moi.

L'été qui fane, c'était le titre qu'avait donné Desrochers à mon billet. Il trônait modestement sur une colonne à la une du journal que je venais de déplier sur les genoux de ma mère, dont j'avais remonté la tête de lit.

— Lis, dis-je en pointant l'article du doigt.

Elle lut tandis que je lui caressais doucement la nuque. Elle avait noué ses cheveux qui grisonnaient de plus en plus, mis du rouge sur ses lèvres et une touche de blush sur ses joues, se donnant un faux air de santé que trahissaient sa respiration haletante et l'odeur de mercurochrome qui se dégageait d'elle, comme si on l'en avait imbibée.

— C'est beau, dit-elle, mais un peu triste, pourquoi me fais-tu lire cela ?

— Parce que c'est moi qui l'ai écrit !

Quel tonique lorsque je lui racontai ce qui m'arrivait ! Tout chez elle s'alluma. Elle posait des questions, riait, s'animait, réclama que je l'aide à s'asseoir dans un fauteuil, ce qu'elle n'avait pas fait depuis son opération. Et nous échafaudâmes des projets. Aussitôt que mon salaire le permettrait, je louerais un appartement assez grand pour qu'elle vienne s'y reposer.

— Je te préparerais les repas, dit-elle, je n'aurais que cela à faire.

— Non, je t'inviterai au restaurant, tu n'y vas jamais.

Et je m'imaginais déjà avec une voiture, l'emmenant dans son pays du Saguenay chez tante Blanche-Alice, faisant halte à Québec chez les

Lebon, des amis très chers qu'elle ne voyait presque plus, n'ayant pas les moyens de tels voyages.

— Il faudra que je vive jusque-là, fit-elle remarquer subitement, le son de sa voix se changeant en un profond soupir, son regard rieur figé sur un lointain inexorable.

Je serrai ses mains dans les miennes, je voulus la rassurer, lui dire qu'elle vivrait bien au-delà de tous les rêves que nous pouvions faire, qu'elle avait assez souffert et qu'elle connaîtrait des années de rémission, mais pas un mot ne sortait de ma bouche, je restais muet, aspiré par l'abîme impénétrable de l'avenir.

La Tribune, quelle faune !

En commençant par son propriétaire, le sénateur et conseiller législatif Jacob Nicol, rigide comme un pieu, des lèvres minces, des yeux perçants derrière ses lunettes à fine monture métallique, l'air sec d'un calviniste. Fils d'un cultivateur de Roxton Pond, Jacob Nicol, tout en pratiquant le droit à Sherbrooke, avait édifié un imposant empire dans le domaine des communications, d'abord en fondant *La Tribune*, en 1913, puis en acquérant d'autres quotidiens, *Le Soleil* de Québec et *Le Nouvelliste* de Trois-Rivières, ensuite des stations radiophoniques, CHLN de Trois-Rivières, CHLT et CKTS de Sherbrooke. Il avait été député et plusieurs fois ministre dans les gouvernements Taschereau, il accumulait maintenant les directorats de banques et de compagnies d'assurances. Il était très riche et très économe, tout le contraire de son autre collègue sherbrookois, le sénateur Charles-B. Howard, un millionnaire rubicond et dépensier, libéral et nommé lui aussi par William Lyon Mackenzie King.

Le sénateur Nicol conduisait lui-même sa modeste Chevrolet et avait peu d'estime pour le sénateur Howard, qui se laissait conduire dans une luxueuse voiture à chauffeur et – dans la vie – par sa femme, une riche Américaine à qui il devait une partie de son train de vie princier.

M. Nicol avait son bureau au premier étage du journal, mais il était si discret, si effacé, qu'on l'entrevoyait seulement montant ou descendant le grand escalier qui y menait. Et il me fallut des mois pour apprendre qui était cet homme toujours vêtu de sombre et saluant d'un petit coup de tête ceux qu'il croisait.

Dès le premier matin à la rédaction, Alfred Desrochers, qui m'avait déjà donné plusieurs articles d'agences de presse à traduire, m'annonça vers les neuf heures que le rédacteur en chef venait d'entrer et que la politesse exigeait que j'aille me présenter.

Louis-Philippe Robidoux travaillait seul dans un bureau, à droite de notre grande salle. Tout chez lui était aux antipodes de Desrochers, homme des bois, dégingandé, l'attitude égarée d'un grand hêtre au milieu d'une plaine. Robidoux, lui, paraissait fragile, lisse, un peu fade, en manches lui aussi, mais aux poignets mousquetaires, empesés et attachés avec des boutons en or gravés à ses initiales, avec col amidonné et nœud papillon.

Il avait un tel air de famille avec le propriétaire du *Journal de Waterloo* que je ne pus m'empêcher de lui poser la question.

— Vous connaissez mon frère Charles-Auguste ? s'étonna-t-il.

— J'avais une tante qui habitait au-dessus du journal quand j'étais petit et lorsque je la visitais, M. Robidoux me laissait passer du temps dans son atelier ; j'étais émerveillé lorsque je pouvais voir la presse fonctionner.

— En effet, il a une belle presse, une presse plate qui convient bien à son petit journal, attendez de voir la rotative que nous utilisons ici, vous demanderez au prote de vous la faire voir.

Puis, croyant que j'avais comblé le poste de correcteur d'épreuves, il entreprit de me faire quelques recommandations d'usage.

— Monsieur Robidoux, lui annonçai-je fièrement, je suis engagé comme journaliste.

— Eh bien, mon garçon, vous avez beaucoup de chance : Alfred Desrochers comme professeur ! Vous connaissez sa poésie ?

— Bien sûr !

Après avoir visité ma mère à l'hôpital, je m'étais précipité chez un libraire où je m'étais procuré *À l'ombre de l'Orford*. N'ayant pas assez d'argent pour m'offrir aussi *L'Offrande aux vierges folles*, je traînai dans la librairie, le temps d'en parcourir les soixante pages. C'était magnifique.

— De la poésie pure et vraie…

— Vous, reprit-il surpris… vous avez lu l'article que j'ai publié sur Alfred il y a quelques mois !

— Non, nous ne recevons pas le journal.

— Alors, quelle coïncidence !

Il ouvre le tiroir d'un classeur, en sort la découpure d'un article sous sa signature et m'indique un passage :

« L'œuvre de Desrochers triomphera du temps, parce que toute traversée d'émotions fortes, de sensibilité juste et mesurée, de lyrisme jaillissant et frais, et parce que, toute remplie de frémissement intérieur, elle s'impose à la méditation de ceux qui aiment la poésie pure et vraie. »

— C'est quand même étrange, vous soulignez les mêmes qualités que moi.

— Vous savez, dis-je à Robidoux, j'essaie moi aussi d'écrire de la poésie. Cette pureté, cette vérité, j'aimerais bien l'atteindre.

— Quand je suis arrivé comme rédacteur en chef, en 1921, j'ai instauré la rubrique *Les Beaux Vers*, nous en publions chaque jour, français et canadiens-français, alors si jamais le cœur vous en dit, faites-moi lire.

— Ce sont surtout des poèmes à ma mère, dis-je avec l'air de m'excuser.

— Peut-être l'an prochain, pour la fête des Mères...

Il l'avait dit par gentillesse sans doute et je compris que ma visite avait assez duré.

Je pris congé et quittai son oasis d'ordre et de tranquillité. À côté, c'était la mêlée !

Les machines à écrire crépitaient comme des mitrailleuses, des estafettes couraient de la salle de rédaction vers l'atelier, à l'étage au-dessous, les bras chargés de dépêches, revenaient avec des épreuves de pages sentant l'encre et le plomb, les étalaient sur le bureau de M. Desrochers qui, tout en les parcourant, vociférait à ses troupes les encouragements et les admonestations.

Dans le tohu-bohu, des noms ressortaient souvent ; c'étaient les souffre-douleur favoris du commandant : « O'Neil » pour Louis-C. O'Neil. De la même génération que Desrochers, il était le plus ancien de la salle, il y était depuis 1928. Il avait un béret bleu vissé sur la tête, ne se rasait qu'occasionnellement et tapait à deux doigts, par rafales, se rongeant ensuite les ongles avec avidité comme pour alimenter sa réflexion. Il embaumait la rédaction des odeurs de la ferme qu'il habitait, du côté du club de golf, sport qu'il pratiquait chaque été avec une certaine habileté, se faisant un point d'honneur de n'emporter que cinq bâtons dans son sac, dont un putter qui – selon des malins – était dans les bagages des ancêtres O'Neil, à leur arrivée en Amérique autour de 1740.

On entendait souvent aussi des «Amédée!» parce qu'à Amédée Gaudreault, Desrochers ne passait rien, pas le moindre accroc à la grammaire, le moindre usage impropre ou abusif, ni même un oubli de ponctuation. Gaudreault était chroniqueur politique, ce qui, dans son cas, équivalait à une mission de propagation de foi libérale. Heureusement pour sa santé mentale, le journal aussi était de foi libérale, avec une exception: l'appui qu'il avait toujours accordé à Johnny Bourque. Chaque fois qu'il fallait louer les mérites de Johnny S. Bourque, héros de la Première Guerre dans le régiment du Royal 22e, député de Sherbrooke sans interruption de 1936 à 1960, ministre et homme fort de l'Union nationale de Maurice Duplessis, la tête d'Amédée se mettait à bouillir, le couvercle de sa marmite sautait! Il se laissait piéger par des erreurs grossières: mauvais accord de verbe, oubli d'un pluriel, et Desrochers fondait sur lui comme un épervier sur sa proie. Amédée devenait apoplectique, plus rouge que le parti qui était sa religion, puis il encaissait, mais longtemps après on pouvait encore l'entendre ronchonner, comme le tonnerre qui n'arrête pas de gronder après l'orage.

Il y en avait aussi, et Desrochers les connaissait, qu'il fallait prendre avec des pincettes: Roland Gagné, par exemple, dont le seul travail était de traduire les dépêches d'agences qui arrivaient toutes en anglais. Vieux garçon misanthrope, Gagné rongeait son travail méthodiquement avec la ténacité d'une maladie incurable. Une fois commencé, le clic-clac de sa machine ne s'arrêtait pour ainsi dire pas, mais si Gagné avait bu, ce qu'on ne pouvait déceler qu'à la fixité de son regard, et s'il était contrarié, ce qui n'était pas toujours évitable, il disjonctait; il empoignait sa machine à écrire, marchait comme un robot jusqu'à la fenêtre, l'ouvrait et lançait la machine dans les eaux tourbillonnantes de la rivière, il enfilait ensuite son veston et, regardant droit devant lui, traversait la salle comme un automate et disparaissait pour plusieurs jours.

Et il y avait Dufour, que son orientation sexuelle de plus en plus définissable gardait cantonné aux chiens écrasés, même s'il avait dépassé la quarantaine. Depuis qu'on l'avait vu arriver à moto un été, en pantalon et blouson de cuir noir clouté, Desrochers n'osait plus l'assigner à quoi que ce soit de signifiant. Et ce n'était pas que le louche de l'accoutrement ! De plus en plus souvent et sans raison apparente, Dufour éclatait en sanglots en plein travail, jetant tout le monde dans l'embarras. Lassés, quelques collègues de Dufour avaient même soulevé son cas auprès d'Alphée Gauthier, le directeur général. Ce dernier, qui pouvait aussi avoir la larme facile, ne jugea pas le motif valable pour un renvoi et la délégation n'osa pas admettre crûment qu'elle cherchait à purger la rédaction de son seul déviant.

Je ne le sais pas encore, mais cette faune, j'aurai cinq ans pour l'apprivoiser et pour apprendre d'elle les rudiments du journalisme et les attitudes fondamentales, bonnes ou mauvaises, en face de la vie.

Mais cette imprégnation faillit tourner bien court.

C'est samedi. Mon deuxième matin au journal. Je dois entrer à six heures trente, mais j'arrive d'avance. M. Desrochers est déjà là, un peu hagard, et des effluves d'alcool flottent dans la salle. Je le salue, une onomatopée sort de sa barbe en guise de réponse. Et comme je lui demande ce que je dois faire, il grogne un commandement :

— Roule le fil.

Je n'ai pas la moindre idée de ce dont il parle, alors je reste debout, perplexe, mais essayant de faire bonne contenance.

Il relève la tête, constate que je n'ai pas bougé.

— Baptême ! hurle-t-il. Le fil, le fil qui sort des téléscripteurs !

Je cours vers la petite salle où trois téléscripteurs assourdissants ont passé la nuit à cracher les dépêches et je comprends que je dois faire un rouleau de ces accordéons de papier sur le plancher. Je commence par le plus volumineux, une bande d'une vingtaine de mètres que le téléscripteur continue de débiter sans arrêt. Astucieusement, j'attends la pause infime entre deux nouvelles, crac ! je déchire et me mets en frais de lui rouler un beau boudin, parfaitement cylindrique, juste assez serré.

Je viens lui présenter mon chef-d'œuvre de rouleau et retourne vers les téléscripteurs. Une avalanche de jurons tonitruants me scie les jambes en pleine course. Je me tourne et j'aperçois le poète dans une éruption de colère volcanique plus terrible que celle du Vésuve, qui mit deux jours à ensevelir Pompéi, tandis que moi, en quelques secondes, j'étais anéanti. Tout ce que la mémoire de ce « fils déchu de race surhumaine » – comme il se définit lui-même dans un poème – contenait d'injures et de blasphèmes, il le vomissait sur moi, pourtant déjà réduit en cendres.

Une dernière coulée de lave me pétrifie : je suis congédié !

Désespéré, j'éclate en sanglots.

J'irais vers mon bureau ramasser mes choses, mais je n'ai rien, rien de personnel, pas après deux jours. Par la fenêtre, j'entends le bruit des chutes ; j'irais m'y précipiter comme la machine à écrire de Gagné, mais je manque de courage. Je pense à ma mère, à tous mes espoirs qui s'en sont allés et je continue de pleurer comme un enfant, incapable d'obéir à Desrochers et partir.

Tout à coup, dans le ronchonnement que j'entends, il me semble avoir perçu mon nom : Fournier.

Je tourne les yeux vers Desrochers. La fumée de la cigarette qu'il vient d'allumer monte en volutes silencieuses le long de sa tête hirsute comme des fumerolles sur les flancs d'un volcan enfin apaisé.

— Approche ! Je vais te montrer, tu m'as paru intelligent, assez pour ne pas répéter tes bêtises.

Le fil, sa guirlande de dépêches, il fallait que je la roule par la fin, l'écriture à l'intérieur, ainsi il déroulerait en ayant devant lui la dernière nouvelle arrivée, il pourrait la découper s'il la considérait importante et la mettre de côté, puis continuer son défilement en tenant le rouleau de la main gauche devant son ventre.

C'était si simple. Mais comment se faisait-il que pareille bagatelle eût pu changer le cours d'une vie ?

Je vis tout à coup Desrochers comme une sorte de dieu de la poésie qui avait sur moi droit de vie ou de mort.

Et j'avais envie de vivre.

*
* *

Journaliste, j'ai dû sucer ce métier avec le lait maternel, car j'ai le sentiment d'avoir toujours su, de n'avoir presque rien eu à apprendre. Bien sûr, on m'a enseigné qu'il fallait ramasser l'essentiel de l'article dans une entrée en matière courte et percutante, mais cela me semblait aller de soi, être curieux, je l'étais de nature ; s'assurer de l'exactitude du nom et du prénom des gens sur lesquels on écrit, en vérifier l'épellation, cela m'était facile ; ne pas tronquer ou déformer les citations, les situer dans leur contexte, je me forgeai à cet effet une sténo *ad hoc* qui me permettait de ne pas trop me laisser distancer, même par les logorrhéiques.

Et cette espèce de bien-être que j'éprouvais en m'asseyant pour écrire à ma Underwood malgré le rhumatisme de son clavier et la manie qu'avait le ruban à bien réussir l'aller, mais pas le retour... Cette sensation agréable de l'écriture, je l'ai toujours ressentie, et à certains moments privilégiés jusqu'à l'euphorie.

J'étais le plus jeune journaliste de la salle et Desrochers m'adopta pour ainsi dire comme un fils. Il ne me passait rien, mais il ne me criait pas dessus et ne prenait jamais un ton aussi caustique avec moi qu'avec les autres.

Le plus difficile, au fond, c'était de boucler mon budget avec mes modestes vingt dollars par semaine, d'autant que j'avais promis à ma mère de lui rembourser l'argent qu'elle m'avait avancé, promesse que j'ai mal tenue. Pour m'aider, Desrochers m'assigna à tous les déjeuners de clubs sociaux : Kiwanis, Rotary, Optimistes, Richelieu. Je devais revenir avec quelques paragraphes sur les activités de l'organisme et sur la conférence plutôt ennuyeuse accompagnant chacun de ces déjeuners, mais je m'étais empiffré à l'œil, presque toujours de poulet ou de rosbif, et toujours tiède.

Et il y eut la manne des funérailles !

La Tribune dépêchait un reporter chaque fois que mourait une personnalité. Je fus rapidement assigné à cette tâche. Planté à l'entrée de l'église, il s'agissait de noter les noms de tous ceux qui assistaient au service et d'en publier la nomenclature à la suite du compte rendu des funérailles. Si je traînais un peu sous le portique après le début des obsèques, il se présentait immanquablement des retardataires qui m'indiquaient leurs noms et faisaient demi-tour en me glissant un billet d'un dollar pour s'assurer de faire partie de la liste. D'autres appelaient directement la rédaction pour parler au journaliste qui avait couvert l'événement, et me priaient d'inscrire leurs noms. La convention tacite pour ces arrangements *a posteriori* variait entre deux et cinq dollars, selon la notoriété du demandeur. Un billet arrivait dûment par la poste avec une carte de visite.

Ce casuel, je le dépensais presque entièrement à accompagner mon patron au Magog, un hôtel plutôt décrépit dont l'odeur infecte du bar prenait à la gorge, mais ayant l'avantage d'être à deux pas de *La Tribune*, de l'autre côté de la rue Dufferin.

Plusieurs fois par semaine, Desrochers, un journal fraîchement sorti des presses sous le bras, m'entraînait au bar du Magog. J'étais son disciple, son confident, son compagnon de soûlerie, le témoin de ses spleens, de ses révoltes et du sentiment ténébreux qu'il éprouvait de sa propre déchéance.

Durant des heures, attablé devant de la bière Black Horse qu'il commandait deux grosses bouteilles à la fois, il allait de monologue en monologue, m'entretenant un jour du poète Robert Choquette qu'il essayait de convaincre de changer le titre de *Suite maritime,* un long poème auquel ce dernier travaillait depuis des années.

— *Suite maritime,* s'esclaffait Desrochers de son rire éraillé, pour un poème de deux mille vers ! Ça conviendrait mieux à un manifeste d'armateur, qu'est-ce que t'en penses ? Je lui ai suggéré *Suite marine*, mais il s'obstine avec son *maritime*. Si jamais il le termine son maudit poème… il m'en parle et m'envoie des extraits depuis 1931.

Alors, puisant au fond de sa mémoire, il me récite un extrait de ce poème de Choquette qui finira par paraître en 1953, scandant les vers à perfection :

Mais vois d'abord, laissant le sourd roulis des lames
Délier sur leur front comme un buisson de flammes,
Ces sirènes d'écaille aux cheveux verticaux
La conque, où l'Océan met d'immortels échos...

— Et Choquette étire ainsi pendant des centaines et des centaines de vers, poursuit Desrochers, c'est trop. Je le lui ai dit souvent, ses poèmes sont trop longs. Il y a seulement Victor Hugo capable de faire de grosses machines comme ça. Moi aussi, j'en ai sur le métier, des projets d'envergure, un jour je te ferai lire des extraits de *La Prosopopée de l'Orford*, mais je ne le finirai jamais, pas si je me place du point de vue du public ; il n'aime pas se faire gaver, pas au Québec.

Renfrogné, amer, il vidait son verre de bière cul sec, essuyait du revers de la main les traînées laiteuses dans sa barbe, aux commissures des lèvres, et grommelait quelques remarques pas très obligeantes sur l'auteur de *Metropolitan Museum*, zélé propagandiste de lui-même, plus homme du monde que poète, selon lui.

À l'ombre de l'Orford de Desrochers et *Metropolitan* de Choquette avaient été couronnés *ex æquo* par le prix Athanase-David, en 1932.

— C'est son deuxième David, rumine Desrochers, il a reçu le premier, en 1925, c'est un abonné, un protégé des David et d'Édouard Montpetit. Si jamais il aboutit avec sa *Suite maritime,* ils vont lui en donner un troisième, j'en mettrais ma main au feu.

Il parlait souvent avec affection de Jovette Bernier, romancière et poète avec qui il avait travaillé pendant quelques années à *La Tribune,* à la fin des années vingt. Qu'elle écrive des sketches pour la radio, il le lui pardonnait plus aisément qu'à Choquette.

Coïncidence, en 1962, j'ai écrit pour Jovette, que j'ai à peine connue, l'argument de la série de télévision *Rue de l'Anse* et j'en ai défini les personnages ainsi que les lieux de tournage. Elle avait ensuite écrit les scénarios avec Guy, mon jumeau.

Mais c'est sur Germaine Guèvremont que Desrochers était intarissable. À voir ses yeux s'allumer, à interpréter ses sous-entendus, ma foi ! on pouvait penser que Desrochers était carrément amoureux de la romancière, qu'il avait connue par Françoise Gaudet-Smet, directrice de la revue *Paysana,* dont Guèvremont était devenue collaboratrice.

C'est lui qui m'avait annoncé en trépignant que les deux romans de sa protégée, *Le Survenant* et *Marie-Didace,* avaient été traduits en anglais et allaient être publiés simultanément à Londres et à New York. La gloire ! Gloire celle-là qui n'excitait pas la jalousie de Desrochers. Non, rien n'arrivait à Guèvremont dont il n'était pas sincèrement heureux.

Après tout, le Survenant, ce ne pouvait être que lui, cet homme sauvage, indomptable. L'amour d'Angélina n'était-il pas le calque de celui de Guèvremont pour Desrochers ? Ce survenant mystérieux, apparu de nulle part, à l'instar du François Paradis de Louis Hémon, combien il faisait penser au poète de l'Orford et à ses propres vers, qu'il m'a récités à tue-tête, des dizaines de fois, dans le bar du Magog, avant que ses jambes lui manquent, paralysées par l'alcool, et que je doive le supporter jusqu'à un taxi pour qu'il rentre chez lui, rue Pacifique, à deux pas de la Dominion Textile, où travaillait sa femme Rose-Alma pour permettre à la famille de joindre les deux bouts :

Je suis un fils déchu de race surhumaine,
Race de violents, de forts, de hasardeux,
Et j'ai le mal du pays neuf, que je tiens d'eux.
Rompus par leur travail pénible, à bout d'haleine,
Les paysans, sentant fléchir leur torse fort,
S'en reviennent des champs, dans l'ombre de l'Orford,
Et la sueur raidit leur chemise de laine.

D'autres fois, il insistait tant que je devais l'accompagner jusque chez lui et manger avec la famille. J'ai souvent accepté, mais avec le net sentiment que j'enlevais du pain à Jeanne, Clémence, Pierrot et les autres. À constater comment pauvrement vivait la famille, il avait fallu que cet homme génial mais sans cesse insatisfait fût toute sa vie plus instable et désorienté qu'un grand voilier démâté par la tempête, qu'il fût toujours tiraillé par cette soif d'écrire et des obligations familiales dont, de toute manière, il ne saurait jamais bien s'acquitter. Écartelé aussi entre ce qu'il appelait ses théories «socialo-anarcho-communo-bolchévistes» et sa cruelle déception de n'avoir pas trouvé sur sa route de riches mécènes qui lui eurent permis de mener ses œuvres à terme, sans autre souci, ou qui, au minimum, lui eurent fourni les moyens de mettre debout une revue littéraire, ce qui l'eût satisfait autant – c'est ce qu'il répétait – que d'écrire lui-même des œuvres.

Lorsqu'à l'hiver 1951 les grands patrons de *La Tribune*, las des absences répétées de Desrochers, dont l'excuse était invariablement «un mauvais rhume» – ce qui fit dire à l'un d'eux que le poète n'avait jamais eu de «bon rhume» –, le mirent à la porte, il n'avait plus rien, même plus la maison de la rue Pacifique. Sa femme avait quitté la ville pour se réfugier à Claire-Vallée chez Françoise Gaudet-Smet et sa fille Jeanne distribuerait les dernières choses de la famille avant de quitter elle-même *La Tribune* pour épouser Fernand Dansereau et se joindre avec lui à l'équipe du journal *Le Devoir*.

Les derniers moments de Desrochers à Sherbrooke, nous les avons passés ensemble à l'hôtel Magog. Ses yeux d'aigle se mouillaient à tout instant de larmes qu'il balayait aussitôt du revers de sa manche, ses doigts effilés frissonnaient comme les branches d'un vieil arbre glacé par l'hiver; cet homme en déroute s'était à force d'alcool lui-même retranché de la «race de violents, de forts, de hasardeux», il avait refoulé toute ambition littéraire, sa vie n'était qu'un immense abattis piqueté d'échecs et de rêves brisés. Je le contemplais avec cette horreur qui m'a toujours saisi quand je sens peser sur un autre une malédiction qui pourrait tout aussi bien fondre sur moi.

Je n'avais aucun doute, Desrochers était un poète maudit. Quel que soit le chemin emprunté, il l'eût toujours conduit à la même impasse. Cet homme, jadis navire de haute mer filant voiles gonflées par le souffle puissant de son inspiration, n'était plus qu'une triste épave ballottée, secouée sur les brisants.

J'aspirais ardemment à être poète moi aussi, le même destin me guettait-il?

Plus tard, lorsque je publierai, qu'on m'attribuera le titre de poète et que je fraierai parmi les poètes, je resterai toujours naturellement attiré par les «maudits» d'entre eux, les Claude Gauvreau, Gilbert Langevin et, surtout, Gaston Miron, avec qui je me lierai d'amitié jusqu'à sa mort ; je serai en grande admiration pour d'autres, Gilles Hénault, Roland Giguère, Leonard Cohen, Paul-Marie Lapointe, mais je n'aurai jamais avec eux les mêmes atomes crochus ; et il y en a que je détesterai carrément, les René Char ou les Jean-Guy Pilon avec leur vers bien ciselés, rutilants comme de belles assiettes de porcelaine, creuses.

Et cet Alfred Desrochers qui ne me sortira jamais de la tête ou du cœur, je le reverrai à l'occasion ; le contraste effarant de force et de fragilité qu'il continuait de manifester ne cessera ni de m'angoisser ni de m'émouvoir. Son inspiration s'était tue et c'était désormais son existence à lui, triste et vide, qui nous interrogeait sur le sens de la vie et du monde.

Pour Hugo von Hofmannsthal, le poète étant celui qui participe le plus largement de l'univers et porte l'empathie à son plus haut niveau, il est aussi celui qui se trouve le plus exposé aux menaces de la désagrégation du moi. Chez Desrochers, cette désagrégation ne m'a jamais paru plus évidente ni plus démoralisante que durant les jours passés avec lui, en 1960, au cours des confidences qu'il me fit dans le cadre d'un film que je réalisai pour l'Office national du film, un documentaire intitulé tout bêtement : *Alfred Desrochers, poète.*

À propos de son vers : «Je suis un fils déchu de race surhumaine», Alfred affirme :

— C'est le vers le plus simple, le plus réaliste, le plus «constatation» que j'aie jamais écrit. En comparaison de ceux qui sont venus avant moi, je suis déchu. Je suis tombé, mais un ragot ! à côté de ces géants-là ! C'est un peu le cas de Victor Hugo quand il écrit «mais nos pères auraient mordu dans un fer rouge». Nous autres, on est tous une bande de peureux, d'effarouchés, de faibles, alors en comparaison de ces gens, on est des fils déchus, pas juste moi, à peu près tout le monde.

Puis, Desrochers cherche à justifier trente ans de silence, avec une explication qui ressemble davantage à un navrant constat d'échec :

— L'art sous toutes ses formes, avance-t-il, est un fait de jeunesse. La période réellement créatrice de tout homme, ça va de vingt-cinq à trente-cinq ans et, dans ces dix ans-là, si quelqu'un a quelque chose à dire, il le dit ; après ça, il va le répéter, chanter la même chose avec plus de technique tel un chanteur à voix – soprano, ténor, qu'importe ! – qui pourra peut-être acquérir une maîtrise plus grande, mais qui ne chantera pas mieux qu'il a chanté entre vingt-cinq et trente-cinq ans.

Quelques années plus tard, le choc de perdre sa femme fut si grand qu'il arracha Desrochers à une léthargie à laquelle il semblait s'être complètement résigné, il publia un dernier recueil de poèmes : *Élégies pour l'épouse en-allée*, qui n'est justement pas une redite de ce qu'il avait chanté entre vingt-cinq et trente-cinq ans. Ironie ! Trois ans avant cet ultime « chant », Desrochers s'était vu décerner le prix Duvernay pour l'ensemble de son œuvre : deux recueils datant de 1928 et 1929.

*
**

Je travaillais déjà à *La Tribune* depuis plusieurs mois lorsque j'appris que Wilfrid Lemoine était annonceur à CHLT, juste à l'étage au-dessus, et qu'il habitait un appartement à cent mètres du journal, rue Marquette.

Wilfrid, je l'avais connu à l'été de mes quinze ans, alors que j'allais souvent fuguer du côté de Granby où habitaient ses parents. Je m'y rendais en stop et il m'arrivait souvent, en pleine nuit, de ne pas trouver de bon samaritain pour le retour. Dans ces moments-là, si la porte de l'immense logement des Racine, au-dessus de la boulangerie-pâtisserie du même nom, rue Principale, était verrouillée et que je ne me résignais pas à sonner à des heures aussi tardives, j'allais dormir à la belle étoile au bord de la rivière, sur le parterre d'une riche résidence, dans le haut de la ville.

Je ne me souviens plus par quel biais, mais j'avais été admis dans un clan –, un « petit noyau », l'aurait qualifié Proust – qui voulait changer le monde sans faire de politique, ce qui – c'est ce que je pense maintenant – eût certainement été un moyen plus efficace que nos délires intellectuels sur la philosophie, la littérature ou la musique.

J'essaie d'imaginer ce qui serait survenu, compte tenu de leurs qualités, si les gens de notre noyau avaient au contraire choisi de s'engager dans l'action et le combat.

Wilfrid Lemoine, né en 1927, était l'aîné de ce clan, déjà un athée et un hégélien de gauche. Très peu intuitif, je dirais qu'il était dialecticien de naissance ! Il avait fait de la philosophie son pain quotidien.

Tout à l'opposé de Wilfrid, il y avait Roger Matton, délicat, fragile, une affectivité exacerbée, déjà des chevrotements dans la voix à dix-sept ans ! Plutôt petit, maigre comme un clou, cela paraissait miraculeux que Roger survive aux longues soirées de jazz de l'hôtel Mont-Shefford, où il était au piano, le plus souvent en solo, parfois accompagné à la batterie par Guy Lachapelle. Il avait des dons d'improvisation exceptionnels, une agilité et une souplesse au clavier que n'eût pas désavouées un Oscar Peterson. Mais il y avait en même temps chez Matton un mysticisme, une recherche ascétique de l'absolu que le jazz, avec sa sensualité et ses ivresses fugitives, n'eût jamais satisfaits. L'influence de Claude Champagne, avec qui il étudiait au Conservatoire de Montréal, lui avait également ouvert d'autres horizons, aussi lorsque le clan commença de s'effriter, personne ne fut surpris de voir Roger choisir de poursuivre ses études à Paris, d'abord avec Andrée Vaurabourg-Honegger, ensuite avec Nadia Boulanger et finalement avec Olivier Messiaen, dont le penchant à s'inspirer de symboles religieux et mystiques, à faire appel à des rythmes orientaux ou à des modes médiévaux convenait parfaitement à une intériorisation qui se précisait chez Matton.

Des circonstances, explicables en partie par la qualité des beignes à la gelée de fraise ou de framboise qu'on trouvait à la pâtisserie Racine, avaient fait de l'établissement le quartier général du clan. Durant les mois d'été, c'est Marcelle, la fille de la maison, membre du groupe elle aussi, qui tenait boutique. Sa générosité avec les irrésistibles beignes nous attirait presque autant que l'ardeur des discussions qu'elle savait provoquer et sa façon opiniâtre de se replier sur ses arguments comme un chien famélique sur un os. Masculine et un peu forte, Marcelle était aux antipodes de sa sœur Marie, plus âgée, frivole et jolie, une agréable aventurière qui rejoignait le groupe lorsque ses nombreuses liaisons lui accordaient un peu de répit.

Marie, je la retrouverai en Espagne, au milieu des années cinquante, avec le célèbre Luis Miguel Dominguin, dont elle était devenue la maîtresse, une aventure qui dura à peine plus longtemps que celle du matador avec Ava Gardner, mais qui me fournit l'incroyable occasion de passer plusieurs soirées avec lui à baragouiner de tauromachie en espagnol, dans les bars les plus chics de Madrid. Nous étions au début de l'hiver, donc hors saison, et je n'aurai jamais la chance de voir Dominguin toréer.

Le peu de temps libre que me laissaient mon travail au journal et les longues sessions au Magog avec Alfred Desrochers, je commençai à le passer avec Wilfrid Lemoine, lequel se passionnait pour Marx et Engels, que j'entrepris d'étudier moi aussi. Mais le marxisme ne me paraissait valable que si l'on acceptait de passer enfin à l'action. Marie-Laure, une copine de Wilfrid, avait des accointances dans le parti communiste canadien, et nous prîmes la décision de former une cellule, la première à Sherbrooke, tout en demeurant très discrets, la sauvegarde de nos jobs respectifs pour le sénateur Nicol, cet intrépide capitaliste, nous commandant de mesurer l'ardeur de notre prosélytisme.

Cette Marie-Laure, je le sentais bien, était amoureuse de Wilfrid, et elle souffrait que ce dernier ne répondît pas à son affection. C'était une fille d'une intelligence exceptionnelle avec un charme mystérieux, assez oriental, alors je ne m'expliquais pas l'attitude de Wilfrid à son égard. Je regrettais en secret qu'elle n'éprouvât pas ces sentiments pour moi ! D'autant que je la savais libre, pas du tout bégueule, et que je séchais sur pied d'être encore puceau.

Un soir que je dînais à l'appartement de Wilfrid, je décidai d'aborder avec lui le sujet de Marie-Laure. Il m'écouta un bon moment en silence lui faire part de l'amour dont elle brûlait pour lui, de la peine que son indifférence lui causait, puis me fixant droit dans les yeux, il m'annonça que lui aussi était amoureux.

De moi !

Je demeurai saisi comme en face d'une chose incompréhensible, surprenante, et une curieuse émotion s'empara de moi ; je l'aimais moi aussi, je le lui dis, mais ce n'était pas l'amour qu'il attendait de moi, cela aussi je le lui précisai.

Décrire son désarroi !

De crainte d'être déçu, il avait patienté des mois avant de me dévoiler ses sentiments. Mais cette inclination, qui le tourmentait depuis son adolescence et dont il disait n'avoir encore jamais parlé, en était-il si sûr ?

Il avait été question qu'il aille à New York pour un long week-end avec Marie-Laure voir des spectacles et amorcer des contacts avec des cellules communistes de la métropole américaine, je lui suggérai de mettre ce projet à exécution, en laissant agir la séduction, en ne cherchant pas à y résister comme il me semblait toujours faire.

L'odyssée new-yorkaise fut une véritable catastrophe, l'un et l'autre faisant le constat accablant que leurs corps resteraient toujours indifférents, et que la communion parfaite de leurs esprits n'y changerait rien.

Le cœur brisé, Marie-Laure disparut. J'appris beaucoup plus tard qu'elle avait fini par épouser un chef ouvrier américain, d'allégeance communiste.

Quant à Wilfrid, j'essayai de lui donner un peu de répit. Je ne le vis plus que brièvement, toujours pour le travail. En effet, il avait commencé à mettre en ondes un radioroman quotidien de quinze minutes, adapté d'une série américaine. J'en adaptais deux ou trois par semaine, à deux dollars l'épisode, une expérience à laquelle fut très «sensible» Jean Desprez, lorsqu'au milieu des années cinquante, elle m'accepta comme un de ses nègres pour nouer les intrigues d'André Boileau et Lisette Rivard dans *Jeunesse dorée*.

Finalement, au hasard d'une assignation, un concert symphonique, je crois, dirigé par Sylvio Lacharité, je fis la connaissance d'un de ses élèves de piano, Serge Garant. J'étais loin de me douter alors que ce grand garçon timide mais passionné, dont l'élocution bégayante semblait toujours en retard sur sa pensée, deviendrait une figure de proue de la musique contemporaine, ni qu'en le présentant à Wilfrid je deviendrais l'instigateur d'une union qui allait durer presque vingt ans et qui insufflerait à Serge une assurance intellectuelle frôlant parfois la suffisance. C'est peut-être ce qui fit déclarer à Pierre Boulez, à la mort de Serge en 1986: «Il ne s'est pas contenté de décider et de choisir pour lui, mais, ayant pris cette décision quant à lui-même, basée sur une réflexion et sur une fraternité, il a tenu à faire partager ses points de vue qu'il considérait, à juste titre, comme les mieux adaptés à notre temps, comme les plus susceptibles de donner des territoires nouveaux à la musique, territoires dont elle a sans cesse besoin.»

Et moi pendant ce temps-là? Eh bien, je rentrais chaque soir à ma chambre, souvent un peu bourré, en prenant mille précautions pour ne pas affoler le vieux couple chez qui j'habitais et que je ne croisais pratiquement jamais. Je partais, ils n'étaient pas levés; je revenais, ils étaient au lit depuis longtemps.

Dans le silence presque sépulcral de ma chambre où ne filtrait même pas la respiration des vieux qui dormaient à côté, je me serais enfoncé à cœur joie dans les mauvaises pensées si j'avais été moins tourmenté par ma misérable condition de puceau, qui me semblait maintenant sans issue. Je revoyais Lise Boucher, de temps à autre, mais comme beaucoup d'autres filles de cette époque, sa virginité, ce petit capital, elle avait résolu de ne l'investir que dans une entreprise salutaire comme le mariage !

La virginité, cette délicate membrane se dressait donc chez toutes comme une barrière que je ne parviendrais à enfoncer qu'avec le bélier du mariage. À dix-huit ans ! Non, merci.

Un soir, n'en pouvant plus de ronger mon frein, je sortis de mon lit et fis un brin de toilette pour aller traîner au bar du Magog avec la ferme intention d'en finir une fois pour toutes avec ce ridicule pucelage qui, j'en étais maintenant convaincu, devait enrayer toute sécrétion du musc mystérieux qui signale le rut d'un homme. Comment naviguer sans ce sémaphore biologique ?

En entrant dans le bar, je fus assailli par les forts relents d'alcool de fin de soirée et le tempo effréné d'un be-bop de Cab Calloway avec lequel se débattait un trio de musiciens aux facultés affaiblies. Au premier coup d'œil, ma détermination prit un grand coup : il n'y avait que six clients, quatre hommes attablés avec deux filles pour lesquelles il apparaissait futile d'entretenir quelque dessein. Et comme pour tordre le cou définitivement à tout espoir, une des deux filles quitta le bar au bras d'un de mes rivaux tandis que je commandais une portion-courage de whisky.

J'eus beau dévisager celle qui restait, river mon regard sur elle comme un hypnotiseur de salle paroissiale, la couvrir d'intenses transmissions télépathiques, elle ne daigna pas une fois lever les yeux sur moi. C'était une assez jolie brunette, un peu trop ronde, le teint basané par l'atmosphère lourde des bars enfumés, des lèvres charnues comme des feuilles de plante grasse qui accentuaient une certaine vulgarité de son visage, ce qui dans les circonstances n'était pas pour me déplaire.

Je ne sais pas qui dans la place était si entiché de Calloway, mais le pianiste annonça qu'il avait une demande spéciale pour une autre de ses chansons : *I Ain't Got Nobody*. Et si c'était cette fille qui me passait ce subtil message ? L'éclair d'espoir qui me traversa l'esprit s'éteignit aussitôt. De toute évidence, la demande ne venait pas d'elle, car elle ne s'interrompit ni de boire ni de parler durant tout le temps de la chanson dont les paroles, chantées par cette voix pâteuse, devenaient le miroir même de mon désespoir :

Say, I ain't got nobody, and nobody cares for me!
That's why I'm sad and lonely,
Won't somebody come and take a chance with me [1]*?*

Juste au moment où le pianiste entreprenait ses premiers riffs, elle se leva et prit son sac à main. Le cœur me manqua, elle s'en allait ! Un des trois hommes se leva à son tour pour l'accompagner. Dans un sursaut d'audace incroyable, je lui murmurai comme elle passait près de ma table :

— Vous partez ?

— Pourquoi ?

— On aurait pu prendre un verre !

Elle eut un sourire engageant, mais son type arriva et me foudroya du regard.

J'aurais jeté l'éponge, mais je me rendis compte qu'elle ne quittait pas l'hôtel. Son type échangea quelques mots avec le gardien de nuit à la réception, ce dernier lui remit une clef et je la vis monter l'escalier vers les chambres. Je rebondis aussitôt. Ma décision était prise : tant qu'on ne me mettrait pas à la porte du bar, j'attendrais.

Fouettée par un autre whisky double, mon imagination galopait : je me voyais dans les bras de cette brunette qui devenait de plus en plus séduisante, sa bouche avait perdu toute vulgarité et ses lèvres pulpeuses se présentaient à moi comme des fruits délicieux.

Les musiciens plièrent bagages. Les deux hommes qui étaient à la table de « Vénus » partirent à leur tour. Bien fait ! Si tout se passait comme je l'espérais, ce serait mon tour, je n'aurais pas besoin de faire la queue.

1. Dis, je n'ai personne et personne ne tient à moi !
Voilà pourquoi je suis si triste et esseulé.
Pourquoi n'y a-t-il personne pour tenter sa chance avec moi ?

On approchait de deux heures, le garçon vint me proposer un *last call*.

— Qu'est-ce qu'elle boit, la fille qui était là, à la table ?

— Du rye avec du Coke.

— La même chose pour moi, un rye pour elle.

Le garçon prit un air perplexe.

— Le rye, t'es sûr ? je ferme dans vingt minutes.

— On a rendez-vous, dis-je avec assurance.

Lorsqu'il revint avec ma commande, je lui offris une cigarette qu'il refusa.

— Des Buckingham, c'est trop fort.

Je réglai la note en l'allongeant d'un bon pourboire, juste au cas où l'heure délicieuse de mon rendez-vous tarderait un peu.

Eh bien, je n'eus pas à me morfondre : cinq minutes plus tard, elle était là, après avoir éconduit son bonhomme, qui quittait l'hôtel en ronchonnant.

— Un peu plus, il me faisait manquer le *last call*, mais je vois que tu avais pris tes précautions, dit-elle, en baptisant son rye avec une grande rasade de coca pétillant.

Elle colla ses lèvres sur le verre, juste comme la lave mousseuse du Coca-Cola allait déborder, et aspira la boisson avec un clapotement sensuel.

— Je te prends une cigarette, dit-elle en allongeant la main vers le paquet sur la table.

Je l'interceptai, sortis moi-même la Buckingham que je m'empressai de lui alllumer. Cette petite galanterie parut non seulement l'étonner, elle l'inquiéta.

— T'es bien bizarre, toi.

— Non, poli.

Nous terminions nos verres en silence et je n'arrêtais pas de la dévisager, en me demandant comment j'arriverais à lui faire part de mes intentions… galamment.

— Qu'est-ce que ça te tente de faire ? demanda-t-elle.

— Je ne sais pas… veux-tu prendre une bouchée ?

— J'ai mangé un gros spaghetti avec des boulettes, vers dix heures.

Elle me saisit brusquement la main, la glissa sous sa robe, la pressant contre son ventre chaud et palpitant :

— Je suis à la veille d'éclater, dit-elle en riant.

Elle relâcha un peu son étreinte et je commençai doucement à palper les chairs douces et rebondies de son ventre d'où émanait une molle tiédeur.

— Est-ce que ça te tente de finir la nuit avec moi ? demandai-je enfin d'une voix que mon désir pressant rendait chevrotante.

— Où ? En haut ?

— J'ai une chambre pas loin d'ici.

— On prend un taxi ?

Je n'avais pas plus d'argent pour un taxi que pour une chambre d'hôtel.

— C'est vraiment à deux minutes, fis-je. Le temps d'une bouffée d'air !

Elle sécha d'un trait le reste de son verre et se leva.

— Viens !

Tandis que nous marchions vers la maison, elle me demanda ce que je faisais.

— Journaliste !

Elle me regarda incrédule.

— Pas à *La Tribune* ?

— Euh, euh !

— Tu vas me gêner, je suis pas instruite, moi.

— Tut, tut !

Une concupiscence oppressante me coupait le sifflet, j'étais devenu monosyllabique.

Enfin chez moi !

J'insérai délicatement la clef dans la serrure, ouvris la porte avec précautions et lui chuchotai de ne pas faire de bruit en montant l'escalier qui menait à ma chambre.

— Tu peux amener qui tu veux ? s'inquiéta-t-elle.

— Oui, oui, mais ce n'est pas la peine de réveiller les vieux pour rien.

Aussitôt dans le hall, elle murmura :

— Je vais prendre mes souliers à la main.

En les retirant, elle faillit perdre l'équilibre et s'étrangla pour ne pas pouffer de rire. Tandis qu'elle reprenait ses esprits, je fus frappé combien la senteur fauve de son corps contrastait avec l'odeur crépusculaire de la maison.

Il n'y avait pas de clef pour la porte de ma chambre, alors par mesure de précaution, je glissai une chaise devant, après l'avoir refermée, et je tournai le bouton d'une lampe sur la commode, allumant un demi-jour propice.

Elle enleva rapidement sa robe, son slip, et s'étendit sur le lit, croisant les mains sous la nuque et faisant avec ses bas de nylon des froufrous aguichants contre la couverture bordeaux ; son corps très blanc, enveloppé d'effluves capiteux, s'en détachait comme une statue de luxure. Pour cette divinité, j'allais enfin immoler mon insupportable virginité.

Je m'allongeai sur elle en espérant que ce phallus en l'air depuis une heure, ce gourdin, cette matraque saurait se débrouiller. Tandis qu'il allait se caser sans ambages entre ses cuisses, prêt à se fondre en elle, j'eus envie de caresser ses seins dont je sentais les mamelons gonflés à travers son soutien-gorge.

Elle le retira.

Quels tétons !

Des engins magnifiques, deux grenades dont je pris les goupilles à pleine bouche, tantôt les suçotant, tantôt les lovant dans mes doigts pour en bien éprouver le velouté. L'excitation que je provoquais fit éclater sur le bistre des aréoles un frémissement de petits boutons, comme d'infimes éclats de shrapnel, puis, alors qu'elle étouffait des gémissements, je sentis un ruissellement sur mon phallus qu'elle prit avec sa main pour le guider jusqu'à la source. Ce pays inconnu m'enveloppait d'une douceur et d'une moiteur qu'aucune mauvaise pensée n'aurait pu me laisser soupçonner, des tropiques de rêve !

Malgré des coups de gouvernail répétés, mon esprit partit gentiment à la dérive. Alors que je plongeais et replongeais au tréfonds de son être, je l'entrevis qui dévorait des yeux une grosse pomme sur la table de chevet près d'elle.

— Je peux ?

Je ne sais pas s'il me restait assez de sens pour acquiescer, mais elle étendit le bras et prit la pomme qu'elle attaqua par bouchées explosives et bruyantes. J'étais subitement en train de faire l'amour à quelqu'un qui faisait l'amour à une pomme. Ève, la pomme, le paradis terrestre, j'aurais pu toutes les faire ces associations si j'avais été moins occupé à baiser pour la première fois de ma vie… et si je n'avais pas été troublé par des coups furibonds dans la porte.

— Ça frappe, s'écria-t-elle en se raidissant.

La porte s'ouvrit brusquement renversant la chaise que j'avais placée devant, un ramdam terrible et castrant.

Mme Desforges, debout en robe de nuit dans le chambranle de la porte, me criait dessus, les yeux révulsés d'horreur, précipitant ce premier orgasme dans un chaos de vaudeville.

— Sortez d'ici, bande de cochons, tout de suite, ou j'appelle la police !

En entendant « police », ma partenaire bondit hors du lit comme un criminel surpris en flagrant délit, sans le moindre égard pour le nœud de l'affaire qui me liait à elle…

Et la vieille indignée qui continuait, dans le couloir, à se répandre en insultes.

J'enfilai mon pantalon en vitesse pour aller la rassurer que nous ne resterions pas une minute de plus, mais qu'elle ait au moins l'obligeance de nous laisser nous rhabiller. Et je refermai la porte sur elle qui pestait :

— Amener des putains dans ma maison !

« Putain », le mot fit débouler de ma mémoire tous les syphilitiques de la littérature : la Bertha de *Jane Eyre*, le Dr Rank de *Maison de poupée*, le Pangloss de *Candide*, et les pauvres victimes parmi les artistes eux-mêmes : Feydeau, Gauguin, Rimbaud, Maupassant, Miller. Pitié !

Assailli par une angoisse terrible, je courus à la salle de bains, remplis le lavabo d'eau presque bouillante et j'y plongeai mon possible trait d'union avec la terrible maladie. C'était à la limite de l'endurable, mais la religion m'avait enseigné les bénéfices de la purification par le feu. Tandis que trempait l'appendice, je cherchais dans l'armoire à pharmacie un médicament qui assurerait une désinfection définitive. Je mis la main sur un flacon de teinture d'iode. J'en badigeonnai avec soin et générosité l'outil qui pouvait devenir l'instrument de mon malheur.

— C'est bien long, veux-tu me dire ce que tu branles ? demanda ma dépuceleuse lorsque je reparus dans la chambre.

Elle fumait nerveusement, assise sur le lit, et secouait sa cendre chaude sur le trognon de pomme dans le cendrier, rendant plus lourde l'exhalaison des ébats amoureux qui flottait encore dans l'air.

Mme Desforges, qui avait enfilé sa robe de chambre en chenille bleu ciel, s'était postée en haut de l'escalier, sans doute pour s'assurer que nous vidions les lieux. Impossible de redescendre sans être foudroyés par son regard de réprobation. Puis, comme j'ouvrais la porte pour sortir, je l'entendis souhaiter que je ne remette jamais les pieds dans la maison.

— Je vais ramasser vos choses, elles seront dans le portique à compter de midi.

Une fois dehors, je pris instinctivement la direction du journal.

— Qu'est-ce que tu vas faire ? s'inquiéta gentiment ma compagne.

— Sais pas. Aller au journal.

— Tu peux venir finir la nuit chez moi, si tu veux.

— Tu habites seule ?

— Avec ma mère.

Elle dut sentir tout de suite mon embarras.

— T'inquiète pas, s'empressa-t-elle de me rassurer, ma mère n'est pas comme ta petite vieille ; j'amène souvent des garçons à la maison et quand elle les trouve à son goût elle couche avec, elle aussi. Je suis sûre que tu lui plairais.

Un taxi passait, je le hélai.

Je voulus lui glisser les quelques dollars qui me restaient, elle en fut presque insultée.

— Je suis capable de payer.

J'hésitais. L'envie me brûlait de la prendre dans mes bras.

— Tu veux pas venir avec moi, t'es sûr ?

Je fis signe que non et la laissai partir.

Lorsque, à la fin de l'après-midi, je retournai prendre mes choses chez les Desforges, elles n'étaient pas à la porte comme prévu. Ils avaient changé d'idée, je pouvais rester si je promettais de ne plus jamais amener de fille. J'en fis la promesse solennelle.

Dans les jours à venir, cette promesse ne posa aucun problème, ma pauvre bitte ayant beaucoup souffert de son traitement antiseptique.

Elle commença par sécher, craqueler, puis peler. Quand enfin elle fit peau neuve, je pris la décision de déménager.

Cette fille dont je n'ai jamais su le nom et que je n'ai jamais revue avait en effet ouvert un appétit robuste, souvent insatiable.

Une boîte de Pandore ?

*
* *

Le 23 juillet 1950. Grande fête au bord du lac de Waterloo, sur l'immense terrain du chalet de l'oncle Ernest. Le clan des Fournier y est au complet et une partie de celui des Gagné, le côté de ma mère. Les bessons ont dix-neuf ans aujourd'hui, mais ce n'est pas pour célébrer notre anniversaire que tout le monde est là, c'est pour les vingt ans de mariage d'Omer et Juliette, nos parents : leurs « noces de porcelaine ». Pourquoi ces flaflas ? Pourquoi n'avoir pas attendu les noces d'argent ? Eh bien ! parce que la santé de ma mère, rongée par le cancer, est devenue plus fragile que de la porcelaine et qu'il n'y a plus aucune chance qu'elle vive cinq années de plus.

Quelle fête sinistre.

Tous les invités avaient apporté de la porcelaine en cadeau. Je me souviens qu'en développant un ensemble à thé Aynsley, ma mère dans son énervement ou sa lassitude avait échappé une tasse qui s'était fracassée en mille morceaux. Bien qu'on lui eût dit que ce n'était pas grave, qu'on lui remplacerait cette tasse, ma mère avait éclaté en larmes, et c'était devenu insupportable. Nous savions tous, sauf les plus jeunes, qu'elle ne pleurait pas la fichue porcelaine mais sa santé en allée. Sa mort annoncée. Elle avait quarante-cinq ans.

N'en pouvant plus de la tristesse générale et des efforts de tous pour la dissimuler, Guy et moi décidâmes de faire la traversée du lac à la nage, trois ou quatre kilomètres, mais sans en parler pour éviter que quelqu'un se sente obligé de nous accompagner en chaloupe.

Combien de fois, pendant l'heure et demie dans l'eau très noire du lac, me suis-je surpris à rêver que j'étais saisi par une crampe violente qui m'empêchait de nager ; je me laissais doucement couler au fond, je mourais le premier, je damais le pion à ma mère, qui serait forcée de me pleurer au lieu que je la pleure. De toute manière, je ne faisais que rapprocher l'échéance puisque je ne me voyais pas survivre à l'être que j'aimais le plus au monde.

Je ne sais pas si le besson avait pensé à la même chose, lui qui nageait plus vite et qui avait déjà pris une avance sur moi, mais au retour, en sortant de l'eau, nous tombâmes étrangement dans les bras l'un de l'autre, avec l'émotion et la tendresse de deux frères qui viendraient de justesse d'échapper à la mort.

En retournant au journal, le lendemain, je me demandai ce que j'allais écrire sur Xavier Cugat et son grand orchestre dont il dirigeait les rythmes latins en se dandinant avec son ridicule chihuaha, pomponné comme une catin, vissé au bras ? Il m'arrivait bien de passer un coup de fil à Serge Garant pour qu'il me donne des tuyaux lorsque j'avais des reportages à faire sur la musique, mais Cugat ! Je venais de publier un dithyrambe sur Serge, qui avait déconcerté le public sherbrookois en lui présentant du Schoenberg au piano, alors Cugat, non ! Serge m'aurait envoyé promener. Cugat déclarait à qui voulait l'entendre : « Je préfère jouer *Chiquita Banana* et posséder une piscine que jouer Bach et crever de faim. » Pas vraiment le type de Garant !

L'aréna de Sherbrooke était plein à craquer : les femmes par milliers qui tortillaient des fesses aux airs de mambo tandis que les hommes dévoraient des yeux celle qui les chantait, la rousse et capiteuse Abbe Lane, déjà femme fatale à dix-huit ans, nouvelle flamme de Cugat, dans la cinquantaine, lui.

Je ne crois pas qu'Alfred Desrochers eût dépêché un journaliste et un photographe pour l'orchestre de Cugat, mais il y avait eu ces changements à la rédaction : la direction s'était séparée du poète et l'avait remplacé par Jean-Marc Denault, un libéral si pur et dur que le premier ministre Maurice Duplessis l'avait frappé d'ostracisme. Denault se cherchait du travail depuis des mois lorsqu'il fut recueilli par le sénateur Nicol, heureux de pouvoir faire un pied de nez au fondateur de l'Union nationale.

Le nouveau chef de pupitre jugeait que le mambo, ce nouveau rythme né à La Havane de la fusion du swing et de la musique cubaine, et la notoriété de Cugat, son principal protagoniste, méritaient un papier. Et si par chance j'avais l'occasion d'obtenir un bout d'interview avec la sexy Abbe Lane…

Accompagné du photographe, j'essayai de me rendre jusqu'à la loge de la vedette, aménagée dans la chambre des joueurs de hockey sous les gradins de l'aréna. Pas question. Ni la chanteuse ni le chef d'orchestre ne s'adressaient aux journalistes avant un spectacle ; après peut-être, mais encore là, rien de moins sûr.

Il fallait voir la déception d'Ivan Boisvert, le photographe, qui ne se tenait plus à l'idée de s'approcher d'Abbe Lane. Je le soupçonnai même d'avoir été l'instigateur de ce reportage auprès du chef de pupitre. Boisvert était un dragueur effréné dont la caméra était le sauf-conduit, le passe-partout, l'appât, le piège destiné à prendre vive toute femme sur qui il braquait son objectif. Et son manège n'était pas très subtil, ses yeux vifs s'accrochaient à la proie, épiant ses moindres mouvements, son visage s'empourprait de désir, ses lèvres se mettaient à trembloter, et il commençait à saliver comme un chien à qui on exhibe un aliment qui lui plaît. Et là, il ne comptait pas les plaques, mitraillant avec sa Speed Graphic, cherchant à éblouir autant avec les flashs qu'avec ses œillades et ses sourires.

Tandis que j'écoutais l'orchestre, perché sur la galerie de la presse, j'observais Boisvert qui attendait patiemment la fin d'une chanson pour aller se planter devant la scène en minaudant et croquer Abbe Lane qui saluait très bas, à gorge déployée, secouant les flammes de sa chevelure rousse et souriant de sourires qu'on aurait pris pour autant de baisers lascifs. Et elle retournait au micro avec sa démarche ondulante qui entrebâillait les pans de sa robe sur des jambes infinies et bien galbées, rythmant ses pas avec une paire de maracas qu'elle agitait, des sphères d'or luisant, magiques et incantatoires.

L'air de *Babalu*, le dernier rappel de l'orchestre, résonnait encore à mes oreilles alors que je me frayais timidement un chemin jusqu'à la loge de la chanteuse, poussé par Boisvert, caméra à bout de bras.

Bien que la porte de la loge fût entrouverte, un molosse qui se donnait des airs de protecteur de la république aboya quelques interdictions formelles, contredites aussitôt par la voix sulfureuse d'Abbe Lane qui nous invitait à entrer, le temps d'une photo et de quelques questions.

Et puis un miracle se produisit auquel à ce jour je ne trouve pas encore d'explications : tandis qu'elle se laissait photographier, Abbe Lane me chuchota un numéro de chambre à l'hôtel New-Sherbooke où nous pourrions poursuivre l'entrevue, disons dans une heure, et elle nous mit gentiment à la porte.

Difficile en revenant au journal avec Boisvert de lui cacher ce rendez-vous. D'ailleurs, c'était un trop vieux routier, il avait déjà flairé quelque chose.

Vers minuit, je me rendis au New-Sherbrooke avec une photo de Lane que le photographe s'était empressé de développer afin que je la lui offre. Une photo presque aussi belle qu'elle. Je montai à pied jusqu'à l'étage de la chambre. Dans le corridor sombre et silencieux, j'hésitai longuement. Si cette réputation de femme fatale lui venait d'une flopée de rendez-vous donnés pour être esquivés ensuite ? Eh bien soit ! J'avais au moins monté de plusieurs crans dans l'estime de Boisvert, ce tombeur professionnel qui était aussi une vraie pipelette et, surtout, j'aurais eu une heure pour rêver.

Je frappai nerveusement à la porte. Interminable attente. Je n'osais pas frapper de nouveau. Finalement on ouvrit. Il fallait bien que je le croie, c'était elle.

Non, cette nuit stupéfiante comme un rêve n'aura pas détourné Abbe Lane de devenir plus tard la troisième femme de Xavier Cugat, mais lorsque Toto et Louis de Funès tourneront avec elle *Un coup fumant,* en 1958, il y aura déjà un bon moment que ce coup, je l'aurai réussi.

Cette histoire colportée et embellie par le photographe me fit une telle carte de visite que je commençai bientôt à manquer de temps pour les activités de l'esprit, le parti communiste, les études de philosophie et la poésie – j'en lisais encore à l'occasion, mais je n'en écrivais plus.

Pour Alfred Desrochers, le journalisme était avant tout une façon de gagner son bifteck ; sa vie, c'était la littérature. Pour Denault, le nouveau chef de pupitre, le journalisme était plus fondamental en même temps qu'assez folklorique, la vision qu'il en avait était un peu hollywoodienne ! Avant presque de savoir écrire, un bon journaliste devait savoir boire, pas vulgairement de la bière comme ce pauvre Alfred, du whisky ! de préférence du scotch, dans son cas, du Johnny

Walker, étiquette noire; il devait aussi avoir des manies, faire des mots croisés – c'était la sienne –, jouer aux cartes, les jeux nobles: bridge ou poker, et mener une vie sentimentale compliquée puisque le métier fournissait toutes les excuses possibles d'être ailleurs qu'à la maison. Lui, par exemple, prétextait régulièrement à sa femme des rencontres professionnelles avec son vis-à-vis du *Soleil* de Québec alors qu'il poursuivait plutôt une longue aventure avec la journaliste Renaude Lapointe, qui sera plus tard nommée sénatrice et mettra fin à leur liaison, lui causant le plus grand chagrin, peine qu'il noya comme il se doit dans le Johnny Walker.

Désormais, chaque fois que nous partions en reportage ensemble, Boisvert n'avait qu'une idée en tête: draguer. Un jour que le travail nous avait emmenés près de Waterloo et que le hasard avait mis deux bonnes femmes sur notre route, je décidai de faire un crochet et d'aller vite embrasser ma mère. Il n'y avait personne. Sans réfléchir et bêtement, je décidai qu'au lieu de louer des chambres d'hôtel, nous pourrions utiliser la maison. Au moment de repartir, nous croisâmes malencontreusement mon frère de onze ans, Daniel, qui revenait de chercher notre petite sœur Camille à la maternelle.

Plus affligée que scandalisée, maman me joignit par téléphone, le soir même. Inutile de lui raconter une histoire, elle avait trouvé des mégots dans les cendriers, une bouteille de whisky vide, des lits sommairement refaits. Ses remontrances et sa peine auraient dû m'importer, mais, dans une attitude d'orgueil stupide, je jouai plutôt les importunés et nous nous laissâmes sèchement.

Pendant trois mois, je ne donnai plus signe de vie. L'après-midi du vendredi 2 mars 1951, quelqu'un frappa à la porte de l'appartement où j'habitais maintenant, rue Montréal. Je ne commençais pas au journal avant le début de la soirée, j'étais en pleine partie de poker et furieux d'être dérangé.

C'était mon père.

— Je viens de transporter ta mère à l'hôpital, m'annonça-t-il, d'une voix blanche.

Inutile de poser des questions, je compris tout de suite à son attitude que c'était grave, très grave.

— Si tu pouvais aller la voir… Moi, avec ta petite sœur à la maison, je dois rentrer.

Une ambulance – plutôt un corbillard noir et sinistre, c'est tout ce qu'il y avait à Waterloo pour transporter les malades – l'attendait en bordure du trottoir.

Mon père avait l'air si fragile, si désespéré, je l'aurais pris dans mes bras, je l'aurais serré contre moi, mais ça ne se faisait pas, on ne pouvait qu'y penser.

— J'y vais tout de suite, lui dis-je.

Il eut un vague sourire de reconnaissance et retourna vers l'ambulance, accablé, le dos courbé sous le poids du malheur. Je ne lui serrai même pas la main, ça non plus, on ne le faisait jamais. Je me contentai d'un vague au revoir.

Dès son départ, le cœur m'a manqué et un trou noir s'est creusé dans ma mémoire. Ma seule certitude en arrivant à l'hôpital, c'est que j'étais passé chez un fleuriste acheter une douzaine de roses, puisque je les avais à la main lorsque je frappai doucement à la porte de la chambre où se trouvait ma mère.

Pas de réponse.

Je poussai la porte. Il y avait étendue dans le lit une personne dont seuls les yeux profonds et bruns ressemblaient encore à ceux de ma mère, mais des yeux mornes, vacants ; les cheveux avaient blanchi, ils étaient plaqués sur ses tempes moites, la peau de son visage squelettique et anguleux était mate, presque grise, ses bras marqués de bigarrures violacées étaient allongés immobiles de chaque côté de son corps d'une telle maigreur qu'on en décelait à peine la forme sous la couverture blanche. Il régnait dans la chambre un demi-jour sépulcral.

Elle ne détourna même pas la tête lorsque je m'approchai pour déposer délicatement les roses sur le lit.

— Qu'est-ce que c'est ? murmura-t-elle.

— Des roses.

Je soulevai le bouquet pour qu'elle puisse l'admirer.

— Où sont-elles ?

Je l'approchai encore de son visage.

— Oui… elles sentent bon.

Mais elle ne les voyait pas, elle ne voyait plus ou presque plus.

— C'est Claude, dis-je, saisi de panique.

— Je sais bien que c'est toi.

Le son de sa voix venait de loin et tombait d'épuisement à la lisière de ses lèvres.

Je pris sa main et la refermai délicatement sur une des roses. Puis, je voulus caresser son front fiévreux, mais elle sursauta.

— Pourquoi est-ce que tu me frappes ?

Je retirai la main, horrifié. Elle souffrait tant que la caresse la plus tendre lui avait semblé un coup.

Je m'assis tout près du lit et pressai sa main contre mon visage. Sans bouger. Des heures. Seulement à lui murmurer les choses douces qui me montaient du cœur et lui dire les regrets qui me torturaient.

Elle n'avait pas faim, ne souhaitait pas manger, alors on vint lui piquer à une veine du poignet l'aiguille d'un soluté. Elle avait mal, on lui fit avaler deux aspirines, de peine et de misère.

Au début de la soirée, j'appelai le journal. M. Denault me recommanda de rester auprès de ma mère aussi longtemps qu'il le faudrait. En revenant à la chambre, j'interceptai l'interne qui en sortait.

— Combien de temps pensez-vous qu'elle restera à l'hôpital ? lui demandai-je.

Il m'attira à l'écart.

— C'est votre mère ?

J'acquiesçai.

— Elle est très abîmée, commenta-t-il, le mal s'est répandu partout.

— Qu'est-ce que vous comptez faire ?

J'ai eu l'impression qu'il haussait les épaules comme s'il ne le savait pas. Ou plutôt, il savait qu'il n'y avait plus rien à tenter et il n'avait pas l'intention de me le dire clairement.

— Je pourrais rester pour la nuit ?

— Oui, vous n'avez qu'à prévenir la religieuse en charge du département.

Pendant les cinq jours suivants, je ne quitterai l'hôpital que pour rentrer chez moi le temps de faire ma toilette et me changer.

Nous parlâmes très peu durant ces cinq jours, maman et moi. Des paroles d'éternité, quelle nécessité ? et surtout qu'est-ce qu'on se dit avant l'éternité ? On ne pourrait que remuer le passé puisque le futur n'existera pas et que le présent est trop fragile, qu'il ne peut servir d'assise à rien. Mon avenir, mes projets, tout la darderait au cœur, car elle ne serait plus là.

J'enfermais sa main dans la mienne et des ondes passaient, d'infinie tendresse, d'espoirs inutiles, de révolte contre Dieu et contre le destin. Ces ondes nous fondaient l'un dans l'autre comme jamais les mots n'y seraient parvenus, ma vie s'agrippait à la sienne que la maladie entraînait inexorablement vers la mort.

Pendant le week-end, mon père amena Camille et Daniel, les deux plus jeunes. Il les poussa près du lit et s'esquiva presque tout de suite pour les attendre dans le corridor.

Longtemps, j'ai pris pour la pire lâcheté cette incapacité qu'il avait de rester au chevet de sa femme mourante. Puis, j'ai compris. Il se serait effondré. Il lui était humainement impossible d'être témoin de l'indicible souffrance qu'elle endurait et qu'on soulageait comme un mal de tête à coups d'aspirines. Son désespoir de la voir s'en aller lui était aussi insupportable que sa douleur à elle. Il en était paralysé, anéanti.

Guy vint à l'occasion me relayer quelques heures. Et il repartait pour Granby, où il travaillait. Il n'y avait plus rien que nous pussions faire que d'attendre et j'étais sur place, avec le journal qui ne réclamait pas ma présence.

Le mardi, une religieuse jugea qu'il était temps pour ma mère de recevoir les derniers sacrements. Pouvais-je le lui annoncer ?

— Faites-le vous-même ! dis-je d'abord, puis je me ravisai.

Debout près du lit, j'enveloppai doucement maman dans mes bras. Elle n'était plus rien, une plume qu'un souffle eût emportée, un dernier petit éclat de vie, la chose du monde la plus fragile, et je lui demandai si elle souhaitait qu'un prêtre lui donnât l'extrême-onction.

Au rayonnement sur son visage, je sentis que ce sacrement se présentait à elle comme un ultime espoir, on ne le lui administrait pas pour la préparer à la mort, mais peut-être pour l'en arracher.

Une religieuse est venue replacer ses cheveux, elle lui a délicatement lavé le visage, puis le prêtre est entré avec son attirail religieux, qu'il a posé sur la table près du lit. Il a passé une étole violette et lu d'une voix à peine perceptible l'extrait d'une lettre de saint Jacques aux chrétiens : « Si l'un de vous est malade, qu'il fasse appeler les anciens de la communauté qui prieront pour lui en pratiquant une onction d'huile au nom du Seigneur. Leurs prières inspirées par la foi sauveront le malade, le Seigneur le relèvera, et s'il a commis des péchés ils lui seront pardonnés. »

Est-ce afin de les sceller pour toujours aux choses de la terre ou dans l'espoir de les tirer miraculeusement de l'abîme que le prêtre traça ses saintes onctions sur des yeux presque aveugles, des lèvres qui peinaient à former des mots, des mains qui ne prenaient plus et des pieds qui ne marchaient plus ? Il fallait avoir la foi, mais justement, la foi, c'était peut-être de croire que, si Dieu est aussi bon qu'on se plaît à le répéter, il n'arracherait pas à la vie et à sa famille une mère de quarante-six ans.

En lui présentant la communion, l'officiant demanda à ma mère de répéter après lui : « Seigneur, je ne suis pas digne de vous recevoir, mais dites seulement une parole et je serai guérie. »

« Dites seulement une parole et je serai guérie », comme cela paraissait simple tout à coup, aussi simple que de lancer une bouée à un naufragé.

Aussitôt après la cérémonie, maman s'endormit, apaisée, son visage irradiant l'espoir que le Seigneur prononcerait cette parole qui changerait tout. N'avait-il pas suffi qu'il dise à Lazare : « Lève-toi et marche » ? Je ne pouvais m'empêcher d'y penser. Ce ne serait pas abuser de Jésus que de l'imaginer changeant d'un seul mot la destinée d'une femme tout aussi méritoire que son ami Lazare.

Elle dormit presque toute la nuit suivante. Au lever du jour, elle se dressa sur son lit et m'annonça qu'elle avait faim, elle qui n'avait pas mangé depuis des jours. Elle désirait du gruau et du café.

À la voir manger avec tant de plaisir et d'appétit, il était impossible de ne pas espérer. Les simagrées de la mort, nous les avions toutes faites, mais si la vie était plus forte et qu'elle l'emportait ?

Le goût exquis de la cassonade et de la crème dans le gruau, l'arôme quasiment oublié du café, ce n'était pas des conversations d'éternité, mais c'est de cela qu'elle m'entretenait en me demandant de monter le store davantage pour laisser pénétrer le magnifique soleil de ce matin de mars.

Puis, je retirai le plateau et elle s'assoupit calmement dans le rai de lumière qui nimbait son visage.

Je m'empressai de téléphoner l'étonnante nouvelle à mon frère Guy et à mon père. Ils avaient prévu de réunir la famille à l'hôpital, croyant la fin arrivée.

De retour dans la chambre, je m'émerveillai de l'entendre respirer si uniment, la couverture sur sa poitrine se soulevant et s'abaissant de manière régulière comme un cygne blanc que la vague berce et endort.

Cet instant fut le plus beau de ces cinq jours auprès de ma mère. Tout était devenu immatériel et abstraction. La mort même n'aurait pu nous prendre à l'improviste car nous étions introuvables, en suspension quelque part, nulle part.

Quiétude moelleuse, dictame imprévu d'une rémission.

Et brusquement, la tempête ! L'horreur brutale de la fin.

Cette femme, pourtant si frêle, essaie de résister à la douleur qui la tord comme un arbre en plein ouragan, elle plante sa main droite sur ma poitrine, y enfonce profondément ses ongles avec le désespoir d'un grimpeur au-dessus du vide, elle hurle mon nom, ses yeux se révulsent, puis son étreinte se desserre lentement et elle retombe sur l'oreiller, le visage convulsé, son corps agité par d'étonnants soubresauts.

Malgré l'intensité des souffrances qui l'oppressent jusqu'à la faire suffoquer, elle réussit à soulever sa main gauche et, à travers les mots épars qu'elle balbutie, je comprends qu'elle souhaite que je retire sa bague de fiançailles pour la donner à ma jeune sœur Camille lorsqu'elle sera grande. Ce diamant solitaire, c'était l'unique chose d'une certaine valeur qu'elle possédait. Plus de trente années s'écouleront avant que je remplisse cette promesse faite à ma mère. Abandonnée dans le coffret de sûreté d'une banque où je ne faisais plus affaire, la bague, dans sa petite enveloppe de papier brun, s'était retrouvée par ma négligence aux objets non réclamés du siège social et on allait en disposer dans les mois suivants, faute d'avoir retracé son propriétaire !

Je sonnai une garde pour annoncer que ma mère allait très mal et, tandis qu'elle s'occupait d'elle, je courus téléphoner à mon père et à mon jumeau que la situation avait empiré, qu'elle était sans doute désespérée.

Lorsque la famille arriva près de deux heures plus tard, nous n'avions plus vraiment de mère. Son cœur battait encore, mais si faiblement ! Elle ouvrit les yeux sans voir et peut-être sentit-elle la chaleur de nos caresses sur son front, ses épaules et ses mains qui se glaçaient petit à petit. Papa sortit presque aussitôt avec les plus jeunes, incapable de supporter la vision de cette gisante qui avait été sa femme et l'unique amour de sa vie.

Nous les aînés, les bessons, restâmes debout à son chevet, une main pressée sur chacun de ses poignets, attendant dans la tristesse et le silence ce moment où le pouls défaillant s'évanouirait et disparaîtrait comme l'eau calme d'un lac sur un rivage de sable.

Sa mère, on ne peut pas davantage l'arracher à l'au-delà qu'elle ne peut nous conserver dans son sein lorsque le temps de naître arrive, cette naissance qu'en ce moment même je maudissais, tant me paraissait intolérable le mal de vivre que sa mort me causait.

Vers quatre heures, cet après-midi du 7 mars 1951, nous fermâmes ses paupières. Juliette avait péri.

Ce long naufrage, je le vivais depuis des jours et je n'en pouvais plus. Il y avait des choses à régler, l'épave de ma mère ne pouvait rester échouée là sur ce lit d'hôpital ; tous ces détails, je les confiai lâchement à mon père et à mon frère, et je sautai dans un taxi pour le journal.

C'était sans doute une bêtise.

En mettant le pied dans la salle de rédaction, j'éclatai en sanglots comme un enfant, vraiment ! Je pleurais sans pudeur, sans la moindre retenue, même si je plongeais mes collègues dans l'embarras.

C'est une journaliste des pages féminines, Denyse Archambault, qui vint me prendre par le bras et m'entraîner dehors. Elle avait son appartement à deux pas du journal, elle m'y amena. Je la connaissais peu, bien qu'elle travaillât au pupitre voisin, elle était fiancée à un autre journaliste de la rédaction qui occupait tous ses loisirs.

La patience et la sollicitude qu'il lui fallut pour me sortir de cette détresse ! Elle me prépara un café, vint s'asseoir près de moi sur le sofa et me laissa poser la tête sur son épaule. Pas d'effusions ni d'épanchements, juste une réconfortante sensation de bien-être.

L'amour extraordinaire, presque anormal, que j'avais toujours nourri pour ma mère ne se racontait pas, ce n'était pas de l'amour filial, c'était un amour-passion, ardent, impétueux, qu'une miraculeuse asymptote empêcha d'atteindre l'interdit. Comment s'ouvrir de cela à quelqu'un ?

Cette mort, je la perçus d'abord comme une trahison amoureuse, je me sentis éconduit, abandonné, puis une rage intense grandit en moi, contre le destin, contre Dieu. Il faudra des années et la rencontre d'une femme singulière qui changera le cours de ma vie pour que je me réconcilie avec le kidnapping impitoyable de ma mère. Durant toutes ces années, comme je l'ai cherchée, ma mère, comme j'en ai payé des rançons et comme j'en ai injustement exigé des autres ! Au fond, l'otage, c'était moi : l'amour de ma mère ne me serait jamais rendu.

Chacun des deux soirs après la fermeture du salon funéraire où était exposé le corps embaumé et bien paré de cette morte que je ne voulais pas reconnaître, j'ai revisité jusque tard dans la nuit les lieux de mon enfance, imaginant que plus grand-chose ne m'attirerait encore à Waterloo. C'était tout à côté, je commençai par aller me coller le nez contre la clôture des courts de tennis encore enneigés, je revoyais les tournois de double auxquels je participais avec le besson comme partenaire, ou encore les interminables pratiques avec un petit joueur gaucher, plus jeune que moi, mais bien plus talentueux, François Godbout, qui fera partie quelques années plus tard de l'équipe canadienne de la coupe Davis. Je montai ensuite la côte du couvent où j'avais servi la messe et où j'allais souvent, durant la récréation en fin d'après-midi, faire la cour à des pensionnaires dont j'essayais d'attirer l'attention par de discrètes œillades au moment de la communion ; l'une d'elles, Constance Pagé, me plaisait beaucoup, et je fus très mortifié qu'un jour elle se moquât de ma tenue d'hiver : des bottes de cuir lacées au genou avec des knickers de velours. Et, avant de rentrer à la maison où était rassemblée une partie de la famille de ma mère venue du Saguenay, je marchai jusqu'au bout de la rue Saint-Joseph : mon premier baiser, celui que j'emportai dans un mouchoir au pensionnat, c'était là, au bord de la rivière ; en me retournant du côté de l'eau noire où flottaient des banquises aux contours incertains, j'aperçus, sur l'autre rive, le cimetière hérissé de stèles glacées où l'on descendrait demain le corps de ma mère dans un trou creusé à même la terre dure, gelée.

Le 10 mars 1951.

L'inhumation eut lieu en pleine giboulée, le vent glacial figeant les larmes sur nos joues et cristallisant dans nos mémoires une dernière image de son passage sur terre, âpre et rude, tout le contraire de la vie qu'elle avait tant cherché à nous faire, cette Juliette, dont l'esprit, j'en étais convaincu, continuerait son vol d'ange au-dessus de nos existences.

⁂

Au tournant des années cinquante, le Québec a été secoué par une série de grands conflits syndicaux qui, selon plusieurs historiens, ont été le terreau de la Révolution tranquille, amorcée en 1960 par le premier gouvernement Lesage.

Thetford Mines, Asbestos, la grève de l'amiante, c'était juste à côté, presque dans la cour de *La Tribune*.

J'étais arrivé au journal juste après les quatre mois de grève à la Johns-Manville, où on n'y était pas allé de main morte : les grévistes, enragés par l'embauche de scabs, dynamitèrent le chemin de fer et bloquèrent les accès à la mine, des jeeps de la compagnie furent renversées et un patron, kidnappé. La riposte du premier ministre Maurice Duplessis fut féroce et frappa sur plusieurs fronts. Sa police battit sauvagement des dizaines de grévistes ; l'appui de Mgr Joseph Charbonneau aux travailleurs, l'aide de près de deux cent mille dollars qu'il leur accorda après avoir fait organiser des quêtes aux portes des églises lui coûtèrent bientôt son poste d'archevêque de Montréal, Duplessis ayant manigancé avec Mgr Antoniutti, le nonce apostolique, pour faire muter à Vancouver le prélat qui avait osé déclarer du haut de la chaire : « Nous voulons la paix sociale mais nous ne voulons pas l'écrasement de la classe ouvrière, voilà pourquoi le clergé a décidé d'intervenir, on doit savoir que notre cœur est et restera tout près de la classe ouvrière. »

Lorsque s'ouvrirent beaucoup plus tard au palais de justice de Sherbrooke tous les procès issus des événements dramatiques de la grève de l'amiante, j'étais devenu chroniqueur ouvrier, le premier que le journal affectait à ce poste.

Ma courte appartenance à la cellule marxiste, fondée avec Wilfrid Lemoine, m'avait amené à m'intéresser, philosophiquement si l'on peut dire, aux questions ouvrières, mais maintenant j'avais l'occasion d'être mêlé presque directement à l'action et de faire des rencontres qui sont restées déterminantes. D'abord celle de Michel Chartrand.

Michel avait la bonhomie d'un Groucho Marx, mais il était corrosif et facilement séditieux. Une dynamo ! Un homme davantage de cœur que de raison, plus vif à l'attaque qu'à la conciliation. Je l'ai croisé pour la première fois au congrès de la Confédération des travailleurs catholiques du Canada (l'ancêtre de la CSN) à Sherbrooke, en septembre 1950. Il n'était pas banal, sa feuille de route non plus. À trente-quatre ans, il avait passé du temps chez les Trappistes, puis avait épousé Simonne Monet, fille de juge, à qui il avait déjà fait cinq enfants ; il avait fondé plusieurs coopératives, pris parti contre la conscription, s'était présenté aux élections fédérales pour le Bloc populaire et, en 1948, avait découvert, au hasard d'un article de revue, l'horreur de cette mine de kaolin dans les Laurentides, où des dizaines de mineurs avaient succombé à la silicose. L'indignation qu'il en avait éprouvée ne s'éteindra qu'avec lui, j'en suis sûr.

Ce sentiment de colère, Michel n'a pas manqué de l'entretenir en participant à toutes les grandes batailles syndicales de l'époque. Invité ou pas, il se portait volontaire pour tous les conflits, c'était sa drogue, ce qui lui valut au sein de la Confédération des travailleurs l'antagonisme persistant de la bande de Québec, dirigée par Jean Marchand. Heureusement pour lui, Michel restait dans les bonnes grâces de Gérard Picard, le président de la Confédération, qui était pourtant son contraire absolu : un négociateur subtil et rusé. L'extrémisme de Michel faisait entrer Marchand en transe tandis qu'il amusait Picard, un homme assez malingre qui semblait lui envier sa fougue.

C'est au moment des grèves de la Classon et de la Rubin, deux manufactures de vêtements de Sherbrooke, en 1952, que je me suis vraiment lié d'amitié avec Michel, lors de conflits interminables qu'il n'arriva jamais à régler lui-même tant semblait lui répugner l'idée de faire quelque concession que ce soit à la partie patronale. À la Rubin, je l'ai vu sauter sur le marchepied de camions de livraison qui allaient franchir les lignes de piquetage, forcer la portière, se saisir de la clef de contact et la jeter à l'égout, immobilisant les conducteurs pour des heures. Ces incartades à la Rubin ont fini par lui valoir un procès et quelques mois de prison.

Lorsque la grève a été déclarée chez Dupuis Frères, à Montréal, Michel m'a conscrit pour aller foutre le bordel dans le grand magasin à rayons. Jusqu'à la fermeture, le vendredi soir, et pendant l'avant-midi le lendemain, nous avons semé des bombes puantes à tous les étages du magasin, le vidant presque entièrement de clients. Michel y allait d'une tournée, puis une demi-heure plus tard, je prenais le relais avec mes engins putrides. C'était du journalisme engagé !

Comme j'avais parlé à Michel de mes liens avec le Parti communiste, il m'amena le samedi après-midi à la salle Saint-Thomas-d'Aquin, où avait lieu une assemblée des Ouvriers unis des textiles d'Amérique, organisée par Madeleine Parent et Kent Rowley, deux syndicalistes pour qui la vie commençait à se compliquer drôlement. Duplessis ne leur laissait pas un seul instant de répit, ils étaient communistes et syndicalistes, du pareil au même dans son esprit. Il avait fait passer à leur intention la loi du cadenas qui interdisait de propager l'idéologie communiste ou bolchévique et qui lui permit de les accuser de sédition. Les ragots que fit répandre le premier ministre au sujet de Madeleine Parent, bien que fantaisistes – on disait par exemple qu'elle était russe et qu'un sous-marin soviétique l'avait déposée au Québec –, finirent par attirer l'attention du tribunal d'inquisition du sénateur Joseph McCarthy et, sous la pression des syndicats américains talonnés par le sénateur, le couple Parent-Rowley finit par être expulsé des Ouvriers unis des textiles d'Amérique.

C'est quelques mois avant leur expulsion que Michel m'entraîna à cette assemblée où il devait prendre la parole après Rowley et Parent. Je me souviens du discours passionné de Madeleine Parent, elle dont les travailleurs étaient en grève contre la Dominion Textile et qui luttait bec et ongles pour ne pas être virée de son propre syndicat, dirigé par des Américains. Elle parlait d'une voix sentie mais sans éclat, faisait peu de gestes, et pourtant on percevait la force volcanique d'une *pasionaria* dans cette femme grande et maigre, vêtue de sombre, dont les longs cheveux noirs ondulés étaient sagement attachés par un ruban à la hauteur de la nuque. Avec sa logique implacable, ses convictions venant droit du cœur, elle savait galvaniser son auditoire, l'amenait où elle voulait. Même pour un étranger comme moi, c'était clair : un syndicat dirigé par le couple Parent-Rowley pouvait dormir en paix, pas un iota de danger de collusion avec les patrons.

Avant de prendre la parole à son tour, Michel me prévint que je devrais m'adresser aux grévistes, moi aussi.

— Je ne peux pas, je suis journaliste !

— Ça ne coupe pas la langue, ça, Christ !

Je n'aurais pas le choix.

Michel fouetta les troupes avec son éloquence frénétique puis, en terminant, annonça que le jeune journaliste qui l'accompagnait voulait rendre compte de sa situation misérable : sans syndicat dans un journal capitaliste appartenant à un richissime sénateur vendu aux intérêts de la haute finance et des compagnies d'assurances.

Kent Rowley et Madeleine Parent m'accueillirent en avant de la salle avec effusion comme si je sortais d'un goulag.

— Un journaliste qui ne se laisse pas bâillonner, c'est rare, me dit-elle en me serrant la main.

Quoi dire ? Je ne gagnais pas grand-chose, d'accord ! mais je ne me sentais pas exploité. Je travaillais des heures insensées, mais j'adorais ça. Et j'avais plutôt les coudées franches, j'avais moi-même convaincu le journal d'officialiser un poste de chroniqueur ouvrier et j'avais l'impression de pouvoir écrire ce que je voulais. J'avais déjà pondu des papiers dithyrambiques sur Michel que le chef de pupitre, M. Denault, n'avait pas remaniés, bien qu'il ne partageât pas mon enthousiasme pour le chef syndical, que ses grossièretés de langage scandalisaient.

Je commençai par annoncer aux grévistes que j'écrirais un long article sur leur conflit et sur celui des employés de Dupuis Frères, puis je me mis à faire l'éloge du syndicalisme révolutionnaire, la seule façon pour la classe ouvrière d'améliorer sa condition et de retrouver une dignité.

— Il n'existe qu'un moyen, m'exclamai-je, pour retrouver l'équilibre du pouvoir dans notre société, c'est de rassembler les ouvriers dans une action collective et d'utiliser la grève comme arme de combat, ce que vous, les travailleurs du textile, avez compris depuis longtemps. Vous avez aussi compris que la solidarité est au cœur même du combat organisé.

Et je poursuivis mon improvisation en m'apitoyant sur le sort du travailleur indépendant que j'étais...

— Le travailleur indépendant est un être affaibli, impuissant devant l'employeur capitaliste. Comment imaginer qu'un équilibre puisse exister dans pareilles conditions ? On peut abuser de lui et il n'y peut rien, il ne possède aucun moyen de défense. Remplacer le système capitaliste, c'est peut-être rêver, mais au moins, et vous en êtes le meilleur exemple, unissons-nous et servons-nous du syndicalisme pour améliorer nos conditions de vie à l'intérieur même du capitalisme.

Cette profession de foi, faite sur l'impulsion du moment, piqua des deux le cheval déjà fringant qu'était Michel Chartrand. Quelques semaines plus tard, toute la rédaction de *La Tribune* se retrouvait en lock-out. Avec l'aide de Guy, mon besson, qui avait quitté *La Voix de l'Est* de Granby pour se joindre à la rédaction, nous avions recueilli assez de signatures pour faire la demande de certification d'un syndicat de journalistes, un des premiers du Québec. La réaction d'Alphée Gauthier, le directeur général, ne se fit pas attendre : il commença par piquer une crise de larmes, révolté par l'ingratitude de ses « enfants » – c'était un curieux bonhomme qui vivait vingt heures par jour au journal, profitant de la nuit pour remplacer lui-même les ampoules grillées –, puis il passa brutalement à l'attaque, jetant d'abord les deux Fournier à la rue et, ensuite, tous les autres de la rédaction après avoir constaté que nous avions reçu un appui majoritaire.

C'était la bagarre, Chartrand triomphait !

Pas nous ! Bien que Michel nous répétât qu'on ne remplace pas si facilement tout le personnel d'une rédaction, nous avions une telle estime pour notre métier de journaliste qu'il nous paraissait évident que des hordes rapaces surgiraient de partout pour s'emparer de nos postes.

Un syndicat de journalistes ! Nous avions le sentiment d'innover, mais le moment d'euphorie fut de courte durée. Nous vivions presque tous au jour le jour, et les rares qui possédaient quelques réserves étaient aussi les moins convaincus de l'opportunité d'un syndicat. De plus, nous n'étions appuyés par aucune centrale ou fédération : des moutons prêts à être tondus !

Ce n'était pas son habitude, mais Michel Chartrand comprit vite la précarité de notre situation et la nécessité d'en arriver au plus tôt à un règlement. Une semaine plus tard, nous avions une entente! Le sénateur Nicol n'avait pas regimbé à des augmentations d'environ vingt pour cent qui gardaient quand même nos salaires à des niveaux modestes de… province. Quant aux conditions de travail, eh bien elles avaient juste assez changé pour nous donner à tous l'impression vague d'avoir réussi un coup de maître en nous syndiquant! Ceux qui avaient des postes sédentaires dans la salle de rédaction, traducteurs et correcteurs d'épreuves, avaient vu leurs heures écourtées; pour nous, les reporters, comment tenir compte de notre temps? Il n'était pas question de ne pas suivre les événements dont les horaires n'étaient pas conçus, à l'encontre d'aujourd'hui, pour accommoder l'emploi du temps des journalistes de la presse ou de la télévision.

Heureusement, il y avait toujours les petits cadeaux que notre éthique balbutiante ne nous interdisait pas encore de refuser. Et le pactole, de ce côté-là, c'était d'être assigné à une élection provinciale où l'Union nationale, au pouvoir, ne ménageait aucun effort pour mettre la presse et l'électorat dans sa poche. J'eus la «chance» de suivre la campagne de Duplessis pour les élections de juillet 1952 parce que mon collègue Amédée Gaudreau, un libéral fanatique, avait été ostracisé par l'organisation de l'Union nationale.

Ma première rencontre avec Duplessis fut inopinée. L'organisateur en chef du parti pour les Cantons-de-l'Est, l'hôtelier Lucien Dugré, me conduisait à une assemblée du côté d'East Angus où avait lieu un grand ralliement. Nous arrivions à une croisée de chemin lorsqu'il arrêta brusquement sa Cadillac blanche en apercevant sur la route, arrivant de la droite, un cortège de plusieurs voitures précédé de policiers à moto. Il se tourna vers moi et murmura avec émotion:

— C'est lui!

Il descendit de voiture, m'ordonnant de le suivre, puis je vis, cent pas plus loin, sortir de sa voiture le premier ministre qui avait reconnu son organisateur et qui venait à sa rencontre.

— Lucien, Lucien, dit-il chaleureusement en lui serrant la main.

— Monsieur Duplessis! répondit Lucien.

Son ton était révérencieux et il était visiblement flatté de voir le maître de la province prendre la peine de venir à sa rencontre sur ce chemin poussiéreux «que nous devrions profiter de l'occasion pour paver, suggéra l'organisateur, c'est tout du monde qui vote du bon bord».

Par bonheur, celui qui devait devenir un des plus illustres citoyens d'East Angus, Pierre Bourgault, n'avait que dix-huit ans, il ne s'était encore mis en travers de la route d'aucun politicien, et le bout de chemin fut asphalté avant l'élection.

Dugré me présenta au premier ministre comme un jeune reporter de *La Tribune* à l'esprit ouvert, sans idées préconçues.

— Dans Sherbrooke, vous avez la chance d'avoir Johnny Bourque, affirma Duplessis, c'est le meilleur homme de mon gouvernement, il faudrait être de mauvaise foi pour le critiquer et vous me paraissez plus intelligent que ça!

— C'est un petit gars qui comprend le bon sens, conclut Dugré, alors que le premier ministre lui serrait la main avant de retourner à sa voiture.

Il se contenta de me jeter un coup d'œil, cherchant sans doute à jauger si je méritais cette appréciation de son organisateur.

Chaque ralliement politique où Duplessis prenait la parole devenait une aubaine. Les journalistes – nous étions au moins une trentaine – occupaient de grandes tables disposées devant l'estrade en plein air. Avant le début de l'assemblée, un sbire du parti arrivait avec une liasse d'enveloppes blanches, en déposait une devant chaque représentant de journal, à l'exception d'un: Pierre Laporte, du *Devoir*. Ce dernier eût sans doute accepté avec plaisir le billet de cinquante dollars (vingt dollars dans les plus petits patelins) que contenait l'enveloppe, mais on ne lui en laissait pas le loisir. L'argentier ne se contentait pas de ne rien donner à Laporte, mais parvenu à sa hauteur, il s'écartait ostensiblement de la table pour marquer le mépris que le parti lui vouait pour les propos vitrioliques qu'il s'acharnait à publier sur le chef.

Mes articles comme ceux de Laporte furent sans doute sans conséquences: l'Union nationale fut reportée au pouvoir, le 16 juillet 1952, avec soixante-huit sièges contre vingt-trois pour les libéraux de ce pauvre Georges Lapalme, qui ne se débarrassera de Duplessis qu'à la mort de ce dernier et devra ensuite céder à Jean Lesage un poste de premier ministre qu'il avait convoité durant toutes les années de famine du Parti libéral.

Quelques mois après les élections, le besson, qui avait épousé Louise Nobert peu de temps après l'arrivée de cette dernière aux pages féminines du journal et de qui il avait eu un premier fils, laissa *La Tribune* pour accepter, à vingt et un ans, le poste de chef de pupitre au quotidien *Le Nouvelliste* de Trois-Rivières, dont venait de se défaire le sénateur Nicol.

Ce départ marqua pour ainsi dire la fin de notre gémellité. Au moins pour quelques années...

Un an plus tôt, j'étais allé rejoindre Guy à *La Voix de l'Est* de Granby, qui m'avait offert une forte augmentation. J'y restai deux mois. C'était un journal tout ce qu'il y a de plus province, l'angoisse! Un chien écrasé à Sherbrooke se retrouvait en une à Granby. J'étais aux anges lorsque *La Tribune* me fit revenir au bercail en m'offrant du même coup une augmentation. Et Guy m'y suivit.

Qu'il parte maintenant pour Trois-Rivières était un soulagement.

D'abord, cela éviterait les confusions que causait notre trop grande ressemblance. Je me souviens par exemple du jour où le maire de Sherbrooke, le sénateur Charles-B. Howard, pourpre de colère, entra dans la rédaction, prêt à m'étrangler. Lui, en général assez mesuré, me hurlait dessus et jurait d'obtenir mon renvoi, aussitôt qu'il arriverait à joindre son «ami» le sénateur Nicol. (Ils se détestaient tous les deux!)

C'est moi qui, d'habitude, couvrais les assemblées du conseil de ville, mais le reportage sur celle dont faisait état le journal ce matin-là avait été écrit par mon frère. J'avais été appelé ailleurs, le chef de pupitre avait demandé à Guy de me remplacer à l'hôtel de ville. Le maire n'avait pas vu la différence.

Pour mettre fin à l'esclandre, le chef de pupitre confronta le sénateur au véritable auteur de l'article. Il me regardait, puis dévisageait mon frère et ne comprenait pas bien ce qui se passait.

— C'est mon frère jumeau, dis-je, c'est lui qui était là, hier soir.

Howard resta tellement abasourdi que sa colère s'éteignit d'un coup, puis se tournant vers M. Denault il dit:

— Je ne sais pas lequel des deux est l'original, mais essayez donc de nous envoyer celui qui fait la meilleure «copie».

Le départ du besson m'enlevait aussi une certaine pression. Avec femme et enfant, il était casé! Et moi, j'avais plutôt envie de continuer à résister aux lugubres chants de sirène des collègues, qui considéraient beaucoup plus normal de fonder un foyer que de se soûler la gueule, jouer aux cartes et courir les jupons.

Ma mère occupait encore beaucoup trop d'espace. Je préférais aller vers des filles qui n'avaient aucune chance de la remplacer.

Et ma mère, brusquement, allait revenir dans notre vie.

Le besson et moi reçûmes un coup de téléphone, c'était papa. Il voulait nous voir tous les deux, à Waterloo, le plus rapidement possible.

Nous allions bientôt tomber des nues.

Durant la longue maladie de maman, il avait été forcé pour payer les dépenses extraordinaires de détourner, expliqua-t-il, de petites sommes à même la caisse de la Southern Canada Power, dont il assurait la comptabilité. Il occupait également la fonction de secrétaire-trésorier du conseil de Waterloo des Chevaliers de Colomb ; il s'était servi, là aussi.

— Je n'ai rien pris pour moi, c'est évident, vous voyez comment je vis, mais pour elle, pour la faire soigner, j'aurais fait n'importe quoi.

C'est vrai qu'il vivait assez misérablement. Depuis la mort de notre mère, il avait quitté la maison de la rue Saint-Joseph et s'était installé dans un logement exigu au dernier étage du magasin du grand-père. Par les fenêtres de la cuisine, par-dessus les toits des hangars et derrière les piles de bois de construction de la compagnie Adam, on devinait la rivière au loin ; devant, ouvertes sur un rien de ciel, deux lucarnes, tout juste des visières dans le toit mansardé. Les fenêtres des deux chambres donnaient sur le mur de brique de la grosse maison de l'oncle Ernest.

Ce logement, le grand-père le réservait en général pour des gens pauvres qui ne pouvaient s'offrir mieux. Ce n'était pas su, car le souci existait que la moindre générosité de sa part suscitât de l'envie dans la famille, mais je crois bien qu'il le laissait à mon père pour rien.

La première chose qui me revint en mémoire en l'entendant raconter ses misères, c'est la raclée que j'avais reçue, je devais avoir dix ans, pour avoir chipé une pièce de cinquante cents chez les voisins Girouard afin d'acheter un timbre de collection que je convoitais. Je n'avais pas été trop habile et je fus vite découvert en possession de la pièce, que je fus forcé de remettre en présence de toute la famille Girouard, humiliation totale suivie d'une correction comme j'en ai rarement reçu de mon père, qui étançonnait ses coups de proverbes entendus cent fois depuis la petite école : « Qui vole un œuf, vole un bœuf » ou « Montrez-moi un voleur, je vous montrerai un tueur ».

Maintenant, je le dévisageais, piteux, misérable, faisant ces aveux, pourtant je n'arrivais pas à voir un voleur ou un tueur : seulement un homme brisé, détruit, comme ceux dont Michel Chartrand me parlait parfois, avec des sanglots dans la voix, témoignant d'une empathie qui l'a si souvent fait passer pour un illuminé aux yeux de ceux qui préfèrent ne pas voir.

Puis, mon père se tut. Il nous avait tout avoué et l'impression que nous avions, c'est qu'il attendait sa sentence, comme devant des juges. Nous n'étions que ses fils !

— Les petites sommes… ça monte à combien ?

— Aux Chevaliers de Colomb, à peu près deux mille huit cents dollars ; vous comprenez, ç'a été pour la dernière année de votre mère. À la Southern, je ne pouvais plus « emprunter », ils venaient de modifier le système comptable et c'était devenu très difficile. Sinon, je crois qu'ils ne se seraient jamais rendu compte.

Il y avait un certain amour-propre dans sa façon d'affirmer « ils ne se seraient jamais rendu compte ». La comptabilité, pour mon père, c'était une sorte d'orfèvrerie. Les inscriptions étaient nettes, appliquées, tous les cartons identifiés à la main avec une calligraphie à lui, caractères égaux, parfaitement formés et espacés, presque de l'imprimerie. Bordereaux, grands livres, livres de caisse, registres des factures et des comptes clients, tout était aligné dans la chambre forte dans un ordre si parfait qu'il aurait fallu être bien méfiant pour soupçonner la moindre falsification.

Pourtant !

— À la Southern, tu as emprunté combien ?

— Les inspecteurs achèvent la vérification.

— Tu dois avoir une idée, dîmes-nous en chœur.

— À peu près quatorze mille dollars, pas beaucoup plus.

Nous étions abasourdis.

— Qu'est-ce qu'il va arriver, qu'est-ce que tu attends de nous ? demandai-je enfin.

— Il va falloir rembourser, répondit papa avec candeur, sinon ils vont me mettre à la porte. Ce n'est pas pensable, pas après vingt et un ans. Encore quatre ans et on va célébrer mes vingt-cinq ans de service, me remettre une montre en or gravée à mon nom.

Pauvre papa ! Cette fichue montre, gage d'un quart de siècle de travail pour un salaire de misère, lui importait davantage que tout le reste. Il aurait au moins cet instant de gloire, sa photo dans *Contact*, le journal interne de la société.

— Où est-ce que tu penses que nous trouverons cet argent ?

— Vous faites tous les deux de bons salaires, fit-il remarquer avec une naïveté déconcertante, ce sera facile pour vous d'emprunter.

Je gagnais cinquante dollars par semaine, Guy, soixante !

Nous résolûmes de nous séparer les tâches : il irait voir le conseil des Chevaliers de Colomb, c'était après tout une société d'entraide fraternelle, on serait sans doute compréhensif ; moi, je pris rendez-vous avec M. Parkes, le patron immédiat de mon père.

Quand j'entrai dans les bureaux de la Southern, il y régnait une activité fébrile, des dossiers étaient dispersés à la grandeur et trois types à l'allure sévère, les vérificateurs, épluchaient tout. Je frappai à la porte de M. Parkes, qui lança un « *Come in* » pas engageant du tout.

Ce calviniste, taciturne de nature, était carrément prostré. Il leva à peine les yeux sur moi, fit signe de m'asseoir et retomba dans sa catatonie. Je l'implorai de garder mon père à son service en expliquant que nous chercherions par tous les moyens à remettre au plus tôt les sommes que mon père avait détournées.

— L'affaire n'est plus de mon ressort, finit-il par m'expliquer, c'est entre les mains de M. Pagé, au bureau-chef de Montréal.

— Au bureau-chef ?

— C'est très grave, ajouta-t-il, une chose comme ça ne s'est jamais produite dans la compagnie et il fallait que ça arrive ici, dans notre succursale. Ton père ! Il a toujours eu les clefs du tiroir-caisse, je lui aurais confié sans réfléchir ce que j'ai de plus précieux. Mais désormais le lien est rompu, une confiance pareille ne se rebâtit plus.

— Et si j'allais expliquer le cas à M. Pagé ?

Il haussa les épaules, puis, les coudes posés sur le bureau, il se prit la tête à deux mains, coincé comme dans un étau.

Voir M. Pagé, le président de la compagnie ! Il a dû croire que je rêvais ! Il ne savait pas que quatre ou cinq ans auparavant, il y avait eu ce petit béguin entre Constance Pagé et moi. C'est en expliquant que j'étais un ami de sa fille que je parvins à obtenir, la semaine suivante, un rendez-vous avec le grand patron de la Southern Canada Power, à Montréal. De toute manière, l'affaire ne risquait pas encore d'être close, les vérificateurs cherchant à faire le compte exact des détournements.

Et si entre-temps, nous pouvions dégoter les quinze mille dollars ?

L'idée de génie, nous l'eûmes presque en même temps, le besson et moi : l'oncle Ovila, le frère aîné, le biologiste et entomologiste qui avait fait la bonne affaire durant la guerre en vendant aux Américains la formule du DDT. Que représenterait cette somme pour lui ? Rien, une chiure de mouche !

Il nous reçut dans son immense laboratoire de l'Université de Montréal, où dans des centaines de présentoirs étaient épinglés papillons et insectes de tout acabit qu'il avait capturés et endormis au cyanure, une sorte de Dr Mengele de l'entomologie.

Petit, avec son crâne chauve, immobile à une longue table noire qui se confondait avec sa soutane noire au travers de ce capharnaüm d'insectes, on l'eût pris lui-même pour un entomophage.

Pas besoin d'expliquer la situation, quelqu'un de la famille l'avait déjà prévenu. Et tout avait été réfléchi d'avance.

— Omer, votre père, n'a jamais voulu se faire instruire, commença-t-il d'une voix monotone et sans réplique. Ainsi, il ne faut pas s'étonner qu'il n'ait décroché toute sa vie que de petits boulots mal rémunérés, alors c'est inévitable, au premier coup dur, c'est la catastrophe.

C'était un beau discours, moralisateur, mais les prémisses étaient fausses. Dans la famille Fournier, on en faisait éduquer un sur deux et ceux qui n'avaient pas cette chance avaient l'obligation de travailler pour payer les études des autres. C'est ce qu'avait fait mon père.

— Si Omer avait été moins orgueilleux, il aurait pu me demander du secours ; il n'a jamais su administrer ses affaires, mais je l'aurais sans doute aidé quand même. Non, au lieu de marcher sur son amour-propre, il a préféré voler, insouciant de la peine qu'il causerait à son propre père, un parangon d'honnêteté, insensible au tort qui rejaillirait sur ses frères : trois prêtres dont moi, professeur d'université, un autre frère, gérant de banque, trois autres, commerçants. Et maintenant, nous comptons un voleur dans nos rangs.

— Si nous arrivions à rembourser l'argent, il ne perdrait sans doute pas son travail et l'affaire ne s'ébruiterait pas, enfin pas trop !

Cette suggestion le fit bondir et il se mit à marcher le long des présentoirs en martelant chaque mot de ses pas, ce qui provoquait de petites convulsions chez les insectes épinglés et pourtant déjà morts.

— Je sais que c'est difficile pour vous de l'accepter, mais votre père est un voleur ; il n'a aucune excuse, il savait ce qu'il faisait et il devra payer pour sa faute, advienne que pourra. Dût-il faire de la prison. C'est une leçon qu'il n'oubliera pas.

L'infâme coprophage dont les mandibules brassaient de tels excréments, j'aurais souhaité en ce moment même l'enfermer dans un bocal bourré de cyanure, comme il me l'avait enseigné alors que je commençais une collection d'insectes, mais il aurait sans doute survécu !

Nous avions la rage au cœur, le besson et moi, en redescendant de l'université. Bêtement, nous avions mis beaucoup d'espoir en l'oncle Ovila. Aîné, curé, friqué, cela aurait pu rimer avec bonté ou générosité, mais nous ne parlions pas la même langue.

Il restait M. Pagé.

Le siège social de la Southern Canada Power était situé dans un grand immeuble du boulevard Dorchester où se trouvaient d'autres quartiers généraux de compagnies d'hydroélectricité. Le hall d'entrée s'élevait sur trois étages, tout en marbre vert. Je ne sais pas pourquoi, mais la somptuosité de l'endroit m'encouragea dans ma démarche : il n'était pas possible qu'à si impressionnante enseigne on fût à une quinzaine de milliers de dollars près.

M. Pagé était grand, mince, avec une moustache fine, le cou serré dans un col empesé qui devait l'agacer, à moins que ce fût ma présence, car tout au long de l'entretien, il passa plusieurs fois son doigt dans l'intérieur du collet avec un mouvement pour le desserrer.

Je m'informai tout de suite de Constance.

Elle était dans une université anglaise.

— Et toi, me demanda-t-il ?

— Je suis journaliste.

Sa bouche aux lèvres minces se plissa, faisant une moue qui pouvait paraître aimable. Mais à y repenser, ce devait être le contentement que sa fille unique ne soit pas trop longtemps restée entichée d'un type qu'il ne voyait pas comme le gendre idéal, surtout qu'il venait plaider la cause d'un fraudeur de sa compagnie.

— Vous venez me voir pour l'affaire de votre père ?

La période de courtoisie était déjà terminée.

Je décidai de déballer mes arguments d'une traite. Je ne voyais pas mon père comme un voleur, plutôt un pauvre type que la grave maladie de sa femme avait mené au bord du désespoir. Pour la sauver, il n'avait épargné aucun traitement, même ceux au-dessus de ses moyens. Ces histoires de détournement se ressemblent tous, voulus-je encore lui signaler, on se dit qu'on va remettre l'argent aussitôt que possible, puis on continue de piger, les sommes s'accumulent et c'est la débâcle.

— Mais contrairement à beaucoup de fraudeurs, mon père ne l'a pas fait pour s'offrir du luxe, se payer des voyages, des vêtements, non ! Cela, je peux vous le jurer, monsieur Pagé, tout cet argent est allé pour ma mère. Non seulement il ne l'a pas sauvée, mais maintenant cette affaire risque de le plonger dans l'abîme. Car la Southern Canada Power, il en est fou, c'est sa vie. Pas plus tard que la semaine dernière, il me racontait que dans quatre ans on célébrerait ses vingt-cinq ans à votre service, qu'il recevrait une montre en or. Il en avait les larmes aux yeux.

Le grand patron m'écoutait sans broncher, se contentant de desserrer son col à l'occasion.

— Si vous me permettez, dis-je en conclusion, comment pourriez-vous congédier quelqu'un d'aussi fidèle et dévoué ?

— Parce que je n'ai pas le choix, répondit-il sèchement. Quel exemple donnerions-nous aux autres si nous gardions à notre emploi quelqu'un qui vole la compagnie ? J'essaierais par compassion de le garder, je ne le pourrais pas. L'argent que votre père a détourné sera remboursé par les assurances seulement si nous le mettons à la porte, ce sont les termes de la police.

— Et si nous nous engagions, mon frère et moi, à le rembourser, cet argent ?

— Vous empêcherez votre père de faire de la prison.

M. Pagé vit tout de suite que je ne comprenais pas les subtilités de ces assurances de garantie.

— Une compagnie d'assurances se porte garante de nos employés qui manipulent de l'argent, expliqua-t-il. Si l'un d'eux détourne des fonds, l'assurance nous les rembourse sur-le-champ, à condition de congédier le coupable. Mais après, il faut repayer la compagnie d'assurances, sinon celle-ci entreprend des procédures criminelles contre le fraudeur. Si votre frère et vous prenez cette dette à votre charge, vous éviterez la prison à votre père.

Je devins exsangue :

— Nous venons tous les deux de commencer à travailler, comment voulez-vous que nous disposions de telles sommes ?

— Les garants vont attendre, vous allez leur repayer la dette avec intérêt sur cinq, dix ou même quinze ans, comme vous le pourrez. Vous n'avez qu'à faire des arrangements avec eux.

Dès l'instant où tout le monde retrouvait son dû, comme mon père importait peu !

Il fut congédié sans façon quelques jours plus tard, à quatre ans de cette fameuse montre en or, et sa réputation, ternie comme il est seul possible dans une petite ville où tout se sait. Il fut rembauché un peu plus tard par une autre entreprise de la place qui ne doutait pas qu'il avait agi par désespoir et, surtout, qui put ainsi profiter de son expérience pour une bouchée de pain.

Dans le hall de marbre, en sortant de cette rencontre avec le grand patron de la Southern, je me revis devant l'assemblée des ouvriers du textile, déclamant : « Le travailleur indépendant est un être affaibli, impuissant devant l'employeur capitaliste… On peut abuser de lui… il ne possède aucun moyen de défense. »

Je ne suis pas certain que j'y croyais alors, mais en annonçant à mon père l'échec de ma démarche, je compris pour toujours qu'un certain équilibre entre les petits et les puissants n'existerait jamais, que c'était rêver. La réalité, c'est que le teneur de livres regarde les chiffres s'additionner chaque jour pour les autres, pendant un quart de siècle, mais on ne lui pardonnera aucune retenue, même pour une femme mourante.

Cette dette, nous prîmes l'engagement, mon frère et moi, de la régler aux garants sur une période de dix ans. On nous fit grâce de la dernière année car les mensualités comportaient une assurance-vie et mon père mourut neuf ans plus tard.

Inconsolé de la mort de sa femme.

Et emportant l'illusion amère d'une montre en or gravée à son nom.

À cinquante-trois ans, un 20 novembre.

*
* *

Par un beau samedi du début d'avril 1953, je me suis retrouvé marié ! Mariage catholique, célébré avec une demi-heure de retard dans une église de Sherbrooke. Condamnation à vie sans espoir de libération, même pour bonne conduite. Du moins, c'est l'état d'esprit dans lequel je me trouvais lorsque je partis pour un voyage de noces de deux semaines : la première à Toronto et la deuxième à l'hôtel La Sapinière de Val-David. Comment avais-je bien pu me fourrer dans pareil guêpier juste à l'aube de mes vingt-deux ans ?

Ce matin fatidique, une heure avant la cérémonie, j'étais assis en tenue négligée, pas rasé, au comptoir du snack-bar Pariseau en face de *La Tribune* et à deux pas de mon nouveau chez-moi, un trois-pièces à l'étage, au 115 de la rue Frontenac. Logement meublé de pied en cap, grâce à un emprunt de banque endossé par un oncle fortuné de celle que j'épousais, une jolie petite blonde dont les principaux attributs étaient plus visibles que fondamentaux.

— Je croyais que tu te mariais ce matin, s'étonna Pariseau en posant devant moi œufs et bacon graisseux.

— Ouais, c'est ce matin, fis-je d'un air si détaché qu'il s'en inquiéta, lui qui s'inquiétait en général assez peu de ses clients ou de ce qu'il leur servait.

— Ça n'a pas l'air de te tenter.

— Moyennement.

Pariseau m'expliqua qu'à la veille de se marier – il en avait été ainsi pour lui et la plupart de ses amis – chacun, disait-il, éprouve de tels doutes avant de s'engager pour la vie.

La vie ! Je faillis m'étouffer.

J'arrivai à l'église à la dernière minute. Elle n'y était pas encore. Je me pris à espérer qu'elle ne viendrait pas, qu'elle avait changé d'idée. J'aurais dû savoir ce que je n'ai pas encore tout à fait appris, un demi-siècle plus tard : rarement le destin prend-il les décisions à notre place.

Elle se présenta au bras de son frère aîné qui lui servait de père.

Je dis oui.

Lâchement et torturé par le doute. Avec l'excuse de croire que cela se passait toujours ainsi.

Quelle curieuse loterie, le mariage d'alors ! Il fallait avoir la chance de tomber sur le bon numéro ou jouir d'un prodigieux esprit de discernement pour dénicher la perle rare. Je n'eus ni la chance ni l'esprit.

Tout dans notre éducation nous incitait par surcroît à ne pas choisir comme femme une fille « facile », les autres étant en général si imprenables qu'il fallait en faire le siège durant des mois et, encore là, le pont-levis ne s'abaissait souvent que le jour du mariage. Si j'avais pu pénétrer dans la forteresse en question avant de me retrouver en voyage de noces dans le train de nuit pour Toronto, je me serais vite rendu compte combien, au-delà des apparences, il n'y avait rien en elle qui m'intéressait, et une partie de ma vie en eût été grandement simplifiée.

Curieusement, *Mort d'un commis voyageur* d'Arthur Miller m'aurait peut-être évité la bêtise de ce mariage, mais encore une fois je manquai de perspicacité.

C'était au début des années cinquante, mon premier voyage à New York. Un week-end dont le seul but était d'assister à la nouvelle pièce de Miller. Aussitôt descendu du train, je courus vers Broadway au théâtre Morosco, je ne voyais pas la ville, je ne sentais pas son excitation tant j'étais angoissé qu'il ne reste plus de place pour la pièce, qui venait de remporter le Pulitzer et le Tony Award. J'obtins un billet de parterre, loin derrière, sous le premier balcon de ce joyau de théâtre, assassiné par les démolisseurs en 1982.

Death of a Salesman avec Lee J. Cobb, Mildred Dunnock, Arthur Kennedy, mise en scène d'Elia Kazan. Le choc fut énorme. Au tomber du rideau, je restai paralysé dans mon fauteuil, incapable d'applaudir, les yeux embués de larmes. Je n'avais pas de doute, je venais d'assister à la représentation d'une tragédie moderne, un chef-d'œuvre. Et en même temps, il y avait un tel air de famille, ma famille ! dans les faiblesses et les rêves brisés de Willy Loman, les attitudes courageuses de sa femme Linda pour le protéger. Et ce voisin Charley qui a réussi, c'était l'oncle Ernest tout craché. Et l'épilogue : le suicide de Willy ! Combien de fois m'étais-je demandé comment mon père avait pu résister à cette tentation d'en finir après la mort de sa femme et son renvoi de la compagnie ?

N'aurait-il pas pu lui aussi s'exclamer comme Willy à son patron : « On ne peut pas manger le fruit et jeter la pelure – un homme n'est pas une orange. »

Deux ans plus tard, presque jour pour jour, le 12 avril 1952, la veille de Pâques, je traînai au cinéma la petite blonde pour voir le film qui venait de sortir, adapté de la pièce de Miller. « Traîner » parce que nous allions nous fiancer officiellement le lendemain et qu'elle n'avait pas tellement envie de voir un film qui ne l'inspirait pas.

Au cinéma, Lee J. Cobb, qui à ce moment-là avait refusé de témoigner devant la Commission parlementaire aux activités non américaines, avait été remplacé par Fredric March dans le rôle de Willy Loman. (Afin de pouvoir recommencer à travailler, Cobb revint sur sa décision un an plus tard et dévoila vingt noms de ses connaissances qui avaient été membres du Parti communiste.) Dans le rôle de Biff, c'est Kevin McCarthy – avec qui je travaillerai lorsque je deviendrai réalisateur – qui remplaça l'extraordinaire Arthur Kennedy tandis que la mise en scène avait été confiée à László Benedek plutôt qu'à Kazan.

Le film produisit le même effet bouleversant que la pièce.

Au cimetière, lorsque Linda, la femme du commis voyageur qui vient de se suicider, se demande tristement pourquoi il a posé ce geste juste comme elle vient de faire le dernier versement sur leur maison et qu'ils pourraient jouir d'une liberté pour laquelle il avait trimé si dur pendant trente-cinq ans, je fondis en larmes. Le film était terminé, les gens sortaient et je n'arrivais pas à m'arracher à mon fauteuil, paralysé encore une fois par l'émotion.

La petite blonde restait debout près de moi, embarrassée, et ne comprenant pas ce qui m'arrivait. Puis, elle me tira par le bras, il ne restait personne dans la salle. Je lui demandai machinalement si elle avait aimé le film. Et elle répliqua que c'était la chose la plus bête et la plus insignifiante qu'elle avait vue. Et comme si j'avais été frappé au visage par quelque brute ignare, je répondis par une gifle magistrale – dont encore maintenant je ne suis pas fier – et je l'abandonnai là pour aller fermer un bar aux petites heures.

Je fus réveillé assez tôt, non pas par les cloches de Pâques qui revenaient de Rome, mais par la sonnerie persistante du téléphone. C'était la future belle-mère qui m'annonçait d'une voix lugubre que ce n'était pas la peine de me présenter pour le repas des fiançailles après ce qui s'était passé : plus question que sa fille me revoie et la bague qu'elle avait déjà me serait retournée par courrier recommandé.

Malgré ma gueule de bois, je fus secoué, mais en même temps, je ressentais un certain bien-être, un soulagement.

Hélas, je n'associai pas le requiem pour Willy Loman à celui de cette invraisemblable union qui eût dû mourir ce matin-là.

Alors que les choses se rabibochaient lentement avec la petite blonde, Françoise Stébenne, une fille impétueuse comme un pur-sang avec une longue crinière noire, crépue, arriva au journal. Elle était sensible, intelligente et pas bégueule. Je reconduisais l'autre chez elle et je revenais à l'appartement avec Françoise. Des nuits obsédantes de passions irraisonnées ; des moments vertigineux, en apnée, les mains agrippées à ses cheveux laineux comme un alpiniste en suspension au-dessus de l'abîme. Puis, épuisés, ruisselants, cherchant notre souffle, nous attendions l'un contre l'autre la grâce du sommeil.

Elle allait, dans les mois qui viennent, épouser le critique d'art Rodolphe de Repentigny, mais notre liaison la faisait douter. Moi aussi d'ailleurs. L'ajustement était si parfait de nos corps et de nos esprits. Mais pour des motifs incompréhensibles, je continuais à m'enliser dans l'autre relation, fatalité ou peut-être facilité. Françoise ne comprenait pas que je me contente du journalisme, elle voulait que j'écrive sérieusement, que je m'attelle de nouveau à la poésie. Exhortations qu'elle mêlait à ses caresses et m'administrait comme une potion magique alors que je gisais quasi comateux après nos ébats.

Elle épousa Rodolphe, le 6 décembre de cette année-là, à Saint-Athanase-d'Iberville. Deux jours auparavant, elle m'avait mis en demeure de choisir entre elle et l'autre. Nous passâmes notre dernière nuit ensemble, je n'avais pas son cran, je la laissai partir. Oui, avec regrets.

Je la reverrais bientôt dans d'étonnantes circonstances.

Mon tour approchait. Comme un condamné, je quittai mon studio à l'étage du His Majesty's, rue Wellington, pour emménager dans mon logement de futur marié. Mince consolation, j'avais enfin une bibliothèque, de quoi ranger mes livres à la traîne, un espace arraché de peine et de misère à l'intégrité du salon comme l'imaginait la petite blonde, qui ne se tenait plus d'abandonner son poste de secrétaire pour celui de ménagère.

Toronto, à cette époque et en temps ordinaire, n'était sans doute pas la ville la plus excitante au monde, mais pour un voyage de noces fait à reculons, c'était la galère. Même pas l'initiative, tant qu'à faire, du pèlerinage traditionnel aux chutes Niagara. La deuxième semaine à La Sapinière, n'en parlons pas. Avec la bonne cuisine, tout le vin et l'alcool, je finis par oublier pourquoi j'étais là !

Le mariage, la nouvelle vie, quelle bêtise, quel ratage !

Et maintenant, le comble !

Quelques semaines après son départ de la rédaction, Françoise fut remplacée par une apprentie journaliste, une fille qui n'avait pas encore dix-sept ans. Thérèse P. était tout en rondeurs douillettes et son visage, encadré par une chevelure noire et ondoyante, dégageait une douceur de brumes d'automne que perçaient des yeux grandioses, langoureux, comme les étangs du pays de George Sand.

Son bureau était à deux mètres du mien, mais nous avions peu de contacts malgré cela. Je la sentais discrète, voire timide, et lorsqu'elle ouvrait la bouche pour parler, il n'y avait jamais rien d'abrupt, le registre de sa voix était grave, les mots coulaient rond, et même ses éclats de rire semblaient duveteux. Cette fille paraissait l'incarnation de la quiétude.

Furtivement, un sentiment indéfinissable commença de s'infiltrer en moi dès que je la vis, l'étrange sensation d'être à côté de mon destin sans le reconnaître. Et je n'allais pas lui faire de déclaration, car plus la date du mariage approchait, plus l'envie singulière me prenait de crier mon amour à d'autres femmes, comme un dernier «au secours» avant de m'enliser dans les marécages matrimoniaux.

L'excitation de cette vie d'homme marié que je menais désormais ne devait pas se lire très clairement sur mon visage, car un soir que nous sortions ensemble du journal, Thérèse P. s'informa de ce qui se passait, elle trouvait que j'avais l'air de plus en plus sombre.

Je ne répondis pas.

— Tu viens de te marier, ajouta-t-elle, comme si c'était un gage de bonheur.

Je ne pense pas avoir relevé son observation, j'offris plutôt de l'accompagner jusque chez elle. Elle habitait chez ses parents à une dizaine de minutes à pied.

J'allumai une Buckingham, elle ne fumait pas.

Nous marchâmes un bon moment en silence comme de purs étrangers, les étrangers que nous étions. Brusquement, je m'arrêtai. Lorsqu'elle s'en rendit compte, elle revint sur ses pas. Il se produisit alors un de ces moments d'éternité, un de ces intervalles dont le souvenir à distance ne permet plus de déterminer si la décision de poser tel ou tel geste fatal fut longue ou instantanée.

La fixant droit dans les yeux, je lui avouai simplement:

— Je t'aime, je t'aime depuis la première fois que je t'ai vue.

— Moi aussi.

Cet aveu simple, deux mots qui allaient, dans les circonstances, désorienter une partie de ma vie.

Ce soir-là, rien de plus ne fut dit. Nous restions abasourdis par l'ampleur de ce qui venait de s'enclencher. Elle reprit son chemin, je ne la suivis pas, la laissant disparaître dans la pénombre de la rue, puis je revins vers chez moi. Chez moi où je n'avais pas envie d'être, pas envie de retrouver dans le lit quelqu'un pour qui je ne ressentais déjà plus rien.

Je me rappelai qu'il se trouvait deux pièces vides au troisième étage du journal et je décidai d'y monter pour terminer la nuit. Je m'allongeai par terre et mis du temps à m'endormir. Comme je me sentais coincé! Le mariage était une institution dont on ne sortait pas, on y était emprisonné à vie, sans espoir. Même la fuite semblait impossible;

je n'avais pas un rond et je devais plusieurs milliers de dollars. Non, il valait mieux agir comme si rien ne s'était passé.

Mais elle travaillait à deux mètres de moi. J'épiais ses regards, je l'entendais bouger, respirer ; à son pianotage je savais comment progressaient ses articles. Il était impossible d'échapper l'un à l'autre, bien au contraire, cette proximité constante exacerbait la passion qui avait commencé de flamber dès les premiers signaux, l'autre nuit.

Cachés au fond du bar de l'hôtel Magog, nous passions de longues heures ensemble après le travail, imaginant à tort que nous pourrions longtemps rester seuls au monde. D'autant que je ne rentrais à la maison qu'au matin pour faire ma toilette, prétextant avoir travaillé toute la nuit alors que je m'étais réfugié dans ma tanière du troisième.

Ce fut une période d'exaltation romantique comme je n'en avais jamais connu, même si Thérèse P. et moi nous contentions de baisers tendres, de caresses furtives, sans doute effrayés par la violence de la passion qui nous dévorait. Et que nous aurions matée comment si nous en avions perdu les rennes ?

Il y avait peu de chances que cette extase échappât longtemps à l'attention. Les parents de Thérèse reçurent bientôt une lettre de la petite blonde les renseignant sur la menace diabolique que leur fille faisait peser sur son jeune ménage.

La riposte fut explosive. Thérèse était l'aînée de trois filles et son père avait pour elle d'autres ambitions qu'une liaison illicite avec un journaliste sans le sou. Il communiqua avec la direction du journal pour que je sois congédié sur-le-champ et me menaça d'une poursuite criminelle pour détournement de mineure.

Sans l'appui de M. Denault, le chef de pupitre, qui considérait toute cette histoire comme une affaire personnelle ne pouvant nuire à mon travail, j'aurais sûrement été viré. Le détournement de mineure, c'était plus périlleux. J'étais, à cette époque, assigné aux affaires municipales et je m'entendais plutôt bien avec le maire Armand Nadeau, un avocat à qui je soumis le problème.

Si les parents y mettaient le moindre acharnement, c'étaient des poursuites avec lesquelles les juges ne rigolaient pas. Il connaissait un peu le père de Thérèse P. et le savait capable d'aller au bout de ses menaces. Il me restait à m'enfuir avec elle au Mexique, le pays le plus près (et le plus agréable) avec lequel le Canada n'avait pas de traité d'extradition dans ces cas-là. Quelle excellente idée, mais avec quel argent ?

De son côté, le père de Thérèse avait pris la décision d'exiler son aînée à Québec pour qu'elle y poursuive ses études.

Thérèse et moi passâmes un week-end ensemble, le seul de notre vie, un week-end d'adieu, accueillis à Montréal chez Françoise et Rodolphe de Repentigny. Curieux assemblage de mélancolies. Celle de Françoise qui, je crois, éprouvait encore quelque sentiment pour moi ; celle de Rodolphe que sa réputation grandissante de critique d'art ne satisfaisait pas et qui commençait à peindre lui-même sous le nom de Jauran (il fondera deux ans plus tard avec les peintres Belzile, Jérôme et Toupin le mouvement des plasticiens) ; finalement, la nôtre, notre mélancolie profonde devant la séparation définitive.

Thérèse, je ne la reverrai pas, je n'aurai pas de nouvelles d'elle avant quinze ans. Un soir que j'entrais dans un restaurant de Montréal avec des amis, elle en sortait avec d'autres. Ce fut aussi bref que fortuit, le temps de bredouiller quelques mots et de sentir une brûlure incisive, le tranchant d'une lame dans une blessure qui avait mis si longtemps à cicatriser. Elle était maintenant dans le marketing et les communications.

Au retour du week-end chez les Repentigny, ma décision était prise, j'annoncerais à la petite blonde que je disparaissais de sa vie. Je n'avais aucune idée de ce qui m'arriverait, mais je n'avais plus envie de travailler au journal ni de vivre à Sherbrooke. Et il valait mieux, car j'étais envahi par des desseins meurtriers, je ne pensais qu'à m'en débarrasser. Que de crimes parfaits j'ai rêvés !

L'épisode tourna plutôt au mélo.

Le moment choisi pour faire part de ma décision coïncida avec son annonce qu'elle était enceinte. Et ce n'était hélas pas une manœuvre de sa part. Je choisis alors de me taire, pour le moment.

Pour le reste : Sherbrooke, le journal, un téléphone miraculeux vint dénouer cette situation. La Société Radio-Canada, dont la chaîne de télévision diffusait depuis quelque temps, cherchait un journaliste ayant de l'expérience sans être trop ancré dans les habitudes de la presse écrite pour se joindre à l'équipe du journal télévisé, et on avait pensé à moi. Dieu sait pourquoi, mais cela arrivait comme un cadeau du ciel.

J'y serais allé bénévolement, mais on offrit quand même de me payer, un salaire au-delà de tout ce que j'aurais pu espérer.

Une semaine plus tard, je déménageais à Montréal dans une petite chambre de la rue Saint-Matthieu. Juste en face, il y avait la police et les pompiers, j'étais réveillé chaque nuit par les sirènes, qu'importe ! J'étais de nouveau célibataire… temporairement.

⁂

Même s'il y avait déjà un moment que la télévision existait aux États-Unis, ici au Canada, c'était le début. Dans les années cinquante, les innovations technologiques procédaient plus lentement, ce n'était pas comme aujourd'hui un raz-de-marée à la grandeur du globe, bouleversant la société du jour au lendemain.

Ce qui ne nous empêchait pas d'éprouver le sentiment d'être à l'aube d'un changement important qui modifierait fondamentalement nos vies. Les téléviseurs trouvaient petit à petit leur place dans un nombre grandissant de familles. On les allumait souvent au milieu de l'après-midi bien qu'on n'y vît rien d'autre qu'une tête d'Indien stylisée, tracée en lignes noires sur un fond blanc. La télévision brûlait comme un lampion en attendant le début de la cérémonie : des rafales d'images en noir et blanc, souvent crépitantes et imprécises, mais des images chez soi, en général au salon. Car le téléviseur était un invité trop important pour qu'on l'accueillît ailleurs.

C'est de cette révolution des communications que je faisais partie à mon humble niveau. J'en éprouvais, oui, une certaine fierté, mais surtout je me demandais par quelle chance inouïe je me retrouvais là. Et l'attitude stupéfaite des gens à qui l'on disait : « Je travaille pour la télévision » contribuait à cette impression d'être l'objet d'un destin particulier, privilégié.

L'ancien hôtel Ford où logeait maintenant la Société Radio-Canada, sur le boulevard Dorchester, était – pour les artisans de la télévision en tout cas – devenu le centre d'un monde qu'ils contribueraient à faire avancer, ils en étaient convaincus. Il y régnait une ferveur de néophyte, accompagnée de la sensation de l'accomplissement d'un dessein de la plus haute importance.

L'effervescence de la télévision avait aussi un caractère exclusif, reléguant à leur camp les gens de la radio. Certains se sentirent ostracisés, d'autres adoptèrent une attitude hautaine, à la limite du mépris. Pour eux, l'empire de l'image allait de façon irrémédiable atrophier l'intelligence du public, le plonger dans l'apathie : après tout, regarder des images n'était pas en soi un stimulus et n'exigeait pas beaucoup de matière grise. D'autres restaient sur leur quant-à-soi. Du côté des émissions dramatiques, des Guy Beaune et des Roger Citerne ne voyaient pas comment ajuster les grandes œuvres pour les faire passer par le chas de la télévision, eux dont le moyen de communication qu'ils utilisaient, la radio, n'avait comme limite que l'imagination ; ou, du côté de l'information, les René Lévesque et Judith Jasmin n'étaient pas disposés à abandonner la souplesse et la mobilité de leur nouvel équipement de reportage, un petit magnétophone suisse à manivelle, le Nagra, pour se retrouver en compagnie d'un caméraman et d'un preneur de son avec des appareils qu'on qualifiait de portables parce qu'avec beaucoup d'énergie on arrivait à les bouger.

De plus, les cameramen du service des nouvelles, Jean-Marie Couture et Julien Saint-Georges, avaient été importés, contre leur gré, de l'Office national du film, à Ottawa, où ils n'avaient pas été habitués à être constamment poussés dans le dos par des journalistes impatients qui réclamaient que leurs images racontassent une nouvelle, d'ailleurs pas toujours essentielle pour la suite du monde. Aucun des deux n'avait été préparé à cette vie de caméraman-journaliste ; Saint-Georges ne rêvait que de nature et de paysages, Couture de belles lumières et d'images soignées. Comment un reportage sur un politicien, un incendie ou un accident eût-il pu satisfaire pareilles ambitions ?

Heureusement, il y avait toujours pour courir avec enthousiasme sur les lieux de la nouvelle des cameramen payés à la pige. L'un d'eux, un colosse irlandais, Eddie O'Neil, qui travaillait pour David Bier, se détachait du lot par son intrépidité et son énergie. Hélas, on confiait bien peu de tâches hasardeuses à ce bonhomme dont un champ de bataille eût été le terrain de prédilection.

De tout le temps que j'ai passé au journal télévisé, il n'y a que l'émeute Maurice Richard, le 17 mars 1955, où O'Neil en eut pour son argent.

Je ne travaillais pas ce samedi soir-là, mais comme j'habitais à deux pas du Forum et que j'appréhendais qu'il se passerait quelque chose à la suite de la suspension du Rocket par Campbell, le président de la ligue, je m'y suis rendu par curiosité. Alors que j'arrivais à l'angle des rues Atwater et Sainte-Catherine, une bombe lacrymogène éclata devant le Forum et, bientôt, des spectateurs commencèrent à se répandre en pagaille dans la rue.

Ne sachant pas encore que cela avait commencé à l'intérieur avec la foule qui s'était déchaînée contre le président Clarence Campbell en lui lançant toutes sortes d'objets tandis que les Red Wings prenaient, durant la première période, une avance de 4 à 1 sur les Canadiens, privés de leur joueur étoile suspendu assez injustement par Campbell pour le reste de la saison, je me précipitai vers un téléphone public pour demander à O'Neil de s'amener immédiatement sur les lieux. Je l'attendrais dans le parc en face. Mais la foule grossissait à vue d'œil, devenait un raz-de-marée.

O'Neil, je ne l'aperçus que beaucoup plus tard et fugitivement, alors que les amateurs de hockey, sortis du Forum et rejoints par des milliers de passants ou de curieux attirés par les reportages radio se poursuivant en direct, s'étaient transformés en une armée compacte d'émeutiers qui avaient quitté le Forum après y avoir tout saccagé pour déferler ensuite le long de la rue Sainte-Catherine, renversant des autos et pulvérisant sur leur passage les vitrines de presque tous les établissements de commerce, y compris – ironie du sort – celle de la Taverne Toe Blake, l'autre membre du trio du Rocket avec Elmer Lach.

Cette déferlante, je la suivais en périphérie, tout en prenant les précautions nécessaires pour ne pas être emporté, mais lui, O'Neil, était en plein dedans ; je le voyais apparaître et disparaître dans la tourmente, ballotté, secoué en tous sens, cramponné à sa caméra comme un naufragé à une bouée et c'est à ce moment que, pour la première fois, je crois avoir pris conscience de la suprématie de ce moulin à images. Moi, j'étais là, en marge, emmagasinant comme je pouvais des scènes et des impressions que je m'efforcerais de restituer dans un texte d'accompagnement, moins percutant pour sûr que les images noir et blanc, même chaotiques et délavées, tournées par l'engin de l'Irlandais.

Combien j'allais être écartelé pour la suite de ma vie entre l'écrit et l'image, d'autant qu'avec les avances technologiques auxquelles je prendrais activement part, les images allaient se tailler dans nos existences une place qu'elles n'avaient jamais eue auparavant. En un sens, j'ai le sentiment d'avoir vécu un tournant de l'Histoire.

Cette manifestation qui avait dépassé tout ce que Montréal avait vécu jusque-là était-elle aussi, comme beaucoup en font l'analyse aujourd'hui, un tournant ? Portait-elle les ferments de la future Révolution tranquille, de la naissance du RIN, de l'émergence du mouvement felquiste, des grandes manifestations contre la reine et pour un McGill français ?

Pour avoir été dans le maelström de l'émeute Maurice Richard, je peux témoigner que oui, il y avait dans l'air plus qu'une simple protestation de fanatiques du hockey contre la décision du président Campbell, on sentait un courant souterrain de révolte contre la domination anglaise, un joug confus, mal défini, dont le poids – loin de s'estomper avec les années – s'amplifiait à mesure que les Canadiens français mesuraient la distance les séparant des anglophones. Ces écarts, pourtant évidents, nous mîmes du temps à les reconnaître et à chercher à les combler ; c'est sûrement pour cela que tous ces tâtonnements ont fini par être baptisés Révolution tranquille. Il faudra, par exemple, attendre jusqu'en 1969 pour nous rebeller contre notre situation à l'Université McGill, où les francophones ne formaient encore qu'un infime pourcentage du corps étudiant alors que l'établissement recevait la part du lion des subsides de l'État et que des milliers de diplômés du nouveau système de cégeps n'avaient qu'une seule autre université vers où se tourner, l'Université de Montréal, pour poursuivre leurs études.

Par ailleurs, il n'y avait pas vraiment de doute quant à l'issue de ce mouvement de revendication qui allait en s'amplifiant. Mon flamboyant ami Michel Chartrand n'avait-il pas déclaré avec assurance : « Nous allons gagner parce qu'il y a un plus grand nombre de jeunes déterminés à descendre les députés des parlements qu'il y a de policiers. »

Mais avant que, dans les manifestations, on brandisse des pancartes réclamant « McGill aux Québécois », « McGill aux travailleurs » ou encore « Le Québec aux Québécois », il aura fallu ces écriteaux, griffonnés à la hâte et agités au Forum, qui murmuraient timidement des « À bas Campbell » et « Vive Richard », paravents qui cachaient des réalités auxquelles on n'osait pas encore s'attaquer.

Ce n'est certes pas un hasard si la rage des émeutiers du Forum avait diminué en violence à mesure qu'ils avançaient vers l'est dans la rue Sainte-Catherine, la partie plus francophone de cette artère. C'est moins les arrestations massives par la police qui avaient refroidi l'ardeur des manifestants que le fait de se retrouver chez eux plutôt que dans l'ouest, en « territoire ennemi ».

Au début du journal télévisé français, nous étions trois à nous partager le boulot de rédaction : Louis-Hébert Desjardins, François Morissette et moi. Autant nous étions tous trois excités de participer à la naissance d'une nouvelle forme de journalisme, autant je fus déçu de mon côté de certaines directives rédhibitoires que nous imposait la Société Radio-Canada. Par exemple, on nous interdisait d'aller à la chasse aux nouvelles, pas question d'établir des contacts, de nous constituer des sources d'information ou d'accepter des nouvelles par téléphone, l'ordre était de nous approvisionner aux agences officielles : Reuters, France-Presse, Associated Press, Presse canadienne, etc. C'était la politique existant pour la salle de nouvelles de la radio et on l'avait appliquée telle quelle à la télévision, sans tenir compte que, pour les nouvelles locales, nous n'avions pas le choix que d'envoyer des cameramen et que leurs images ne correspondaient pas forcément à ce qui arrivait par écrit sur les téléscripteurs.

Même si j'avais été au cœur de l'action de l'émeute Maurice Richard, je ne pouvais pas, par exemple, faire part de mes impressions ni fournir des détails d'information qui n'auraient pas été corroborés par l'une ou l'autre des agences de presse. Pour moi qui arrivais d'un quotidien et qui avais été formé à tout faire pour dénicher des exclusivités, c'était l'émasculation. Avec les heures supplémentaires – et nous en accumulions beaucoup –, nous étions comme des chats bien nourris mais châtrés. Et j'étais le seul à souffrir de la situation, mes deux collègues s'en accommodant plutôt bien, alors il fallut au moins deux ans avant que les choses commencent à évoluer, beaucoup parce que René Lévesque, Judith

Jasmin et Wilfrid Lemoine avaient enfin choisi de transposer à la télévision les reportages sur le vif qu'ils avaient perfectionnés pour la radio.

Un événement particulier contribua aussi à notre désaffection pour l'avenir du journal télévisé, dont le service était dirigé par un blondinet, bellâtre et arrogant (avait-il seulement déjà été journaliste ? j'en doute), qui montrait peu d'intérêt pour le contenu, ne s'intéressant qu'aux affectations des cameramen pigistes. Et pour cause. Éveillés par des soupçons qui nous envoyèrent indiscrètement fureter dans ses affaires, nous découvrîmes que non seulement il exigeait des ristournes des pigistes, mais qu'il en avait inventé des fictifs dont il empochait carrément les cachets. Il faut l'admettre, nous n'aurions nourri aucune antipathie à son égard que notre zèle de limiers s'en fût sans doute trouvé beaucoup diminué.

Nous déposâmes une preuve incontournable devant la direction de Radio-Canada, qui nous convoqua quelques jours plus tard pour nous annoncer que le chef du service avait été congédié. Nous avions naïvement convenu que Louis-Hébert Desjardins était tout désigné pour le remplacer ; non seulement il était l'aîné, mais ni François ni moi n'avions envie d'une tâche plutôt administrative.

Mais en entrant dans la grande salle de conférence, au douzième étage, où nous attendait le gotha de la Société, nous eûmes subitement l'impression d'être accueillis comme des bêtes de l'Apocalypse plutôt que des héros. Pendant quelques secondes, nous nous demandâmes même si l'on ne nous congédierait pas nous aussi. Mais non, le grand patron, André Ouimet, un homme sans émotion, adopta un ton presque chaleureux pour nous remercier d'avoir mis cette fraude à jour, mais – et ce « mais » était un véritable coup de massue – aucun de nous trois ne pouvait s'attendre à être un jour promu chef du service des nouvelles de la télévision. Car si la direction encourageait l'honnêteté, elle ne pouvait quand même pas récompenser la délation. Devant cet horizon bouché, nous dérivâmes les uns et les autres vers d'autres rivages. Je partis le premier. J'y serai demeuré quatre ans, durant lesquels les rebondissements inattendus de ma nouvelle vie eurent désorienté plus d'un jeune provincial frais débarqué !

Écartelé entre des amours fous ou impossibles, je me réfugierai pendant un bon moment du côté de la poésie.

*
* *

Poète. Oui, j'ai le vif sentiment de l'avoir été et un nostalgique regret de ne plus l'être. Je saurais encore, je ne veux pas en douter, trouver les mots, agencer les strophes, mais l'âme n'y est pas, non plus que le désir de descendre au plus profond de moi-même pour extraire la matière première. J'ai peur. Comme le mineur qui refuse de retourner au travail après avoir été surpris par un coup de grisou et être resté longtemps prisonnier des entrailles de la terre avant d'en être retiré *in extremis*.

Peut-être ai-je toujours opté pour l'action parce que je ne pouvais supporter de me trouver face à moi-même, que la poésie, cette étrangleuse, me gardait à genoux, m'asphyxiait. Durant cette période de collège où j'ai dévoré Pouchkine, Dostoïevski et Gogol, je ne sais combien de fois j'ai lu et relu entre autres *Les Âmes mortes*, et je parvenais à m'accommoder mieux de la mélancolie slave que de celle dans laquelle me plongeaient les poèmes que j'écrivais pour ma mère, des centaines de poèmes. De ces derniers, je n'en conserverai qu'une dizaine que je ferai lire en arrivant à Radio-Canada à un vieux monsieur sympathique, un Français dont hélas j'ai oublié le nom. Il avait la possibilité de les faire publier dans un journal de Montréal, je ne sais plus lequel, mais auparavant il voulait les faire voir par la poétesse Rina Lasnier, dont il était un ami. Elle fut suffisamment impressionnée pour qu'il les publiât tous dans un intervalle de trois ou quatre mois.

Mon nom avait accompagné beaucoup de mes articles, mais c'était la première fois que je le voyais dans un journal accolé à un de mes poèmes. Ce rien de rien, cette chose insignifiante produisit pourtant un grand effet. Un claquement de fouet sur une bête farouche. Et blessée.

La manière brutale dont j'avais dû me séparer de Thérèse P. m'avait laissé une meurtrissure dont je commençais à peine à me guérir lorsque le journal *Le Canada*, auquel je collaborais à l'occasion, me réclama un article sur une jeune chanteuse qui venait de faire ses débuts au Saint-Germain-des-Prés de Jacques Normand, cette petite boîte d'une centaine de places où Montréal commença à se faire véritablement un visage français. Elle arriva sur scène après quelques numéros comiques de Paul Berval et de Gilles Pellerin, présentée finement par Normand ; elle était minuscule mais pétulante, elle avait une voix de petite fille et bougeait encore assez timidement. C'était Dominique Michel.

Ce n'est pas un journaliste qui se présenta à sa loge, après le spectacle, mais un fou déjà épris d'elle et n'osant certes pas le lui avouer. De son côté, je la sentais tout étonnée qu'on s'intéressât autant à elle, qu'on lui posât toutes ces questions pour un article sérieux de journal sérieux.

L'article parut, plus court que j'eusse souhaité, le journal n'ayant vraisemblablement pas pour Dominique le même intérêt que moi ! Mais il devait être assez bien tourné pour qu'elle accepte une invitation à dîner dans les jours qui venaient.

Sans qu'il y ait jamais eu de liaison, Dominique et moi avons noué des liens de plus en plus serrés au long des mois où nous avons passé tant de temps ensemble. J'allais la voir en spectacle, elle m'amenait chez elle – elle vivait chez ses parents dans une maison modeste de l'est de la ville –, nous regardions sagement la télévision en famille. Sa mère, qui était coiffeuse, m'appréciait beaucoup, il me semble, et elle était dûment impressionnée que je fusse journaliste à Radio-Canada.

Mais les choses se corsaient. Dominique comme ses parents me croyaient célibataire. Plus je m'attachais à elle, plus je redoutais d'être accidentellement démasqué et, tout aussi navrant, je sentais que la bulle romantique dans laquelle nous vivions éclaterait aussitôt.

Je choisis de jouer mon va-tout avec classe. Je l'invitai à dîner au restaurant le plus branché du milieu des artistes, Le 400, rue Drummond. Même s'il est fermé depuis maintenant un demi-siècle, je ne crois pas que Montréal ait jamais retrouvé un restaurant avec une telle notoriété. Le 400 était situé dans une ancienne résidence en pierres de taille, style anglais, juste au sud de la rue Sherbrooke, et seule une plaque de cuivre, à l'entrée sous un auvent vert, indiquait que c'était un restaurant.

Même à cette époque, j'appréhendais d'aller pour un rendez-vous important dans un endroit que je ne connaissais pas et où l'on ne m'avait jamais vu. N'y avait-il pas aussi cette petite vanité que Dominique me croie un habitué de cet établissement à la mode ?

Plusieurs jours auparavant, je décidai d'aller prendre un verre au bar : je pourrais repérer les lieux et peut-être même l'emplacement à la salle à manger d'une table où il serait propice qu'ait lieu ce dîner déterminant.

Si l'extérieur du 400 était austère et anglais, dès qu'on y entrait c'était la France, du moins c'est ce que j'en imaginais. On y était immédiatement accueilli par des parfums de cuisine délicieux en suspension dans une atmosphère hybride d'alcool, de vin et de fumée.

À gauche du hall, une arche ouvrait sur le bar accueillant avec ses boiseries foncées, ses banquettes capitonnées adossées aux murs et une demi-douzaine de hauts tabourets devant le comptoir de chêne massif recouvert de zinc et de cuivre. Du comptoir, une grande ouverture permettait d'observer ce qui se passait dans la salle à manger, où étaient alignées une trentaine de tables recouvertes de nappes de toile blanche.

Comme le maître d'hôtel venait vers moi, je lui indiquai d'un signe de tête que je souhaitais seulement prendre un verre au bar, mais aurait-il la gentillesse de me passer un menu, car la prochaine fois je viendrais pour un repas ?

Je pris place au comptoir et commandai un Johnny Walker double. Comme le barman allait prendre la bouteille à l'étiquette rouge, je rectifiai tout de suite : Black Label.

— Avec des glaçons et un peu d'eau plate, s'il vous plaît.

— Un jeune qui sait boire, ça fait plaisir.

Je me tournai du côté d'où venait cette remarque et je reconnus tout de suite l'acteur Paul Dupuis. Coude posé sur le bar, il me fixait de ses yeux de jade, marécageux d'avoir trop bu, le menton enfoncé dans la paume de sa main alors que par les interstices de ses doigts repliés filtrait un sourire malicieux.

— J'ai eu de bons professeurs, fis-je remarquer.

— Moi, je suis autodidacte.

— Ne l'êtes-vous pas en tout ? dis-je en souriant timidement.

Je me souvenais d'avoir lu que Paul Dupuis, avec ses dons d'acteur hors du commun, avait toujours prétendu n'avoir étudié avec personne. Se trouvant en Angleterre à la fin de la guerre, il était passé de l'armée au cinéma sans transition, grâce à son magnétisme, aussi saisissant que celui d'un Charles Boyer ou d'un Clark Gable. Outre la distinction de son allure, il avait une voix envoûtante, capiteuse, ses mouvements avaient la souplesse des lianes et, par-dessus tout, il était assez intelligent et supportait difficilement la bêtise.

J'aurais bien eu envie de lui parler de *Passport to Pimlico*, de *La Forteresse* ou encore de son rôle du *padre* dans le film *Ti-Coq,* dont j'avais écrit une critique alors que j'étais encore à *La Tribune,* mais si je sentais qu'il y avait une certaine vanité chez cet homme, je ne la voyais pas à ce niveau et j'aurais eu le sentiment de l'importuner en l'entretenant de ce qu'il avait fait.

Il me demanda plutôt ce que je faisais et sembla sincèrement intéressé par ma profession de journaliste, métier qu'il eût, dit-il, préféré de loin à celui d'acteur, ce que j'interprétai tout de suite comme une courtoisie de compagnon de bar. En effet, mon statut au journal télévisé me paraissait minable comparé aux attentions que le sien commandait : le barman le traitait aux petits soins et les clients prenaient la peine, avant de sortir, de faire discrètement un crochet par le bar afin de zieuter l'acteur de plus près.

Le maître d'hôtel m'apporta le menu comme je le lui avais demandé. Pendant les bribes de conversation avec Paul Dupuis, j'avais remarqué à droite de la salle à manger une table pour deux, isolée des autres par un dressoir et deux grands palmiers dans des pots. La table parfaite des amoureux. Je demandai si je pouvais la réserver pour samedi soir prochain.

— Un samedi… je ne sais pas, c'est…

Il allait de soi que cette table, il devait la garder pour des habitués, mais Dupuis vint à ma rescousse.

— C'est un ami, souffla-t-il au maître d'hôtel.

— À quel nom ? me demanda ce dernier.

— Fournier, Claude. Vingt heures trente ?

— Pas plus tard, dit-il sèchement en tournant les talons.

Peut-être est-ce à cause de cette première gentillesse tout à fait gratuite, je suis toujours resté lié à Paul Dupuis. Des liens de beuveries, peut-être, mais qui continuent mystérieusement d'exister comme brûle la mèche tant qu'elle trempe dans l'alcool. Encore au milieu des années 1970, alors que tout le monde s'était détourné de Dupuis, qu'on le considérait comme un raté, un ours, un misanthrope, je passai tout un après-midi à essayer de le convaincre de tourner un film avec moi, une idée de scénario que j'avais eue pour lui et dont il serait la vedette. Cet acteur sublime au physique comme il s'en est peu trouvé chez nous n'avait plus pour travail que quelques émissions de radio qu'il arrivait par son esprit corrosif à ne pas rendre totalement insignifiantes.

Je l'entends encore prétexter qu'il n'avait aucune cote, qu'il me nuirait irrémédiablement s'il acceptait ma proposition. L'intensité avec laquelle me fixaient ses yeux verts, deux ouvertures ténébreuses sur une tristesse insondable…

Quelques semaines plus tard, la vie de Paul se termina tristement et dans une solitude pathétique, à l'hôtel Nymark dans les Laurentides. Je m'en voulus. Aurait-il été possible que je fusse plus convaincant? Quel projet de film eût été plus fort que la mort? plus concluant que le désespoir?

Je deviendrai pendant près de trois ans un habitué du 400 jusqu'à ce que je découvre Chez son père, rue Craig, mon deuxième chez-moi, mon refuge, mon port d'attache pendant les tempêtes du cœur, le seul resto où la patronne, Mme Bouyeux, gardait un lit à l'étage pour ses clients préférés qui avaient perdu le sens d'aller plus loin que le pas de la porte. Quand ce n'était pas moi qui tirais avantage de ce plumard au beau milieu de la réserve du restaurant, c'était un copain, le dramaturge Marcel Dubé. Le lendemain matin, un garçon de cuisine ou Mme Bouyeux elle-même, déjà maquillée comme la reine du carnaval, venait nous tirer du néant avec une tasse de café fumant, du costaud!

Ce samedi soir-là, j'allai chercher Dominique Michel chez ses parents. Sa mère m'accueillit et me fit passer au salon, Dominique n'était pas tout à fait prête. M. Sylvestre regardait le hockey à la télévision, il me fit un petit salut de la tête et replongea dans sa partie. Je posai les fesses sur le bord d'un fauteuil, fébrile. La soirée n'augurait rien de bon. Je ne voyais pas comment cette famille modeste, mais bien sous tout rapport, accepterait que leur fille unique et bien-aimée se liât à un homme marié. Et faut-il l'ajouter : sans ressources et sans moyen de faire progresser sa carrière, autrement qu'avec un misérable article par-ci par-là dans un journal.

Ce damné mariage, il n'y avait pas un an, me remontait dans la gorge comme de la barbaque indigestible.

La voix rieuse de Dominique m'annonçant qu'elle était prête arriva dans le salon avant elle. Elle s'insurgea gentiment contre son père resté rivé devant son écran, mais je rétorquai pour être poli que cela me convenait de regarder le hockey.

— Aimes-tu mieux rester ici, demanda-t-elle, moqueuse, et voir qui va gagner ?

— Richard vient de compter deux fois, ça va être vite réglé, affirma M. Sylvestre sans détourner les yeux de cet écran dont l'image disparaissait dans des bourrasques de neige subites, aux moments les plus fâcheux, appareil frileux prêt à rendre l'âme chaque fois que se produisait une baisse de tension ou qu'un coup de vent faisait cliqueter les vitres de la maison.

Encore que le sien, son téléviseur, fonctionnait mieux que ceux des voisins, m'assurait le père de Dominique, qui avait enroulé les oreilles de l'antenne avec de vaporeux bourrelets de laine d'acier ultrafine donnant à sa télé un faux air de caniche d'exposition. Il voulut m'expliquer comment réussir cette transformation, mais je dus admettre en baissant encore un peu dans son estime que je ne possédais pas moi-même de téléviseur.

Dominique s'impatientait comme un colibri dans cet environnement un peu terne, elle était tout en vibrations et coups de cœur, spontanée, simple, presque enfantine. Elle était si petite, j'avais toujours envie de la soulever dans mes bras, de la mignoter comme un être précieux que j'aurais voulu pour moi seul, les circonstances eussent-elles été autres.

Mais non, la table des amoureux nous attendait au 400 avec au menu un plat amer et incontournable : la séparation. Ce serait l'issue fatale de cette soirée, j'en étais certain. J'avais vingt-deux ans, elle était plus jeune d'un an et je ne l'imaginais pas balancer toutes les convenances pour venir vivre avec un homme marié dont la femme attendait un enfant à Sherbrooke, un détail que je n'avais pas résolu d'annoncer ce soir. Marié ! C'était déjà la poisse.

Je pense qu'elle commença gentiment par un pink lady, ce petit liquide rose, sirupeux, idéal pour un oiseau-mouche. Je demandai un whisky. J'aurais peut-être dû commander du champagne, mais je n'en étais pas encore là dans l'apprentissage de la grande vie.

Le maître d'hôtel m'avait accueilli par mon nom, il savait déjà le sien, nous nous sentions déjà des personnalités, au même titre que d'autres qui se trouvaient dans la salle. Au passage, quelqu'un qui l'avait reconnue montra discrètement Dominique du doigt. J'étais flatté.

Une fois qu'on nous eut apporté les apéritifs et les menus, un fragile état de sérénité s'installa. Nous trempions à l'occasion les lèvres dans nos verres, nous faisions mine d'étudier le menu, nous nous regardions en silence pendant de longues périodes ; j'offris une cigarette, elle refusa d'un hochement de tête, je remis le paquet dans ma poche. Je n'avais pas le goût de fumer non plus, j'avais choisi de lui dire simplement combien je l'aimais, combien je saurais tout faire pour la rendre heureuse, mais ce n'est pas ce qui finalement jaillit de mon cœur en alarme, plutôt une insignifiance comme :

— Dominique, si tu savais combien je t'apprécie.

— Moi aussi, dit-elle, je t'apprécie. Je te trouve galant, charmant.

Tandis que je m'en voulais à mort de n'avoir pas dit tout net : « Dominique, je suis fou de toi, je t'aime », le garçon vint se planter là, nous forçant à donner notre commande. Elle avait choisi de commencer avec un consommé julienne suivi d'un steak à point.

— Pour moi, l'œuf en meurette et le steak, saignant, presque bleu.

— Béarnaise ou bordelaise avec les steaks ? demanda le garçon.

Dominique hésitait. Moi aussi. Je ne voyais pas bien la différence entre les deux sauces et comme j'allais commander une bouteille de bordeaux, je ne pouvais me tromper en choisissant la bordelaise pour nous deux !

Pour le vin, ce fut vite réglé, c'est le prix plutôt que l'appellation qui l'emporta.

— Tu sais, fit-elle remarquer aussitôt que le garçon eut tourné les talons, ce n'était pas la peine de m'inviter ici, c'est cher.

Je pris sa main et murmurai plusieurs fois: «Dominique, Dominique», ce nom qui avait la douceur de sa peau et la simplicité de son âme.

— Ce que je donnerais pour que ce moment dure toujours, mais je ne me fais pas d'illusion, tu vas devenir connue, c'est évident, et ce n'est plus moi qui serai là.

— Je ne suis pas comme ça, Claude, je ne rêve pas d'une grande vie. Pas moi.

Bêtement, je recommençais à espérer. Une vie comme tout le monde, une vie simple, c'était à ma portée.

— Au fond, dis-je avec beaucoup de naïveté, si nous nous aimons assez, nous pourrions faire notre vie ensemble.

Son visage s'assombrit.

— Oui, peut-être, si tu avais été libre! Mais tu ne l'es pas et je le sais. Je le sais depuis un moment.

J'étais abasourdi, en morceaux. Des morceaux plus petits que la julienne du potage que venait de déposer le garçon sur la table.

— Je ne sais pas, finis-je par expliquer, j'ai rêvé, je me suis bâti des châteaux en Espagne, je me suis imaginé des choses, puis je me suis rendu compte que ce ne serait pas possible, que je devais te le dire, mais quand? Comment avoir le courage de précipiter ce que je savais devoir être la fin pour nous? Ce courage, je l'avais gardé pour ce soir en conservant quand même un espoir, une petite lueur au fond de mon cœur.

— Quel espoir? demanda-t-elle.

Non, je ne pouvais pas lui avouer avoir songé l'espace d'un instant qu'une chanteuse, une chanteuse de cabaret eût pu se moquer de la société et de ses conventions. Elle en eût été choquée. C'était Dominique Michel, pas la Goulue! Tout au long de nos fréquentations, il n'y eut jamais entre nous d'autres complaisances que de longs et tendres baisers. Elle avait fréquenté un homme marié, soit! mais elle était toujours vestale et ne serait pas enterrée vivante à cause de moi.

Quelques semaines après ce dîner d'adieu, Dominique partit pour l'Europe en remettant sa carrière dans les mains du chanteur Fernand

Robidoux, dont je ne sais pas s'il eut les mêmes délicatesses que moi. Néanmoins, Dominique rencontrera à Paris Raymond Lévesque, qui lui écrira des chansons sur mesure, jolies et simples, mais grandes comme elle.

Par la suite, au cours des ans, j'ai retrouvé Dominique à plusieurs reprises. Nous avons tourné quelques films ensemble, dont *Je suis loin de toi, mignonne*, dans lequel elle partageait la vedette avec Denise Filiatrault. Le scénario était une idée à elles que j'avais reprise et réécrite presque entièrement. Quelques fois, durant ces années, alors que Dominique et moi nous remémorions ces courtes fréquentations de nos vingt ans, elle lança cette réplique: «Mon dieu que j'étais niaise!»

Je n'ai jamais demandé d'explications. Je préfère encore cette ambiguïté au souvenir douloureux qui m'était resté de ce dîner au restaurant le plus branché de l'époque.

Même si je vivais en célibataire depuis mon arrivée à Montréal, je ne l'étais pas. Je l'avais avoué à Dominique, mais encore fallait-il que je m'en convainquisse moi-même. La naissance de mon fils, en avril 1954, à Sherbrooke, allait vite me rappeler à la réalité. J'avais désormais une famille qu'il me faudrait un jour ou l'autre déménager. J'eus la chance de trouver un logement au quatrième étage d'un immeuble de la rue Saint-Marc, à trois minutes de marche de Radio-Canada. Beaucoup d'artistes y habitaient, dont Juliette Huot, avec qui je me liai tout de suite d'amitié, une amitié qui ne se démentira plus jusqu'à sa mort. Chère Juliette! Elle a joué dans mes films, m'a encouragé chaque fois que la critique se déchaînait contre moi (elle relatait toujours le cas de Gratien Gélinas vomi par les intellos) et elle m'a fourni la meilleure recette de pudding chômeur qui existe.

Et à trois pas, rue Bayle, habitait l'acteur Jean Saint-Denis, le plus doué, avec Robert Gadouas, des jeunes premiers. Il était beau, fragile, un être de ravissements et de cauchemars qui réussira presque à m'entraîner avec lui dans l'abîme dans lequel il s'enfonçait et dont heureusement je tirerai son fils Christian.

Décidément, ce qui me restait encore de provincial se desquamait à vive allure. Était-ce la métropole ou l'apprentissage de la vie, mais il semble que rien n'était simple chez les gens avec qui je me liais. Il y avait dans chacun d'eux l'éblouissante diversité des caravansérails, le danger de s'y perdre autant que de s'y trouver.

Et la vie de tous les jours n'était pas différente. À l'épicerie Dionne où j'apprenais à faire mes courses, rue Sainte-Catherine, c'était aussi le fondouk : il fallait démêler le livarot de l'époisse, la roquette de la trévise, le tournedos de la bavette, le curry du tandouri. Là de même partaient en squames les fades goûts de province.

J'avais l'esprit et le cœur aux quatre vents. Je subvenais aux besoins de la famille, c'est sûr, mais restais en totale amnésie de tout autre engagement.

C'est dans ce cœur ouvert que survint une autre femme.

Judith Jasmin, je l'ai rencontrée à l'ouverture officielle de la mine de fer de Schefferville, dans l'Ungava, où était réunie la presse d'une bonne partie du monde. René Lévesque et Judith Jasmin faisaient un de leurs premiers reportages spéciaux pour la télévision de Radio-Canada. Moi, j'y étais pour le journal télévisé.

Souvent au cours de la journée, je remarquai Mme Jasmin qui semblait observer mon travail avec le caméraman – O'Neil, mon Irlandais ! –, puis elle vint nous voir plusieurs fois, demandant des renseignements sur le zoom de notre Auricon, puis sur le pourquoi de l'autre petite caméra qu'Eddie gardait à la ceinture, une Bell & Howell à ressort, ensuite des informations sur le vocabulaire de cinéma, les plans, les angles, tant qu'à la fin cela commença à ressembler à un manège.

— Cette bonne femme a un œil sur toi ou sur moi, fit remarquer Eddie en riant, alors que nous remballions l'équipement pour prendre le train qui nous ramenait tous à Sept-Îles, un voyage d'une nuit, 560 kilomètres sur un chemin de fer en pleine taïga, enjambant le gouffre de rivières tumultueuses sur des viaducs vertigineux ou s'étirant à perte de vue sur des tapis de conifères étriqués.

Comme nous montions dans le train, après un repas mauvais mais bien arrosé offert par l'Iron Ore dans une de ses grandes baraques, Mme Jasmin qui m'avait suggéré de l'appeler Judith m'invita à prendre un verre lorsque nous serions en route et me laissa discrètement son numéro de couchette dans son wagon-lit.

Nous n'étions pas tous aussi privilégiés. Une bonne partie d'entre nous allions faire le voyage assis raide sur les banquettes de wagons vétustes attachés au convoi pour l'occasion. Pendant que tombait lentement la nuit boréale, Eddie et moi fîmes un sort à la bouteille de cognac que nous avions apportée. Puis l'Irlandais allongea les jambes sur ma banquette, croisa les bras, laissa sa tête tomber en arrière ; l'instant d'après, il ronflait comme un bienheureux, couvrant presque le cliquetis des rails.

Je regardais par la fenêtre les arbres malingres, serrés comme les dents d'un peigne, défiler comme une interminable grille emprisonnant le ciel violacé. La désinvolture qui me faisait défaut pour répondre à l'invitation de Judith fut bientôt supplantée par une grande excitation. J'eus subitement très envie de cette grande femme au corps maigre, essentiel, envie de plonger les mains dans ses gros cheveux noirs vigoureux, envie qu'elle m'enveloppe de sa voix de velours.

Je me levai d'un bond, enjambai l'Irlandais et me dirigeai vers les wagons-lits aussi vite que le permettaient les convulsions du train. Elle s'était sans doute endormie et j'en serais quitte pour revenir à mon siège, le caquet de ma vanité rabattu !

C'était l'obscurité presque totale dans le wagon et j'eus du mal à repérer le numéro qu'elle m'avait donné. C'était une couchette du dessus. Monte ou monte pas ? Dort ou dort pas ? Non, mais comme on peut sembler con, debout, ballotté dans l'allée noire d'un wagon, tendant l'oreille vers quelque appel galant à travers le tintamarre du train et des ronfleurs !

Je n'avais pas mis le pied sur le premier barreau de l'échelle que le rideau s'entrouvrit au-dessus de moi.

— T'en as mis du temps, dit-elle d'une voix où, justement, il y avait plus de velours que de reproche.

La couchette supérieure d'un wagon-lit est une sorte d'initiation accélérée à l'intimité. Parfait lieu de fusion. Le mouvement de l'un détermine celui de l'autre, on en arrive à synchroniser nos souffles, les battements de cœur, on devient des siamois. Bercement du train. Les corps qui se chevauchent. Les doigts brûlants qui pétrissent. Les sexes réunis. Clapotis d'érotisme. Ruissellements. La vie qui s'extravase.

Le train filait droit vers Sept-Îles, mais dans cette couchette du haut, ce vase clos, nous avions choisi l'un et l'autre sans nous concerter de laisser nos existences courantes sur la voie d'évitement pour prendre ensemble un autre chemin.

Lorsque je rentrai à la maison, rue Saint-Marc, après avoir terminé le montage de l'item sur l'ouverture de la mine de Schefferville pour le téléjournal, tout le monde dormait. C'était chez moi, mais j'avais le sentiment d'être ailleurs, peut-être nulle part.

Judith m'avait donné son téléphone, je décidai d'appeler malgré l'heure tardive. Je faillis raccrocher lorsque j'entendis une voix avec un fort accent, la voix endormie d'un homme.

— Pardon, monsieur, je sais qu'il est tard, mais c'est le numéro qu'on m'a donné pour Mme Jasmin.

— Ne quittez pas, je vous la passe.

J'attendis un bon moment. Elle devait dormir aussi.

Quand je l'entendis au bout du fil, je me confondis en excuses, je croyais qu'elle vivait seule et j'avais seulement voulu lui dire combien je pensais à elle, combien elle me manquait déjà.

— Je t'expliquerai, dit-elle, puis elle baissa tellement la voix pour murmurer « je t'aime » que je ne l'entendis peut-être que dans mon imagination.

Le lendemain, en fin d'après-midi, nous nous rencontrâmes chez Desjardins, rue Mackay, juste derrière l'ancienne maison de chambres qui abritait le service du film et des nouvelles où je travaillais. Il y avait au rez-de-chaussée deux grandes salles à manger ne désemplissant presque jamais, Desjardins étant à l'époque le meilleur endroit pour les fruits de mer à Montréal, mais le bar à l'étage était confortable et peu fréquenté. C'est là, dans ses fauteuils de cuir viril mais *cosy*, que se mesuraient toutes les turbulences du monde artistique dont Radio-Canada était l'épicentre.

J'avais appelé Judith à son bureau plusieurs fois pour fixer le rendez-vous, mais je ne l'avais finalement jointe qu'une heure avant de nous retrouver. Elle n'avait pas dormi après mon téléphone, ayant pris sur-le-champ la décision d'annoncer sa rupture à l'homme avec qui elle vivait depuis une quinzaine d'années, Nicolas Koudriatzev, l'imprésario des plus grandes troupes venant au Canada de l'étranger, des ballets du Kirov à la Comédie-Française. Cet homme à tête blanche dont elle disait qu'il avait le charme et la... jalousie slaves s'était montré très perturbé après mon appel et avait commencé à lui poser toutes sortes de questions.

— Je ne comprends pas, dis-je un peu étonné, ce n'est pas la première fois que...

(Je m'étais ouvert à mon collègue François de ma rencontre avec Judith et il n'y voyait rien d'autre qu'une passade, comme il était notoire qu'elle entretenait depuis plusieurs années une liaison avec René Lévesque.)

Elle hésita un long moment puis, une certaine mélancolie se lisant sur son visage, elle expliqua :

— J'ai été franche avec lui cette nuit, je vais l'être avec toi. Si c'est de cela que tu veux parler, oui, j'ai été longtemps amoureuse de René, mais c'est terminé. Il a une femme, des enfants qu'il n'a jamais voulu quitter et je ne pouvais plus vivre ainsi en porte-à-faux. À toujours dissimuler.

Elle ajouta qu'elle resterait encore un certain temps avec Nicolas, qu'elle avait promis de ne pas l'abandonner si brutalement, qu'il avait toujours été généreux et bon avec elle. Elle aurait cependant toute liberté.

Je dus subitement paraître inquiet de la vitesse avec laquelle les choses se précipitaient, car elle posa sa main sur la mienne et me dit :

— Ne t'en fais pas, j'avais de toute manière pris la décision de cette rupture, tu m'y as aidée, c'est tout.

Curieux moment de l'existence d'un couple lorsque l'on ne sait rien l'un de l'autre et que l'on se demande s'il vaut mieux satisfaire sa curiosité ou prolonger l'ignorance. Sciemment ou pas, nous restâmes pour l'instant dans cet état de suspension.

Elle souriait. Sourire que l'absence de rouge sur ses lèvres rendait plus doux. Ses cheveux foncés, ses yeux noirs, ses paupières bistre accentuaient la blancheur de son visage perpétuellement baigné d'un demi-jour, quelles que soient les circonstances, je m'en rendrai compte. Elle portait au plus profond d'elle-même la vulnérabilité et la combativité de l'animal blessé.

Nous éprouvions certes en ce moment un sentiment commun : une attirance inattendue, impérieuse, était en train de bousculer nos vies.

— Crois-tu, me demanda-t-elle, que nous pourrions passer le week-end prochain ensemble ? Si tu veux, nous irions à l'île d'Orléans.

Je lui fis signe que oui.

Le prétexte d'un reportage me libérerait pour l'occasion !

Nous étions en pleine saison touristique, elle n'avait réservé nulle part et le jour commençait à tomber dans l'île, même si nous avions quitté Montréal assez tôt, mais Judith avait insisté pour que nous fassions un crochet par Saint-Marc-sur-le-Richelieu : elle tenait à me présenter à son amie, la romancière Françoise Loranger, qui nous garda à déjeuner dans sa jolie maison au bord de l'eau. Je compris tout de suite aux œillades malicieuses et aux sous-entendus de Françoise que ce changement de garde s'était, à son avis, fait trop attendre, et il me parut que je passais le test. J'aurais pu jurer que le seul motif de cette halte à Saint-Marc avait été d'obtenir cet imprimatur.

Au moment de reprendre la route, Judith, que le vin et la réaction chaleureuse de son amie avaient épanouie, m'avait demandé si je voulais conduire. J'en fus ravi : je n'avais pas encore de voiture, je ne conduisais presque jamais et prendre le volant devenait chaque fois un acte jubilatoire. Ces derniers temps, un caméraman à la pige, dans l'espoir sans doute d'obtenir plus de contrats, avait pris la bonne habitude de me prêter sa MG-TD avec laquelle il faisait de la course. Il me l'apportait le soir, après le téléjournal, et, avec cet admirable engin, couleur *British racing green*, dont une sangle de cuir retenait les ailes du capot, je m'amusais à jouer au coureur automobile, faisant crisser les pneus étroits des grandes roues à rayons dans des dérapages contrôlés (ou pas) sur les petites rues au sud de Dorchester, la poussant à fond sur le droit de la rue Notre-Dame, entre Guy et Atwater, m'imaginant sur quelque circuit mythique comme Le Mans ou Monza.

En arrivant à l'île d'Orléans, nous étions d'abord allés vers Sainte-Pétronille. Nous aurions pu y dîner, mais il n'y avait de chambre libre nulle part de ce côté. Il valait mieux commencer par trouver à se loger. Nous fîmes demi-tour pour revenir vers l'est, du côté de Saint-Jean ; Judith y connaissait un endroit romantique, une auberge de rien du tout où, avec de la chance, il y aurait une chambre donnant sur le fleuve. Les fenêtres ouvertes, on y entendait les vagues et on devinait à leur ressac qu'un gros navire passait au loin comme un fantôme.

Complet aussi à cet endroit de rêve devenu un cauchemar. Les propriétaires de l'auberge, une vieille maison de bois dont le toit pentu était percé de jolies petites lucarnes ouvragées, l'avaient entourée d'une dizaine de cabanes, misérables ruches autour desquelles bourdonnaient des essaims de touristes, des enfants piaillant, des pique-niqueurs, des hommes à bedaine fumant et buvant de la bière à même la bouteille, affalés dans leurs autos, portières ouvertes, et conversant à tue-tête d'une voiture à l'autre.

— Il doit y avoir un téléphone public, là-bas, près de l'église, dit Judith avec un brin de panique dans la voix.

En effet, il y avait une cabine téléphonique près de l'église, en face du cimetière de Saint-Jean dont les pierres tombales dominent les rochers roses, côtelés, qui descendent en guirlandes jusqu'au fleuve.

Pendant tout l'appel, Judith, le combiné coincé contre son épaule, traçait nerveusement du bout de son pied droit des ronds dans le gravier fin, par terre. Puis, elle sortit un carnet de son sac à main, nota quelque chose et raccrocha. Lorsqu'elle revint à l'auto, le sourire lui était revenu.

— Tu n'es pas trop fatigué pour retourner vers Québec ?

— On ne reste pas à l'île ?

— Dieu merci ! fit-elle.

Elle avait convaincu la réception du Château Frontenac de lui garder la seule chambre qui leur restait, mais il fallait y être dans une heure au plus tard.

— Quelque chose me dit, ajouta-t-elle avec un sourire en coin, que nous serons mieux que dans ce trou qu'est devenue l'île d'Orléans.

Mieux ! C'était une petite suite avec une baie vitrée surplombant la terrasse et le fleuve immobile que le crépuscule avait transformé en un gigantesque dallage de lapis-lazuli.

Le temps de nous rafraîchir et un garçon roulait dans la chambre un chariot avec le dîner, du vin et un bouquet de fleurs.

— Je voulais tant que ce soit parfait pour notre première vraie nuit ensemble, dit-elle, et ça a frôlé la catastrophe.

Combien de fois, au long de notre liaison, j'ai senti ce sentiment de panique s'emparer d'elle, comme si elle pressentait que le lien qui nous rattachait était extrêmement fragile, que nous vivions suspendus au-dessus d'un abîme et qu'à la moindre anicroche ou secousse…

Mais ce soir-là en fut un de perfection.

Elle me parla de son enfance, de son père notaire – homme de gauche et engagé – qui les avait emmenées à Paris, elle et sa sœur Claude, pour qu'elles obtiennent une meilleure éducation. Elle y avait fait un peu de théâtre, avait même dans une pièce donné la réplique à Victor Francen, avant que la famille redéménage à Montréal. Là, elle s'était demandée si elle ne se lancerait pas en politique ; elle admirait Thérèse Casgrain et j'étais de son avis. Je lui fis part de mon admiration pour Michel Chartrand et elle n'était plus de mon avis : son côté chien fou l'horripilait.

Puis elle posa des questions sur les poèmes que j'écrivais, se montra étonnée qu'ils parussent empreints de tant de révolte et aussi engagés socialement. Je lui glissai un mot de l'histoire de mon père, de l'impression que m'avaient laissée certains conflits ouvriers… Quand les lui ferais-je lire ? Je ne savais pas, son jugement m'intimidait.

On ne peut pas pendant des heures se dénuder l'âme sans que le désir devienne irrépressible de se retrouver nus dans les bras l'un de l'autre. Nous en mourions d'envie.

Cette femme rationnelle et posée, dans la vie, enveloppante par sa voix et par l'harmonie de sa gestualité, cette femme, au lit, je ne pourrais dire si elle s'abîmait dans l'amour par goût ou par désespoir. Il y avait quelque chose d'angoissant de la sentir agrippée à soi avec la tension extrême que doit chaque fois ressentir le varappeur accroché du bout des doigts à la plus petite saillie d'une verticale.

Elle ne faisait pas l'amour, elle se cramponnait comme un naufragé à son canot renversé par la tempête. Et lorsque dans l'écume de la jouissance nous dérivions enfin jusqu'au rivage, elle ne semblait pas éprouver de répit, pas de vraie paix. Elle tremblait, restait agitée comme si quelque démon à l'intérieur d'elle-même allait surgir et la tirer au fond de son propre abysse.

D'ailleurs, je finirai bientôt par me demander – et ce sera le début d'une fin navrante – ce que je représentais pour elle : un amant ou tout bêtement la planche de salut d'un drame intérieur que je ne m'expliquerai jamais. Ce sentiment ambigu, dérangeant, a sûrement été à la base de certains comportements dont j'ai fait montre avec Judith et qu'une partie de son entourage considéra comme de la muflerie. Seul René Lévesque ne m'a jamais manifesté ce genre de reproche ; bien au contraire, il parut très bien comprendre les raisons qui me firent me distancer d'elle. Pour lui, comme pour moi, elle en fit beaucoup, trop peut-être. Avec une façon lente, sournoise, de grignoter la vie de l'autre.

Ou parfois trop brusque !

Un jour que mon quart au téléjournal ne commençait qu'en fin de journée, elle me donna rendez-vous pour le déjeuner dans un restaurant de la rue Drummond, elle avait une surprise pour moi. Je lui avais passé une vingtaine de poèmes, quelques jours auparavant, et elle m'annonçait qu'elle avait trouvé un éditeur. Au lieu de bondir de joie, je perçus cette démarche comme une immixtion dans ma vie et – petite vanité sans doute – je la soupçonnais d'avoir eu la générosité d'offrir de payer pour l'édition, ce qui m'était encore plus insupportable. Cela dut paraître dans mon attitude et commença à gâcher un peu le repas ; ce qui se produisit par la suite le fit partir en eau de boudin.

En effet, tandis que Judith m'annonçait qu'elle avait aussi trouvé un appartement, un endroit assez grand pour deux si je le désirais, une Noire d'une beauté stupéfiante entra dans le restaurant et vint s'asseoir à la table voisine, attirant l'œil comme une étoile filante. Sa présence, son odeur – un parfum délicieux qui arrivait jusqu'à nous – troublèrent, il faut le dire, le reste du repas, car en dépit de tous mes efforts, je ne pouvais m'empêcher de jeter à l'occasion un regard de son côté.

Avant le dessert, Judith se leva pour parler au garçon puis revint s'asseoir en arborant un sourire, disons caustique.

— As-tu envie de voir l'appartement, c'est tout près de Radio-Canada ? demanda-t-elle, presque avec le ton d'un agent immobilier.

— Oui, répondis-je avec une certaine excitation et beaucoup de curiosité.

Ce n'était pas un appartement de rêve, expliqua-t-elle, mais c'était moderne et pratique, et le bail était court, au cas où l'endroit ne me plairait pas.

Avec les desserts, le garçon apporta une petite note qu'il remit à Judith. Elle le remercia d'un sourire aimable et je plongeai dans la crème caramel – elle était délicieuse dans ce restaurant, une île onctueuse baignant dans un lagon roux et brillant.

Puis, Judith me tendit le bout de papier que lui avait remis le garçon.

Il y avait griffonné un nom : Johanne Harelle.

Je ne comprenais pas.

— Qu'est-ce que c'est ?

— Le nom de ta déesse, me souffla Judith.

J'étais ahuri. Et je manquai d'humour. Je fis une boulette de la note et la jetai dans le cendrier.

— Tu es bête, ne pus-je m'empêcher de murmurer à Judith.

Cette fille qui avait attisé mon désir, c'était un météore brillant, passager, et j'étais à des années-lumière de prévoir que, par des chemins détournés, elle atterrirait un jour dans ma vie.

Deux amoureux qui se boudaient sortirent du restaurant et firent route en étrangers jusqu'à l'appartement que voulait me montrer Judith, dans un immeuble de douze étages, à peine achevé, à l'ouest de Guy, boulevard Dorchester à l'angle de la petite rue Amesbury dont on lui avait donné une partie du nom.

Ce qu'il y avait de magnifique au Amesbrooke, c'est que juste en face se trouvaient un immense jardin dont les grands arbres avaient dû être témoins de la fondation de Montréal et la maison mère des Sœurs grises, un immeuble historique de quatre étages, surplombé au centre par un long clocher effilé, et percé sur toutes les faces de son toit pentu de dizaines de lucarnes qui semblaient singer la cornette des religieuses. Au ras du sol, une haute clôture de bois bloquait la vue de la propriété, mais pas de notre perchoir du huitième étage.

Avant d'entrer, je pris Judith dans mes bras. Je n'avais pas voulu lui faire de peine. Elle faisait tout pour moi.

— Et moi qui suis coincé avec une femme et un jeune enfant et qui ne peux rien faire pour t'aider, pas pour le moment.

— Je ne te demande rien, dit-elle, peut-être seulement ne pas trop me faire sentir qu'il y a tant de femmes plus jeunes et plus belles.

Quelle drôle de remarque à quelqu'un qui avait la confiance en soi d'un barreau de chaise. Je n'étais pas trop bête, soit ! ni repoussant mais je n'avais rien d'un Casanova, et ces élans de jalousie, je ne les comprenais pas.

Au huitième. Des fenêtres panoramiques ouvraient sur un balcon dont la rampe délicate de fer forgé n'obstruait pas la vue du parc des Sœurs grises. Une immense pièce de séjour occupait la majeure partie de l'appartement, complété par une minuscule cuisine avec tous les appareils modernes, une salle d'eau et une chambre à coucher dont la porte-fenêtre donnait sur le côté ouest de l'immeuble, à cent mètres d'où j'habitais. Tout semblait avoir été réfléchi pour que je puisse faire halte au Amesbrooke aussi souvent que possible, dans l'éventualité où je ne déciderais pas d'y emménager immédiatement.

Pour le moment, les pièces étaient vides avec une forte odeur de vernis et de peinture, mais Judith avait commandé des meubles qui seraient livrés dans les jours suivants.

— J'ai acheté un joli secrétaire chez un antiquaire pour placer là, devant le jardin des sœurs : il me semble que tu y serais bien pour écrire.

Je ne répondis pas.

— Des éditeurs, il y en a d'autres, j'en suis sûre, que tes poèmes vont intéresser, dit brusquement Judith, ils sont magnifiques, alors ne te sens pas obligé par celui que j'ai trouvé, mais au moins, rencontre-le. Et surtout, dépêche-toi de terminer. Tiens, veux-tu que nous allions au camp le week-end prochain ? Tu n'aurais qu'à travailler, je vais lire, me baigner, te cuisiner des trucs pas compliqués.

Le camp, c'était un joli chalet de bois blanc bordé de vert au bord du lac Marois, dans les Laurentides. Ses parents et des amis avaient des chalets dans le voisinage, tous isolés les uns des autres par des écrans de pins et d'épinettes. Les moteurs étaient interdits sur le lac dont l'eau profonde et froide, une fois qu'on avait trouvé le courage de s'y plonger, conjuguait son effet tonifiant avec les émanations salubres des résineux tout autour.

Mais je n'écrivais pas au lac Marois, je n'y ai jamais écrit.

J'écrivais rue Saint-Marc, dans une espèce de placard de quelques mètres carrés avec une fenêtre minuscule, un monocle qui ouvrait sur la longue cour étroite en U, l'entrée de l'immeuble. La bibliothèque faite de planches posées sur des briques mangeait presque tout l'espace. Assis sur une chaise droite à la table de travail, je n'avais qu'à me tourner et à allonger le bras pour attraper les livres que j'aimais (presque tous les poètes français contemporains, plus Rilke, Verhaeren, Verlaine, Baudelaire, Rimbaud) et mes principaux outils de travail, mon trésor que je venais de me procurer : les six volumes du *Quillet encyclopédique* et *L'Art d'écrire et de rédiger,* trois autres volumes par Quillet, un achat à tempérament qui avait mis la petite blonde dans tous ses états.

Aussitôt la maison couchée, je m'enfermais dans ce trou, corrigeant, raffinant les poèmes des nuits précédentes, question de me faire des poumons avant de descendre doucement dans l'air raréfié où se trouvent les filons nouveaux, inexplorés, dont la découverte me mettait dans des états d'euphorie tels que n'arrivèrent jamais à produire chez moi l'alcool ou les amphétamines que, pendant plusieurs années ensuite, je pris à fortes doses.

Bien que je n'aie jamais cessé à ce jour d'écrire, ces extases singulières, je ne les ai plus jamais ressenties après avoir mis un terme à ma « carrière » de poète : deux recueils de poèmes, dont ce premier que j'intitulerais *Les Armes à faim* et que je ne publierais pas chez l'éditeur qu'avait déniché Judith.

Je le lui annonçai le soir où nous fêtions son installation dans le nouvel appartement. Elle l'avait deviné et avait préparé une enveloppe avec deux billets de cent dollars, elle achetait d'avance les vingt premiers exemplaires. Avec la bouteille de champagne que j'avais apportée et que nous bûmes rapidement, ce fut le seul bon moment de cette soirée que Judith aurait voulue mémorable. Je n'ai plus le souvenir de ce qu'elle avait préparé à dîner, elle qui cuisinait plutôt bien, mais le plat pourtant simple était carrément innommable. J'éclatai de rire, mais elle fondit en larmes. Des averses.

D'autant que ce maudit plat m'était égal, il y avait des fromages, du vin, cela me suffisait, mais elle restait aussi inconsolable qu'une fillette qui casse sa première poupée. La démesure de sa crise me faisait froid dans le dos. Qui était véritablement cette femme ? Qu'attendait-elle de moi ? Et surtout, que pouvais-je pour elle ?

Je voulus partir, mais elle s'y opposa farouchement.

— Tu avais promis de passer la nuit, tu avais promis de rester toute la semaine.

En effet, j'avais convaincu la petite blonde de partir avec l'enfant chez ses parents pour une semaine, j'étais libre.

Libre ? Non !

C'était l'état de siège.

J'ouvris une bouteille de vin, je m'assis, tandis que Judith s'allongea sur le divan avec l'air misérable d'une pietà tenant sur ses genoux son amour mort. Triste reine des douleurs.

Il m'apparut alors clairement que je ne l'aimais pas et que je serais trop lâche pour le lui dire maintenant. Que je n'avais plus envie d'elle et que, là aussi par lâcheté, je ne le lui avouerais pas. Je demeurai toute la semaine en donnant le coup de pioche comme un bagnard aux travaux forcés puis, après ma libération je restai plusieurs jours sans donner signe de vie et sans entendre parler d'elle, sauf par René Lévesque, que je rencontrai à la cafétéria de Radio-Canada.

Il était confondu, Judith venait de lui annoncer qu'elle quittait le service et s'exilait en Inde. Il cherchait à comprendre ce qui s'était passé entre nous, savoir si je partais en Inde moi aussi.

— Pas que je sache, non !

— C'est terminé avec Judith ?

— Je ne sais pas, oui peut-être, répondis-je.

— Je ne me mêle pas de mes affaires, mais essayez donc de vous expliquer, tu sais ce que ça représente si elle quitte Radio-Canada, depuis les années que nous formons équipe ensemble. L'Inde, quelle connerie !

Nous expliquer !

Judith me fit part de sa décision qui avait toutes les apparences d'un ultimatum, puisque je semblais, moi, incapable de me fixer, par lâcheté ou bien, disait-elle, parce que je refusais d'être heureux : je laissais ma femme immédiatement (elle m'y aiderait financièrement), sinon elle quittait le Canada pour aller finir ses jours en Inde.

Son ton était si décisif, si dramatique que j'en restai éberlué.

— Tu pars en voyage, c'est ça ?

— Non, pour toujours !

Elle qui se disait athée voulait non seulement refaire sa vie, mais retrouver une religion. L'hindouisme ou le bouddhisme, elle ne savait pas, elle verrait.

Elle proposait aussi une variation sur le même thème : que je parte avec elle. Elle vendrait tout ce qu'elle possédait et obtiendrait sûrement de Radio-Canada des piges dans cette partie du monde, assez pour qu'on se démerde.

L'écartèlement.

D'un côté, cette femme envoûtante, intelligente, et il fallait bien qu'elle m'aime pour se rendre à ces extrêmes ; de l'autre, le train-train abhorré avec la petite blonde et, maintenant, un enfant à qui je m'efforçais de m'attacher, mais un enfant du hasard.

Elle voulut que je réfléchisse quelques jours.

Je choisis de ne pas partir avec elle, mais non sans un certain regret. Je me voyais m'enlisant dans une vie domestique navrante, un marais de médiocrité dont rien ni personne n'arriverait à me désembourber. Eh bien non, ce modeste livre, cette plaquette de vers extraits du tréfonds ouvrirait des voies inattendues.

Les Armes à faim parurent à temps pour que Judith parte en Inde avec un exemplaire. Je lui écrivis une dédicace pleine de mélancolie. Ce que nous avions espéré être un beau voyage ne fut qu'un bout de route qui dura un peu plus d'un an.

*
* *

Plus je restais au service des nouvelles de Radio-Canada, plus je me détournais du journalisme. Je ne me voyais pas finissant mes jours à écrire des bulletins pour un lecteur ampoulé, pommadé, à l'ancre au milieu de l'écran, d'où probablement l'expression actuelle d'*anchor-person*. J'étais tourmenté par le théâtre, pas les décors comme au temps où je cherchais à entrer chez les Compagnons de Saint-Laurent, mais plutôt l'écriture ou la mise en scène.

Un dimanche soir, alors que j'attendais dans la salle de contrôle la diffusion du téléjournal, je suivis sur un des moniteurs la fin du *Lorenzaccio* de Musset interprété par un acteur d'une sensibilité et d'un romantisme comme je n'en avais jamais vu. J'étais médusé par son jeu aux pourtours évanescents dont la vérité tenait à une myriade de touches fines et délicates ; comme il jouait, on aurait dit Seurat peignant. Je demandai son nom à quelqu'un : c'était Jean Saint-Denis.

En sortant, je le rencontrai dans le hall. Il s'était démaquillé, mais avec ses cheveux blonds, ondulés, ses petites moustaches de fils d'or fin, c'est bien à Lorenzaccio que je serrai la main pour lui dire combien ce que j'avais vu m'avait impressionné. Il en resta si décontenancé qu'il oublia sa main dans la mienne ; ses doigts grêles comme des antennes transmettaient d'imperceptibles vibrations, une impression de tremblotement et d'extrême fragilité ; il la retira finalement, sourit, bredouilla quelque chose en guise de reconnaissance et sortit sur le boulevard Dorchester.

Le sentant si timide, j'attendis quelques instants dans le hall mais lorsque je sortis, il était toujours sur le trottoir, se balançant comme un voilier qui attend le vent.

— Voulez-vous qu'on aille prendre une bière ? me demanda-t-il.

— Je ne vois pas où !

À cette heure-là du dimanche, tout était fermé.

— Vous avez raison. Vous habitez dans quel coin ?

— Par là, indiquai-je vers la droite, rue Saint-Marc.

— Je suis à mi-chemin, voulez-vous qu'on arrête chez moi ?

Il habitait au premier d'un long immeuble de brique de trois étages, un peu vétuste, rue Bayle, un grand logement à peine meublé aux planchers de bois vernis qui s'écaillait de partout.

— Chut ! fit-il en faisant un peu de lumière et me guidant vers le salon, il y a ma femme et le petit qui dorment.

Il indiqua d'un geste un gros fauteuil de cuir, craquelé comme une terre desséchée, qui poussa un soupir étouffé lorsque je m'y enfonçai. Jean revint avec deux grosses bouteilles de bière, deux verres dépareillés et s'assit raide sur un sofa où traînaient des coussins en macramé multicolore.

Il y eut un interminable silence. On n'entendait que le pétillement de la bière et, du côté d'une des chambres, une respiration courte, régulière, sans doute celle de l'enfant.

— Il a quel âge ?

— Il va avoir deux ans, répondit-il au bout d'un moment comme s'il devait faire un effort pour s'en souvenir ou comme si cette question l'ennuyait profondément.

Je résolus de me taire et d'attendre qu'il oriente la conversation.

— La télévision, murmura-t-il en dodelinant de la tête, quelle chose triste. Pouvez-vous comprendre ? Des marionnettes, c'est tout ce que nous sommes, qui obéissent aux simagrées des régisseurs, eux aussi des marionnettes que manipulent le réalisateur et les techniciens derrière leur mur de verre. On est loin de la magie dont j'avais rêvé.

La télévision, Saint-Denis l'avait imaginée comme une nouvelle communion entre acteurs et spectateurs, un théâtre magique auquel tout le monde participerait et à travers lequel la culture retrouverait non seulement sa vitalité mais aussi son expression véritable.

Puis, il se mit à me parler d'Antonin Artaud, son idole mort sept ans auparavant, Artaud qu'il n'avait jamais vu jouer mais dont il connaissait les manifestes par cœur, Artaud dont il avait cru que le médium de la télévision lui eût permis de devenir l'émule.

Cet Antonin, j'en entendais parler pour la première fois, mais aux accents que mettait Saint-Denis à me décrire ce personnage qui avait souhaité transposer au théâtre la frénésie et la violence des toiles de Van Gogh, cet acteur-poète qui avait su retenir l'attention des Gide, Michaux et Camus, ce fondateur de l'éphémère Théâtre Alfred-Jarry, ce théoricien d'une forme de représentation dramatique qui aurait subjugué le spectateur, l'aurait terrifié au point même de lui faire perdre la raison, je compris dès ce soir-là que sa recherche effrénée d'émulation était vouée à l'échec, sinon à la catastrophe, que Montréal ne s'accommoderait pas davantage d'un Jean Saint-Denis que Paris n'accepta Artaud et ses expériences de la cruauté au théâtre, vomies par tous les critiques, sauf Pierre Jean Jouve. Pour eux, la vie et l'œuvre d'Artaud oscillaient entre la tragédie et le grand guignol ; il en sera de même pour la courte existence de cet homme de feu et de démence avec qui j'étais en train de boire et souder une profonde amitié.

Le soleil se levait lorsqu'une femme aux cheveux noirs et hirsutes, en pyjama de finette à fleurs aux jambes trop courtes, découvrant ses pieds aux orteils grossiers, traîna son sommeil jusqu'au salon pour sommer Jean de se coucher. Elle ne m'avait pas encore remarqué.

— Je te présente Fournier, un nouvel ami.

Même les yeux écarquillés, elle parut à peine me voir.

— Je m'appelle Janou, dit-elle d'une voix rauque, traversant ensuite toute la pièce pour aller à la toilette dont la porte donnait dans le couloir menant à la cuisine.

J'en profitai pour prendre congé.

Jean m'accompagna jusqu'à la porte, son bras sur mon épaule, me serrant contre lui. Il y avait dans son insistance à nous revoir la même douceur que celle de son pull de cachemire fin que je sentais sur mon cou. Il ne portait que ça, des pulls de cachemire de couleurs pastel, à encolure en V, passés sur des chemises pastel elles aussi ou parfois directement sur la peau ; il retroussait alors les manches jusqu'aux coudes, découvrant ses bras où poussait un duvet un peu roux comme la frange délicate, quasi invisible, qui lui servait de moustache.

Il y a quelques hommes que j'ai aimés dans ma vie, plus que des frères : Jean fut un de ceux-là. Et encore aujourd'hui le cœur me manque lorsque je replonge dans les souvenirs du temps avec lui. Temps de tourmente et de cruauté digne d'Artaud.

Janou, le pauvre Jean finit par en faire une maladie. La mère de celle-ci tenait un bordel dans le *Red Light* de Montréal, et c'est là que Jean l'avait rencontrée. Pourquoi s'étaient-ils mis ensemble ? Ils avaient si peu en commun. Peut-être était-ce chez lui ce ver qui le rongeait par l'intérieur, l'autodestruction.

Ce fut d'abord de la jalousie… une étincelle par-ci par-là lorsque Janou n'entrait pas à l'heure dite ou qu'elle mentionnait le nom d'un type qu'il ne connaissait pas, puis des débuts d'incendie lorsque, par exemple, elle emmena chez elle pour le lui présenter le caricaturiste Vittorio Fiorucci. Pauvre Vittorio qui eût préféré perdre les yeux plutôt que de les gaspiller sur une femme dont la beauté ne méritait pas son regard, il n'y avait pas l'ombre d'un risque que cette Janou, un peu hommasse, éveille chez lui la moindre concupiscence. Mais, comme moi, il la trouvait amusante, et particulière : elle était toujours mal fagotée, elle sacrait, buvait beaucoup, fumait comme une cheminée, et elle avait une façon, chaque fois qu'on allait lui faire la bise sur la joue, de contrebraquer pour qu'on lui atterrisse sur la bouche, cet évent fétide d'alcool et de tabac.

Un après-midi que je montais chez Jean avec lui, il y trouva Vittorio et Janou buvant de la bière, assis à des kilomètres l'un de l'autre. Se figurant instantanément dans la confrérie des maris cocus, de Molière à Feydeau, Jean, livide de colère, se précipita sur le petit Italien, le souleva de son fauteuil, et il l'eût sans doute précipité en bas de l'escalier si Vittorio, agitant bras et jambes comme des tagliatelles dans l'eau bouillante et hurlant : « Mais, Claude, dis-lui, bon dieu, que je ne baise pas sa femme, dis-lui à ce fou », n'avait pas enfin réussi à lui faire lâcher prise.

Et rien n'était plus convaincant de l'innocence de Vittorio que l'air de répulsion convulsant ses traits alors qu'il répétait :

— Baiser sa femme, mais quel enculé ! Tu es malade mon vieux, va te faire soigner !

Une autre nuit, ça se mit à flamber. Je buvais avec Jean lorsqu'il réalisa que le jour allait se lever et que Janou n'était toujours pas là. Il se mit à arpenter nerveusement la maison, s'arrêtant à toutes les fenêtres au cas où il la verrait apparaître, puis, ouvrant la porte de la chambre où dormait Christian, son enfant, il commença sur un mode incantatoire, debout dans l'embrasure, à faire entendre d'étranges geignements, des lamentations de bête traquée qui tournèrent en menaces d'abord inintelligibles, puis des mots précis émergèrent : vengeance, haine, désespoir, suicide, écueils contre lesquels risquait de s'abîmer sa vie.

J'allai le prendre par le bras, le faisant tressauter, comme s'il avait oublié que j'étais là, j'essayai de lui faire entendre raison, mais l'air hagard, halluciné par l'alcool, il recommença des divagations qu'il m'avait cent fois racontées : comment lorsqu'il se retrouvait dans le bordel où Janou vivait avec sa mère, celle-ci les forçait, par la porte entrouverte de sa chambre, à la regarder baiser ses clients, comment elle revenait le tripoter devant sa fille, comment elle l'avait obligé à la déflorer devant elle, se moquant de sa timidité et de sa maladresse, comment il était maintenant convaincu que tout ceci n'avait été qu'une manœuvre pour qu'il l'épouse puisqu'il n'était pas possible que Janou eût encore été vierge, qu'elle était pute comme sa mère, et ce depuis sa plus tendre enfance, que leur mariage n'avait été qu'un répit et qu'elle était redevenue une ordure, un pauvre déchet à qui il avait malencontreusement fait un enfant.

Tant qu'elle n'entra pas, je restai avec Jean, continuant à boire et à fumer, avivant sans doute des obsessions que je m'efforçais d'un autre côté d'apaiser.

Il y avait par bonheur de longs moments de sursis alors que, plongé dans son travail d'acteur, Jean arrivait à noyer ses démons. Nos vies devenaient presque normales, bien que pas plus sereines. C'étaient peut-être les circonstances, mais il me semble que nous avions oublié l'art d'être heureux. Pourtant, ces fichues circonstances n'étaient ni si misérables ni si différentes de celles des autres : ce n'était pas l'amour fou avec nos femmes, mais c'était vivable ; nous étions chacun père d'un fils à qui nous donnions ce que nous pouvions et nous vivions dans des conditions matérielles presque sympathiques, assez pour manger et trop boire !

Et sur le plan professionnel, ç'aurait pu être l'euphorie.

Un critique qui venait de voir Jean au théâtre avait écrit avoir perçu chez lui la qualité qu'Artaud considérait primordiale chez un acteur : la capacité d'anéantir toute trace d'individualité qui le distinguerait de quiconque, une forme de suicide, afin de se réincarner complètement dans un personnage, ce fut l'extase, lui qui en Artaud se serait si volontiers réincarné ; quant à moi, les premières critiques avaient commencé de paraître après la sortie des *Armes à faim*, élogieuses comme je n'en aurais plus jamais par la suite, un journal titrait : « Un nouveau Lautréamont est né », et même Gilles Marcotte – encore jeune mais déjà un bonze – écrivait dans *Le Devoir* des commentaires plutôt flatteurs ; la télévision m'invita pour des entrevues et le Service international de Radio-Canada, qui diffusait dans les pays francophones, me fit l'honneur d'un reportage entrecoupé de plusieurs poèmes lus par Robert Gadouas.

Peu de temps après, je recevais un appel d'un type débordant d'enthousiasme pour mes poèmes, un certain Gaston Miron dont je n'avais jamais entendu parler, mais qui souhaitait que je participe à un week-end de poésie, au début de l'été à Sainte-Adèle ; même si je n'avais pas publié à L'Hexagone, une petite maison d'édition de poésie qu'il venait de fonder avec Jean-Guy Pilon, Gilles Carle et Louis Portugais, il me demandait aussi d'apporter des plaquettes pour les mettre en vente à leur stand, et est-ce que je connaissais suffisamment Gadouas pour le solliciter de participer à une lecture publique qui aurait lieu le samedi soir ?

— Non, mais je pourrais demander à Jean Saint-Denis.

— Bien oui, Saint-Denis ! Il n'est pas trop romantique pour ta poésie, s'inquiète Miron, a-t-il la violence qu'il faut ?

— Jean peut tout faire !

J'entends alors au bout du fil un rire court, explosif, manifestation de fougue et de passion typiquement mironnienne, et lui qui ajoute :

— Bâtard ! c'est vrai qu'avec ce qu'on peut payer : peut-être une bière ou deux si c'est toi qui les offres !

Mais Jean qui pouvait tout faire ne le ferait pas.

Après le téléphone de Miron, je lui en avais parlé, il avait dit oui tout de suite. Il apprendrait les poèmes par cœur, il ne voulait pas les lire, mais les dire, les dire comme s'il était moi, ma réincarnation (encore Artaud). J'étais ravi, d'autant plus qu'une semaine auparavant j'avais détesté dire mes poèmes moi-même, deux soirs d'affilée, au café El Cortijo, rue Clark, après qu'un long article avec photos eut paru sur moi dans *Perspectives,* supplément du week-end de plusieurs grands quotidiens, me décrivant comme un parfait exemple de la *beat generation*, le Jack Kerouac de Montréal, s'il vous plaît!

Il est seize heures, activité fébrile à la rédaction, nous entrons dans la phase finale de préparation de la plus importante édition du téléjournal, celle de dix-huit heures. Un collègue vient me chercher à la salle de montage: on me demande au téléphone, un appel urgent.

C'est Saint-Denis. Il veut que je me rende tout de suite rue Bayle.

J'explique la situation. Rien à faire. Si je suis l'ami que je prétends être, je ne peux pas l'abandonner en ce moment où Janou vient de faire ses bagages et de quitter la maison. Elle est partie en abandonnant Christian et si je n'arrive pas immédiatement, il va s'en débarrasser, le jeter par la fenêtre, l'assommer, l'étouffer…

Évidemment, il a bu. Et c'est ce qui m'inquiète.

Je préviens le bureau que je dois m'absenter de toute urgence, qu'il est possible que je ne revienne pas pour la mise en ondes. Il y a trois ans, avec mes collègues des débuts, cela aurait été simple, mais le service des nouvelles de la télévision était devenu un gros machin, dirigé par une fourmi au zèle infatigable et au nom ridicule: Salluste Duval-Lemire. Salluste était venu des nouvelles de la radio, d'où il avait importé une bande de termites comme lui, presque invisibles derrière leurs machines à écrire, mais qui n'arrêtaient pas de grignoter leurs claviers. Ma petite notoriété, mon manque absolu de ponctualité, ma désinvolture devant les *deadlines* – ma vie de cigale quoi! – commençaient à les énerver, et je sentais que le jour approchait où Salluste m'enverrait danser.

Dès que je pousse la porte chez Saint-Denis, je mets le pied sur un champ de bataille. Tout est sens dessus dessous. Des tiroirs sont renversés, des parties de vêtements gisent par terre comme autant de cadavres; dans la cuisine, la vaisselle qui n'est pas brisée par terre est empilée, sale et puante, dans l'évier. Jean, qui lorsque j'ai frappé a gémi: «Entre, c'est ouvert», semble agoniser sur le canapé, et le seul qui paraît indemne, c'est Christian, couche souillée aux fesses, qui se traîne partout à quatre pattes comme un char d'assaut déboussolé.

— Peux-tu me dire ce qui se passe ?

— Ce qui se passe… répète Jean, catatonique.

Je vais m'asseoir près de lui qui m'indique d'un geste vague une bouteille de whisky presque vide, par terre.

— Tu veux un verre ?

Je hoche la tête, il étire le bras, attrape la bouteille, en prend une grande rasade à même le goulot et me la passe.

Aussi bien la terminer.

Lui reprend la même et interminable litanie : Janou le trompe, elle a de plus en plus d'amants, partout où il va, il sent les regards railleurs posés sur lui, ceux qu'on jette aux maris cocus, il n'ose plus sortir, il va en finir mais ne veut pas abandonner Christian, il va l'emmener avec lui dans un autre monde.

— Ailleurs, ailleurs où le monde n'est pas méchant, où il y a des anges qui veillent sur nous, murmure-t-il avec un sourire étrange alors que ses yeux vitreux font le tour de la pièce et s'arrêtent sur l'enfant, assis par terre, qui s'amuse à faire tournoyer la bouteille de whisky vide en donnant des tapes sur le goulot. La bouteille fait un tour, s'immobilise, il pouffe de rire et redonne une autre tape.

Jean contemple longtemps ce manège dans une sorte d'extase hypnotique puis, subitement, comme mu par un ressort, il bondit sur l'enfant, l'empoigne par le cou en le soulevant de terre et commence à l'étouffer.

Je n'interviens pas tout de suite, je me dis que c'est trop insensé, qu'il va se rendre compte par lui-même et qu'il va desserrer l'étau.

Non, les yeux révulsés, il referme son étreinte davantage sur le cou du petit qui râle et se met à chier du glissant qui dégouline par les bords de sa couche.

Je regarde avec effroi son visage qui se plombe, les bulles de bave qui se forment sur ses lèvres et crèvent aussitôt, ses jambes merdeuses qui balancent de plus en plus mollement et Jean qui continue consciencieusement de l'étouffer.

C'est le bout.

Je m'élance sur eux en hurlant le nom de Jean, qui desserre brusquement les mains ; l'enfant s'écroule par terre et lui, l'étrangleur raté, entre dans une transe de rage et de désespoir. Je ramasse le petit qui, après quelques contorsions, reprend vite des couleurs, il empeste, je le porte à bout de bras jusque dans la salle de bain, j'ouvre les robinets et, tandis que la baignoire se remplit, je réussis malgré les haut-le-cœur à lui retirer sa couche gluante, infecte. Rien, pas un son ne sort de lui, sauf une respiration un peu haletante comme s'il courait après son souffle interrompu. Je le plonge dans l'eau tiède et, derrière moi, Jean surgit, le visage mouillé de larmes, il me repousse, s'écrase à genoux devant la baignoire et commence à laver Christian, mais avec une passion, des tendresses incroyables. Il le savonne, le rince, le dorlote et, finalement, le sort de l'eau, l'enveloppe dans une grande serviette, un gros cocon qu'il promène dans ses bras à travers l'appartement, en poussant des gémissements étouffés de détresse. Il s'arrête devant la porte du balcon, longtemps. Qu'est-ce qui se passe dans sa tête ? Va-t-il ouvrir et lancer le paquet du deuxième ? Non, il revient en traînant les pieds jusqu'au fauteuil de cuir, il s'y enfonce et tombe dans une prostration profonde. Ses yeux restent ouverts, mais on dirait qu'il ne voit plus, qu'il n'entend plus.

Plus tard, j'irai lui retirer l'enfant des bras pour aller le porter tout rond dans sa couchette. Je passerai le reste de la nuit à veiller sur Saint-Denis, qui ne bougera pas de son fauteuil, pas un murmure ni un tressaillement, un volcan éteint.

Le lendemain, je le convaincrai de me laisser joindre Janou pour qu'elle vienne prendre Christian, qu'il n'était pas en état de garder.

Quelques jours après, revirement de situation, Jean décidera de laisser le logement de la rue Bayle à Janou pour qu'elle continue d'y élever l'enfant tandis que lui emménagera dans un meublé à quelques pas, boulevard de Maisonneuve, près d'Atwater.

Je ne le verrai presque plus, comme si cet épisode m'avait enlevé la force nécessaire pour entretenir une amitié aussi tumultueuse.

Puis, peut-être un an plus tard, je descendais Côte-des-Neiges en voiture lorsque j'entendis au loin une déflagration. Je fus aussitôt saisi d'un pressentiment sinistre. Parvenu au boulevard de Maisonneuve, je tournai à droite pour suivre les pompiers qui venaient de sortir de la caserne n° 10. J'arrivai en même temps qu'eux sur les lieux de l'explosion. Ma prémonition s'avérait. Toutes les ouvertures d'un logis du deuxième étage d'un petit immeuble venaient d'être soufflées par une explosion de gaz et les flammes commençaient à se propager. C'était évident, personne ne pouvait survivre à pareil accident et c'est là précisément qu'habitait Saint-Denis.

Le rideau venait de tomber sur le dernier acte d'une pièce cruelle, œuvre de Jean Saint-Denis, qui nous avait tous entraînés dans son monde de rêve et de pulsions primitives, un monde sanguinaire et inhumain, à la façon du théâtre qu'affectionnait Antonin Artaud, son modèle.

Saint-Denis, Artaud, ces êtres inspirés, et d'une infinie tristesse.

*
* *

«*L'usine*», annonça l'actrice de sa voix grave et harmonieuse, un autre poème tiré des *Armes à faim*:

L'interminable gouffre
De ces bouches de briques
De ces bouches qui soufflent
Leurs haleines électriques

L'ennui perdu
À perte de vue
L'ennui sans vie
L'ennui sans yeux
Ni rouge ni bleu
L'ennui d'ici!

Étonnant week-end à Sainte-Adèle. Avec une dizaine de poèmes, dits par cette actrice que je ne connaissais pas, j'entrais dans le cercle étroit des jeunes poètes canadiens-français de la nouvelle génération, à l'égal de Claude Gauvreau, Fernand Ouellette, Paul-Marie Lapointe ou Roland Giguère.

Celui qui nous surpasserait tous, et de loin, Gaston Miron, était de cette rencontre, mais il ne publiait pas encore. Pourtant, les poésies tombaient de ses poches, griffonnées sur toutes sortes de bouts de papier, des vers magnifiques, si épars qu'il lui fallait les reconstituer comme les pièces d'un puzzle pour en faire un poème qu'il acceptait – à force qu'on insiste – de débiter par coups de gueule en protestant chaque fois qu'il ne se considérait pas poète, plutôt éditeur. Cette petite maison qu'il venait de fonder, L'Hexagone, personne alors n'aurait imaginé qu'elle existerait toujours, cinquante ans plus tard, avec la même vocation, mais sans cette ferveur poétique que seul Miron pouvait insuffler, lui qui deviendrait le plus imposant poète de notre pays.

Justement, cette actrice que je ne connaissais pas, je demandai avec tant d'insistance à Miron de me la présenter qu'il chercha tout de suite à refroidir mes ardeurs en précisant que Thérèse Arbic était déjà la petite amie de Raymond Barbeau, indépendantiste de la première heure qui allait bientôt fonder l'Alliance laurentienne... et perdre sa fiancée.

Oui, ce fut un coup de foudre.

Dès ce soir-là, je commençai le siège de cette femme avec qui je finirai par partager un pan de vie plutôt tumultueux. Mais cela n'irait pas tout seul!

Dès Sainte-Adèle, où la petite blonde avait insisté pour me suivre – avec l'enfant s'il vous plaît –, s'interposant chaque fois que je cherchais à lier une conversation avec ma lectrice, celle-ci constata tout de suite que ma vie aussi était un poème! Je parvins malgré tout – je ne sais plus sous quel fallacieux prétexte – à lui extirper son téléphone qui était, je m'en rendis compte dès le premier appel, celui de ses parents, chez qui elle habitait toujours. C'est sa mère, gardienne du temple, qui prenait les appels et adoptait un ton rugueux aussitôt qu'elle entendait que je n'étais pas Raymond Barbeau. C'était évident, mes messages ne seraient pas relayés.

Thérèse Arbic tenait l'important rôle de Monique Frenette dans *14, rue de Galais*, le téléroman écrit par le romancier André Giroux. Les enregistrements avaient lieu à Radio-Canada, alors il ne fut pas trop difficile de me retrouver par hasard à la porte du studio, aux moments opportuns.

Quel personnage était Barbeau, je l'ignore, je ne l'ai pas rencontré, mais à *14, rue de Galais*, je le remplaçai rapidement dans le cœur des amis de Mlle Arbic : les acteurs Robert Gadouas et Paul Hébert, l'auteur Giroux et le réalisateur Denys Gagnon, tous estimant que cette femme archi-compliquée courait plus de chance de se détortiller auprès d'un type comme moi – j'avais du liant, j'étais picoleur – que d'un intellectuel avec des idées politiques auxquelles il ne ralliait, pour le moment, qu'André D'Allemagne, parmi nos connaissances, et un jeune régisseur de Radio-Canada, Pierre Bourgault.

Cette femme, maigre et osseuse, à qui les cercles de bistre qui entouraient ses grands yeux noisette conféraient un air de langueur presque maladive, était de tempérament sauvage et rétif ; elle était sans compromission, ombrageuse, imprévisible, violente, elle était tout ce qu'on devrait redouter, pourtant j'en étais fou. Je ne pensais qu'à elle.

Elle avait, c'était clair, une grande attirance pour moi, mais elle ne pouvait se résoudre à en faire part à ses parents. Nous passions des heures ensemble dans l'obscurité du Yacht Club, rue Drummond, puis je la raccompagnais, la laissant à une rue de chez elle afin de n'alerter ni les parents ni le voisinage. Ce jeu de cache-cache qui dura des mois fonctionna plus efficacement de ce côté-là que chez moi, rue Saint-Marc, où je faisais l'objet d'interrogatoires en règle qui m'horripilaient de plus en plus.

Un soir, alors que je rentrais assez tôt, la petite blonde m'attendait à la porte avec une surprise : elle avait préparé mes bagages, une petite valise de week-end. Ultimatum. Je mettais fin immédiatement à la relation avec cette actrice, une pute forcément, ou je partais sur-le-champ. Je pris la valise et partis, sans jeter un regard derrière et sans remords, je crois. Plutôt le sentiment de légèreté et d'espoir que doit éprouver en recouvrant sa liberté celui qui s'était cru condamné à vie !

En entrant dans ma Volkswagen, je fis l'inventaire de ce qu'elle m'avait laissé : des chaussettes, quelques caleçons, deux chemises et une cravate, une brosse à dents et de quoi me raser, l'essentiel quoi ! Nous étions au début du mois d'août, l'air était tiède, j'allai me garer dans la rue Overdale. J'étais à deux pas de mon travail, la rue n'était pas passante. Durant les prochains mois, c'est là que je dormirais, avec toute ma garde-robe empilée dans le compartiment arrière de la Volks, jusqu'à ce que le froid y rende la vie intenable. C'est sans doute depuis cette villégiature, rue Overdale, que je dors mieux assis que couché !

Pendant ce temps, au téléjournal, on prit ma nouvelle assiduité pour un regain de ferveur journalistique. J'étais là dès le petit jour afin de profiter d'une certaine intimité dans les toilettes du septième étage de Radio-Canada où, par bonheur, il y avait une douche. C'est là d'ailleurs qu'un matin je fus interrompu dans mes ablutions par deux enquêteurs de la Gendarmerie royale du Canada.

— Je peux finir de me raser ?

— On vous attend à la porte.

Merde ! La gendarmerie. Qu'est-ce qu'on pouvait bien me vouloir ? Il est difficile lorsqu'on est surpris par ces flics de légende, en petite tenue dans les sanitaires d'une société de la couronne britannique, de ne pas scruter avec une certaine inquiétude le moindre recoin de sa conscience. C'est ce que je fis en étirant nerveusement la cérémonie de la barbe afin de me donner du répit. J'avais beaucoup de choses sur la conscience, mais rien – me semblait-il – qui pût exciter la curiosité de la police montée.

S'il y a un événement que j'avais oublié, c'était la fondation de cette cellule communiste, à Sherbrooke, avec Wilfrid Lemoine et les autres. Mais les limiers fédéraux l'avaient appris et me questionnèrent là-dessus pendant plus d'une heure en faisant état, sur un ton gravissime, d'incidents aussi insignifiants que mon allocution devant les Travailleurs unis du textile de Madeleine Parent et Kent Rowley et mon implication avec Michel Chartrand dans la grève de la Rubin. Pouvais-je leur fournir les noms des membres de notre cellule ?

— Je ne me souviens de personne en particulier, la cellule a été très éphémère.

— Est-ce que le nom de Wilfrid Lemoine vous dit quelque chose ?

— Absolument, c'est un ami.

— Était-il membre de la cellule de Sherbrooke ?

— Il n'y avait pas de cellule « Sherbrooke » à proprement parler. Nous étions cinq ou six amis qui échangions des idées sur la société, les façons d'en améliorer le fonctionnement, c'est tout.

— Wilfrid Lemoine ?

— Posez-lui la question vous-même, dis-je, vous le savez, il travaille ici à Radio-Canada, comme moi.

Plus l'interrogatoire progressait, plus ces agents courtois et polis finirent par donner l'impression de considérer eux-mêmes qu'ils perdaient leur temps. J'étais à Radio-Canada depuis quatre ans dans un service où la moitié des journalistes, durant le quart du soir, y compris le patron Duval-Lemire, occupaient le meilleur de leur temps à observer avec des jumelles les pensionnaires du YWCA, rue Crescent, qui oubliaient de baisser leur store avant de se déshabiller pour la nuit. Rien pour mettre en danger la sécurité de l'État.

Lemoine, que je m'empressai de contacter plus tard dans la journée, avait été interrogé en même temps que moi par deux autres agents. Nous restâmes nerveux durant quelques mois, bien qu'à notre connaissance ces interrogatoires n'aient eu jamais de suite, si ce n'est d'apprendre que nous étions fichés à Ottawa.

Plus agaçant, je me suis vite retrouvé dans le collimateur d'un avocat coriace, engagé par la petite blonde, qui réclamait une pension alimentaire substantielle. Celle-ci fut exemplaire et assortie de conditions de visite assez particulières puisque la mère n'acceptait pas que je voie mon fils, sauf en sa présence. Pendant plusieurs années, je choisis de me soustraire à ces visites encadrées, me contentant d'acquitter la pension fixée par le tribunal.

Ce soir de novembre s'annonçait particulièrement difficile pour le résidant de la Volkswagen de la rue Overdale : le mercure descendait et on prévoyait la première tempête de neige de la saison. J'avais rendez-vous au Yacht Club avec Thérèse, après sa répétition de vingt-deux heures. Je m'y pointai bien avant pour avaler quelques whiskies de plus en préparation pour les rigueurs de la nuit.

Au moment où j'aurais dû la voir apparaître, deux types entrent dans le bar, lorgnent de mon côté et viennent s'informer si je suis Claude Fournier. J'acquiesce. Ils se présentent : ce sont deux frères de Thérèse.

Elle ne viendra pas, m'annoncent-ils. Leur mère a reçu un appel la prévenant des fréquentations de sa fille avec un homme marié. Leur père, un homme gravement atteint du diabète, est entré dans une colère sans nom et menace de me tuer si jamais je me montre le bout du nez. Il est boucher et manie habilement les outils de son métier, j'aurais donc tout intérêt à cesser de poursuivre leur sœur de mes attentions.

Il n'y a rien à discuter. Les deux repartent et je reste effondré ; ce message d'apocalypse et un affreux sentiment de déjà vécu : le coup de téléphone (anonyme).

Dehors aussi la tempête fait rage.

Dans la neige qui tourbillonne et s'efforce de prendre prise dans les rues, sur les trottoirs, je marche jusqu'à la salle de répétition de la rue Stanley. Le concierge lave le parquet sur lequel le régisseur de *Rue de Galais* a collé les rubans pour indiquer la mise en place. Tout le monde est parti, m'indique-t-il. Je vais voir au restaurant Carmen, en face. Par un temps pareil, on est déjà en train de fermer. Je glisse une pièce dans le téléphone, à l'entrée, et malgré l'heure tardive, je compose son numéro. Sa mère répond.

— Pardonnez-moi d'appeler à pareille heure, mais si Thérèse est là, j'aimerais bien lui parler.

— Je vais la chercher !

Dans les dix secondes qui s'écoulèrent, j'avais déjà bâti un château en Espagne : la famille avait révisé son attitude, après tout leur fille était majeure, elle pouvait choisir de mener sa vie comme elle l'entendait, et elle leur avait peut-être confié que nos amours jusqu'ici étaient platoniques, que je savais contrôler mes appétits sexuels, que je n'étais pas, somme toute, un monstre.

Mon bel échafaudage s'écroula tout de suite comme un château de cartes.

— C'est inutile de nous revoir, dit-elle de sa voix plus grave et plus dramatique qu'à l'accoutumée, c'est terminé.

— Mais je t'aime !

— Ne nous rendons pas la partie plus difficile. Peut-être un jour, mais pour le moment, je ferais trop de malheureux autour de moi pour que nous puissions l'être, nous, heureux.

Elle raccrocha doucement, sur un infini silence que je n'aurais pu briser qu'en hurlant et fracassant tout autour de moi. À quoi bon ?

C'est à peine si on distinguait encore ma piaule sous son épaisse couverture blanche, rue Overdale. Je dégageai juste ce qu'il fallait de pare-brise pour voir où j'allais et pris la route de Trois-Rivières, où habitaient maintenant le besson avec sa femme et ses deux enfants. Après que je fus sorti de la ville, la route enneigée se mit à ressembler à ce maudit pays dans lequel je me débattais avec ma vie : il faisait noir, la vue était bouchée et, surtout, pas question de s'engager en dehors des ornières profondes tracées par les autres.

La neige de plus en plus épaisse gommait tout à cinquante mètres devant le nez de la pauvre petite Volkswagen, dont le moteur haletait comme celui d'une machine à coudre qui pique du tissu trop épais. Je me mis à songer que cet engin se conduisait mieux que ma vie, il allait au moins où je voulais avec tout ce que je possédais : ma garde-robe dans le compartiment arrière, les quelques bouquins qui me restaient, sur le siège derrière moi. J'avais tenté sans succès de convaincre la petite blonde de me rendre mon *Dictionnaire encyclopédique Quillet* et les trois volumes de *L'Art d'écrire et de rédiger*. Non seulement elle s'y était opposée farouchement, mais j'avais appris depuis qu'elle les avait bradés pour trois sous à un type que je détestais. Sur le coup, j'en avais ri, mais cette nuit l'idée que mes outils de travail fussent tripotés par cet insignifiant faisait déborder le vase.

Il y avait une douceur si immatérielle dans ces gros flocons duveteux qui dansaient dans les rais crus des phares, la tiède moiteur du chauffage, le ronron hypnotique du moteur, que la mort devenait une pensée paisible, réparatrice, et pourquoi pas souhaitable ?

À la dernière minute, je vis que la route obliquait à droite pour s'engager sur un pont au-dessus d'une rivière qui ne devait pas encore être gelée. Au lieu de m'engager sur ce pont, je poussai l'accélérateur à fond et braquai brusquement vers la rivière. La voiture faillit se renverser, puis elle plongea vaillamment dans le talus pour s'immobiliser sec contre un arbre, juste en bordure de l'eau.

Raté !

Je mis un certain temps à débrayer, laissant les roues patiner dans la neige comme s'il y avait la moindre chance que la Volkswagen, plus courageuse que moi, se débarrassât de cet arbre qui nous séparait de notre destin trop improvisé pour être tragique.

Un homme qui tapait dans ma vitre me ramena vite à la réalité.

— Veux-tu que j'essaie de te sortir de là ?

— Oui, fis-je en m'extirpant de l'auto.

— Comment est-ce que t'as fait ton compte ? demanda-t-il en revenant vers son poids lourd en bordure de la route.

— Sais pas.

— T'as eu de la chance de te cogner le nez sur un arbre, autrement tu t'en allais direct dans la rivière.

Il sortit une grosse chaîne et nous redescendîmes vers l'auto embourbée.

J'allais fixer le crochet au pare-choc.

— T'es mieux d'aller chercher l'essieu, le *bumper* va nous rester dans les mains: ces petits chars-là, c'est moins solide qu'un meccano.

Il fallut plus de temps pour creuser un tunnel et rejoindre l'essieu arrière que pour tirer la Volkswagen de là. Le camion la sortit comme on retire un couteau d'une motte de beurre mou. Le camionneur refusa même le billet que je lui offris.

— Garde ça pour le jour où tu t'achèteras un vrai char!

Il attendit que je me remette en route pour remonter dans son camion, comme s'il avait peine à croire que cet engin avec son ronron ridicule de machine à coudre arriverait à se frayer un chemin dans la neige qui tombait de plus belle.

Il me fallut encore une bonne heure et demie pour atteindre Trois-Rivières. Je ne m'étais pas annoncé. Chez le besson, tout le monde dormait. Guy vint répondre, étonné autant par ma présence que par l'épaisseur de la neige qui s'était accumulée. J'en avais jusqu'aux genoux.

Durant l'heure avant que Guy retourne au lit et que je m'étende pour le reste de la nuit sur le divan du salon, mon souvenir, c'est que nous ne nous dîmes presque rien. Thérèse m'avait quitté, m'enlevant le goût de vivre, mais je lui racontai que j'avais fait une embardée avec l'auto. Il s'inquiéta des dégâts à celle-ci. Je n'avais plus envie de rester à Radio-Canada et j'hésitais entre le théâtre et le cinéma, il me conseilla de ne pas abandonner à la légère un poste qui m'assurait une sécurité.

Curieux, ces liens gémellaires! Comme si le fait d'avoir été réunis dans le ventre de notre mère et d'avoir grandi deux troncs d'une même souche nous forçait d'instinct et pour le reste de notre vie à nous distancer l'un de l'autre, à nous dépondérer, à immatérialiser, jusqu'à les nier, malheurs et bonheurs qui ont l'habitude de souder des êtres chers et proches.

L'hiver s'installant, je ne pouvais plus continuer d'habiter ma maison mobile, rue Overdale. Mais je n'avais pas les moyens de louer une chambre quelque part. Andrée Lachapelle et Robert Gadouas vinrent m'arracher à ma situation de sans-abri en offrant de m'héberger dans leur grande maison de Pointe-Claire, mais surtout – et c'était là le vrai miracle ! –, Andrée m'annonçait que Thérèse, dont elle était la confidente, lui avait manifesté son désir de continuer à me voir. J'étais aux anges.

Comment ne pas se sentir bien chez les Gadouas ! Andrée et Robert étaient amoureux fous, ils avaient déjà deux enfants magnifiques, Patrice et Catherine, et on n'y parlait que de théâtre, à ce moment-là, plus particulièrement de Robert Brasillach.

C'est durant un séjour qu'il venait de faire à Paris que Gadouas s'était passionné pour Brasillach, fusillé le 6 février 1945 pour trahison, le seul écrivain reconnu à avoir été exécuté au moment de la Libération. Le seul. Il n'avait pas fait son petit voyage de survie à Sigmaringen, comme beaucoup d'autres collaborateurs qui lui doivent une fière chandelle, car il les a sans doute sauvés en mourant le premier. Des durs comme Rebatet ou Cousteau, les « tendancieux » à la Marguerite Duras, qui ont changé de camp au dernier moment comme François Mitterrand, s'en sont tous tirés. Six mois, un an plus tard, Brasillach aurait été gracié, plaidait Gadouas.

— Il n'a pas collaboré par intérêt personnel ou par lâcheté, c'était un homme de conviction, il est allé jusqu'au bout, et on a puni à mort pour ce qu'il a écrit quelqu'un dont les mots étaient le métier.

Petit comme Brasillach, les yeux luisants d'alcool, Gadouas se levait debout dans le salon et, la voix brisée par une vraie émotion, il reprenait le cri lancé par l'écrivain au moment de tomber sous les balles d'une justice expéditive : « Vive la France quand même. »

— Non, disait-il, un tel élan du cœur d'un homme qui refuse qu'on lui bande les yeux devant son peloton d'exécution ne peut pas venir d'un barbare ou d'un salaud comme ils ont tous essayé de nous le faire croire.

La barbarie !

La barbarie aurait-elle été aussi de condamner à mort quelqu'un de la qualité de Brasillach après un simulacre de procès au palais de justice de l'île de la Cité ?

Pas même six heures d'audience devant une assistance mondaine où l'on remarquait le philosophe Maurice Merleau-Ponty, diplômé lui aussi de l'École normale supérieure, comme l'accusé, Simone de Beauvoir, Alexandre Astruc, et moins de vingt minutes de délibérations par un jury de quatre hommes, descendus des banlieues nord d'Aubervilliers et Villetaneuse, pour qui Me Maurice Reboul, durant son réquisitoire, répéta les pires citations antisémites de l'écrivain : « Il faut se séparer des Juifs et ne pas garder les petits » ou « Il faut traiter le problème juif sans aucun sentimentalisme », des mots qui tuent, d'autant que, dans son interrogatoire, Brasillach s'était présenté comme un humaniste opposé à la violence collective, un intellectuel se réclamant d'un fascisme à la française, pas d'un simple calque du nazisme.

Dans sa plaidoirie, Me Jacques Isorni essaya d'impressionner les quatre banlieusards du jury en proclamant que l'accusé, loin d'être un ennemi de la patrie, était au cœur des lettres françaises, qu'il était l'âme de sa génération.

Isorni allait aussi avoir à défendre le maréchal Pétain, alors il profita de cette répétition pour polir son éloquence : « Pour nous, la littérature de Brasillach serait un peu comme un matin rayonnant, avec ses premières ferveurs, ses espérances, ses amitiés pour toujours. C'est lui qui a exprimé nos goûts, nos angoisses, nos combats, nos premières désillusions d'hommes. Il a été notre jeunesse – la mienne. Il a été la jeunesse de toute ma génération et, condamné ou acquitté, demain, dans un demi-siècle, c'est par lui, par lui seul peut-être, qu'elle se transmettra à nos enfants. C'est par lui que le patrimoine de nos vingt ans ou de nos trente ans a quelque chance de survivre. »

L'horreur des camps d'extermination n'était pas encore connue au moment du procès, aussi c'est pour intelligence avec l'ennemi et trahison que le jury condamna Brasillach à mort. À peine le temps de délibérer. Au galop !

Pour Gadouas, si des intellectuels qu'il admirait tant (Paul Valéry, Paul Claudel, François Mauriac, Albert Camus, Jean Paulhan, Jean Cocteau, des dramaturges comme Anouilh et des acteurs comme Jean-Louis Barrault) n'avaient pu arracher la grâce de Brasillach au général de Gaulle, c'est que ce dernier avait besoin d'un bouc émissaire pour apaiser une poignée de résistants, assoiffés de vengeance. Une « poignée », maintenait Gadouas, dès les années cinquante, car il lui apparaissait clairement qu'une bonne partie de la France avait collaboré ou, du moins, s'était bien accommodée de l'occupation. Il ne le savait pas pour avoir fouillé le sujet, il le savait par intuition d'acteur, après avoir passé du temps là-bas. Il avait perçu ce qu'ont démontré des documents dévastateurs exhumés depuis par un Robert Paxton sur l'étendue de la sympathie des Français pour le régime de Vichy.

La passion de Gadouas pour Brasillach l'amena souvent sur sa tombe, au cimetière de Charonne, alors qu'il se trouvait à Paris, puis elle prit une nouvelle vigueur avec la découverte de deux pièces posthumes: *Bérénice* et *La Reine de Césarée,* qu'il aurait tant aimé monter.

Je dirais qu'un autre sujet de conversation assez constant lorsque Andrée montait se coucher et que nous continuions à boire, Robert et moi, c'était la ribambelle de types qui se consumaient d'amour pour sa femme, à commencer par Marcel Dubé ou Hubert Aquin. La qualité de ces soupirants l'inquiétait bien un peu, mais en même temps elle le gonflait d'aise: après tout, c'est lui qu'elle avait choisi, lui qui ne se trouvait pas beau, qui détestait son nez camus et faisait surélever ses godasses pour se grandir.

Ce premier Noël de mes amours avec Thérèse, je l'ai passé chez les Gadouas. La veille, j'étais allé porter les cadeaux de Martin, pas grand-chose, hélas! et je n'avais pas pu me montrer beaucoup plus généreux avec Thérèse ou ma famille d'accueil. Je ne me doutais pas que les choses allaient changer et que je ne connaîtrais plus de sitôt pareille fête de misère!

Fête écourtée, car j'étais toujours *persona non grata* dans la famille Arbic et Thérèse avait promis d'être chez elle pour le dîner. Je resterais avec le cadeau fabuleux qu'elle m'avait offert: une veste de laine brute tricotée par les Indiens Kowichan de Colombie-Britannique, de la laine encore tout imprégnée de la graisse des moutons et de la bonne odeur des aiguilles de pin ou de sapin qui restèrent incrustées dans le tricot pendant des années. Cette veste, ornée curieusement par les tricoteuses kowichan de motifs d'inspiration dorique, je la porte encore un demi-siècle plus tard.

Je ne me souviens plus comment la décision avait été prise d'éditer *Les Armes à faim* à mille exemplaires, tirage insensé pour de la poésie, mais au bout de quelques mois, il n'en restait déjà plus en librairie, une quarantaine de poèmes qui allaient réorienter ma vie. Ils étaient tombés sous les yeux d'Alec et Gérard Pelletier (qui m'avaient décerné ces prix littéraires quand j'étais étudiant) et ils en firent les plus grands éloges à Pierre Juneau, l'adjoint au commissaire de l'Office national du film du Canada.

Quelques semaines plus tard, je disais adieu à la salle de rédaction du journal télévisé pour entrer à l'Office national du film, qui venait de quitter Ottawa pour emménager dans son nouvel immeuble de la banlieue nord de Montréal. Pour des raisons administratives, je travaillerais quelques mois au département de l'information avant de devenir officiellement scénariste.

Scénariste de cinéma… documentaire. Cela tombait du ciel, mais en même temps qu'une tuile qui faillit tout anéantir : la petite blonde ! Certain que mon nouveau salaire justifierait une hausse immédiate de la pension alimentaire que je lui versais déjà, son avocat fit parvenir des mandats de comparution à mes nouveaux employeurs. Ces mandats arrivèrent à l'Office en même temps que moi. Je fus immédiatement convoqué par le service du personnel : on accepterait à la rigueur de s'embarquer dans des histoires juridiques pour des employés possédant de longs états de service, mais certainement pas pour des débutants. Je n'eus pas d'autre choix que de régler hors cour en avalant une autre augmentation de pension. Une bouchée indigeste, considérant que, pour passer de la télévision au cinéma, j'avais dû accepter une légère diminution de salaire.

Au moins j'ai un toit sur la tête, enfin je le croyais. Cette nuit-là, il gèle à pierre fendre lorsque j'arrive chez mes parents adoptifs, à Pointe-Claire. J'insère la clef dans la serrure. C'est bloqué, ça ne tourne pas. Gelée sans doute. Je chauffe la clef avec des allumettes, je l'insère de nouveau. Rien à faire. Il est beaucoup trop tard pour sonner, je vais réveiller toute la maisonnée et il y a l'humeur de Robert à mon endroit qui semble s'être ennuagée depuis quelques jours. Je sonde la porte arrière dont je n'ai pas la clef. Verrouillée aussi.

À Montréal, tous les bars sont fermés. Je me réfugie au restaurant Ben's Delicatessen, rue Mansfield. Cinq heures à attendre avant de pouvoir rentrer à l'Office. Dans ce restaurant où tous les clients, à ces heures-là, avalent à la course pour aller se coucher au plus vite, je vais picorer à l'infini les pommes de terre *latkes* et le *smoked meat* que j'ai commandés. Et broyer du noir. Pourquoi m'enfermer dehors sans me prévenir ? Et pourquoi ce nuage subit chez Gadouas ? Il est d'un naturel jaloux, je le sais, alors je garde vis-à-vis d'Andrée une distance presque anormale. L'affection que j'ai pour elle et que j'aimerais lui témoigner, je la reporte sur les enfants, que j'adore. Peut-être ai-je abusé carrément de leur hospitalité, je suis là depuis quelques mois.

Les tourments, ça va ! La serrure n'est peut-être que grippée.

Alors j'essaie plutôt de réfléchir à comment je pourrais me distinguer durant le bref séjour que je dois effectuer au service de l'information de l'Office national et je décide de contribuer comme je peux à faire connaître Norman McLaren ici.

Il vient de remporter un Oscar pour son film *Neighbours,* une fable surréaliste sur deux voisins qui finissent par s'entretuer pour une fleur et, pourtant, le public du Québec ne connaît pas ce poète du cinéma d'animation, un véritable génie. J'irai le rencontrer dans les jours qui viennent et j'écrirai sur lui un long article pour un magazine à grand tirage, *Perspectives.*

McLaren.

Dès la première rencontre, ce grand type mince, perpétuellement agité, un roseau dans le vent, bégayant de timidité, fut avec moi d'une obligeance surprenante. Il laissa tout de suite son travail. Il était en train de dessiner de la musique. Oui, dessiner ! Gratter des notes, sur la pellicule, des signes cabalistiques.

McLaren, après avoir longtemps étudié la représentation graphique produite par le son sur la piste sonore optique des films, avait réussi à déchiffrer ces hiéroglyphes. Chaque note nécessitait de cinquante à soixante traits de poinçon ou de plume, le nombre de traits au centimètre déterminant le ton de la note ; plus il traçait de lignes, plus la note devenait aiguë, moins il en traçait, plus elle devenait grave, et c'est la grosseur du trait qui déterminait le volume, la pureté du ton dépendant, elle, de la forme de ce trait.

Il y avait du Champollion dans cette opiniâtreté de McLaren à percer le mystère de cette graphie dont le déchiffrement lui permettait maintenant de composer de la musique en la gravant directement sur la pellicule, un procédé interminable qui arrachait les yeux et exigeait une dextérité d'orfèvre. Pour d'autres de ses films, en plus de la trame sonore, ce pionnier de l'animation gravait aussi ses dessins directement sur la pellicule, image par image.

La minutie et la patience qu'il lui fallait pour ce travail le rendaient fou, l'amenaient littéralement au bord de la dépression. Il en arrivait à se sentir traqué comme la bête qui s'aventure dans un tuyau et marche inexorablement à sa perte parce qu'elle ne sait pas faire demi-tour. Aussi McLaren, comme il arrive souvent à ceux qui s'abîment dans le cinéma d'animation, ne rêvait plus qu'à des tournages en direct avec des acteurs, à la vitesse du son… de cinéma, vingt-quatre images seconde ! Mais il n'y arrivait pas, là non plus. Au moment où je m'entretenais avec lui, il avait commencé à échafauder avec Claude Jutra un film dans lequel ce dernier jouerait ou plutôt serait confronté à une chaise comme à un animal qu'il chercherait à apprivoiser.

Ce combat entre homme et chaise deviendrait *A Chairy Tale* et ne serait pas tourné à la vitesse du son ! Bien au contraire, Claude et lui passeront des mois en studio pour tourner cette fantaisie qui, grâce à un procédé baptisé « pixilation » et que McLaren a été le premier à utiliser, décompose le mouvement et le reconstitue d'une façon encore plus convaincante que la réalité. Cette technique d'animation en trois dimensions, souvent employée encore maintenant, permet par la prise de vues image par image de faire évoluer des personnes de manière complètement inhabituelle ou encore de donner le mouvement à des objets normalement immobiles.

Il était difficile en rencontrant McLaren, cet Écossais né à Stirling, éduqué à l'École des beaux-arts de Glasgow et attiré au Canada par John Grierson, premier commissaire à la cinématographie, d'imaginer qu'il avait déjà été militant communiste, qu'il avait participé à la guerre civile espagnole comme caméraman, que cette expérience – qui le hantait toujours – avait inspiré *Neighbours*, qu'elle avait contribué à développer chez lui une soif d'altruisme qui le poussa, au début des années cinquante, à passer beaucoup de temps en Chine et en Inde pour enseigner à de jeunes stagiaires des techniques d'animation simples et économiques. McLaren ne parlait pas facilement de lui ni de son travail. Il se révélait par bribes, par fragments, ne terminait pas ses phrases, n'achevait pas ses sourires : ils se figeaient un instant sur ses lèvres minces et disparaissaient comme des intrus.

L'extrême lenteur du progrès de McLaren dans son travail le rongeait silencieusement, comme une colonie de termites, et il lui arrivait de sentir que la poutre centrale était menacée, qu'elle pouvait craquer et provoquer l'effondrement d'une maison déjà fragile. On imagine des Riopelle, des Jackson Pollock lancer leurs couleurs à grands jets sur la toile ou la plaquer frénétiquement à la spatule pour ne pas se laisser doubler par leur inspiration, mais cet homme, qui avait pourtant réussi à développer avec la pellicule la même intimité qu'un peintre avec sa toile, se trouvait franchement étranglé par ses élans créateurs, des flots qui le pressaient de toutes parts et dont la seule issue était l'image par image, ce goutte à goutte inexorable, ce tourment cruel et raffiné des supplices chinois.

Deux ans plus tard, dans un hôpital où je devrai moi-même séjourner six mois, je retrouverai McLaren : la « poutre centrale » avait vraiment failli craquer et il suivait un traitement expérimental durant lequel on le ferait dormir pendant trois semaines, presque vingt-quatre heures par jour, ce sommeil forcé devant rafistoler son ciboulot, corrodé par la torture de ses techniques d'animation.

Lorsque je me reporte à ces heures passées à observer cet artiste, courbé inlassablement sur sa visionneuse Moviola, grattant ses images cadre après cadre, il m'arrive de me demander si le résultat obtenu, même aussi unique et extraordinaire, n'était pas une sorte de cul-de-sac, considérant sa disproportion en regard de l'effort requis. Il m'est arrivé de me poser la même question pour des œuvres de Len Lye ou encore celles du duo Alexandre Alexeieff et Claire Parker. Par exemple, presque tous les films de ce couple ont été tournés à partir d'images produites par les ombres projetées par des milliers de têtes d'épingles enfoncées plus ou moins profondément sur une planche et éclairées latéralement pour créer un relief. Un quart de million d'épingles avec lesquelles ils formaient une image monochrome en les enfonçant à différentes profondeurs, une à une avec un poinçon, puis ils captaient cette image et en recomposaient une autre, ainsi de suite jusqu'à la fin. Mille quatre cent quarante-quatre images pour chaque minute de film, et, pour chaque image, des dizaines de milliers de têtes d'épingles sur lesquelles on tape !

L'Office national du film est resté dépositaire de l'« écran d'épingles » original, utilisé entre autres pour le film *Une nuit sur le mont chauve,* par Alexeieff et Parker, qui étaient des amis de McLaren.

Dès le premier jour, l'entretien avec McLaren fut si captivant que j'avais presque oublié, en sortant de l'Office, que j'étais sans toit, sur un « mont chauve » moi aussi pour passer la nuit. Je finis par joindre Gadouas au téléphone. Il se confondait en excuses, il avait dû changer les serrures à la dernière minute et n'avait pas pu me prévenir, mais il avait une nouvelle clef pour moi, si je pouvais passer la prendre, il serait au bar Chez Desjardins vers vingt heures. Il était très convaincant. C'est un très bon ami ou un très bon acteur.

En revenant de l'Office vers le centre-ville, j'empruntai un chemin que je ne prenais jamais, à travers Westmount. En descendant la rue Roslyn, j'aperçus tout de suite sur la droite une grosse résidence où une affiche discrète indiquait : chambre à louer. L'endroit paraissait nettement au-dessus de mes moyens, mais j'arrêtai quand même.

Une jeune bonne en uniforme, enceinte de plusieurs mois, vint répondre ; elle me demanda de patienter, elle irait chercher Madame. Je reconnus tout de suite celle-ci, c'était Mimi D'Estée, une actrice qui jouait avec Thérèse dans *Rue de Galais*. Elle aussi se souvenait de moi. Heureusement, car d'entrée de jeu elle disait ne pas vouloir louer à n'importe qui !

Nous traversâmes le hall d'entrée au fond duquel se trouvait la porte de l'escalier qui menait en bas. Je n'eus pas le temps de déchanter que la chambre fût au sous-sol, Mme D'Estée se faisant tout de suite rassurante :

— Vous allez voir, c'est agréable, très clair et vous aurez la paix.

La pièce, en effet, était immense, plutôt étroite, mais tout en longueur, et les fenêtres, bien qu'assez basses, laissaient pénétrer des pans de lumière où le vent agitait les arbres dans un chassé-croisé d'ombres. La pièce était lambrissée, les poutres du plafond, de fausses poutres vernies, brillantes comme du verre, contrastaient avec la blancheur du plâtre, la monotonie du parquet de chêne était brisée par plusieurs petits tapis persans, il y avait une grande table de travail, de gros fauteuils douillets et, dans l'arrondi au bout de la pièce qui donnait sous la *bay-window* du salon, on avait placé un lit trois-quarts. Une porte, à gauche, ouvrait sur la salle de bain.

— Je ne me trompe pas, vous êtes bien l'ami de Thérèse Arbic ? s'informa discrètement Mme D'Estée, croyant que je m'inquiétais de la largeur du lit.

— Oui, fis-je, mais nous n'habitons pas ensemble.

En fait, je m'inquiétais qu'il n'y eût pas de cuisine.

— On ne peut pas se faire à manger, fis-je remarquer.

— Non, dit-elle, il n'y a pas vraiment d'endroit.

Le loyer était raisonnable, mais je n'avais pas les moyens de manger au restaurant tous les jours.

J'étais déçu, elle aussi.

— J'aurais tellement souhaité louer à quelqu'un du milieu.

Nous allions remonter l'escalier lorsqu'elle s'arrêta net et se dirigea vers ce qui semblait être la porte d'un petit placard. Elle ouvrit. C'était un débarras spacieux dont tous les murs étaient couverts d'étagères bondées de manuscrits, de textes dactylographiés, de livres, de brochures. Il y avait là, du plancher jusqu'au plafond, tout ce que Henri Deyglun, l'ex-mari de Mimi D'Estée, avait dû écrire durant leurs années ensemble avant de la quitter pour Janine Sutto.

— M. Deyglun travaillait dans la pièce là et rangeait ses choses ici, m'expliqua-t-elle, mais si cela vous suffisait, on pourrait vous installer un petit poêle et un réfrigérateur, vous auriez quand même à faire votre vaisselle de l'autre côté, dans la salle de bain.

Cela me convenait tout à fait.

— Est-ce que je pourrais coucher là ce soir ?

— Oui, oui, je suppose. Je viens de placer l'affiche, c'est inattendu de louer si vite, je n'ai pas eu le temps de faire faire un double de la clef, mais si vous ne rentrez pas trop tard, je ne verrouillerai pas la porte d'entrée.

— Je reviendrais avant dix heures ce soir.

— C'est parfait. Vous tirerez le verrou derrière vous. Essayez de ne pas faire de bruit, je me couche très tôt.

Je constaterai bientôt que Mimi, une très jolie femme qui faisait vingt ans de moins que son âge, se couchait rarement après dix-neuf heures. Avant de monter à sa chambre, elle passait une heure au salon à parcourir le volumineux courrier qui lui arrivait chaque jour et lui servait de matériau pour son courrier du cœur, qui paraissait dans un grand quotidien. Assise à un secrétaire, déjà en déshabillé, son visage enduit d'un masque d'argile ocreuse qui se détachait dans la pièce comme la tache blafarde d'un soleil d'hiver, elle interrompait sa lecture de temps à autre pour prendre des notes avec un Waterman mordoré dans un cahier à couverture blanche sur laquelle étaient inscrites ses initiales en lettres d'or entrelacées.

Dès son réveil, à six heures du matin, le visage frais comme un pétale de fleur, elle se rasseyait à son secrétaire pour rédiger ce courrier du cœur qu'un messager venait prendre deux heures plus tard pour le journal du lendemain, du baume quotidien pour les estropiés de l'âme.

Il est certain que d'être plaquée par l'auteur le plus prolifique du temps avait refroidi la carrière de Mme D'Estée. Elle avait d'ailleurs passé l'âge des ingénues et il s'en trouvait de meilleures qu'elle pour interpréter les coquettes. De moins en moins sollicitée, elle passait beaucoup de temps à une organisation qu'elle avait démarrée et qui prenait de l'ampleur : Mimi trouvait des familles d'accueil pour des filles-mères, le temps de leur grossesse, les mettant ainsi à l'abri du scandale que causait à l'époque pareille situation.

J'habiterai presque deux ans chez cette « bonne personne » où la chance se mit à me sourire, peut-être parce que je m'immergeais à chaque repas dans la mer de manuscrits d'un auteur à succès… J'étais dans son garde-manger littéraire, sa réserve, je n'avais qu'à m'étirer le bras pour avoir le choix d'une pièce, d'une nouvelle, d'un feuilleton radiophonique, d'un article de magazine. Parfois je tombais sur des paroles de chansons, un livret d'opéra ou encore des poèmes, souvent assez mièvres mais joliment tournés.

Au bar Chez Desjardins, Gadouas sembla sincèrement déçu que je ne retourne pas habiter chez lui. Il en était à son énième verre avec un grand monsieur maigre, l'air triste d'un jour de pluie, et une voix grave qui semblait venir des profondeurs de son nom de famille, Roger Citerne, qui était réalisateur de théâtre radiophonique. (En Gaspésie, où il possédait un camp depuis plusieurs années, les voisins n'avaient jamais pu se faire à son nom et l'appelaient sans sourciller « M. Puisard ».) Ce soir-là, Roger devait en avoir déjà pas mal dans la citerne puisque Gadouas n'avait pas fini de me présenter comme auteur et scénariste qu'il m'offrit sur-le-champ d'adapter pour la radio *La Danse de mort* de Strindberg.

Il dut être satisfait car j'enchaînai avec *Noces de sang* de Lorca, *Une maison de poupée* d'Ibsen et *Ivanov* de Tchekhov.

Quelques mois plus tard, je mangeais du poulet, plongé dans un épisode des *Secrets du docteur Morhange* de Deyglun, lorsque le téléphone sonna : c'était un Maurice Dubois, il était réalisateur à la télévision et me demandait si je croyais être capable de créer le premier personnage de clown pour la télévision ; c'était destiné aux enfants, ça devait être drôle, pas cher et imaginatif puisque ce clown serait seul devant la caméra avec personne pour lui donner la réplique.

— Je ne sais pas, dis-je, mais je vais essayer.

J'abandonnai tout de suite la lecture des *Secrets du docteur Morhange* qui, je le savais, ne me serait d'aucune utilité et, le lendemain matin, au lieu de me rendre directement à l'Office national du film, je me lançai à la recherche du livret de *Hellzapoppin'*, un des plus grands succès de Broadway. Il me semblait que cette orgie de gags et de *slapsticks* à répétition pourrait constituer une source d'inspiration.

Introuvable.

Je réussis cependant à visionner le film en noir et blanc dirigé par H. C. Potter, en 1941, grâce à l'aide de Léo Choquette, propriétaire d'une chaîne de cinémas, dont le Star de Waterloo que je fréquentais enfant parce qu'un de mes oncles en était le gérant.

Hellzapoppin', il m'aurait fallu pour m'en approcher un génie que je n'avais pas, mais je réussis tout de même à imaginer des personnages qui ont marqué : d'abord le clown Bim interprété par Jacques Zouvi et, l'année suivante, lorsque les budgets de production le permirent, son compère Sol, interprété par Marc Favreau, un personnage qu'il a gardé toute sa vie et promené dans le monde, sans crier trop fort que j'en étais l'inventeur, ni que son utilisation singulière du langage était de mon inspiration.

Mon plus grand plaisir n'avait-il pas été de créer ces personnages ? d'en écrire les textes pendant près de cinq ans, puis de les laisser vivre leur vie ? ou même que l'un d'eux en fasse l'œuvre de sa vie ? Ce fut le choix de Marc Favreau. Je n'étais que son père, je me contentai de le regarder aller de loin, mais avec une certaine fierté. Il avait très évidemment conservé quelque chose de moi dans son ADN.

*
* *

Ma vie avait commencé d'aller à toute allure. Peut-être pour en suivre le rythme avais-je dû abandonner ma tortue de Volkswagen pour une auto mieux adaptée : j'avais choisi une Austin Healey 100-4 d'occasion, en excellent état, un bijou de deux-places rouge vif, décapotable, roues à rayons rutilants, vitesse de pointe dépassant les cent soixante kilomètres heure. L'inclinaison du pare-brise était ajustable, on pouvait le replier carrément et se laisser décapiter par le vent ; le capot – une lame d'acier rouge, plus lumineuse qu'un soleil couchant, percée de volets pour que respire le moteur de 2 660 centimètres cubes – était retenu non seulement par un fermoir mais cintré par une courroie transversale en cuir naturel. Presque une fantaisie de grand couturier.

Je comptais faire de la course, mais le temps manquait. Je me rendis deux ou trois fois sur le circuit de Saint-Eugène, un aéroport désaffecté, où la Healey attirait plus l'attention que mes performances. J'étais sans doute trop attaché à mon sublime bolide pour l'exposer à des périls mortels et, chaque course grugeant abominablement les pneus, il m'eût fallu un commanditaire. On n'en était pas là !

Ma tête aussi avait intérêt à aller vite. Quand elle ralentissait ou que les pages tardaient à se remplir, les amphétamines que j'avalais de plus en plus fréquemment gonflaient de leur constant alizé les voiles de l'inspiration.

Gaston Miron venait de publier à L'Hexagone mon deuxième recueil de poésie : *Le Ciel fermé*, qui fut moins bien reçu par la critique, surtout par Gilles Marcotte. Après avoir écrit un papier qui contribua à me détourner de l'écriture poétique, ce faux cul me rabâcha ensuite, à la cafétéria de l'Office national du film, qu'il avait voulu simplement me stimuler, qu'il n'aurait jamais pris le temps de décortiquer ainsi l'œuvre d'un poète sans valeur… et patati ! et patata ! Mon premier véritable accrochage avec un critique. Une blessure inattendue et vive. À laquelle je devrai m'habituer puisqu'ils me cribleront d'assez de flèches, tout au long de ma carrière, pour que j'inspire un saint Sébastien à quelque nouveau Mantegna.

Je travaillais comme un forcené.

S'il n'y avait eu que les adaptations de « M. Puisard » !

Le Service international de Radio-Canada me réclama une série de poèmes dramatiques sur le Canada, j'en écrirai six de trente minutes, des envolées lyriques sur les chatoiements du Pacifique, la rudesse sauvage des Rocheuses, les ciels infinis des plaines du centre, les côtes noires et abruptes de l'Atlantique, toutes merveilles que je n'avais encore jamais vues, mais dont le *speed* me permettait d'imaginer le moindre détail ; puis coup sur coup, deux autres séries dramatiques, basées cette fois sur des légendes canadiennes et amérindiennes. Et il y avait toujours cette commande qui avait ouvert le bal : les textes de clown. Deux ans de suite, ils me méritèrent le trophée des meilleurs textes de la section jeunesse.

La cour était déjà pleine lorsque M. Alexandre DeSève, le grand patron de France-Film, me convoqua à sa luxueuse résidence du chemin de la Côte-Sainte-Catherine. On avait entendu parler de mes clowns en France et l'ORTF l'avait mandaté pour me commander trente-six textes rigolos de quinze minutes à être produits là-bas pour les enfants. *Les Frères Obus,* avec leurs histoires rocambolesques, se retrouvèrent bientôt au petit écran français et me fournirent l'occasion de connaître un peu ce M. DeSève, magnat de la distribution du film français au Canada et futur grand patron de télévision. Chaque fois, il me recevait dans son immense sous-sol. Là, dans une salle de montage bien organisée, avec un air de contentement diabolique, il remontait lui-même à sa guise les films français qu'il présentait dans les cinémas de France-Film. Il commençait par les coupes que lui imposait l'imprévisible censure du Québec, ensuite il se faisait plaisir : il coupait des longueurs, modifiait le rythme de certaines scènes ou même restructurait un récit mal ficelé à son goût.

M. DeSève savait qu'il œuvrait dans l'industrie du divertissement et considérait comme un devoir sacré de ne pas ennuyer le public. Au Bijou et au Saint-Denis, les deux grandes salles dont il était propriétaire à Montréal, les projectionnistes avaient l'ordre de lancer la bobine d'un western si le film en cours commençait à lasser les spectateurs. Cette bobine de secours, toujours la même, avec ses chevauchées trépidantes, pouvait entrecouper aussi bien *Thérèse Raquin* de Marcel Carné que *Le Rouge et le Noir* de Claude Autant-Lara si l'assistance, par exemple, s'enlisait dans les intrigues trop sinueuses de Zola ou dans le long séjour de Julien Sorel au séminaire de Besançon. Les cow-boys fringants de cette bobine de réserve traversaient alors l'écran au grand galop, dans des nuages de poussière, faisant feu de toutes leurs armes et tirant les « cinéphiles » de leur torpeur ; une fois bien secoués, ceux-ci pourraient être renvoyés sans crainte sur les chemins plus arides de Zola ou de Stendhal.

M. DeSève avait négocié lui-même mon contrat avec l'ORTF et ce bonhomme, un des plus riches et des plus puissants du Québec dans l'industrie du divertissement, se sentait l'obligation d'étudier mes textes et de me suggérer des corrections. Toujours le même credo : amuser, ne jamais ennuyer ! Ces observations, il les faisait par instinct, en les accompagnant du délicat préambule : « Ce n'est pas mon métier, mais il me semble que... Vous ne trouvez pas ? » C'était toujours suggéré posément et toujours à-propos, alors comment ne pas l'écouter ? J'apprenais !

Une quinzaine d'années plus tard, j'aurai l'occasion de travailler avec Dalton Trumbo, le célèbre scénariste américain, et ses préoccupations, sa façon de les exprimer – lui dont c'était le métier d'écrire – n'étaient pas si différentes de celles de M. DeSève commentant *Les Frères Obus,* entre deux coups de scalpel dans un film français, sans état d'âme, qu'importe la notoriété de son auteur !

Je travaillais aussi à l'Office national du film. On m'y préparait à mes fonctions de scénariste par un assortiment de stages. Attention ! c'était une institution gouvernementale et on ne semblait jamais pressé que quiconque se mît au travail. On me donnerait donc tout mon temps pour l'apprentissage du montage, de la production et du tournage de documentaires, évidemment ! Ce n'était ni mon rêve ni celui de Claude Jutra, avec qui je m'étais rapidement lié d'amitié à l'occasion de mes rencontres avec McLaren. Claude et moi rêvions au long métrage de fiction, genre parfaitement incompatible avec la mission de notre employeur !

L'Office national du film, dont on a longtemps dit qu'il était la meilleure école de cinéma au monde, était un endroit particulier dont le centre nerveux, durant les années où j'y travaillai, était la cafétéria, gérée par l'Institut canadien pour les aveugles. Il y avait là une certaine ironie : l'élément le plus voyant du logo de l'Office était un œil et sa cuisine était administrée par des aveugles qui avaient aussi, hélas ! perdu le sens du goût : la nourriture était infecte, parfois même empoisonnée, et le café, imbuvable. La fermentation de ces débris organiques avec notre matière intellectuelle devait former un excellent compost car les idées germaient, des idées nouvelles qui allaient bientôt donner naissance au cinéma-vérité, révolution dans l'art de filmer la réalité.

Je faisais mes classes de montage avec deux syntacticiens de stricte observance : le tout de même jovial Victor Jobin et David Mayerovitch à la mine cafardeuse d'un calviniste. Mais c'est avec Gilles Groulx que j'apprenais, durant d'interminables séances à la cafétéria où il m'expliquait la théorie de ses coupes en les dessinant sur les serviettes de papier. Gilles, que j'avais connu lorsqu'il fit un bref séjour comme monteur aux nouvelles télévisées de Radio-Canada, ne suivait pas de règles conventionnelles ; pour lui, le montage était affaire d'intuition, de mouvement, d'impression, de regards, d'enchaînement des « couleurs » de plans. Même en noir et blanc, ces plans, il les voyait en couleurs et les mariait en fonction de celles-ci.

Gilles, Michel Brault, un peu plus tard, Claude Jutra, avec qui j'avais commencé à écrire un scénario de long métrage, et moi allions bientôt devenir inséparables.

Ce scénario, intitulé *Les Comédiens*, nous l'écrivions dans une magnifique maison d'été que je louais au lac Écho, près de Saint-Hippolyte, dans les Laurentides, mes revenus d'auteur de télévision m'assurant dorénavant une certaine aisance. Une maison qui ne désemplissait jamais d'amis, des comédiens pour la plupart. Impossible de manquer d'inspiration pour notre sujet. Impossible aussi de rester insensible à l'attirance qu'exerçaient sur moi certaines actrices, les Monique Lepage, Monique Joly, et d'autres encore portant souvent ce même prénom, curieuse coïncidence, pour qui j'aurai des faiblesses.

Et parfois, de sacrés béguins !

Monique Lepage, alors que nous n'étions rien d'autre que des amis, avait voulu m'entraîner dans l'aventure du Théâtre-Club, mais j'avais opté pour le cinéma et elle avait poursuivi son projet avec Jacques Létourneau, avec qui elle allait se fiancer. Un soir que nous avions fêté à la maison du lac Écho, elle prétexta subitement vouloir rentrer à Montréal. Il était tard, la nuit était tropicale, Létourneau n'avait aucune intention de rentrer ailleurs qu'à son chalet, dans le coin de Sainte-Adèle.

Elle me demanda si je ne lui ferais pas la faveur de la conduire en ville. D'autant qu'elle se mourait d'envie d'essayer ma nouvelle voiture. La Healey, mon bijou d'occasion, je venais de l'échanger contre une Triumph TR3 toute neuve, vitesse de pointe : cent soixante-quinze kilomètres heure, noire, avec cette grille de radiateur sublime, agressive, menaçante, les dents d'un requin fondant sur sa proie.

Je me fis prier un peu, pour la frime, car Monique m'avait lancé, au cours de la soirée, quelques œillades surprenantes que j'osais à peine interpréter. C'était, on peut l'affirmer objectivement, une des plus belles femmes au monde : la tête, le corps, les jambes, tout approchait de la perfection, et elle était blonde et intelligente. Qu'elle semblât avoir jeté son dévolu sur moi m'apparut une inestimable bienveillance du ciel à laquelle je ne pouvais me soustraire.

Je partis le cœur léger. Thérèse n'était pas seule, d'autres amis restaient à coucher : le jeune chansonnier Hervé Brousseau et sa nouvelle copine, Mariannik, dont il avait fait la conquête chez nous, après une cour ardue de plusieurs jours qui nous avait beaucoup distraits de notre écriture, Jutra et moi – elle se montrait rétive et lui, d'un manque flagrant d'expérience.

Une immense pelouse bordée de grands arbres séparait le chalet de l'endroit, près de la route, où était garée la TR3. Avant de s'engager dans l'herbe humide, Monique me tendit la main pour que je l'aide à garder l'équilibre tandis qu'elle se tenait sur un pied, puis sur l'autre, pour retirer ses espadrilles, nouées à la cheville par des rubans rouges. Elle y mit beaucoup de temps, consciente que, penchée vers l'avant, son corsage s'ouvrait sur les nébuleuses palpitantes de ses seins et qu'à travers le crêpe georgette de sa jupe ses cuisses blanches et musclées se profilaient dans le contre-jour du lac que la lune lissait comme un miroir.

L'auto était restée décapotée ; j'enjambai sans l'ouvrir la portière échancrée et je me laissai glisser sur le siège baquet. Elle fit de même, découvrant aux confins de ses cuisses un fjord mystérieux et engageant. L'envie de la prendre là, de me cramponner à ses fesses et de sonder ce fjord jusqu'au fond me brouilla brusquement la cervelle : j'étais paralysé, incapable de démarrer l'auto ou d'obéir à la sauvagerie de mon désir.

Insoucieuse, on eût dit, de ma présence, elle prit ses aises, écarta un peu les jambes pour y enfoncer sa jupe avec le plat de sa main, et parut s'impatienter de ma lenteur à me mettre en route, comme si le rideau tombait déjà sur la pièce que j'avais imaginée.

— Allons-y !

Je repris mes esprits en me félicitant de ne pas avoir bêtement pris pour des invites les charmes si remarquables de cette femme.

La TR3 était rapide, mais le vrombissement viril du moteur, les sifflements du vent et des pneus accentuaient encore la grisante sensation de vitesse.

Entre Saint-Jérôme et Montréal, la route file tout droit, alors je pousse le bolide au bout. Subitement, du coin de l'œil dans le rétroviseur, je vois apparaître un oiseau bizarre, une espèce de grande mouette blanche qui virevolte quelques instants et disparaît presque aussitôt, avalée par l'aspiration de la voiture.

Je jette un coup d'œil sur Monique : elle n'a plus de chemisier et elle est en train de retirer son caraco, qu'elle lance aussi dans le vent, comme la mouette ! Ses seins sont offerts, ses mamelons hérissés, j'en perds la raison.

Je veux toucher, palper, elle saisit ma main et la remet sur le volant en m'indiquant de me concentrer sur la route.

Elle retire doucement sa jupe et son slip de dentelle, qu'elle largue dans la nuit comme le reste. Elle croise ses mains derrière la tête, s'enfonce dans son siège et, les pieds appuyés contre le fond de l'auto, elle raidit les jambes et bombe son pubis dont les poils miroitent comme des fils d'or dans la lumière. Cette femme n'est plus que monts et merveilles.

Après avoir traversé le pont de la rivière des Prairies, je dois m'arrêter au feu rouge, devant la sortie du parc Belmont, où traîne une bande de jeunes qui fument et boivent de la bière. L'un d'eux remarque ma passagère et attire l'attention des autres avec un juron tonitruant ; lady Godiva réplique par un sourire, déclenchant dans le groupe un concert de sifflements admiratifs qui se changent en huées aussitôt que le feu devient vert et que je vire en trombe sur le boulevard Gouin.

Monique se redresse, se tourne vers eux et leur adresse de grands saluts de la main. Par le rétroviseur, j'en vois qui soufflent des baisers, d'autres qui se jettent carrément à genoux en ouvrant les bras pour implorer le ciel de leur ramener cette beauté céleste qui me donne plutôt l'instruction de descendre la rue Saint-Denis, elle m'indiquera ensuite comment me rendre jusqu'à l'atelier du Théâtre-Club.

C'est un immeuble de brique squameuse au fond d'une ruelle étroite du Plateau Mont-Royal. La clef de la porte est dissimulée dans une fissure sous le seuil de ciment disjoint. Elle me prend la main et me guide dans l'escalier sombre qui monte à l'étage. Cette croupe avantageuse qui ondule devant moi, juste à la hauteur des yeux, son parfum délicat de vanille, ce désir irrésistible qui gonfle en moi… arriverons-nous jamais ?

Ah, cette nuit ! J'allais connaître la Monique libertine, une Madame de Lorsange comme la décrit Sade : « … aucuns principes, ne voyant de mal à rien, et cependant pas assez de dépravation dans le cœur pour en avoir éteint la sensibilité ».

Le jour était sur le point de se lever lorsque je quittai l'atelier du Théâtre-Club. J'avais oublié de remonter la capote de la TR3 et je m'assis sans réfléchir sur le siège trempé de rosée. Désagréable retour à la réalité.

Au lac Écho, tout le monde dormait encore, cela m'épargnerait de longues explications, d'autant que je commençais à découvrir la jalousie de Thérèse, pour qui tout devenait matière à soupçons. Pas toujours à tort, évidemment.

Je marchai jusqu'au bout du quai, contemplai un moment l'eau noire et froide où deux petits achigans parfaitement identiques se faisaient face, comme s'ils se regardaient dans une glace. Sans leurs nageoires dorsales qui ondulaient à l'unisson, ils eussent semblé parfaitement immobiles. Une délicate demoiselle verte, venue de nulle part, commença une série de zigzags décousus au-dessus de l'eau, volant dans une direction, puis changeant brusquement de cap et faisant du surplace comme si elle allait se poser pour reprendre de l'altitude, rebrousser chemin et revenir tout près de l'endroit où veillaient les achigans ; elle hésita, exécuta une série de bonds gracieux et se résolut à amerrir. Sa queue n'avait pas encore effleuré l'eau que les achigans fondirent sur la pauvre demoiselle, entrant presque en collision dans leur gourmandise pour la happer. Le plus rapide avala le gros de l'insecte, l'autre dut faire volte-face et revenir se contenter d'une aile sectionnée que les premiers rayons du soleil faisaient briller comme une émeraude.

Je retirai mes vêtements et me laissai couler dans l'eau glacée. Il y avait un îlot, à quelque cinq cents mètres du bord ; je crawlerai jusque-là, autant pour reprendre mes esprits que pour laver l'amour qui me collait partout sur le corps.

La surface lisse de l'eau, la monotonie de la nage, je ne pus m'empêcher, ce matin, de les associer au calme plat de la fidélité amoureuse et je me dis que ce n'était pas pour moi, pas vraiment ma constitution. L'amour que j'avais envie de vivre devait être fait d'orages et de tempêtes (et il y en aura). J'avais besoin du coup au cœur de la nuit dernière, de ces sursauts de rayons gamma ! Faudrait-il que par amour j'aliène une liberté que revendiquait mon corps d'une manière quasi automatique lorsque se présentait la séduction ? Non ! Ce serait me jouer la comédie.

Perdu dans ces pensées, je faillis m'empaler sur la herse de joncs qui gardait l'île. Je me redressai et calai dans la vase. Je m'agrippai aux herbes et finis par me hisser sur le bord. À bout. Je regardai du côté du chalet, mais dans le contre-jour éclatant on ne distinguait rien.

Je m'allongeai par terre, je rêvassais : il devait bien y avoir moyen d'aimer sans tourner le dos à toutes les occasions qui s'offrent à soi, quitte à ne pas indûment les provoquer et surtout à n'en pas faire étalage.

Finalement, la tête pleine de Monique, je m'endormis.

Brousseau, debout dans un canot, les mains en porte-voix et hurlant mon nom, me tira de mes rêves. Je me redressai, heureux comme un naufragé que l'on rescape. Je n'aurais pas à refaire la distance à la nage.

Il y avait un moment que la maisonnée s'inquiétait de mon absence. Thérèse, en proie à une crise de jalousie, s'imagina d'abord que je n'étais pas revenu de Montréal, puis elle courut au stationnement: la TR3 était là, ensuite elle aperçut mes vêtements sur le quai, ne me vit nulle part sur le lac; maintenant c'était la crise de désespoir, je m'étais noyé!

La pagaïe. Pour y échapper, Hervé saute dans un canot et avironne à ma recherche, mais sans trop se faire de souci. Il ne croit pas un instant qu'il me soit arrivé quelque chose de fâcheux, il n'a surtout pas le cœur à cela, ils viennent de prendre la décision de s'épouser, Mariannik et lui. Il me l'annonce avec ravissement sur le chemin du retour.

Le mariage! Je n'y crois plus trop. Heureusement, car pour moi c'est fichu. Et il ne semble pas que ce soit demain la veille qu'on pourra divorcer au Québec.

Ma première femme, j'en suis maintenant séparé depuis deux ou trois ans, mais cette petite blonde, imprégnée de l'indissolubilité du mariage, continue de sévir. Soit! elle ne réclame pas toujours des augmentations de pension, mais elle continue de me poursuivre de ses petites attentions. En 1956, la pièce d'un ami, Jacques Languirand, remporte la finale du Festival d'art dramatique du Dominion. C'est après la représentation des *Insolites* à la nouvelle salle de l'Université de Sherbrooke que le gagnant recevra son grand prix.

Amis et partisans de Languirand, nous nous pressons, anxieux, dans le hall du théâtre bourré de monde. Des photographes de presse ont repéré notre groupe où il y a des acteurs connus, dont mon amoureuse, Thérèse Arbic. Quelqu'un que j'apercevrai seulement à la dernière minute se fraie un chemin jusqu'à nous en jouant du coude. Patatras! Je reçois en pleine gueule une gifle retentissante. C'est la petite blonde, hystérique. Elle vocifère:

— Le culot! Venir dans ma ville avec sa putain!

Deux gardiens se précipitent pour contenir la perturbatrice.

— Vous la connaissez ? me demande l'un d'eux, constatant tout de suite à l'empreinte sur ma joue que je suis l'innocente victime.

— Aucune idée, dis-je, impassible, je n'ai jamais vu cette femme !

Ils la prennent alors chacun par un bras, la soulèvent de terre et l'expulsent *manu militari* tandis que ses pieds exécutent de ridicules moulinets.

Exit la chieuse... pour un temps.

Et la scénarisation avec Jutra ? Depuis un bon moment, notre scénario *Les Comédiens* n'avançait guère. D'une part, j'étais trop pris par mes textes pour la télévision et il apparaissait de plus en plus évident que l'Office national du film n'allait pas s'engager de sitôt dans la pure fiction, en dépit de la nomination d'un nouveau commissaire à la cinématographie, Guy Roberge, et de l'embauche peu de temps après du réalisateur-vedette des télé-théâtres de Radio-Canada, Louis-Georges Carrier.

Louis-Georges – que je connais parce que c'est aussi un ami de Marcel Dubé et d'Hubert Aquin – a frappé l'imagination de Marie Raymond, son ex-script-girl qui a coiffé sainte Catherine depuis longtemps, mais vient d'épouser *in extremis* le commissaire Roberge, véritable sosie de Sartre (il a comme lui les yeux qui se croisent les bras). M. Roberge (il se souvient d'avoir vu *Gone with the Wind*, peut-être même aussi un autre film...) a été député libéral de Lotbinière à Ottawa, ce qui lui a valu cette nomination, et il est avocat de métier. Quelle chance qu'il ait épousé Marie, scripte d'expérience, car c'est l'entière destinée de la cinématographie canadienne que le gouvernement vient de lui confier.

Cette Marie est persuadée que Louis-Georges va révolutionner le cinéma et implore son mari de l'inviter à venir tourner au moins un film à l'Office. Il faut le dire, les angles de caméra de ce réalisateur ont de quoi étonner. Par exemple, une scène intime au salon entre deux protagonistes, il peut aussi bien la filmer du fond de la cheminée avec les flammes à l'avant-plan que du point de vue du bout de la queue du chat sur le fauteuil d'en face avec, cette fois, les oreilles du félin en amorce. Pourquoi faire simple ?

Après un an et demi à l'Office, le premier travail « sérieux » qu'on me confiera sera celui d'assistant de Louis-Georges, qui a écrit et va réaliser (comme le décrit la fiche du film *Au bout de ma rue*) « l'histoire charmante d'un gamin esseulé du Centre-sud de Montréal qui profite d'un jour de vacances pour prendre la poudre d'escampette et quitter son univers de cordes à linge. Au bout de sa rue, il découvre le bord de l'eau, l'horizon élargi du grand fleuve Saint-Laurent, l'activité fourmillante du port de Montréal ».

Il y avait à cette époque une ruelle magnifique qui donnait sur la rue Logan, juste à l'est de la rue Champlain. C'est dans cette ruelle bordée de remises, sillonnée d'escaliers de bois et traversée par des dizaines de cordes à linge que nous avons tourné la plus grande partie de ce court métrage avec quelques enfants du quartier. Il y avait parmi eux une fillette de cinq ans dont hélas ! je ne me souviens plus du nom, mais dont je revois la figure poupine, les cheveux courts à la Jeanne d'Arc, le sourire déjà séducteur, la plus jolie petite mignonne. Elle me vouait une affection touchante, elle était en admiration ! Il faut dire que tout en les faisant bien rigoler, j'arrivais à transmettre aux enfants les intentions parfois hésitantes du réalisateur, non pas que j'aie eu avec eux des dons particuliers, mais comparé à Louis-Georges avec ses attitudes de croquemitaine et son humour grinçant…

Le plus révélateur de ce tournage pour moi fut de constater la prépondérance de la caméra, le cinéma était là, dans le viseur de la caméra, davantage que dans l'œil du réalisateur, à la merci pour ainsi dire de l'interprétation de sa vision par son directeur photo. Michel Brault était maître de la lumière, de la composition ultime de l'image, de la fluidité des mouvements. On pouvait toujours lui donner des indications, mais c'est lui qui peignait !

Scénariste, réalisateur, avais-je pris le cinéma par le mauvais bout ?

*
* *

Les ponts qui se remplissaient petit à petit de passagers, le va-et-vient constant sur les passerelles donnaient à l'*Homeric* l'allure d'une immense fourmilière blanche. Les passagers déjà embarqués cherchaient dans la foule pressée sur le quai ceux qui les avaient accompagnés au bateau, puis ils leur lançaient des serpentins qu'en bas on essayait d'attraper, jouant du coude, bousculant les autres et provoquant sur le quai des remous incessants.

Quand vint le temps de larguer les amarres, une fanfare se mit à jouer, on retira les passerelles, le sifflet plaintif du transatlantique se fit entendre et, à mesure que l'*Homeric* s'éloignait du bord, le treillis multicolore de rubans de papier vrillés se mit à onduler comme une gigantesque toile d'araignée, à se tendre et finalement à se rompre.

Thérèse et moi ne connaissions pas cette coutume, alors nous nous contentâmes de grands saluts de la main à l'endroit de Raymond-Marie Léger et sa femme, venus nous accompagner à la gare maritime de Montréal pour mon premier voyage en France, un congé sabbatique dont la durée indéterminée dépendait du magot assez important que j'avais amassé grâce aux textes de télévision. C'était, je considérais, de l'argent gagné aisément et j'avais décidé de le flamber. D'autant plus que la situation ne risquait pas de se reproduire, car j'avais pris la résolution de ralentir mon activité de ce côté-là. Le vampirisme de la télévision m'épouvantait. Je la voyais sucer le sang de gens que j'aimais, Marcel Dubé par exemple, écorché, craintif, il avait toutes les phobies, sauf une, et la télévision l'a achevé en le contaminant aussi de la peur d'écrire ; ou mon besson qui, parti de Trois-Rivières pour s'établir à Montréal, s'était engouffré dans la porte que j'avais entrouverte et se vautrait maintenant dans l'antre du vampire.

Raymond-Marie, qui nous avait accompagnés au bateau, ne se doutait pas qu'il avait contribué indirectement à ma décision. Nous nous étions connus au journal télévisé : il travaillait déjà aux relations publiques à l'Office du film, mais bouclait ses fins de mois comme surnuméraire à la salle des nouvelles. Puis, avant le pactole des textes de télé, je me retrouverai souvent avec lui à La Presse canadienne, rue Saint-François-Xavier, où l'on recourait à mes services de traducteur pour la période chargée de la série mondiale de base-ball et des finales de football. Les machines à écrire déglinguées, le clic-clac assourdissant des téléscripteurs, la frénésie des heures de tombée me ramenaient avec une certaine nostalgie à mon temps de journaliste.

Avec ses quatre enfants et sa femme Yolande qui lui réclamait toujours davantage, Raymond-Marie n'avait pas le choix que d'accepter tout ce qui se présentait. À le voir ainsi pris à la gorge, toujours râclant le fond de ses poches, je me disais qu'il valait mieux profiter de la vie avant que cela me tombe dessus.

Et à l'Office, on avait été trop heureux de m'accorder ce congé sans solde ; j'aurais été payé à ne rien faire (comme beaucoup d'autres) puisqu'on n'avait rien de particulier à me confier. Par ailleurs, je m'étais promis de profiter de mon séjour en France pour fréquenter assidûment la cinémathèque et améliorer mes connaissances rudimentaires du cinéma français et international ; au Cinéma Star de mon enfance, je ne voyais que des films américains, beaucoup de westerns, genre dont je suis toujours demeuré friand.

Voyage sublime : la descente du fleuve par cette journée magnifique d'automne, les îles de Sorel hérissées de grands phragmites fauves, les volées de canards sauvages tournoyant au-dessus du lac Saint-Pierre, l'élégante structure du pont de Québec, l'arrivée dans le port, au pied du cap Diamant, où l'*Homeric* faisait une courte escale pour prendre les passagers de la région.

Alors que j'étais appuyé au bastingage, observant les manœuvres d'embarquement, quelqu'un me tapa sur l'épaule.

— C'est vous, Claude Fournier ? bégaya le grand type maigre au visage boutonneux.

Je hochai la tête.

Il me tendit la main.

— Roland Giguère !

— Le poète ?

Il acquiesça en souriant de ses dents jaunies par la nicotine.

Je le connaissais de nom. Quelqu'un lui avait dit que nous serions sur le même bateau et il me cherchait depuis que nous avions quitté Montréal.

— J'espère que vous jouez au ping-pong, dit-il.

— Oui, fis-je, j'ai vu les tables sur le pont supérieur.

Heureusement qu'une tempête s'éleva le lendemain, car nous aurions passé la traversée à jouer au ping-pong. Il jouait bien et c'était un sport où je n'étais pas mal non plus, surtout au service. Lui pratiquait un jeu défensif, balles coupées, tombantes, toute la gamme des coups sournois ! Je comptais sur de bons coups droits, des revers dans les coins de la table et des *smashes* meurtriers qui lui arrachaient chaque fois quelques bégaiements en forme de jurons.

Au petit matin de la première nuit à bord, j'entends des coups frénétiques dans la porte de la cabine, je me lève en sursaut, pose les pieds par terre, mais je suis dans l'eau. J'en ai aux chevilles. Je dérive jusqu'à la porte et j'ouvre à un membre d'équipage qui se précipite au hublot que nous avions laissé ouvert et par lequel l'eau s'engouffrait par gros paquets chaque fois que le navire penchait à bâbord. Il ferme la fenêtre de verre puis visse solidement par-dessus un lourd hublot de fonte, plongeant la cabine dans l'obscurité. Le temps de repérer le bouton électrique, le type est déjà reparti pour d'autres opérations de sauvetage.

Thérèse ouvre finalement les yeux. Où diable est-elle ? Elle entend le clapotis de l'eau, voit ses pantoufles barboter comme deux mignons petits canards.

— Qu'est-ce qu'on fait là ?

Deux bonshommes entrent à leur tour, armés de vadrouilles, et poussent énergiquement l'eau vers un drain dans le plancher de la salle de bain. Ils assèchent le sol aussi bien qu'ils peuvent, nous saluent d'un coup de manche de leurs vadrouilles et repartent.

C'est le début d'une traversée qui durera huit jours au lieu de cinq et qui paraîtra éternelle. À certains repas, des huit cents passagers, nous nous retrouverons seulement cinq ou six à la salle à manger.

Ce n'est plus un paquebot, c'est un immense débarras, une coquille de noix lancée à la mer, tant ça roule et ça tangue. Meubles et fauteuils sont empilés et attachés le long des murs, on ne peut plus circuler qu'en s'accrochant à des câbles le long des couloirs. Par chance, les tabourets du bar sont fixés au sol, il ne reste qu'à se cramponner à son verre de whisky, le meilleur antidote à la peur qui commence d'empoisonner ceux que le mal de mer n'a pas déjà anéantis. Le fracas est hallucinant : les vagues qui foncent sur nous, l'eau qui bat contre les parois du ballast et ébranle tout le navire, les meuglements de la sirène de brume ; notre dernière heure pourrait sonner que nous ne l'entendrions pas sur cette mer d'apocalypse.

Au plus fort de la tempête, les machines tomberont en panne et l'*Homeric* fera du surplace, un jour et une nuit, au milieu de l'Atlantique déchaîné. De la terrasse extérieure au-dessus de la passerelle de navigation, on voyait surgir des vagues terrifiantes qui engloutissaient la proue du paquebot et lui donnaient l'allure d'un sous-marin en plongée. Il remontait péniblement à la surface avec des râles d'agonisant. Je ne voyais pas comment, au moment fatidique, on parviendrait à descendre les chaloupes de sauvetage dans ces eaux noires et tourbillonnantes. Et je n'avais personne à qui confier mes inquiétudes, Giguère ayant lui aussi succombé au mal de mer.

Enfin, lorsque les éléments s'apaiseront et que le navire ralliera Southampton, première escale avant d'entrer au Havre, on nous apprendra que cette tempête avait été la plus forte depuis un quart de siècle sur l'Atlantique Nord. Sur l'invincible *Queen Elizabeth*, traversant en même temps que nous mais à partir de New York, trois personnes avaient succombé à des crises cardiaques ; sur l'*Homeric*, il y avait des estropiés – des membres fracturés – et un type qu'un coup de roulis avait propulsé contre un mur où il s'était fracassé le crâne.

Le retour sera plus rapide que l'aller ! Encore sous le choc de cette traversée, j'échangerai, l'année suivante, mon billet pour revenir sur un quadrimoteur Constellation des Trans-Canada Airlines. Quelles délices ce vrombrissement infernal de douze heures, comparé aux cabrioles insensées d'un transatlantique sur une mer en furie !

⁂

Premier soir à Paris. Crépuscule d'automne. Si tiède! même sur cette rue de la Glacière où nous marchions, nos jambes heureuses de retrouver l'aplomb de la terre ferme. Je n'avais pas l'impression de découvrir Paris, ce que je voyais paraissait conforme aux images que j'avais vues ou imaginées. C'étaient surtout ces odeurs nouvelles qui nous assaillaient depuis que nous étions descendus à la Gare du Nord: la moiteur de l'air, le souffle chaud des grilles de ventilation du métro, les nuages de Gauloises ou de Gitanes qui accompagnaient les piétons, les exhalaisons odorantes annonçant chaque café, chaque restaurant. Je me remplissais les narines de Paris.

Roland et Denyse Giguère, en année sabbatique eux aussi, avaient été prévoyants: ils avaient réservé un grand appartement meublé, au bout du parc Montsouris, dans le XIVe. Nous, rien. Aussi nous avaient-ils invités chez eux, le temps de trouver à nous loger. Mais je n'avais pas prévu passer du temps à Paris; en fait, je n'avais rien prévu du tout. De Montréal, j'avais acheté une Renault, une Dauphine toute neuve, j'en prendrais possession et je partirais pour l'Italie sans itinéraire précis.

En échange de l'hébergement, Roland m'avait demandé de l'accompagner à l'usine Citroën. Il avait acheté une deux chevaux avec laquelle il voulait que je le familiarise. Quelques jours plus tard, chez Citroën, je me rendis compte que Giguère n'avait jamais conduit et que la deux chevaux, un curieux engin il faut bien le dire, le terrorisait. Je ne fus pas brillant non plus, je croyais qu'il s'agissait d'une véritable auto et je ne demandai aucune explication au type qui nous remit papiers et clef. Eh bien, il fallut une grosse demi-heure, instructions en main, pour trouver la marche arrière et sortir l'animal de son enclos. Il y avait une pédale de débrayage, mais le manuel expliquait qu'elle n'était pas vraiment nécessaire ; quant au levier de vitesse, qui ressemblait au manche d'un parapluie télescopique, il était planté au milieu du tableau de bord et selon qu'on le tirait ou l'enfonçait, qu'on le tournait à gauche ou à droite… mais encore là ! le manuel disait que c'était une formalité, qu'une fois un rapport sélectionné, on pouvait s'en contenter, pourvu évidemment qu'on ne veuille pas s'engager en marche arrière ou grimper une côte dépassant les capacités du rapport choisi. Dans toutes les voitures que j'avais conduites jusque-là, la course du levier de vitesse s'effectuait en général en H, et un diagramme le précisait sur le bouton du levier. Pas dans la deux chevaux, où d'ailleurs le manche de parapluie tenant lieu de levier n'était pas du tout propice aux représentations graphiques.

La seule chose simple, c'était le fonctionnement de l'essuie-glace. D'abord, il n'y en avait qu'un, côté conducteur, et c'est ce dernier qui actionnait la raclette en tournant alternativement le bouton de gauche à droite. Cela mobilisait une main évidemment, ce qui était très embêtant pour quelqu'un comme Giguère qui fumait à la chaîne. Cela dit, par gros temps, la capote laissait entrer trop d'eau pour qu'une cigarette restât allumée longtemps, surtout lorsque le bolide, en dépit des éléments, atteignait des pointes de quarante ou cinquante kilomètres heure.

Une fois ces quelques bizarreries maîtrisées, la deux chevaux était la voiture idéale : elle n'était pas capricieuse, on pouvait la conduire sans savoir conduire, ce qui convenait tout à fait à Giguère. Il s'enfonçait dans le hamac faisant office de siège, y allait de quelques simagrées et le moteur démarrait, bégayant, hoquetant ; il agitait ensuite les bras et les jambes et la deux chevaux se mettait en route, toujours au plus grand émerveillement pour Roland d'avoir réussi à provoquer un tel branle-bas.

— C'est pas extraordinaire ? s'exclamait-il en tapant des deux mains sur le volant, plein d'admiration pour cet engin rudimentaire à qui il eût volontiers donné toute liberté d'aller où il voulait, sans sa femme ou un autre passager le rappelant à son devoir de conducteur.

Dix mois plus tard, Giguère restera toujours aussi imprévisible au volant. En route vers la Provence, en compagnie du peintre Jean

Benoît sur le siège du passager et de moi en arrière, Giguère roulait sur la nationale dans le Massif central lorsque, enhardi sans aucun doute par l'air tonique des hauteurs, il lança la deux chevaux à fond dans une longue côte, dans l'espoir de doubler un tracteur qui tirait péniblement une remorque chargée de balles de foin fraîchement coupé. Il appuya à fond sur l'accélérateur – il fallait rattraper le tracteur, à cinq cents mètres devant nous. Piquée au vif, la deux chevaux donna l'impression de bondir, mais la pente eut vite raison de ce sursaut et c'est de peine et de misère qu'elle commença de gagner du terrain sur le tracteur. Comme s'il avait éperonné une monture, Giguère donnait de grands coups de talon sur l'accélérateur puis, agrippé au volant, il se mit à propulser son corps vers l'avant pour transmettre à la voiture des impulsions dont elle parut tirer profit, chacun des à-coups nous rapprochant davantage du tracteur. Jean et moi mîmes aussi l'épaule à la roue en poussant en cadence de toute la force de nos corps. Nous arrivions à la hauteur de la remorque, nous percevions même les effluves parfumés du foin. Giguère cracha sa clope par la fenêtre et se mit à hurler des encouragements à la deux chevaux, qui finit enfin par rejoindre le tracteur. Nous roulâmes côte à côte sur une bonne distance, le conducteur de l'engin agricole ne semblant pas prêt à céder un centimètre.

Vexé, Giguère se mit à l'invectiver, puis – geste de bravoure ou de désespoir – il lâcha tout et lui fit par l'ouverture du toit un bras d'honneur spectaculaire.

Réponse inattendue : un coup de klaxon strident ! Un poids lourd descendait la côte, en sens inverse, droit devant nous, un monstre qui allait nous écrabouiller sans pitié.

En appliquant les freins, Giguère aurait encore eu le temps de reprendre sa place derrière le tracteur et sa remorque, mais ce coup de klaxon tonitruant l'avait figé : la pédale de frein, il ne la trouvait plus !

— J'ai plus de freins, s'écria-t-il, en tâtonnant en vain avec son pied qui finit par tomber sur l'accélérateur. Soubresaut de la deux chevaux qui serait allée héroïquement vers une mort atroce si Jean Benoît, se saisissant du volant, n'avait pas braqué à fond sur la gauche, la lançant dans le fossé heureusement peu profond où elle s'immobilisa en cognant du nez contre le talus. Le moteur crachota quelques instants et s'arrêta lui aussi, hors d'haleine.

La catastrophe avait été évitée de justesse, mais l'embardée fit tout de même une victime. En effet, je n'étais pas seul sur la banquette arrière : nous transportions dans une cage de fortune une quinzaine d'oiseaux que Jean Benoît et sa femme, Mimi Parent, gardaient dans leur appartement de la rue Saint-Roch à Paris et qui s'en allaient passer leurs vacances en Provence.

Pour le voyage, Jean avait trouvé aux Halles un cageot à laitues en minces planchettes de bois et l'avait enveloppé dans un filet à mailles fines. Il avait recouvert le fond d'un tapis de mousse qu'il était allé racler sur des pierres du parc Monceau, avait bricolé un abreuvoir, préparé un pique-nique d'insectes variés, de larves et de vermisseaux, et il y avait enfermé les oiseaux un à un en prenant d'infinies précautions pour ne pas les traumatiser. Il prit le temps d'expliquer à la tribu des volatiles que le voyage serait long, mais qu'une fois à la maison de campagne du général Vanier, au pied du mont Sainte-Victoire où nous nous rendions, il leur bâtirait une cage immense ; là ils jouiraient du même paysage que Cézanne apercevait de son studio et seraient à même de gober tout ce qui rampe ou qui vole dans la campagne provençale.

Mais il y eut cette fichue embardée.

Avant de remettre la deux chevaux sur la route, Jean voulut s'assurer que ses oiseaux n'avaient pas souffert. Il dénoua précautionneusement le filet, souleva le couvercle du cageot : horreur ! le tchitrec des Mascareignes, connu aussi sous le nom scientifique de *Terpsiphone bourbonnensis*, gisait inerte. Le petit oiseau au bec court, pointu, au plumage brun roux sur les ailes et le dos, et à la poitrine blanche tachetée de gris avait succombé on ne savait trop à quoi : le cageot n'était pas endommagé et tous les autres oiseaux du voyage piaillaient et voletaient avec entrain.

Le coup était d'autant plus dur que ce *Terpsiphone* qui venait de succomber, originaire de l'île Maurice, était justement une espèce en voie d'extinction. Selon Jean, il n'en restait alors dans le monde qu'une centaine de couples. Mort ou vif, le sien, qui n'avait pas de femelle, ne risquait pas, il faut le dire, de redresser la situation désespérée de son espèce ; Giguère suggéra qu'on balance le cadavre dans les hautes herbes. Jean, horrifié, le traita de sauvage du Canada, prit le *Terpsiphone* et l'enroula dans un grand mouchoir blanc qu'il avait dans sa poche. Il garda la petite momie dans ses mains pour le reste du voyage, entonnant à intervalle régulier en guise d'oraison funèbre ce qu'il nous jura être le chant du *Terpsiphone* femelle : une sorte de *tchirpiti, tchirp, touli, touli* dont l'authenticité nous parut douteuse, mais comment vérifier ?

Une fois arrivé au mont Sainte-Victoire, Jean plumera l'oiseau, le plongera dans un bain de chlorure de calcium afin de récupérer le minuscule squelette dont il utilisera certains des os, quelques années plus tard, pour une boîte sublime, destinée à recevoir le manuscrit du marquis de Sade, *Les Chants magnétiques,* qu'il créa pour un riche collectionneur.

C'est le peintre Léon Bellefleur (il avait signé avec Benoît, Pellan et une douzaine d'autres le manifeste *Prismes d'Yeux,* rédigé en 1948 par Jacques de Tonnancour condamnant tout mouvement artistique basé sur une seule théorie : « Mouvement de mouvements divers, diversifiés par la vie même ») qui avait donné à Giguère une lettre d'introduction pour Jean Benoît que nous décidâmes d'aller rencontrer ensemble dès le lendemain de notre arrivée à Paris.

C'était, si je me souviens bien, au sixième étage d'un immeuble un peu vétuste, au 42 de la rue Saint-Roch, tout près de l'avenue de l'Opéra. Il n'y avait aucune indication à l'entrée et le hall, comme une partie de l'escalier, était jonché de gravats. C'était difficile de dire si on rénovait ou démolissait, on ne voyait d'ouvriers nulle part et plusieurs des appartements semblaient abandonnés. Au cinquième étage, le paysage changeait du tout au tout : les murs lézardés avaient été lessivés récemment, les marches de terrazzo brillaient de leurs milliers d'éclats de marbre et il y avait sur le palier un grand paillasson avec une invitation à s'essuyer les pieds avant de poursuivre l'ascension.

Au dernier palier se trouvaient deux portes. Les deux sans indication. Nous frappâmes discrètement à l'une d'elles. Pas de réponse. Encore quelques coups, plus forts cette fois. On ne répondait toujours pas. Giguère commença de s'inquiéter : il avait essayé plusieurs fois d'appeler chez les Benoît pour les prévenir de notre visite, mais le téléphone était toujours en dérangement. Il était alors passé à la poste, avait envoyé un pneu, resté sans réponse, et nous avions décidé de tenter notre chance.

Soudain, nous entendîmes un rire qui ressemblait un peu au jappement d'un grand chien, puis des bruits de conversation. Ils venaient de l'autre porte palière. Nous frappions au mauvais endroit.

C'est Mimi Parent qui nous ouvrit.

— Je viens pour Jean, bégaya timidement Giguère.

— Roland Giguère ! s'exclama Mimi, Léon nous a prévenus.

Un grand bonhomme aux yeux bleus, vifs, toujours en mouvement, le visage traversé d'un sourire immense, vint à notre rencontre : c'était Jean Benoît. Giguère lui remit la lettre d'introduction de Léon Bellefleur, mais il ne l'ouvrit même pas, disant qu'il la lirait plus tard, puis il me présenta à Jean.

— Deux Canadiens d'un coup ! s'exclama-t-il, vous tombez bien, j'étais justement avec un autre type de chez vous, un ancien curé.

L'espèce d'oiseau de proie qui n'avait pas bougé de son fauteuil se leva pour venir vers nous. Il était déplumé, maigre, les oreilles comme des ailes et le nez comme un rostre, appendice grossier, long et crochu, qui lui volait tout le visage. Heureusement, lorsqu'il parlait, sa pomme d'Adam, proéminente elle aussi, ravissait alors la vedette, bondissant le long de son gosier et boursouflant le col roulé de son chandail comme une taupe de dessin animé. Ce rapace, je le connaissais de nom : c'était François Hertel, jésuite défroqué, poète, polémiste et romancier. Jacques Languirand m'avait beaucoup parlé de lui, puisque Hertel l'avait hébergé pendant plusieurs mois, à Paris.

Je mentionnai que j'étais un ami de Languirand.

— Languirand, s'écria Hertel en montant sur ses ergots, le seul homme de la Terre qui ne sait pas chier ! Et ce ne sont pas des paroles en l'air, je l'ai accueilli chez moi pour finalement devoir le mettre à la porte. J'ai des cabinets à la turque, poursuivit Hertel dont le bec claquait de plaisir aux révélations qu'il allait faire, et quand Languirand habitait à la maison, chaque fois qu'il s'en servait, j'en avais pour des heures à nettoyer : il y en avait jusque sur les murs, il ne visait pas, il éclaboussait, il en mettait partout.

Un demi-siècle plus tard, il y a encore du vrai dans cette évaluation de Hertel : Languirand ne vise pas, il éclabousse.

Qu'importe la belle lettre de Bellefleur, Jean Benoît ne voyait pas, comme peintre, ce qu'il pouvait apprendre à Giguère ; ce qu'il cherchait lui-même par-dessus tout ce n'était pas des disciples, mais des amis pour faire la fête. Il comprit tout de suite que j'étais un candidat idéal, Giguère était venu à Paris pour se perfectionner tandis qu'à cet égard mes objectifs étaient si imprécis qu'un rien pouvait me détourner de mes desseins.

Premier arrêt, le même soir, Chez Moineau, rue Guénégaud. Pauline Julien, que Raymond Lévesque avait présentée à la direction, y faisait ses débuts de chanteuse. Giguère avait décliné l'invitation parce qu'il ne voulait pas continuer de boire – nous avions déjà avec Hertel et Jean vidé quelques bouteilles de vin –, Mimi Parent, elle, avait choisi de rester à la maison parce qu'elle appréhendait (avec raison) une nuit sans fin.

Nous étions déjà assez éméchés, Jean et moi, lorsque avec Thérèse Arbic nous nous retrouvâmes dans la petite boîte de la rive gauche où une bonne partie du tour de chant de Pauline était consacrée au répertoire de Lotte Lenya et Kurt Weill. C'était surprenant, elle chantait souvent faux, contrôlait mal sa voix, mais elle avait du mordant et on sentait la résolution de devenir chanteuse envers et contre tous. Ce destin, il fallait alors une certaine dose d'amitié pour y croire, mais elle a fini par l'imposer. Singulièrement.

Il était tard au sortir de Chez Moineau, le spectacle de Pauline nous avait donné soif. Tous les cafés fermaient, mais Jean connaissait un endroit… il connaissait toujours un endroit qui restait ouvert la nuit où l'on pouvait boire et, à la rigueur, manger.

Nous remontâmes sur Bonaparte pour rejoindre, à droite, la rue Saint-Benoît, Jean s'arrêta devant le judas grillagé d'une lourde porte de noyer, il appuya sur le bouton de la sonnette et nous attendîmes un long moment sous le néon éteint qui annonçait le Saint-Germain-des-Prés.

— C'est un club privé, un club de jazz, précisa Jean, narquois.

Si quelqu'un n'avait pas l'allure d'un membre de club privé parisien, c'était bien Jean Benoît, toujours en jeans avec une chemise froissée sous un tricot à grosses côtes et une Gauloise maïs à la bouche.

Le judas s'entrouvrit, puis tout de suite derrière, la porte, sans hésitation.

Le club était au sous-sol. Nous emboîtâmes le pas à Jean, qui descendit l'escalier derrière le portier en lui tripotant familièrement les fesses.

— C'est un pédé, il adore ça, dit-il plaisamment avant de nous présenter Alan Glass, qui piqua un de ces fards.

— Lui aussi est canadien, poursuivit Jean.

Alan était originaire de Saint-Bruno où son père, Frank Glass, émigré d'Écosse en 1922, avait été le premier «pro» du club de golf de la petite localité. Alan, pas du tout taillé pour le sport, avait opté pour l'École des beaux-arts de Montréal, étudiant avec Alfred Pellan, l'ami de Jean, puis s'était exilé à Paris où il vivotait comme portier au Club Saint-Germain. Il avait une petite table au pied de l'escalier et, entre les clients, il dessinait avec une pointe Bic, la nouveauté de l'époque, sur un grand papier blanc dont il ne découvrait qu'un bout à la fois afin de ne pas avoir d'histoires avec la patronne, Mme Michel, blonde incendiaire sur son déclin, qui accumulait illégalement des devises américaines en changeant aux étrangers des chèques de l'*American Express,* à trois fois le cours officiel. D'ailleurs, dès les jours suivants, je me mis en rapport avec Mme Michel et un autre changeur que m'avait indiqué Jean, un petit juif fébrile, nerveux, qui effectuait ses transactions au pied de la statue de Jeanne d'Arc, aux Tuileries, trois jours par semaine, entre dix et onze heures le matin. Grâce à eux, l'argent que j'avais engrangé pour mon aventure en Europe venait de tripler, j'étais riche, je pouvais payer pour ceux qui avaient moins d'argent que moi, c'est-à-dire tous ceux que j'aimais et qui m'ouvraient de nouveaux horizons.

La barmaid du club aussi était canadienne. Denyse Brosseau était partie de Sorel, avait fait halte à Montréal pour des études en art dramatique, puis s'était rendue à Paris travailler avec le mime Marceau. Là, elle était tombée amoureuse d'Alejandro Jodorowsky, arrivé de Santiago, en 1955, pour travailler lui aussi avec le mime français.

Denyse était barmaid parce qu'elle et Alejandro venaient tout juste de laisser tomber Marceau, à Tokyo, au beau milieu d'une tournée japonaise qui devait durer un an. L'abrupte séparation avait délié la langue de Marceau, qui répandit dans le milieu les pires bruits sur Alejandro, cherchant même, sans y réussir, à dissuader Maurice Chevalier de l'engager pour la mise en scène de son prochain spectacle.

Un peu plus tard, Jodoroswky arriva au Club Saint-Germain ; il avait soif, il avait travaillé longuement avec Chevalier et la nuit continua durant des jours et des jours avant que Thérèse me convainque de lancer la Dauphine vers ce voyage culturel en Italie.

La Dauphine devait partager mon sentiment que nous nous détachions de la vraie vie, car, au moment d'arriver à Pise, elle se cabra à l'idée de continuer ; déjà quelques kilomètres plus tôt, elle avait manifesté ses premiers signes d'insoumission en ignorant la pédale d'accélérateur, puis elle y était allée d'une série de pétarades avant de carrément faire la morte. À l'heure du crépuscule.

C'est difficile à imaginer maintenant, mais à cette époque-là, il n'y avait pas beaucoup de voitures sur les routes. Nous avions expliqué notre situation à quelques rares Samaritains qui s'étaient intéressés à notre sort et qui étaient repartis sans que nous sachions s'ils allaient alerter quelqu'un. En rade sur le bord de la route, je n'avais que la bande de Paris en tête et j'eus volontiers rebroussé chemin, mais il y avait Thérèse, armée de guides de toutes les couleurs, et son intarissable jacassement sur les richesses muséales qui nous attendaient. J'aurais davantage été de l'opinion d'André Suarès : « Où il y a un homme vivant, il y a une œuvre d'art. »

Au moment où nous aurions pu désespérer, un motard arrivant en sens inverse et portant un sac en bandoulière s'arrêta près de nous. Comme je ne comprenais rien à ce qu'il m'expliqua en italien, il ouvrit son sac et exhiba ses outils de mécanicien.

Quelques instants plus tard, le moteur de la Dauphine ronronnait. Il faisait déjà nuit. Trop tard pour faire le détour par Pise ! Je n'ai donc encore jamais vu la tour penchée autrement qu'en photo, mais elle ne me manque pas. Quant au reste des beautés de l'Italie, oui ! si elles figurent dans un guide, je les ai vues, visitées, admirées.

Avant de revenir à Paris pour y retrouver enfin la bande, nous passâmes par Vienne où je fis mon apprentissage de l'opéra avec *Nabucco* de Verdi, au Staatsoper dont *Fidelio* avait marqué la réouverture, pile deux ans plus tôt, en novembre 1955 ; il avait fallu une décennie pour effacer les destructions de la guerre.

Ce n'était pas un soir de première, mais Thérèse, en jupe et chemisier, et moi, avec mon blouson de cuir noir, n'osions pas nous redresser des fauteuils où la honte nous gardait enfoncés à la cinquième rangée d'un parterre de smokings et de robes habillées. Alors qu'ils étaient tous debout, à la fin de la troisième partie, pour bisser le *Va pensiero,* tapant des pieds et des mains, gloussant de plaisir, nous ne bougeâmes pas ; avec notre accoutrement rustique, autant passer aussi pour des ignorants.

Le comble ! Après l'interminable Verdi, alors que nous mourions de faim, on nous refoula à l'entrée du restaurant de l'hôtel Sacher où j'avais pourtant réservé. Notre tenue vestimentaire ne convenait pas, là non plus. On nous accepta de justesse – car la cuisine fermait – dans un restaurant près de la cathédrale Saint-Étienne où l'on daignait encore servir des *wiener Schnitzels*, mais rien de plus. Cela nous arriva à la vitesse de l'éclair, deux grandes calottes jaunâtres qui débordaient de l'assiette, sèches et sans accompagnement, d'insignifiantes flaques de viande dans lesquelles nous pataugions avec nos rêves évanouis de soirée viennoise romantique.

J'étais loin de me douter que je reviendrais à Vienne un jour pour faire la contrebande d'œufs et autres objets de Fabergé, royalement logé au Bristol et admis au Sacher comme un habitué. Et que je m'y retrouverais encore, cette fois, sur les chemins d'Alma Mahler et de ses illustres amants. Je travaillerai presque deux ans pour un consortium de télévision France-Italie-Allemagne à une dramatisation de la vie d'Alma qui me permettra de découvrir le peintre auquel encore aujourd'hui je demeure le plus sensible : Egon Schiele que la grippe espagnole a emporté à vingt-huit ans, trois jours après sa femme, tuée aussi par l'épidémie.

Rien n'est décoratif dans les œuvres de Schiele, tout est émotion, violence et sexualité, les êtres autant que les paysages sont crus, les sentiments à vif ; ses villes, souvent entourées d'eau noire, funeste, au-dessus desquelles on a l'impression de planer comme des oiseaux de proie, paraissent toujours vides, mortes et sans signe de vie. Si ! parfois du linge sèche sur une corde – le linge de qui ? puisqu'on ne voit pas âme qui vive ; et les paysages âpres et astringents, où même les arbres portent l'empreinte d'une vie en suspens. Quel peintre – je n'en connais pas – s'est autant révélé dans ses autoportraits ? Quel peintre a confronté d'une façon aussi choquante sa propre sexualité ? Ou exploré aussi crûment le corps féminin ? Et pourtant, il n'existe pas dans cette peinture, parfois à la limite de la pornographie, d'accouplements plus romantiques, plus beaux, plus passionnés que ceux des amants que Schiele enlace : homme et femme ou femme et femme.

L'obsession de la sexualité qui a conduit Schiele en prison, à vingt-deux ans, sous des accusations jamais prouvées de détournement de mineurs, qui a fait passer au marquis de Sade trente ans de sa vie en détention et a failli lui valoir la guillotine, a toujours taraudé mon copain Jean Benoît ; elle a investi ses pensées, nourri son imagination, inspiré son comportement non conformiste et provocateur, et l'a finalement orienté vers le surréalisme, celui d'André Breton, dans le cercle duquel il a été admis deux ans plus tard.

L'autre maître de Jean, c'était le marquis de Sade lui-même. Non, il ne mettait pas en application sa philosophie – une étonnante pudeur freinant toujours sa lubricité –, mais elle l'exaltait et lui donnait l'occasion d'ameuter les prudes et de susciter toutes sortes d'envies chez les aventurières… et les curieuses.

Sade ! Déjà quand j'ai connu Jean il rêvait de rendre hommage au plus grand écrivain, de tous les temps, à son avis ! Il avait donc commencé à élaborer un costume quasi indescriptible, inspiré des œuvres du marquis. Ce costume qu'il mit plus de deux ans à achever, il le porterait au cours d'une célébration, intitulée *Exécution du testament du marquis de Sade*, qui se déroulerait, le 2 décembre 1959, dans le cadre de l'exposition internationale du surréalisme, à l'appartement de la poétesse Joyce Mansour, dans le XVIe arrondissement de Paris, la seule femme admise au sein du mouvement surréaliste.

La cérémonie, à laquelle je n'assistai pas n'étant plus à Paris, mais dont j'ai lu le compte rendu dans *Les Nouvelles littéraires*, commença à vingt-deux heures, au numéro 1 de l'avenue du Maréchal Maunoury, avec des haut-parleurs hurlant une bande sonore de Radovan Ivsic qui crevait les tympans : son impression d'une éruption volcanique pour qui se serait trouvé au bord même du cratère, allusion à la phrase de

Sade : « Un jour, examinant l'Etna, dont le sein vomissait des flammes, je désirais être ce célèbre volcan. » À l'instant où le bruit de volcan devenait presque insupportable, Jean Benoît fit son entrée avec son impossible costume.

Puis s'installa un silence religieux durant lequel on entendit la voix d'André Breton lisant le testament de Sade. Ensuite, ce fut au tour de Jean-René Major (le réalisateur qui m'avait commandé tant de textes alors qu'il était au Service international de Radio-Canada) de lire des notes de Jean Benoît qui, aidé par Mimi Parent, retira une à une les pièces de son costume, du cuir, du bois et d'étranges plumeaux. Flambant nu, Jean s'empara d'un fer chauffé à blanc avec lequel il se brûla, à la place du cœur, un signe indélébile en souvenir du marquis, répandant dans le salon une nauséeuse odeur de chair roussie. Ce stigmate, qui lui valut la page frontispice des *Nouvelles littéraires*, faillit aussi lui coûter la vie. En effet, une infection tenace s'installa dans la plaie sur son torse, provoquant des fièvres et des délires dont il se délecta secrètement tandis que Mimi se faisait un sang d'encre.

Au retour d'Italie, on était déjà presque à Noël et il fut décidé de célébrer la fête chez les Benoît, rue Saint-Roch. Ma proposition d'offrir le vin fut tout de suite retenue, mais il n'était pas question que Jean me laissât choisir seul, il souhaita que nous nous rendions chez son caviste sur une petite rue, près de la place de l'Opéra. C'était une cave comme il n'en existe plus guère pour le commerce du vin à Paris. Dès le pas de la porte, des vapeurs puissantes d'alcool assaillaient le client, mêlées aux exhalaisons de calcaire et de sulfate venues des vignobles avec les caisses, les tonneaux et les dames-jeannes clissées qui encombraient tout l'espace. Il ne restait que d'étroits passages dans lesquels on circulait de côté, dans la pénombre, guidé par le caviste qui cornait une litanie de crus comme s'il y eût la moindre chance de les repérer dans ce capharnaüm. Ce que nous cherchions au départ n'était pas courant : le meilleur vin au plus bas prix ! À la qualité, Jean avait décrété qu'il fallait favoriser la quantité, tant mieux si nous arrivions à conjuguer les deux exigences. Nous serions une douzaine de personnes, donc nous commanderions au moins trois caisses de vin et pourquoi pas quatre ? ce serait plus prudent.

Le caviste, dont le nez – imposant promontoire couleur de groseille parcouru en tous sens de veinules grenat – constituait à lui seul une impressionnante enseigne, nous rejoignit dans un recoin sombre avec une bouteille ouverte à la main.

— J'ai votre affaire, annonça-t-il en tirant un dernier râle d'un chicot de Gauloise.

Il chercha désespérément à mirer la bouteille dans les rais de lumière qui tombaient d'un soupirail à barreaux aux vitres crasseuses.

— On ne voit pas très bien, mais regardez-moi cette couleur cerise noire. Cinquante-cinq pour cent de Cabernet franc avec un parfum de fruits noirs et rouges, d'épices et de bois fumé.

Il nous passa le goulot sous le nez, mais le parfum de fruits ne pouvait rivaliser avec le moisi de la cave.

— Vous pouvez me faire confiance. C'est un petit vignoble qui jouxte le Château Ausone sur le haut plateau de Saint-Martin, la même exposition, le même sol argilo-calcaire. Et puis, je connais le vigneron, un type sérieux. Je n'aurais qu'à mettre l'étiquette et je refilerais ça comme un Ausone à deux briques la caisse, ni vu ni connu, tandis que celui-là, je vous le fais à cent balles.

— La caisse ? demanda Jean.

— Vous vous moquez de moi, s'insurgea le caviste qui n'avait pas flairé le ton pince-sans-rire de son client, cent balles la « bouteille », donné pour un vin de cette qualité. Je vous le fais goûter, vous allez voir, c'est rond, long, profond, avec des arômes et de la finesse tout en dentelle, de quoi se pourlécher les babines. C'est splendide, un vin de connaisseur. C'est le voisin du Château Ausone, mais vous ne payez pas pour le mythe !

Pas mal, mais c'était un vin qui mettait du temps à s'imposer, tout en retenue. Nous ne fûmes proprement convaincus qu'après avoir vidé la bouteille, qui ne portait aucune étiquette.

— Avec ces petits vignobles, expliqua le caviste, ça arrive tout le temps, le vin est prêt, pas les étiquettes ! Barsalou m'avait promis avant Noël et vous voyez, je ne les ai toujours pas. Mais soyez sans crainte, c'est un authentique Château Barsalou, elles seront dans le courrier demain, si vous voulez attendre.

— Vous en avez combien ? demandai-je.

— Cinq caisses, moins la bouteille que nous avons bue.

Étiquette ou pas, cela nous était parfaitement égal. Le marchand transporta notre précieuse cargaison sur un diable jusqu'à la rue Saint-Roch, nous abandonnant avec les caisses pour l'ascension des six étages.

Ce réveillon de Noël chez Jean et Mimi fut mémorable. Toute la bande y était : les Giguère, Pauline Julien avec son nouveau copain, un sculpteur allemand avec une gueule de S.S., le peintre Léon Bellefleur et sa femme Rita, Bernard Vanier, peintre aussi et fils de l'ambassadeur du Canada, Jodorowsky et Denyse, le peintre Roberto Matta, récemment revenu de New York pour s'établir à Paris, ainsi qu'un architecte polonais dont j'ai complètement oublié le nom, qui nous accompagnait souvent, Jean et moi, dans nos libations nocturnes parce que nous buvions avec la même fougue polonaise que lui ! et surtout il y eut Alan, qui s'amena avec une femme que personne ne connaissait, des yeux noirs, intenses, des cheveux longs, lisses et brillants, une crinière de jais, les gestes fluides, expressifs, les formes gracieuses d'une panthère et la même félinité mystérieuse.

Elle était arrivée un soir au Club Saint-Germain et n'avait plus lâché Alan, bien qu'il lui eût tout de suite admis son inclination pour les hommes. Elle paraissait fortunée et avait des relations. Ayant vu les dessins qu'il faisait à la sauvette avec des Bic, elle avait pris sur elle de communiquer avec le baron Marcel Bich, l'inventeur des stylos portant son nom en abrégé, pour le prévenir qu'un jeune artiste s'en servait pour des chefs-d'œuvre. Comme la société du baron avait entrepris la conquête du monde avec le nouveau stylo à bille rétractable M10 – celui-là même dont se servait Alan –, elle lui avait suggéré de patronner une exposition de l'artiste dans une galerie parisienne. L'exposition eut lieu quelques mois plus tard, au Terrain Vague, Bich y investit quelques picaillons, et on voudrait croire qu'elle fut une source d'inspiration pour lui puisque, par la suite, sa société n'arrêta jamais d'innover, le Bic devenant aussi briquet, rasoir, planche à voile, kayak et même voiture.

Teresa Valdivia, c'était le nom de l'inconnue, avait d'autres desseins, nous l'apprendrions bientôt, mais ce qu'elle nous dévoila, durant la soirée, par petits morceaux, dans un baragouin d'anglais, de français et d'espagnol, avait de quoi étonner. Elle se disait princesse, descendant en ligne directe de l'empereur inca Huayna Capac, successeur de Tupac Yupanqui, sauf pour un important détour. Une appréciable circonvolution généalogique !

En effet, vers 1527, au moment où Huayna Capac, qui avait consacré son règne à étendre l'empire inca, mourut sur le territoire actuel de la Colombie, terrassé par la variole qu'avaient apportée les conquérants espagnols, son fils Huascar avait déjà commencé à comploter contre lui et son frère Atahualpa, le successeur désigné, qu'il fit aussitôt arrêter. Mais grâce à une jeune fille qui se trouvait être l'enfant illégitime de Huayna et, en quelque sorte la sœur d'Atahualpa, ce dernier réussit à s'échapper et à rejoindre un des meilleurs généraux de son père disparu. Guerre civile. Victoire d'Atahualpa. Victoire éphémère puisque les *conquistadors* débarquent en Amérique du Sud, capturent Atahualpa, provoquant la chute définitive de l'empire inca. Cette fille illégitime de Huayna, c'était l'ancêtre de notre Teresa Valdivia, une Argentine.

Jodorowsky, qui s'y connaissait un peu en histoire inca et que la présence de Teresa semblait agacer profondément parce qu'elle était devenue l'attraction de la soirée, se mit tout de suite à disputer l'authenticité de ses origines. Sans succès. Teresa connaissait par cœur les dates du règne de chaque Inca, son nom, celui du successeur comme du prédécesseur et, coup de grâce ! elle parlait un peu le quéchua. Confondu, Jodorowsky n'ouvrit plus le bec de la soirée, il se contenta de tout observer d'un regard d'oiseau de proie dépité, perché sur la plus haute branche de son orgueil.

L'autre partie mémorable de cette soirée : l'authentique Château Barsalou, cultivé sur la même parcelle de terre que le Château Ausone, presque un frère jumeau ! Jean expliqua en ouvrant la première bouteille pourquoi elle ne portait pas d'étiquette. Un peu de désinformation puisque, plus tôt dans la journée, alors que nous passions devant sa cave à vin, le marchand tout heureux sortit avec les étiquettes du Château Barsalou qu'il venait de prendre à la poste. Jean avait décidé qu'il les collerait plutôt sur de l'infâme piquette pour s'amuser de certains snobinards, à la recherche d'œuvres d'art à bon compte, que leur envoyait parfois l'ambassade du Canada, désireuse d'aider deux artistes expatriés.

Le vin de cette première bouteille de Château Barsalou était bouchonné. Pas la catastrophe, mais un arrière-goût impardonnable pour un rival d'Ausone. Jean fit vider les verres de ceux qui avaient été servis et ouvrit une deuxième bouteille. Bouchonné aussi. Même histoire pour la suivante et celles d'après. Plus il en débouchait, plus l'issue devenait fatale : tout le vin que nous avions acheté était bouchonné, cinquante-neuf bouteilles d'authentique Château Barsalou. La seule dont le vin n'était pas altéré était celle que nous avions bue chez le caviste, qui nous avait convaincus d'emporter ce nectar rond, long et profond ! Une coïncidence trop étrange pour empêcher Jean de penser qu'il s'était fait rouler dans la farine par un marchand avec qui il faisait affaire depuis presque dix ans. Indubitable lèse-majesté !

Et c'était tout ce que nous avions à boire. Il ne restait plus dans la maison une seule goutte du vin râpeux de tous les jours que Jean allait tirer chez ce même caviste, subitement devenu un traître et un escroc.

Peut-on concevoir événement plus dramatique ? C'est la nuit de Noël. La compagnie est agréable. Le réveillon est plantureux, le vin... bouchonné ! Passé un premier état d'abattement, nous nous raidîmes contre l'adversité et, vers la fin de la nuit, ce petit goût de liège dans la bouche nous était presque devenu agréable, nous nous y étions faits comme on s'habitue à celui de la résine dans le vin grec. Mais comme Jean avait résolu de se faire rembourser, il insista pour que l'on boive un peu de chacune des bouteilles, ainsi nous ne mourrions pas de soif et préserverions la preuve irréfutable de cet attentat inexplicable à notre célébration.

Lorsque le surlendemain, le caviste arriva devant son commerce, nous étions déjà là, Jean et moi, pour demander réparation, les cinq caisses de bouteilles à moitié vides, empilées sur le trottoir. En nous apercevant, le caviste qui devinait notre colère blanche devint blanc comme un linge, exception faite de son nez de groseille.

— Je le savais ! Je savais que je vous verrais aujourd'hui, bredouilla-t-il, sans pour autant sembler désarçonné. Si vous saviez le Noël que j'ai passé, poursuivit-il, un cauchemar !

— Et nous donc !

— J'aurais eu votre adresse, votre téléphone, je sais que vous êtes sur Saint-Roch, mais Saint-Roch, monsieur Benoît c'est une rue, pas une petite impasse ! Je ne pouvais pas aller frapper à toutes les portes.

Le fracas du rideau de fer que montait le caviste étrangla vite les récriminations de Jean, à qui il fit signe de ne pas perdre sa salive, il savait très bien pourquoi nous étions là.

Il nous fit descendre, abandonnant sur le trottoir ces caisses de vin juste bon pour l'égout, se rendit au fond de l'établissement et revint avec un premier cru de Beaune de la Maison Bouchard, un Vigne de l'Enfant Jésus, qu'il transportait avec précaution, comme un nouveau-né.

— Voilà qui devrait parvenir à me faire pardonner la faute grave que j'ai commise envers vous. Vous ne pouvez pas vous figurer, mais l'autre jour, peut-être avais-je un peu trop picolé (!), je ne vous ai pas donné les caisses de Château Barsalou, mais d'autres que j'avais posées là, juste à côté, pour les retourner au propriétaire et je vous ai laissés partir avec les mauvaises ! Le Barsalou est toujours là, il manque la bouteille que nous avons bue. Ça, pour une connerie ! Mais comment vous êtes-vous débrouillés ? demanda-t-il avec commisération.

— Nous étions comme des désespérés qui tombent sur une flaque d'eau dans le Sahara, répliqua Jean d'un ton qu'il s'efforçait de garder irrité ; souillée, contaminée, ils en boivent !

— Et moi, fis-je, moi qui offrais le vin, vous vous rendez compte comment je me suis senti.

— Et faire cela à des cousins canadiens, soupira le caviste.

Le pauvre était accablé, ça se sentait, on le voyait : les veinules sur son énorme nez frémissaient, rongées sans doute par les vers du remords, et sa main tremblait en versant dans nos verres l'Enfant Jésus qu'il venait de déboucher. Il nous supplia de bien tourner dans nos bouches ce sublime nectar dont il se mit à déclamer les vertus : son nez profondément fruité et alléchant, ses tanins fermes et enrobés, ses nobles notes de vanille, sa robe intense, son bouquet prestigieux de rose fanée et d'épices, sa longueur incroyable…

La première bouteille ne parvint pas tout à fait à restaurer nos papilles estropiées et, le dos voûté par la culpabilité que nous faisions peser sur lui, il finit par retourner au fond de sa cave chercher une autre bouteille du même cru.

— Laissez-moi l'ouvrir, dit Jean, je veux être assailli par les premiers effluves, il faut brusquer mon nez, qu'il retrouve ses sens.

Il retira le bouchon avec délicatesse, le huma longuement puis me le passa.

Je hochai la tête, feignant de ne rien percevoir.

— Pourtant, fit remarquer Jean au caviste, il a beau être canadien, c'est un connaisseur et il a de l'expérience, il boit depuis qu'il est tout jeune.

— Renifle encore.

— Jean, dis-je, il n'y a rien à faire, c'est toujours la maudite odeur de bouchon qui me revient.

— C'est mon dernier Enfant Jésus, s'écria le caviste, terrifié que ma convalescence s'éternise.

Il ne but qu'une gorgée de cette deuxième bouteille, nous laissant le reste pour bien indiquer qu'il se sentait quitte, que nous devions nous considérer indemnisés.

Nous repartîmes avec nos cinquante-neuf bouteilles de véritable Château Barsalou sur un diable, le pas alourdi par l'Enfant Jésus.

— Bonne année encore ! fit-il en nous envoyant la main, la trogne enluminée d'un sourire gouailleur.

Oui, avais-je envie de répondre comme lorsque nous étions enfants : « Bonne année, grand nez ! »

*
* *

C'est clair, cela pouvait passer pour une parfaite vie de patachon. Durant tout cet hiver à Paris, je ne vis jamais la lumière du jour, ce qui m'obligea, après quelques semaines, à quitter l'Hôtel de la Paix, boulevard Raspail, car les femmes de chambre, que l'idée du ménage tourmente dès que le soleil se lève, essayaient de forcer ma porte alors que je venais de me mettre au lit.

Thérèse Arbic ne suivait pas le même régime, elle profitait de la journée pour prendre des cours d'art dramatique, d'abord avec Jacques Mauclair, puis ensuite avec Jodorowsky, qui l'avait convaincue que Mauclair était dépassé, ringard. Je ne sais pas si l'enseignement d'Alejandro était révolutionnaire, mais il était particulier : elle passait une bonne partie de chaque cours, immobile sur un canapé, à fixer un gros point noir qu'il collait sur le mur d'en face et dont elle ne devait sous aucun motif détourner le regard – « *il punto della concentration* », répétait-il d'une voix monocorde, comme un mantra, alors qu'elle n'osait pas broncher même lorsqu'il allait jusqu'à se masturber devant elle afin de la déconcentrer.

Pas le style de Mauclair chez qui elle recommença plus tard des cours, sans abandonner Jodorowsky, les deux, prétendait-elle, étant complémentaires.

Avant de passer les nuits à m'imbiber de Paris avec les amis, je me rendais presque chaque soir à la Cinémathèque française, rue d'Ulm. J'eus droit à un laisser-passer permanent que me remit Henri Langlois lui-même, à la demande de Georges Franju, cofondateur de l'institution avec lui et Jean Mitry, en 1936.

Franju ! Je l'avais appelé peu de temps après mon arrivée à Paris, Norman McLaren m'ayant demandé de lui transmettre ses amitiés et me recommandant de voir ses deux documentaires qui l'avaient beaucoup bouleversé, *Le Sang des bêtes* et *Hôtel des Invalides*. Par quel étrange biais ces deux films d'un réalisme brutal, sans concession, l'un sur les abattoirs de Paris, l'autre sur les « gueules cassées », avaient-ils intéressé si vivement McLaren, je me le demande toujours. Prisonnier d'un univers de mouvement et de beauté qu'il devait créer de toutes pièces, laborieusement, image par image, peut-être McLaren avait-il été attiré, soulagé par la manière crue, presque vorace de Franju de filmer, le brutalisme de son regard : les antipodes !

La brusquerie de Franju, j'y goûtai dès le premier coup de fil. De McLaren, il disait n'avoir rien à foutre et de moi encore moins. J'essayais en m'excusant de raccrocher, mais il ne m'en laissait pas le temps, il continuait à m'invectiver de sa grosse voix pâteuse de type bourré. Je fis donc une croix sur Franju jusqu'à ce que je reçoive un mot de McLaren s'informant de la réception que m'avait réservée le réalisateur français. Ne voulant pas blesser Norman en lui rapportant les propos grossiers qu'avait tenus Franju, je marchai sur mon orgueil et le rappelai au téléphone.

Je compris qu'il n'avait aucun souvenir de mon premier appel. Alors, *motus* ! Et il fut presque charmant, m'invitant à prendre un verre dans un bistrot près du Panthéon. Il but tout ce que je lui racontai sur McLaren, en même temps qu'un litre de rouge, et comme j'exprimai le désir de voir ses films, il m'emmena à la Cinémathèque, me présenta à Henri Langlois en lui disant – franchement impressionné – que j'étais un ami intime du « génie canadien ». J'eus droit au laisser-passer et à une projection spéciale des films de Franju, à laquelle j'invitai toute la bande.

À travers les images terribles du *Sang des bêtes*, Jean Benoît décoda une réelle poésie en même temps qu'une esthétique glaciale qui préfiguraient le long-métrage de 1959, *Les Yeux sans visage*, le chef-d'œuvre de Franju. Je partageais plutôt cet avis et j'étais mystifié par ce genre de documentaire coup de poing, sans retenue, pas très bien léché, loin de ce que faisait alors l'Office national du film, mais apparenté au cinéma-vérité, un style que nous explorerions à Montréal, plus tard, sans savoir qu'un groupe de cinéastes tenteraient la même expérience à New York, et que Jean Rouch était sur cette piste, lui aussi, au Niger.

En quelques mois, des films à la Cinémathèque, j'en vis des centaines. Moi qui ne jurais que par les Marx Brothers, Chaplin, Laurel et Hardy, je fis la découverte de Buster Keaton, Harold Lloyd, Harry Langdon, les Keystone Kops, et surtout j'entendis parler pour la première fois de Mack Sennett, le roi de la comédie. Il était né Michael Sinnott dans les Cantons-de-l'Est, comme moi, lui à Richmond ou Danville, affirment ses biographes, mais plutôt à Notre-Dame-de-Stanbridge, me révélèrent des recherches plus poussées que je fis sur ce personnage dont je ne comprends pas qu'on n'ait jamais daigné lui élever un monument quelque part dans son pays d'origine.

L'émotion que je ressens toujours lorsque je pense à ce bonhomme qui avait pris le métier de ferblantier, mais rêvait de chanter l'opéra !

Sa famille, comme des centaines de milliers de Canadiens français, émigre en Nouvelle-Angleterre, dans les années 1900, afin d'échapper à la misère, il rencontre par hasard la star de Broadway Marie Dressler, une Canadienne elle aussi, qui lui écrit une lettre de recommandation pour l'imprésario new-yorkais David Belasco. Son talent d'acteur ou de chanteur est petit, mais l'immense cinéaste D.W. Griffith le prend bientôt sous son aile et Sennett apprend de lui l'essentiel du cinéma. Contrairement à son maître, c'est la comédie qui le passionne. Il ira donc à Hollywood ouvrir les studios Keystone et deviendra le plus grand créateur de comédies du cinéma muet.

Ce que j'aurais donné pour être Mack Sennett !

Un soir par semaine, les jeudis je crois, Alan ne travaillait pas et nous allions – souvent avec Jean – finir la nuit dans une boîte de pédés à la montagne Sainte-Geneviève. Tandis que Jean rigolait, je dansais avec Alan ; il avait développé une véritable tendresse pour moi et la danse lui permettait des épanchements que je n'aurais peut-être pas acceptés en d'autres circonstances. Il se sentait bien dans mes bras et cela était plus agréable que gênant. L'ennui, c'est qu'à plusieurs reprises au cours de la nuit, la sono commençait à diffuser une polka ; la maîtresse de cérémonie, une blonde plantureuse à la longue chevelure de fée, un travesti, s'amenait au centre de la piste tenant un coussin de velours vert : les couples devaient alors se placer côte à côte, en se prenant par la taille, et danser autour de lui, jusqu'à ce que la musique s'arrête brusquement. Le travelo jetait son dévolu sur un danseur et venait poser son coussin par terre devant lui ; ce dernier devait s'agenouiller et se laisser rouler une pelle, c'était la convention ! puis le coussin lui revenait et c'est lui qui allait prendre place au centre, la polka recommençait, s'arrêtait et le jeu du baiser recommençait. Plus ça s'embrassait à bouche que veux-tu, plus la polka s'étirait.

Il était impossible de ne pas se retrouver à un moment ou un autre avec une grosse langue humide et inconnue au fond de la gorge, sauf lorsque Alan héritait du coussin et venait le poser gentiment devant Jean ou moi, se contentant d'effusions plus discrètes mais aussi plus sincères.

Pour nous suivre à cette époque-là, Jean et moi, il fallait avoir une bonne constitution et surtout considérer que ces interminables beuveries pouvaient devenir une source d'inspiration pour l'avenir. Rien de moins sûr ! Pourtant, à certains moments de son existence, il est encore possible de s'imaginer qu'on a toute la vie devant soi.

Mimi Parent était si convaincue que Jean perdait son temps qu'un soir elle l'enferma dehors. Malgré nos supplications, Mimi fut sans pitié et Jean dut venir coucher à la maison, j'habitais maintenant une grande chambre de bonne au dernier étage d'un immeuble place Félix-Éboué, près du Jardin de Vincennes.

Elle nous refit le coup une semaine plus tard. Arrivés sur le palier du sixième étage, nous nous cassâmes le nez sur la porte, mais en analysant la situation nous en vînmes à la conclusion qu'il valait mieux percer le blocus et mettre fin à cette mauvaise habitude de Mimi. Nous enjambâmes la fenêtre du palier qui donnait sur la corniche de l'immeuble. Là, à une vingtaine de mètres au-dessus du vide, nous étions juste assez bourrés pour nous glisser sans la moindre hésitation sur cette étroite saillie de zinc jusqu'à une fenêtre de l'appartement de Jean, en façade, une promenade d'une quinzaine de mètres. Chacune des trois fenêtres était verrouillée, mais lorsque nous nous mîmes à taper dans les vitres, Mimi se leva et fut si terrorisée de nous voir là, entre ciel et terre, qu'elle nous ouvrit aussitôt et promit de ne plus jamais mettre le verrou sur la porte « puisque vous êtes si cons » !

Pour la remercier de sa sollicitude, nous lui fîmes cadeau, quelques jours plus tard, d'une citrouille qu'un marchand des Halles exhibait comme la plus grosse citrouille au monde. Elle mesurait un mètre cinquante de diamètre et pesait au-delà de cent kilos. Pas question de la trimballer dans la Dauphine, alors nous la roulâmes carrément dans les rues. Ce magnifique globe orangé, cette merveille potagère, provoqua tout un effet lorsque nous lui fîmes traverser l'avenue de l'Opéra, à l'heure où les Parisiens se rendent à leur travail. Et la tête de Mimi lorsqu'elle nous aperçut tous les deux, assis sur la citrouille que nous avions réussi de peine et de misère à monter jusque devant la porte. Touchée par notre folie, Mimi laissa longtemps la courge décorer le palier, puis se résigna à la dépecer pour en tirer des litres et des litres de soupe au potiron, un délice avec des croûtons et du Château Barsalou.

Glass et Benoît étaient peintres, mais ils se cherchaient encore. Quant à moi, j'avais choisi le cinéma, mais je n'en faisais pas encore. Cet état de jachère, si j'ose dire, constituait un dénominateur commun qui me convenait très bien.

Alan, dont l'exposition de dessins au stylo-bille avait bien fonctionné et suscité l'intérêt du surréaliste André Breton, passait maintenant beaucoup de temps aux Puces de Saint-Ouen à la recherche d'objets bizarres ou communs, babioles, zinzins, cadavres d'insectes, bijoux qu'il avait commencé à transformer en constellations poétiques dans des boîtes-cadres qui mirent trente ans à retenir l'œil des collectionneurs.

Il y avait des années qu'Alan avait quitté la France pour Mexico lorsque Michel Soskine, patron de la Galerie Claude-Bernard, découvrit la beauté de ces mondes en boîte qu'il exposa à New York, en 1992, puis à Paris, après s'être assuré d'un droit sur toute la production de Glass jusqu'à la fin des temps.

Mais à cette époque, rien ne laissait présager pareil succès, Alan habitait une chambre de bonne au 5 de la rue Manuel, à Montmartre, où un écriteau sur l'immeuble indiquait : « La Barrera ». La propriétaire, l'imposante Mme Barrera de Ascension, avait jadis émigré d'Espagne pour travailler chez le célèbre couturier Worth et, avec ses économies, elle avait acheté ce modeste immeuble pour en faire un hôtel dont la carte de visite fournissait les indispensables précisions suivantes : « La Barrera, English spoken, Francese y Portuguese, fournisseuse de la Duchesse de Sutherland et de la Crème de Buenos Aires ». La « crème » de Buenos Aires était généralement constituée de putains, pour la plupart des travestis, qui faisaient la navette avec leurs clients de la place Pigalle à la rue Manuel.

La principale décoration de cette chambre sous les combles où Alan engrangeait ses trésors des Puces était un phallus énorme, magnifique, sculptural, que Jean Benoît avait fabriqué et lui avait offert en cadeau. Alan avait suspendu l'œuvre d'art à la tête de son lit. Une bite magnifiée, fabuleuse, qui mesurait au moins quarante centimètres. Une « pièce montée » d'une grande perfection dont l'enveloppe avait été confectionnée avec de fins gants de dame, en peau de chevreau, des gants qu'il trouvait aux Puces, qu'il découpait et assemblait avec un art inouï, agençant les teintes et les patines, profitant par exemple de l'usure d'un petit morceau de peau qui fait la jonction des doigts pour créer le méat, palissonnant avec soin une empaumure pour le gland, réunissant ensuite les pièces pour la verge et utilisant les coutures pour simuler les vaisseaux sanguins et les replis du prépuce. La bourse en vélin souple, piquée de longs crins noirs, pendait indolemment avec la boursouflure des testicules sous la verge triomphante.

C'est ensuite que Jean entreprit, selon les mêmes principes, la création d'un animal fantastique, l'insaisissable bête de Maldoror, sexe de cuir en érection, gueule de cuir, anus de cuir, l'échine hérissée de tessons acérés. Dans la notice que Jean écrivit, après avoir terminé cette espèce de bouledogue qui lui demanda des centaines d'heures de travail, il prétend avec provocation que la peau de l'animal était un assemblage de trente-six paires de gants de toutes petites filles. Cette bête que j'ai vue naître et que je me serais bien procurée – mais Jean ne se départait pas volontiers de ses créations –, je l'ai revue un demi-siècle plus tard à l'exposition Mimi Parent-Jean Benoît *(Double jeu. Identité)* au Musée national des beaux-arts du Québec ; elle reste toujours aussi impressionnante dans son évocation de la cruauté et des passions meurtrières exprimées dans les *Chants* de Lautréamont.

Quel bric-à-brac, cet hiver à Paris ! J'étais aux Puces moi aussi, je glanais : idées, connaissances, incidents, lieux et personnages, tous ces matériaux hétéroclites nécessaires, me semblait-il, pour construire ma vie.

Un après-midi, alors que je regardais défiler la vie de la terrasse du Café de Flore en attendant Alan à qui j'avais donné rendez-vous, je sursautai à l'appel de mon nom : on me demandait au téléphone. J'allais souvent téléphoner au Flore, mais jamais personne ne m'y appelait et certainement pas Alan, qui n'avait pas le téléphone.

C'était Teresa Valdivia. Elle m'avait vu passer sur le boulevard, mais n'avait pas osé m'interpeller, d'ailleurs le sujet dont elle voulait m'entretenir était trop délicat pour qu'on l'abordât à une terrasse de café. Elle voulait me rencontrer avec Alan aussitôt que possible.

— C'est justement lui que j'attends.

— Est-ce que vous ne pourriez pas venir aujourd'hui même ? demanda-t-elle d'une voix étrangement anxieuse.

— Je peux le lui demander.

— *Por favor.* Et rappelez-moi, je suis à l'Hôtel d'Angleterre, vous savez, rue Jacob, attendez, je vous donne le numéro…

Elle dut laisser échapper le téléphone ou le plafond de sa chambre venait de s'écrouler, mais après ce ramdam à perforer le tympan, je n'entendis plus qu'un souffle : la communication n'était pas coupée, je percevais de temps à autre ces craquements ténus dont on ne sait s'ils viennent du combiné ou de son propre tympan, puis enfin la voix de la princesse inca :

— Je vois le numéro nulle part, c'est secret peut-être, mais si vous demandez aux informations, Hôtel d'Angleterre…

— Je parle à Alan et je vous rappelle.

Alan était intrigué, il ne s'expliquait pas ce coup de fil, Teresa était allée, encore hier soir, le relancer au Club Saint-Germain, elle lui avait laissé comme chaque fois un généreux pourboire alors que personne d'autre n'en donnait ; après tout, au bas de l'escalier, il ne faisait que vérifier la carte des membres ou déchirer le talon du ticket que les autres se procuraient à la porte. Elle avait pris de ses nouvelles sans plus, puis était allée s'asseoir, seule comme toujours, pour écouter du jazz et repousser les avances des importuns.

Pour Alan, toutes les femmes étaient mystérieuses, mais celle-là plus que les autres.

Je rappelai l'Hôtel d'Angleterre. Teresa nous demanda de passer à vingt heures précises et de monter à sa chambre, sans nous identifier à la réception.

Il y avait le temps d'avaler quelques whiskies qu'Alan commençait toujours par refuser parce qu'il n'avait pas les moyens de se les offrir lui-même, surtout à la terrasse du Flore. Et le temps de lui parler de Jutra. J'avais reçu un mot de ce dernier à ma poste restante habituelle, l'American Express de l'avenue de l'Opéra. Claude avait pris congé de l'Office national du film où il ne se passait rien et serait bientôt à Paris, mais il ne savait pas où il habiterait et ne connaissait pas mon adresse, nous nous fierions à l'American Express.

Il crachine désagréablement, le vent glacial de l'hiver nous scie le visage et une trombe d'eau accumulée dans les replis de l'auvent des Deux Magots nous tombe dessus juste comme nous nous engageons dans la rue Bonaparte. Alan, avec son ciré de marin, est épargné, tandis que j'en prends plein la veste kowichan ; ce n'est pas que je sois trempé, avec tout le suint que les Indiens ont laissé dans la laine, mais je pue la toison mouillée.

— Ça n'embaume pas, me fait aussitôt remarquer Alan.

D'ailleurs, c'est ce parfum gras qui attire tout de suite l'attention de la dame, à la réception de l'hôtel, alors que nous cherchons à nous faufiler discrètement jusqu'à l'escalier comme l'a demandé Teresa.

— Qui cherchez-vous ? demanda-t-elle d'un ton suspicieux.

— La princesse Valdivia, dit Alan en faisant quelques pas vers elle et en souriant.

Avec ses manières délicates, sa voix un peu haut perchée, presque féminine, il inspirait confiance, on avait affaire à un ange.

— Je vois si elle est là.

— Elle nous attend, madame.

Plutôt que de vérifier directement la case 312, la dame passa en revue tout le casier derrière elle, en désignant du doigt chaque case comme s'il existait le moindre danger que des clefs de chambre changeassent de place à son insu.

— En effet, sa clef n'est pas là, annonça-t-elle enfin, Madame est à sa chambre ! Il y a un paillasson au pied de l'escalier : ayez l'obligeance de bien vous essuyer les pieds, avec le temps qu'il fait.

Avant même le troisième étage, la minuterie nous avait déjà plongés deux fois dans l'obscurité la plus totale. Le bouton des commutateurs n'était pas lumineux et, chaque fois, je devais longer le mur en tirant sur ma Gauloise pour le repérer. La chambre en face du troisième palier donnait au centre d'un long corridor et semblait porter le numéro 300, mais seul le 3 était à peu près lisible, les autres chiffres inscrits à la feuille d'or, sans doute par un artisan du Moyen Âge, restaient indéchiffrables.

Juste comme nous décidons d'aller vers la droite, la minuterie s'arrête. Allez donc débrouiller le bouton de la lumière de ceux des sonnettes de porte ! Et l'odeur de bergerie que je traîne, on dirait que l'obscurité l'accentue encore ! Nous sommes prêts à nous écrouler de rire lorsqu'une cadence de castagnettes se fait entendre au fond du couloir, à gauche, en même temps que nous discernons un filet de lumière sous une porte. Lueur d'espoir. Il faut que ce soit la chambre de Teresa.

Nous marchons dans l'obscurité vers ce trait lumineux d'où vient le claquement des castagnettes qui accompagnent, nous entendons maintenant la musique, l'*adagio* du *Concerto d'Aranjuez*.

Je chuchote à Alan :

— Sonne, tu la connais mieux que moi.

Stridente, la sonnette nous fait sursauter tous les deux. Les castagnettes se taisent et Teresa nous crie d'entrer, la porte n'est pas verrouillée. Alan tourne le bouton, pousse la porte et s'arrête net, figé comme la femme de Loth. Je me faufile et reste sidéré moi aussi ; allongée sur le lit, complètement nue, Teresa a recommencé à crépiter de tous ses doigts, son corps étrangement blanc ondule au rythme des castagnettes, sa poitrine se soulève et palpite, une île mystérieuse émerge du bas de son ventre velouté, un pubis de fin du monde aux poils vernissés.

Ignorant notre présence, elle reste en transe jusqu'aux dernières notes de l'*adagio*, puis elle se lève, éteint le tourne-disque, un Teppaz portatif tout neuf de couleur marron posé sur le plancher ; elle enfile un peignoir de soie et nous invite à nous asseoir, l'air tout à fait désinvolte ; elle va chercher un paquet d'allumettes sur la table de chevet, je crois qu'elle va fumer, non ! elle prend un papier d'Arménie sur lequel est inscrit : « Je brûle d'amour pour vous », le dépose dans un cendrier après l'avoir chiffonné en accordéon et l'allume, non par amour, mais sans doute incommodée par l'odeur de mon Kowichan, que je m'empresse de retirer, j'en fais une boule compacte que j'abandonne près de la porte.

— C'est chaud dans la chambre, fait-elle remarquer à Alan, qui a gardé son ciré, je déteste le froid ; en Argentine on ne sent jamais cette… *como se dice humedad?*

Alan ne bronche pas. Non seulement il décide de garder son ciré, mais il s'y engonce, sans doute par instinct de protection. C'est clair ! Teresa l'angoisse. Moi, elle m'excite, je continue de la voir nue, sans peignoir, étendue sur le lit, mais hélas ! elle se soucie de moi comme d'une guigne.

— Je peux vous faire confiance ? demande-t-elle brusquement.

Je réponds oui tout de suite.

— Comme à des frères ?

Ce n'est pas la filiation que je souhaiterais, mais je réponds oui quand même !

Elle se lève pour verrouiller la porte à double tour, se rassoit et commence à voix basse, elle murmure presque, à nous expliquer pourquoi elle a souhaité nous rencontrer.

— J'ai une ennemie mortelle, une femme cruelle qui m'a crevé le cœur, et je suis prête à donner tout ce que je possède pour la voir disparaître de la face de la Terre. Vous serez mes archanges. C'est une femme diabolique, un crapaud qu'il faut précipiter en enfer ; je compte sur vous.

Je ne sais plus à quoi j'ai pensé en ce moment précis, mais je me souviens de m'être tourné du côté d'Alan : il était blême et terrorisé, rien de l'impétuosité d'un saint Georges ! Moi non plus d'ailleurs. Teresa dut interpréter notre long silence comme l'acceptation tacite de ses visées vengeresses, car elle se leva, prit une petite clef dorée, dissimulée dans l'enveloppe du traversin, et ouvrit une énorme malle à deux sections, d'un côté, une penderie, de l'autre, des tiroirs. Elle tira le tiroir du bas : il était rempli à ras bord de billets de banque, des billets américains de cent dollars, lisses et alléchants.

— Cet argent est à vous, dit-elle, si vous me débarrassez de la femme qui a ensorcelé l'homme que j'aime.

Et d'un tiroir au-dessus, elle sortit d'une pile de lingerie fine un Derringer M1, un minuscule revolver à deux coups, un bijou avec sa crosse d'ivoire. La longueur des deux canons superposés ne dépassait pas douze centimètres, l'arme tenait dans le creux de la main.

Je m'imaginais mal en meurtrier (combien de fois cependant n'avais-je pas rêvé que je me débarrassais de la petite blonde qui avait gâché une partie de ma vie !), mais l'occasion était tentante et, sans connaître le traitement courant des archanges, ces liasses de dollars semblaient des honoraires fort raisonnables pour appuyer sur la gâchette du Derringer qu'elle posa dans ma main.

— Qui est cette personne ? demandai-je avec un peu d'inquiétude.

— J'ai essayé de me faire justice moi-même, croyez-moi, je me suis rendue à Londres pour vitrioler la sorcière, mais j'ai été trahie, sans doute par le chimiste où je m'étais procuré du vitriol. Dès que je montai dans le train à Waterloo, je sentis que j'étais filée. En descendant à Windsor, au lieu de prendre tout de suite la direction du château, je me suis arrêtée dans un café, ils s'y sont arrêtés aussi. Deux hommes me suivaient, épiaient mes moindres gestes. Je n'avais plus aucune chance de me faufiler jusqu'aux appartements du château où se trouvait la princesse Margaret. Folle de dépit, je me suis débarrassée du vitriol dans la cuvette des W.-C. et j'ai pris la décision que lui brûler le visage n'apaiserait pas ma haine : je la veux morte, assassinée ! Vous êtes des inconnus, vous n'avez pas de mobile, vous pouvez donc commettre le crime parfait et tout cet argent sera à vous ! J'ai connu le commandant Peter Townsend, à Bruxelles, l'an dernier, poursuivit Teresa, et nous sommes tombés follement amoureux, cet homme m'appartient, mais Margaret s'accroche à lui comme un vampire. Il est faible, il balance entre nous deux, alors une des princesses doit disparaître. Margaret !

Je posai délicatement le Derringer sur le dessus de la malle en jetant un regard attendri sur le trésor dans le tiroir ; la commande était trop grosse, assassins de la princesse Margaret ! Nous étions encore trop jeunes pour la célébrité, pas prêts pour le dictionnaire encyclopédique.

Nous ne revîmes jamais Teresa Valdivia. Le lendemain de cette rencontre, elle avait déjà quitté l'Hôtel d'Angleterre sans laisser d'adresse. L'année suivante, en ouvrant un journal, je vis un entrefilet annonçant les fiançailles de Peter Townsend : lui dont deux princesses étaient amoureuses avait jeté son dévolu sur la Belge Marie-Luce Jamagne.

⁂

Je traîne depuis la fin du deuxième service à la terrasse de la Brasserie Lipp, digérant à coups de marc de bourgogne le hareng Bismarck et la blanquette de veau. Thérèse, qui n'en pouvait plus et que Mauclair attend pour un cours, tôt demain, est partie à la maison avec sa mauvaise humeur.

Du désœuvrement, voilà ce que j'éprouve pour la première fois depuis que je suis à Paris. J'ai le crâne qui se remplit comme un entrepôt, mais tout est pêle-mêle, comment cela pourra-t-il me servir un jour ? comment mon imagination arrivera-t-elle à trouver dans ce souk les matériaux pour construire quoi que ce soit ?

Morale chrétienne ? puritanisme ? un ver avait commencé de me ronger. Heureusement, en relevant la tête, j'aperçois quelqu'un sur le trottoir dont la vue tord instantanément le cou à tous ces scrupules. Je me précipite dehors. Jutra et moi tombons dans les bras l'un de l'autre. Pur hasard. Ni l'un ni l'autre n'avait eu le temps de passer par l'American Express.

Claude mourait de faim, mais la cuisine fermait chez Lipp et les retrouvailles de deux amis, fussent-ils des cousins du Canada, ne leur parurent pas justifier de retourner aux fourneaux.

À cinq minutes de marche, dans la rue de l'Échaudée, il y avait L'Échaudé, ce restaurant où nous terminions souvent nos nuits lorsque nous n'avions pas envie d'aller du côté des Halles. On y servait des spaghettis respectables, à la tomate et gratinés au four.

Claude m'annonce qu'il n'est que de passage, il prend l'avion le lendemain soir pour Barcelone.

— Je vais aller te conduire.

— Mais Barcelone, rétorque Claude, ce n'est pas à la porte, c'est en Espagne.

— Oui, je sais, mais en Europe tout est près. C'est à combien de kilomètres ?

Il ne savait pas exactement.

Nous demandons au serveur combien il faut compter de temps, en voiture, pour Barcelone. Il n'en a aucune idée.

— Écoute, ça n'a pas d'importance puisque je te dis que je vais te conduire. Tu peux te faire rembourser ton billet d'avion ?

— Oui, à condition que tu ne me fasses pas faux bond.

Avec tous ces pousse-café, mon ton est sans doute devenu pâteux, mais ma décision est irrévocable.

— Je te conduis à Barcelone, mais je ne peux pas partir avant le début de l'après-midi, Thérèse a un cours.

— C'est parfait, je voulais m'inscrire au cours Florent pour mon retour. Je le ferai demain matin.

(Depuis sa naissance que sa mère lui répète qu'il est le plus bel homme au monde, Claude conservera toujours cette petite vanité : être devant la caméra plutôt que derrière, mais tous les cours Florent ne feront jamais de lui plus qu'un acteur passable.)

Il logeait boulevard Saint-Germain, au Grand Hôtel Taranne, un nom moins qu'idoine considérant l'endroit un peu minable. Nous nous donnons rendez-vous pour quatorze heures, à la porte.

Je n'ai pas eu jusqu'ici l'occasion de faire une bonne description du tempérament de Thérèse Arbic, mon amoureuse, à l'annonce que nous partions pour Barcelone et la tempête qu'elle souleva semble un moment approprié. D'abord, la voix ! bien posée, puissante, avec des éclats à crever les tympans, des gueulements d'animal qu'on égorge ; de ses grands yeux bruns, soulignés par ce beau cercle de bistre, s'échappent en rafales les flammes du brasier qui la consume ; elle va et vient dans la pièce en tournoyant, gagne rapidement en intensité, devient tornade, aspirant tout sur son passage et projetant un nuage de débris tourbillonnants : couteaux, chinois, écumoire, fer à repasser, chaises, bouquins, godasses ; des miroirs éclatent, des tables se renversent, des tentures se déchirent comme le voile du temple, des portes claquent. À deux pas, au zoo de Vincennes, les grands mammifères, apeurés, regagnent en hâte leurs abris, le rocher des singes se vide de ses habitants, seuls des humains arrivent à résister à pareille furie.

— Combien de temps partirions-nous ? grogna-t-elle, se laissant enfin choir sur le lit, accablée, comme la tempête qui a épuisé le vent.

— Le temps d'y aller et de revenir, trois jours peut-être...

— Je ne suis jamais allée en Espagne et tu veux faire un aller-retour !

— Alors, une semaine si tu veux, mon amour, je n'ai aucun engagement, je ne suis pas de cours !

— C'est bon, dit-elle, partons une semaine.

C'était déjà l'embellie. Temporairement.

À quatorze heures pile, je suis devant le Grand Hôtel Taranne, Claude attend déjà sur le trottoir. Il n'a presque pas de bagages, nous non plus d'ailleurs, je n'emporte même pas l'Olivetti sur laquelle je tape les textes de clowns pour la télé. Radio-Canada exige que j'aie quatre textes d'avance, je crois qu'ils en ont actuellement cinq ou six. Je pars tranquille.

En repérant le trajet dans l'atlas, j'avais tout de même eu un choc : j'avais beau prétendre qu'en Europe tout est près, il fallait compter une bonne quinzaine d'heures de Paris à Barcelone, il y avait les Pyrénées à traverser, des cols, et nous étions en hiver.

Nous avions décidé d'y aller d'une traite, mais après six heures de route, aux environs de Périgueux, un vieux moulin au bord d'une rivière attira l'attention de nos estomacs. Arrêt brusque, marche arrière. Thérèse, réveillée en sursaut par la manœuvre, faillit glisser du siège du passager, ce qui n'améliora pas sa disposition (elle faisait la gueule depuis le départ).

Dès que nous fûmes descendus de voiture, d'extravagantes odeurs de cuisine nous assaillirent, empêchant presque d'apprécier la magie du lieu, un moulin, début XVIIIe siècle, dont les murs étaient couverts d'un entrelacs de lierre que le crépuscule colorait en cramoisi, et qui se reflétait dans la rivière, les fenêtres éclairées ondulant sur l'eau noire comme de grands nénuphars blancs.

Mais les effluves de cuisine! Dehors, ils nous sollicitaient déjà; en entrant dans la salle à manger où, sur le gril d'un âtre central, viandes et poissons rôtissaient en frémissant, ils devinrent d'autant plus implacables qu'ils transportaient aussi l'arôme magique des djinns du Périgord, les truffes noires! Jutra et moi étions subjugués, Thérèse, dont l'estomac ne s'émouvait guère, palpita des narines et sourit pour la première fois de la journée.

Un demi-siècle a passé et je savoure encore cette tranche de foie gras avec son œil d'ébène au centre, incrusté comme une pierre précieuse; je revois la peau de nos truites bleues tachetées se crisper sur la braise de l'âtre et arriver pétillantes dans nos assiettes avec leurs légumes de compagnie, le tout copieusement arrosé de sancerre de chez Bourgeois.

Et il y avait cet escogriffe de clebs, un barzoï blanc et roux, qui surveillait le gril comme sa propriété personnelle et accompagnait les assiettes jusqu'aux tables, où il attendait, immobile, son long museau pointé en avant et ses yeux noisette aux aguets, que le client prît la première bouchée, qu'il la savourât, puis il repartait, un peu dépité on eût dit, surveiller les autres grillades sur le feu. Il s'attarda longtemps près de Jutra, peut-être avait-il flairé que sa mère avait un barzoï elle aussi, tout blanc celui-là, et très mal élevé.

Fromages et desserts nous fixèrent dans ce moulin où il y avait heureusement quelques chambres d'hôte, des lits rustiques garnis de paillasses un peu humides, mais dodues comme des pains de ménage. Barcelone n'était plus qu'un souvenir lointain lorsque, après ce dîner aussi sublime qu'inattendu, nous nous hissâmes à l'étage pour la nuit.

Ces expériences quasi mystiques dont tous les détails restent gravés dans le crâne, j'en ai vécu au moins deux autres, en France aussi, mais beaucoup plus tard.

Que je vous raconte ma recherche désespérée pour un hot-dog, sur la Côte d'Azur, quelques décennies plus tard. Nous venions de passer plusieurs jours au MIPCOM, à Cannes, le marché de la télévision, et il me vint une envie irrépressible de manger un hot-dog qui s'apparenterait le plus possible à ceux du Pool Room, à Montréal, quête aussi absurde que celle du saint Graal. L'avion pour Paris partait de Nice, à seize heures, nous étions avant midi, il devrait peut-être se trouver sur la route quelque endroit offrant au moins un succédané acceptable.

Je longe la mer jusqu'à Nice, rien de prometteur. Je fouille quelques rues de la vieille ville. Toujours rien. Je me rends ainsi jusqu'à Menton, mais je ne vais pas traverser en Italie, où les chances de trouver ce que je cherche sont plus nulles encore ; je fais demi-tour en me disant qu'à Monaco peut-être… mais poussé par une inspiration subite, j'oblique vers le nord en direction de La Turbie, cette ville médiévale, suspendue comme un balcon au-dessus de la principauté et de la Méditerranée. Mon goût impérieux de hot-dog se métamorphose à mesure que je grimpe les rues étroites, bordées de maisons séculaires aux tons pastel, avec leurs guirlandes de glycines odorantes et les vases d'Anduze, débordant de fleurs, en sentinelle devant chaque porte.

Presque au bout de la rue du Comte-de-Cessole, un hôtel-restaurant attire notre attention, l'Hostellerie Jérôme – c'est le prénom du fils de celle qui m'accompagne. J'arrête, amusé, et je suggère qu'on y descende. La salle à manger est magnifique, les plafonds sont voûtés, les murs lambrissés d'acajou à mi-hauteur, sur les tables habillées de blanc sont disposés des couverts d'argent ancien et des verres de cristal, mais la salle est vide ! Mauvais présage ? D'habitude, oui. Mais nous étions en semaine et en tout début de saison. L'empressement d'un maître d'hôtel charmant rendit tout de suite la retraite impensable. En présentant la carte, il annonça que la maison venait de recevoir de Bretagne des merveilles de homards.

— Je vous les fais voir.

Il apporte sur un plateau des crustacés splendides, deux homards sauvages d'Audresselles avec leur carapace singulière d'un bleu intense ; leurs yeux noirs brillent, ils embaument l'air marin, même crus ils sont déjà irrésistibles.

Ce que l'on nous servit en entrée s'est effacé de ma mémoire, mais la chair ferme de ces « grands bleus » au goût de noisette y subsiste encore avec le parfum du dessert qui suivit, des soufflés au Grand Marnier, aussi doux et majestueux que des seins de nourrice.

Adieu l'avion pour Paris.

Après ce déjeuner qui s'étira jusqu'en fin d'après-midi, le seul endroit où attendre les vols du lendemain serait le mythique et un peu kitsch Negresco, à Nice. Complet. Par bonheur, quelques années auparavant, nous avions fait la connaissance de Jeanne Augier, la propriétaire, alors que nous cherchions à remettre sur les rails (sans succès) le tournage avec Julie Christie d'un scénario tiré du roman *The Petersburg-Cannes Express* de Hans Koning.

Alertée, Mme Augier nous installa dans une suite, dominant la baie des Anges, au septième ciel !

On dit que les gourmands de Rome distinguaient, au goût, le poisson pris entre les ponts de celui qui avait été pêché plus bas ; et n'ai-je pas vu, chez moi, l'éminent saxophoniste classique français Jean-Marie Londeix, issu de familles de vignerons (il enseignait le saxophone à mon fils au Conservatoire de Bordeaux), reconnaître à l'aveugle l'origine et le millésime de cinq grands crus bordelais différents. Ces pouvoirs magiques, je ne les ai jamais possédés, ma gourmandise n'est pas une faculté de l'esprit, elle n'obéit qu'à la sensualité et aux coups de cœur. Je ne choisis presque jamais les restaurants dans des guides, je préfère les voir, les renifler, analyser le menu quand, par chance, il est affiché à l'extérieur et que cela évite d'entrer et de finir par décamper juste comme le garçon s'amène pour la commande.

C'est en furetant ainsi qu'avec bonheur je suis tombé sur Greuze, au milieu des années 1980.

Il fallait descendre à Cannes pour conclure des ententes de coproduction, cette fois-là pour *Les Tisserands du pouvoir*, et nous en profitions pour connaître en cours de route des moments plus inspirants que les montages financiers de cinéma. Nous arrêterions à Tournus visiter l'abbaye Saint-Philibert, un des plus beaux monuments romans de France, avec la nef très haute que les grandes baies inondent de lumière sereine, la finesse des mosaïques du chœur, la paix de son cloître.

À l'ombre de ces merveilles, il se trouve au fond de la cour d'un hôtel Relais et Château, le restaurant Greuze. On y entre à toutes fins pratiques par la cuisine, où un grand bonhomme, déjà dans la soixantaine avancée à cette époque, toque blanche perchée sur des cheveux trop noirs, s'avance vers vous, main tendue, comme s'il vous connaissait, vous scrutant à travers d'énormes lunettes, des vitrines ! à monture d'écaille, noire aussi : c'est Jean Ducloux, le chef-propriétaire depuis

1947. Je me rendrai compte plus tard de la renommée de ce cuisinier reconnu comme le père de tous les grands chefs de France ; pour le moment ce n'est que par instinct que nous nous retrouvons là pour une autre expérience intemporelle.

D'abord, le gratin d'écrevisses. Une trentaine de ces délicats crustacés, à peine sortis de la Saône, décarcassés, qui reposent indolemment dans une sauce à la crème aussi subtilement tomatée que safranée, le plat qu'on espérerait tous trouver sur le rivage de l'éternité.

Le Chorey-les-Beaune, une production que la cave ne réserve qu'à Jean Ducloux, est sublime ; il accompagnera la poularde de Bresse aux morilles de printemps dans une onctueuse sauce à la crème. On ne nous sert qu'une demi-portion pour éviter que la sauce ne fige. Rien n'a jamais été si tendre ni si juteux que la chair éburnéenne de cette poularde, élevée comme une reine, dans la liberté et l'ignorance de sa funeste destinée. Quand on rapporte la marmite, on nous remet des assiettes chaudes et de nouveaux couverts. Un raffinement que je ne retrouverai jamais ailleurs que chez Greuze.

Halte ! Ne courez pas à Tournus, car Greuze n'est plus Greuze, Jean Ducloux n'y est plus, il a pris sa retraite. Ne subsiste que le fantôme de son nom. Le seul prétexte pour arrêter encore à Tournus, c'est l'abbaye, et elle est là depuis le XIe siècle.

Le Barcelone que j'ai connu avec Jutra, fin des années cinquante, n'avait rien à voir avec celui de maintenant : Las Ramblas, l'artère devenue piétonnière, aseptisée de ses prostituées, disneyifiée ; les quartiers de la ville médiévale, le Barri Gotic et le Barri Xino, émaillés d'hôtels design et de bars à touristes, les magasins chicos de Passeig de Gracia ; le laboratoire de l'alchimiste Ferran Adrià, dont on voudrait nous faire croire, avec les plats qu'il concocte pour tenir dans une cuillère, qu'il est le plus grand chef du monde ; non ! tout était plus simple, les œufs du petit déjeuner baignaient dans l'huile d'olive un peu rance, les flans étaient d'aériennes crèmes caramel dont on ne retrouve la pareille nulle part sur Terre, on s'engouffrait avec un pincement au cœur dans les vieux quartiers aux rues sombres, étroites, tentaculaires, dont on appréhendait de ne jamais ressortir indemnes, tant les pièges étaient nombreux : pickpockets à la main preste, prostituées aux signaux énigmatiques, bars louches où la peseta se transigeait à six fois le cours officiel avec des changeurs à la mine inquiétante, et où des danseuses de flamenco vous entraînaient dans leur déferlante, éveillant des passions vives dont quelque maquereau charitable s'occupait de négocier l'assouvissement.

Ce qui n'a pas changé à Barcelone, ce qui m'a fait y rester bien plus longtemps que prévu, ce sont les réalisations de l'architecte Gaudi : le parc Güell, la Sagrada Familia, en construction depuis toujours, et la Pedrera, ce célèbre immeuble que l'on a d'abord qualifié d'horrible, pour lequel Gaudi a dû traîner ses clients devant les tribunaux afin de récupérer ses honoraires et que l'on retrouve maintenant sur la liste du patrimoine de l'UNESCO.

Ça, la Pedrera, aujourd'hui le monument le plus visité de Barcelone, je la connais par cœur, l'artiste catalan Jordi Bonet avec qui je me suis alors lié d'amitié y habitait. Né à Barcelone, Jordi avait émigré au Québec et s'était retrouvé en 1955 chez les parents de Claude Jutra, qui devinrent rapidement sa famille d'adoption. Sans doute un des plus éminents radiologues au monde, le Dr Albert Jutras était aussi peintre et mécène ; son épouse, Rachel, en plus de son insensée passion pour Claude... (Ça, elle le chouchoutait ! Il n'avait pas dix ans qu'elle avait fait peindre son portrait par le célèbre Van Dongen.) et les chiens ! explosait de dynamisme. On ne se sortait pas aisément de l'emprise de Rachel, et c'est sûrement pour retrouver un peu d'espace que Jordi, ayant épousé Huguette Bouchard, qui devint tout de suite enceinte, décida de revenir à Barcelone pour qu'elle y accouche de leur enfant et que ce dernier soit catalan. Mais Rachel ne laisserait pas partir Jordi sans argent, elle organisa pour lui au Ritz Carlton une vente de ses œuvres, un petit magot que le peintre utilisa en grand seigneur, en louant un appartement au dernier étage de la Pedrera, et en nous y invitant tous les jours.

Sa connaissance de Gaudi dont il nous fit tant profiter, Jordi Bonet l'avait approfondie pendant cinq ans avec deux architectes célèbres, son oncle Lluis Bonet Gari et Joseph Gudiol. Il n'y a pas une ondulation de la façade de la *Pedrera*, pas un recoin du génial jardin sur le toit, pas une fantaisie des surprenantes cheminées qu'il ne nous ait fait remarquer et expliqués, en faisant de grands moulinets avec son bras gauche – il avait été amputé de son bras droit, à l'âge de sept ans, à la suite d'un accident dont il ne parlait jamais.

Mais, un jour où nous nous trouvions tous ensemble au parc Güell, poursuivant notre initiation à Gaudi, je décidai brusquement de grimper dans un arbre, Jordi m'aperçut, je n'étais encore qu'à quelques mètres du sol, et il se mit à me crier dessus pour que je redescende, c'était l'hystérie. Je sautai par terre, déconcerté. Bon sang ! je ne m'étais pas accroché aux piliers gaudiens, ces stalagmites surgies du sol pour supporter les sentiers, je n'avais pas cherché à m'agripper aux colonnes cannelées qui étayent la terrasse en surplomb, où l'architecte a imbriqué des sièges dans les élégantes sinuosités d'un parapet revêtu de milliers de morceaux de céramique, agencés pour former des motifs gais et colorés, comme si sur cette balustrade à fond blanc étaient suspendus de magnifiques tapis persans. J'avais un peu fait le singe dans un arbre, et la réaction de Jordi semblait si disproportionnée.

Encore bouleversé, Jordi nous raconta que c'est en tombant d'un arbre, alors qu'il faisait une promenade avec son père, qu'il se blessa au bras droit, que la blessure s'infecta et qu'on dut finalement amputer le membre gangrené, presque au ras de l'épaule. Il avait déjà commencé à dessiner et dut à grand-peine tout réapprendre de la main gauche. La moindre chose qui lui rappelait cette époque ravivait des démons dont il ne s'était pas exorcisé ; le désespoir, l'angoisse, la révolte lui sautaient dessus, le rendaient fou.

Jordi considéra que nos notions de l'architecture de Gaudi étaient suffisantes pour nous envoyer seuls à la Sagrada Familia. La construction de ce temple, commencée en 1882, se poursuit encore de nos jours et devrait, si tout va bien, être terminée autour de 2036, alors notre ami devait se dire qu'il avait amplement le temps de répondre à toute question que nous aurions eue !

Au milieu des années cinquante, la Sagrada Familia constituait un chantier étonnant : pas de grosses machines, pas de grues, quelques échafaudages chambranlants, des bourriquets et, par-ci par-là, un malaxeur à mortier, de la taille d'une baratte à beurre, mû à la main par un ouvrier, clope au bec, pour alimenter les oiseaux d'une poignée de maçons, disposant des pierres toutes différentes les unes des autres, mosaïque monochrome, assemblée avec une infinie patience. Nous en avions le souffle coupé, nous nous trouvions devant l'image même de l'éternité.

Seules quelques voûtes étaient fermées ; ailleurs, les colonnes avec leurs têtes branchues, alignées comme des arbres sans feuilles, attendaient leurs épistyles ; quelques parcelles de sol déjà revêtu formaient des oasis au milieu de matériaux en vrac ; on s'affairait à sculpter les premiers hauts-reliefs sur les murs extérieurs, des statues géantes, anguleuses, avec des expressions d'une émotion dont on ne croirait pas la pierre capable ; les quatre tours au-dessus de l'imposant portail de la façade n'avaient pas encore leurs flèches, mais elles s'élevaient déjà à une soixantaine de mètres et des escaliers à pic, en tire-bouchon, fermés à cette époque au public, permettaient aux maçons de monter travailler.

Il n'y a personne, alors Jutra et moi décidons d'ignorer le panneau interdisant l'accès au sommet des tours. La première partie de l'ascension se passe bien, mais lorsque nous arrivons au niveau où de grandes échancrures sont percées dans les murs, nous avons un moment d'hésitation, suivi de l'envie irrésistible d'aller jusqu'au bout. Là, une passerelle étroite, sans rambarde, à quelque soixante mètres de hauteur, rejoint la tour jumelle, une dizaine de mètres à parcourir au-dessus du vide.

— On traverse, me dit Claude en tâtant du pied la solidité de l'échafaudage.

— Seulement si tu passes le premier, dis-je, en espérant de tout mon cœur qu'il va changer d'idée, car l'entreprise ne m'enchante pas. En bas, je vois Thérèse, une fourmi qui nous envoie la main.

Eh bien non, Jutra décide d'y aller. Genoux légèrement fléchis, les bras en croix pour l'équilibre, il avance avec la contenance d'un funambule, mais alors qu'il ne lui reste pas deux mètres, il s'arrête subitement et s'accroupit.

— Qu'est-ce que tu as ?

Il ne répond pas, ne bouge pas, complètement pétrifié, le visage blanc comme un linge.

— Claude, mais qu'est-ce qu'il y a ?

La voix cassée, il me dit qu'il va faire demi-tour. C'est une aberration, il est presque là, et l'étroitesse de la passerelle rend cette volte-face encore plus périlleuse.

J'essaie de le calmer, je lui suggère de terminer la traversée à quatre pattes, et surtout de fixer droit devant lui.

— C'est le vertige ?

Il hoche la tête. C'est la trouille qui le paralyse. Il prend de grandes respirations, tandis que je l'encourage du mieux que je peux, et enfin il se remet à bouger et rampe jusqu'à l'autre clocher.

C'est à mon tour ! J'aurais très envie de redescendre par là où je suis monté, mais maintenant qu'il a passé le Rubicon, Claude fait le brave et commence à railler. Alors j'y vais, à genoux, humblement, les mains agrippées aux madriers, me demandant ce qui peut bien nous pousser à pareilles conneries, il n'y a même pas de galerie à épater ! J'arrive à mi-chemin lorsque Claude m'abandonne. Il quitte le palier et je l'entends dévaler à toute vitesse le petit escalier de pierre. Non, merci ! je ne vais pas précipiter ma traversée.

Lorsque enfin je le retrouve en bas de la tour, il s'est métamorphosé en lavandière. En tenue approximative – il a noué son blouson de cuir autour de la taille –, il frotte énergiquement la queue de sa chemise, son slip et le fond de son pantalon dans l'eau plâtreuse d'un seau ramassé sur le chantier. Il avait eu une telle trouille qu'il avait fait dans sa culotte. Deux religieuses que nous n'avions pas vues venir de notre côté eurent très peur, elles aussi, en apercevant cet homme à poil. Tandis qu'elles fuient en courant, nous pouffons de rire tous les deux ; il est certain que les nombreuses pelures de leur costume camoufleraient mieux une défection subite de leur sphincter. Nous demandons néanmoins à Thérèse de rester de faction tandis que Jutra reprend une tenue digne de la Sainte Famille.

Jutra restera encore quelques jours à Barcelone, mais au lieu de rentrer à Paris, moi aussi, je décide de poursuivre mon voyage en Espagne. À Madrid, où j'eus la chance – je l'ai déjà écrit – de connaître Dominguin et de passer plus de temps avec lui qu'au Prado, puis à Séville, Grenade et Cadix, comme un vrai touriste.

Sur le chemin du retour, Thérèse et moi déjeunions à la terrasse d'un café d'Algésiras d'où l'on pouvait apercevoir au loin le rocher de Gibraltar. Gibraltar ! Ce nom évoquait tellement de souvenirs : d'abord tous ces articles de journaux, au moment de la guerre, sur l'importance stratégique de cette sentinelle à la porte du continent, et la blague d'un de mes professeurs d'histoire qui prétendait que Darwin avait fondé sa théorie de l'évolution sur son observation de Gibraltar, peuplé d'abord par les Néandertaliens, puis par des singes sauvages, les seuls en Europe, et finalement, proximité génétique oblige, par les Anglais !

La longue disette de cours dramatiques commence à turlupiner Thérèse, mais on n'est pas en vue de Gibraltar tous les jours ! Après une courte discussion, nous voilà au quai. Un des ferries s'arrête une heure à Gibraltar et continue ensuite vers un lieu et un continent bien plus mystérieux, Tanger, l'Afrique. C'est celui que je choisis. Thérèse ne comprend pas pourquoi nous montons sur le bateau avec la Dauphine pour aller traîner quelques heures à Gibraltar. Et lorsque nous quitterons le rocher, la mer sera si démontée que le ferry irait droit en enfer que cela lui serait égal. Survolté, je monte sur le pont et, debout à la proue que fouettent furieusement les vagues, je vois arriver le fantôme de l'Afrique dans son linceul d'embruns et de crépuscule.

Lorsque la Dauphine s'engagea sur le débarcadère, à Tanger, il faisait presque nuit, mais c'était clair, la maussaderie de ma passagère lui avait cousu les lèvres et tiré la peau du visage.

— Si je regardais pour un hôtel du côté de la mer, fis-je valoir, franc ouest, les couchers de soleil doivent être magnifiques…

Mutisme.

L'atmosphère moite, la lumière glauque, les piétons à l'air un peu louche, les boutiques de change partout, ces filles trop jolies et trop aguichantes pour ne pas être des professionnelles donnaient une impression de facticité agréable comme celle d'un film réaliste, parfaitement réussi.

— On se croirait dans *Casablanca*, lui dis-je essayant de la dérider, tu serais Ingrid Bergman et moi Bogart.

Mutisme obstiné.

Au diable le bord de mer ! Je m'arrêtai devant un hôtel qui me paraissait bien, près d'une rue passante, et à deux pas de ce qui devait être la médina. Un grand type sec, barbe de plusieurs jours, poivre et sel, veston étriqué qui allongeait abusivement ses bras, se précipita pour m'aider à descendre les bagages, qu'il déposa à la porte d'un trois étoiles dont le hall était inondé de lumière fluorescente, puis il me fit comprendre qu'il surveillerait la voiture, moyennant un don qu'il laissait à ma discrétion.

Je ne me montrai pas chiche. Ma Dauphine faisait maintenant partie du troupeau dont il était le berger. À la réception, on me rassura, ma voiture était en sécurité avec ce bon pasteur.

Je mourais de faim, Thérèse étendit sa mauvaise humeur sur un des lits jumeaux de la chambre, darda son regard morne au plafond, aussi engageante et inerte qu'un cadavre.

Près de l'hôtel, un changeur n'avait pas encore fermé boutique. Après avoir réussi à lui faire augmenter un peu le taux qu'il m'offrait, j'encaissai quelques chèques de voyage, puis je me mis en quête d'un restaurant. Je me rendis jusqu'à la porte de la médina, près de la grande mosquée, mais ne me faisant pas confiance, je revins vers la place de France que j'avais traversée plus tôt et m'installai sagement au Gran Cafe de Paris, là où je courrais moins le risque de me faire vamper par les filles très en beauté qui ornaient les rues ou de m'engouffrer dans un bar où je passerais la nuit à boire, une distraction rare depuis que nous avions quitté Barcelone.

J'étais assis en face de la Terrasse des Paresseux, dans ce repaire d'espions, de nazis et de collabos de la dernière Grande Guerre, à la même table peut-être où Bogart attend Ingrid, dans *Casablanca*. Était-ce mon imagination ou était-ce l'atmosphère de cette ville qui faisait naître l'envie de s'encanailler ? mais voilà comme je me sentais en avalant mon repas au Gran Cafe. Tanger se présentait comme la ville de tous les débordements, et cela me plaisait assez. Ce lieu, adopté à un moment ou l'autre de leur existence par les William Burroughs, Jean Genet, Jack Kerouac ou Paul Morand, ne pouvait pas être autre que singulier et cela flottait dans l'air, aussi immatériel que l'odeur de sainteté.

Depuis une interminable journée au Prado, j'avais obstinément refusé de remettre les pieds dans un autre musée, j'étais saturé, la matière grise refusait d'absorber un Titien ou un Greco de plus ; c'est donc dans un esprit méritoire (!) de conciliation que je me laissai entraîner au palais Dar el-Makhzen, alors le seul musée de Tanger, assemblage composite de sarcophages de plomb, de bronzes, de mosaïques, venus d'un peu partout au Maroc, et des sites romains de Banasa ou Volubilis.

Mais peut-être n'était-ce qu'une provocation de Thérèse, car comment ? dans quel guide ? et pourquoi ? avait-elle déniché pour moi cet autre « cimetière des arts », comme eût dit Lamartine, elle qui était restée rivée au lit depuis notre arrivée jusqu'au petit déjeuner servi à la chambre ! En échange de ma résignation, elle accepta qu'après le musée nous allions dîner quelque part dans le petit Socco et traîner ensuite dans quelque bar de ce quartier que je savais malfamé. Donc, thé à la menthe au Café Tingis, au milieu d'une faune interlope de trafiquants, de truands et d'escrocs, ensuite pastillas dans un restaurant de la médina, puis une intuition me dit d'aller du côté du cap Malabata.

Dominant la mer encore cramoisie du soleil qui vient de disparaître, un petit établissement, à vrai dire une baraque en crépi, surgit, en bordure de route, sur la gauche, j'arrête ; le nom de l'établissement, Bar Alacran, écrit en lettres flamboyantes sur la corniche, enflamme toute la devanture tandis qu'au loin le phare de Malabata émet, toutes les cinq secondes, ses éclairs blancs, comme des clins d'œil complices qui accentuent encore le cachet particulièrement sulfureux de l'endroit. Il n'est pas tard, quelques voitures et deux taxis sont déjà garés devant le bar, nous ne serons pas seuls, je n'hésite pas un instant. En descendant de voiture, un crépitement attire tout de suite l'attention, c'est le gaz qui n'arrive pas à se frayer un chemin dans la pointe du A du tube au néon et qui grésille comme une vieille radio.

Comment rêver de boîte plus louche !

La salle est si sombre que la plage et la mer, pourtant dans le clair-obscur du soir, brillent encore par les grandes baies vitrées au fond de la pièce ; le seul éclairage provient du tube au néon rouge qui forme le contour d'un gros scorpion, plus drolatique que menaçant, suspendu derrière le bar, au-dessus des bouteilles. Au comptoir, sur des tabourets si hauts que leurs pieds balancent dans le vide, sont assises cinq ou six filles, dont l'*alacran* lumineux n'arrive pas à gâcher la beauté des traits ; toutes sirotent en aspirant avec une paille dans un grand verre le même liquide phosphorescent ; à sa surface flotte une rondelle de citron tandis qu'au fond, noyée, gît une cerise marasque.

À part nous, il n'y a qu'un seul couple ; parmi la demi-douzaine d'autres clients, deux hommes, seuls à leur table, tètent de gros havanes odorants, quatre autres sont branchés sur un narguileh dont ils font tour à tour bouillonner l'eau, alanguis dans une sorte d'extase.

Comme s'il avait attendu notre arrivée, un bonhomme longiligne, sorti de nulle part, dans un costume noir et lustré qui lui donne l'air d'un bâton de réglisse, va s'asseoir à un piano droit, noir aussi, en bordure de la piste de danse, une grande pastille de chêne incrustée dans le carrelage vaguement mauresque du sol. Il attaque un air de biguine, on ne distingue que ses doigts, des pattes d'araignée sur l'ivoire jauni du clavier. Les filles au bar, des travailleuses évidemment, jettent de temps en temps des œillades du côté de la salle, prennent des poses abandonnées, provocantes ; une d'elles, à la crinière de lion, sort des Pall Mall de son sac, secoue le bas du paquet contre le comptoir pour dégager une cigarette, puis, refermant ses lèvres sur le filtre, elle l'extrait du paquet rouge vif, sensuellement, avec un sourire entendu.

Thérèse n'a pas soufflé mot depuis notre arrivée – si ! elle a ouvert la bouche pour commander un verre de xérès –, c'est clair, l'ambiance ne lui plaît pas.

Je la demande à danser, elle n'y tient pas.

Et ces appâts au bar qui continuent de faire miroiter leurs appas.

Difficile de ne pas envier l'un ou l'autre de ces deux havanes que rien ne semble empêcher de s'adonner à des jeux plus excitants que leurs ronds de fumée.

Nos verres sont vides, le garçon arrive aussitôt. Je commande un whisky.

— Le dernier, me souffle Thérèse.

— Alors un double, dis-je au garçon.

J'ai envie d'étirer le temps, comme s'il y avait la moindre chance d'un revirement de situation. À vrai dire, résister à la tentation réclamait moins de courage que de manquer à la bienséance la plus élémentaire envers ma copine, je prendrais ce whisky et nous retournerions gentiment à l'hôtel.

Le petit coin, il fallait que j'aille au petit coin, au fond, passé le bar.

Je m'y dirige, en louchant un peu du côté des panthères affamées.

Au retour, la blonde avec la Pall Mall m'adresse la parole, mais je ne saisis pas ce qu'elle raconte ; je m'approche, et elle me répète dans un anglais approximatif qu'elle trouve dommage que je sois accompagné. J'ai sur le bout des lèvres de lui répondre que c'est dommage en effet, mais je me retiens, je réplique par quelque blague anodine qui les amuse toutes beaucoup. Elles rient en minaudant et faisant des façons. Aïe ! suis-je déjà dans leurs filets ? elles ne vont pas lâcher prise, je le sens, et je commence à suer mon huile de confirmation !

Mon souvenir reste flou des secondes qui ont suivi ce moment où je me suis senti pris au piège. C'est allé à la vitesse de l'éclair.

Flairant la prise, les dames sont descendues de leurs tabourets, elles allaient m'entourer lorsque arriva derrière moi une femme, une furie, qui me flanqua une gifle musclée, retentissante, un coup qui allume le visage. Avant que j'aie le temps de réagir, trois des filles se ruent sur Thérèse. Effrayée, elle prend ses jambes à son cou, sort de l'établissement et s'engouffre dans un taxi pour échapper à ses poursuivantes. La voiture démarre en trombe, faisant gicler le gravier, sans doute sur un ordre impératif de la passagère.

Du vrai Feydeau !

Après avoir escorté Madame à son taxi, les filles revinrent dans le bar et me manifestèrent une sollicitude si tendre, si désarmante, si désintéressée, ma foi ! que je ne pus m'empêcher de m'abandonner à elles. Chacune aussi était sublime de beauté. Je n'avais pas sur moi beaucoup d'argent – ce n'était pas encore l'époque Visa –, malgré tout, on me garda trois nuits et deux jours à Malabata. À tous égards, elles furent aux petits soins, mais hélas ! un sentiment judéo-chrétien grandissant de culpabilité et d'inquiétude vis-à-vis de Thérèse finit par me chasser de ce paradis terrestre.

Est-ce que je regrette de n'avoir pas davantage profité de ces moments qui ne se reproduisent jamais ? Oui, sans doute.

Après trois jours sans donner signe de vie, je revins à l'hôtel en appréhendant le pire. Rien. Pas un mot. Les limbes. Je n'allais pas rester à Tanger, dans les limbes, alors que le paradis se trouvait à deux pas. Il valait mieux fuir.

De cette fuite vers le sud jusqu'à Ouarzazate, alors un bled perdu des contreforts de l'Atlas où, avec un peu de chance – et nous en eûmes –, il arrivait de croiser des hommes bleus, des Touaregs, venus du Sahara sur leurs dromadaires, il reste un souvenir inoubliable : l'Hôtel La

Mamounia, à Marrakech. Je ne sais pas si cet établissement d'un luxe maintenant presque inabordable demeure aussi charmant, mais quelle impression j'en garde !

Arrêter à La Mamounia, par hasard, parce que c'est à la porte de Marrakech et que j'aperçois son parc immense, fabuleux, le long des remparts en pisé rouge ocre de la médina, sans savoir que c'est un palace qui a hébergé les plus grands de ce monde : Churchill, Roosevelt, Colette, Marlene Dietrich – et qui encore ? – que cet hôtel – un amalgame d'arts déco et hispano-mauresque – a servi de décor pour des films aussi célèbres que *Morocco* de von Sternberg avec Dietrich et Gary Cooper ou, juste deux ans auparavant, *The Man Who Knew Too Much* d'Alfred Hitchcock, avec James Stewart et Doris Day... Il fallait avoir une certaine veine ou imaginer que c'est justice immanente pour fuir le paradis terrestre de Malabata !

Cette Mamounia n'offrait pas encore de centre de congrès, de golfs, de casino, ni même de piscine, seulement de grands bassins de plantes aquatiques où s'ébrouaient des merveilles d'oiseaux, des charmilles dans les palmeraies, où des garçons en djellabas servaient adroitement le thé à la menthe, la théière à bout de bras, et cette grandiose salle à manger, Le Marocain, à la limite du kitsch, avec ses stucs élaborés, ses chandeliers de Murano, les divans autour des tables sur lesquelles arrivaient, dans une atmosphère de contes des *Mille et Une Nuits*, les mets les plus succulents du Maroc : tagines embaumant le cumin et le safran, croustillantes pastillas de pigeons aux généreux effluves de cannelle et d'amande.

Marrakech. Ailleurs que sur la place Jamaa el-Fna, mes longues flâneries eurent semblé du désœuvrement, d'autant que cette année sabbatique filait bon train, mais non, ici tout devenait intemporel : les charmeurs faisaient onduler les serpents sur les mêmes airs de flûte depuis des siècles ; le répertoire de singeries des dresseurs de singes n'avait pas dû varier d'un iota ; conteurs, musiciens, jongleurs, acrobates et mendiants, on le sentait bien, se transmettaient leur art de génération en génération, on pouvait traîner là, à l'ombre du minaret de la Koutoubia, et vivre une portion d'éternité

J'arrivais même à oublier pourquoi, deux mois auparavant, j'avais quitté Paris. Ah oui ! j'avais promis à Jutra de le conduire à Barcelone.

⁂

Bientôt, je comprendrais pourquoi Jutra avait insisté pour que nous allions ensemble à l'Exposition universelle de Bruxelles, encore un voyage que je n'avais pas prévu.

Je ne manquais pourtant pas de motifs pour m'y rendre. J'avais suivi le travail de Jean Benoît, à qui le professeur Maurice Tubiana de l'Institut Gustave-Roussy de Villejuif avait donné la commande d'une présentation sur le cancer pour le Pavillon de France. S'inspirant de cellules cancéreuses, vues à travers un puissant microscope, Jean avait exécuté des sculptures saisissantes de couleur et de beauté pour illustrer les progrès de la recherche sur la maladie, à l'Hôpital de Villejuif.

Il y avait aussi mon ami, Raymond-Marie Léger, que l'Office national du film avait délégué pour gérer sa participation à l'Exposition. Il avait loué un immense appartement dont nous pourrions profiter à Bruxelles.

Et puis l'Atomium. J'étais quand même curieux de voir cette représentation de la maille élémentaire du cristal de fer, agrandie 165 milliards de fois pour former cette structure de neuf sphères, chacune ayant un diamètre de dix-huit mètres et pesant deux cent cinquante tonnes. Cette construction de cent deux mètres de hauteur devait durer le temps de l'exposition, six mois. On croyait qu'il y avait urgence, car on ne se doutait pas que, cinquante ans plus tard, l'Atomium y serait toujours, belge comme Tintin et plus représentatif de Bruxelles que la Grand-Place et le Manneken Pis.

Exposition universelle ou pas, après une semaine de « savez-vous » et de « s'il vous plaît », je saturais. Je l'ai expérimenté à quelques reprises par la suite, mon seuil de tolérance pour les Belges, en Belgique, ne dépasse pas cinq ou six jours, pourtant j'ai séjourné jusqu'à deux mois d'affilée à Terre-Neuve, mais les Terre-Neuviens, savez-vous... habitent un rocher grandiose, un pays de jais serti dans le saphir de l'Atlantique.

Thérèse et moi avions voyagé en Dauphine. Jutra nous avait rejoints en train, car il avait attendu l'arrivée à Paris de Michel Brault, qui venait à l'exposition par curiosité lui aussi. Ensuite, serrés comme des sardines, nous fîmes tous les quatre le trajet jusqu'à Amsterdam.

De tous les poètes, Émile Verhaeren est l'un de ceux qui m'ont le plus marqué. C'est par ses poèmes des *Villes tentaculaires* que je l'avais découvert, à l'époque des belles-lettres, et, sans raison, ces villes tentaculaires, je les avais toujours imaginées (à tort) comme ayant été inspirées par Amsterdam et Hambourg. La chose donc qui m'intéressait en arrivant à Amsterdam :

C'est l'étal flasque et monstrueux de la luxure
dressé, depuis toujours, sur les frontières
de la cité et de la mer.
(Verhaeren, *Les Villes tentaculaires*)

Le premier soir, j'entraînai tout le monde dans Wallen, le quartier « fauve et noir » où derrière chaque fenêtre, parfois des vitrines,

et sous les lanternes qui pendent
rouges, dans la brume, ainsi que des viandes,
ce sont les filles qui attendent.
(*Idem*)

Quel étrange *shopping*. Et la variété de filles qui s'offraient à vous, de toutes les tailles, de toutes les couleurs, certaines immobiles comme des statues, d'autres, plus accortes, qui soulevaient leur jupon, entrebâillaient leur slip ou exhibaient un nichon fugace. Et comme si ces étalages de chairs affriolantes n'avaient pas suffi au total anéantissement de toute inhibition, nous visitions chaque bar – verre après verre de gin Bols, bu cul sec, dissolution garantie des dernières velléités de résistance.

Mais il y avait Thérèse Arbic et la plaie, à peine cicatrisée, de mon incartade de Malabata.

Par chance (!) il y avait aussi la présence de Michel Brault. Tout au long de notre lèche-vitrine, il n'avait cessé de délirer sur le destin pitoyable de ces filles et sur le fait que jamais, au grand jamais, il ne courrait le risque de coucher avec une prostituée. Nous nous concertons, Jutra et moi, et Claude annonce en se levant qu'il n'a plus son passeport, il est tombé de sa poche lorsqu'il a sorti son portefeuille pour payer au bar précédent… il le voit presque.

— Je t'accompagne, attendez-nous, dis-je aux deux autres.

— Mais non, allons-y tous ensemble, réplique Michel, à qui nous faisions pourtant depuis un moment tous les signes d'intelligence possibles, si de tels coups de pied sous la table et de tels coups de coude dans les côtes peuvent se qualifier comme signes d'intelligence.

— Tu vois bien, Thérèse n'a pas terminé son verre.

— Je ne sais pas comment vous faites pour boire du gin pur à cette vitesse-là, dit-elle.

J'en commande vite deux autres pour les faire patienter pendant notre absence. Michel semble enfin avoir compris son rôle d'eunuque de circonstance et nous partons.

Me voilà comme un enfant devant les vitrines de Noël. De chaque côté du canal, où scintillent les feux de chalands fantomatiques, s'alignent des rangées de maisons étroites, de brique et de mosaïque, avec leurs lanternes rouges qui rougissent tout : les trottoirs mouillés, la chair nue des femmes étalées, les rideaux de leurs fenêtres et, derrière, rougies comme le reste, leurs boutiques d'artisanes, pas plus spacieuses que des couloirs.

Après un tour de piste rapide, j'opte pour une plantureuse, un débordement de chair, un dédale de plis et de replis, une Hollandaise sous laquelle je serais englouti, comme son pays si les digues cédaient. Elle me prend heureusement sur elle, petite marionnette qu'elle manipule avec des fous rires, en me baragouinant qu'elle aime bien les Français, mais qu'ils sont souvent trop chétifs.

Je suis si rapidement aspiré par cette machine de chair que, lorsque je me retrouve dehors, je n'aperçois pas Jutra. J'aurais donc un peu de temps devant moi ! Je jette mon dévolu sur une mulâtre magnifique, au corps plus appétissant qu'une crème caramel. Même tarif que pour la précédente, mais elle se dévêt avec tant de hâte, c'est à peine si j'ai le temps de humer l'arôme d'épices qui se dégage d'elle : elle s'étend aussitôt – pas question de tourner autour du pot –, elle empoigne le membre, un peu décontenancé par la rapidité des événements, l'enrobe habilement d'un préservatif et le guide *hic et nunc* vers sa destination. Fugacement, j'avais peut-être, dans ses cheveux, détecté aussi une odeur de canne à sucre, mais comment en être certain lorsque, l'instant d'après, elle fait déjà sa petite toilette et que vous vous rhabillez ?

De toute manière, ce qui allait suivre ne permettrait pas d'analyse non plus !

Aurions-nous cherché à nous synchroniser, Jutra et moi, nous n'aurions pas mieux réussi. Je sors de mon bordel, il sort du sien, la porte d'à côté ! Voilà le hic, ce synchronisme parfait, Michel Brault l'avait eu aussi… accompagné par Thérèse.

— On s'inquiétait, dit notre eunuque, avec une naïveté inénarrable.

Il nous fallut une nanoseconde pour constater l'inutilité de chercher toute explication, ni même de lancer quelques ballons d'essai, les fléchettes que dardaient les yeux de Thérèse les eurent crevés instantanément. La main dans le sac, les deux !

Dans le silence le plus lourd, les justes devant, les mécréants derrière, le retour à l'hôtel prit un air de marche expiatoire. Michel donnait le bras à Thérèse et sa réprobation qu'il nous faisait clairement sentir n'avait d'égal que le degré de stupidité naïve que nous lui attribuions.

Tandis que, dans le couloir de l'hôtel, nous discutions de la suite du voyage, Thérèse, après n'avoir salué que Michel, s'enferma à double tour dans notre chambre.

J'eus beau frapper, discrètement, puis impatiemment, elle n'ouvrait pas. Je descendis à la réception chercher une autre clef, mais elle avait poussé le verrou. Furieux, je passai par la chambre de Michel et Claude et, par l'étroite corniche – j'avais l'habitude de ces acrobaties, nous n'étions qu'au quatrième étage ! –, je me rendis jusqu'à une fenêtre de la nôtre, qui était entrouverte. Je fis glisser le châssis doucement et, comme j'allais me hisser sur l'allège, un animal sauvage, une lionne, bondit de la salle de bain et, avec ses pattes d'en avant, rabattit le châssis comme une guillotine. N'eût été le mordant de mes réflexes, j'étais amputé des deux mains ! Ses griffes crissaient contre la vitre tandis qu'elle rugissait de fureur. Je fis prudemment demi-tour.

Michel Brault (c'était sa faute après tout, on lui avait demandé d'attendre sagement dans le bar) proposa d'essayer de calmer l'enragée.

Tandis que ça parlementait chez les voisins, Jutra déboucha un flacon de Bols. La sérénité, à même le goulot.

Michel revint annoncer que Thérèse consentait à ce qu'il aille, lui, dormir dans la chambre, mais pas moi.

— Michel ira de l'autre côté, dit tout de suite Jutra, et toi, reste là. Avec Michel, y a pas de soucis…

Cela m'aurait-il traversé l'esprit ?

Cette nuit-là et la suivante (car je restai *persona non grata* jusqu'à la fin du séjour à Amsterdam), une relation tout autre, équivoque, se noua entre Jutra et moi. Il m'avoua net qu'il était tombé amoureux et qu'il avait envie de moi – je n'avais jamais même soupçonné que c'était là son inclination.

J'étais muet.

Lui aussi, et inquiet.

Qu'adviendrait-il de cette amitié mutuelle ?

Ma pensée hésitait, esquif ballottant à la recherche d'un mouillage ; je résolus de l'abandonner au vent qui le poussait doucement vers la grève.

Je me déshabillai et m'allongeai près de Claude.

Les longues heures passées, le lendemain, au Rijksmuseum, dans la contemplation apaisante des clairs-obscurs de Rembrandt, n'auraient pu mieux convenir à la pénombre dans mon esprit : avais-je accepté les avances de Claude parce que j'avais trop bu ? ou par simple complaisance ? Je voulus en avoir le cœur net et, au dîner, je ne pris que quelques verres de vin afin de passer cette autre nuit en toute connaissance de cause.

Je ne détestai ni ne regrettai rien.

Thérèse allait quitter l'Europe quelques mois avant moi, car on la réclamait à Montréal pour le tournage des *Belles Histoires des pays d'en haut*. Pendant ces quelques semaines, seul à Paris, je poursuivis cette aventure avec Claude, profitant aussi de l'anonymat que donnait cette ville pour des expériences qui eurent été impensables à Montréal : des hammams particuliers, avec des cabines pour les exhibitionnistes ou les voyeurs, et des « trous », des salles obscures, empestant la Javel, où le seul sens indispensable devenait le toucher ; là, des grappes d'hommes nus, assoiffés de sexe, s'adonnaient, dans l'impunité de la noirceur, à toute la gamme de ce qu'il convenait, à cette époque, d'appeler des « perversions », terme que les activistes et les chartes des droits de la personne achèvent d'effacer du vocabulaire.

Ces rapports avec Claude prirent fin lorsque je partis avec Roland Giguère et Jean Benoît passer un mois à la montagne Sainte-Victoire, chez Bernard Vanier, dans le mas de son père, le général Vanier, qui avait pris sa retraite après dix ans comme premier ambassadeur du Canada en France. (C'est en faisant route vers la Provence, on s'en souviendra, que survint la mort tragique du *Terpsiphone*, l'oiseau rare de Jean.)

La liaison avec Claude se transforma en une solide amitié, qui ne se démentira jamais, mais qui fera d'étranges crochets. Ainsi, lorsque Johanne Harelle entrera dans sa vie, Claude me demandera d'unir mes talents aux siens pour satisfaire cette déesse exigeante, un accommodement qui dura plusieurs années et dont je n'aurais jamais été assez mufle pour imaginer qu'il constituait la part du pauvre.

La montagne Sainte-Victoire !

« Je vais au paysage tous les jours, les motifs sont beaux et je passe ainsi mes jours plus agréablement qu'autre part », écrivait, du pays d'Aix, Paul Cézanne à son fils ; eh bien ! je dois l'admettre, tout artistes que nous étions, ce décor inspirant ne nous empêcha pas de mener, quatre semaines durant, une vie de bâton de chaise. Aussitôt après le petit déjeuner, c'était pétanque et vin rosé jusqu'à seize heures, oui ! cinq à six heures de boules chaque jour, puis nous sautions dans la Citroën Quinze du général pour descendre à Aix, sur le cours Mirabeau, invariablement au Café des Deux Garçons, pour la ronde des pastis avant de dîner et de reprendre une cargaison de rosé, douze bouteilles à remonter à la montagne pour le lendemain.

Un seul accroc à cet horaire de patachons, le soir où nous résolûmes d'aller plutôt à Marseille pour l'apéro et le dîner. L'apéro ! comme si des terres déjà imbibées avaient encore besoin d'une averse.

Au volant de la Quinze, Bernard escamota un arrêt en arrivant à la nationale et aperçut aussitôt, dans le rétroviseur, un gendarme mobile enjamber sa moto pour se mettre en chasse. La route devant était assez sinueuse et, encouragé par nous tous, Bernard décida de semer l'importun. Il poussa l'accélérateur au fond et la Quinze, comme une grande panthère noire, se mit à avaler la route en ronronnant ; dans la lunette arrière, le motard n'était déjà plus qu'une chiure de mouche qui disparaîtrait complètement à la prochaine courbe, un virage à droite plus accentué que prévu. Bernard obliqua en catastrophe, le train avant de la traction zigzagua une seconde, puis se rétablit, mais l'arrière se déroba et il nous sembla que nous avions percuté un pylône en béton de la ligne électrique ; la Quinze avait eu un soubresaut, rien ! un petit hoquet, mais elle continuait de filer à vive allure, et normalement. Quelques kilomètres plus tard, Bernard put ralentir un peu, nous avions perdu le fâcheux, c'était évident.

Le reste du trajet jusqu'à Marseille se passa à vanter les mérites de cette fameuse 15-six dont la production avait été interrompue durant la guerre et reprise en 1947 avec de légères modifications techniques.

— Nous roulons dans une 15-six G de 1946, nous expliqua Bernard, la première version des Quinze, le vilebrequin tourne à gauche tandis que, dans le nouveau modèle, la 15-six D, il tourne à droite.

— En tout cas, dit Giguère, même avec le vilebrequin qui tourne à gauche, la bagnole tourne vachement bien à droite.

— Quelle merveille, la Quinze ! renchérit Jean Benoît. Citroën est allé piquer aux Amerloques les principes de la carrosserie tout acier et de la production à la chaîne, mais ces cons-là, avec tout leur fric, n'ont jamais réussi à produire meilleure voiture que la traction, ni plus confortable.

Je ne sais pas si c'est tout le rosé que nous avions absorbé, mais, en effet, on avait l'impression de rouler sur un coussin d'air, en dépit de la route de la Gavotte, à la chaussée déformée, que nous avions empruntée pour descendre vers le port. Tout à coup, un barrage de police surgit devant nous, forçant Bernard à freiner brutalement la course agile de la panthère. Un commando de CRS fondit sur nous, mitraillettes au poing, nous ordonna de descendre et, en nous aiguillonnant du canon de leurs armes, de lever les bras en l'air et de nous retourner contre la voiture. Ils ne rigolaient pas, nous non plus d'ailleurs.

Après s'être assurés que nous n'étions pas armés, les CRS demandèrent nos papiers, leurs mitraillettes toujours pointées sur nous ; ils se montraient particulièrement circonspects face à Bernard, un colosse de deux mètres, et à Jean, costaud lui aussi.

D'ailleurs, Giguère avait déjà sorti son passeport, en essayant d'expliquer que nous étions tous des Canadiens…

— Nous sommes des Ca, des Caca… Mais le pauvre n'y arrivait pas, tant la nervosité le faisait bégayer.

— Il est canadien, dit le CRS, qui avait eu le temps de vérifier le passeport de Giguère.

— Lui aussi, dit le policier à qui j'avais remis le mien.

Jean Benoît produisit sa carte de séjour.

— Et vous ? demanda à Vanier, qui n'avait pas encore bougé, celui qui semblait le chef du détachement.

Bernard n'avait pas bougé pour une bonne raison : il n'avait rien sur lui. Pas le moindre petit bout d'identité.

Heureusement qu'il commençait à faire sombre, on nous aurait vus verdir. Était-ce le flegme qu'ont souvent les géants ? le seul que cette histoire de papiers n'énervait pas, c'était Bernard.

Le chef ordonna à un de ses hommes de le garder en joue tandis qu'il consultait les autres à voix basse.

Giguère reprit, si l'on peut dire, la parole pour bégayer que Bernard était le fils du général Vanier.

— Oui, et ma sœur est reine d'Angleterre, répliqua le chef qui commençait à s'énerver. D'Aix, on nous a fait rapport que c'est une bagnole volée.

— C'est la Quinze de mon père, expliqua Bernard, calmement, qui aurait pu vous faire pareil rapport ?

— Le gendarme qui a cherché à vous arrêter.

— Un gendarme ! Vous avez vu un gendarme, vous ? demanda Bernard en se tournant vers nous.

Trois mariolles hochèrent aussitôt la tête à l'unisson.

— Refus d'obtempérer à l'ordre d'un gendarme, reprit le chef, laconiquement, et plus grave : délit de fuite.

— Pardon, s'insurgea Bernard, il y a erreur sur la personne, nous n'avons pas eu d'accident.

— Et là, l'aile qui manque, c'est le nouveau modèle de traction ?

Le chef pointait le canon de sa mitraillette vers l'aile arrière gauche de la Quinze qui avait été proprement découpée, on aurait dit au chalumeau.

— Et si je peux vous intéresser, poursuivit-il, mon collègue a récupéré la preuve au pied du pylône que vous avez frappé.

Cette fois, c'est Bernard qui blêmit, il savait que Georges, le général, n'entendait pas à rire avec ce genre de bêtise, il se voyait déjà interdit de Quinze jusqu'à la fin de ses jours, même si son père, maintenant de retour au Canada, risquait de ne plus beaucoup l'utiliser. On était plutôt sévère, chez les Vanier. Tout le temps que Bernard avait demeuré à la résidence de l'ambassade, sa mère Pauline avait formellement interdit aux domestiques de faire le ménage de sa chambre, car elle était scandalisée du désordre dont il était capable. Elle lui demanda même de la garder sous clef afin d'éviter que quiconque y entrât par inadvertance.

Toutes les têtes se tournèrent vers la blessure de la panthère, une amputation si nette que ce moignon d'aile semblait faire partie du design de la voiture. L'absence de casquette sur la roue était malgré tout une atteinte à l'élégance de la Quinze et lui conférait un air délinquant dont on aurait pu se passer dans les circonstances. Pour les CRS, la voiture avait été volée et nous pouvions fort bien être des voyous, même avec des passeports canadiens.

Bernard demanda la permission de prendre la carte grise dans le coffre à gants. Le chef ne voulut pas prendre de risque avec ce colosse et indiqua à l'un de ses hommes de fouiller dans le compartiment, où il y avait de tout : des paquets de cigarettes à moitié vides, des allumettes bien sûr, une petite boîte de conserve ouverte, avec un restant de rillettes en décomposition, une orange momifiée, un mouchoir rabougri ou un torchon, on ne pouvait dire, et, au fond, la carte grise qui indiquait que la Citroën était bien la possession du major-général Georges Philias Vanier.

— C'est le père de notre ami Bernard Vanier, lança Giguère, étonné de voir tous ses mots s'enchaîner, une rafale de mitrailleuse.

— C'est vous qui le dites, monsieur, rétorqua sèchement le policier.

En effet, Bernard n'avait pas l'arbre généalogique imprimé sur le front.

Mais à force d'accumuler des détails sur son père – héros de la Première Guerre mondiale, décoré de la Croix militaire, blessé durant l'offensive à Cherisy, on l'ampute de la jambe droite, puis, en 1940, ministre canadien en France, il doit fuir devant l'invasion nazie –, Bernard finit par amadouer les CRS. L'un d'eux essuya même une larme furtive : son père avait participé lui aussi à l'offensive de Cherisy, aux côtés des Canadiens français du 22e bataillon.

Nous venions de justesse de remporter la bataille de Marseille !

Les CRS nous serrèrent la main et offrirent de nous escorter jusqu'à un restaurant du Vieux-Port qu'ils nous recommandaient ; encore un peu et ils blâmaient le gendarme aixois pour son impudence, essayer d'attraper une Quinze à moto, au risque de la vie des autres, à preuve ce pylône que nous avions percuté sans trop de dégâts et sans même nous en rendre compte, grâce à l'extraordinaire tenue de route de la traction. Un miracle.

Plus bar que restaurant, l'établissement ne servait qu'un plat : une copieuse bourride, de gros morceaux de rascasse que le safran avait transformés en lingots d'or, couverts de lamelles de pommes de terre, dorées aussi, avec une rouille très pimentée, fines coulées de lave en fusion le long de l'œsophage, qu'il fallait rafraîchir à coups de rosé de Provence.

Nous dûmes assez bien réussir, car, le lendemain matin, aucun d'entre nous, y compris Bernard, notre chauffeur, ne se souvenait du retour à la montagne Sainte-Victoire.

Au milieu de l'avant-midi recommença le clac clac des boules, lancées par des zombies aux pensées stériles, à l'ombre d'une montagne qui avait pourtant inspiré à Paul Cézanne un cycle complet de ses œuvres.

Là, maintenant, quatre boulistes s'acharnent bêtement contre un cochonnet.

*
* *

À vrai dire, même si je ne faisais pas encore de cinéma, le Festival de Cannes était mythique, il m'attirait, j'étais à deux pas, et Norman McLaren m'avait presque supplié de venir l'y retrouver. Cette année-là, en 1958, il avait été choisi pour faire partie du jury des courts métrages. Il ne raffolait pas de ce genre d'événements, il connaissait trois mots de français, je pourrais donc lui être d'une grande utilité. Croyait-il !

J'étais passé par Cannes, presque un an plus tôt, en route pour l'Italie, mais Cannes, durant le festival, c'est une tout autre ville, un tourbillon qui m'engouffrera pendant deux semaines, un peu à cause de Norman et beaucoup parce que, par hasard, je retrouvai Judith Jasmin, qui couvrait le festival pour Radio-Canada. McLaren était invité à toutes les réceptions officielles, Judith, elle, voulait profiter de toutes les réceptions privées pour interviewer des vedettes dans un habitat, dirait-on plus naturel ? elle trouvait amusant que je l'accompagne et se disait que nous pourrions peut-être... Elle était seule, moi aussi, pourquoi pas ?

Non ! après l'année que je venais de passer, je ne me sentais pas en mode *flash-back*, seule la vie devant moi m'intéressait, une vie de création et de cinéma, avec ces obstacles, j'en conviens, mais que je ne doutais pas de franchir allègrement. J'avais pris de l'assurance, j'avais enfin un peu confiance en moi – cela ne durerait pas longtemps –, mais tout à coup j'eus envie de m'accorder les attributs réservés d'habitude à mon signe du zodiaque, le Lion. Et Cannes apparut comme une magnifique jungle, un vaste territoire de chasse où exercer ses instincts carnassiers.

J'avais dégoté une chambre dans un petit hôtel, derrière la Croisette et, le soir de mon arrivée, en me rendant au Carlton où McLaren m'avait invité à dîner, l'affiche d'un film, parmi toutes celles qui décoraient la ville, attira particulièrement mon attention : *Quand passent les cigognes*. Je ne connaissais pas Tatiana Samoïlova, l'actrice sur l'affiche, mais il y avait dans ce visage une intensité qui m'attirait, me troublait. Dans un genre tout à fait différent, elle me faisait de l'effet comme Marilyn Monroe, dont encore aujourd'hui chacune des photos m'émeut. (Imaginez l'émoi ! quelques mois plus tard, je serais à New York, chez des amis, à une soirée intime en l'honneur de Marilyn.)

Pour le moment, à Cannes, c'est Tatiana qui me trottait dans la tête, comme s'il y avait la moindre chance qu'elle devînt autre chose qu'une image sur la Croisette.

En entrant dans le hall du Carlton, je tombe sur Judith. Il y a plus d'un an que nous ne nous sommes pas vus. Elle insiste pour que nous mangions ensemble, mais j'ai rendez-vous avec McLaren, elle ne l'a jamais rencontré, elle me demande de le lui présenter, elle aimerait réaliser une interview. Finalement, nous mangeons les trois ensemble, Judith convient d'un moment pour l'entrevue avec Norman, qui souhaite que j'y participe. Demain, elle doit aller à une réception dans une villa d'Antibes, donnée par le producteur Georges de Beauregard, et souhaite que je l'accompagne. Je rêve un peu... si Tatiana y était !

Où à Antibes ? je ne saurais plus le dire, mais je doute que cette somptueuse villa eût été la propriété de Georges de Beauregard, qui venait de commencer sa carrière avec deux films de l'Espagnol Juan Antonio Bardem, *Mort d'un cycliste* et *Grand-Rue* ; il n'était pas encore le producteur attitré des Godard, Chabrol, Rohmer, Schoendoerffer ou Varda.

Cette villa, on y accédait par un parc immense planté de palmiers qui dominaient des massifs de rhododendrons avec leurs bouquets de fleurs roses et rouges. Des bougainvilliers mauves s'accrochaient partout à la façade de la maison, s'étirant pour rejoindre les franges de glycines blanches, suspendues aux corniches et à la balustrade d'une terrasse en saillie de grande dimension prolongeant la villa sur la droite.

Des garçons en livrée nous accueillaient et nous guidaient à travers le hall d'entrée et un salon démesuré, presque vide si ce n'est un piano de concert, tout noir, couvercle relevé, qui se réfléchissait sur le parquet lustré comme un voilier à l'ancre. Au bout de la pièce, des baies vitrées donnaient sur un jardin et une piscine en contrebas qui surplombaient la mer de plusieurs dizaines de mètres. Un petit ascenseur nous amenait au niveau du jardin où avait lieu la réception. C'était l'heure du déjeuner. Une table infinie, couverte d'une nappe blanche jusqu'à terre, traversait le jardin, longue chenille qui portait sur son dos : salades, pièces montées, langoustes écarlates, fruits et gâteaux offerts aux invités.

— Vous êtes journalistes ? s'informa Georges de Beauregard en venant vers nous, la main tendue.

Judith répondit qu'elle représentait la radio du Canada, mais que j'étais un ami, réalisateur de cinéma.

Beauregard redemanda poliment mon nom, mais je vis tout de suite qu'il ne jugea pas utile de l'inscrire dans sa mémoire.

Avant de nous mêler aux invités, j'aidai Judith à mettre en marche le magnétophone Nagra que je portais pour elle en bandoulière. Cette machine, très moderne pour le temps, avait été inventée en Suisse par un jeune ingénieur d'origine polonaise, Stephan Kudelski. Avec son mécanisme à ressort, cet ancêtre du modèle de Nagra que l'on commencerait bientôt à utiliser au cinéma était parfaitement autonome : il suffisait de tourner le remontoir.

À l'Office national du film, dans cet immeuble neuf, impersonnel et austère, au bord d'une autoroute métropolitaine en construction, je pratiquais le métier de cinéaste, mais je n'avais pas grand-chose en commun avec les gens qui se trouvaient dans ce parc enchanteur ; je constatais cependant que ce métier de cinéaste était une clef, qu'il pouvait ouvrir le monde, et j'avais le pied dans la porte.

Tandis que Judith cherchait qui interviewer, je scrutais le parterre d'invités, la fine fleur de l'industrie, à la recherche de Tatiana. Elle n'y était pas ! – les Soviets n'allaient pas jeter une perle devant les pourceaux.

— Tiens, là, dans la chaise longue, près de la piscine, dit Judith, excitée, c'est Arletty.

J'avais vu l'actrice, à la cinémathèque, dans des films de Marcel Carné, mais je n'aurais pas immédiatement reconnu cette femme dans la soixantaine comme la Garance des *Enfants du paradis* (1945) ou la prostituée d'*Hôtel du Nord* (1938). C'était presque avec vénération que les invités s'approchaient d'elle qui, pendant tout le temps qu'elle fut là, parlait avec animation et des gestes nerveux, mais sans bouger du transat sur lequel elle était étendue dans une robe blanche, courte et ajustée, d'où émergeaient de belles jambes galbées que le soleil avait dorées.

Elle refusa d'être interviewée, prétextant qu'elle n'avait pas de film au festival, mais on percevait dans son sourire triste le regret mélancolique d'une vedette, consciente que son règne achève. Elle venait de tourner trois films coup sur coup, mais deux ans plus tard, Arletty perdrait la vue et ne serait plus, par la suite, qu'une voix un peu graveleuse dans quelques films ; on eût dit à son regard indéfini qu'elle le pressentait.

Grâce à la cinémathèque de la rue d'Ulm, le cinéma européen m'était plus familier, mais pas suffisamment pour que je puisse reconnaître la plupart des invités à cette réception où certains jetaient parfois sur moi un regard curieux, un peu inquiet, se demandant – comme moi à propos d'eux – s'ils devaient me connaître. Je répondais par un sourire discret en refoulant au-dedans un désir que nous avions évoqué, Jutra et moi, lorsque nous avions commencé à écrire ce scénario de long métrage, au lac Écho : atteindre un jour une certaine célébrité comme réalisateurs de longs métrages dramatiques. Quelle chimère ! Le cinéma québécois avait eu ce petit sursaut, à la fin des années quarante, grâce à Paul L'Anglais et Quebec Productions, mais c'étaient les convulsions d'un agonisant. Quel espoir restait-il ? Le cadavre avait été inhumé rapidement, sans cérémonie, et toute la famille s'était tournée vers la nouvelle venue, la télévision. Moins belle, moins princesse, mais tellement plus conviviale. On l'imaginait aussi plus libre et dégagée de l'emprise des Américains. Tous voulaient l'épouser.

Judith m'annonce qu'elle enregistre une interview avec Lilli Palmer, dont je n'ai jamais entendu parler.

— C'est la plus grande vedette de l'heure, me souffle Judith, en enfilant des titres de films : *Jeunes filles en uniforme*, *La Vie à deux*, *But Not for Me*, *Montparnasse 19*.

Oui, *Montparnasse 19*, j'ai vu. Je me souviens de Gérard Philipe en Modigliani, mais pas de Lilli Palmer dans le personnage de Béatrice Hastings.

Cette femme magnifique, ses yeux pervenche, ses lèvres soyeuses et ondulées comme des pétales d'orchidée, les circonstances feront que je n'allais plus jamais l'oublier.

Elle était née à Posen, en Allemagne.

— En 1914, murmura-t-elle au micro en souriant, mais ne le répétez pas, j'aurai quarante-quatre ans, la semaine prochaine ; j'ai commencé au théâtre, à Berlin, à dix ans, me voilà donc une très vieille actrice.

Puis, elle parla brièvement de son ex-mari, l'acteur Rex Harrison, dont elle venait de divorcer.

— Sans trop de regrets, admit-elle.

Il était tombé amoureux de la jeune actrice Kay Kendall, durant le tournage de la comédie *The Constant Husband,* deux ans auparavant. On saura, longtemps après cette entrevue, que Lilli Palmer et Harrison s'entendirent pour divorcer après avoir appris que Kay Kendall était atteinte de leucémie. Il serait ainsi libre de veiller sur Kendall qui mourra en 1959 dans la plus grande ignorance de cette maladie mortelle qu'elle prenait pour une légère déficience en fer.

Palmer, dont les parents étaient juifs, avait quitté l'Allemagne pour Paris en 1933. Depuis, elle faisait des allers-retours entre Hollywood et l'Europe, jouant en anglais ou en français avec cette trace indélébile d'accent allemand qui augmentait encore son charme.

Et finalement, expliqua-t-elle, cela lui était égal de vieillir, car le jour où on ne la réclamerait plus devant la caméra, elle consacrerait son temps à écrire. Écrire, c'était son ambition.

— Lui aussi écrit, lança tout à coup Judith, après avoir éteint son magnétophone et en me présentant à Lilli Palmer, il a déjà publié deux recueils de poèmes et il est cinéaste.

Je rougis d'autant plus que, tout le temps de l'entrevue, je n'avais pas quitté l'actrice des yeux, un regard dont elle avait dû remarquer l'insistance. Il est même possible qu'une lueur dans mes prunelles ait trahi les feux insensés, concupiscents, qu'elle avait allumés dans mon imagination et dont je n'aurais jamais osé lui faire part.

Tant que nous restâmes à la réception, je manœuvrai pour ne pas trop m'écarter du sillage de l'actrice, à qui j'offris d'aller chercher une coupe de champagne lorsque je la vis, son verre vide à la main, essayer d'attirer l'attention d'un serveur.

Mon empressement produisit un certain effet.

Le hasard voulut ensuite que nous nous retrouvions avec Lilli Palmer dans l'ascenseur qui montait du jardin au rez-de-chaussée de la villa, un habitacle à peine grand pour trois que le parfum de l'actrice remplit d'une odeur délicate de vétiver. Après avoir échangé quelques gentillesses, nous prîmes congé. Un chauffeur du festival l'attendait. Je laissai assez longtemps traîner l'oreille pour l'entendre demander qu'il la reconduise à l'Hôtel Majestic.

Judith allait faire un peu de ménage dans ses enregistrements, les envoyer à Paris pour qu'ils soient transmis à Montréal, ensuite elle souhaitait que nous dînions ensemble. Je réussis à me défiler. Je n'avais qu'une idée, aller flâner du côté du Majestic. Lilli Palmer ne m'avait pas complètement détourné de Tatiana, je voyais partout des affiches d'elle, mais les chances de rencontrer la vedette soviétique demeuraient plus virtuelles que probables. Alors!

Je passai me rafraîchir à l'hôtel. J'aurais voulu me mettre sur mon trente et un, mais je n'avais que cette veste de daim très fin et souple, achetée en Espagne, et, heureusement, une chemise de lin blanc toute neuve, mais plus froissable que l'amour-propre. À bien y penser, la pauvreté de ma garde-robe risquait de me servir: si jamais je revoyais Lilli, elle me reconnaîtrait plus facilement.

Je redescendis lentement vers la Croisette en longeant la terrasse du Majestic, presque déserte. Ce n'était pas l'heure de l'apéro et la plage ruisselait encore de soleil. Je marchai au bord de l'eau jusqu'en face du Martinez. Sur la plage se déroulait une furieuse partie de volleyball devant un attroupement de badauds auquel je me joignis, attiré comme eux moins par les prouesses que par les attributs extraordinaires d'une des joueuses, une grande femme aux cheveux très bruns dont le corps, magnifiquement découpé, avait la couleur jaune doré de l'ambre. À chacun de ses sprints pour relancer le ballon, ses seins, des globes parfaits, bondissaient sans s'échapper de l'étroite sangle du bikini, défiant les règles les plus élémentaires de la gravité; même lorsqu'elle attendait, debout, immobile, que le jeu la sollicite, ses fesses et son ventre laqués de sueur palpitaient, accentuant encore la beauté de sa peau de velours.

Il ne faisait aucun doute, c'était une starlette ! Un essaim de paparazzis gardaient leurs objectifs rivés sur elle, dans l'espoir que ne résistent pas à la pression du jeu les fragiles lanières qui retenaient ses rondeurs, parsemées de grains de sable que le soleil couchant faisait briller comme des pépites d'or. Avec ce physique de rêve, on ne pouvait s'empêcher de souhaiter qu'elle eût aussi un peu de talent, autrement quel gâchis !

Parlant de gâchis, qu'est-ce que je faisais au Festival de Cannes, jeune cinéaste qui n'en était pas encore un, et petit Canadien parfaitement inconnu ? Quelle stupidité d'aller en plus perdre mon temps au Majestic. Rêver de poisson volant avec tout juste de quoi taquiner le goujon ! Je faillis faire demi-tour.

Dès mon entrée dans le hall immense, je sentis que je détonnais comme un pygmée devant les imposantes reproductions de statues gréco-romaines, dans leurs niches ou sur des piédestaux de faux marbre, les vases aussi hauts que moi avec leurs palmiers de Madagascar, les kilomètres de tapis persans rouge vif, comme les fauteuils de cuir et de velours. Des milliers d'ampoules, dissimulées dans les franges de cristal des lustres, diffusaient sur cet univers de luxe la lumière douce d'un ciel nébuleux. Dans les encoignures, des châsses vitrées, éclairées de l'intérieur et posées sur des socles, gardaient les reliques précieuses de Gucci ou de Hermès et des flacons ouvragés des parfums les plus précieux.

Je fis discrètement le tour des salons et du bar donnant sur le hall sans apercevoir celle que je cherchais. J'allai donc m'enfoncer dans un fauteuil d'où je pouvais facilement surveiller le va-et-vient de la clientèle. J'avais pris la précaution de prendre avec moi le dernier numéro des *Cahiers du cinéma*. Il y avait en couverture une photo de Pascale Audret, tirée du film *L'Eau vive*. Son visage avait un air de famille avec celui de Tatiana… décidément je l'avais dans le crâne celle-là !

Je tentai de m'absorber dans un entretien de François Truffaut et d'André Bazin avec Jacques Tati, dont le film, *Mon Oncle*, était justement en compétition au festival, sérieux concurrent pour la palme d'or. Dès le début de cet entretien, Tati cherche à se distancier d'une école du film comique selon laquelle, explique-t-il, le personnage arrivait avec une étiquette en disant: «Vous allez voir, je suis le petit rigolo de la soirée, je peux faire énormément de choses, je sais jongler, je sais danser, je joue très bien la comédie, je suis un très bon mime, je trouve des gags…» «Ce que j'ai essayé pour ma part, poursuit Tati, c'est de prouver et faire voir que, dans le fond, tout le monde était amusant. Il n'est pas besoin d'être un comique pour faire un gag… que l'effet comique appartient à tout le monde.»

À cet endroit précis de l'entretien, je levai les yeux par-dessus les *Cahiers* et j'aperçus Lilli Palmer déboucher de l'ascenseur. Elle allait passer, il fallait qu'elle passe devant moi. Devrais-je me cacher derrière ma revue? feindre de m'évanouir en l'apercevant? «accidentellement» me précipiter devant elle? Après tout, «l'effet comique appartient à tout le monde»!

Tandis que ces hypothèses se télescopaient dans ma tête, mon magazine était retombé, je n'étais plus sous la protection des *Cahiers du cinéma*, elle fit un pas vers moi qui esquissai un sourire timide.

— On se connaît, dit-elle.

J'acquiesçai en me levant et bégayant:

— Je vous ai rencontrée à la réception chez M. de Beauregard.

— Vous êtes à l'hôtel?

Je hochai la tête.

— Vous attendez quelqu'un?

— Non… Si! À vrai dire, madame, j'espérais vous revoir, bredouillai-je, en piquant un soleil qui la fit éclater d'un rire plus charmant que moqueur.

Je dus avoir l'audace de l'inviter à prendre un verre, car nous nous retrouvâmes ensemble dans un coin du bar, dans de confortables fauteuils (rouges) d'où, par une grande fenêtre, une vitrine, on voyait la Méditerranée et, couchée sur l'horizon, l'île Sainte-Marguerite que les dernières lueurs du jour lustraient comme un cachalot.

J'aurais bien apprécié pouvoir être «le petit rigolo de la soirée» que décrivait Tati, mais je n'y arrivais pas, alors je me mis à lui poser des questions, comme si je l'interviewais pour mon journal imaginaire. Elle aussi voulut savoir des choses, mais qu'est-ce qu'on répond quand on a peu vécu ? Elle s'étonna cependant que je fusse marié, déjà séparé, et père d'un fils – j'avais vingt-six ans, elle m'en avait donné moins – s'informa du genre de poésie que j'avais publiée – révoltée ! –, du cinéma que j'espérais faire – documentaire, c'est tout ce qui semblait possible au Canada.

Lorsque le garçon revint s'informer si nous souhaitions quelque chose d'autre, elle fit signe que non. J'étais déçu, cela sonnait la fin de l'interview ! Je demandai l'addition, je n'osais pas prolonger tant j'avais peur d'importuner cette femme à qui j'aurais bien souhaité avoir le cran d'avouer carrément combien je la désirais.

— Vous êtes certainement occupée pour le dîner ?

— Non, fit-elle, je n'ai rien prévu.

— Nous pourrions manger ensemble !

C'était lancé avec tant d'enthousiasme que de nouveau elle éclata de ce rire velouté, charnel, le *glissando* ensorcelant d'un tango qui faisait frémir ses lèvres et irradiait le cobalt de ses yeux.

— Oui, dit-elle en posant sa main sur la mienne, dînons ensemble, mais c'est moi qui vous invite.

Elle préférait que nous montions à sa suite, elle voulait échapper à la solennité de la salle à manger avec ses colonnes doriques, les lourdes draperies à rayures jaune et or, la moquette sang de bœuf, le service guindé. Cette suite démesurée où elle nous fit servir un repas magnifique ouvrait sur une terrasse qui surplombait la mer, à l'avant-dernier étage du palace tout blanc, cette gigantesque meringue posée sur la Croisette parmi les palmiers.

Je restai là deux nuits.

La simplicité de Lilli Palmer, sa vérité, la certitude si évidente que cette brève rencontre serait sans suite ont inscrit ce séjour délicieux comme un paragraphe dans ma vie, un paragraphe inattendu et indélébile.

Lorsque deux jours plus tard je rappliquai chez McLaren, il était sur le point de refuser une invitation de la délégation russe à un cocktail pour promouvoir leur film en compétition : *Quand passent les cigognes*. Il n'en avait pas envie (je faillis tomber en syncope) mais du coup, il se sentait un peu coupable, les Soviétiques comme les Chinois ayant pour lui une affection très particulière. (Je ne manquai pas de le lui rappeler.) Non seulement Norman avait été membre actif du Parti communiste en Angleterre, pendant une décennie, mais il avait aussi développé des liens particuliers avec le réalisateur soviétique Sergueï Eisenstein qui, disait-il, l'avait beaucoup influencé.

Pas très flamboyant, cette réception ! Déjà, à l'entrée du couloir menant à cette salle de l'Hôtel Martinez, des malabars sans doute empruntés au KGB, palpaient les cartons d'invitation, vérifiaient un numéro inscrit à la main au verso, parfois allaient même jusqu'à renifler la carte comme si, pour éviter les contrefaçons, on y avait injecté quelque fluide dont seuls ces fins limiers pouvaient déceler l'odeur, puis, satisfaits, ils nous indiquaient d'un geste raide, derrière eux, la porte d'arche tendue de rideaux de velours.

Nous arrivions tôt. Il n'y avait encore dans la salle qu'une vingtaine de personnes, et des garçons s'affairaient à dresser le buffet dont les plats, à voir leur mine épuisée, devaient avoir été élaborés dans un goulag et envoyés par tortillard : des œufs durs coupés en deux et recouverts d'un capuchon de mayonnaise brunâtre, armadas de galions minuscules avec leur voile de bure, des tranches fines de jambon olivâtre roulées en cornets, épinglées par un cure-dent au bout duquel on avait empalé un morceau de cornichon vert fluo, des plateaux et des plateaux de harengs saurs, de bouchées de pâté, de mousses et de poutargue, en détresse sur leurs petits radeaux de fortune, des biscuits ronds et moites, puis, à chaque bout de la grande table, un réchaud avec un échafaudage de blinis tièdes qui ressemblait à un soufflet d'accordéon. Un gros cordon attaché à des pieds en inox protégeait la table contre tout assaut prématuré des invités.

À l'autre extrémité s'élevait une estrade sur laquelle étaient posés des chevalets avec l'affiche du film et la tête magnifique de Tatiana Samoïlova que je me mourais d'envie de voir en chair et en os. D'ailleurs, tout en essayant de garder intéressé un McLaren qui s'impatientait, je l'aiguillais discrètement vers l'estrade, à mesure que la salle se remplissait.

Subitement des garçons, visiblement mal à l'aise d'avoir été costumés à la russe, des cosaques d'opérette, commencèrent à circuler avec des plateaux de verres, des dés à coudre, remplis à ras bord de vodka glacée, tandis qu'un animateur monta sur l'estrade, gratta de son ongle la tête du microphone et commença à présenter les invités : Viktor Rozov, le scénariste de *Quand passent les cigognes* ; le réalisateur et producteur, Mikhaïl Kalatozov ; la vedette masculine interprétant le rôle de Boris, Alexeï Batalov ; et enfin, enfin Tatiana Samoïlova, pas très grande, timide, ses yeux sombres et brillants comme des améthystes, l'interprète de Veronika.

La courte cérémonie de présentation n'était pas terminée que les invités se tournaient déjà vers la table ; ce n'est pas le buffet qui les avait excités, mais deux grands plats de caviar, un délire de sévruga, que l'on venait de poser sur des lits de glace à chaque bout, près des blinis.

Est-ce le désir qui me consumait de rencontrer Tatiana ? ou juste le hasard qui à l'occasion fait bien les choses ? mais au moment où McLaren était prêt à partir, satisfait de son acte de présence, un des membres de la délégation officielle russe le reconnut et vint vers nous, insistant pour nous présenter au réalisateur et aux interprètes du film. À cette seule pensée, mon cœur ne fit qu'un bond. Puis, mon émotion grandit, devint intenable en voyant Tatiana s'approcher.

Le type de la délégation présenta d'abord McLaren, qui lui souffla mon nom. Je serrai la main de tout le monde, en commençant par celle de Tatiana, que je gardai dans la mienne aussi longtemps que possible : elle était fraîche, douce et volutée, la peau d'une pêche ; son regard s'incrusta en moi, un rayon laser qui éclipsa un moment tout son visage jusqu'à l'émersion de ses lèvres qui souriaient, radiantes et vermeilles.

Alors qu'on nous ouvrait un chemin jusqu'au buffet, j'entendis l'interprète qui demandait à McLaren (et forcément à moi) de leur faire l'honneur de venir dîner, après la réception, au restaurant Chez Félix ; c'est Kalatozov, le réalisateur, un inconditionnel de McLaren, qui insistait. Quel bonheur ! Norman fut trop timide pour décliner cette invitation qui, à l'évidence, l'embêtait.

Chez Félix, sans doute parce que nous étions les plus jeunes, on nous assit, côte à côte, Tatiana et moi. Nous étions plusieurs, il n'y avait que deux interprètes, occupés pendant presque tout le repas à traduire les échanges entre McLaren et le réalisateur russe. Ce que j'aurais souhaité dire à Tatiana, ce que j'éprouvais déjà pour elle n'était pas traduisible, et puis, aurais-je jamais osé ? Je restai donc muet la plupart du temps, hors de moi-même, en chute libre dans ses pupilles noires. Bien sûr, elle perçut ce fil secret, invisible, que je tissais autour d'elle comme s'il y avait eu la moindre chance de la prendre à ce piège inenvisageable, elle aussi mesurait cette infranchissable distance qui nous séparait, et, pourtant, nos bras se frôlaient presque à se caresser, je m'enfonçais dans le remous de chacun de ses regards, je lui aurais tout donné… si j'avais possédé quelque chose.

Je la revis deux autres fois, avant et après la projection de son film, une merveilleuse histoire d'amour (déçu), sublime par la mise en scène inventive et par l'interprétation passionnée de Tatiana. Le soir où *Quand passent les cigognes* reçut la première palme d'or décernée à un film soviétique, j'avais déjà quitté Cannes pour revenir au Canada. L'actrice merveilleuse dont j'emportais ce désir fugitif, j'ai cherché à la revoir, vingt-quatre ans plus tard, au Festival international de Moscou, où j'étais invité comme réalisateur du film *Bonheur d'occasion*. Elle, que beaucoup ont considérée comme la meilleure actrice de sa génération, et qui était retournée deux autres fois à Cannes, en 1960 pour un nouveau film de Kalatozov, *Lettre qui n'a jamais été envoyée*, et, en 1968, pour son rôle-titre dans le film *Anna Karenine* d'Alexandre Zarkhi, eh bien, on ne sut jamais la retrouver ; elle avait sombré dans l'oubli et le chômage. On se souvint enfin d'elle, en 1993, le temps de l'admettre au Panthéon des artistes du peuple de l'URSS.

La dernière fois que j'ai serré Tatiana dans mes bras (la seule fois d'ailleurs), c'était après la projection des *Cigognes*, une étreinte pleine de la frustration de savoir que je partais bientôt et que l'enthousiasme suscité par le film me la ravirait pour toujours. Au moment où les critiques et des metteurs en scène de renom s'arrachaient la nouvelle vedette, pas question pour la délégation soviétique de laisser un parfait inconnu l'accaparer. Je comprenais, mais quel sentiment d'impuissance ! Qui me plongeait dans un tel état de tristesse !

Il approchait minuit. J'avais fait le tour de tous les endroits où eût pu se trouver Tatiana – personne ! –, traîné longtemps devant une sole meunière Chez Félix, juste au cas, puis enfin j'avais déposé un mot d'adieu à McLaren chez le concierge du Carlton.

Pour la troisième fois en cinq ans, je tombais amoureux de femmes que le destin me rendait inaccessibles, tout en me lassant rapidement de celles qui m'aimaient. Ces réflexions désagréables me vinaigraient l'esprit alors que je déambulais le long de la Croisette. Partout des affiches de films avec des noms connus et d'autres qui le deviendraient comme celui de Samoïlova, véritables faire-part de célébrité, de réussite et – cela ne devait-il pas aller de soi ? – de richesse et de liberté. Il me semblait que la vie fût fort différente si mon nom était inscrit sur une de ces affiches : je pourrais choisir de suivre Tatiana à Moscou, lui offrir de venir au Canada, trouver l'inspiration d'un scénario à tourner avec elle, on tiendrait compte de moi, on prendrait mon coup de foudre au sérieux. Châteaux en Espagne.

Comme je passe devant le Majestic, quelqu'un sortant de l'hôtel attire mon attention. J'arrête, j'observe cette personne qui vient dans ma direction. C'est un mirage, une hallucination, cette femme qui s'approche, c'est la starlette qui jouait au volley, sur la plage, l'autre jour, et autour de qui bourdonnait un essaim de paparazzis.

Elle s'immobilise à deux mètres de moi. Je pense qu'elle attend un taxi. Je reste là, pétrifié, la contemplant : c'est une beauté exceptionnelle, elle a tout parfait, ses longs cheveux tombent en cascades d'or sur ses épaules, sa robe de soie, imprimée de corolles d'iris violets, moule scrupuleusement les formes voluptueuses de son corps qui tient sur des merveilles de jambes, longues et fines avec leurs reflets cuivrés. Les traits de son visage ont la délicatesse d'une aquarelle de Dufy, comme sa taille qu'elle cambre légèrement en se tournant vers moi, alors qu'une idée me traverse le ciboulot : si cette starlette était une pute ?

Mais cela me paraît trop saugrenu, je ne vais pas l'aborder, et d'ailleurs comment faire la différence ?

J'attends.

Une voiture passe rapidement devant nous qu'elle suit du regard, puis, déconcertée sans doute par mon attitude figée, je l'entends me demander :

— Qu'est-ce qui vous ferait plaisir ?

Je suis pris d'une vraie émotion, cette femme, ce chef-d'œuvre de créature, n'est pas une étoile inaccessible. Elle n'est qu'une question d'argent. Elle pourrait demander ce qu'elle veut, je le lui donnerais, mais non, tarif normal ! Pour un Dufy, ce n'était rien. Une aubaine !

Je marchai avec elle jusqu'à mon hôtel, une centaine de mètres. En silence. Envahi par le désir. Brûlant déjà de reconnaissance.

Le déchaînement des sens en apercevant ce corps complètement nu, sans défaut, avec ses touches d'infinie volupté : les moires de ses aréoles de vermeil d'où pointent des mamelons gras et veloutés, le lacis de soie sous les aisselles, la dentelle de sa chatte palpitante, ces fossettes sombres où commence le mystérieux sillon qui partage ses fesses aux exquises rondeurs, les cuisses fermes avec leur filigrane de muscles délicatement ciselés, les pieds longs et fins, chacun avec son bouquet d'orteils au bout desquels luisent des lamelles d'opale.

Je ne me déshabillais pas, elle s'impatienta gentiment. Je rachetai du temps de contemplation, car je ne me lassais pas de l'admirer, elle, étonnamment inconsciente de son degré de perfection.

Faire l'amour ? non je ne pense pas qu'on puisse parler ainsi de cette exquise séquestration dans pareil écrin, ni de l'autorisation de toucher, caresser, palper cette Olympia, cette fin du monde.

Ce fut mon premier Festival de Cannes. Je n'y avais pas participé vraiment, mais j'en revenais comblé. Avec la palme d'or.

*
* *

Première traversée de l'Atlantique en avion. Douze heures de béatitude vrombissante dans le Super Constellation de Trans-Canada Airlines, le plus bel engin volant depuis l'invention de l'aviation, avec son corps gracieux de dauphin, sa triple queue et le ronron régulier de ses quatre moteurs à pistons qui, à moins d'être contrariés par le vent, avaient assez de souffle pour permettre le voyage d'Orly à Montréal, sans escale. On nous prévenait de la vague possibilité de faire halte à Gander, Terre-Neuve, si les éléments s'en mêlaient. Cela ne se produisit pas.

Et voyager en avion n'était pas devenu le gâchis de maintenant, on ne serrait pas les passagers comme des harengs, la discrimination existait : les hôtesses ressemblaient donc à des êtres humains normalement constitués, et les repas, d'appétissantes miniatures de viande et de légumes, agencées sur des assiettes qui s'emboîtaient dans le plateau à la manière des pièces d'un casse-tête, on pouvait les manger avec de vrais couverts. Soixante-dix passagers gentiment contraints à la convivialité ou à la méditation : pas de film, pas de télé, pas de téléphone, seulement les délicates interventions des hôtesses offrant à boire ou à manger et, venant d'un mystérieux au-delà, les rares interventions du capitaine nous confirmant que ça bougeait quand ça bougeait et que ça ne bougeait plus quand il y avait déjà un moment que notre vaisseau avait recommencé à glisser en douceur dans l'infiniment bleu.

Il régnait dans un avion une atmosphère de recueillement presque monastique, sans doute parce que la moitié des passagers, figés par la peur, cherchaient à faire la paix avec leur créateur devant qui ils ne doutaient pas de se retrouver avant la fin du voyage, et que l'autre moitié (dont j'étais) se retrouvaient à l'abri de tous les soucis de la terre. Les avions portaient alors des noms évocateurs: North Star, Constellation, Caravelle, Concorde; maintenant on leur a collé des numéros, même le Boeing 747, qui aurait pourtant mérité une vraie dénomination avec son fuselage imposant, un peu ventru, et ses airs de notable du ciel.

Il y a quelques années, je me suis trouvé par hasard sur le dernier vol Paris-Montréal d'un Boeing 747, Air Canada ayant décidé de les retirer de sa flotte. Avant d'atterrir, le commandant de bord s'adressa aux passagers, la voix chevrotante d'émotion: il pilotait des 747 depuis près de trente ans, il n'avait jamais eu entre les mains monture plus fiable et plus souple, et maintenant qu'on s'en départait, il avait décidé de prendre sa retraite, une retraite prématurée, car réapprendre à piloter un Airbus, comme on le lui proposait, lui semblait une traîtrise que ne méritait pas sa fidèle compagne des airs. Il préférait donc rentrer à l'écurie pour toujours, lui aussi.

Ce témoignage plongea tout le monde dans une grande tristesse. Nous étions dans le ventre douillet d'un avion qui glissait au-dessus du fleuve Saint-Laurent, en nous permettant de contempler par ses hublots l'immense plaine, bordée par les Appalaches et les Laurentides, mais c'était un avion qui allait mourir. Ce 747, qui semblait en si bonne santé, à peine une trace de patine, était condamné, et nous étions tous à son chevet, sa famille, l'examinant avec attention pour retenir chaque détail de son apparence, prêtant l'oreille à la respiration de ses moteurs qui allait bientôt s'éteindre, et partageant la détresse de celui qui avait choisi de disparaître lui aussi, un commandant dont nous n'avons jamais vu le visage, mais dont nous pûmes mesurer la tendresse qu'il portait à son géant; il le fit se poser avec la douceur que l'on prend pour fermer les yeux d'un défunt, puis le conduisit sans le moindre soubresaut jusqu'à la porte de l'aéroport. Et il n'y eut pas cette bousculade habituelle, à l'arrivée, la nostalgie ayant envahi tous les passagers qui descendirent les bagages des compartiments avec délicatesse et formèrent jusqu'à la sortie un cortège funèbre, plusieurs traînant la main sur le dossier des sièges, ultime caresse à un ami qui disparaissait.

Je pouvais imaginer le commandant, incapable de s'arracher à son fauteuil de pilote, palpant les commandes, contemplant la morne immobilité des indicateurs d'instruments de bord, et, devant lui, cette lucarne étroite qui n'ouvrirait plus sur toutes les splendeurs de la stratosphère, mais sur un misérable paysage de hangars et de tarmacs, un paysage de HLM.

Lorsque le Super Constellation atterrit à Montréal, dans le flamboiement de ce crépuscule du début de l'été 1958, personne n'attendait à l'aéroport. Thérèse Arbic m'avait prévenu qu'elle nous avait dégoté un appartement génial au dernier étage d'un petit immeuble, avec vue imprenable sur la ville et le fleuve, au 1300 de l'avenue des Pins, mais elle n'était pas à l'avion ; c'est une enveloppe, remise au comptoir de Trans-Canada Airlines, qui m'attendait, contenant une clef de l'appartement et une note de Thérèse me demandant de l'appeler à un numéro de téléphone, à New York, aussitôt arrivé, à moins qu'il soit tard.

Je voyageais presque sans bagages car j'avais laissé à Roland Giguère une grosse malle, contenant tout ce que j'avais accumulé en Europe durant l'année ; lui et sa femme n'avaient pas, comme moi, changé leurs plans, ils rentraient sur l'*Homeric* et se chargeaient de cette malle. Heureusement. Elle était bourrée de bouquins et d'une très belle huile, cadeau de Léon Bellefleur, toujours accrochée chez moi.

Le taxi me déposa sur l'avenue des Pins devant mon immeuble, un cube de trois étages en briques couleur châtaigne, plutôt calviniste d'apparence. Sa seule décoration : sculpté dans le linteau au-dessus de la porte d'entrée, un écusson gravé d'un ornement floral, porté par deux angelots insignifiants. Une clôture de fer forgé séparait l'immeuble du trottoir sans trop qu'on sache pourquoi puisque la marge entre ces barreaux noirs de prison et le bâtiment était trop étroite pour permettre à quiconque d'y accéder et qu'il n'y avait pas de grille devant la porte d'entrée. Mais enfin ! ça donnait à la maison un petit côté cossu.

Le hall d'entrée, à peine éclairé, lambrissé de chêne foncé, portait celui qui y entrait à voûter les épaules ; on ne laissait pas la porte claquer, on marchait à pas feutrés avec le sentiment inconfortable d'être là par effraction. Comme j'allais poser le pied sur la première marche de l'escalier, au fond du hall, le grondement d'un chien dont la voix caverneuse évoquait l'image d'un mastodonte menaçant me fit m'arrêter.

J'entendis glisser une chaîne de sécurité, puis une porte s'entrebâiller derrière moi. Le chien que je ne voyais pas continuait de se prendre pour le tonnerre :

— Vas-tu te taire, commanda au chien la femme qui venait d'apparaître dans l'entrebâillement de la porte, c'est notre voisin d'en haut. Vous êtes bien Claude Fournier ? me demanda-t-elle avec un accent indéfinissable, allemand peut-être.

— Oui, c'est moi... j'ai fait trop de bruit ?

— Non, pas du tout, mais je sais que vous emménagez et que Thérèse a dû partir, alors si vous voulez arrêter prendre un café, demain matin. Elle est charmante, votre femme, et c'est tellement formidable ce qui lui arrive. Je m'appelle Madeleine.

Elle me tendit la main.

— Enchanté, fis-je.

Puis, je bredouillai quelque chose d'inintelligible. Je ne savais pas si j'arrêterais prendre ce café qu'elle m'offrait, mais surtout je me demandais ce qui pouvait bien arriver de si formidable à Thérèse.

Quand j'ouvris la porte de l'appartement, au dernier étage, j'eus un choc : toutes les fenêtres donnaient sur la ville qui avait commencé à s'illuminer pour la nuit, le panorama était magistral, et tout ce que nous possédions au monde avait été déversé pêle-mêle dans les deux grandes pièces, le fouillis était indescriptible. Je reconnaissais bien là ma Thérèse, son domestique était aussi embrouillé qu'un haggis.

Je plongeai sur le téléphone. Impossible d'appeler New York, le branchement venait d'être effectué et, pendant les prochaines vingt-quatre heures, je ne pouvais que recevoir des appels, pas en faire.

Il approchait dix heures et, dans ce quartier résidentiel, je risquais de marcher des kilomètres avant de trouver une cabine téléphonique.

Je me sentis tout à coup comme le naufragé qui aborde enfin la terre ferme pour se rendre compte que c'est une île déserte au milieu de l'océan. Mon amoureuse avait inopinément filé et, demain, je commençais pour de bon l'apprentissage du cinéma. Je voyais ça comme l'ascension de l'Everest alors que, depuis mon arrivée à l'Office national du film, je piétinais au camp de base.

Décalage oblige, je fus debout à l'aube. J'avais dormi à la Robinson Crusoë sur une couverture de déménagement matelassée que j'avais empruntée à une vieille commode canadienne, le premier meuble ancien que j'aie acheté.

Il était trop tôt pour appeler à New York ou frapper à la porte de la voisine d'en bas et je me mourais de retrouver ma Triumph, enfermée dans un garage le long du canal Lachine.

Je retirai le drap, maintenant crasseux, dont je l'avais recouverte et je fus aussitôt assailli par le parfum du capitonnage de cuir des sièges, emprisonné depuis un an. Ce n'était pas possible, le moteur ne démarrerait pas, après un si long hiatus. Je tirai le *starter*, un poil, je gardai la pédale d'embrayage enfoncée et je donnai deux coups rapides sur l'accélérateur, deux petites tapes pour ranimer une personne évanouie, je pressai le bouton du démarreur et le moteur eut un bref sursaut. Un autre coup de démarreur et l'engin se mit à tourner, crachant par le pot d'échappement le noir qu'il avait dû broyer durant ce long abandon. Il reprit rapidement son rythme, le tachymètre se stabilisant à huit cents révolutions. Je laissai la sublime machine tourner plusieurs minutes au ralenti tandis que je donnais un coup de torchon aux endroits où la suie et la poussière s'étaient infiltrées sous la housse.

La circulation du matin n'avait pas commencé, les flics dormaient encore, je décidai de dérouiller la Triumph dans les rues du Vieux-Montréal, m'inventant des chicanes, des bouts droits, des virages en épingle, et je m'élançai finalement à toute vitesse dans la côte de la rue Peel, jaugeant bien le changement du feu au vert, à l'angle de l'avenue des Pins, afin de prendre le virage à gauche sans perdre de vitesse et pousser ensuite à fond pour gravir la pente le long du mont Royal avant de freiner en catastrophe devant chez moi. Tête de linotte, l'appel à New York ! Je redescendis vers Sherbrooke où je trouverais un téléphone public.

Je compose le numéro à New York. Je ne sais pas combien de sonneries s'égrènent avant qu'enfin quelqu'un daigne répondre, une voix d'homme, haut perchée, sur un ton visiblement courroucé.

— *Yes, what is it?*

— *I was given this number to speak to Thérèse Arbic.*

— *Who?*

— *Arbic… Arrbeek!*

— *Yeah. Well, do you know what time it is? Could you call later, please*[2]*?*

Il était quand même neuf heures du matin !

Je décidai d'aller frapper à la porte de cette Madeleine, la voisine d'en bas, qui semblait savoir ce qui était survenu de si inopiné dans la vie de celle dont en principe je partageais l'existence.

Madeleine, c'était d'abord une bouche, elle était jolie avec ses yeux bleu clair, sa peau très blanche et cette avalanche de cheveux blonds sur ses épaules, mais elle avait une grande bouche et, lorsqu'elle parlait, ses lèvres ondulaient comme des dragons rouges contre l'émail de ses dents. Et elle était expansive, pas du tout la réserve habituelle, un peu guindée, de ses compatriotes (elle était suisse). Son père avait été président de la Suisse – son terme venait de prendre fin – et elle était l'épouse d'un officier de cavalerie, un Suisse allemand qu'on avait muté à Londres dans l'espoir de mettre fin à leur idylle. Sans succès. Louis-Samuel Wiedmer, qu'on surnommait Sam, avait quand même épousé Madeleine et avait quitté l'armée pour devenir banquier. Le couple venait d'arriver au Canada où Sam deviendrait éventuellement président de la Swiss Bank Corporation.

Thérèse ! Madeleine était d'autant plus excitée de ce qui lui arrivait qu'elle-même avait terminé son conservatoire d'art dramatique avec une copine, Romy Schneider, mais qu'elle n'avait pas poursuivi dans le métier, se jugeant trop inférieure à Romy.

Enfin, j'appris que Peggy Feurey, l'adjointe de Lee Strasberg, à l'Actors Studio de New York, était venue à Montréal rencontrer quelques acteurs et que le talent de Thérèse, sa personnalité l'avaient séduite. Séduction instantanée, à l'américaine. Peggy ne voulait pas que Thérèse perdît une minute de plus à Montréal, elle lui avait demandé de tout abandonner et de la suivre sur-le-champ à New York. Peggy était l'épouse blanche de Louis Peterson, un des premiers

2. – Oui, qu'est-ce que vous voulez ?
– C'est le numéro qu'on m'a donné pour parler à Thérèse Arbic.
– Qui ?
– Arbic… Arrbeek !
– Ouais, vous savez quelle heure il est ? Rappelez plus tard, s'il vous plaît.

auteurs afro-américains à être joué sur Broadway (*Take a Giant Step,* en 1953, l'histoire d'un jeune Noir de la classe moyenne qui grandit dans un quartier de Blancs), Thérèse habiterait avec eux en attendant de trouver un appartement.

Chambardement.

J'étais rentré de Paris tout feu tout flamme, je me mourais de faire du cinéma, mais l'Office national du film avait son rythme qu'il ne fallait pas bousculer, je prendrais place dans la file et j'attendrais que le comité du programme s'attendrisse sur un de mes projets, qu'il l'inscrive quelque part dans une case – en espérant que cette case existe – et que, finalement, on lui attribue un budget. Institution curieuse, chef-d'œuvre de bureaucratie, une grande mare remplie de nos idées frétillantes qu'il valait mieux, avions-nous l'impression, contempler paresseusement plutôt que d'en harponner une pour en faire un film et ameuter le système.

Mais j'eus de la chance, le commissaire de l'Office, Guy Roberge, connaissait un lac qui frétillait de truites, lui, et appartenait à un club privé dont il était membre. Il lui semblait que leur garde-pêche, Télesphore Légaré, pourrait faire l'objet d'un film intéressant : il habitait avec sa femme au bord de ce lac perdu et il n'était, pour ainsi dire, pas revenu à la civilisation depuis quarante ans, son seul contact avec l'extérieur lui arrivant du gratin qui venait pêcher, chaque été. Parfait coupe-file, ce *desiderata* du grand patron. Je n'avais qu'à attendre le moment propice où je pourrais passer une semaine avec Télesphore Légaré, sans le déranger dans ses fonctions, les fidèles n'acceptant pas de partager leur ministre durant les rites sacrés de la pêche.

⁂

Premier week-end depuis le retour d'Europe. Cap sur New York. Lou et Peggy ont prévu une réception à leur appartement, près de Gramercy Park, afin que Thérèse rencontre des amis. Et ils ont hâte de savoir qui je suis (!).

Lorsque je m'engage avec la Triumph sur le pont Triborough, mon cœur se serre devant la silhouette magique de Manhattan : je n'arrive pas en touriste, je viens pour une affaire de cœur et d'avenir. Après Paris, Montréal m'avait paru terriblement laide et provinciale ; qui sait ? ce changement dans la destinée de Thérèse allait peut-être m'amener moi aussi dans la ville la plus excitante du monde.

Lou Peterson. C'est lui qui m'accueille. Il vient d'avoir quarante ans et sa pièce *Take a Giant Step* avec Johnny Nash l'a rendu instantanément célèbre. Il en prépare maintenant, en collaboration avec Julius Epstein, l'adaptation pour le cinéma, que réalisera Philip Leacock. Lou a le teint chocolat, la voix haut perchée et n'arrête jamais de frétiller, une anguille hors de l'eau. Peggy, elle, blonde aux yeux pers, du velours dans la voix malgré les aspérités de l'accent américain, souffle une douceur d'alizé dans la maison. Je comprends vite aussi que, dans les eaux tumultueuses de l'Actors Studio, c'est elle le refuge. Pendant cette longue soirée où viendront des dizaines d'invités, la plupart des acteurs du studio, elle sera aux petits soins avec tous.

Marilyn Monroe. On crève de chaud dans l'appartement, mais elle ne quitte pas son trench-coat Burberry, ceinture ballante, ouvert sur une robe de nanzouk blanc au corsage brodé de délicates fleurs marine. Dès qu'elle entre, elle se dirige, déjà lasse, vers un voltaire dans lequel elle se laisse tomber tandis que Peggy glisse un pouf sous ses pieds. Elle salue Thérèse qu'elle connaît du studio, on me présente, elle sourit gentiment, je serre délicatement la main qu'elle tend, mais je ne trouve rien d'intelligent à dire; l'émotion m'étrangle, je m'étonne de ce parfum de vétiver (le même, curieusement, que celui de Lilli Palmer), et je reste en contemplation discrète devant cette présence presque irréelle, cette femme dont le visage parfait, sublime, brûle en veilleuse, consumé par une mélancolie pathétique.

Peggy la nourrit comme un oiseau avec des bribes, des riens, et elles parlent longtemps à voix basse, des volées de chuchotements, interrompus de temps à autre par de nouveaux invités qui viennent saluer l'étoile la plus lointaine du firmament, si éloignée que sa lumière semble ne nous parvenir qu'à demi.

Commotion. C'est William Inge qui entre, un roquet ridicule le précède et fait en jappant le tour des gens, leur barrant les pieds, leur sautant dans les tibias. Peggy a prévu le coup et protège Marilyn de cette horreur de chien. Inge vient déposer un baiser sur le front de l'actrice, la Cherie de *Bus Stop*, adaptation de sa pièce tournée deux ans plus tôt par Joshua Logan, il lui souffle quelque chose à l'oreille puis il rejoint tout de suite Susan Strasberg et Cliff Robertson, qui ont tourné l'adaptation de sa pièce *Picnic,* aussi avec Logan. Il se sent visiblement plus à l'aise avec ces derniers qu'avec Marilyn et il a soif, très soif, ce que Lou a déjà compris qui lui verse une grande rasade de whisky. Puis, il me présente «Bill», dont l'intérêt immédiat qu'il me porte fait sourire Lou, qui va récupérer Thérèse:

— *Bill, meet Claude's girlfriend, she's a wonderful actress*[3].

Moue de contrariété, puis Inge lui serre mollement la main et détourne déjà le regard vers Farley Granger qui arrive vers nous. Il est très beau, oui, vaguement efféminé, mais chaleureux, exubérant, on a l'impression de l'avoir toujours connu. Inge et lui discutent de télévision, Granger est heureux de faire moins de cinéma et d'être en demande pour *Playhouse 90*, le *Kraft Television Theatre* et *Robert Montgomery Presents.* Il a toujours rêvé de théâtre et ces rôles en direct, à la télévision, sont ce qui le rapproche le plus de la scène. Je lui

3. – Bill, je te présente la petite amie de Claude, c'est une actrice du tonnerre.

parle de *Rope*, de *Strangers on a Train*, j'admire Hitchcock, j'aimerais en savoir plus sur lui mais Inge, lui, s'inquiète que *Senso,* le film que Granger a tourné en Italie, en 1954, avec Visconti ne soit toujours pas distribué aux États-Unis, quatre ans plus tard. Après sa présentation au Festival de Venise, *Senso* a soulevé l'ire des autorités italiennes, qui n'acceptaient pas que le film fît allusion aux victoires des Autrichiens, pendant le *Risorgimento*, et exigèrent des coupures. (*Senso* sera finalement distribué aux États-Unis en 1968.)

Montgomery Clift. Je viens de le voir, il n'y a pas un mois, aux côtés de Marlon Brando, dans *The Young Lions*, le film d'Edward Dmytryk, et il est là, je bois avec lui, cause avec lui, me voilà temporairement propulsé dans le même monde. Je ne saurais être plus impressionné et lorsque, le lendemain, Lou suggère que je m'établisse à New York, je ne réfléchis pas, je dis tout de suite oui parce que, subitement, l'impossible paraît réalisable. Il est donc convenu qu'à mon prochain voyage, nous nous rendrons ensemble à l'agence William Morris afin qu'un des agents, sans doute le sien, me prenne sous son aile. Je n'ai jamais écrit en anglais, je m'en inquiète, mais ce handicap paraît bien dérisoire à Lou Peterson, un auteur afro-américain qui a réussi à accéder à Broadway.

La quinzaine d'après, lorsque je me présente chez William Morris, Lou brosse de moi un portrait flatteur : auteur à succès pour la télévision jeunesse au Canada, scénariste au National Film Board of Canada et déjà bien branché dans le milieu new-yorkais, protégé de William Inge, ami de Clift, de Granger, invité à l'Actors Studio. William Morris ne va pas laisser passer pareille occasion ! On se jette sur moi comme une bête rare qui pourrait leur échapper et on m'accroche vite un contrat à la patte. D'ici à ce que je maîtrise parfaitement l'anglais écrit, on offrira mes services comme *gagman*, Bob Hope, Jack Benny, Red Skelton, George Gobel, tout le monde en cherche. Le seul à douter encore que je puisse réussir à New York, c'est moi.

Presque cinquante ans plus tard, je lisais une réflexion de Kurt Vonnegut sur cette société très particulière de New York : « Une amitié new-yorkaise est celle que vous nouez avec une personne que vous avez rencontrée à au moins une occasion. Même si vous n'avez rencontré cette personne qu'une seule fois, être New-Yorkais vous confère le droit d'affirmer, lorsque le nom de cette personne est évoqué dans une conversation, qu'elle est, bien sûr ! votre amie. »

Par ce biais, toutes ces célébrités devenaient donc mes amis, Lou Peterson et William Inge, encore plus que les autres, puisqu'ils parrainaient un changement de destinée que les circonstances allaient bientôt faire dérailler.

Combien de fois, en ce début d'été, suis-je revenu de New York, la tête pleine de Marilyn Monroe et des rêves les plus fous ? Je voyageais de nuit, la Triumph décapotée, à vive allure sur la route sinueuse qu'encaissaient les montagnes du New Hampshire et du Vermont ; audessus de ma tête, mes espérances illuminaient le ciel comme autant d'étoiles filantes et, recueilli, je formulais des vœux.

*
* *

En ce dimanche matin de la mi-septembre 1958, j'ai rendez-vous après la grand-messe, devant l'église de Sainte-Perpétue-de-l'Islet, avec le garde-pêche Télesphore Légaré et sa femme qui vont m'amener dans leur voiture à cheval jusqu'au lac Sainte-Anne par un chemin de forêt, pas vraiment carrossable, une vingtaine de kilomètres à l'est du village. Le message que les Légaré m'attendraient après la messe m'est parvenu à l'Office national du film, tard le vendredi, par le biais d'un membre qui arrivait d'un séjour à ce club de pêche sélect. Il y a deux mois que j'attends le moment propice d'aller vivre une dizaine de jours avec le vieux couple, dans ce coin perdu, et imaginer le film que je pourrais y tourner.

Ça ne pouvait plus mal tomber, nous avions prévu pour le samedi suivant une grande soirée à la maison pour marquer les adieux de Thérèse à Montréal (peut-être même les miens), et tous les amis sont invités : Robert Gadouas, Andrée Lachapelle, Hubert Aquin, Louis-Georges Carrier, André Pagé, Marcel Dubé, Hervé Brousseau, les voisins d'en bas, les Wiedmer, et je ne sais qui encore. J'essaie depuis deux jours de joindre Thérèse à New York pour lui dire que tout est prêt pour la soirée, mais que je n'y serai pas.

Parti assez tôt de Saint-Jean-Port-Joli où j'ai couché dans un motel avec des centaines de sculptures de bois des frères Bourgault, je suis en avance à Sainte-Perpétue ; je repère le cheval des Légaré, attaché à un piquet dans la cour de l'église, et je parcours toute la rue Principale, à la recherche d'une cabine téléphonique. Pensez-vous ! Cependant, sur une petite élévation, un peu en retrait de la rue, j'aperçois une maison privée avec un panonceau qui indique *Quebec Telephone*. Je vais frapper à la porte, une voix de femme me crie d'entrer. Dans le salon, à gauche, dans une baie vitrée par laquelle on a une vue imprenable sur la seule rue de Sainte-Perpétue, une femme dans la trentaine officie, casque d'écoute sur la tête, à un central téléphonique comme il n'en existe plus : entrelacs de fils, sonnerie à manivelle et service d'information personnalisé. Je l'entends prendre l'appel d'un abonné :

— C'est inutile que je sonne chez M. X, je l'ai vu passer tout à l'heure, il s'en allait à la grand-messe avec sa femme, vous pourriez rappeler vers midi, pas avant, parce qu'il reste toujours à discuter sur le perron de l'église.

Elle débranche la communication, dégage une oreille de son casque :

— Qu'est-ce que je peux faire pour vous ?

— J'aimerais faire un appel à New York.

Silence béat.

— Est-ce possible ?

— En principe, oui, répond-elle enfin, mais je dois passer par Québec, ce n'est pas évident. Il y a un minimum de trois minutes, et c'est cher. Vous avez le numéro ? parce qu'avoir les renseignements là-bas, c'est impossible, et puis, je ne parle pas l'anglais.

Les cloches annonçaient la fin de la messe lorsque je pus enfin parler à Thérèse et lui communiquer en même temps qu'à la téléphoniste – elle ne perdait pas un mot de la conversation – que je me rendais au lac Sainte-Anne pour enfin préparer le film.

— Tout un personnage, ce Légaré, me dit la dame du central en calculant le montant de l'appel, il est d'une autre époque !

Il n'était pas le seul. Tout ici semblait d'une autre époque. Les quelques rares fermiers des alentours de ce village perdu en forêt arrachaient leur maigre subsistance à des terres ingrates et pierreuses, où traînaient les carcasses rouillées de machines aratoires que ces terres de Caïn rendaient inutiles ; la grand-rue du village, dont seule la partie centrale était asphaltée, était bordée de modestes maisons de bois dont les couleurs s'écaillaient et d'une poignée de commerces indispensables dans pareil bled : un garage avec une pompe à bras dispensant l'essence Irving, un magasin général, véritable bric-à-brac de quincaillerie, de vêtements et d'alimentation, une banque et une boutique de matériaux de construction dont une bonne partie de la marchandise était empilée dehors sous des bâches racornies par les intempéries. Seuls le presbytère et l'église affichaient un certain air de prospérité.

Je serais arrivé en soucoupe volante près de la voiture des Légaré, je n'aurais pas fait plus d'effet qu'avec la Triumph. Les paroissiens qui s'assemblaient sur le perron de l'église pour la causette dominicale en eurent le souffle coupé et je sentis leur curiosité à son comble lorsque je descendis du bolide pour aller à la rencontre de celui qui ne pouvait être nul autre que Télesphore Légaré : ce septuagénaire, malgré son pas alerte, marchait les jambes un peu écartées et le dos voûté comme s'il portait une charge invisible – les havresacs de ses maîtres ? un canot ? Sous son feutre défraîchi luisait son visage rubicond dont l'âge avait tassé les traits et, insouciant de la tiédeur de cette journée d'automne, l'homme avait endossé pelure sur pelure : on distinguait l'encolure d'une Penman's encastrée au ras du cou et, par-dessus, une chemise de coton épaulée par une autre chemise, en grosse flanelle celle-ci, puis enfin, un veston de tweed élimé que les couches du dessous étriquaient misérablement. Avant de serrer la main que je lui tendais, Télesphore prit le temps de bourrer et d'allumer sa pipe, un brûle-gueule d'ébonite qu'il faisait cliqueter entre ses dents jaunies.

Il n'était pas exubérant, sa femme non plus qui répondit par une sorte de grognement quand je la saluai en confirmant que j'étais bien le type pour le film.

Télesphore m'expliqua que je pourrais garer ma voiture là, sur le terrain de l'église, ou au bout du rang Taché, à la traverse du Manitoba, dans une petite clairière où les membres du club laissaient en général leurs autos avant de parcourir à pied ou en voiture à cheval les dix derniers kilomètres de chemin forestier qui aboutissait au camp du lac Sainte-Anne. Je la laisserais plutôt à la traverse, convaincu que les ours seraient plus indifférents à sa présence que les jeunes du village.

Décidément, la Triumph n'avait pas été conçue pour suivre un cheval au pas sur un chemin sillonné d'ornières et d'aspérités rocheuses. Pas trop tôt, la traverse du Manitoba ! Exaspéré, le moteur bouillait presque et une pierre avait écorché le silencieux, éraillant sa belle voix de baryton.

Les Légaré ne fréquentaient pas l'église souvent, pas qu'ils n'étaient pas croyants, mais lorsqu'il y avait des membres au club, le service de ceux-ci passait avant la religion : Madame faisait les chambres et les repas, blanchissait leur linge tandis que Télesphore les guidait à la pêche, portait leurs bagages, appâtait leurs lignes, décrochait leurs prises et leur servait à l'occasion quelques bribes de sa philosophie, ce qui les rassurait (la plupart étaient des avocats et des médecins de Québec, avec leur petit côté snobinard) sur le fait que cet homme un peu fruste avec qui ils passaient des heures dans le même canot avait ses mérites, qu'il n'était pas un parfait abruti. Quant à fréquenter l'église, l'hiver, c'était hors de question : il eût fallu parcourir une vingtaine de kilomètres en raquettes. La neige isolait complètement le camp du lac Sainte-Anne, où le couple vivait d'un cochon engraissé durant l'été, abattu en octobre et mis au saloir, d'une provision de truites congelées et des seuls légumes qui se conservaient facilement : pommes de terre, navets et carottes.

Télesphore Légaré deviendrait le sujet de mon premier film, cela me parut tout de suite évident. Je ne connaîtrais jamais personne en si parfaite symbiose avec la nature, ni meilleur analyste des comportements, lui qui entretenait pourtant avec les humains des rapports limités et dont la vie s'écoulait au rythme des saisons, chacune avec sa symphonie particulière, de la polyphonie des insectes et des oiseaux aux sifflements sinistres des vents d'hiver.

Le documentaire, à cette époque, ne se contentait pas, comme on le pratique maintenant, d'asseoir des gens devant la caméra et de les faire parler (d'ailleurs par quels artifices aurais-je réussi à extraire autant de mots d'un homme dont le silence et la solitude étaient l'essence même de la vie ?).

Lorsque M. Légaré me raccompagna à la traverse du Manitoba, au début de l'après-midi du samedi suivant, nous avions convenu que je serais de retour dans une quinzaine, avec Michel Brault, pour tourner des images d'automne et les préparatifs d'hibernation du couple. Au printemps, nous essayerions d'illustrer la relation magique de cet homme d'eau et de forêt avec son habitat.

Debout, la pipe au bec, près de son cheval trop occupé à une talle de trèfle pour dresser l'oreille au bruit rauque de la Triumph, le garde-pêche attendit que j'eusse ramené l'auto sur la route en direction de Sainte-Perpétue, puis il porta la main à sa casquette en guise de salut.

— À bientôt, dis-je, on revient pour tourner.

Il esquissa un sourire, disons goguenard ! Il semblait se ficher éperdument de cette histoire de film.

En passant devant le central téléphonique, je me demandai si je devais appeler Thérèse pour annoncer que j'avais devancé mon retour et que je serais à la maison pour la fête. Et puis, non ! c'était plus amusant de faire la surprise à tout le monde. La route était étroite, mais droite comme une flèche jusqu'à Saint-Damase-des-Aulnaies, où je coupai à gauche pour rejoindre la transcanadienne qui longeait ensuite le fleuve jusqu'à Québec. Piste idéale pour lancer la Triumph à fond, sauf que bientôt la chaleur des gaz d'échappement se mit à ronger la brèche dans le silencieux, transformant le ronron du moteur en feulement de panthère en colère. Même si je ralentissais dans les villages, les habitants avaient l'impression d'entendre et de voir passer un bolide.

Cette course pour rejoindre les amis à Montréal s'arrêta net à Berthier-sur-Mer, en face de l'île aux Grues.

Fin d'après-midi, je file à vive allure lorsque brusquement, devant moi, deux voitures débouchent d'un petit chemin de traverse à droite et s'engagent sur la route sans ralentir. Dans une manœuvre désespérée, j'évite la première, mais je frappe de plein fouet celle qui la suit et dont le chauffeur, pris de court, s'est arrêté en plein milieu de la chaussée.

Le choc est brutal. La Triumph, hors de contrôle, tourne comme une toupie, en éparpillant des morceaux, et s'immobilise à une centaine de mètres plus loin, près de pompes à essence, dans la cour d'un garage de campagne. Me suis-je évanoui ? Je ne crois pas, peut-être un court moment d'éclipse. Le moteur ne tourne plus, tout l'avant de la voiture n'est qu'un fouillis de ferraille dont une partie s'est écrasée sur mes jambes, l'antigel grésille sur le métal brûlant de la culasse dégageant un nuage de vapeur ; je coupe le contact, au cas. Je commence par me tâter la tête, elle saigne de partout, mais ça semble aller, l'esprit est encore là. J'essaie de me voir dans le rétroviseur, mais il n'y en a plus, et le parebrise, que des milliers de craquelures ont rendu opaque, ressemble à une toile d'araignée.

J'essaie de bouger les jambes, je n'y parviens pas, le tableau de bord les coince à la hauteur des genoux. J'essaie de ne pas m'énerver. C'est le levier de changement de vitesse qui a dû éviter que je sois projeté hors de la voiture, mais il a été complètement tordu par le choc et c'est sans doute ce qui a abîmé la cuisse droite, dont l'enflure est telle qu'elle déchire la jambe du jeans, qui s'imbibe de sang.

J'entends maintenant des badauds autour de la voiture, puis le bruit de sirènes qui approche. Il y a déjà un bon moment que je suis là et que je fais tout pour ne pas m'évanouir ; je me convaincs que rester conscient écarte la mort.

Une ambulance arrive. J'entends un des ambulanciers dire en parlant de moi : « On le ramassera en dernier, il va mourir. » J'ai envie de hurler que non ! je ne mourrai pas.

L'ambulance repart avec d'autres blessés et une bonne demi-heure passera avant qu'elle revienne. Une jeune fille du voisinage est allée chercher de l'eau et un linge avec lequel elle me nettoie doucement le visage. Avec une voix d'ange, elle me prodigue des encouragements, me demande d'où je viens et m'explique que l'hôpital n'est pas loin, à Montmagny.

Finalement, les ambulanciers reviennent. Il y a un médecin avec eux. Lorsqu'ils m'empoignent par les épaules pour me sortir de l'auto, je hurle. La douleur est insoutenable. Le médecin me fait une piqûre tandis que des policiers arrivent avec un pied-de-biche avec lequel ils réussissent à soulever la ferraille qui m'emprisonne.

Lorsque je reviens à moi, je suis sur un lit d'hôpital, il y a une religieuse à mon chevet qui m'annonce qu'un prêtre va venir avec les derniers sacrements, elle me demande aussi qui elle doit prévenir. Cette histoire d'extrême-onction provoque une véritable décharge d'adrénaline, je me redresse dans le lit et j'annonce à la religieuse que non seulement je ne suis pas en danger de mort, mais que je refuse de lui donner le numéro chez moi : il y a des invités et je ne veux pas qu'on les dérange.

Le curé entre avec ses fioles et son *vade-mecum* du bon mourant, odeur d'encens dans le surplis, étole au cou ; je lui explique qu'il a été mal informé, je n'ai pas l'intention de rendre l'âme, je l'appellerai si je change d'idée. Il n'insiste pas, tourne les talons.

Peut-être pour me faire payer cette impudence, deux fois durant la soirée, on me transbahutera pour des rayons X, une vieille machine sur la table de laquelle on vous trimballe sans trop de ménagement pour vous ajuster devant une caméra qui ne bouge que sur un axe. Les moindres mouvements provoquent des douleurs à la limite du supportable. Quand je demande ce que j'ai, on répond vaguement : « des fractures », ce que j'avais déduit moi aussi juste à voir ma cuisse, qui a doublé de taille et que l'on a recouverte d'un épais pansement. On m'a aussi enveloppé le crâne dans de la gaze, la gueule parfaite du grand blessé.

La religieuse qui prend soin de moi me dit un peu plus tard qu'il y a quelqu'un pour me voir, j'acquiesce machinalement. Quel curieux moment de grâce alors qu'entre une jeune fille qui glisse jusqu'à moi, pose délicatement sa main sur mon épaule et murmure :

— Vous êtes de Montréal, j'ai pensé que vous n'auriez pas de visite.

Je souris, mais je ne comprends pas. Embarrassée, elle ajoute :

— C'est moi… quand vous étiez encore dans l'auto.

C'est elle qui m'a lavé le visage, c'est Marie-Madeleine.

Je suis ému, abasourdi. La visite d'un ange.

Le souvenir de cette visiteuse reste indélébile ; la douceur qu'elle apporta dans la chambre, j'en sens encore le velouté, l'exquise tiédeur, celle d'un soleil d'été qui s'évanouit dans le crépuscule.

Dimanche matin, Thérèse (que j'avais finalement fait prévenir) entra dans la chambre, en compagnie de mon frère Guy. Pour une raison que j'oublie, la police provinciale, qui les avait contactés, leur avait fixé rendez-vous à leur quartier général de Montmagny. Avant de les envoyer à l'Hôtel-Dieu, on les avait amenés voir les débris de la Triumph et dès lors, il n'y eut plus de doute dans leur esprit, ils venaient au chevet d'un mourant.

Ils arboraient donc des têtes d'enterrement.

Je commençais à me demander ce qu'on attendait pour mettre cette jambe abîmée dans le plâtre, mais pour le reste, ça n'allait pas si mal, je me voyais à la maison dans les prochains jours ; Thérèse et le besson revinrent à Montréal, la journée même, assez rassurés.

Deux jours après, j'apprends qu'on ne sait pas quoi faire de moi dans ce petit hôpital, c'est une fracture ouverte, la moitié de la chair de la cuisse a été arrachée par le choc, il faut me transporter à Montréal. C'est l'Office national du film qui choisit l'Hôpital Royal Victoria, où le commissaire Guy Roberge s'est fait dire qu'il y a un des meilleurs orthopédistes. Il faut dire que M. Roberge se sent concerné : Télesphore Légaré, c'est son sujet, et l'accident est survenu alors que j'y travaillais.

L'Office national offre de me faire transporter à Montréal par hélicoptère, mais les démarches peuvent prendre un certain temps, alors qu'il y a l'ambulance, juste là, à Montmagny.

Enfin, après trois jours, on me fait un semblant de toilette, on immobilise la jambe dans une gouttière et on me sangle sur une relique de brancard, carcasse de bois, fond de canevas desséché, et je quitte l'Hôtel-Dieu pour un voyage de trois cents kilomètres qui durera six heures.

Et quelle ambulance ! C'était le corbillard des pompes funèbres de Montmagny. On posa le brancard derrière et on le fixa sommairement aux glissières qui servaient pour les cercueils. Le chauffeur et son acolyte prirent place devant en laissant entrouvert le guichet qui les séparait de moi, au cas où j'aurais à leur parler. Derrière, je crevais déjà de chaud, la journée était caniculaire et le soleil intense dardait ses lames de lumière par les interstices des rideaux de velours noir dans les vitres de côté, des reflets qui illuminaient le demi-jour où je croupissais dans des relents de fleurs flétries et d'embaumement.

Nous arrivâmes à Montréal en pleine heure de pointe. Non seulement le corbillard n'était pas équipé de sirène, mais le chauffeur voyait la métropole pour la première fois. De ma position de cercueil, j'arrivai à le guider tant bien que mal jusqu'au Royal Victoria, sur l'avenue des Pins, à quelques centaines de mètres d'où j'habitais.

J'étais plus mort que vif lorsque je me retrouvai enfin dans un lit qu'on roula quelque part dans un couloir souterrain afin de me soumettre à une batterie de rayons X. Enfin une grande institution, l'espoir revint aussitôt. Trop tôt. Après les examens, on oublia mon lit dans le corridor. C'est une femme de ménage, à la barre du jour, qui me réveilla en me demandant ce que je fabriquais là. Je ne le savais pas plus qu'elle, mais elle sonna l'alerte. Je mourais de faim et de soif. On s'inquiétait aussi de moi dans le Pavillon Allan Memorial depuis que l'infirmière, entrant pour sa visite matinale dans la chambre où je devais être, la trouva vide.

Pourtant j'étais loin d'être en état de me sauver. Le Dr Petrie, un grand bonhomme sec, plutôt taciturne, brossa un portrait assez sombre de ma situation : la déchirure importante de la cuisse ne lui permettait ni de rafistoler le fémur avec des vis, ni de l'immobiliser dans le plâtre. La fracture s'étendait en diagonale sur toute la longueur de l'os et avait même écorné la hanche. La rotule du genou de l'autre jambe avait aussi été sectionnée. La seule chance de m'en tirer, c'était de placer la jambe droite en traction et d'éviter à tout prix l'infection dans la plaie ouverte. Il y en avait pour des mois d'immobilisation et le chirurgien ne pouvait garantir avant quelques semaines que je puisse marcher de nouveau normalement. Pour cicatriser cette blessure au fond de laquelle on apercevait l'os, il préconisait l'emploi d'un nouveau médicament, une pommade composée de différentes graisses de poisson, qui empestait la morue rance et que l'on commença de tartiner abondamment chaque jour, donnant à la chambre une atmosphère de port de pêche. Mon lit trônait au centre, grosse barque solitaire ancrée par le poids de centaines de kilos qui pendait au bout de ma jambe, allongée horizontalement comme une bôme sur laquelle on tendait un drap blanc.

Quatre mois ainsi.

Avec une grande frayeur, contrecoup sans doute de tout ce qui était arrivé. Quelques jours après l'hospitalisation au Allan Memorial, la fièvre s'installa, légère d'abord, mais tenace. Après des vagues de frissons incontrôlables qui secouèrent tout mon corps, des flammes commencèrent à embraser les articulations, se répandirent ensuite dans le dos, montèrent le long de la nuque, brûlèrent la gorge et s'infiltrèrent jusque dans le crâne comme de la lave en fusion. De l'étuve qu'était devenu mon esprit montaient des brumes épaisses qui me cernaient de toutes parts, j'étais désorienté, je ne savais plus qui était celui autour de qui s'agitaient ces fantômes aux voix lointaines et aux accents inquiets. Je ne me reconnaissais pas dans le naufragé que ces sauveteurs essayaient de rescaper, mais qui s'était résigné à sombrer. Il leur fallut toute la nuit pour me ramener sur le rivage où je restai longtemps étendu, l'esprit inerte, toute volonté à la dérive. Oui, j'avais rêvé à ma mère, je l'avais imaginée arrivant par-delà les horizons pour m'emporter avec elle et cela, temporairement, était apparu plus agréable que de vivre.

Un bon matin, la vie revint, elle frappa à la porte comme un colporteur offrant ses nouveautés : je ne suivrais pas Thérèse à New York, ma réhabilitation pourrait durer un an, je marcherais, soit ! mais d'abord avec une prothèse, ensuite en claudiquant, et le règlement financier de toute cette bêtise s'annonçait assez mal, la population entière du Bas-du-Fleuve étant prête à témoigner qu'elle avait vu passer une fusée ce jour-là, encore un peu et on me tiendrait responsable de la soûlerie des deux autres conducteurs qui sortaient d'une noce.

Curieux séjour à l'hôpital dont je conserve le souvenir qu'il fut court, presque trop court. J'avais éprouvé le besoin que ma vie changeât son cours, mais finalement cette station ne me laisserait pas le temps de comprendre pourquoi je n'étais pas plus heureux, pourquoi, lancé à toute vitesse sur la route du cinéma, continuaient de me hanter les objurgations de Gaston Miron m'exhortant de rester d'abord poète, et pourquoi je n'arrivais pas à résoudre l'énigme de l'amour.

Coïncidence étonnante, durant mon séjour au Allan Memorial, Norman McLaren fut admis dans la chambre voisine de la mienne pour y subir un traitement révolutionnaire afin de le soulager de l'angoisse délétère que lui causait la désespérante lenteur de ses techniques d'animation. Il voyait son inspiration courir devant lui comme un cheval au galop, mais son moyen de l'exprimer, des successions d'images gravées avec application une à une sur la pellicule, cette démarche d'escargot l'avait conduit au bord du gouffre. C'est après une tentative de suicide à laquelle l'avait soustrait son compagnon, Guy Glover, que Norman entreprit ce traitement avec le Dr Ewan Cameron, dont on ignorait alors que ses expériences faisaient partie d'un programme expérimental secret, MK-ULTRA, commandité par la CIA (avec la contribution du gouvernement canadien), afin de développer des techniques de lavage et de reprogrammation du cerveau. Le dada d'Allan Dulles, le directeur de l'agence, MK-ULTRA l'expérimentait au Allan Memorial afin d'éviter que des citoyens américains servissent de cobayes. Ainsi, alors que Richard Condon publiait son best-seller, *The Manchurian Candidate* – son héros est un soldat américain que capturent les communistes, qui lui lessivent le cerveau et le reprogramment pour qu'il assassine le président des États-Unis – un groupe de chercheurs était à l'œuvre, depuis au moins deux ans, pour traduire cette fiction en réalité.

Le plus éminent d'entre eux, le psychiatre Ewen Cameron, traita McLaren, en novembre 1958, le plongeant – à l'aide de drogues comme la chlorpromazine, surnommée la «matraque liquide» – dans un sommeil profond, une sorte de coma qui durait parfois plusieurs jours. Lorsqu'il se réveillait, McLaren venait me visiter. Il entrait en titubant dans ma chambre, un zombie soutenu par une infirmière, restait une demi-heure, puis on revenait le chercher pour l'endormir de nouveau. Ce Dr Cameron était d'origine écossaise lui aussi, et Norman avait une confiance aveugle en lui. Les yeux mi-clos, la langue pâteuse, affalé dans le fauteuil tout près de mon lit, il me racontait comment il espérait que ce traitement le libérerait de ses angoisses de plus en plus insoutenables, qu'il «effacerait» le McLaren qu'il ne pouvait plus supporter et lui reconstruirait une nouvelle psyché. Je ne sais pas si, durant le sommeil de McLaren, le Dr Cameron le soumettait à des enregistrements répétitifs, des suggestions hypnotiques destinées à réinitialiser son cerveau, mais on peut présumer que oui puisque cela faisait partie de ses méthodes habituelles de traitement, comme les électrochocs.

Ce n'est que vingt-cinq ans plus tard, et longtemps après sa mort, qu'on constatera les résultats tragiques des expériences de ce Dr Ewen Cameron, qui avait été le premier président de l'Association psychiatrique mondiale et (curieuse coïncidence) consultant médical, en 1946 et 1947, pour le tribunal de Nuremberg qui a traduit en justice les médecins nazis. Cameron n'avait-il pas lui-même été au Allan Memorial une sorte de Dr Mengele, à la solde de la CIA ? expérimentant sur des malades à leur insu, sous la supervision clinique d'un autre psychiatre, d'origine allemande celui-là, le Dr Heinz Lehmann, dont les propres expériences continuent encore maintenant d'être mises en doute par le monde scientifique.

Quel choc en recollant les faits de constater que McLaren fut un de ces innocents cobayes.

Au début de 1959, j'étais de retour avenue des Pins, devant les grandes fenêtres qui ouvraient sur la ville gelée où, depuis le temps des fêtes, les réalisateurs de Radio-Canada, dont plusieurs étaient des amis, s'étaient mis en grève, secondés par le syndicat des acteurs. J'aurais bien voulu, dès lors, participer à cette bataille, mais je manquais de mobilité : on m'avait enfermé la jambe droite dans une encombrante prothèse qui transférait le poids du corps sur le bassin plutôt que sur la jambe. Avant le saut du lit, il me fallait une bonne demi-heure pour ajuster cet attelage qui s'accompagnait aussi de béquilles. J'habitais au troisième étage, il n'y avait pas de sortie de secours, et je commençais à m'angoisser… si un incendie se déclarait la nuit dans l'escalier central, le seul accès, j'aurais le temps de cramer trois fois avant d'avoir réussi à fixer la fichue prothèse. Je me procurai donc un câble que j'attachai au calorifère de la salle de bain, dont la petite fenêtre donnait sur l'avenue des Pins. Et je laissai là en permanence une paire de gants de cuir afin de ne pas me brûler les mains en glissant le long du câble. Ainsi, il ne me faudrait que quelques secondes pour sauter à cloche-pied jusqu'à la salle de bain, grimper à la fenêtre et me laisser glisser sur le trottoir. Pendant des années, j'ai transporté ces gants et cette corde avec moi lorsque je voyageais, juste au cas !

Mais j'avais aussi le cœur dans un certain délabrement. Thérèse vivait à New York et les rares fois où elle remettait les pieds à Montréal, un fond révolutionnaire, qui lui venait d'on ne sait où, remontait à la surface comme un bouchon. Elle se précipitait à toutes les manifestations des grévistes, dont certaines tournèrent à la violence ; des policiers à cheval chargeaient les manifestants qui répliquaient en lançant des billes d'acier sous les sabots pour faire trébucher les chevaux. C'est ainsi qu'elle se retrouva en prison avec plusieurs autres manifestants et René Lévesque, pour qui cette grève devait devenir l'inspiration de son futur engagement politique. L'inspiration politique d'un autre aussi, un bonhomme qui jusque-là n'avait littéralement fait aucun bruit, se contentant, comme régisseur de télé, d'être sur le plateau le sémaphore des réalisateurs. L'après-midi de cette manifestation tumultueuse, alors qu'on cherchait à déterminer au Q.G. officieux de la grève, le Café des Artistes, au coin de Dorchester et Mackay, combien de personnes avaient été emprisonnées et qui elles étaient, Pierre Bourgault avait improvisé une harangue surprenante sur l'insouciance du gouvernement fédéral devant cette grève qui affectait tout le Québec. Il opinait (avec raison) qu'Ottawa n'aurait jamais laissé dégénérer la situation de cette manière si le réseau anglais de Radio-Canada avait été paralysé. Le discours de Pierre arrive comme une averse-surprise après des jours de canicule : personne ne court s'abriter, au contraire tous restent là, heureux de la fraîcheur bienfaisante et inattendue qui leur tombe dessus. Sincèrement, je crois qu'il fut lui-même étonné de l'effet qu'il produisit. Et ravi. Encore chrysalide, le papillon flamboyant qu'il allait devenir venait de mettre une première patte dehors.

Ma plus grande participation à la grève fut certainement d'aider financièrement les amis : l'Office national me versait toujours mon salaire que je n'avais pas le temps de dépenser, comme les cachets des textes de télé d'ailleurs, alors je prêtai tout ce que je pus. Et je devins aussi consolateur. La grève avait surpris plusieurs artistes français venus pour des contrats de télévision ; la plupart refusèrent de traverser les lignes de piquetage et reprirent aussitôt l'avion pour Paris, d'autres comme Jean-Claude Darnal et Jacques Famery décidèrent de rester et d'appuyer les grévistes. Jean-Claude était accompagné de sa femme Catherine, une blonde spectaculaire avec des yeux comme des pans de ciel bleu et l'âme, découvrirait-il, un peu volage. Dans notre cercle, le conflit de Radio-Canada allait bientôt être éclipsé par la rencontre de Catherine et Hervé Brousseau, un ouragan : deux ménages anéantis, Jean-Claude et Mariannik déracinés, des trombes de jalousie et de haine, et des courants telluriques, les menaces de mort, les vengeances.

Tandis que je cherchais à consoler Darnal, très atteint, en exprimant l'opinion que je ne voyais pas comment pouvait durer l'union de personnes aussi dissemblables que Catherine et Hervé, une nouvelle femme avait fait intrusion dans ma vie. Petite, des traits évidents d'Amérindienne, les cheveux noirs et lustrés comme des plumes de corbeau, l'abîme de mélancolie de ses prunelles d'ébène, sa bouche expressive mais réfractaire au sourire, « Moustique » (elle aspirait à être chanteuse et ne voulait pas être connue sous un autre nom) est arrivée à la dérobée. Je ne m'y attendais pas. Un matin, je fis le tour de mon cœur et la trouvai là. Elle ne cherchait à prendre la place de personne, n'attendait rien, ne réclamait rien. Elle donnait constamment l'impression de m'observer à distance comme un animal craintif, un animal qu'on arrive à approcher seulement parce qu'il est blessé et ne trouve pas la force de s'enfuir. Cela a duré une bonne année, puis elle est partie – elle a même fait une petite carrière en France – et nous nous sommes retrouvés plusieurs fois, les lignes divergentes de nos vies n'arrivant pas à étouffer cet instinct qui nous avait rapprochés.

Je l'avais prédit, l'idylle entre Hervé et Catherine fut de courte durée. Trois mois. Mais Catherine Darnal ne reviendra jamais avec Jean-Claude, elle repartira seule en France et deviendra la première publicitaire de la nouvelle station de ski d'Avoriaz, en Haute-Savoie. Elle mourra prématurément quelques années plus tard. Jean-Claude – nous nous donnons encore des nouvelles à l'occasion – poursuit sa carrière de chansonnier-compositeur et d'écrivain, et vit heureux avec la comédienne Uta Taeger.

La rupture entre Catherine et Hervé, quelle histoire ! Nous étions tout un groupe d'amis chez le chansonnier, un soir de début d'avril, pour célébrer la décision – arrêtée laborieusement – du couple de vivre ensemble. Dehors, il neigeait à plein ciel, une tempête impensable si tard au printemps. Mais on n'était guère plus à l'abri à l'intérieur. Le ciel qui éclairait le couple avait d'abord paru bleu, mais on le vit s'obscurcir de plus en plus. L'humeur des amoureux changeait constamment, comme les feuilles des arbres qui tournent avant l'orage, ou les oiseaux qui sautillent nerveusement de branche en branche, incapables de se poser. Ils avaient aussi une façon de se bécoter à tout propos comme pour se rassurer qu'ils étaient encore à portée l'un de l'autre ; ressentaient-ils tout à coup entre eux une distance grandissante, alors qu'ils s'étaient crus si proches ? Les mots qu'ils échangeaient avaient tantôt la douceur d'un souffle d'été, tantôt le timbre menaçant du tonnerre dans le lointain. Les bourrasques de vent, qui secouaient les vitres et projetaient contre elles des plaques de neige verglacée dont le cliquètement imitait le tic-tac énervant d'un métronome déréglé, augmentaient la tension déjà palpable dans l'appartement. Sans doute pour alléger l'atmosphère, quelqu'un demanda à Hervé de chanter quelque chose.

— *Mon patin à l'envers*, suggère tout de suite Catherine, qui ne se lasse pas d'entendre cette chanson, la première que Hervé a écrite, il avait seize ans, son succès fut instantané.

Il fait la moue et décide de chanter plutôt une composition plus récente : *Une amourette*, mais en s'asseyant au piano, il bougonne quelque chose du genre « c'est plus de circonstance... ».

— Qu'est-ce que ça signifie ? demande Catherine, piquée au vif.

Il fait comme s'il n'avait pas entendu.

Catherine doit savoir, comme une bonne partie d'entre nous, que le pauvre Hervé est bourrelé de remords d'avoir chipé la femme d'un ami et, pire encore, celle d'un chansonnier comme lui.

Il arrive qu'un coup de tonnerre, un seul, déclenche un orage d'une violence inouïe, eh bien ! la remarque de Hervé déchira le ciel de part en part, libérant la fureur des éléments. Catherine se mit à trembler de tout son corps, son visage s'empourpra de colère, elle agitait furieusement la tête, secouant ses longs et magnifiques cheveux blonds comme les branches d'un saule pleureur dans la tourmente, puis, dans une sorte de transe épileptique, elle courut chercher une valise dans laquelle elle empila pêle-mêle tout ce qui lui appartenait ; elle arracha de son cou un joli collier de verroterie, cadeau du chansonnier, et le lui lança au visage, provoquant une averse de grêlons multicolores, elle l'abreuva d'insultes sur sa pusillanimité, sa lâcheté, enfila son manteau de fourrure, rabattit, en brisant un de ses ongles parfaitement manucurés, le couvercle sur le fouillis de sa valise et sortit à la recherche d'un taxi dans la neige, qui engloutissait à chaque pas ses talons aiguilles.

Par la porte qu'elle n'avait pas refermée, on la vit trébucher dans le banc de neige en bordure du trottoir ; puis, retrouvant son équilibre, elle eut le temps de lever le bras pour héler un taxi qui approchait, se jetant presque devant la voiture pour s'assurer qu'elle s'arrêterait. Elle n'attendit pas que le chauffeur ouvrît la porte, elle le fit elle-même, jeta son bagage sur le siège arrière puis s'engouffra dans le taxi, qui disparut aussitôt dans la tempête.

Tout au long de la scène, Hervé resta prostré au piano, sans jouer, sans dire un mot. On l'eût cru paralysé. Enfin, lorsqu'il comprit que Catherine était partie, qu'elle ne reviendrait sans doute jamais, il se redressa, secoua ses bras l'un après l'autre – les oiseaux qui s'assomment agitent ainsi leurs ailes lorsqu'ils retrouvent petit à petit leurs sens –, bougea ses doigts pour les faire revivre et les renvoya danser sur le clavier. Il jouait, mais ne chantait plus. Inquiet sûrement du prochain tournant de sa vie.

Nous continuâmes à manger et à boire jusqu'aux petites heures, comme s'il ne s'était rien produit, mais tout de même la décision de Catherine me hantait ; à bien y réfléchir, elle n'avait pas disjoncté, elle avait plutôt montré une détermination qui me faisait grandement défaut. L'idée de New York continuait de me trotter dans le crâne, mais avec l'accident, je ne savais plus trop ; je me disais amoureux de Thérèse, mais c'est avec Moustique que je passais le meilleur de mon temps et, au lieu d'avancer, je traînais encore misérablement la patte ; cette infirmité – supposée passagère – me gangrenait l'esprit, j'en étais de plus en plus convaincu. Avec le whisky, le raisonnement devenait simpliste : perclus des jambes, perclus du cerveau ! Même pas la résolution d'une Catherine !

Lorsque je décidai de partir, parmi les derniers, je m'étalai de tout mon long sur le bout de trottoir qui menait à la rue. Juste au sortir de la maison, une de mes béquilles avait patiné sur la fine couche de glace que recouvrait la neige qui tombait. Marcel Dubé et Hervé se précipitèrent à ma rescousse, mais j'avais déjà réussi à me relever. Tout en fulminant contre la maudite prothèse et les béquilles, une décision émergea subitement de la marinade dans ma tête.

Je revins dans le hall, retirai mon pantalon pour me défaire de ce harnais de cuir et d'acier qui empêchait la jambe de plier ou de me supporter. Finie l'infirmité ! j'avais décidé que j'essaierais de marcher normalement et j'annonçai à Marcel et Hervé, trop soûls eux-mêmes pour me contredire, que le taxi que j'allais prendre serait le dernier. Demain, j'achèterais une bagnole et je recommencerais à conduire.

Debout, je commençai à prendre appui sur la jambe droite, elle résistait. Je pesai de tout mon poids, elle ne flancha pas. Cela méritait un dernier verre cul sec – il fallait célébrer l'événement –, ensuite, devant les yeux ahuris des amis, j'allai vers la cuisine et sortis dans la cour lancer à la poubelle l'encombrante prothèse avec les béquilles.

À la première heure, le lendemain matin, je me rendis à une agence Volkswagen. La Beetle était noire, d'occasion mais en bon état, avec un toit coulissant ; je l'achetai sur-le-champ. Tout le monde m'avait prévenu que j'aurais du mal à conduire sans appréhension après ce qui m'était arrivé ; cette monture modeste, mais efficace, serait donc parfaite pour me remettre en selle et recommencer à rêver de pur-sang.

Je n'avais pas renoncé à vivre à toute vitesse, cet accident n'aurait été qu'un contretemps. Peut-être aussi un avertissement que j'étais mortel et devrais tenir compte de ce handicap.

Mortel ? Un handicap ? Tant qu'on vit, allons donc !

⁂

On pouvait encore à cette époque-là escalader le pont du Richelieu, entre Belœil et Saint-Hilaire, et plonger dans la rivière dont l'eau était, soit ! un peu limoneuse, mais pas polluée. Michel Brault habitait une vieille résidence de bois, rasée depuis par un incendie, en face de la rivière, tout près du pont, et c'est ainsi que nous nous retrouvions souvent avec Claude Jutra, nageant jusqu'à ce pont qui nous servait de tremplin. Comme je plongeais moins bien que les deux autres, je me contentais en général de grimper seulement sur le brise-lames, un saut d'environ cinq mètres, plutôt que la dizaine de mètres lorsqu'on se hissait jusque sur le parapet du pont.

Ce jour-là, je plongeai chaque fois du parapet. Il y avait quelqu'un avec nous que je voulais impressionner : un bijou d'Anglaise, minuscule mais fine, brillante, d'une beauté singulière, celle qui vient de l'intérieur et que ne pouvaient altérer des lèvres peut-être un peu minces, des cheveux frisottants coupés trop court et une démarche timide, hésitante.

La veille, j'avais fait le pied de grue à l'aéroport de Dorval, à l'arrivée d'un vol de Londres, exhibant un carton sur lequel j'avais inscrit le nom de Judith Cripps.

Le grand patron de la production à l'Office national du film, Grant McLean, un Écossais à l'œil malin, au sourire entendu, m'avait demandé si je n'accepterais pas d'être le cicérone de la petite-fille de sir Stafford Cripps, qui venait passer une semaine à Montréal. McLean, qui avait été cameraman durant les années de guerre, fit partie de l'équipe qui avait filmé les événements entourant le vol vers l'Angleterre du premier bombardier Lancaster KB 700, construit au Canada. Baptisé *The Ruhr Express*, cet avion effectua son voyage inaugural à la fin de 1943, et l'équipage fut accueilli à Londres, en grande pompe, par Stafford Cripps, alors ministre de l'Air, avec qui McLean se lia d'amitié. Pourtant un marxiste avoué, sir Richard Stafford Cripps jouissait en Grande-Bretagne d'une popularité si considérable que Churchill en prit souvent ombrage. Ambassadeur à Moscou, Cripps était celui qui avait cherché par tous les moyens de convaincre Staline de ne pas signer le fameux pacte de non-agression Molotov-Ribbentrop. Lorsque Hitler renia cette signature pour attaquer l'URSS, c'est Stafford Cripps qui ramena la puissance soviétique dans le camp des alliés. C'est encore lui qui se rendit en Inde, en 1942, persuader Gandhi et les autres leaders nationalistes de rester loyaux envers l'Empire britannique.

Cripps mourut en 1952, mais McLean resta toujours en contact avec la famille et c'est par ce biais qu'il me confia la petite-fille de cet homme immense. Elle avait vingt-deux ans, mais tout de même, il comptait sur moi : « *No hanky-panky*[4] », conseilla-t-il avec un clin d'œil goguenard.

Judith Cripps n'avait pas encore aperçu l'écriteau avec son nom que j'avais déjà repéré dans le groupe des voyageurs qui arrivaient une paire d'yeux pétillants qui me semblèrent ne pouvoir appartenir à personne d'autre qu'à elle. Je compris instantanément que la mission que j'avais acceptée serait agréable et la directive de McLean, difficile à suivre.

J'étais amoureux de Thérèse Arbic, je l'étais aussi de Moustique qui, malgré son caractère parfois ombrageux, était avec moi d'une tendresse émouvante, et pourtant j'avais déjà Judith Cripps dans la peau, sans jamais lui avoir encore parlé. Ayant enfin aperçu l'écriteau, elle s'approcha de moi et mon cœur tressaillit. Je n'eus qu'une envie : qu'elle fût séduite et m'aimât. Ces sentiments troubles durent transparaître dans la main que je lui tendis, car elle l'effleura à peine, comme si elle flairait un piège.

Elle me remercia d'être là et me demanda si je pouvais la conduire au YWCA du centre-ville. (Je le connaissais bien puisque c'est sur ses fenêtres que mes anciens collègues du téléjournal braquaient leurs

4. – Et surtout, pas de bêtises !

jumelles de voyeurs.) Le YWCA, à cette époque, s'élevait comme une forteresse contre la concupiscence des hommes. Impossible d'aller plus loin que le hall d'entrée où une réceptionniste, un cerbère toujours à l'affût, épiait même les salutations échangées avec les pensionnaires. Je ne fis qu'offrir à Judith de venir la chercher pour dîner et déjà je me sentais comme le diable chez des carmélites. Peut-être étais-je aussi taraudé par certains doutes sur la pureté de mes intentions. J'entendais encore la voix rocailleuse de McLean avec son « pas de bêtises ».

À ma grande joie, elle accepta mon invitation, mais elle devait rentrer avant onze heures, c'était le règlement de la maison pour les jeunes filles de passage.

Je l'emmenai Chez son Père, rue Craig. Ce n'était pas la peine de solliciter son avis, la patronne, Mme Bouyeux, ne manquait jamais de faire part à ses clients fidèles de son appréciation des femmes qu'ils invitaient à son restaurant. Judith Cripps, de toute évidence, ne correspondait pas à ses canons.

— Elle doit avoir beaucoup de qualités, me glissa-t-elle, alors que j'étais allé lui demander de s'assurer que le saumon de mon invitée serait bien cuit et non rose à l'arête, une exigence qui dut encore faire baisser Judith d'un cran dans l'opinion de la patronne.

Lorsque nous avions formé la cellule communiste, à Sherbrooke, sir Stafford Cripps nous avait servi de modèle, son parcours atypique nous avait enthousiasmés. Pacifiste, il avait passé la Première Grande Guerre à travailler pour la Croix-Rouge française, puis, après avoir pratiqué le droit et fait fortune, il était entré dans le Parti travailliste comme « chrétien socialiste » avant de se convertir carrément au marxisme, au début des années trente, et de devenir une des plus grandes figures de la gauche britannique. Il était toujours du côté où nous aurions nous-mêmes souhaité être : durant la guerre civile en Espagne, il forme un front populaire pour combattre le fascisme ; lorsque Gandhi réclame du gouvernement britannique qu'il redonne son indépendance à l'Inde, quitte à plonger le pays dans le chaos, Stafford Cripps le convainc d'attendre la fin de la guerre. D'ailleurs, argumente sir Stafford, comment le Mahatma arriverait-il à élaborer, dans le désordre qui suivrait le retrait immédiat de l'Angleterre, une constitution pour un pays aussi vaste et complexe ?

Il faut bien l'admettre, je crois que, dès cette première soirée, je fus passablement obnubilé par la seule présence de la petite-fille même d'un homme que j'avais tant admiré. Et elle, conquise par cet étranger qui – quelle surprise ! – connaissait si bien son grand-père.

Je devais passer le week-end chez Michel Brault pour préparer le tournage du film sur Télesphore Légaré, je n'avais pas envie de me séparer de cette trouvaille d'Anglaise, je l'invitai. Les circonstances l'obligèrent à partager avec moi l'unique chambre d'invités. Je fus le seul à capter le trouble qu'elle ressentit lorsque Marie-Marthe, la femme de Michel, nous reconduisit à la chambre. Judith resta un long moment assise sur le lit, silencieuse, sûrement convaincue qu'elle avait été attirée dans un guet-apens. Je ne disais rien non plus, j'attendis dans un grand fauteuil de rotin, de biais avec le pied du lit. Je n'avais pas envie de profiter de la situation, mais comment pouvait-elle en être certaine, la pauvre, qui prenait de plus en plus des airs de bête traquée ? La chambre était plongée dans la pénombre, éclairée seulement par les dernières lueurs du crépuscule que le feuillage d'un orme devant la fenêtre faisait danser sur le mur d'en face. Il y avait une lampe sur la table de chevet, elle n'aurait eu qu'à étirer le bras pour en tourner le bouton, mais elle ne le faisait pas. Je fis un mouvement pour prendre le paquet de cigarettes dans ma poche de pantalon et les craquements du rotin sec la firent sursauter comme si une bête surgissait des fourrés pour fondre sur elle. J'éclatai de rire. Elle aussi finalement. Elle demanda une cigarette. Je ne me permis pas la galanterie de la lui allumer.

Je me faisais très rassurant, je dormirais dans le fauteuil, peut-être me laisserait-elle le rapprocher un peu du lit que je puisse m'y allonger les jambes, et je me retirerais discrètement le temps qu'elle enfile une chemise de nuit. Je ne sais pas comment j'arrivai à être convaincant en exprimant des choses si contraires à ce qui me trottait dans la tête ; cette fille me plaisait et j'aurais vendu mon âme au diable pour la prendre, là, tout de suite. Hélas ! pour pactiser, le diable, on le cherche, il n'y est jamais.

C'était presque l'aube lorsque Judith, sans doute prise d'un certain repentir, m'invita à venir m'étendre auprès d'elle. Elle posa sa tête sur mon épaule, me laissa lui caresser doucement les cheveux et se rendormit. Son haleine tiède dans mon cou, la sensation de chaud de son corps contre le mien valaient cent fois mieux que le sommeil, et je pus rêver jusqu'au matin !

En un week-end, j'étais devenu complètement amoureux… et désespéré. Devant cette passion subite, et toujours platonique, Judith fut prise de panique comme quelqu'un qui n'arriverait pas à s'échapper d'une maison en flammes. Elle devait se rendre à New York, elle devança son départ de deux jours. J'étais consterné. Je la conduisis à l'aéroport et lui laissai une lettre que j'avais mis toute la nuit à écrire, j'essayais de la tranquilliser sur mon impétuosité, j'affirmais être prêt à laisser le temps au temps (comme si j'avais cru une seule seconde qu'on pouvait avec l'éloignement et le passage du temps souffler sur un feu qui n'arrive pas à prendre), ses études de philosophie et de sciences politiques, entreprises à Oxford, ne pourrait-elle pas les poursuivre à McGill ? Bref, le parfait plaidoyer *pro domo*.

Elle me rappela le lendemain de New York. Elle acceptait que nous nous revoyions.

Là-bas comme à Montréal, elle créchait au YWCA. La galère ! D'autant que ce « Y » était dans le même quartier que celui où habitait Thérèse. J'avais déjà assez de mal à garder la tête hors de l'eau dans ma poursuite de Judith, croiser Thérèse eût été la catastrophe, le tsunami.

Le lendemain de son appel, je partis pour New York. J'y restai trois jours. Sans grand espoir de gagner son cœur, non ! plutôt un exercice de détachement. J'avais cru lui faire plaisir en l'invitant à la comédie musicale de l'heure, *Gypsy*, qui venait de commencer sa carrière au Broadway Theatre et pour laquelle j'avais dû déployer toute mon ingéniosité afin d'obtenir de bons billets. Ce *musical*, basé sur les mémoires de l'effeuilleuse Gypsy Rose Lee, avec Ethel Merman et Sandra Church, dirigé assez génialement par Jerome Robbins, n'était peut-être pas le meilleur choix ; autant il me plut, autant Judith sembla y rester indifférente ; la musique de Styne, les paroles de Sondheim, rien ne l'emballait, nettement pas son genre.

Je frappai plus juste, le jour d'après, alors qu'en rentrant d'une longue promenade à Central Park, nous arrêtâmes prendre le thé au Palm Court du Plaza. Le visage de Judith s'empreignit d'une telle douceur dans la lumière opaline qui coulait de l'immense verrière du plafond, son étonnement fut tel devant ces grands palmiers si à l'aise dans leurs petits pots de grès, et son élan de gourmandise si craquant devant les scones tièdes et douillets qu'on lui apporta avec de la confiture de framboise vermeille toute luisante et de la crème, qui rayonnait comme un banc de neige au soleil, que – l'espace d'un moment – je me mis à espérer que j'arriverais à lui infuser mon amour. C'était l'heure du thé, pas des déclarations. Tout ce qui s'infusa fut le Darjeeling dans la théière d'argent.

Puis, elle repartit pour l'Angleterre. Une carte me parvint finalement : un mot gentil avec des remerciements, une carte postale de Trafalgar Square – comme si c'était bien la peine, dans les circonstances, de rappeler l'échec cuisant de Napoléon contre la flotte anglaise !

J'ai souvent repensé à elle. Ces amours non partagées que j'ai plusieurs fois éprouvées revenaient souvent me hanter. Chaque fois, il me semblait que ce rendez-vous raté était justement *celui* qui eût changé mon destin et rendu ma vie plus heureuse. Un sentiment permanent d'insatisfaction me rongeait, je n'étais jamais rassasié et j'étais constamment tourmenté par la crainte de passer à côté du bonheur sans le reconnaître. J'allais dans la vie à l'affût de toute proie, comme un tigre affamé dans les mangroves.

Télesphore Légaré, garde-pêche.

C'est le titre que portera ce premier film que je dois partir réaliser au lac Sainte-Anne, mais au même moment Louis Portugais (je connais Louis depuis que j'ai publié à L'Hexagone, dont il est un des fondateurs avec Gaston Miron et Gilles Carle) me relance pour que nous tournions ensemble un documentaire percutant sur le Front de libération nationale et sa lutte pour la libération de l'Algérie. Il a établi des liens à New York avec des représentants du FLN, mais ces derniers demeurent réticents et exigent que Louis et moi – si je m'embarque dans ce bateau – obtenions la bénédiction du gouvernement chinois de Zhou Enlai qui les patronne. Avec cette caution, toutes les portes nous seraient ouvertes : nous pourrions filmer les envoyés du FLN à New York, qui nous guideront ensuite en Algérie et en Tunisie vers les représentants du gouvernement provisoire de la République algérienne.

On nous promet aussi que nous pourrons passer du temps avec Ferhat Abbas, dont il est déjà certain qu'il deviendra le président du gouvernement provisoire.

Portugais me prête *Le Jeune Algérien*, le livre écrit par Abbas vingt-cinq ans avant que ne commence la guerre d'Algérie proprement dite. Une pensée restera longtemps gravée dans ma mémoire: «Celui qui rêve à notre avenir comme à celui des Peaux-Rouges d'Amérique se trompe», écrit Abbas, dont la passion qu'il exprime pour l'Algérie, tout au long de son livre, me fait penser à celle qui animera plus tard Pierre Bourgault dans sa lutte pour l'indépendance du Québec – et qui fait maintenant si terriblement défaut aux technocrates qui s'imaginent nous guider vers la souveraineté en oblitérant toute considération culturelle et humaine. «C'est cette terre qui a nourri nos ancêtres, c'est cette terre qui nourrira nos enfants; libres ou esclaves, elle nous appartient, nous lui appartenons et elle ne voudra pas nous laisser périr. L'Algérie ne peut vivre sans nous. Nous ne pouvons vivre sans elle.» Si l'on remplaçait «Algérie» par «Québec», ce pourrait être du Bourgault tout craché.

Pendant trois semaines, des tractations intenses et secrètes se poursuivent avec le FLN et le régime de Zhou Enlai, et nous croyons dur comme fer que nous parviendrons à tourner ce film, bien plus près de mes préoccupations que le sujet du garde-pêche, que je pourrais réaliser plus tard, de toute manière. Pour négocier avec les Chinois, j'ai embrigadé Norman McLaren, qui continue d'entretenir de bonnes relations avec la Chine où il est allé à la demande de l'UNESCO, en 1949, pour enseigner ses techniques d'animation. Il y est resté après la proclamation de la République populaire de Chine et la prise du pouvoir par Mao Zedong, ne perdant jamais tout à fait contact avec un régime dont il partageait l'idéal politique. Pendant que Norman transige personnellement avec le gouvernement de Beijing par l'intermédiaire de l'agence Chine nouvelle – des séries d'appels téléphoniques qu'il fait, par précaution, de mon appartement –, les choses commencent à se corser avec l'Office national du film. Guy Roberge, le commissaire, voit rouge lorsque je lui parle de la possibilité de tourner ce film qui va, c'est évident, indisposer la France et, encore! je lui tais les interventions de McLaren auprès d'un gouvernement qu'Ottawa ne reconnaît pas et dont nous devons obtenir l'appui.

Je communique donc avec le caméraman Eddie O'Neil, avec qui j'avais travaillé au téléjournal, il est partant pour le film (à un tarif de faveur) et son patron David Bier accepte de prêter la caméra. Quant à moi, je demanderai un congé sans solde à l'Office. Je me rends vite à New York convaincre la Trans-World Airlines de nous laisser voyager gratuitement sur ses avions, moyennant un crédit au générique ; on pose une condition : qu'un important réseau de télévision diffuse le film. Le projet butera contre ce mur, la Société Radio-Canada refusant de nous faire confiance et de s'engager dans ce film. Nous possédions déjà dépensé pour monter le projet beaucoup plus d'argent que nous n'en avions, Louis et moi, et nous ne pouvions plus continuer. Cette aventure fut une démonstration manifeste (et ce ne serait pas la dernière) du crève-cœur que peut être ce métier du cinéma.

Au lieu d'un film sur la lutte d'un pays pour son indépendance, j'en tournerai donc un sur l'individu le plus indépendant que j'aie connu jusque-là. En effet, du fond de sa forêt, au bord de ce lac débordant de truites saumonées, Télesphore Légaré n'avait besoin de personne, pas même des membres de ce club privé qui les considéraient pratiquement, lui et sa femme, comme leurs esclaves personnels, bien qu'ils leur manifestassent cette condescendance si caractéristique du gratin de la ville de Québec. Mais le septuagénaire n'était pas dupe et une chose restait claire dans sa tête : il était roi et maître des lieux, permettant aux « bons » de faire des pêches miraculeuses ou s'assurant que les « méchants » reviennent bredouilles et généreusement grignotés par les moustiques en prime. On aurait juré que ce vieux renard communiquait directement avec la nature.

Avec certains membres franchement déplaisants qui le blâmaient de les guider par malice dans des endroits où il n'y avait pas de poissons, Télesphore, dont la casquette masquait la lueur narquoise qui s'allumait dans ses yeux, empruntait la canne du mécontent, jetait un regard rapide à l'appât qu'il lui arrivait de replacer sur l'hameçon, puis il lançait négligemment la ligne à l'eau et, invariablement, en sortait un beau poisson frétillant. Il le détachait en silence, appâtait de nouveau et remettait la canne au pêcheur avec cet air comme-si-de-rien-n'était que prennent souvent les prestidigitateurs après leurs tours les plus saisissants.

Trois semaines. Mon premier vrai tournage. En pleine forêt, sans électricité. Sans éclairage. Une bonne réserve de batteries pour la caméra et des réflecteurs portatifs pour réfléchir la lumière naturelle. Pour les travellings, Michel Brault avait astucieusement pensé à des fils d'acier, des fils pour les cordes à linge que nous tendions avec un treuil à manivelle entre les arbres ; la caméra, suspendue à un petit chariot, pouvait pivoter latéralement et se déplaçait sur ce fil dont la longueur allait parfois jusqu'à une vingtaine de mètres, permettant des plans d'une fluidité extraordinaire même en terrain accidenté. Je me souviens aussi d'une autre astuce grâce à laquelle on avait réussi un très beau plan, un panoramique interminable de la voiture à cheval de Télesphore traversant une grande clairière, en route pour la messe du dimanche à Sainte-Perpétue. Nous avions, au dernier moment, repéré près du chemin un long madrier que nous avions fixé comme une bascule à une souche. La caméra attachée à un bout, moi faisant contrepoids à l'autre bout, nous pûmes ainsi suivre la voiture, dans un contrejour merveilleux, sur une longue distance avec, en prime, un mouvement de grue digne des machines de cinéma les plus sophistiquées.

Ce sens de l'invention qu'avait Michel, son ingéniosité, sa manière d'utiliser la lumière naturelle, sa méticulosité pour les cadrages, sa dextérité à manipuler la caméra m'apparurent comme des qualités que je devrais acquérir moi aussi, et vite, car dès lors il me sembla évident qu'un réalisateur (surtout de documentaires) qui n'opérait pas la caméra ressemblerait à un peintre qui n'eût pas su se servir de pinceaux et n'eût presque rien connu du dessin ou des couleurs ; imagine-t-on Van Gogh, les bras croisés, donnant sa commande à quelqu'un d'autre pour *La Nuit étoilée* ? « Tu me peins un cyprès, là, en avant-plan à gauche… non, c'est trop, reviens un peu sur ta droite ; l'église, le clocher ne se détache pas suffisamment de la montagne bleue au fond, les étoiles sont toutes pareilles, ajoute-moi un peu d'orangé dans celles du haut de la toile, maintenant accentue la lumière dans les fenêtres de la maison, non pas celle-là, celle juste devant l'église… »

Pas que Michel exécutât mal ce que je lui demandais, au contraire, mais tout ce temps à parler, à expliquer et parfois à ratiociner – car il pouvait être aussi têtu qu'une bourrique – finissant souvent par me mettre les nerfs en boule. Je ne voyais pas de raison de perdre du temps à transmettre à quelqu'un d'autre les images que j'avais en tête ; non ! plutôt apprendre à manier la couleur et les pinceaux moi-même.

D'autres directeurs photo que Michel auraient vite cherché à me dissuader de choisir cette voie, tandis que lui m'y encourageait et me fournissait généreusement son mode d'emploi : d'abord apprendre les rudiments de la photographie et de la technique.

J'achetai mon premier appareil photo, un Leica II avec un objectif Elmar 3.5, et transformai la salle de bain de mon appartement en chambre noire. La dernière grande épidémie de poliomyélite à frapper le Québec allait bizarrement accélérer mon apprentissage.

Pendant des années, l'hypocondrie m'a enfermé dans le dédale inextricable de l'angoisse, une condition qui a atteint son paroxysme lorsque le Québec s'est trouvé aux prises, à l'été 1959, avec une vague de polio qui a fait une quarantaine de victimes, dont vingt-deux seulement à Montréal. Les journaux quotidiens ne parlaient que de cette épidémie et de l'insouciance de la population qui avait négligé de se faire inoculer, bien que le vaccin du Dr Salk existât déjà depuis quatre ans. Bien sûr, je comptais parmi ces négligents et, alors que les cas se multipliaient, je n'osais plus sortir, me limitant le plus possible à l'aller-retour quotidien à l'Office du film, avec arrêt à l'épicerie-boucherie allemande de Côte-des-Neiges. Le reste du temps, je demeurais cloîtré dans l'appartement, prenant des centaines de photos de ma chère et patiente Moustique, puis je m'enfermais dans ma chambre noire improvisée où je développais les films et tirais des épreuves. Quand un négatif en valait la peine, ce qui arrivait, j'en faisais des agrandissements, raffinant l'art du masquage, variant les cadrages, les contrastes et les qualités de papier. Les heures innombrables que je passais ainsi enfermé me garantissaient un peu, me semblait-il, contre la maladie dont la progression parmi la population était, somme toute, moins fulgurante que dans mon imagination, où elle allumait des frayeurs qui consumaient mon sommeil et toute pensée raisonnable.

Lorsque j'appris que deux cliniques spéciales de vaccination auraient lieu à l'hôtel de ville, je m'y précipitai dès le premier soir, mais une file interminable et bigarrée entourait déjà l'immeuble, long serpent à écailles multicolores qui progressait en ondulant de façon engourdie en direction de l'entrée. À la queue, où je me trouvais, il faudrait des heures avant d'arriver à la piqûre salvatrice et, pourtant, les gens continuaient de s'empiler derrière, bien plus vite que nous n'avancions, aiguillonnés eux aussi par les mêmes hantises : comme moi, ils devaient s'imaginer scellés dans la châsse d'inox étincelant d'un poumon d'acier, cette infernale locomotive à respirer d'où dépasse comme un fanal grotesque la tête d'un désespéré qui n'aperçoit pas le butoir de la mort ; ou encore s'imaginer membres tordus, infirmes pour la vie, immobilisés dans des fauteuils roulants ou traînant sur des pieds bots leurs carcasses difformes ; il y en avait bien sûr quelques-uns qui n'imaginaient pas le pire, je les entendais citer de réconfortants exemples : Franklin Delano Roosevelt, Frida Kahlo... comme quoi la polio n'était pas la fin du monde, mais qui dans cette file qui n'avançait pas était prêt à échanger une vie normale contre celle de ces êtres pourtant exceptionnels ? Personne !

Il m'apparut bientôt évident que je n'arriverais jamais à me faire vacciner ce soir-là. J'étais en ligne depuis au moins trois heures et nous n'étions pas encore en vue de la porte d'entrée, rue Notre-Dame. Et l'inquiétude commençait à monter. En effet, j'étais entouré de monde que la peur de la maladie avait galvanisé, ces malheureux passeraient la nuit sur place s'il le fallait. Cela me fit réfléchir. Seuls des hypocondriaques comme moi pouvaient faire preuve d'autant de détermination et de patience, ou – et là, la terreur s'emparait de moi de nouveau – ils avaient été en contact avec des personnes que la polio avait frappées ou bien, pire encore, ils avaient eux-mêmes ressenti déjà quelque symptôme de la maladie. Pour un vaccin que je n'arriverais sans doute pas à recevoir, considérant l'heure tardive, je traînais imprudemment dans un environnement contaminé. D'ailleurs je commençais à entendre, çà et là, des toussotements qui m'avaient jusque-là échappé dans l'euphorie de la vaccination. Mais ces toux en apparence banales, comment jurer qu'elles ne correspondaient pas à cet état grippal, précurseur de la maladie ? Allez donc savoir ! ces tousseurs souffraient peut-être aussi de douleurs au dos ou à la nuque et ils attendaient en ligne pour se faire inoculer contre un fléau qui les avait déjà frappés, risquant de contaminer le monde autour d'eux. Une petite voix intérieure me conseillait de fuir immédiatement cette file d'attente dans laquelle le virus s'était, à coup sûr, déjà infiltré.

Je fis demi-tour à la grande joie de ceux derrière moi qui gagnaient une place (pauvres naïfs) et courus à toute allure, comme si la peste était à mes trousses, jusqu'à ma Volks noire garée au carré Viger, pour constater, ô horreur !, que la peste était là, affalée sur l'aile de la voiture, du côté du chauffeur, qu'elle avait les traits d'un clochard rachitique qui venait de dégueuler par terre et balançait avec le revers de sa main contre le pare-brise la morve visqueuse qui lui coulait des narines.

— Hostie de dégueulasse !

La vigueur de mon apostrophe le saisit, provoquant un haut-le-cœur et un autre jaillissement de vomi... Puis, avant de décamper comme si de rien n'était, il eut une quinte de toux, mais une quinte à se cracher les poumons. Je restai glacé d'épouvante. C'était moins le spectacle écœurant de la vomissure par terre et sur l'auto que la crainte du virus qui devait s'en donner à cœur joie dans ce bouillon de culture et dans les filets de morve qui dégoulinaient sur le pare-brise, chenilles luisantes et glauques sous la lumière du réverbère. Révulsion totale.

Je ne pouvais quand même pas abandonner la voiture. Je décidai de marcher jusqu'au restaurant Chez son Père, où la bonne Mme Bouyeux trouverait bien une façon de m'aider. Elle était ravie de me voir car l'épidémie de polio avait fait un trou dans la clientèle, on évitait de se retrouver en groupe dans des endroits publics – je n'étais donc pas le seul à redouter la calamité –, elle m'offrit donc à manger, mais elle comprit tout de suite que je manquais d'appétit lorsque je lui racontai dans quelle situation je me trouvais. Elle réfléchit un moment, disparut dans la cuisine et revint avec une grosse bouteille de Javel La Parisienne, un seau et un vieux balai-brosse presque chauve.

— Tu n'es pas loin de l'École des HEC ?

— Presque en face.

— Va au fond de la cour, à gauche de l'immeuble, je suis sûre qu'il y a un robinet avec un boyau, ils s'en servent pour nettoyer les marches du parvis.

Elle avait raison, mais pour éviter que des malins se servent de l'eau, la poignée du robinet avait été retirée et, malgré tous mes efforts, je ne parvins jamais à bouger la tige pour l'ouvrir. Il y avait des pinces avec les outils dans le coffre de la Volks, je dus me résigner à aller les chercher. Dans la touffeur de cette nuit d'été, les flaques de vomi commençaient à fermenter, dégageant une odeur pestilentielle qui faisait lever le cœur et j'eus l'impression que, si je n'agissais pas rapidement, la voiture se désagrégerait dans cette mare corrosive.

J'ouvris la porte du côté du passager et je tirai le levier du coffre situé à l'avant. Tout le capot avait été éclaboussé, c'est donc en travaillant à distance avec le manche du balai-brosse que je réussis à pousser le fermoir de sécurité, soulever le couvercle du coffre et me saisir de la trousse à outils, évitant tout contact avec les endroits contaminés, terreau idéal pour l'horrible virus.

Les pinces ouvrirent le robinet sans difficulté et, par bonheur, le boyau était assez long pour que je ne sois pas forcé de transporter l'eau à la main. Je douchai la Volks et le sol autour pendant plusieurs minutes, puis je remplis d'eau et de Javel le seau que m'avait passé Mme Bouyeux afin de compléter la désinfection.

Le jour commençait à se lever lorsque j'arrivai enfin chez moi, à moitié asphyxié par l'odeur de Javel dans l'auto dont je n'osais pas baisser les vitres, de crainte que des germes du virus aient résisté à mon intervention antiseptique ; je comptais sur l'air et le vent pour venir à bout des survivants.

J'étais tellement terrorisé à l'idée de microbes sur moi que je me déshabillai en montant les escaliers qui menaient à l'appartement. Je laissai tous mes vêtements en tas à la porte, j'irais les porter à la buanderie en me levant, et je me précipitai sous la douche sans même allumer les lumières, me contentant de l'aube qui entrait par la lucarne de la salle de bain.

Ce n'est qu'en sortant de la baignoire que je remarquai Moustique traînant en pièces partout. Il y avait des morceaux d'elle à la grandeur : un bout de visage dans la corbeille, ses fesses par terre, un sein sur le coin du lavabo, ses lèvres pulpeuses contre la cuvette de la toilette, ses regards, parfois rieurs, parfois tristes, ça et là sur le carrelage ; on eût dit qu'un cyclone avait frappé les photos que j'avais pendues à sécher.

En levant les yeux, je me trouvai directement dans l'œil du cyclone ; Thérèse Arbic, drapée dans un drap de lit et le regard assassin, se tenait debout dans l'encadrement de la porte. Je faillis avoir une attaque.

— Je te croyais à New York.

— J'ai pensé que c'était le temps de venir faire du ménage, dit-elle avec un rictus de mauvais augure.

— Ce n'était peut-être pas le meilleur moment, tu sais que nous sommes en pleine épidémie de polio, une vingtaine de morts juste à Montréal...

J'essayais de faire diversion. En vain.

— Et ce virus-là, qu'est-ce que c'est ? demanda-t-elle en envoyant voler d'un coup de pied les fesses de Moustique.

Aucune des explications que je fournis ne sembla la convaincre, elle n'avala même pas l'histoire qui m'avait gardé dehors toute la nuit et elle resta d'humeur massacrante, m'interdisant sans ménagement toute marque d'affection malgré une absence de plusieurs semaines. Cela dit, je n'étais pas en manque. Depuis qu'elle vivait à New York, la chance m'avait beaucoup souri et mon répertoire s'était élargi de toutes les autres Monique du bottin de l'Union des artistes de l'époque (quel souvenir exquis je garde encore de Monique Joly ! de sa bouche capiteuse comme une fleur, de ses moues rieuses, de ses mains tièdes, caressantes et un peu rêches, comme l'étoffe d'une ceinture fléchée) de deux Denyse, d'une Anne-Claire, d'une Michelle et de quelques autres flirts, anonymes et fortuits.

Tandis que je préparais un copieux petit déjeuner (ces querelles d'amoureux avaient le don de me creuser l'estomac), Thérèse me fit savoir qu'elle repartait tout de suite ; elle avait profité d'un aller-retour à Montréal d'un copain américain pour venir chercher des bouquins, des vêtements d'été et me faire la bise... Bide, de ce côté-là, mais heureusement elle mourait de faim et comme elle était bien élevée et ne parlait pas la bouche pleine, cela m'évitait de l'entendre remâcher inlassablement mes fautes du passé (!).

— Tu permets que j'allume la radio ?

Depuis que l'épidémie avait commencé, je ne ratais jamais le bulletin de nouvelles du matin, comme s'il était impérieux de nourrir l'hypocondrie qui me rongeait. Pourtant, s'il y a un bulletin dont je me serais passé... Deux autres personnes avaient succombé à la polio et on avait enregistré neuf nouveaux cas, seulement à Montréal.

Je dus devenir blanc comme un linge car, malgré son ressentiment, Thérèse s'inquiéta.

— Tu te sens mal ?

— Non, non, non. Je repensais à la nuit passée, j'ai eu un haut-le-cœur.

Son mouvement de compassion s'arrêta net et elle me dit sur un ton cassant :

— L'épidémie de polio, ce n'est pas ce qui te menace, c'est l'épidémie de femmes !

Opportune sonnerie du téléphone. Michel Brault venait de prendre une décision de dernière minute : assister au Flaherty Seminar à condition que je l'y accompagne.

C'était à l'Université de la Californie, à Santa Barbara.

J'acceptai tout de suite, sans réfléchir : c'était ma chance d'échapper à la mort, car je serais – j'en avais la ferme conviction – la prochaine victime de la polio. Les dépenses pour assister au séminaire ne pesaient pas lourd devant la perspective de me garantir contre l'épidémie et, qui sait ? quand nous reviendrions dans une dizaine de jours, le danger se serait peut-être évanoui.

Michel, lui, avait déjà assisté une fois à ces séminaires dont le premier eut lieu en 1955, à la ferme des Flaherty à Dummerston, au Vermont. C'est la veuve de Robert Flaherty, Frances, qui avait imaginé cet événement afin de perpétuer la mémoire et la philosophie de son mari, mort en 1951. Pour beaucoup d'entre nous, Flaherty (dont j'avais vu tous les films à la cinémathèque française) était *le* maître à penser, nous partagions non seulement sa philosophie du documentaire, mais nous pressentions que nous pourrions la pousser plus loin encore grâce aux progrès techniques pointant à l'horizon : des caméras et des magnétophones plus portables et plus autonomes, et surtout (c'était le rêve) une caméra silencieuse, pas une machine à coudre, qui permettrait de tourner tout en enregistrant du son synchrone sans qu'elle fut reliée par un fil ombilical au magnétophone. J'étais loin de me douter que ce miracle, je serais le premier parmi les cinéastes de Montréal à en profiter, alors que je laisserais l'Office pour travailler à New York avec, entre autres, Richard Leacock, le caméraman justement de Robert Flaherty pour *Louisiana Story*.

Parce qu'il avait déjà assisté à un de ces séminaires, je comptais sur Michel pour me mettre au parfum pendant le vol à Los Angeles, sept heures d'avion à l'époque. C'était surtout la démarche de Flaherty qui me fascinait, mais hélas! les zones ininterrompues de turbulence que nous traversâmes après l'escale à Chicago coupèrent court à toute discussion philosophique: Michel Brault était terrorisé, je dirais même dans un état catatonique. Je ne sais pas s'il s'est corrigé depuis de cette phobie, mais lorsque l'avion se posa enfin à Los Angeles après nous avoir barattés au-dessus de la moitié des États-Unis, Michel se sentait comme du beurre, il était blafard, les jambes lui flageolaient. Il toucha le tarmac avec l'allégresse du naufragé qui aperçoit un bateau.

La philosophie de Robert Flaherty, elle nous fut bien expliquée par sa femme Frances elle-même, qui nous relata dans quel état d'esprit s'était trouvé son mari alors qu'il se rendait à Samoa y tourner un film avec lequel il comptait enfin intéresser Hollywood. Tout au long du voyage en bateau, le cinéaste avait eu le pressentiment qu'à Samoa il vivrait la même excitation, les mêmes émotions qu'il avait éprouvées devant la lutte farouche des Esquimaux de l'Arctique pour leur subsistance, il en rêvait! C'est alors qu'il avait croisé un bateau de pêcheurs qui relatèrent avoir aperçu une pieuvre géante, un monstre avec un corps aussi gros que celui d'une baleine dont les tentacules immenses ondulaient au fil de l'eau.

— Il tenait son film! raconte Mme Flaherty.

Aussitôt descendu dans l'île, le cinéaste se met à la recherche de ces pieuvres géantes et de requins-tigres dont on lui avait dit qu'ils étaient plus grands que des pirogues. Pendant des semaines, il explore la mer autour de l'île sans rien trouver, car ces animaux n'existent pas, ce sont des chimères.

— J'ai encore en tête, poursuit Frances Flaherty, les semaines misérables que Robert a passées à la véranda alors qu'il cherchait à se vider le crâne de toute pensée pour chercher le principe premier, difficile mais essentiel à quiconque veut faire un film authentique sur un sujet qu'il ne connaît pas; d'abord, ne pas avoir de préconception: avec une idée préconçue, vous êtes perdu, la démarche est faussée avant même de commencer; il faut plutôt s'abandonner, se départir de ses propres idées, avoir l'esprit net, frais, innocent comme celui d'un nouveau-né, l'esprit aussi sensible qu'un négatif vierge afin de recueillir les impressions autour de soi et s'en imprégner.

— Certaines personnes, explique-t-elle, qualifient cet état de « vide créatif », de terre en jachère. C'est la « non-préconception », le début de la découverte.

Dieu ! qu'on est loin des documentaires d'aujourd'hui alors que les institutions prêteuses forcent les réalisateurs à écrire d'avance leurs scénarios (« la démarche est faussée avant même de commencer ») ou quand ces prétendus documentaristes ne se contentent pas, pour des raisons de facilité, d'aligner devant les caméras une ribambelle de têtes qui parlent et dont on saucissonne les témoignages en fines tranches que l'on agence pour créer un rythme parfaitement artificiel. Bonjour Flaherty et « l'esprit innocent du nouveau-né » !

Dès notre arrivée à Hollywood, où nous habitions le Palm Motel, sûrement le moins cher et le plus kitsch de Sunset Boulevard, avec en façade ses palmiers de plastique éclairés au néon, nous partîmes en pèlerinage au Grauman's Chinese Theater sur Hollywood Boulevard. Il faut l'admettre, nous fûmes ébranlés : les empreintes de pied de Mary Pickford, de Chaplin, de Clark Gable, et l'empreinte du cigare de Groucho Marx dans les dalles de ciment, à l'entrée du théâtre, l'émotion ! Michel et moi étions encore débutants dans un art que ces vedettes avaient rendu immortel, mais quel bonheur nous éprouvions d'avoir pu entrer dans le métier, et quelle chance ! Accroupis, nous fîmes délicatement, avec le bout du doigt, le tour de l'empreinte du pied de Pickford ; elle avait été la plus grande vedette du cinéma muet, elle était canadienne, et de savoir qu'elle était encore vivante, quelque part près de là, nous fit monter les larmes aux yeux. Quant à moi, j'eus alors une vraie illumination, la confirmation dans mon esprit qu'envers et contre tout, je ferais du cinéma, c'est à cela que m'avait préparé le chemin parcouru depuis mon enfance.

Les choses ont bien changé, mais à cette époque-là on avait l'impression que Los Angeles n'aurait pas existé sans Hollywood, et tout dans Hollywood nous parlait de cinéma, à commencer par les lettres géantes de son nom qui surplombent toujours la ville et qui semblaient jeter sur nous leur ombre tutélaire, neuf anges blancs accrochés à la colline et veillant sur le monde du cinéma. Et puis, en autant que je me souvienne, ce Hollywood que j'ai connu à ce moment-là et où j'ai passé beaucoup de temps, au début des années soixante-dix, n'était pas celui d'aujourd'hui ; soit ! il y avait de la richesse, du factice, de la célébrité, mais rien de cela ne semblait primer le cinéma, la création demeurait plus importante que tout le reste. La ville dégageait un fluide tonique. À Hollywood, tout paraissait possible et notre foi cinématographique se fortifiait, nous nagions dans la même euphorie que des musulmans en pèlerinage à La Mecque. En ai-je retiré le même bénéfice ? J'en doute, car le Coran exige du pèlerin qu'il s'abstienne de toute relation sexuelle durant le *hadj* et la tentation qui s'est présentée m'a entraîné loin de cette sourate...

Quel émerveillement, la Californie, la première fois ! Les résidences extravagantes, le Pacifique avec ces plages interminables, le désert où d'étranges oiseaux d'acier picorent méthodiquement le sol pour en extraire le pétrole et, à deux heures de route de Hollywood dans notre voiture louée : Santa Barbara, perchée aux flancs des montagnes Santa Inez, au-dessus d'une mer pervenche.

Ce séminaire Flaherty qui avait lieu pour la première fois au paradis du septième art avait attiré quelques centaines de participants : beaucoup d'étudiants en cinéma de l'Université de Californie et quelques personnalités de Hollywood, dont Virginia, la femme de James Arness, le plus populaire acteur western de l'heure, l'émule incontesté de John Wayne. Et les organisateurs s'étaient donné du mal, ils avaient fait venir de Calcutta le réalisateur Satyajit Ray avec sa trilogie : *Pather Panchali*, *Aparajito* et *Apur Sansar*, qui avaient fait de lui une célébrité parmi les *aficionados* du cinéma, et d'autres invités que nous apprendrions à connaître : un ethnologue français, spécialiste du Niger, devenu cinéaste, Jean Rouch qui séduisit complètement Michel Brault, et deux documentaristes de New York qui eurent sur moi beaucoup d'influence : l'anarchiste Lionel Rogosin avec son *On the Bowery* et l'originale Shirley Clarke avec *The Skyscraper.*

C'était mon premier séminaire Flaherty, mais il me sembla tout de suite que, même en Californie, cet événement ne perdrait pas son caractère ascétique forgé dans les montagnes vertes et protestantes du Vermont où il était né. Nous étions littéralement en retraite fermée. Même durant les pauses, toute conversation ne se référant pas au cinéma – de préférence documentaire – était perçue comme une digression, voire un écart de conduite. Dans la salle, les participants osaient à peine se mêler, la plupart des femmes s'asseyant d'un côté et les hommes de l'autre. Et comme nous couchions dans les dortoirs universitaires, inutile de dire que là non plus on ne mélangeait pas les genres. Cette ambiance rigoriste convenait plutôt bien à la première journée, consacrée à la trilogie de Ray, une histoire très sombre tournée presque entièrement avec des acteurs non professionnels : les tribulations d'Apu, un garçon né au Bengale, au début du siècle dernier, d'un père brahmane trop pauvre pour faire vivre sa famille convenablement ; dans le deuxième film, après la mort de son père, Apu entre à l'école. Élève modèle, il reçoit une bourse afin de poursuivre ses études à Calcutta et sa mère, se sentant abandonnée, se désespérera de l'émancipation de son fils ; dans *Apur Sansar*, le dernier volet de la trilogie que Ray venait juste de terminer, Apu a fini ses études, mais il ne trouve pas de travail et rêve de devenir écrivain ; il est invité par un camarade à un mariage qui fera basculer sa vie. En effet, le futur marié devient fou et Apu, à l'insistance de ses amis, accepte d'épouser lui-même la jolie Aparna, qu'il ramènera à Calcutta, où elle mourra en donnant naissance à leur premier enfant. Fou de désespoir, Apu mettra des années avant de retrouver le sens de sa vie.

La plupart d'entre nous découvrions avec exaltation l'univers du grand cinéaste indien, dont le goût pour le cinéma avait été formé, nous raconta-t-il, par le biais de ses rapports avec Jean Renoir alors que ce dernier tournait *Le Fleuve*, au Bengale. Puis, après avoir vu *Le Voleur de bicyclette* de Vittorio de Sica, Ray avait pris la résolution de gommer dans ses films toute trace de pittoresque ou de théâtral, impardonnables accrocs, selon lui, à la pureté d'une œuvre d'art. Sa mission dès lors consisterait à fouiller jusqu'au tréfonds la psychologie de ses personnages tout en préservant l'authenticité de leur environnement.

Il serait difficile, même après un demi-siècle, d'effacer de ma mémoire l'image de cet homme longiligne – il mesurait presque deux mètres – dont les yeux intenses et noir charbon s'immobilisaient de longs instants, l'air de fixer un monde au-delà de nous, alors qu'il expliquait de sa voix grave et avec les gestes fluides d'un danseur quelles difficultés il avait dû surmonter pour tourner son premier film comme il le souhaitait : avec des acteurs et des décors qui n'en étaient pas, et dans le réalisme le plus strict.

Quel premier jour de séminaire, ces trois films et l'inoubliable présence de Satyajit Ray ! Tous, nous étions subjugués. Même ceux d'entre nous qui n'avaient pas de tendance naturelle à douter de leur talent regagnèrent leurs chambres en silence et s'endormirent en cherchant à chasser de leur esprit la terrible inadéquation ressentie vis-à-vis ce réalisateur de trente-huit ans, déjà immense après trois films.

L'atmosphère de gravité qui avait régné durant la journée dédiée à la trilogie de Ray se poursuivit le lendemain matin avec la projection de *On the Bowery*, un portrait saisissant des paumés du Lower East Side de New York, primé à Venise et sélectionné aux Oscars. Il y avait un mordant dans ce film de Rogosin, une analyse sociologique âpre qui me plaisait beaucoup et qui faisait en général terriblement défaut aux films de l'Office national du film, souvent édulcorés par la bureaucratie inhérente à tout organisme d'État. *On the Bowery* constituait la première œuvre de Rogosin, ingénieur de formation, et il était déjà clair que le cinéma polémique et justicier qu'il avait choisi de pratiquer ne lui vaudrait jamais de vastes auditoires. Au moment du séminaire, il venait de commencer à tourner en Afrique du Sud un film sur lequel il se montra très discret, bien que nous le bombardâmes de questions. On comprit pourquoi lorsque l'année suivante sortit *Come Back Africa*, sans doute le film le plus percutant de la carrière de Rogosin. Entré en Afrique du Sud avec un visa de touriste, le réalisateur avait réussi par toutes sortes de ruses à tourner clandestinement un film décrivant les horreurs de l'apartheid. Ce film, qui révéla Miriam Makeba, et *On the Bowery* ont souvent été considérés comme précurseurs du cinéma-vérité. À tort. Il y a dans ces films trop d'interventions du réalisateur, le déroulement de plusieurs scènes est planifié à l'avance, les dialogues sont souvent écrits, ce n'était pas le cinéma qui avait commencé de germer dans notre esprit. Nous cherchions plutôt le moyen d'écrire directement avec la caméra, une caméra sensible, discrète, mais diligente comme l'abeille qui rapporte ses matériaux à la ruche.

The Skyscraper, de Shirley Clarke, projeté la même journée, se rapprochait déjà un peu plus de ce qui nous trottait dans la tête, et surtout c'est de ce film que me vint l'idée de montrer au garde-pêche

Télesphore Légaré et à sa femme le film que j'avais tourné sur eux pour me servir ensuite de leurs commentaires comme élément principal de la trame sonore. Dans *Skyscraper*, Clarke introduit certaines réflexions des ouvriers qui s'affairent à la construction, à New York, du Seagram Building, conception de Mies van der Rohe et de Philip Johnson. Cela m'inspira d'aller beaucoup plus loin avec les Légaré : je les amènerais à Québec dans le studio d'un poste de radio où je pourrais leur projeter le film et enregistrer leurs réactions. Ils ne s'étaient jamais vus à l'écran, ils ne s'étaient pas rendus dans une grande ville comme Québec depuis plus de quarante ans, il n'était pas possible que ces dépaysements ne provoquassent pas de réactions intéressantes. Ils visionnèrent le film trois fois et l'enregistrement de leurs commentaires spontanés, une fois assemblés, donnèrent toute son originalité à ce premier film, qui remporta le prix du meilleur documentaire au Congrès du spectacle de Montréal.

Sans l'avoir voulu, un Français dans la quarantaine, un anthropologue que l'important prix Louis-Delluc venait de consacrer cinéaste, changea du tout au tout le cours de ce séminaire jusque-là assez janséniste. Avant la projection de son film *Moi, un Noir*, Jean Rouch, l'air jovial, son front bombé empiétant sur le sommet du crâne que ses cheveux avaient commencé de déserter, monta sur la scène pour expliquer sa démarche cinématographique. Avec sa chemise azur comme ses yeux et son pantalon clair, Rouch, démarche athlétique, allure décontractée, cadrait génialement dans l'atmosphère californienne qu'il s'apprêtait à détendre de manière inattendue.

Aidé par sa femme Jane, d'origine américaine, Rouch avait écrit une communication sur les traditions, les usages et l'art populaire de l'Afrique qu'il explorait, depuis 1947, en se servant du cinéma. Il était donc dans sa présentation constamment question du *folk art*, des *folk traditions*, *folk dances*, *folk customs* et *folk habits* du Niger et de la Côte d'Ivoire, ses pays d'adoption. Si Jane avait aidé Rouch pour la rédaction, ce dernier avait dû refuser de répéter devant elle, considérant sans doute son accent parfaitement adéquat. Le mot *folk* revenant comme un leitmotiv, ai-je besoin de décrire la stupéfaction qui s'empara d'abord de l'assistance pour se transformer ensuite en rires étouffés, puis dégénérer en irrésistible hilarité alors que Jean accumulait ces « folk » qu'il prononçait « fuck ». Un fou rire incontrôlable s'étant emparé de tous, Jean dut s'interrompre. Alors qu'il cherchait à comprendre ce qui se passait – il vérifia même d'un geste discret la fermeture éclair de sa braguette –, je décidai, puisque personne ne bougeait, pas même Jane, elle-même écroulée de rire, de monter sur scène et souffler à l'oreille de Rouch la drôlerie que prenait son texte avec ce mot d'une seule syllabe prononcé de travers.

Cet incident et la projection de *Moi, un Noir*, dont Godard avait dit qu'il était « le plus audacieux des films en même temps que le plus humble », éclaircirent d'un coup le ciel lourd de ce séminaire Flaherty. Subitement, ce petit groupe de Français que nous étions (on ne faisait pas de différence pour nous) devint le point de mire du séminaire. *Moi, un Noir* – avec la narration stupéfiante d'Oumarou Ganda, qui se faisait passer pour Edward G. Robinson, et les performances inoubliables des autres acteurs qui avaient choisi d'être Dorothy Lamour, Tarzan et Eddie Constantine – avait créé toute une commotion : pas de grande thèse sociologique, juste ce qu'il faut d'ethnographie, mais tout au long une atmosphère d'exubérance et de liberté, des touches sympathiques de dérision, bref ce film tourné à l'épaule, presque entièrement improvisé, plongea le séminaire dans une telle allégresse qu'après la pause-café, hommes et femmes commencèrent à se mélanger.

Dès la première réunion, j'avais remarqué cette jolie blonde, vive et délicate, pour qui j'avais éprouvé un béguin immédiat, mais lorsque j'appris qu'elle était l'épouse de la vedette de la série *Gunsmoke*, je décidai de ne pas risquer de me retrouver dans la mire des colts du shérif de Dodge City. Décision d'autant plus aisée que la jeune femme n'avait pas fait le moindre cas de quelques œillades, rien ! j'aurais pu être transparent.

Ma courte incursion sur scène pour tirer Rouch de son bourbier avait attiré l'attention sur moi, puis Michel Brault me demanda d'aller présenter *Les Raquetteurs*, le film qu'il avait emporté avec lui et qu'il venait de coréaliser avec Gilles Groulx. Cette amusante satire acheva de décoincer tout le monde. Jean Rouch décida sur-le-champ qu'il voulait tourner son prochain film avec Brault et, tandis que ces deux-là résolurent de passer la soirée ensemble pour en discuter, Jane Rouch, qui en avait jusque-là d'entendre parler cinéma, me proposa de faire faux bond à la cafétéria de l'université ; nous irions manger tous les deux dans un restaurant de Santa Barbara. Je suggérai que nous amenions Virginia ; elle ne quittait plus notre petit groupe depuis que nous étions devenus le *french flavor* du jour. Bien sûr, cette délicatesse était calculée, ce qui fit sourire Jane, qui avait flairé depuis un moment que j'avais envie d'une certaine diversion à ces interminables discussions cinématographiques.

Et il me faut bien l'admettre, la possibilité de séduire une femme qui me plaît a toujours primé sur toute démarche intellectuelle, ce qui eût pu faire de moi un être essentiellement primaire si je n'avais pas eu la chance de rencontrer, une dizaine d'années plus tard, une amoureuse qui canalisera cette énergie pour faire tourner un peu les turbines de mon cerveau.

Mais pour le moment, c'était Virginia.

Les deux nuits avec elle ne s'annonçaient pas comme le passage des quarantièmes rugissants, mais trouver un endroit pour assouvir nos instincts sur ce fichu campus sans éveiller de soupçons devint une affaire hérissée de telles difficultés qu'elle rendit mémorable cette aventure sans lendemain. Surtout, pas question de monter à la chambre de Virginia – elle la partageait avec une autre séminariste –, j'entrepris donc de sonder une à une les portes d'un long corridor, au rez-de-chaussée de l'immeuble consacré au séminaire Flaherty. Chacune de celles-ci arborait une petite plaque avec le nom d'un professeur qui avait pris soin de la verrouiller avant de partir en vacances, insouciant de garder son bureau à la disposition de nécessiteux comme nous. Enfin une porte s'ouvrit, et pas trop tôt, car je sentais vaciller la résolution de Virginia. Elle était aux aguets, sursautait au moindre bruit, plus nerveuse qu'une trapéziste avant son premier saut de la mort ; l'adultère, visiblement, ne figurait pas à son répertoire habituel.

La porte que je venais d'ouvrir donnait sur une salle de lecture… consacrée au cinéma, on ne pouvait trouver plus approprié. Je verrouillai derrière nous. Un des murs était couvert de rayons de livres et de copies reliées de scénarios ; en face, sur une tablette inclinée qui faisait la longueur de la pièce, étaient étalés des journaux et magazines de cinéma du monde entier ; une fenêtre, dont la partie du bas était fermée par des jalousies, ouvrait sur un jardin d'hibiscus où les grandes fleurs orangées brillaient comme des lanternes dans la lumière laiteuse de la lune ; deux fauteuils râpés et un petit sofa de cuir avachi témoignaient des innombrables heures de consultation qu'avaient dû y passer les étudiants, mais quels instruments de détresse pour les ébats amoureux ! Allons bon ! toute Américaine, s'il faut se fier à ce qu'on raconte, a connu sa première expérience sur le siège arrière d'une voiture, mais j'eusse souhaité mieux pour Virginia, après l'avoir déshabillée avec tendresse, que la voir s'étendre sur ce sofa de cuir froid et moite qui geignait chaque fois qu'elle bougeait son charmant petit derrière. Une abstinence de plusieurs jours, ces entretiens sérieux sur le métier m'avaient réduit aux appétits les plus primitifs, pas de chipotage : ce fut un engagement gaillard qui arracha au vieux sofa des couinements affolés, alors que nous faisions tous les efforts pour museler notre propre plaisir.

Me redressant sur les coudes pour soulager d'une partie de mon poids le corps bouillant de Virginia, j'aperçus au mur John Wayne, mon personnage de western préféré, les yeux dans les yeux de Maureen O'Hara sur l'affiche de *Rio Grande* (John Ford à son meilleur). Nous étions l'un et l'autre moins bien qu'eux, c'est sûr, mais nous étions allés au bout des choses, ce n'était pas du cinéma.

Je ne sais pas pourquoi, mais je lui demandai à brûle-pourpoint :

— *Is your husband jealous…* (elle sursauta) *of John Wayne*[5]*?* m'empressai-je de préciser.

— *Jealous… maybe. Of the Duke, no way*[6]*!*

Tout le contraire, m'expliqua-t-elle, alors que je récupérais nos vêtements épars et cherchais à effacer du sofa les vestiges de notre rencontre, son mari Jim avait même été sous contrat pour Batjack, la compagnie de production de John Wayne, et lorsque CBS offrit à ce dernier le rôle de Matt Dillon dans la série *Gunsmoke*, qui allait être transposée de la radio à la télévision, Wayne refusa et suggéra qu'Arness tienne le rôle à sa place.

5. – Est-ce que ton mari est jaloux… de John Wayne ?
6. – Jaloux… peut-être, mais du Duke, jamais de la vie.

— *They're real good friends*[7] *!*

Je crois avoir vu presque tous les films de John Wayne. J'adorais le personnage, mais il pouvait aussi être impressionnant comme acteur, dans *Rio Grande* justement ou *Red River* de Howard Hawks, puis plus tard dans *Rio Bravo* (encore avec Hawks) alors qu'il s'était enveloppé, qu'il avait passé la cinquantaine et n'était plus vraiment un acteur, mais l'apothéose du mythe Wayne qu'il avait créé. Je ne me doutais pas, à ce moment-là, que je viendrais un jour à un cheveu de travailler avec lui.

Pour ce qui est de Arness, je promis à Virginia de regarder *Gunsmoke*, c'était la série la plus populaire de la télévision, je ne l'avais jamais vue et je devais bien cette petite faveur à son mari, un géant de plus de deux mètres que je ne suis pas malheureux de n'avoir jamais rencontré. Sait-on jamais ? surtout avec son copain Wayne qui avait été témoin de tout, du haut de son affiche. Et qui nous retrouverait, impénitents, la nuit suivante sur le même sofa parce que j'avais réussi à me glisser comme une lettre par la fenêtre du jardin d'hibiscus, entrouverte d'à peine quelques centimètres. La porte, ouverte la nuit dernière, avait été verrouillée, et je n'avais pas réussi à convaincre Virginia des délices de l'amour à la belle étoile, dans le gazon frais, sous des guirlandes de fleurs rayonnantes.

Heureusement que, pour l'avenir du cinéma, Michel Brault s'était montré plus sérieux que moi. Tandis que j'approfondissais mes connaissances du western et que j'occupais aussi Jane Rouch, à la grande satisfaction de Jean à qui elle tombait souvent sur les nerfs – ils divorceront quelques années plus tard –, ce dernier avait convaincu Michel de tenir la caméra pour son prochain film, à Paris. Et pas n'importe laquelle, une caméra qu'un ingénieur des laboratoires Éclair de Paris, André Coutant, avait conçue en assemblant des éléments disparates : le boîtier provenait d'un appareil fabriqué pour être inséré dans les ailes des avions de chasse Mirage, et synchronisé pour capter des images entre les rafales de mitrailleuses encastrées elles aussi dans les ailes de l'avion. Sur ce boîtier pas plus gros qu'un paquet de cigarettes, Coutant

7. – Ce sont de vrais bons amis.

avait réussi à fixer un magasin de cent vingt mètres de pellicule 16 mm et y avait adapté un zoom Berthio et un moteur qui tournait précisément (!) à vingt-quatre images seconde. Avec cet engin révolutionnaire, Michel ferait les images pour Rouch et Edgar Morin, coréalisateurs de *Chronique d'un été*, film dont on dira à tort qu'il annonçait la naissance du cinéma-vérité. Si ce n'est l'authenticité du regard de Michel à la caméra, presque tout est fabriqué dans ce cinéma.

Ce film qui se veut un portrait de la vie à Paris, au début des années soixante, est un *patchwork* d'anecdotes, d'entrevues sur la vie, le bonheur, la guerre d'Algérie et autres états d'âme d'un tri de Parisiens à qui les deux cinéastes-anthropologues posent des questions spécifiques appelant des réponses précises pour servir le propos de leur film, dans lequel ils s'efforcent de créer une illusion de vérité qu'eux-mêmes détruisent à mesure par leur dirigisme.

Comble de supercherie, Rouch et Morin, dans une séquence qui se veut intime et impromptue – comme si nous pouvions être dupes puisqu'elle est filmée –, entrent eux-mêmes dans le jeu et discutent des grands principes d'un film anthropologique comme celui qu'ils sont en train de réaliser. Et pour finir, ils font visionner le film terminé aux principaux protagonistes, qui le dissèquent avec eux, analysant ce qui leur paraît vrai ou fabriqué. (Le même procédé que j'avais utilisé pour Télesphore Légaré et inspiré par Shirley Clarke.)

Du cinéma-vérité, cela ?

Qu'on soit parvenu à terminer ce film – intéressant pour ce qu'il est – tient par ailleurs du prodige et de l'optimisme presque béat de Rouch. En effet, au bout de quelques jours de tournage, Michel fit remarquer qu'il lui semblait impossible que le moteur prétendument autorégulé de la caméra Coutant tournât véritablement à vingt-quatre images seconde et que le magnétophone Perfectone – que rien, aucun dispositif ne reliait à la caméra – fût assez débrouillard pour tourner lui aussi précisément à vingt-quatre images, synchrone avec la caméra.

— On verra ça plus tard, répliqua Jean, dont cette histoire de synchronisme était le cadet des soucis.

Et l'on se retrouva avec vingt-cinq heures d'un tournage parfaitement désynchronisé. Une véritable catastrophe, mais pas pour un incorrigible optimiste.

Rouch recruta toutes les assistantes-monteuses de Paris, une armée qui passa des semaines à remettre en concordance la piste sonore et la bande image, un travail de précision et de patience infinie afin que les mots suivent le mouvement des lèvres. Ce qui paraît aller de soi de nos jours, la synchronisation, était à cette époque pratiquement impossible en utilisant une caméra portable à l'épaule, on n'y arrivait qu'avec des caméras lourdes et caparaçonnées de plomb pour assourdir le bruit du mécanisme.

La véritable aventure du cinéma direct ou cinéma-vérité, pour reprendre l'appellation de Rouch, allait commencer et, en moins de trois ans, révolutionner le tournage des documentaires et décoincer les traditions du cinéma dramatique. Parce qu'ils ne se sont pas privés de philosopher sur le cinéma direct, les cinéastes français s'en sont crus les inventeurs alors que c'est à l'Office national du film qu'en ont été façonnés les grands principes, et à New York qu'a démarré la vraie révolution technique qui a facilité leur application.

*
* *

Le Flaherty Seminar avait balayé la polio de mon esprit ! Il m'avait aussi galvanisé dans ma décision de devenir opérateur de prises de vue, en dépit de l'opposition de l'Office national du film, qui s'obstinait à cloisonner les fonctions. Pourtant, peut-on être écrivain sans stylo ou machine à écrire ? ou réaliser du cinéma direct en confiant les images aux autres ?

Michel Brault était du même avis. Comme il avait accepté de tourner le prochain film de Rouch en dédaignant tout trépied, nous prîmes la résolution de nous entraîner intensivement, comme des athlètes, à manipuler la caméra à l'épaule le mieux possible. Lorsqu'il le pouvait, Michel empruntait une Arriflex à l'Office du film et nous nous exercions à marcher, un œil dans le viseur et l'autre ouvert pour voir où nous allions, ou encore à marcher à reculons, l'un empoignant l'autre solidement par la ceinture pour le guider, puis nous simulions des mouvements pour les rendre doux et réguliers : panoramiques, plongées et contre-plongées, mouvements de grue en pliant et dépliant les jambes. Il existe toujours, voisin du 1300, avenue des Pins, où j'habitais, un très long escalier qui descend à la rue de la Montagne et que nous empruntâmes des dizaines de fois, en échangeant les rôles : tantôt sujet, tantôt caméraman, cadrant avec soin en minimisant les soubresauts de caméra et en corrigeant la mise au point. Nous passâmes tous les deux des dizaines d'heures à nous entraîner ainsi et, lorsqu'il n'était pas possible de tenir une caméra, nous répétions les mêmes exercices en portant un appareil imaginaire, deux timbrés qui ont perdu le nord, lisait-on dans les yeux des passants qui nous croisaient.

Nous exercions aussi nos yeux à évaluer les variations de lumière afin de déterminer l'ouverture de l'objectif sans faire appel au posemètre ; Michel avait en outre le don exceptionnel – qu'il a réussi à me transmettre, je crois – de choisir des angles de caméra qui utilisent ingénieusement les lumières ambiantes et le contre-jour.

C'est avec ce bagage que je suis allé réaliser aux îles Saint-Pierre-et-Miquelon un film dont Georges Dufaux, caméraman chevronné, devait tourner les images. Parce qu'il en avait par-dessus la tête d'être claustré dans des salles de montage, Gilles Groulx me suivit comme assistant sur le petit archipel français, au sud de Terre-Neuve. On lui accordera finalement le titre de coréalisateur ; j'acceptai en effet, à la demande du producteur Jacques Bobet qui s'impatientait de plus en plus, de partager le crédit de réalisation afin d'encourager Gilles à terminer enfin le montage. En dépit de son grand talent, Groulx était comme ça ; il lui arrivait de n'exécuter qu'une ou deux coupes par jour, chacune étant ensuite analysée durant des heures à la cafétéria. Et j'exagère à peine. De plus, comme nous avions tourné en 35 mm, ce n'était pas le monteur lui-même qui effectuait la collure, il n'insérait qu'une agrafe temporaire et allait remettre son travail à des assistantes, « spécialistes de la collure » dont la salle se trouvait heureusement sur notre route, face à l'entrée de la cafétéria ! Il fallait parfois attendre plusieurs jours avant de récupérer le film collé et d'être en mesure d'apprécier le montage. Je n'ai aucune idée s'il y a un autre endroit au monde où l'on procédait avec des colleuses patentées, mais cela nous laissait de grandes plages pour nous étendre inlassablement sur le sujet du cinéma.

Cette désinvolture avec laquelle j'acceptais de partager un crédit – je n'avais aucun sens de la postérité –, je ne soupçonnais pas qu'elle me priverait dans la petite histoire du cinéma d'une reconnaissance qui m'eût normalement été due. Dans le cas de *La France sur un caillou* – le titre était une bonne trouvaille mais le film pas très bien réussi –, ce crédit partagé resta donc un moindre mal ; cela s'avérera beaucoup plus injuste pour *La Lutte,* le dernier film que je réaliserai à l'Office du film.

Des deux mois passés à Saint-Pierre-et-Miquelon, il m'est resté certains souvenirs mémorables. D'abord la brume, celle fréquente en juin et juillet, mais exceptionnelle en 1960, alors qu'elle enferma tout pour des semaines dans son linceul persistant, et les brumes éthyliques qui nous rendirent souvent Gilles et moi plus semblables à des bêtes qu'à des cinéastes. Il nous arriva à quelques reprises, prostrés par ces brumes, de dormir dans les fossés, impuissants à retrouver le chemin de notre hôtel. Chez Joinville, le principal bar de la place, l'alcool ne coûtait presque rien puisque les Saint-Pierrais ne payaient aucune taxe et n'avaient pour ainsi dire aucune autre occupation que celle de boire, surtout par temps de brume !

C'est aussi chez Joinville qu'une méprise s'est produite qui a fait de moi, à mon insu, un véritable prodige : l'homme qui se remettait le plus vite des naufrages de l'ivresse. Le rescapé miraculeux.

Il arrivait au besson, à qui je ressemblais toujours comme une autre goutte d'eau, de s'inspirer (!) de mes sujets de films pour faire des reportages dans le magazine *Perspectives*, pour lequel il travaillait. Il débarqua donc à Saint-Pierre pour trois jours, sans que je le sache. Dès son arrivée dans l'île, il se pointa sobre, au milieu de l'après-midi chez Joinville, d'où je venais de sortir complètement bourré. Trois heures plus tard, il en sortit bourré à son tour alors que, sans le croiser, je pris le relais, dégrisé et prêt à recommencer. Ce tour de passe-passe, d'abord involontaire, nous le poursuivîmes ensuite sciemment jusqu'au départ de Guy. Les Saint-Pierrais ne virent toujours qu'un Fournier et développèrent à son endroit une vénération qu'on réserve aux grands champions. Il devint leur *recordman*, leur « ivressomaître ». Il demeura, il paraît, un sujet d'émerveillement dont on parlait encore plusieurs années plus tard.

Le tournage du film devait commencer le 14 juillet, jour de grandes festivités pour les Saint-Pierrais. L'avion dans lequel devait voyager Georges Dufaux, le caméraman, ne put jamais décoller de Halifax à cause de la brume alors que, dans l'archipel, sans doute pour célébrer la prise de la Bastille, le brouillard s'était enfin levé. Des images de la fête nationale française étaient primordiales pour le film, il fallait absolument tourner. Ce fut mon baptême à la caméra, avec une Arriflex 35 mm que je décidai d'utiliser surtout à l'épaule, même si elle se portait très mal. Tourner ! je nageais dans le bonheur. Ce sentiment de parfaite symbiose avec la caméra ne me quittera plus jamais, ni le plaisir de tourner.

Quarante-six ans plus tard, lorsque de façon perverse on précipitera la fin de ma carrière, j'abandonnerai la caméra comme on se fait amputer d'un membre, je vivrai le même deuil, j'éprouverai les mêmes douleurs fantômes. Un pan de ma vie s'écroulera. J'avais d'abord rêvé d'être écrivain, mais c'est en écrivant des images avec les fabuleux appareils que j'ai utilisés et parfois contribué à concevoir que j'aurai été le plus heureux.

Mon séjour à l'Office national du film tirait à sa fin, mais je ne m'en doutais pas. Il y eut un premier incident, plutôt rigolo, lorsque Claude Jutra et moi nous rendîmes compte que nous étions les moins bien rémunérés de tous les réalisateurs. Depuis que nous avions joint l'institution, on ne nous avait jamais accordé d'augmentation, si bien que les réalisateurs les moins bien payés gagnaient déjà trois mille dollars par année de plus que nous. J'étais en bons termes avec le commissaire Guy Roberge. Je pris sur moi de mettre fin à cette anomalie ; elle avait aussi choqué Jutra, mais il me demanda de le représenter – ces histoires d'argent l'embêtaient beaucoup.

M. Roberge écoute mes revendications avec ce regard bigleux qui rend si flottante l'attention de l'interlocuteur, puis il s'informe :

— Avez-vous déjà réclamé des augmentations ?

Non, en effet, ni Claude ni moi n'avions demandé d'augmentations depuis que nous étions à l'Office.

— Je croyais que cela allait de soi, dis-je.

— Les autres en réclament, on leur en donne, vous n'avez qu'à faire de même, conclut le commissaire avec une logique implacable.

— Eh bien, nous souhaiterions être aussi bien payés que les autres.

— Sans problème, dit-il, j'envoie des ordres à la comptabilité.

Nos salaires firent immédiatement un bond considérable, nous ramenant, Claude et moi, au niveau de la moyenne des autres collègues.

C'était cependant loin d'être suffisant pour m'empêcher d'accepter des contrats d'écriture à la télévision. Le rythme d'escargot à l'Office national du film me laissait d'ailleurs tout le temps de remplir ces contrats qu'on me confiait à répétition. Pendant un an, j'écrirai trois demi-heures par semaine pour la télévision jeunesse, toute une cadence comparée à celle de l'Office !

Et ma vie avait changé.

Thérèse Arbic avait quitté New York ; nous étions revenus ensemble et avions décidé d'avoir un enfant. Mon premier mariage avait été un tel échec, j'eus envie de ne rien négliger pour que cette nouvelle union fonctionne et j'associai bêtement cette réussite à une vie et un confort parfaitement bourgeois. J'installai notre existence dans un grand appartement, à l'étage d'une maison de quatre logements, sur l'avenue Grey, à Westmount, je la remplis des plus luxueux meubles suédois de l'époque et, comme le goût de la vitesse m'avait repris, j'achetai une Jaguar Mark II, un fougueux moteur de 3,8 litres – six cylindres avec double arbre à cames en tête – sous une rutilante carrosserie argent. Comme j'étais resté handicapé à la suite de l'accident de voiture, les avocats avaient accepté une indemnité de vingt-cinq mille dollars, minime, puisqu'au moment de l'accident, j'étais écrivain et scénariste et que d'avoir désormais une jambe plus courte que l'autre ne m'affecterait pas le ciboulot. Avec ma légère claudication, j'allai immédiatement déposer cette somme à l'agence Jaguar en retour de cette Mark II dont l'intérieur sentait si bon le cuir et le bois de cerisier. Rachel, la mère de Claude Jutra, considéra que mon nouveau mode de vie – dont elle eût tant espéré qu'il déteignît un peu sur son fils – ne pouvait se passer d'un chien de grande race : elle me fit donc acheter un whippet, rejeton du champion américain toute catégorie du début des années soixante. Ce chien d'exposition, gris argent comme la Jaguar, eût valu une fortune, mais la monorchidie dont il souffrait le rendait inadmissible dans les compétitions. Avec son unique testicule, il convenait mieux à ma modeste bourse !

Puis, je louai, à Mont-Rolland, la magnifique maison de bois rond que venait de laisser Alain Grandbois, qui l'avait occupée durant plusieurs années. Thérèse devint rapidement enceinte. C'était la vie rêvée et pourtant. Est-ce que je savais ce qu'est le bonheur ? Je ne crois pas. Alors comment l'atteindre ?

Mes plus délicieux enchantements, quels étaient-ils ? N'étaient-ce pas ces matins où, levé à l'aube, je sortais, sans réveiller Thérèse, de cette maison de bois rond, sombre et entourée d'épinettes odorantes, suivi par le whippet que j'avais nommé Siné en l'honneur du célèbre caricaturiste français ? Je le laissais s'ébrouer quelques instants, puis il montait avec moi dans la Jaguar que je poussais à toute vitesse sur les routes tortueuses des Laurentides, alors qu'il n'y avait à peu près personne. Il arrivait que les bouts droits fussent assez longs pour des pointes au-delà de deux cents kilomètres heure. Dans les virages aigus, Siné se réfugiait sur le tapis, par terre, et profitait des accalmies pour reprendre sa place de passager sur le siège. Il fixait droit devant lui le paysage qui défilait à vive allure, haletant, les mâchoires entrouvertes dans une espèce de sourire, aussi grisé de vitesse que moi. Puis, nous nous arrêtions, je le laissais descendre, je l'attachais à une longue laisse que je passais par la vitre ouverte de la portière et je redémarrais, en le laissant courir à côté de la voiture ; lorsqu'il avait trouvé son rythme, j'accélérais jusqu'à cinquante kilomètres à l'heure et il courait à cette vitesse durant une ou deux minutes. Quel animal gracieux et puissant en dépit de son apparente fragilité. Dans les jardins de Villa Maria où je l'amenais courir lorsque nous revenions en ville, il lui est arrivé plusieurs fois de croquer un écureuil, coupé dans sa retraite vers un arbre par le surprenant sprint du whippet.

Ce chien que des voleurs me piqueront au bout de six ans aura quand même la vie plus longue que mon union avec Thérèse. Notre vie qui s'embourgeoisait, notre train-train confortable, tout donnait les apparences de la stabilité, et pourtant… quel château de cartes !

Thérèse venait de me donner une beauté de fille, Emmanuelle, pour qui j'eus sans doute toutes les attentions qui comptent le moins comme si le rapport le plus important pour les nouveau-nés n'était pas justement la manifestation de ce lien affectif qui les rattache à ceux qui leur ont donné le jour. Au baptême d'Emmanuelle, outre Robert Gadouas et Andrée Lachapelle, parrain et marraine, tous les amis étaient là, de Jutra, Brault et Aquin à Pierre Elliott Trudeau en passant par Gérard et Alec Pelletier, Michel Chartrand, Simonne, Gaston Miron (qui donnera plus tard le même prénom à sa fille). J'humectai les lèvres de ma fille de Dom Pérignon, un rituel dont j'étais naïvement certain qu'il lui assurerait à jamais la bonne fortune. Non, il faut bien davantage qu'une lampée de champagne pour assurer le bonheur éventuel des enfants, une conclusion à laquelle j'arriverai longtemps après, trop tard.

Thérèse recommença presque tout de suite à jouer à la télévision et partit bientôt en tournée avec Gratien Gélinas dans *Bousille et les Justes*. De mon côté, j'entrepris le tournage d'un autre film et c'est à une nurse, une étrangère, que fut confié d'agiter le berceau du petit enfant aux lèvres humectées du meilleur champagne au monde.

*
* *

La Lutte. Il y en a eu des choses colportées sur ce documentaire plutôt réussi et dont la paternité a sans vergogne été partagée en quatre. Ce sujet me tenait à cœur, depuis l'époque où, journaliste à *La Tribune*, je remplaçais parfois les chroniqueurs sportifs. Dès le premier match auquel j'assistai, je fus séduit par la simplicité de ce spectacle, moitié sport, moitié rite. Pas de problèmes métaphysiques, bons et méchants étaient tout de suite identifiables. Et cette démonstration de force physique (feinte ou réelle) plaisait aux Canadiens français, qui ont toujours mythifié leurs hercules : Jos Montferrand, Louis Cyr, Victor Delamarre, Yvon Robert, les frères Moquin, Johnny Rougeau. (René Lévesque ne sera-t-il pas lui-même impressionné, deux décennies plus tard, par Rougeau, qu'il choisira comme garde du corps et confident ?)

Mais le sujet ne passait pas. Mes supérieurs le trouvaient insignifiant et mes collègues ne connaissaient rien à la lutte. Jusqu'au moment où débarqua à l'Office pour quelques jours le réputé critique et sémiologue français Roland Barthes, lequel s'emballa pour mon projet, qui coïncidait tout à fait avec ses schèmes de pensée : une réflexion sur les mythes de la vie quotidienne axée sur la saveur humaine, cette saveur étant pour Barthes un élément beaucoup plus important que le savoir.

Cet imprimatur fit merveille. *La Lutte* devint instantanément le projet de l'heure. Du coup, tout le monde voulait y participer. Et c'était heureux, car la direction m'avait posé un obstacle de taille : on se trouvait à deux mois de la fin de l'année fiscale et l'argent de la production devait être obligatoirement dépensé avant cette date. Compte tenu qu'on mettait souvent un an à réaliser ce genre de film, ce fut la panique.

Le gros du tournage aurait lieu à l'occasion d'une grande soirée de lutte au Forum de Montréal : un combat de championnat opposant l'équipe d'Édouard Carpentier à une équipe de simili-Soviétiques. Ce soir-là, je convainquis tout le monde de tourner avec moi : Brault, Jutra, Wolf Koenig, Roman Kroitor, Down Owen. La « saveur » dont parlait Barthes était au rendez-vous. Dix mille personnes de tous les milieux qui n'auraient jamais eu les moyens de s'offrir le hockey ou la boxe, des petites gens qui avaient fait d'Édouard Carpentier une idole à qui l'on n'eût jamais reproché d'être un Français qui s'était incrusté. Le seul autre étranger aussi populaire que Carpentier, c'était Argentina Rocca, le lutteur volant, si agile qu'il pouvait appliquer des deux pieds un coup de savate au visage d'un adversaire et retomber sur ses pattes comme un chat. Cet Argentin – c'était un secret de polichinelle dans les milieux de la lutte – avait été particulièrement choyé par la nature, aussi les admiratrices se massaient-elles à la porte du vestiaire dans l'espoir d'entrapercevoir ce fabuleux zizi dont elles savaient qu'Argentina n'était pas avare. Les images que nous avions de ce magnifique instrument ont hélas disparu avec les chutes du film…

Huit semaines plus tard, comme je l'avais promis à Grant McLean, le film était terminé. Nous étions tous si enthousiastes que Michel Brault suggéra que nous accordions à tous le crédit de coréalisateurs, par ordre alphabétique : lui d'abord, qui avait tourné une partie des images, Marcel Carrière, qui n'avait fait que son métier de preneur de son, moi qui avais eu l'idée du film et l'avais mené du début à la fin, et finalement Jutra qui avait tourné quelques images et monté une des séquences. Comment à brûle-pourpoint résister à un tel élan de solidarité… ou d'angélisme ? Oui, j'ai ressenti un sentiment d'injustice, mais j'ai accepté.

Le film connut ensuite un certain retentissement dont se servirent les trois autres réalisateurs (!) beaucoup plus que moi. D'autant que, deux mois plus tard, je ne faisais plus partie du personnel de l'Office national du film.

Fernand Dansereau était devenu mon patron immédiat, Fernand dont les relations avec moi n'ont jamais été claires : un mélange de paternalisme et de condescendance, un plaisir évident d'avoir la main haute sur moi. J'en avais ras le bol d'écrire pour la télévision, je voulais me consacrer au cinéma, mais avec toutes mes obligations (plusieurs que je m'étais créées de toutes pièces !), j'allai tenir le raisonnement suivant à Fernand :

— En quatre ans à l'Office, j'ai réalisé quatre films ; je te proposerais donc de doubler mon salaire et moi, je m'engage à quadrupler ma production ; je sais qu'en y consacrant tout mon temps, je peux faire un film aux trois mois, vous en sortiriez encore gagnants.

Dansereau me regarda comme si je tombais de la planète Mars.

— J'ai peur, dit-il, que tu n'aies pas compris le système. Te rends-tu compte si chaque réalisateur faisait quatre films par an ?

— Les autres prendront le temps qu'ils veulent, rétorquai-je, moi, je préfère tourner des films que me tourner les pouces à la cafétéria en développant de grandes théories sur le cinéma ; ce n'est pas mon genre.

— Peut-être n'es-tu simplement pas le genre de l'Office.

— Que veux-tu dire ?

— Que si tu tiens fermement à cette façon de raisonner, tu ferais peut-être mieux de démissionner.

Dix minutes plus tard, je remettais ma lettre de démission que Dansereau accepta, je crois, avec un sentiment de satisfaction. Plutôt janséniste, cet ancien militant des Jeunesses étudiantes catholiques était un berger sans complaisance qui n'admettait pas de voir un mouton s'écarter du troupeau. Gare à la houlette !

J'avais décidé de ne pas rentrer dans le rang, je ne faisais plus partie du troupeau.

Ce jour-là, en revenant précipitamment chez moi dans ma belle Jaguar, je considérai comment les choses pouvaient changer vite. Deux ou trois semaines plus tôt, c'était l'euphorie, il y avait eu à l'Office un colloque où des cinéastes étrangers avaient été invités à tenir avec nous des états généraux du cinéma ; parmi eux se trouvaient François Truffaut (la nouvelle vague), Al Maysles (le cinéma direct) et D. Alan Pennebaker (qui s'était montré, à ma grande surprise, très impressionné par mon travail).

Jutra – il connaissait déjà bien Truffaut – m'avait demandé de le recevoir chez moi avec quelques autres cinéastes pour un cocktail. Je pris donc à bord Truffaut, Pennebaker et Jutra et leur fis faire jusque chez moi, dans la Jag, un trajet style Grand Prix de Monaco, dont Pennebaker et Truffaut se souviendront encore des années plus tard.

Je ne pus me retenir de raconter à Truffaut en quelle compagnie j'avais vu *Les Quatre Cents Coups*, au Paris Theatre de New York, avec Peggy Feurey, Farley Granger et Montgomery Clift ; nous avions tous été si impressionnés par ce film que nous en avions discuté jusque tard en soirée au Palm Court du Plaza. Clift était bouleversé par la spontanéité de Jean-Pierre Léaud, cette impression qu'il donnait d'improviser et, pour lui, Truffaut devait être un immense directeur d'acteur. Truffaut fut à son tour impressionné ; il considérait Clift comme un des meilleurs acteurs de sa génération.

Le lendemain, nous retrouverions Truffaut chez les Jutras, dans leur maison de campagne, à Boucherville, en face du fleuve. Les relations assez spéciales de Claude avec sa mère, le culte qu'elle lui vouait piquaient, c'était évident, la curiosité de Truffaut ; aussitôt qu'elle avait bu un peu, Rachel n'avait de cesse de répéter à tout le monde comment Claude était beau et génial, comment il avait bien fait de retirer le « s » insignifiant de son patronyme, tandis que le docteur Jutras, toujours mis avec élégance, allait, verre de whisky à la main, d'un invité à l'autre pour tempérer avec humour les débordements de sa femme sur leur fils. Cela se voyait, Truffaut flairait là un sujet de film qu'il n'approfondirait jamais, bien sûr, car il était trop parisien pour en apprécier toutes les facettes. La correspondance que Claude et lui ont échangée épisodiquement pendant plusieurs années n'est pas étrangère à la fascination de Truffaut pour cet univers familial particulier chez les Jutras, aux antipodes de ce que lui avait vécu, ayant quitté l'école à quatorze ans pour vivre de petits boulots et aboutir dans une maison de redressement avant d'être découvert par André Bazin et de commencer à rédiger des articles sur le cinéma, sa passion !

Je me souviens aussi du pincement au cœur que nous ressentions Claude et moi : Truffaut était plus jeune que nous et déjà célèbre dans le monde entier. Je rentrais chez moi, dans ma sublime Jaguar, après avoir remis ma démission du seul endroit au Canada où l'on pouvait justement s'adonner à la passion du cinéma.

Aussitôt que le bruit courut à la télévision que j'avais quitté l'Office, les offres de contrat se multiplièrent. Allais-je être à mon tour dévoré par ce dragon qui vomissait l'argent avec la médiocrité ? Cette vision de cauchemar me hantait alors que, dans les jardins de Villa Maria, derrière chez moi, je regardais gambader mon whippet qui s'immobilisa brusquement : il venait d'apercevoir un écureuil gris, dodu, descendu d'un arbre et attiré par un hêtre, à quelques mètres plus loin. J'eus beau le siffler, Siné n'en avait que pour sa proie ; il avança de quelques pas en sa direction, s'immobilisa de nouveau, l'écureuil ne l'avait pas encore vu, aussi folâtrait-il insouciant et, tant qu'il piquait son museau dans le gazon à la recherche de faines, le whippet ne broncha pas, mais tous ses muscles restaient contractés, prêts à exploser en bourrasque. Je sifflai de nouveau, l'écureuil redressa la tête, aperçut l'ennemi et jeta un regard rapide du côté de l'arbre dont il venait de descendre. Il choisit de fuir vers le hêtre. Cette indécision, cette fraction de seconde le perdit. Sa dernière image dut être la belle écorce lisse et cendrée de ce hêtre trop loin de quelques centimètres pour lui sauver la vie. Le chien lui avait rompu les os d'un coup de mâchoire, puis l'avait laissé retomber inerte sur la pelouse. Fier de lui, il revint vers moi, s'attendant sans doute à des félicitations, mais je me sentis soudainement plus d'affinités pour sa victime, cet écureuil à l'œil vif, au panache de cinéma, qui venait d'être congédié de la vie.

En entrant à la maison, la nurse m'annonça que je venais d'avoir un téléphone de New York ; elle avait noté le numéro mais n'avait pas bien compris le nom de la personne qui appelait, quelque chose comme « Baker ».

— Pennebaker ?

— Oui, peut-être.

Je rappelai, c'était bien Pennebaker.

— *I thought it was understood, you'd come and work with us, Claude*[8].

Entendu que j'irais travailler à New York ? Je crus rêver.

— *Are you afraid to leave the Film Board?*

— *No, of course not,* dis-je. *I've already resigned from the Board.*

— *Great! What are you waiting for? Come over! Let's talk*[9].

8. – Je croyais que c'était entendu, que tu venais travailler avec nous, Claude.

9. – Crains-tu de laisser l'Office du film ?
– Au contraire, j'ai déjà remis ma démission.
– Formidable, alors qu'est-ce que t'attends ? Arrive, qu'on discute !

Par la fenêtre, près du téléphone, on pouvait voir l'endroit où Siné avait disposé de l'écureuil. Je fus frappé tout à coup par une drôle de vision : Dansereau avait le museau plutôt pointu et l'œil sournois, il ressemblait un peu à un écureuil lui aussi. Mais sans panache.

*
* *

Pas le temps de signer de contrat avec Drew Associates, la filiale de Time-Life pour laquelle j'allais travailler, même pas le temps qu'on m'envoie un billet d'avion et surtout pas le temps de me préparer aux fureurs de la tornade domestique qui éclata – Thérèse arguait qu'elle avait laissé New York pour moi, venait de recommencer sa carrière ici et que maintenant c'était moi qui l'abandonnais – ni même le loisir d'avoir le trac : il fallait impérativement que je sois à Miami deux jours plus tard où, sous la direction de James Lipscomb, commençait le tournage d'un film sur le football collégial qui allait culminer en janvier, à l'*Orange Bowl.* Pennebaker, Richard Leacock et Al Maysles devaient en tourner les images, mais Maysles venait de quitter la société abruptement, donc on comptait sur moi pour le remplacer. Maysles, je l'avais connu au fameux séminaire Flaherty, j'avais admiré son travail, maintenant je le remplaçais : grosse commande !

Je descends de l'avion à Miami, il fait noir, humide, une étuve. Un chauffeur m'attend pour me conduire au motel où loge l'équipe. Réunion de production, on explique ce que l'on attend de nous pour le lendemain, alors que deux clubs s'affrontent en demi-finale. Le gagnant participera à la finale de l'*Orange Bowl.* Je n'aurai pas assez de temps pour me familiariser avec la caméra expérimentale développée par Drew Associates, alors on me confie de tourner des plans de coupe (à l'épaule évidemment) avec une Arriflex, caméra que je connais par cœur. Pourtant, je lorgne avec envie vers cette nouvelle caméra, conçue à partir d'une Auricon traditionnelle, mais que l'on a complètement modifiée :

le magasin de cent vingt mètres a été déplacé à l'arrière de la caméra pour faire contrepoids à un zoom Angenieux 12-120 mm sur lequel on a adapté un viseur tronqué afin que le corps de la caméra puisse reposer en grande partie sur l'épaule. Une courte crosse, vissée au socle de la caméra et posée dans une gaine de cuir rigide, portée en bandoulière, allégeait encore un peu le fardeau ; cette bandoulière, on le constatera plus tard, pouvait se transformer en garcette, devenir une arme utile, redoutable. L'alimentation de la caméra provenait de la conversion du courant direct d'une batterie de douze volts à un courant alternatif de cent vingt volts, à soixante hertz. Et, trait de génie, l'« ingénieur » Mitch Bogdanovitch avait imaginé se servir de la nouvelle montre-bracelet Acutron de Bulova dont le diapason, vibrant au soixantième de seconde, transmettait cette fréquence sur la bande lisse du magnétophone Nagra. Ainsi pour la première fois au monde, il devenait possible de synchroniser l'image et le son avec une caméra totalement indépendante du magnétophone. Voilà ce qui fut inventé à New York par Bogdanovitch, sous la direction de Pennebaker et Leacock : une véritable révolution qui attira plusieurs fois chez Drew Associates le célèbre ingénieur d'origine polonaise, Stefan Kudelski, l'inventeur du Nagra, médusé que Bogdanovitch, pas du tout ingénieur, lui, mais simple technicien de cafetières italiennes espresso, ait imaginé cette astuce d'enregistrer sur la bande les oscillations de la Bulova et permettre ainsi la synchronisation avec la caméra régulée, elle, par la fréquence du courant alternatif.

J'ai gardé en souvenir la Bulova Acutron qui régulait le Nagra avec lequel travaillaient mes preneurs de son du temps où je fus à New York. Il est amusant qu'une montre identique ait été déposée par les astronautes du premier voyage sur la lune, reposant ainsi pour l'éternité dans la mer de la Tranquillité. Inventée en 1960, cette Bulova était d'une précision phénoménale pour l'époque, elle ne variait pas plus que de deux secondes par jour.

Ce soir-là, on me demandera de dormir dans la chambre de Leacock. Tout ce que je savais de Ricky, c'était qu'il avait tourné *Louisiana Story* pour Flaherty, en 1948 ; déjà suffisant pour m'impressionner. Mais pour une raison que je ne m'expliquais pas, lui aussi semblait embarrassé par ma présence. J'avais du whisky, je lui en offris.

— *Single malt?* demanda-t-il.

— Existe-t-il quelque chose d'autre ?

— Enfin, s'exclama-t-il, quelqu'un qui sait boire !

Nous commençons à boire et je pose des questions. Presque jour pour jour, il est mon aîné de dix ans. Il est né à Londres, mais a grandi aux îles Canaries sur la bananeraie de son père. Renvoyé pensionnaire pour ses études en Grande-Bretagne, il essaie de décrire à ses camarades la vie sur une plantation et, pour mieux la leur faire comprendre, il tourne son premier film, à quatorze ans, un court métrage de dix minutes, *Canary Bananas.*

— *It told you all you need to know about growing bananas, but didn't give you the feeling of being there*[10].

La « sensation d'être là », voilà ce qui motivait Leacock lorsqu'il tournait et c'est pourquoi il s'était joint à Robert Drew, journaliste au magazine *Life.* Celui-ci avait convaincu Time Inc. d'investir dans une nouvelle forme de cinéma, du cinéma direct qui donnerait aux spectateurs justement la « sensation d'être là ».

Leacock parle de lui et de cinéma direct avec le même enthousiasme, la même énergie qu'un moulin tourne au vent. On approche trois heures du matin et ça n'arrête pas : les anecdotes sur Flaherty, ses expériences de photographe de guerre en Chine et en Birmanie, la révolution qu'entraînera cette nouvelle caméra qu'il a contribué à mettre au point.

C'est passionnant, mais je tombe de fatigue, lui aussi d'ailleurs, et nous devons être debout très tôt, je suggère que nous nous couchions.

Gêné, il m'explique qu'il avait espéré que ses histoires m'endorment le premier, car il ronfle comme une locomotive.

J'éclate de rire. Je comptais de mon côté sur le whisky pour le plonger dans le plus profond sommeil, moi aussi je ronfle.

Nous étions si fatigués l'un et l'autre, nos têtes coulèrent dans les oreillers et nos locomotives durent se mettre en marche à l'unisson, mais nous ne les entendîmes pas.

Je ne le savais pas, mais le tournage du lendemain serait déterminant pour mon avenir à Time-Life. Autant Pennebaker m'avait fait

10. – Ça racontait tout ce qu'on veut savoir sur la culture de la banane, mais on n'avait pas l'impression d'être sur place.

confiance les yeux fermés, autant Bob Drew attendait de visionner mes rushes.

Jim Lipscomb avait lui aussi été journaliste à *Life* ; ce film sur le football était son premier et il comptait énormément sur nous. C'est neuf ans plus tard, longtemps après notre aventure de Drew Associates, que Jim connaîtra son moment de gloire cinématographique avec *Blue Water, White Death*, un film sur les redoutables requins blancs dont il partage le crédit de réalisation avec Peter Gimbel. Le réputé Vincent Canby du *New York Times* en fit une critique élogieuse :

« *It also contains,* écrivit-il, *some of the most beautiful and (there is no other way to describe it accurately) breathtaking underwater footage I've ever seen – truly remarkable, free-swimming encounters by Mr. Gimbel and his associates with sharks gorging themselves on newly caught whales, with barracudas, with fat, pushy groupers, and, finally and triumphantly, with the great white sharks off the southern coast of Australia… it is so pure that it's as poetic as anything I've seen on the screen in a long, long time*[11]. »

Ce film, qui servit d'inspiration pour *Jaws*, Lipscomb en parlait déjà lorsque nous tournions celui sur le football. Il était l'ami de Peter Gimbel, héritier de la chaîne des magasins du même nom, qui avait résolu de dépenser toute sa fortune, s'il le fallait, pour satisfaire sa passion de la photographie sous-marine.

Après avoir remballé notre équipement, ce vendredi soir-là, quelques-uns d'entre nous décidèrent de passer le week-end à Nassau avant de rentrer à New York. Le prix de ce détour en avion serait absorbé par la société, alors pourquoi s'en priver ? La première année que je passerai chez Drew Associates, j'aurai toujours l'impression de vivre dans l'aisance : jamais question d'économiser de la pellicule, de lésiner sur les moyens et le confort. En retour, nous étions disponibles en tout

11. « Il y a dans ce film le plus magnifique (il n'existe même pas de mots pour le décrire précisément) tournage sous-marin que j'aie vu, c'est à couper le souffle – vraiment remarquables, ces plongées de M. Gimbel et de ses associés avec des requins qui se repaissent de baleines fraîchement capturées, avec des barracudas ou avec des mérous carnassiers et, finalement, ces rencontres triomphales avec les grands requins blancs au large de la côte du sud de l'Australie… c'est d'une telle pureté et d'une poésie comme je n'en ai pas vu à l'écran depuis très, très longtemps. »

temps, les vacances, les congés ne faisaient pas partie du vocabulaire, on en grappillait au hasard du calendrier de travail.

Comme ces deux jours à Nassau.

Leacock et Pennebaker avaient choisi le repos, ils trouvèrent un hôtel paisible sur une plage. Avec Peter Powell, un jeune géant de deux mètres – il avait une vingtaine d'années et commençait dans le métier –, je décidai plutôt de faire la fête.

Aussitôt descendu à Nassau, je louai une Austin Healey rouge; nous trouvâmes une auberge et, dès le début de l'après-midi, Peter et moi étions en route pour la plage Adelaide, au sud-ouest de l'île. À peine sortis de la ville, nous croisâmes deux filles sur la route. Même à bonne vitesse, on pouvait juger qu'elles justifiaient de faire marche arrière. Mon œil ne m'avait pas trompé, ces deux insulaires étaient assez magnifiques pour remercier le ciel de cette rencontre fortuite. Elles étaient insouciantes, n'avaient pas de but précis: elles iraient où nous allions! Comment ne pas les inviter à monter, même sans espace dans la voiture? Elles arrivèrent à s'insérer dans l'interstice entre les sièges et la capote abaissée du cabriolet. Leurs jambes repliées nous poussaient dans le dos, la chaleur parfumée de leurs corps irradiait jusqu'à nous, attisant des désirs prêts à s'embraser au moindre souffle. Le rétroviseur me renvoyait le joli visage souriant de l'une d'elles, dont les ailes du nez frémissaient dans le vent tiède qui débordait du pare-brise et plaquait de chaque côté de sa tête ses longs cheveux noirs – seule une mèche éparpillée continuait de battre dans son visage comme un oiseau qui n'arrive pas à rejoindre le vol des autres. Tandis que je l'observais à la dérobée, elle glissa son pied nu entre les deux sièges et le posa sur ma main tenant le levier de vitesse. Ce pied chaud, les orteils un peu moites qui se contractaient doucement sur mes doigts récapitulaient dans ma mémoire ces flambées de passion que la caresse la plus légère fait parfois exploser, annihilant toute espèce de résistance ou de raison. Par cet aiguillon filtrait dans mon corps une volupté inattendue, une lave brûlante qui paralysait mes facultés; je n'avais plus qu'un but: trouver une plage déserte. Quelques kilomètres plus loin, un petit chemin sur la gauche menait à la mer, que l'on apercevait derrière des dunes hérissées de longues herbes rêches qui tournaient le dos au vent du large. J'obliquai de ce côté.

C'était une plage immense, miraculeusement déserte.

— Si on se baignait, lança celle qui faisait les appels du pied.

Nous n'avions pas de maillots.

— Vous avez des slips ! dirent les filles. Nous irons comme ça nous aussi, mais vous les premiers !

L'instant d'après, Peter et moi étions à la mer. L'eau était sublime et ces bonnes femmes, quel coup de chance ! Nous plongeâmes comme deux dauphins heureux et, lorsque nous jetâmes un œil derrière, après un sprint de crawl, il n'y avait plus rien : la plage était déserte : disparue la Austin Healey, disparues les gonzesses. Au cas où ce ne serait pas qu'une blague, nous revenons en hâte sur le rivage, courons vers les dunes. Rien, à perte de vue. Nos vêtements, nos papiers, notre argent, tout était dans la voiture ; nous voilà à moitié nus et roulés dans la farine, vraiment deux pauvres cons qui faisaient confiance à la vie !

Depuis l'époque, les choses ont pu changer aux Bahamas, mais les chances de tomber sur un bon Samaritain pour deux auto-stoppeurs en slips et pieds nus demeurent encore, à mon avis, très minces. L'asphalte chauffé par le soleil disposant à la marche rapide, il ne nous fallut pas deux heures pour parcourir la quinzaine de kilomètres qui nous séparaient de Nassau et du poste de police où un flic, mâchant de la gomme, assis nonchalamment sur un muret de briques en bordure de l'entrée, se contenta de nous indiquer la porte d'un signe de tête ennuyé, alors que nous nous apprêtions à lui faire part de nos déboires.

Quelle contenance se donner lorsqu'on se retrouve dans le plus simple appareil, dans le hall d'un poste de police ? que les deux policiers de faction, les deux très noirs en costume très blanc, continuent, imperturbables, l'un à consulter les résultats des courses de lévriers dans le *Miami Herald*, en mâchouillant le chicot d'un havane éteint, l'autre à enfourner un taco dont la sauce rouge et grumeleuse dégouline dans le clavier de la machine à écrire devant lui sur son bureau ? Celui du havane avait relevé un instant les yeux vers nous lorsque nous étions entrés, mais il était tout de suite retourné à son journal. Une grosse horloge indiquait six heures moins cinq, ce qui me parût invraisemblable ; et pour cause ! le pendule était figé, elle ne fonctionnait pas.

— *Anybody home*[12]*?* hurla Peter en assénant sur le comptoir qui nous séparait des policiers un coup de poing qui souleva un sous-main recouvert d'une feuille de buvard verdâtre tout écornée, renversa un porte-timbres bancal et un pique-notes.

Le havane fit signe au taco de s'occuper de nous. La bouche encore pleine, ce dernier s'amena au comptoir d'un pas nonchalant en s'essuyant les mains avec une serviette de table qui n'était plus qu'une infecte boulette de papier.

— *Sir, what can I do for you*[13]*?* demanda-t-il en se curant les dents avec l'ongle de son auriculaire, qu'il avait laissé pousser pour mieux effectuer ces petits travaux, une griffe rose qui contrastait avec l'ébène du doigt.

Nous expliquons ce qui vient de nous arriver.

Il nous écoute distraitement, en psalmodiant des «*yes sir*», tandis qu'avec la plus grande minutie il poursuit son curage, glissant son ongle entre chacune de ses dents et recueillant avec le bout de sa langue, une spatule squameuse rouge cerise, les restes qu'il déloge et avale après les avoir ruminés quelques instants. Puis il se tourne vers le havane pour solliciter son avis.

— *Sir, did you say a red Austin Healey*[14]*?* demande ce dernier en essayant de rallumer un cigare tellement imprégné de salive que la flamme des allumettes en tire une vapeur nauséabonde.

— *Yes, a red Healey*[15]*!*

Il se lève et vient vers nous en expliquant que l'affaire sera facile – il n'y a pas plus de trois ou quatre de ces Austin Healey dans l'île –, puis il nous recommande d'aller faire le tour des rues du centre-ville, il est certain que nous y retrouverons la voiture.

Je sens que Peter, le géant à côté de moi, commence à bouillir. Il sourit énigmatiquement, tend la main au policier comme pour le remercier de ses précieux conseils, ce dernier présente la sienne, trop heureux d'avoir affaire à des plaignants si compréhensifs, Peter l'empoigne et la serre si violemment que le bonhomme se soulève sur la pointe des orteils pour réduire la pression.

---

12. – Y a quelqu'un?
13. – Monsieur, qu'est-ce que je peux faire pour vous?
14. – Monsieur, avez-vous parlé d'une Austin Healey rouge?
15. – Oui, rouge, justement.

En resserrant davantage l'étau, Peter explique qu'il n'est pas question que, pieds nus et en slips, nous ratissions Nassau à la recherche d'une voiture qu'on nous a volée en même temps que notre argent et nos papiers.

— *You must have patrol cars*[16]*?* demande Peter, toujours le sourire aux lèvres, mais dont la poigne de fer tord la main du flic dans un mouvement de broyage qui le fait grimacer de douleur.

— *Okay, okay, we'll go with you*[17], bredouille l'autre dans un effort désespéré pour venir en aide à son collègue. (Il ne pouvait quand même pas dégainer et tirer à bout portant sur quelqu'un qui ne faisait que serrer amicalement la pince de son supérieur.)

Cinq minutes plus tard, assis sur la banquette arrière d'une Jeep que conduisait le flic qui avait mangé les tacos – son haleine nauséabonde nous le rappelait chaque fois qu'il se tournait vers nous –, nous repérâmes la Austin Healey, garée de travers devant une maison de deux étages à plusieurs logements, en stuc décrépit jaune canari.

— *Right there*[18]*!* criâmes-nous en chœur au flic qui ne l'avait pas vue et passait tout droit.

En sautant de la Jeep avant même qu'elle s'immobilise, nous aperçûmes, descendant l'escalier de la maison jaune, un garçon dans la vingtaine qui se dirigeait vers le cabriolet, dont il faisait sauter la clef dans sa main. Le reste alla vite. Peter le saisit par le cou au moment où il allait prendre place derrière le volant, ayant enjambé la portière sans prendre le temps de l'ouvrir. La police de Nassau déteste sûrement attraper les criminels sur le fait, car comme Peter allait lui remettre le voyou, la Jeep avait disparu.

L'enquête allait être assez expéditive. Plutôt que de se laisser étouffer bêtement, le jeune homme nous conduisit au logement, à l'étage, où nos deux bonnes femmes séchèrent sur place en nous apercevant. Tout en retenant le garçon par le cou, Peter, déchaîné, flanqua une gifle retentissante à celle des filles qui se trouvait à portée de main, puis plaquant le type face contre terre, il l'immobilisa en lui plantant son genou dans les reins et en pressant de tout son poids.

16. – Vous devez bien avoir des autos-patrouille.
17. – Bon, d'accord, nous allons vous accompagner.
18. – Juste là !

Celle qui avait pris la claque et dont le nez commençait à saigner disparut dans une chambre à côté et revint bientôt avec nos vêtements et nos portefeuilles, dont Peter me demanda de vérifier le contenu. Dans le sien, tout était intact, dans le mien, il manquait vingt dollars.

— *Where's that money*[19]*?* grogna Peter.

Je lui dis de laisser tomber, mais il ne voulut rien entendre. Il resserra si violemment sa prise de bras que le garçon épinglé par terre, au bord de la syncope, implora qu'on prenne l'argent dans ses poches.

Mais il manquait encore nos godasses.

Celle qui avait été épargnée jusque-là expliqua qu'elles étaient restées dans l'auto.

— *Go get them*[20], ordonna Peter qui se releva pour commencer de s'habiller tandis que le garçon, se dressant sur son séant, essayait de récupérer discrètement ce qui était tombé de ses poches tournées à l'envers, pas grand-chose : quelques billets, de la menue monnaie, un peigne et une médaille de la Sainte Vierge.

La fille revint avec nos souliers et nos chaussettes qu'elle déposa judicieusement par terre, chaque paire devant la bonne personne. Il faut le dire, il y avait peu de chance qu'elle se trompât, les chaussures de Peter faisant deux fois la taille des miennes.

Mais Peter était encore enragé, prêt à mordre. Je l'entraînai dehors en l'agrippant par sa manche de chemise comme on tire sur la laisse d'un molosse récalcitrant.

C'était l'heure de dîner.

Les guides touristiques étaient unanimes, le meilleur restaurant, c'était le Cafe Johnny Canoe, à Cable Beach, cuisine typique et, par surcroît, un endroit historique. Il est vrai qu'après deux ou trois *gumbay smash* (cocktail vulnéraire de rhum brun, de rhum à la noix de coco, de Cointreau, de jus de lime et d'ananas) il devenait possible, en les gardant constamment noyés dans le vin, d'avaler les plats insignifiants qu'on y servait : un potage de conques avec leur sable fin, des poissons anonymes et panés, desséchés comme des moines faméliques dans leur froc de bure avec, en accompagnement, un

19. – Où est l'argent ?
20. – Va les chercher.

chapelet de petits pois vert fluo, et cela arrivait tiédasse, sortant d'une cuisine aux émanations saumâtres que la palmeraie nous en séparant ne parvenait pas à filtrer, servi par des garçons en smokings blancs et au regard vide qui posaient les assiettes devant les convives avec un détachement voisin de l'anesthésie.

Après les péripéties de l'après-midi et ce dîner lamentable au Johnny Canoe, Peter décida qu'il en avait soupé de Nassau et qu'il préférait rentrer à l'hôtel. Je l'y déposai, mais je n'aurais pas la sagesse de rentrer moi aussi, car comme il est arrivé à plusieurs moments de ma vie, des courants souterrains, troublants, montent subitement en moi, une crue irrésistible, des torrents dont les crêtes déferlantes déracinent toute raison, engloutissent toute prudence, toute retenue et me plongent dans un abîme où les excès ne peuvent jamais atteindre de trop-plein. L'appétit sexuel devient tyrannique, il me mène par le bout du nez, me lance tête baissée dans d'incroyables témérités, ouvrant la porte à la déraison, aux sottises, aux énormités

C'est poussé par ces démons que je me mis à patrouiller dans Nassau : il était déjà tard, on n'était pas en saison touristique, il n'y avait presque plus personne dans les rues et, mauvais présage pour de telles recherches, il se trouvait des églises chrétiennes partout, baptistes, catholiques, anglicanes, méthodistes, une sur chaque rue quand ce n'était pas deux.

Je fis quelques allers-retours sur Bay Street, le long des quais, pour ne croiser que d'honnêtes gens qui rentraient chez eux ; j'obliquai finalement vers le sud sur Blue Hill Road et, au moment où j'allais capituler et revenir bredouille à l'hôtel, de la musique raviva mon espoir : elle provenait du bar Santa Maria, évidemment baptisé ainsi en l'honneur de Christophe Colomb, dont on dit que le premier bout de terre qu'il aperçut en 1492 était justement une île de l'archipel des Bahamas. Je me garai à côté de la seule voiture devant le Santa Maria, où je comptais trouver un ange pour mater le démon qui s'était emparé de moi et dont les mœurs ne risquaient pas d'être adoucies par l'inclassable musique qu'arrachait à un piano délabré un Noir aux doigts noueux et arthritiques, accompagné par un clarinettiste café au lait, et bourré, qui salivait tant dans le bec de son instrument que la musique s'en écoulait en trémolos continus, glissant sur le mince filet de bave qui suintait du pavillon et formait une flaque par terre.

Heureusement, il n'y avait personne pour écouter : l'unique cliente, une vieille mémé qui devait être la femme d'un des musiciens, dormait à une table, couverte de bouteilles de bière vides. Le barman, affairé à l'inventaire de ses stocks, sembla plus surpris que moi de me trouver là. Il me contemplait d'un air hébété, convaincu que j'allais tourner les talons. Comment aurait-il pu soupçonner que je le voyais comme un phare pouvant m'orienter dans ma détresse et que je n'avais rien de plus pressé que de faire le point avec lui ?

L'ardoise derrière le bar annonçait le cocktail du jour : un *Bahama Hot Mama #1*. Je n'avais aucune idée de quoi pouvait être composé le *Hot Mama*, mais cela permettrait au moins d'orienter la conversation avec le barman sur la question qui me préoccupait.

— *Not easy to find hot mamas around here*[21], lui dis-je en prenant la première gorgée de la boisson qu'il avait longuement secouée dans le shaker, ajoutant un peu de punch au rythme de la musique.

Il ne comprit pas tout de suite mon allusion.

— *Hot mamas*, dus-je répéter avec un clin d'œil.

— *You mean…*

Et il dessina discrètement la silhouette d'un corps de femme avec ses mains.

Enfin !

Il se pencha vers moi pour m'expliquer à l'oreille que la vieille dame qui dormait à sa table avait déjà été une *hot mama…* (il y a un siècle !) mais qu'elle s'était rangée et avait épousé le clarinettiste.

— *Hot mamas, hot mamas…* marmotta-t-il ensuite comme une prière qui avait, semble-t-il, peu de chances d'être exaucée.

Il s'informa si je m'étais rendu sur telle ou telle rue, énumérant des noms qui ne me disaient rien.

J'avais parcouru les rues du bas de la ville, jusqu'à Montagu Bay.

Il hocha la tête. De toute évidence, j'avais mal orienté mes recherches.

Je lui commandai un deuxième cocktail en lui donnant un pourboire qui ne laissait aucun doute sur la générosité dont je pourrais faire preuve le cas échéant. Son visage s'éclaira subitement.

— *I call a friend*[22].

---

21. – Pas facile de trouver des p'tites mères dans le coin.
22. – J'appelle un copain.

Je n'entendis pas sa conversation, mais il revint, l'air contrarié : il avait essayé de joindre cet ami dont la nièce... mais il n'était pas encore rentré et, avec sa femme qui avait répondu au téléphone, il n'aurait pas été séant d'aborder pareil sujet.

Il déplia un plan de l'île sur le comptoir et souligna avec un crayon des rues que je devrais explorer, du côté de Sandyport. Le bar restait ouvert encore au moins une heure et si je ne trouvais rien, il me demanda de revenir, il essaierait encore d'appeler cet ami. Il m'indiqua un raccourci pour Sandyport et je lui glissai un autre billet.

En me voyant sortir, les deux musiciens arrêtèrent de jouer, le clarinettiste poussa vers moi du bout du pied l'étui de son instrument dans lequel je laissai tomber un billet, je n'allais pas lésiner avec les camarades de celui qui cherchait à me rendre service.

Je ratissai tout le secteur de Sandyport, des rues à peine éclairées, des ruelles sablonneuses où la Healey réveillait des chiens que je ne voyais pas, mais qui se mettaient à hurler et à s'agiter – je les entendais courir et se cabrer au bout de leur chaîne, retourner sur leurs pas et s'élancer de nouveau en s'enrageant. Des lumières s'allumaient ici ou là et des gens gueulaient contre les bêtes, ajoutant au tintamarre. Les quelques filles que je croisai, en me voyant ralentir près d'elles, se sauvèrent comme des gazelles poursuivies par un tigre, faisant monter encore d'un cran le concert des clebs.

Je ne mis pas de temps à rappliquer au Santa Maria. Bien loin d'apaiser la véhémence de mon appétit, cette quête ridicule, effrénée, ne l'avait qu'exacerbé. Les musiciens avaient plié bagages, mais la vieille dame dormait toujours, la tête contre la table de bois où le barman ramassait les bouteilles vides. Il m'expliqua qu'elle dessoûlerait dans le courant de la nuit, laverait le plancher de l'établissement et remonterait se coucher dans le petit logis qu'elle partageait avec le clarinettiste, au-dessus du bar. Pour qu'il ne s'imagine pas que mon ardeur s'était refroidie, je lui demandai s'il ne pouvait pas rappeler son ami.

Il hésitait, il était presque minuit. Je sortis mon portefeuille en me contentant d'en caresser le cuir, le geste mit immédiatement fin à ses hésitations.

Je ne compris pas un mot au baragouinage du barman, mais il raccrocha rapidement et je me dis aussitôt que c'était foutu. L'air grave, il ouvrit deux bières, une pour lui, l'autre pour moi, un prix de consolation, je présumai, mais éclatant d'un rire saccadé comme une quinte de toux et levant sa bière pour proposer un toast, il m'annonça que j'avais beaucoup de chance : son ami acceptait de me conduire à sa nièce, une belle fille et attention ! pas une dévergondée, mais une bonne travailleuse, accorte, docile, un véritable bijou... qui avait son prix.

— *How much*[23] ? demandai-je en sachant que ce ne pouvait pas être la lune.

Il n'en avait aucune idée, je m'arrangerais avec son ami, Jake, plutôt une connaissance, tint-il à préciser, sans doute pour se distancer du crime qui allait être commis, mais il m'assura tout de suite que ce Jake était quelqu'un de raisonnable.

Sur le plan de l'île qu'il m'avait donné, il traça un X à l'endroit où m'attendrait le bonhomme d'ici une vingtaine de minutes, une petite place avec une fontaine, dans la partie ancienne de Nassau, juste passé le pont qui traverse à Paradise Island. Il quittait le bar lui aussi, il n'allait pas dans cette direction, mais je le suivrais jusqu'à un point d'où je n'aurais aucune difficulté à retrouver la placette.

Je faillis bêtement lui demander comment je pouvais le remercier, comme s'il pouvait y avoir un doute ! Est-ce que vingt dollars ? À voir son visage s'illuminer, c'était clair, j'étais allé fort, eh bien soit !

— On y va ! dis-je en calant le reste de ma bière.

Il vida le tiroir-caisse dans un sac de papier brun qu'il fourra dans sa poche, se plaignit des maigres recettes pour un samedi soir et me remercia d'un sourire, heureusement qu'il y avait eu ma contribution.

Il fut tellement impressionné quand il vit la Austin Healey que je sentis passer dans ses yeux le regret de n'avoir pas exigé plus pour ses services.

Trois rues plus loin, il ralentit sa vieille Chevrolet rongée par le sel de mer et me fit signe de tourner à droite. Je le remerciai d'un grand geste amical et me dirigeai vers la place en question, où je ne vis personne. Moteur et phares éteints, je me calai dans mon siège pour attendre ; le barman avait parlé d'une vingtaine de minutes et l'on n'y était pas encore. Tous ces efforts déployés, ce temps perdu, cette

23. – Combien ?

pensée traversa mon esprit pour en être aussitôt chassée par un regain d'excitation provoqué par le bruit des pas qui approchaient derrière moi et l'imminence d'un dénouement.

La place était mal éclairée et le visage de l'homme qui venait vers moi était si noir, je ne distinguais que ses vêtements, une chemise à fleurs et un bermuda clair qui donnait l'impression que des souliers, clairs aussi, avançaient au même rythme, mais sans être reliés à celui qui les portait.

— *Aha, it's you!* fit l'homme comme s'il me connaissait.

— *Jake?* balbutiai-je.

— *Yeah, it's Jake allright*[24], répondit-il en s'accoudant contre le pare-brise et en approchant son visage du mien, pour que je le voie mieux ; je ne distinguais que deux rangées de dents blanches d'où filtrait une haleine répugnante à laquelle j'essayai d'échapper en me reculant sur mon siège.

— *We know each other*[25], dit-il en riant et en m'empestant de son souffle.

Comment l'aurais-je connu ? bien que je l'eusse dû, semblait-il.

Il s'éloigna d'un pas, je pus respirer, puis il m'expliqua que c'était lui qui nous avait conduits jusqu'à cette auto qu'on nous avait piquée, hier après-midi.

L'espace d'une seconde, j'imaginai dans ce pays si religieux une machination entre, par exemple, barmans et policiers pour éliminer cette vermine qui chasse désespérément des putes, mais la bonhomie du type qui fit le tour de l'auto pour venir s'asseoir près de moi me ramena vite à la raison, y a-t-il mieux placé en effet que les flics et les chauffeurs de taxi pour devenir entremetteurs ?

— *So, you want to have some fun*[26]*!* s'exclama-t-il sur un ton amical et déplaisant.

Je répondis par quelques onomatopées.

Ce « fun » était disponible pour la modique somme de cent dollars, tout compris, il s'occuperait lui-même de récompenser sa nièce, une beauté,

24. – Oui, je suis bien Jake.
25. – On se connaît.
26. – Alors, tu veux t'amuser un peu !

m'assurait-il, dont ce n'était pas le métier, mais qui, pour aider sa famille, offrait occasionnellement ce service à des touristes triés sur le volet. Ce tri, c'est lui, son oncle, qui le faisait, car son travail de policier avait beaucoup affiné son jugement : un simple coup d'œil lui suffisait pour séparer l'ivraie du bon grain, et dès que nous étions entrés au poste de police, hier, il avait tout de suite estimé que j'étais brave et civilisé, pas une brute comme celui qui m'accompagnait et qui avait malmené son collègue.

Prudent, il demanda à être payé avant de me conduire chez sa nièce ; elle habitait avec sa famille une bicoque dans une impasse étroite et sombre où il n'y avait que cela, des bicoques, près du lac Killarney, cette vaste étendue d'eau bordée de savanes, presque en plein centre de l'île New Providence. Il me demanda d'arrêter un peu avant chez elle et, pour ne pas réveiller la rue, d'éteindre mon moteur, je m'étonnai qu'on puisse l'entendre à travers la stridulation assourdissante des grillons et le concert des grenouilles, mais enfin ! Il m'expliqua que sa nièce viendrait me trouver là et que je devrais l'y ramener ; il habitait cette maison devant laquelle nous nous trouvions et il l'attendrait, cela ne devait pas dépasser l'heure, à moins de renégocier. D'accord, sur tout !

Il disparut dans la nuit.

Au moment où j'étais en train de me convaincre que je m'étais fait avoir, j'entendis le glissement indécis d'espadrilles sur le gravier fin de la rue, puis une fille rondelette sortit de l'ombre, dans la vingtaine peut-être, boudinée dans une robe de cotonnade qui tiraillait de partout pour contenir son derrière rebondi et le ballottement de ses seins dont les mamelons érigés trouaient presque le corsage, elle portait dans un grand sac en bandoulière ce qui, je le constaterai bientôt, était son viatique : un rouleau de torche-cul, un fond de bouteille de rhum et une couverture de flanelle, car j'allais l'apprendre aussi, elle refusait de travailler dans une auto, la Healey ne se prêtait pas de toute manière à de telles acrobaties, et elle ne voulait pas aller dans un hôtel, d'ailleurs comment passer la réception avec pareille clandestine (ses belles rondeurs mouvantes, laquées noir, et son troublant parfum de musc qui embauma l'auto dès qu'elle y prit place) ?

Elle me fit part de ses conditions tandis que je sortais de l'impasse en marche arrière et suggéra que nous allions dans la nature, à un endroit qu'elle m'indiquerait.

À quelques minutes de chez elle, nous obliquâmes sur une piste de sable, bordée de phragmites qui balançaient doucement leurs épillets, jusqu'à une clairière d'herbes courtes et rugueuses découvrant le lac Killarney, dont les ondulations étincelaient comme du mica, malgré le ciel sans lune.

— *Park here*[27]*!* ordonna-t-elle gentiment.

Elle descendit de l'auto la première, sortit la couverture de son sac, l'étendit précautionneusement par terre et commença de retirer sa robe; je souris, on imaginait en noir et blanc la Victorine du *Déjeuner sur l'herbe* de Manet. Elle s'assit langoureusement, prête, dit-elle, à tout ce qui me plairait, eh bien soit, tout!

Mon corps trop blanc qui tranchait tant sur le sien la mit en gaieté, elle éclata d'un rire enfantin au contraste de ma main qu'elle plaqua contre son ventre de jais pour la guider ensuite vers sa chatte, un triangle de crins en broussaille; elle cajola ensuite mon sexe comme une fillette joue avec sa Barbie, puis, après l'avoir lotionné de rhum, en guise de désinfectant, elle s'ingénia à lui plaire avec sa bouche avant de l'introduire, tête première, entre ses jambes humectées de rhum aussi.

Depuis un mois, je vivais comme un prince.

J'avais finalement négocié mon contrat avec Jack London, l'avocat de Time-Life, c'est-à-dire que j'avais accepté ce qu'il m'offrait – tous le surnommaient «Black Jack» London –, j'avais obtenu mon permis de travail instantanément et, comme je n'avais pas le temps de chercher un endroit où habiter, on me logeait à l'hôtel Algonquin, sur la 44e Rue Ouest, à mi-chemin entre les studios de Drew Associates et nos somptueux bureaux de cinéastes, où nous n'allions presque jamais, au vingt-cinquième étage de l'édifice Time, sur la 6e Avenue. (L'Algonquin se trouvait à deux pas, non seulement de *Time*, mais aussi du *New Yorker* et du *New York Times.*)

Je vivrai plus de trois mois dans cet hôtel historique où se sont retrouvés depuis 1902 acteurs, écrivains et journalistes célèbres, dont le groupe de la Table ronde, formé en 1919 à l'Algonquin, et qui réunissait entre autres Robert Benchley, le rédacteur en chef de *Vanity Fair*, le

27. – Gare-toi là!

caricaturiste du *New Yorker* James Thurber, dont les originaux décoraient les murs, et la critique et poétesse Dorothy Parker, qui tenta trois fois de se suicider durant les quelques années où elle habita l'hôtel. Elle était maintenant sexagénaire et alcoolique, mais rayonnant toujours de l'aura du mouvement littéraire moderniste américain ; je la vis plusieurs fois dans le bar, cheveux courts et yeux vifs, à l'abri de ses élégants chapeaux, alors que revenue de Hollywood, elle s'était de nouveau établie dans Manhattan et avait recommencé à fréquenter l'historique Oak Room.

C'est là que j'eus l'occasion de connaître Mary McCarthy et Leonard Bernstein, que je me liai d'amitié avec l'acteur britannique Paul Scofield, qui habitait comme moi l'Algonquin ; il venait de reprendre sur Broadway le rôle de sir Thomas More qu'il avait créé à Londres dans la pièce *A Man for All Seasons* de Robert Bolt, pour lequel on lui décernera le Tony Award du meilleur acteur. Et c'est dans le Oak Room qu'avec Leacock et Pennebaker nous passions des heures à boire et discuter de cinéma, Leacock le théoricien un peu flemmard, Pennebaker, ingénieur de formation, intarissable sur l'avance technique que nous avions pris autant sur l'Office national du film que sur le cercle de Jean Rouch, dont Michel Brault faisait partie, ces derniers se targuant d'inventer le cinéma-vérité alors que les véritables initiateurs de ce cinéma se trouvaient à New York. N'étions-nous pas les plus forts ? Nous, les sociétaires de Drew Associates, en étions convaincus. D'autant que Bob Drew avait persuadé Time Inc. de produire la plus importante série de grands documentaires de tous les temps, une série révolutionnaire qui donnerait l'occasion à la société fondée par Henry Luce de faire une entrée fulgurante dans l'univers de la télévision américaine, alors contrôlée par trois chaînes nationales, CBS, NBC et ABC, une série dont l'attrait serait tel que, pour en obtenir la diffusion, l'une ou l'autre des chaînes pourrait être amenée à céder une partie de son actionnariat à Time Inc. Drew Associates avaient déjà tourné *Primary*, la montée politique de Jack Kennedy, et *Eddie Sachs*, un film stupéfiant sur ce coureur automobile qui rate la victoire de justesse aux 500 milles d'Indianapolis. Et nous allions commencer – cette fois je serais dans le coup comme cinéaste – un film sur le premier concours international de piano Dimitri Mitropoulos, dont la finale avait lieu au Metropolitan Opera, alors sur Broadway, à l'angle de la 39e Rue.

Voilà le milieu effervescent dans lequel je vivais désormais. Il ne restait pas beaucoup de place sur cette nouvelle planète pour ma femme, restée à Montréal avec ma fille; je revenais les voir à l'occasion, mais je n'arrivais pas à surmonter d'incompréhensibles réticences à les emmener vivre avec moi aux États-Unis. Et, curieuse fatalité, au moment précis où j'allais profiter d'un long week-end pour venir à Montréal discuter de cette épineuse question, un visiteur inattendu, une créature quasi microscopique, mais qui gratte terriblement m'en empêcha, souvenir de ma déesse noire des savanes.

Je ne vins pas à Montréal, eh, eh! je n'allais pas y faire migrer un parasite qui avait résisté au rhum...

Cet indésirable des régions triangulaires du corps humain eût certes été fier comme un pou de se savoir en partie responsable du tournant inattendu qu'allait bientôt prendre ma vie sentimentale, mais pour le moment je devais m'assurer qu'il n'infiltrât pas les cercles littéraires du sélect hôtel que j'habitais.

*
* *

Curieusement, les organisateurs du premier concours international Dimitri Mitropoulos avaient choisi décembre 1961, une semaine avant Noël, pour la finale de cet événement à la mémoire du célèbre musicien, ancien chef du Philharmonique de New York, foudroyé un an auparavant par une crise cardiaque durant une répétition de la *Troisième Symphonie* de Mahler à la Scala de Milan. Il faut dire que la bourse de cinq mille dollars et la promesse d'un contrat avec l'imprésario Sol Hurok constitueraient de belles étrennes pour le gagnant : c'était le double du montant que venait d'empocher Van Cliburn, à Moscou, au dernier concours Tchaïkovski.

Trente-deux pianistes de quinze pays participèrent au concours et nous filmerions la finale, qui opposait Susan Starr à Agustin Anievas ; leur sort serait décidé par un impressionnant jury sur lequel on retrouvait le maestro Leopold Stokowski et cinq éminents pianistes dont Artur Rubinstein. Les finalistes seraient accompagnés par le Philharmonique dirigé par Leonard Bernstein.

Pennebaker et moi allions suivre les finalistes durant les derniers jours avant la compétition, Leacock et Bill Ray se joindraient ensuite à nous pour tourner au Metropolitan la finale, une soirée de gala présidée par Adlai Stevenson, l'ambassadeur des États-Unis aux Nations unies.

Séniorité oblige, Pennebaker avait eu le choix des concurrents et il avait décidé de s'attacher à la favorite, Susan Starr, dans la vingtaine, Américaine d'origine juive, qui avait fait ses débuts avec l'orchestre de Philadelphie alors qu'elle n'avait encore que six ans, la première fois qu'une soliste aussi jeune se produisait avec un orchestre de cette envergure.

Cette petite bonne femme aux cheveux de jais et aux yeux gris, énergique et ambitieuse, poussée depuis toujours par sa mère, une véritable dynamo, paraissait invincible tandis que « mon » candidat, Agustin Anievas, un New-Yorkais d'origine espagnole, étudiait encore à Juilliard et avait dû se contenter du dixième rang, un an auparavant, au concours musical international Reine Élisabeth de Belgique, à Bruxelles. Il n'avait pas la sensibilité de Starr, c'était un forcené du piano, un brillant technicien, enclin à succomber à l'attrait de la virtuosité, bref il terminerait sans doute deuxième et c'est à moi, deuxième violon chez Drew, qu'on confiait de le suivre.

Une Noire absolument sublime, une beauté éblouissante, Pat Isaacs, que tous convoitaient et personne plus avidement que Ricky Leacock, serait mon ingénieur du son durant ces trois jours de tournage, qui furent précédés d'une nuit d'insomnie et de trac fou. Je quittai ma chambre de l'Algonquin en pleine nuit pour revenir aux studios de la 43e Rue, obsédé par l'idée de ne plus savoir comment filmer, d'être incapable de manipuler la nouvelle caméra ; je n'avais jamais suivi de formation technique, les principes de la photographie, je les avais glanés de bric et de broc, j'en étais en partie redevable à Michel Brault, mais ce que ce dernier aimait à partager, c'étaient les grands principes d'éclairage et de composition de l'image, pas les détails techniques d'utilisation des caméras. Et cette nouvelle caméra, elle lui eût été aussi étrangère qu'à moi.

Je passai la nuit à me familiariser avec l'appareil, à embobiner le film dans le mécanisme jusqu'à savoir le faire les yeux fermés, à charger les magasins, à m'habituer à la mise au point, car la seule façon avec ce zoom Angenieux était de vérifier la mise au point sur un petit disque de verre dépoli au centre de l'objectif ramené à sa plus longue focale. Je m'entraînai aussi à contrôler à l'aveugle la course des bagues de l'objectif pour régler la distance et l'ouverture. Jamais je n'avais éprouvé pareil stress ; j'étais arrivé à Radio-Canada comme journaliste, j'avais de l'expérience ; puis, à l'Office national du film comme scénariste, le métier ne m'était pas inconnu, mais caméraman, directeur photo, ces métiers qui m'intéressaient maintenant par-dessus tout et pour lesquels je m'étais retrouvé à New York restaient une brousse à travers laquelle je commençais à trouver ma voie à coups de machette.

Tout l'équipement dont nous avions besoin pour une journée de tournage, nous le transportions avec nous, Pat Isaacs et moi : la caméra, le Nagra et une vingtaine de boîtes de pellicule de cent vingt mètres, de quoi tourner près de quatre heures. Durant ces journées maussades et froides dans Manhattan, nous étions deux mulets qui tentions de héler des taxis pour nous transporter d'un lieu de tournage à l'autre, taxis dont les chauffeurs feignaient de ne pas nous voir ou qui, lorsqu'ils s'arrêtaient, renâclaient tout au long de la course, nos généreux pourboires n'arrivant même pas à réveiller chez eux la moindre courtoisie: ils restaient indifférents à nos difficultés à entrer ou à sortir de leur véhicule avec notre bataclan.

Premier arrêt au petit appartement qu'Anievas et sa femme partageaient près de l'Université Columbia, premier contact avec ce jeune couple peu fortuné dont une victoire au concours Dimitri Mitropoulos changerait le cours de la vie. Agustin n'avait pas encore connu de véritables succès dans les concours internationaux, il demeurait étonné de se retrouver en finale de celui-ci, mais restait conscient que terminer deuxième ne lui ouvrirait aucune porte, il se retrouverait petit professeur de piano, lui qui rêvait d'une carrière de soliste. Et à qui se mesurait-il ? À une rivale qui fut une enfant prodige, à qui Rudolf Serkin enseignait toujours, qui était pistonnée par une coterie juive dans un concours organisé justement par la division féminine de la Federation of Jewish Philanthropies de New York, et dont la mère était le prototype même de la « mère juive ». Issu de parents mexicain et espagnol, Anievas avait si peu de chances de l'emporter que sa femme, moins ambitieuse que lui, remerciait déjà le ciel de l'avoir mené jusque-là.

Pat et moi, qui le filmâmes pendant d'interminables répétitions de la rhapsodie de Rachmaninoff sur un thème de Paganini qu'il allait jouer en finale, commençâmes cependant à croire au miracle. Nous n'étions pas des connaisseurs, mais la dextérité fabuleuse d'Agustin, l'agilité de ses doigts dont les battements rapides semblaient garder ses mains en suspension sur le clavier, comme les colibris en plein vol s'immobilisent au-dessus des fleurs, le plaisir qu'il éprouvait à nous éblouir nous le rendirent tout de suite très sympathique. À la fin de la première journée de tournage, Pat Isaacs s'était carrément écroulée sous le piano d'Anievas, elle n'en pouvait plus, nous l'avions filmé chez lui, au restaurant où il était allé prendre une bouchée avec sa femme, à Juilliard où ses professeurs lui prodiguèrent leurs conseils, surtout celui de ne pas se laisser emporter par sa prodigieuse virtuosité.

Pennebaker tournait autant que nous, mais des scènes plus dramatiques alors que Susan Starr, talonnée par sa mère en proie à une excitation fiévreuse que n'arrivait pas à tempérer Rudolf Serkin – n'avait-il pas lui-même commencé à se produire en concert à douze ans ? – était au bord de la crise de nerfs : elle éclatait en sanglots à tout moment, elle ne gardait rien de ce qu'elle mangeait, elle était à fleur de peau.

Ces deux pianistes rivaux jouaient leur carrière, mais Susan Starr semblait aussi jouer son âme, ce qui faisait dire à Pennebaker qu'avec un Rubinstein sur le jury – il était juif aussi et proclamait qu'un pianiste devait avant tout jouer avec son cœur –, il n'y avait pas de chance que Starr ne gagnât pas.

D'ailleurs, le soir de la finale, après la prestation de Starr, Leonard Bernstein, que je connaissais assez bien à cause de l'Algonquin, m'avait du podium fait un signe discret d'intelligence pour m'indiquer que je n'avais pas suivi le bon candidat, que la jeune pianiste avait joué superbement et rallierait le jury.

Eh bien non, l'invraisemblable se produisit : c'est Anievas, mon poulin, qui l'emporta sur Susan Starr, dont la mère, en coulisses, se laissa aller à une crise de rage comme si on venait de lui ouvrir les entrailles pour assassiner son enfant. Le jury avait opté pour l'incroyable virtuosité d'Anievas. Pennebaker aussi était déçu et moi, ravi d'avoir tourné les images d'un gagnant.

Hélas, les deux protagonistes de ce film ne connurent jamais tout à fait la carrière que l'on attendait d'eux. Au concours Tchaïkovski de l'année suivante, Susan Starr termina de nouveau deuxième, puis revint dans sa ville natale, Philadelphie, se produisant au cours des années une cinquantaine de fois avec l'orchestre éponyme ; les chefs ne manquèrent pas qui eurent recours à son talent (parmi eux sir Neville Mariner, Charles Dutoit, Leonard Slatkin, Leonard Bernstein), et elle fut invitée à jouer à la Maison-Blanche pour le président Carter, en 1977, mais elle n'atteignit jamais une vraie renommée. Quant à

Anievas, mis sous contrat par Sol Hurok après sa victoire au Dimitri Mitropoulos, il joua de malchance alors que l'impresario avait fixé son concert, ne pouvant pas prévoir, pour ses débuts à Carnegie Hall, la semaine où tous les journaux de New York étaient en grève. On n'en parla nulle part, peut-être un moindre mal puisque le pianiste avait été victime dans la première partie du programme de son éclatante virtuosité, interprétant la *Valse Méphisto* de Liszt et les *Variations Haendel* de Brahms à une vitesse qui transforma cette musique exigeante en prouesse sportive plutôt qu'en un événement artistique mémorable. Comme Romain Rolland avait écrit dans *Jean-Christophe*, cette virtuosité, « plaisir bien excusable, presque innocent chez un jeune homme, mais néanmoins mortel pour l'âme et pour l'art », allait empêcher Anievas d'atteindre les sommets et de prendre sa place parmi les plus importants pianistes du monde.

Nous étions déjà à la veille de Noël. Le tournage et le début du montage ne m'avaient pas laissé une seconde pour le magasinage et c'est de justesse que j'avais pu réserver un vol pour Montréal, où je ne pouvais pas arriver les mains vides. Je me précipitai donc chez Schwarz acheter sans beaucoup de discernement des cadeaux expéditifs, plus chers que bien choisis, pour Emmanuelle et Martin, puis traversai la 5e Avenue et entrai en face chez Lord & Taylor faire pour Thérèse des emplettes idem.

Quelle tristesse, Noël ! Du temps où j'étais au téléjournal de Radio-Canada, j'insistais pour être de quart, je faisais des heureux parmi les collègues et je préférais être seul dans la salle de rédaction que de fêter – fêter quoi ? Je restais interdit de séjour chez les parents de Thérèse et, quant à mon fils Martin, je ne pouvais le voir qu'en la présence de sa mère, la petite blonde, quel cadeau !

Au fond, peut-être avais-je été trop heureux dans mon enfance, alors que le besson et moi nous réveillions à l'aube pour découvrir ce que le père Noël avait placé sous l'arbre, parfois des choses aussi fabuleuses que des skis dont on se rendait compte par la suite qu'ils avaient été fabriqués maison par l'oncle Eugène – ils se terminaient par un gros nez crochu, mais ils glissaient divinement (pour l'époque) – ou encore des patins à glace (achetés à rabais au magasin de l'oncle Ernest), parfois encore, c'était presque rien, un jeu de Parchesi, mais art déco, joli, avec des pièces de bois, ou un jeu d'échecs ; d'autres fois encore, il ne pendait à l'arbre que des chaussettes neuves, mais boursouflées d'oranges de Floride, des oranges en hiver ! On en pelait méticuleusement une par jour, on la séparait en menus quartiers qu'on laissait fondre un à un dans la bouche en prolongeant à l'infini le moment de l'avaler et en essayant de comprendre comment des fruits partis de si loin pouvaient arriver jusque chez nous, au milieu de l'hiver, s'il n'y avait pas le père Noël là-dessous.

Et, au jour de l'An, quel bonheur c'était de nous retrouver tous chez nos grands-parents paternels, une tablée d'une quarantaine de personnes (sans compter les enfants) avec ma mère – véritable clown – qui ne manquait jamais d'irriter mon père… pas qu'il était prude, c'est qu'il redoutait le jugement de ses trois frères curés. Mais nous, je me souviens combien nous étions fiers de Juliette, de ses pitreries, de sa vivacité d'esprit et du mystère insondable de ses yeux profonds comme les fjords de son Saguenay natal, et son chic ! Nous comptions parmi les moins fortunés de la famille, mais elle restait toujours la plus élégante, la mieux coiffée, et la plus simple ; sur son visage éloquent, les sentiments s'inscrivaient nets, lisibles et sans détour. Juliette des esprits. Combien de fois au retour de ces soirées animées ai-je entendu mon père chapitrer ma mère : elle avait raconté une histoire trop grivoise, relevé le défi de tirer quelques bouffées d'un cigare ou, ah ça ! c'était le comble, fait planer des sous-entendus sur la fatuité de l'abbé Ovila, professeur d'université et copain du frère Marie-Victorin. Ainsi, une fois pas année, l'amour de mon père subissait le contrecoup du sacré toupet de sa Juliette, d'autant plus répréhensible qu'il eût donné jusqu'à sa dernière chemise pour avoir la même audace lui-même.

Noël n'a pas cessé d'exister, il est mort jeune, très jeune, lorsque, gradué d'enfant de chœur à thuriféraire, je cessai à la messe de minuit d'embaumer l'église à pleines volées d'encensoir ; que ma mère, déjà minée par la maladie, n'eut plus la force de préparer de réveillon, que l'extraordinaire fête chez mon grand-père s'étiola après le décès de ma grand-mère. Ce n'était plus Noël, ce ne le serait plus jamais, j'en étais si convaincu que j'ai sûrement attristé ceux qui m'aimaient. La mémoire est pleine de ces débris calcinés qu'aucun amour n'arrive à faire renaître, car l'amour n'efface pas tout ; comme sur un palimpseste, il reste toujours (même invisibles aux autres) des traces au fond du cœur, d'indélébiles cicatrices.

Pendant près d'un demi-siècle, j'ai été habité par cette terrifiante certitude, lorsque subitement, du marais de mon cœur asséché, a germé un lotus rouge éclatant, un Noël inattendu, une fleur magique dont chaque pétale était un de mes cinq petits-enfants ; Arnaud, le plus vieux, personnifiait le père Noël tandis que les quatre autres restaient si confondus par ce petit garçon à barbe blanche et en habit rouge bordé de fourrure qu'ils commencèrent à se faire du souci pour l'aîné, qui ratait cette visite. Comment avait-il pu si inopinément disparaître ?

Un an plus tard, ce jeune père Noël de onze ans et son frère Éloi, le benjamin, périrent en même temps qu'un copain et sa mère, dans l'incendie d'une humble maison de bois, à Petite-Rivière-Saint-François, où ils étaient allés passer la nuit.

Ce lotus éclatant qui m'avait laissé croire à un miracle, en cette nuit de Noël, n'en était donc pas un. À peine éclos, il avait été absorbé par les sphaignes qui recouvrent mes Noël depuis toutes ces années, la tourbe compacte de mes tristesses.

Et pourquoi les fêtes de 1961 eussent-elles été différentes ? Quel Noël raté ! Je sentais ma relation avec Thérèse se désagréger et j'en fus d'autant plus atterré qu'au début de décembre, j'avais posé un geste fondamental. J'étais retourné rencontrer « Black Jack » London afin qu'il entreprenne pour moi des procédures de divorce au Mexique, tout pour en finir enfin avec la petite blonde et reprendre le contrôle (!) de ma vie sentimentale.

Pourquoi n'avais-je pas divorcé plus tôt ? s'informa, intrigué, « Black Jack », qui ne semblait pas savoir que le divorce n'existait pas au Canada. Il m'expliqua qu'un divorce mexicain ne serait pas alors reconnu dans mon pays, ce qui m'était égal, ni dans certains États américains, mais dans celui de New York, oui ! Si je refaisais ma vie, ce serait certainement à New York, ainsi tout allait bien. Pour me rassurer, l'avocat m'énuméra que Johnny Carson, Katharine Hepburn, Richard Burton et Marilyn Monroe avaient opté pour le même *quickie* qu'il me proposait, moyennant la modique somme de cinq cents dollars, un divorce express : je m'embarquais sur un vol jusqu'à El Paso, un taxi me cueillait à l'aéroport et m'amenait passer une nuit à Ciudad Juárez, question de satisfaire aux exigences du lieu de résidence, puis le lendemain matin je comparaîtrais devant un juge dont la principale responsabilité serait de vérifier mon identité et de me faire prêter serment que j'avais bien résidé à Juárez. (Les frais de cinq cents dollars incluaient le voyage en taxi de l'aéroport d'El Paso, la nuitée dans un hôtel de Juárez, un *Margarita* en apéritif et, évidemment, les honoraires du correspondant mexicain de « Black Jack », un avocat de première classe, m'assura-t-il.)

Et le grand avantage de cette opération internationale, c'était que je signais un affidavit affirmant que je m'étais rendu coupable d'adultère et que, quelques jours plus tard, sans qu'elle eût pu s'objecter à quoi que ce soit, la petite blonde recevrait un document officiel d'une cour mexicaine la prévenant qu'elle était dorénavant divorcée et qu'elle n'était plus Mme Fournier.

Dans le *Michelin* de ma tête, Ciudad Juárez méritait le détour !

À Dallas, je pris un autre vol pour El Paso, où j'arrivai à la nuit tombante. Heureusement, car s'il se trouve quelque part un trou du cul du monde, c'est là, dans cette ville du Texas que le Rio Grande sépare de Juárez et du Mexique.

Sur le tarmac brûlant et collant comme de la mélasse, sur lequel je me retrouvai avec les autres passagers à la descente de l'avion, un groupe de mariachis entonna la *Ranchera Anillo de compromiso*, un air d'autant plus de circonstance que je me rendis bientôt compte que la majorité des voyageurs étaient descendus là pour les mêmes motifs que moi.

Un groupe de chauffeurs brandissaient des cartons sur lesquels étaient gribouillés les noms des passagers qu'ils attendaient. Un grand bonhomme aux cheveux noirs gominés, avec un pantalon de Fortrel luisant aux jambes trop amples que les remous de l'air d'un avion qui décollait firent claquer comme des drapeaux dans une tornade, vit son carton lui filer des mains ; il courut après, mais comiquement chaque fois qu'il essayait de l'immobiliser en posant son pied dessus, le carton s'envolait de nouveau ; il lui fallut trois tentatives avant de le récupérer et de revenir vers nous. Sur son écriteau piétiné, je déchiffrai : « Claud Fornié », c'était moi que le vent avait emporté !

Je n'avais que des bagages à main ; il me conduisit aussitôt vers le stationnement où il me fit monter dans une Studebaker Lark, plutôt petite, considérant que je voyais les autres candidats au divorce prendre leurs aises dans de grosses Impala ou même des Cadillac, ils n'avaient pas dû comme moi choisir le divorce *basique*. Et j'eus bientôt la surprise de constater que mon chauffeur était aussi mon avocat mexicain : il m'exhiba mon dossier, plus mince qu'une crêpe, qui reposait sur le siège du passager dans une chemise fripée, plus discrète que sa chemise hawaïenne, une véritable bananeraie dont les régimes de fruits pendaient de ses épaules jusqu'à la taille, des bananes qui devaient avoir commencé à pourrir sous les aisselles et dégageaient une odeur âcre chaque fois qu'il levait le bras pour m'indiquer quelque point d'intérêt dont par chance El Paso ne foisonnait pas.

Comme nous arrivions à la douane mexicaine, de l'autre côté du pont de la rue Santa Fe, sur le Rio Grande, je lui tendis mon passeport ; il sourit et m'indiqua d'un geste odorant que ce n'était pas la peine, tous les douaniers le connaissaient et savaient quelle marchandise, toujours la même, il trimballait. Puis, dans un anglais approximatif, il me raconta que le passage avait toujours été facile dans cette direction, c'était de Juárez à El Paso que les choses se gâtaient souvent. Un peu avant les années vingt, on avait même adopté, du côté américain, des mesures exceptionnelles contre les Mexicains dont on affirmait qu'ils étaient tous infestés de poux et de morpions, si bien qu'on les forçait avant de poser le pied sur le sol américain à se mettre à poil et à s'éponger soigneusement au kérosène, les femmes surtout, car des photographes embusqués en profitaient pour faire des photos d'elles qu'ils revendaient ensuite ; cette pratique alla jusqu'à provoquer une émeute lorsque Carmelita Torres, une femme de ménage de dix-sept ans, se rendant à son travail à El Paso par le tramway, tôt un matin de janvier 1917, refusa de se dévêtir et persuada une trentaine d'autres voyageuses de suivre son exemple. Elles descendirent du tramway et s'étendirent sur la voie, bloquant la circulation entre les deux pays. À midi, des milliers de manifestants s'étaient joints à elles et c'est la cavalerie militaire, le fameux « escadron de la mort » du général Murguia – il arborait comme insigne un crâne avec deux os croisés –, qui réussit à grand-peine à rétablir l'ordre, en ordonnant à ses hommes de dégainer leurs sabres et de charger avec les chevaux.

La portée sociale de cette manifestation historique qui fit de Carmelita Torres une Rosa Parks mexicaine me troubla tant que je n'en dormis pas de la nuit. Mon procureur-chauffeur m'avait déposé à mon hôtel – il reviendrait me chercher le lendemain pour me conduire à la cour –, dans un quartier où si l'on eût senti quelque besoin de renforcer une preuve d'adultère, il y avait de quoi faire fort ! les putes planaient partout comme des urubus, impossible de mettre la main dans sa poche sans qu'elles fonçassent sur nous, attirées par l'odeur du pognon. Mais avaient-elles été bien désinfectées au kérosène ?

Si belles et aguichantes qu'elles fussent, ça me grattait déjà rien qu'à les voir. Je mourais de faim, mais il n'y avait que des bouis-bouis bourrés de filles, trop risqué ! Je pris quelques tacos à un vendeur ambulant et je me retirai dans ma chambre, cellule monastique d'un pèlerin du divorce : le lit, une table chambranlante que l'appareil de télé menaçait de faire chavirer et un fauteuil défoncé. Dans la toilette, la rouille achevait de ronger la douche préfabriquée de métal et la chasse d'eau jutait sans arrêt ; décidément je n'étais pas dans la même gamme de divorce mexicain que Richard Burton !

J'ouvris le lit d'un geste vif afin de débusquer les indésirables : rien ! seulement le raccommodage d'une déchirure dans le drap de coton, une reprise parfaite, sûrement confiée à une religieuse ; je secouai les oreillers, j'ouvris les taies, rien là non plus sinon que le coutil délavé arborait les vestiges de larges taches, des salissures jaunâtres, dûment javellisées, ce qui sembla rassurant. Je résolus quand même de dormir tout rond et de ne pas m'étendre sur le lit, je me contentai de m'y asseoir en m'adossant contre les oreillers empilés. Je fermai la lumière, mais chaque fois que j'allais enfin m'endormir, je subissais les assauts de quelque pou, assurément des rejetons de ceux que Carmelita avait obstinément refusé de noyer dans le kérosène, je rallumais, procédais à une nouvelle inspection de la literie et ne trouvais toujours rien : les morpions grattaient dans ma tête, alimentés par le souvenir récent de leurs congénères de Nassau.

À l'heure convenue, mon avocat tapa énergiquement à ma porte comme si j'eusse pu passer tout droit. Il portait une chemise plus discrète que celle de la veille et avait même enfilé le veston qui s'appareillait avec son pantalon de Fortrel.

Il était tôt, il put garer sa Studebaker juste en face du portique de l'hôtel de ville, un immeuble de briques de deux étages dont le portique de calcaire était surmonté d'une grande fenêtre ogivale avec un balcon et une balustrade de pierre. Cette élégante usine à divorces en dispensait cinq mille par année, m'annonça avec fierté mon procureur, alors qu'il me guidait vers la salle où j'imaginais ma fameuse petite blonde, les yeux bandés, monter les marches de la guillotine : j'entendais le couperet tomber et je voyais sa tête basculer dans un panier d'osier comme celle de Marie-Antoinette, puis je me mettais à pousser des cris d'allégresse avec tous les sans-culottes qui m'entouraient.

Mais je n'étais ni Carson ni Burton, aussi l'audition de ma cause se passa-t-elle dans la plus humble simplicité, je dirais à la bonne franquette ! Et puis-je vraiment qualifier d'« audition » une procédure durant laquelle aucune parole ne fut échangée, une scène de cinéma muet accompagnée par le son de la télévision allumée dans le bureau du « juge », un Mexicain corpulent, coiffé d'un sombrero, qui se contenta de jeter un coup d'œil rapide à ma requête et à mon passeport que lui présentait mon avocat, tant il était absorbé par cette émission de télé qui le retenait tout entier : un épisode de *Gunsmoke*, doublé en espagnol. Mon dieu, si j'avais pu au moins lui avouer que je m'étais rendu coupable d'adultère avec la femme de son héros, peut-être m'eût-il manifesté un peu plus d'intérêt, mais inutile d'en rajouter, il apposait déjà le sceau officiel sur ma requête, j'étais divorcé. Cinq minutes. Et comme à Santa Barbara, à la barbe du shérif Matt Dillon !

L'attestation de divorce arriva un peu après le jour de l'An, ce n'était donc pas des étrennes. Au contraire. Aussitôt que nous eûmes le papier en main, Thérèse voulut communiquer avec, il me semble, le journal *Radiomonde*, qui lui avait proposé de faire la une avec la nouvelle de son prochain mariage avec son amoureux de cinq ans. J'étais furieux. Qu'on parle d'elle comme actrice, de moi, comme cinéaste, soit ! mais notre vie privée ne regardait personne, il y en avait déjà assez (Dominique Michel en était une championne) dont le moindre geste et le plus insignifiant flirt remplissaient les échos de ces journaux, je ne souhaitais pas cela pour nous, mais justement Thérèse croyait avoir besoin de ces chiures d'échotiers pour engraisser sa carrière.

La sonnerie du téléphone retentit avant que le désaccord tourne à la tempête, c'était Ricky Leacock. Il m'annonçait que nous partirions ensemble tourner un film sur le pandit Nehru ; nous suivrions le légendaire homme d'État durant sa prochaine campagne électorale au poste de premier ministre. Il fallait que nous fussions à Delhi avant le 26 janvier 1962 pour la commémoration de *Purna Swaraj*, rappelant la « complète indépendance » de l'Inde, donc pas le temps de poursuivre cette discussion ni celui de préparer un mariage.

À peine le temps de recevoir tous les vaccins requis pour ce séjour qui durerait environ trois mois.

L'Inde ! Je croyais rêver.

⁂

Nous avions fait escale à Londres. Au Caire.

Il y avait presque vingt-cinq heures que nous avions quitté New York. Le capitaine annonce que le Boeing 707 d'Air India commence sa descente vers l'aéroport de Delhi, je me colle le nez au hublot, c'est un grand trou noir, puis il précise qu'on peut voir la ville à droite; je suis pourtant à droite, mais je n'aperçois toujours que la nuit et, finalement, quelques loupiotes qui vacillent par-ci par-là, comme si la terre et le ciel s'étaient inversés et que nous nous dirigions vers quelque constellation lointaine dont la lumière d'une poignée d'étoiles seulement parvenait maintenant jusqu'à nous. Premier choc. Nous survolons une ville de près de huit millions d'habitants et nous ne distinguons que ces lucioles, rien de ces incroyables traînées lumineuses, ces voies lactées qui flamboient sous nos yeux, au-dessus de New York ou Paris, sillonnées par des myriades de voitures transformées pour la nuit en perséides.

Malgré les interventions de Jim Shepherd, le correspondant de *Time* en Inde, venu nous accueillir à l'aéroport, nous mettons des heures à passer la douane. Il faut dire, ce sont des montagnes de bagages de toutes sortes qui arrivent sur les chariots, nous avons des caméras et des magnétophones en rab, car nous ne pouvons risquer de tomber en panne dans ce pays lointain, ni espérer pouvoir faire réparer quoi que ce soit, notre équipement est beaucoup trop sophistiqué, et la pellicule, des caisses et des caisses! j'en ai déjà fait état, ce n'est pas le genre de la maison de faire des économies là-dessus. Et cette fichue montre Acutron vissée sur le côté du Nagra, on a beau expliquer, ce machin leur paraît très suspect, si c'était la minuterie d'une bombe! Ils tâtent le magnétophone, le tournent dans tous les sens, l'auscultent, collent l'oreille sur la Bulova, les vibrations du diapason les inquiètent au plus haut point. Ce n'est qu'une montre, une vulgaire montre-bracelet renchérit-on, les douaniers voudraient le croire, mais cette montre n'est même pas à l'heure, n'est-ce pas suspect? En effet, c'est l'heure de New York... et ce serait l'heure d'aller dormir un peu, nous croulons de fatigue. Jim Shepherd réussit enfin à les convaincre de tout dédouaner, ils voulaient garder les Nagra pour les soumettre à une expertise, mais pas question de nous séparer de ces appareils, nous tournons dans deux jours et, qui sait, les reverrions-nous jamais?

Je n'ai plus aucun souvenir du nom de l'endroit où nous passâmes la première nuit, mais c'était, entouré d'arbres et de jardins – exotiques pour nous – un hôtel de rêve... pour un voyage de noces! Les chambres, de petites cabines disposées autour du corps principal de l'hôtel, des écrins embaumant la rose et le thé et dissimulés dans la végétation, étaient meublées de gros fauteuils de rotin finement entrelacé, presque de la dentelle, sur lesquels étaient posés de moelleux coussins recouverts de madras à fleurs aux couleurs vives. La tête de lit était un tressage de jacinthes d'eau dont la subtile odeur d'herbage qui s'en dégageait encore se mêlait à celle des oreillers bourrés de graines de lin, dans lesquels la tête en s'y enfonçant creusait un nid si douillet qu'on y serait resté des jours et des nuits à couver des idées plus sensuelles qu'intellectuelles. Il devait en être de même pour les autres, car le lendemain nous décidâmes de trouver un lieu plus propice à l'accomplissement de la tâche qui nous attendait en Inde.

Ce matin-là, prêt avant les autres, je fumais dans le jardin de l'hôtel lorsque s'approcha de moi un vieux bonhomme, la tête enveloppée dans un turban de coton grisâtre qui en faisait plusieurs fois le tour et donnait à celle-ci l'allure d'un énorme bouton de fleur qui tardait à s'ouvrir; sa longue barbe dont la pointe descendait jusqu'à la taille séparait chacun de ses pas comme une virgule, cet homme correspondait exactement à l'idée qu'un étranger pouvait se faire d'un *swami*.

Il s'adressa à moi dans un anglais si écorché, je mis du temps à comprendre qu'il me proposait de répondre à des devinettes que je lui poserais, des questions qui me concernaient et auxquelles il répondrait moyennant quelques roupies. Je voulus m'en débarrasser en lui offrant quelques pièces, mais il refusa, il ne voulait pas la charité, il voulait gagner son argent. Quoi lui demander ?

— *Nationality?* bredouilla-t-il.

Pourquoi pas ? il va évidemment répondre que je suis américain.

Il réfléchit quelques secondes, me toisa des pieds à la tête avec un regard étrange et profond, à demi voilé par des sourcils broussailleux qui s'agitaient mystérieusement comme les pattes d'une araignée déroulant sa toile, puis :

— *Canadian!* répondit-il en tendant la main.

Je lui donnai quelques roupies et lui demandai de deviner mon âge.

Il prit à peine le temps de réfléchir, il dessina les deux chiffres avec son doigt dans le creux de sa main. C'était la bonne réponse.

Je commençais d'être intrigué, mais je me dis, en lui donnant de nouveau de l'argent, que le bonhomme devait être de mèche avec la réception de l'hôtel, qui lui refilait les fiches des clients pour faciliter sa divination. J'avais inscrit sur cette fiche le nom de mon employeur, mais évidemment pas le salaire que je gagnais, mon salaire, eh ! la bonne colle !

Il sembla avoir un moment d'hésitation, puis sortit un papier chiffonné de son *dhotî* et me demanda d'un geste si j'avais de quoi écrire ; je lui tendis un Bic et il traça laborieusement le montant exact de ce que je gagnais sur son bout de papier.

Je lui remis un billet, mais un frisson me traversa le dos. C'était intrigant, mais peut-être explicable, du moins c'est ce que j'aurais voulu croire. Le *swami* ne me quittait pas des yeux comme si son regard intense gardait ouvert un conduit lui permettant un accès direct à mon cerveau. En réalité, plus les questions devenaient difficiles, moins j'avais envie de jouer, mais il restait planté là attendant d'autres énigmes. Décidé à le coller une bonne fois, je lui demandai de deviner le prénom de ma mère : il n'y avait aucune chance que cela fût inscrit quelque part dans quelque information donnée depuis des années.

Il ne sourcilla pas, son regard se fit encore plus perçant, si bien que je finis par détourner les yeux ; lorsqu'ils revinrent sur lui, je ne sais pas, j'eus l'impression de déceler un vague sourire sur ses lèvres minces et sèches, deux traits de soulignement violacés, ourlés par les poils rêches de sa barbe. Il s'accroupit, posa la feuille sur son genou cagneux et y écrivit un nom qu'il ne me montra qu'après s'être relevé et m'avoir rendu le Bic. Frappé de stupeur, je lus, en majuscules : J U L I E T. Il sentit mon trouble, bien évidemment, et sans dire un mot tendit sa main. Je lui remis un autre billet, l'équivalent de cinq dollars qu'il prit, puis il referma sa main froide et osseuse sur la mienne et me demanda si je souhaitais qu'il me prédise l'avenir. Non merci ! fis-je en retirant ma main. La clairvoyance de cet homme me troublait, je n'allais certes pas le laisser faire une incursion dans des territoires dont je m'étais toujours bien accommodé qu'ils ne me fussent dévoilés qu'au jour le jour, mais j'eus le sentiment en quittant ce *swami* qui ne cessait pas, les mains jointes en prière, de me saluer et de me remercier, que j'avais été invité à pénétrer dans un pays mystérieux, troublant, dont il m'avait ouvert une porte dérobée que je n'avais pas osé franchir.

Ce ne sera pas le seul incident déconcertant de ce voyage qui commençait.

Nous quittâmes cet hôtel romantique pour nous installer au chic Ashoka, sur Chanakayapuri, dans l'enclave diplomatique de Delhi. Cet hôtel luxueux devint notre pied-à-terre pour tout le séjour, nous y gardions nos chambres même lorsque nous partions tourner ailleurs dans le pays, ce qui m'arriva plus souvent qu'à Ricky Leacock – il avait un droit d'ancienneté –, lui et Greg Shuker s'étant gardé les expéditions les plus confortables dont un long week-end au palais de la maharani de Jaipur.

Pendant que nous étions à l'Ashoka vint y séjourner pour plusieurs semaines le jeune dalaï-lama, il n'avait alors que vingt-sept ans. Je le croisais presque chaque jour dans le hall, il n'était pas vêtu comme on le voit maintenant, il portait en général des jodhpurs, une kurta et des bottes de cosaque. Il était beau garçon, élégant. Bien qu'il fût toujours entouré d'une demi-douzaine de gardes du corps, il eût été facile d'engager la conversation avec lui, mais bêtement je ne le fis jamais, nous nous contentions de sourires et de salutations.

Il se passera plusieurs jours avant que nous puissions rencontrer Nehru à Teen Murti Bhavan, sa résidence officielle. Nous avions d'abord filmé le défilé de l'indépendance, sur l'avenue Rajpath, un long cortège de militaires, de danseurs, de chars allégoriques et surtout d'éléphants, des bêtes énormes, magnifiquement parées.

L'indépendance de l'Inde fut promulguée le 26 janvier 1930 par le Congrès national, mais il fallut patienter et lutter jusqu'en 1947 pour que la Grande-Bretagne reconnaisse ce fait, et attendre ensuite au 26 janvier 1950 pour qu'une assemblée constituante proclamât enfin la république. C'était la deuxième fois seulement depuis la célébration de cette déclaration qu'il pleuvait sur la fête, des trombes d'eau cette fois, alors que le défilé s'engageait sous la Porte de l'Inde, déluge momentané qui ne fit broncher personne ; sur la route de leur affranchissement, les Indiens en avaient vu bien d'autres.

Le surlendemain, c'était le lancement officiel de la campagne électorale, un ralliement du Parti du Congrès où Jawaharlal Nehru prenait la parole. Nous étions, je crois, les seuls cinéastes étrangers. La nuit précédente avait été anormalement froide, plusieurs cadavres, au petit matin, avaient été ramassés dans les rues de Delhi, des sans-abri qui, par suite de leur manque de résistance, ne survivaient pas à une chute de température de seulement quelques degrés sous zéro. Heureusement, il faisait soleil cet après-midi et le parc où se tenait l'assemblée se remplit d'une foule dont le nombre finit par dépasser le million, un million de gens, presque tous vêtus de blanc, qui vinrent lentement, disciplinés, s'accroupir sur la terre battue, en rangées bien droites, une mer humaine impressionnante, silencieuse, qui attendait l'arrivée de Nehru. Lorsque ce dernier monta sur l'estrade, entouré de plusieurs membres éminents de son parti, ce million d'individus comme une seule personne joignit les mains et inclina la tête, en guise d'accueil. Je ne me souviens pas qu'il y ait eu d'acclamations, seulement un murmure, celui d'une longue vague qui se déroule sur un rivage sans se briser.

À genoux par terre, durant le discours, je collectionnais des gros plans de visages : des hommes, des femmes à la peau foncée, luisante, aux yeux de charbon et au regard pénétrant, une braise incandescente au fond de chacun de ces yeux rivés sur celui dont leur cœur ne doutait pas qu'il fût le véritable père de l'Inde nouvelle, l'héritier direct du Mahatma Gandhi. Soit ! Nehru et son parti seraient réélus avec une majorité réduite, mais tout au long de cette campagne, jamais il ne nous apparut que cette victoire fût en danger.

Mais tout ce temps, nous n'avions encore vu Nehru que du haut de son estrade, de loin, ou plus près, mais à la longue focale dans l'œilleton de la caméra ; le choc de nous retrouver dans un petit salon, seuls avec lui et quelques aides, à Teen Murti Bhavan, reste encore vif dans ma mémoire. Puisque nous aurions, pendant des semaines, nos caméras braquées sur lui, il avait souhaité nous rencontrer individuellement, nous serrer la main, savoir un peu qui nous étions, d'où nous venions ; il le fit avec une grâce et une simplicité désarmantes. Son sourire était grave mais chaleureux, il parlait lentement, gardant constamment ses mains l'une dans l'autre à la hauteur de son ventre légèrement bedonnant dont on remarquait le relief à cause de la longue veste claire, cintrée, le légendaire *Nehru jacket*, qu'il portait toujours avec un bouton de rose à la boutonnière, cueilli dans la roseraie du jardin de Bhavan. Il fit ensuite entrer sa fille, Indira, avec qui il serait plus facile de prendre contact si nous avions des demandes particulières. Elle prit note de nos noms et lorsqu'elle arriva au mien, elle me dit qu'il lui était bizarrement familier, qu'elle l'avait vu quelque part. Mystère ! Sur un générique de film, se souvint-elle finalement. Que pouvait bien avoir vu de moi, Indira Gandhi ? Un film qui l'avait bien fait rire et qu'elle avait visionné avec l'ambassadeur du Japon. Eh bien, elle avait vu *La Lutte*... J'étais sidéré. Pauvre Leacock, vert de jalousie, lui, personne n'avait vu ses films !

Après cette première rencontre, il y eut une réception dans les jardins de la résidence à laquelle assistaient entre autres le violoniste Menuhin et sa femme. Lorsque je constatai que Mme Gandhi ne se mêlait pas beaucoup aux invités, ceux-ci se pressant tous autour de Nehru, je décidai, enhardi par cette coïncidence de *La Lutte*, d'aller vers elle. Elle avait été présidente du Congrès national indien, le parti de son père, elle était sa confidente et, en réalité, sa secrétaire, mais je le voyais bien, c'était une personne solitaire, une femme au regard neurasthénique. (On racontait qu'elle avait été abondamment trompée par son mari, Feroze Gandhi, dont elle était veuve depuis deux ans. Ils avaient vécu séparés pendant plusieurs années, mais ils se rapprochèrent lorsque Feroze faillit mourir d'une crise cardiaque, en 1957.)

Dès cette première rencontre, je crois que Mme Gandhi fut touchée par les sentiments que je lui témoignai, une affection spontanée, mais très sentie et qui me venait aisément. Je percevais chez elle une vulnérabilité qui correspondait si peu à son parcours public et politique, une fragilité émouvante. Je la revis plusieurs fois durant mon séjour en Inde, je dînai à ses côtés à la résidence officielle de son père, et il se développa entre nous une amitié suffisante pour qu'en 1973, ayant su qu'elle venait au Canada, je lui fasse parvenir un mot et qu'elle me reçoive privément. Elle était maintenant premier ministre – son premier mandat, de 1966 à 1977 –, ses cheveux avaient grisonné, elle s'était arrondie, elle n'irradiait plus cette tranquillité paisible qui m'avait tant frappé chaque fois que je la vis à Delhi, cette paix que seule pouvait troubler une requête de son père, son père qu'elle ne perdait jamais de vue et vers qui elle accourait au moindre signe de sa part : un regard, un geste si discret de la main qu'elle seule le percevait. L'osmose parfaite. La Indira Gandhi fragile, délicate, effacée, que j'avais connue me parut très différente de la femme politicienne, brave et habile, qu'elle était devenue, mais une chose n'avait pas changé : son art consommé à utiliser les médias. (C'est évidemment à sa suggestion que son père manifesta tant d'égards pour l'équipe de Time-Life que nous étions.)

Indira Gandhi avait aussi un sens du geste qui marque. Lorsque la guerre éclata entre l'Inde et le Pakistan, en 1965, elle se trouvait en vacances à Srinagar ; eh bien, même si les insurgés pakistanais frappaient aux portes de la ville, elle refusa de revenir à Delhi, elle resta sur place pour encourager les autorités locales et susciter l'attention de la presse et de la télé, ce qui eut pour effet immédiat de rassurer la nation. Un an plus tard, elle devenait premier ministre. Les éloges que je fis d'elle un jour à mon chauffeur-interprète sikh, originaire du Pendjab, le firent tiquer. Il n'osait pas trop parler, se méfiant de tous et même de moi, mais je compris que ses allégeances politiques, comme celles de la plupart de ses compatriotes, n'allaient pas du côté de la dynastie Nehru. En 1984, ce sont deux de ses coreligionnaires sikhs, les propres gardes du corps d'Indira, qui l'assassineront en déchargeant leurs revolvers sur elle, alors qu'elle se reposait dans son jardin. Ils vengeaient ainsi l'assaut ordonné par Mme Gandhi pour déloger les terroristes sikhs du temple d'or d'Amritsar où j'avais tourné durant mon séjour en Inde. En dépit de l'histoire tourmentée de ce pays, comme il m'eût alors paru invraisemblable que se terminât ainsi la vie de cette femme avec qui je prenais le thé, dans les jardins de Bhavan, et qui ne répondait souvent qu'avec un sourire timide aux questions dont je la bombardais, des questions sûrement indiscrètes sur son enfance, ses études en Grande-Bretagne ou sa mère, fauchée par la tuberculose lorsque Indira n'avait que dix-sept ans, un malheur que je pouvais si bien comprendre.

Quel curieux séjour je fis en Inde ! Aux antipodes d'un voyage de touriste. Le Taj Mahal, je ne l'aperçus que fugitivement du hublot d'un avion, après quelques heures à Allahabad, lieu de naissance de Nehru, en route vers Srinagar, au Cachemire, d'où je traverserais ensuite au Pakistan, dont les relations avec l'Inde se brouillaient de plus en plus ; pendant deux jours, j'accompagnerai ensuite un petit (gros !) gouverneur de district de l'Uttar Pradesh à Janakpur, au Népal, où selon la légende naquit la déesse hindoue Sitâ, puis avec ce drôle de zigoto, un feu roulant et malodorant de rots et de pets à table durant les repas, nous poussâmes jusqu'à Dharan Bazar, dans les contreforts de l'Himalaya.

Tandis que Nehru continuait sa campagne dans le sud où l'accompagnait Leacock, j'en profiterais pour filmer à Chandigarh, née de la vision même du pandit qui voulait que cette ville nouvelle qui remplacerait Lahore comme capitale du Pendjab devînt « le symbole d'une Inde indépendante, libérée des entraves du passé, et l'expression de la confiance de toute la nation en son avenir ». C'est pourtant à un groupe d'architectes américains que Nehru confia la tâche en 1950 de concevoir cette ville « purement » indienne à laquelle il rêvait. Albert Mayer et Mathew Novicki préparèrent le plan directeur, mais lorsque Novicki fut tué dans un accident d'avion, la firme américaine se désista et c'est le célèbre architecte Le Corbusier qui hérita de la commande, l'année suivante. Le plan de la ville, c'est ce que la légende raconte, Le Corbusier l'a conçu en quatre jours ! Le légendaire architecte avait passablement abandonné Chandigarh, à l'époque où j'y fus, ayant laissé à son cousin Pierre Jeanneret le soin de terminer son œuvre. C'est avec Jeanneret que j'ai fait le tour des immeubles de Le Corbusier : le palais de justice, le Capitole, l'Assemblée nationale et le Secrétariat, formes nouvelles, architecture impressionnante, mais littéralement… poussiéreuse, à moins qu'on ait apporté des corrections depuis. En effet, une fine poussière tombait sans arrêt des murs et des plafonds de béton brut de décoffrage, recouvrant tout : les bureaux, les dossiers et même les fonctionnaires, dont on pouvait suivre les allées et venues par leurs empreintes de pas, sauf dans les aires ouvertes où le vent s'engouffrant dans les grands halls avait tôt fait de les recouvrir comme il efface dans le désert les traces des voyageurs. Il y a dans le texte d'une architecte indienne réputée, Madhu Sarin, une phrase qui résume bien ce qui me vint naturellement à l'esprit alors que je filmais Chandigarh : « Ce qui fait défaut dans les préoccupations de ces "grands urbanistes", c'est leur manque total de considération pour la réalité matérielle des gens pour qui ils conçoivent ses splendides créations. »

Voilà à quoi je pensais en soufflant pour la énième fois avec une poire la poussière de mon objectif avant de le pointer vers une autre merveille imaginée pour Chandigarh par Le Corbusier.

Quelques jours plus tard, ces belles considérations sur l'urbanisme n'étaient plus qu'un vague souvenir égaré dans ma mémoire, j'avais tourné des images de Nehru en visite au barrage de Bhakra dont la construction achevait ; c'était à ce moment-là le barrage le plus élevé au monde, deux cent vingt-six mètres, il retiendrait les eaux du réservoir Gobindsagar, une nappe de cent soixante-six kilomètres carrés, pour produire de l'électricité et irriguer dix millions d'acres de terre, du Pendjab jusqu'au Rajasthan. Ce barrage, c'était pour Nehru le temple de la modernité de son pays ; la quantité de pierres et de béton nécessaires à sa construction eussent suffi à construire un trottoir d'au moins deux mètres de largeur tout autour de la Terre !

Pourtant c'est là, dans une ville près du barrage – je ne me souviens plus si c'est à Nangal ou Rupnagar –, qu'eut lieu l'assemblée la plus houleuse de la campagne du premier ministre. Là, comme ailleurs à ces assemblées, une heure avant le début, le terrain demeurait presque désert, on eût cru qu'il n'y viendrait personne, puis subitement apparaissant de nulle part, comme lorsque l'on donne un coup de pied dans une fourmilière, les gens surgissaient par centaines, par milliers, à pied, et s'accroupissaient dans l'herbe desséchée autour d'une estrade édifiée au beau milieu d'un champ. Quand Nehru paraissait enfin sur l'estrade, la foule se relevait par vagues en scandant « *Nehru zindabad, Nehru zindabad* », puis le mouvement s'arrêtait, la mer devenait étale et des haut-parleurs nasillards commençaient à répandre le message du pandit, un discours pondéré, sans grandes envolées, et dont la conclusion était toujours accueillie par les mêmes vivats : *Nehru zindabad*, « longue vie à Nehru » ! Pas cette fois. On se mit à chahuter dans l'assistance alors que Nehru (m'expliqua plus tard mon interprète) énumérait les bienfaits que représenterait pour tout le nord de l'Inde le barrage de Bhakra qui avait forcément ses détracteurs, puisque sa construction allait chasser plus de quarante mille habitants de leurs terres et faire disparaître une partie de la ville de Bilaspur, sans compter tous ces citoyens du Pendjab et de l'Himachal Pradesh qui s'opposaient farouchement au partage de leur eau avec leurs voisins du sud. Avant que les esprits s'échauffent trop, Nehru mit fin à sa harangue et ses gardes du corps l'escortèrent rapidement vers sa voiture, qui disparut aussitôt.

Tout à coup, une partie des manifestants décida de se tourner vers mon preneur de son et moi, des « Américains » donc des complices de la vaste machination capitaliste qui avait mené à la construction du barrage. Nous pressâmes le pas jusqu'à notre voiture, ne prenant surtout pas le temps de ranger notre équipement, le chauffeur décolla aussi vite qu'il put, mais pendant que nous allions rejoindre la route, les manifestants prirent un raccourci et vinrent nous intercepter alors que nous nous engagions sur un pont de pierres étroit, au-dessus d'une rivière tumultueuse. Ils entourèrent rapidement la voiture, tapant dans les vitres et criant des injures, puis ils se mirent à la secouer pour la renverser. Le chauffeur cherchait à avancer, mais il y avait trop de monde devant l'auto, qui menaçait maintenant de se renverser et de basculer dans la rivière. Croyant ma dernière heure venue, je fus pris d'une incroyable frénésie, j'attrapai la bandoulière de la caméra avec sa gaine de cuir rigide, je descendis la vitre de mon côté en criant au chauffeur d'avancer aussitôt qu'il le pourrait et je me mis à frapper avec cette garcette, improvisée mais meurtrière, ceux qui s'accrochaient à la voiture ; je les frappais sur la tête, au visage, aux mains, je tapais sur eux comme un déchaîné, puis je réussis à ouvrir la portière et grimper sur le capot de la voiture en continuant de faire de grands moulinets avec mon arme de fortune, dispersant suffisamment les assiégeants pour que le chauffeur arrive enfin à traverser le pont et nous sortir de cet enfer. Je revins dans l'auto et nous décollâmes en trombe, j'étais à bout de souffle, en nage, je croyais que le cœur allait me bondir de la poitrine et, subitement, je me mis à exécrer tous ces merdeux, ces connards qui crevaient de faim plutôt que de bouffer les vaches qui nous barraient la route à tout moment et encombraient jusqu'aux trottoirs des villes où il fallait slalomer entre les bouses, je haïssais aussi mon preneur de son, un Noir de Brooklyn ; non seulement il était resté prostré sur le siège arrière et n'avait pas bougé le petit doigt pour m'aider, mais maintenant que nous nous en étions tirés, je sentais sa désapprobation, j'avais perdu la tête et tapé sur des gens de couleur, moi un Blanc !

Ce même soir, dans un hôtel assez misérable de Phagwara où nous nous étions arrêtés pour la nuit, je me retrouvai seul, assis au bar, calant un infect gin indien, noyé heureusement dans un tonic Schweppes, et essayant avec difficulté de me bâtir un appétit, car je venais d'apercevoir un rat de la taille d'un chat rôder sur la tablette du bar en se frayant délicatement un chemin à travers les bouteilles jusqu'à un bol où croupissaient des arachides que le barman ne m'avait même pas offertes avant de disparaître je ne sais où. Chaque fois que je bougeais, le rat s'esquivait, puis nerveusement il revenait, plongeait son museau plissé dans le bol et croquait les arachides en grinçant des crocs, un bruit sec, aigu, comme une craie qui griffe l'ardoise ; cela me rassurait quand même de le voir là s'empiffrant, cela évitait au chef d'en faire l'ingrédient principal de quelque curry indéfinissable, fantaisie plausible dans pareille maison.

Les pas de quelqu'un qui entrait dans le bar le firent détaler pour de bon. À ma grande surprise, c'était notre chauffeur panjabi, qu'on ne voyait jamais après la journée ; il disparaissait aussi vite que mon compagnon de bar dans son trou. Au début, il nous était arrivé de l'inviter à dîner, mais il refusait toujours avec un sourire embarrassé et des hochements de sa grosse tête enturbannée qui ressemblait à une cloche qui balance. Le chauffeur – il devait s'appeler Singh, dix millions d'hommes s'appellent Singh dans cet État – venait m'inviter à dîner chez ses parents : il était lui-même né à Phagwara, où ces derniers habitaient toujours. Il s'adressait à moi à voix basse, de crainte d'être surpris par mon collègue preneur de son, dont il ne souhaitait pas la présence.

Ses parents possédaient une grande ferme à quelques kilomètres de la ville. Durant le trajet, Singh voulut me remercier, mais de quoi? je ne compris pas tout de suite. Je déduisis finalement qu'à mon avis, mon intervention sur le pont nous avait sauvé la vie; il en avait fait part à ses parents et ces derniers avaient souhaité me connaître. Je ne méritais pas la croix de guerre, j'avais simplement refusé de mourir englouti dans les eaux boueuses d'une rivière indienne.

Le souvenir de cet incident me vaudra bien quelques cauchemars, mais rien comparé à ce qui suivra, une véritable idiotie qu'on me laissera commettre trois ans plus tard. Revenu au Canada, je tournais une partie (l'autre partie fut filmée par Michel Brault) de la première série couleurs à jamais être présentée sur CBC/Radio-Canada, vingt-six documentaires sur les provinces canadiennes; j'étais à bord du *Blue Nose*, grande voilure déployée, au large de Halifax, sur une mer assez énergique. J'avais emmagasiné toutes les images sur le bateau dont nous aurions besoin, il fallait maintenant des vues du schooner filant sur l'Atlantique. À l'heure convenue arriva un petit bateau à moteur sur lequel il me faudrait passer pour tourner ces images, mais la mer était beaucoup plus grosse que prévue, je demandai au capitaine si c'était possible.

— Moi, je ne le ferais pas, répondit-il, mais vous êtes sûrement plus agile que moi; c'est imprudent mais c'est faisable!

Et je devais sauter avec la caméra, car il serait impossible de me la passer par la suite. Soit!

Je dus m'y reprendre à plusieurs reprises. Lorsque le batau à moteur arrivait à se positionner en parallèle contre le voilier, il survenait toujours une vague énorme qui l'en éloignait: il devait alors faire demi-tour et revenir en position en gardant suffisamment de distance pour ne pas buter contre le voilier, pas évident comme manœuvre. J'attendis donc l'instant propice, à tribord, debout sur le bastingage en me tenant de ma seule main libre à un bossoir d'embarcation. Le bateau s'approcha à moins de deux mètres et je décidai de profiter d'une vague qui soulevait le *Blue Nose* bien au-dessus du petit bateau pour sauter. J'atterris de justesse sur le toit de la cabine de pilotage et réussis à m'y maintenir en m'agrippant à l'antenne de la radio jusqu'à ce qu'un marin m'aide à redescendre sur le pont. De retour à Halifax, sur le plancher des vaches, je demandai au capitaine du *Blue*

Nose pourquoi il m'avait laissé faire ce transbordement sans gilet de sauvetage.

— Parce que ça vous aurait encombré, dit-il, et que le danger n'était pas de vous noyer, mais de vous faire écrabouiller entre les deux bateaux, s'ils s'étaient touchés, et le gilet n'aurait servi à rien.

Il n'était rien arrivé, mais cet épisode hanta mon sommeil pendant plusieurs années. Moi, normalement aussi courageux qu'un âne qui recule, comment expliquer ce sentiment d'invincibilité que j'ai toujours ressenti, une caméra à la main ? Et qu'est-ce qui avait pu me donner la hardiesse de me saisir de cette bandoulière comme Samson de la mâchoire d'âne et d'attaquer ma bande de philistins sur le pont ?

Les parents de Singh m'accueillirent presque en héros. À la fin du repas composé d'une vingtaine de petits plats délicieux, on sortit, événement exceptionnel, une bouteille d'alcool fait maison, un alcool blanc dans les soixante degrés, qui eût délié la langue d'un muet. Aussi, après m'avoir expliqué les grands principes de leur religion – il n'y a qu'un seul Dieu, le même pour tous et dans toutes les religions… il faut penser à Dieu en tout temps… se souvenir que les gens de races, de religions et de sexe différents sont tous égaux, etc., etc. –, ils m'entretinrent longuement de leurs antagonismes à l'égard des hindous, qu'ils considéraient comme paresseux, engourdis dans leur croyance en la réincarnation et pratiquant toujours ce système de castes qui annihile toute initiative chez l'individu qui ne peut en aucun cas passer d'une caste à une autre, du moins au cours de sa vie terrestre, figé qu'il est dans l'hérédité de son appartenance.

Les sikhs sont trop égalitaristes, disaient-ils, pour même imaginer que des êtres humains, comme cela existe chez les hindous, puissent être des intouchables, presque des esclaves à qui l'on confie les tâches les plus difficiles et les plus dégradantes. « Intouchable », le terme n'était plus dans la constitution indienne depuis 1950, il avait été remplacé par *harijan*, qui signifie « peuple de Dieu », mais, affirmaient-ils : « Une constitution ne change ni les mentalités ni les comportements. »

Je le constatais d'ailleurs moi-même chaque jour, à l'hôtel ou dans les rues, les fonctions les plus détestables étaient toujours remplies par ces représentants du « peuple de Dieu » : ils nettoyaient les toilettes, ramassaient les ordures, transportaient les cadavres – et cela ne manquait pas puisque le froid, chaque nuit à Delhi, pendant plus d'un mois, tua une cinquantaine de sans-logis, presque toujours des membres de la phalange de Dieu, comme par hasard.

Je me souvenais combien Judith Jasmin était revenue désenchantée de son expédition spirituelle en Inde et je me disais qu'il y a certains pays dans le monde où il est préférable pour s'y sentir bien de ne pas avoir la conscience sociale trop développée.

Mes hôtes tenaient par ailleurs à me faire comprendre avec une certaine véhémence que le Pendjab n'était pas l'Inde et qu'eux, les sikhs – surtout ceux qui arrivaient au fond d'une bouteille d'alcool –, ne devaient pas être confondus avec les hindous. Le sentiment de suprématie qu'ils ressentaient vis-à-vis d'eux était inné et ils ne se troublaient pas que leur religion leur enseignât que tous les êtres fussent créés égaux.

Personne, je crois, n'était plus conscient que Nehru des difficultés de faire progresser un pays comme le sien. Ainsi, quelle ne fut pas sa consternation d'apprendre, en pleine campagne électorale, que des astrologues avaient découvert qu'une conjoncture particulière des astres annonçait la fin du monde, fin du monde qui surviendrait, étrange coïncidence, une semaine pile avant la votation. Cette nouvelle surprenante, qu'en d'autres lieux on eût prise à la blague, se répandit comme une traînée de poudre à travers le pays. Il nous restait à tous trois semaines à vivre !

Le *Times of India*, publié en anglais, n'en fit pas sa manchette, contrairement à plusieurs quotidiens en hindi, mais il lui accorda tout de même la première page. Ce matin-là, au petit déjeuner dans la grande salle à manger de l'Ashoka, ce fut la rigolade avec Leacock et Shuker, car pour nous la fin du monde était survenue tôt après notre arrivée en Inde lorsque nous constatâmes, malgré nos généreuses allocations de séjour, que les vins français (donc buvables) étaient franchement hors de prix, de même que le bon whisky et, gravissime, qu'il n'y avait pas de femmes – ce genre féminin auquel je fais allusion, le « mauvais genre distingué », demeurait introuvable, véritable fléau dans un pays où la cuisine très relevée épice les voluptés un peu plus chaque jour, comme si le chauffeur forcené d'une locomotive, ignorant les freins serrés à bloc et le manomètre dans le rouge, continuait de pelleter du charbon dans le foyer. C'est à ces chaudières sous pression que deux pilotes dont la ligne passait par Bangkok avaient relaté, il n'y avait pas deux jours, toutes les blandices des sens qui les attendaient à chacune de leurs escales dans la capitale thaïlandaise : bains, massages, caresses par de douces et sensuelles Asiatiques, le paradis ! La description de la variété de jouissances offerte là-bas aux hommes nous avait plongés dans la plus profonde nostalgie.

— Tout de même, dans une ville de la taille de Delhi, m'informai-je, désespéré, à ces « spécialistes », il doit bien y avoir des endroits…

Il y en avait, ils les avaient visités, mais le seul qu'ils recommandaient était le 59 GB Road ; un demi-siècle plus tard je n'ai pas oublié cette adresse où je ne me suis pourtant jamais rendu. Ce n'était pas le manque d'envie d'aller prendre cette rue, à droite de la gare, sous la porte Ajmeri, mais le temps libre manquait et survint aussi un fait extraordinaire, un miracle.

En dépit des exhortations du pandit Nehru, la hantise de la fin du monde gangrenait les populations, qui devinrent si insoucieuses de l'avenir qu'on commença non seulement à se désintéresser de la campagne électorale, mais aussi à se départir de ses biens ; même les plus démunis, ceux qui ne possédaient rien, le donnaient aux prêtres dans le vain espoir de conjurer l'irrémédiable catastrophe. Partout devant les temples apparurent de grands paniers d'osier dans lesquels les fidèles déversaient leurs possessions : de l'argent sonnant, des bijoux, des certificats d'actions boursières, une véritable manne… qui au fond servirait à qui si les astrologues disaient vrai ?

La bourse se mit à chuter dangereusement, Nehru multiplia les déclarations dans les médias, dans ses discours électoraux, rien n'y fit. On se préparait au jour fatidique où le soleil ne se lèverait plus.

Un matin, au petit déjeuner, seul à ma table dans la salle à manger de l'Ashoka, j'avalais sans enthousiasme un bol de porridge affligeant qui goûtait le curry, avec des toasts qui goûtaient le curry et un café au curry, car après quelques semaines en Inde, on ne distingue plus aucune autre épice, le curry anéantit tout, on devient soi-même une plaie intégrale qui suppure le curry, l'omniprésence de cet arôme qu'on trouve d'abord exquis le pervertit et le transforme en vapeurs méphitiques qui nous traquent comme une meute de chiens enragés à laquelle il n'est pas plus possible d'échapper que le renard débusqué dans une chasse à courre ; je mangeais par devoir en parcourant un journal qui épiloguait justement sur la fin du monde et exhalait lui aussi une vague odeur de curry, quand, me sentant tout à coup observé, je relevai la tête et j'aperçus à la table devant moi une femme seule elle aussi, une Indienne, enveloppée dans un sari magnifique broché d'or, qui rebaissa les yeux aussitôt.

Je suffoquais : cette femme aux rondeurs gracieuses, appétissantes, ne pouvait être que le saint Graal, et je me mis à espérer, vingt ans avant l'interprétation qu'en firent les auteurs de *L'Énigme sacrée,* que le saint Graal serait par métonymie Marie-Madeleine elle-même ou une femme avec la même générosité !

Je ne la quittai plus des yeux. Chaque fois qu'elle relevait les siens, je la dardais du regard, m'efforçant de ne pas trahir l'émotion qui m'étreignait, aussi sournois qu'un chat à l'affût d'un oiseau, confiant qu'il ne s'envolera pas, mais que, hypnotisé, il cherra dans ses pattes.

Cette hindoue devait avoir quarante ans, elle était mariée, car en plus du tilaka écarlate sur son front, il y en avait un deuxième juste sous la raie de ses cheveux noirs et lustrés, deux petits fruits rouges sur le satiné de sa peau chocolat au lait ; incrusté dans l'une des ailes de son nez, un diamant s'embrasait chaque fois qu'il captait le soleil matinal que déversait une grande rosace dans la salle ; ses doigts, couverts de bagues, très longs et très effilés, contrastaient avec ses bras plus en chair, comme s'ils ne leur eussent pas appartenu ou n'eussent pas été les appendices d'origine, des doigts que prolongeaient les délicates lamelles de ses ongles nacrés ; sous la table, ses pieds dans des sandales ornées de fil d'or que j'apercevais par les échancrures de la nappe avaient la même finesse singulière que ses mains, et une série d'anneaux de platine flottant sur ses chevilles tintaient discrètement chaque fois qu'elle bougeait.

Il n'était pas possible qu'elle ne se sentît pas observée, j'y mettais trop d'insistance, mais imperturbable, elle termina son petit déjeuner, signa l'addition et quitta la table sans jamais m'accorder un regard. Pourtant, il me semblait qu'un fluide était passé entre nous, qu'elle n'était pas restée complètement insensible, du moins essayai-je de m'en convaincre tant me désespérait ce désert interminable que je traversais, les sens à vif, exacerbés par les assauts constants de tous ces mets pimentés.

La lumière était propice, la hantise de la fin du monde grandissait et il avait été convenu que je prendrais la journée pour filmer devant différents temples de Delhi les milliers de gens qui s'y rendaient dans l'espoir de conjurer la catastrophe annoncée et qui, pour augmenter leurs chances d'être exaucés, se départaient de tous leurs biens. Curieusement (ou n'est-ce pas toujours ainsi ?) ce sont ceux qui n'avaient rien à perdre, les plus démunis, qui se montraient les plus généreux : des mendiants extirpaient leurs dernières roupies du fond de leur bourse, des femmes serrant dans leurs bras des enfants faméliques se saignaient pour allumer des cierges ou des luminaires qui constellaient les parvis, répandant leur odeur âcre de cire ou de ghî ; elles retiraient colliers et bracelets – de la verroterie – et les déposaient dans des paniers que des brahmanes au visage grave vidaient aussi vite qu'ils se remplissaient, assurant une liaison continue entre le désespoir et quelque dieu compatissant mais invisible.

Puis, mon guide sikh suggéra d'aller regarder dans le vieux Delhi, du côté de la gare, un immeuble de briques rouges surmonté de deux hautes tours crénelées que construisirent les Britanniques dans les années 1900, en s'inspirant de l'architecture du Fort Rouge, l'un des plus importants lieux historiques de l'Inde, que l'empereur Shâh Jahân fit édifier au début du XVIIe siècle.

En temps ordinaire, la gare est encombrée, sale, des balles de marchandises couvrent les quais, pêle-mêle, des vieillards dorment sur les bancs, par terre, des enfants maigrichons fouillent dans les poubelles, longent les quais à la recherche de nourriture, partout des hommes se soulagent sur les murs que la pisse décolore et empeste, mais depuis quelques jours ce fouillis d'êtres humains, de bric-à-brac et d'ordures dépasse tout ce qu'on pourrait imaginer : des milliers de personnes, perdues, hébétées, essaient de retourner dans leurs familles, elles font la queue devant des guichets où chaque transaction prend un temps infini, on voit qu'on a vidé les bas de laine, cassé les tirelires, les pièces sont comptées une à une, on racle le fond des poches pour faire le compte, certains n'y arrivent pas et implorent ceux qui sont derrière de leur donner de l'argent, partout il y en a qui font la manche, des femmes offrent leurs faveurs pour quelques roupies, tout pour partir mourir chez soi, dans son village, chez ses parents; des images d'un désordre inimaginable, des images de panique comme en provoquent les catastrophes naturelles annoncées que les populations voient venir mais sont impuissantes à éviter.

De retour à l'hôtel, je tombe sur Jim Shepherd, le correspondant de *Time Magazine*, qui veut nous inviter chez lui à dîner. Je décide de passer, soit! les images de la journée m'ont bouleversé, mais j'ai aussi dans le ciboulot cet espoir de retrouver à la salle à manger la dame de ce matin.

Je descends vers vingt heures, la salle à manger est presque vide, et elle n'y est pas. En réalité, même cet hôtel chic devient de plus en plus désert à mesure qu'approche le moment fatidique, signe que la prédiction des astrologues se répand dans toutes les couches de la société.

Le prix est fabuleux bien que le Volnay premier cru que je commande ne soit pas un vin extravagant, mais je suis en Inde depuis presque deux mois, j'en ai ras le bol et, dans cinq jours, le monde n'existera plus, alors pourquoi économiser? Le garçon part avec la commande, je le rappelle aussitôt, je prendrai aussi un whisky en apéritif, mais il ne sait pas me dire ce qu'ils ont. Il met une éternité et revient avec la carte, allez! le premier sur la liste, un Aberfeldy, quinze ans d'âge. Une autre éternité et le revoici avec une brassée ridicule de bouteilles qu'il serre contre lui comme des nouveau-nés: il n'a pas de verre.

Après avoir perdu patience et élevé le ton, je finis par comprendre à son charabia qu'il n'y a plus d'Aberfeldy, pourtant, baragouine-t-il, il en a vu une caisse complète ce matin même, il apporte donc avec lui la panoplie complète de ce qui leur reste: pas un seul *single malt*, seulement des assemblages dont le plus potable est un Johnny Walker Black Label.

— Un double, s'il vous plaît, avec des glaçons.

Il pose le Johnny Walker sur la table, retourne chercher un verre et des glaçons.

Quand est-elle entrée? Comment ne l'ai-je pas aperçue? Mon hindoue magnifique s'est assise à la table voisine de la mienne, alors qu'elles sont presque toutes libres. C'est impossible, ce n'est pas un hasard et, pourtant, les discrètes œillades que je lance de son côté tandis qu'on lui apporte le repas qu'elle a déjà commandé restent sans réponse, comme si je n'existais pas. Les ondes de ce matin, car il me semble bien qu'elles avaient commencé à passer, sont bloquées.

J'enrage.

S'il y a un endroit au monde où la communication extrasensorielle devrait fonctionner, c'est bien en Inde ; je me concentre, j'aiguillonne ma pensée, je l'accélère en la tournant plusieurs fois dans ma tête comme l'athlète fait prendre de la vitesse au marteau en pivotant et je lance vers ma voisine la somme de mes désirs. Ai-je atteint la cible ? j'en doute : elle mange, parfaitement indifférente à ma présence. Mince lueur d'espoir, je remarque qu'elle n'arbore plus de tilaka sous la raie de ses cheveux, symbole du mariage, tandis qu'elle a par coquetterie orné son front d'une tache pervenche qui s'harmonise avec la couleur de son sari de brocart d'argent aux reflets chatoyants. J'aimerais me convaincre que ce sont là des signes assez encourageants pour que peut-être je lui écrive une note ou que j'aille carrément à sa table faire connaissance, mais j'écarte aussitôt l'idée d'une démarche si directe et risquée, je préfère continuer avec les assauts de ma pensée.

Inutiles coups de bélier, elle termine son repas, se lève et sort aussi imperturbable que si de l'eau glacée eût coulé dans ses veines.

Le ressentiment que j'en éprouvai me fit prendre sur-le-champ la décision de sauter dans un taxi et de me rendre à ce fameux 59 GB Road aussitôt que je sortirais de table. Là au moins, j'avais l'assurance qu'une centaine de roupies me mèneraient plus loin que ces sottes incantations de ma toute-puissante pensée !

Mon amour-propre en avait pris un coup. J'avais choisi un plat du Cachemire, un *yakhani*, le seul ne contenant pas l'ubiquitaire curry, mais cette espèce de ragoût de mouton à la cannelle et au cumin ne passait pas mieux que le dernier repas d'un condamné à mort, aussi savoureux fût-il.

Comme j'allais sortir de ma chambre où j'étais allé chercher assez de liquide pour faire face aux plus gourmandes exigences de ces dames de GB Road, on frappa à la porte. Un garçon me remit un sac, je lui demandai d'où cela venait, il haussa les épaules et tourna les talons.

Dans le sac, il y avait une bouteille d'Aberfeldy et une note. Je crus d'abord que l'hôtel faisait amende honorable pour l'indigence de ses ressources de whisky, mais non : la note m'invitait à me rendre à la chambre X pour un pousse-café, elle était signée V. S. Je chassai tout de suite de mon esprit que l'invitation pût provenir de cette femme que j'avais si ardemment désirée, car la providence vient rarement en aide aux concupiscents et le diable ne répond jamais lorsqu'on lui offre son âme en retour d'une nuit de débauche.

Cette chambre X est une suite au dernier étage de l'Ashoka. Quelques coups discrets, pas de réponse. Je colle l'oreille contre la porte et je perçois une voix, la voix de quelqu'un qui parle au téléphone et dont il est impossible de dire s'il s'agit d'un homme ou d'une femme. J'attends quelques instants, je frappe de nouveau. Silence absolu, pas même un bruit de pas avant le déclic de la porte qui résonne dans tout le corridor et me fait sursauter. Je n'en crois pas mes yeux : c'est elle ! Satan, merci !

Elle murmure timidement un mot de bienvenue, me fait passer au salon. Dans le hall d'entrée, j'aperçois, empilées, deux boîtes de douze bouteilles d'Aberfeldy, celle du dessus est ouverte et il en manque une.

Cette femme dans son plumage de soie brochée pervenche ne marche pas : elle glisse sur le parquet, acccompagnée par le volettement des pans de son sari, gracieuse comme un cygne. Elle m'offre du whisky, je vois qu'elle boit un grand cru de bordeaux, je ferai comme elle.

— *I am sorry for the inconvenience, I have bought all of the hotel's stock of Aberfeldy, it's the only brand we drink at home and we can't find it in Bombay*[28].

Durant les trois nuits que je passerai avec Vijaya S., j'apprendrai que c'est une princesse, qu'elle est armateur et sans doute une des femmes les plus riches de l'Inde, que cette aventure est la première qu'elle se permet, et je me rendrai compte que l'imminence de la fin du monde, à laquelle elle ne croit évidemment pas une seconde, n'est peut-être pas étrangère à cette liberté qu'elle prendra avec moi.

Elle verse mon vin, s'assied en vis-à-vis dans un fauteuil comme le mien, somptueuses et inconfortables reproductions de Bellange, nous choquons nos verres, mais pour lors son attitude devient si correcte,

28. – Pardonnez-moi pour le petit inconvénient, j'ai acheté toute la réserve d'Aberfeldy, c'est tout ce que nous buvons à la maison et c'est introuvable à Bombay.

ses manières si distinguées, je doute que cette rencontre ira plus loin, elle aura eu connaissance de mon agacement avec le serveur au sujet du whisky et, par délicatesse, comme elle vient de vider la réserve de l'hôtel, elle me fait cadeau d'une bouteille et m'invite pour un verre parce que mon flirt insistant – qu'elle a évidemment remarqué – l'aura amusée. Voilà ! mais pour diminuer la pression de la bouilloire, il vaudrait mieux compter sur les mécaniciennes de GB Road que sur une princesse pour laquelle, à la salle à manger, j'ai le sentiment d'avoir presque épuisé mes réserves d'animalité ; où est cette énergie accumulée maintenant qu'elle devrait exploser ? Je sirote sagement le bordeaux, réponds à ses questions sur les raisons de mon séjour en Inde, donne mon opinion précautionneusement sur le pandit Nehru – elle le connaît bien –, et au lieu de bondir sur elle comme un fauve enragé, je fais le mondain. J'aimerais, j'en conviens, mais je n'y arrive pas, conclure que cette femme m'a fait monter à sa chambre pour autre chose qu'une conversation de salon, cependant rien ne m'y autorise, pas la moindre provocation ; pourtant ce sari semble tenir à si peu, elle laisserait négligemment tomber un drapé… et le *choli*, ce caraco qu'elle porte dessous, à l'évidence sans soutien-gorge, et qui lui découvrirait le nombril ne ferait-elle que le mouvement approprié… mais non ! quand elle ne prend pas une gorgée de vin, ses mains fines restent posées sagement sur ses genoux, on dirait une cloîtrée absorbée dans sa méditation.

Je n'en peux plus, je me lève d'un bond et m'excuse, je ne vais pas la déranger plus longtemps. Elle paraît estomaquée.

— *Please don't leave*, dit-elle en se levant aussi, *I thought you might spend…*[29]

Et elle se tut, trop embarrassée pour terminer sa phrase.

Curieux moment ! celui où le chasseur et la bête qu'il chasse se trouvent brusquement l'un devant l'autre, immobiles, figés, l'un hésitant à faire feu, l'autre à profiter de cet instant d'indécision pour fuir.

Je m'approchai d'elle et la pris dans mes bras, une étreinte d'abord assez chaste, comme on pose délicatement le pied sur la glace translucide d'un lac pour en vérifier la résistance, puis je la serrai passionnément contre moi, caressant ses tempes avec ma bouche, humant

---

29. – Je vous en prie, ne partez pas. Je pensais que…

ses cheveux lustrés et palpant la chair satinée de son dos; nos cœurs palpitants cherchaient à accorder leur tumulte et quelle étuve devenaient nos corps enlacés! Nous glissâmes jusqu'à la chambre où le lit avait été ouvert. Par discrétion, je me détachai d'elle pour aller me dévêtir à la salle de bain, lui laissant tout le temps de faire la même chose de son côté (j'ai toujours été très malhabile à retirer avec un romantisme minimal les vêtements d'une femme, je n'allais pas m'aventurer dans le dédale tortueux d'un sari).

Grossière erreur!

Lorsque je revins dans la chambre, nu et flambant, même si elle avait pris soin de tamiser la lumière, elle qui était sous les draps poussa un cri, oui! d'épouvante et je m'affaissai brusquement pour me soustraire à sa vue. Au bout d'un moment, j'entendis sa voix désorientée murmurer un «*I'm sorry*».

Dans le silence qui suivit, je rampai vers le lit et j'y montai en me glissant sous le drap comme un criminel cherche à échapper aux photographes en cachant son visage avec le pan de sa veste. Je n'osais ni ouvrir la bouche ni bouger, ce cri n'avait heureusement pas entamé mon ardeur, mais il avait transi ma résolution.

Je sentis sa main brûlante sur mon front, elle me caressait avec tendresse en m'expliquant qu'elle voyait un homme nu pour la première fois, même son mari ne s'était jamais montré à elle dans le plus simple appareil. Et me rapprochant d'elle, je me rendis compte qu'elle était tout habillée, mais qu'elle avait dénoué ses cheveux, des houles de cheveux et de soie dans le lit, où mes mains plongeaient à tâtons, découvrant des îlots de chair tiède et veloutée, voyageaient le long de baies harmonieuses, s'aventuraient dans des échancrures moites et odorantes qu'elles sondaient, éveillant des extases chez elle et exacerbant mon désir.

Alors, je me frayai sans voir un chemin dans cette jungle luxuriante de chair et de soie, puis je dardai cette femme avec l'ardeur explosive du soleil printanier qui embrase la neige et gonfle les torrents, l'impétuosité d'un orage depuis des jours amoncelé. Cette femme dont je clouais le corps par de violentes secousses, je n'aurai toujours vu que son visage éclore de plaisir et senti profondément en elle sourdre ce geyser qui en est l'incontestable révélateur. Du corps de cette princesse de Bombay, avec qui je passai trois nuits prodigieuses, ne me reste qu'un souvenir aussi indéchiffrable qu'une page de braille ; cette femme, je l'ai eue au bout des doigts, je ne l'ai jamais vue, et elle qui m'avait vu n'a continué de me regarder qu'en me palpant comme une aveugle.

Nous nous quittâmes deux jours avant l'apocalypse, elle devant retourner à Bombay et moi prendre l'avion pour la ville sacrée de Varanasi, tout entière sur la rive gauche du Gange, face au soleil levant qui ne se lèverait plus. Vijaya me donna un téléphone et une adresse où je pourrais la joindre sans éveiller de soupçons dans son entourage, elle souhaita, bien sincèrement je crois, que je la visitasse à Bombay, malgré les complications que cela eût entraînées, mais l'adieu que nous nous fîmes, cette dernière étreinte, présageait la fin du monde. Notre monde. Nous ne nous sommes en effet jamais revus et n'avons plus jamais échangé de nouvelles.

Quelques heures avant le vol pour Varanasi, le *fixer* – comme les journalistes le nomment maintenant – vint me trouver à l'hôtel pour m'annoncer une mauvaise nouvelle : il ne pourrait pas m'accompagner, sa mère s'étant subitement trouvée malade. Il mentait, j'en étais sûr, c'était la trouille qui s'était emparée de lui comme d'une majorité de la population, lui qui n'avait pourtant jusque-là cessé de se moquer des malheureux plongés dans la terreur par les prédictions des astrologues. Trouver quelqu'un pour le remplacer à brûle-pourpoint paraissait aussi impossible que de partir sans lui, d'autant que nous n'avions réservé là-bas ni hôtel ni voiture. C'était la veille seulement qu'avec Leacock nous avions pris la décision que j'irais à Varanasi parce que des centaines de milliers de personnes y convergeaient pour mourir dans la ville sacrée du dieu Shiva. En rigolant avec Ricky, nous avions convenu que j'avais de la chance, car qu'importe le dénouement : ou je reviendrais avec des images fantastiques, exclusives, ou je pourrais, avec un million d'autres hindous, plonger dans le Gange et laver mes fautes avant d'affronter mon créateur.

Notre bonhomme finit par admettre que sa mère n'était pas malade, puis nous réussîmes à le raisonner : le seul pays où la prédiction des astrologues s'était répandue, c'était l'Inde, nulle part ailleurs on n'y avait ajouté foi. La clairvoyance des augures indiens surpassait-elle à ce point celle de tous les autres ? et si la fin du monde devait se produire, cela tombait sous le sens, elle frapperait le monde entier, pas seulement un coin particulier du globe où l'on aurait cru à pareilles balivernes. Un léger complément d'honoraires acheva de le rassurer. Il demanda la permission d'appeler ses parents, un coup de téléphone interminable auquel je dus l'arracher car il nous restait juste le temps de nous rendre à l'aéroport.

L'aérogare était lugubre, presque déserte, des dizaines de vols avaient été contremandés, faute de passagers, le nôtre restait affiché, pour le moment du moins. Quelques minutes avant l'heure de l'embarquement, un agent de Indian Airlines vint prévenir les passagers (nous étions six en tout !) qu'il y aurait du retard ; une emmerde, car cela nous ferait atterrir à Varanasi après la tombée de la nuit alors que j'eusse souhaité repérer les ghâts où nous irions tourner, mais, plus embêtant encore, ces délais conjugués à l'atmosphère sinistre entamaient dangereusement la détermination de notre interprète. Heureusement, nous n'apprîmes qu'au moment du décollage et de la voix même du pilote que le vol avait été retardé parce que son copilote, le *steward* et les hôtesses s'étaient tous esquivés à la dernière minute ; il comptait donc sur notre indulgence, car il n'y aurait évidemment aucun service durant le trajet. En dépit de son teint basané, l'interprète devint blanc comme un linge et son masque prit un air effrayant de mardi gras. Un doute me traversa moi aussi l'esprit… si leurs astrologues dont on se moquait étaient en réalité plus futés que les nôtres !

À Varanasi, où il faisait une nuit d'encre lorsque l'avion s'y posa, nous trouvâmes à nous loger dans un hôtel de déprime, sur une rue mal éclairée, à une centaine de mètres derrière le ghât Manikarnika, le lieu où se trouvent concentrés le plus grand nombre de bûchers funéraires en Inde. Les disciples de Shiva considèrent le monde entier comme un vaste crématoire – ne sommes-nous pas tous consumés par quelque brasier ? celui de la luxure, ou de la jalousie, ou de l'envie, etc. –, mais Varanasi est l'endroit de crémation par excellence ; en effet, Shiva a obtenu de ses collègues, Brahma, Vishnu et cie, que les corps incinérés ici sur les berges du Gange soient libérés de leur karma et du cycle infernal des naissances et des morts pour accéder directement au nirvana, une sorte d'express vers l'éternel. Pas indispensable d'ailleurs de mourir là, les cadavres peuvent venir de n'importe où, pourvu qu'ils soient incinérés sur les ghâts de la ville sacrée. Cette exclusivité que Shiva a donnée à Varanasi fait qu'il y brûle toujours quelqu'un ! Tout au long des berges montent en permanence ces fumées grasses des bûchers et, les jours d'encombrement, on déverse carrément les ossements brûlants dans le fleuve pour accommoder les morts qui attendent sur les quais le train de l'infini.

Avant de prendre une bouchée ce soir-là, je me rendis à Manikarnika et descendis les escaliers jusqu'au Gange. De petites flammes s'élevaient encore de quelques bûchers autour desquels s'attardaient, debout ou accroupis, des *sâdhus*, ces ascètes décharnés, édentés, souvent galeux, avec leurs tignasses drues et leurs étranges marques corporelles. L'un d'eux, ses bras rayés de bracelets dessinés à la craie, son front marqué de zébrures blanches, traversées en leur centre par une raie incarnate, ce qui donnait l'impression qu'une araignée géante venait de s'y poser, ce *sâdhu*, presque nu malgré la nuit froide, descendit le ghât et, s'inclinant très bas au-dessus du fleuve, ramassa de l'eau avec un crâne humain dont il se servait comme d'un vase, puis il remonta d'une marche, s'accroupit, le porta à sa bouche et se mit à laper bruyamment cette eau dans laquelle avaient mariné les débris de corps et s'étaient plongés des milliers de pèlerins pour se purifier de leurs souillures. Ses lapements de bête se confondaient avec le clapotis de l'eau contre les barques amarrées les unes aux autres en enfilade, le bleu phosphorescent des ponts découpant leurs formes gracieuses sur l'opacité du fleuve. Des odeurs arrivaient par vagues, parfois violentes comme les effluves de chair carbonisée ou indéfinissables comme ces miasmes de marais dont on ne sait s'ils proviennent de la décomposition végétale ou animale, mais que ce lieu dédié à la mort rendait plus troublants, presque insupportables. Et du côté de Varanasi, lorsqu'on se trouve sur la rive, c'est toute la ville qui pèse contre soi avec ses maisons empilées les unes sur les autres et les dômes torturés de ses temples, fantômes oppressants surgis exprès de la nuit pour pousser les vivants dans l'abîme éternel.

J'avalai un plat à la hâte dans un restaurant quelconque où visiblement on se préparait à la fin du monde : les tablettes de comptoir étaient vides, les rideaux étaient tirés et le patron faisait déjà sa caisse en me jetant de temps à autre un regard implorant, il avait hâte de fermer boutique… pour la dernière fois ; puis je rentrai à l'hôtel, un immeuble d'un seul étage dont toutes les chambres donnaient sur une rue piétonne ouverte aux *rickshaws*. En passant devant sa fenêtre, je vis par les rideaux entrouverts notre sikh, agenouillé en prières, je tapai contre la vitre, il sursauta comme si le diable venait de le surprendre et il accourut ouvrir sa porte en se confondant en excuses, c'était pourtant moi qui le dérangeais ! Nous devions être sur les bords du Gange pour quatre heures du matin, avait-il prévenu la réception de sonner aux chambres une heure avant et de préparer quelque chose à manger ? avait-il retenu un *rickshaw* pour transporter l'équipement ? Il s'était acquitté de tout cela, me confirma-t-il d'une voix chevrotante ; ses mains tremblaient aussi, je vis qu'il était terrorisé et qu'il considérait nos préparatifs parfaitement inutiles puisque l'inexorable approchait.

Lorsqu'il vint, lui, frapper à ma porte un peu après trois heures pour s'assurer que j'étais debout, je n'avais pas réussi à fermer l'œil. Ma promenade à Manikarnika après un mois d'immersion dans cette atmosphère de fin du monde m'avait ébranlé, l'odeur de la mort s'était infiltrée en moi, mon crâne était à ras bord des prémonitions les plus lugubres, je n'avais plus du tout l'assurance paisible que je pointerais l'objectif de ma caméra vers un soleil se levant encore un autre jour. J'étais inquiet, je commençais moi aussi à douter de la continuité du monde. Durant mon insomnie, j'avais aperçu, dès minuit, par la fenêtre de ma chambre les gens se diriger vers le Gange comme s'ils avaient craint d'être en retard et de rater la fin du monde ; ils marchaient tous en se brossant scrupuleusement les dents avec une brindille de karingali, ils polissaient chaque dent l'une après l'autre, tapotaient le contour des gencives, coupaient ensuite avec les incisives le bout du bois trop émoussé et le lançaient, sans perdre un pas, dans un gros crachat sanguinolent, une toilette un peu ridicule au regard de ce qui les attendait, car ce n'est pas dans l'espoir d'un autre jour qu'ils marchaient ainsi vers les ghâts, mais pour entrer triomphalement dans l'éternité, les dents propres et blanches.

Je ne lui avais pas parlé depuis deux semaines, j'eus envie de joindre Thérèse Arbic au téléphone, d'avoir des nouvelles de ma fille. À Montréal, il était quatre heures de l'après-midi, la veille ! un bon moment, mais je n'arrivai jamais à obtenir la communication, les télécoms indiennes semblaient avoir déjà commencé à se désagréger : le combiné résonnait des cracs et des grésillements de la délitescence imminente du réseau ! Cette impossibilité de communiquer me rendit encore plus cafardeux, d'autant que me revint à l'esprit ce passage du Deutéronome : « … tu seras dans l'effroi jour et nuit, sans pouvoir croire en ta vie. Le matin tu diras : "Qui me donnerait d'être au soir ?" Et le soir tu diras : "Qui me donnerait d'être au matin ? À cause de l'effroi qui étreindra ton cœur et du spectacle que verront tes yeux !" ».

Oui, le spectacle ! Justement, je n'y avais pas vraiment pensé jusqu'à l'arrivée en avance du *rickshaw*. Tandis que nous le chargions de notre barda de tournage – pour être prêts, nous ne gardions que la caméra et le magnétophone à la main –, je me mis à réfléchir à notre extraordinaire chance : nous allions filmer l'apocalypse ! Aux premières loges de la ville sacrée de Varanasi, je verrais apparaître un cheval blanc avec son cavalier armé d'un arc, un cheval rouge feu avec son cavalier armé d'une épée tranchante, un cheval noir dont le cavalier porterait une balance et enfin un cheval vert, monté celui-ci par la Mort ; la terre tremblerait et je verrais la lune devenir comme du sang, les astres du ciel s'abattre sur la terre, j'entendrais sonner les sept trompettes des anges et je filmerais la grêle et le feu mêlés de sang tombant sur la terre, le Gange devenu lui-même de sang, l'immense astre brûlant comme une torche qui viendrait tout consumer, et, avec un peu de chance (sans doute à la longue focale !), je verrais un trône blanc, Celui qui siège dessus, je l'entendrais déclarer d'une voix assez forte et puissante pour l'enregistrer : « Je suis l'Alpha et l'Oméga, le Premier et le Dernier, le Principe et la Fin, heureux qui lavent leurs robes, ils pourront disposer de l'arbre de Vie et pénétrer dans la Cité par les portes, dehors les chiens, les sorciers, les impurs, les assassins, les idolâtres et tous ceux qui se plaisent à faire le mal ! »

Dans cette rue étroite et sombre qui descendait vers le fleuve, entouré de centaines d'Indiens qui chiquaient toujours leur brindille de karingali et arrachaient à chaque pas leurs savates aux pavés poisseux, la fièvre s'emparait de moi : j'aurais bientôt l'insigne privilège de tourner les images de l'apocalypse et, avec l'autorisation de Celui qui siège sur le grand trône blanc, je les enverrais à New York, à Time-Life… alors là, pour une exclusivité !

Comme si le Gange avait débordé, des vagues compactes de femmes et d'hommes, presque tous habillés de blanc, encombraient les longs escaliers du ghât Dasaswamedh où j'avais décidé que nous nous posterions, car si le soleil se levait, nous l'aurions juste en face de nous, de l'autre côté du fleuve. C'est à travers cette foule inerte qu'il fallut nous frayer un chemin jusqu'à l'eau, poussant et bousculant des êtres trop transis et résignés pour vraiment rouspéter, à moins qu'ils nous eussent pris pour les éclaireurs des chevaliers de l'apocalypse. Les flammes de lanternes qui flottaient encore sur l'eau glauque traçaient à sa surface de grandes ondulations concentriques, jaunâtres, comme les spirales lumineuses des astres de *La Nuit étoilée* de Van Gogh. Ici et là, des prêtres s'agitaient en prières, cherchant par tous les moyens à attirer l'attention sur leurs paniers à offrandes que des torches éclairaient ; des femmes et des hommes qui ne s'étaient pas déjà saignés à blanc retiraient leurs derniers bijoux : des bracelets, des colliers, des bagues, qu'on se passait de main en main jusqu'aux paniers, impossibles à atteindre autrement tant la foule était dense.

Au premier trait de lumière que tire la nuit dans le ciel, les pèlerins massés tout au long des ghâts – il devait y en avoir au moins un million –, au lieu de manifester leur espoir, inclinèrent tous la tête, comme si le joug d'un nouveau jour possible pesait déjà trop lourd.

Je commençai de tourner mes premières images.

Plus approchait le moment fatidique où le jour risquait de ne pas se lever, plus l'angoisse devenait palpable, les gens se serraient les uns contre les autres, scrutaient le ciel, murmuraient des prières, celles-ci s'élevaient dans un gémissement indistinct qui flottait au-dessus de la foule et que déchiraient les cris aigus d'oiseaux nocturnes retournant à leurs nids ou les coassements isolés de grenouilles tapies le long de ces ghâts où, normalement, dès cette heure, les *parias* eussent commencé à monter les bûchers pour incinérer les morts. Ce matin, c'est du ciel que tomberait le feu pour tout consumer.

La fin était proche.

Brusquement, par-delà le Gange, une traînée sanguinolante se répandit le long de l'horizon comme si un scalpel avait taillé dans la peau sombre du ciel. Deux millions d'yeux s'injectèrent de sang en se fixant sur cette barre que l'aube rendrait bientôt incandescente. Mais personne n'avait encore l'assurance que ce feu qui montait dans le ciel et se propageait sur le Gange fût vraiment le soleil et non pas l'avancée du brasier qui consumerait la terre entière.

Ma caméra ne voyait que des visages angoissés, des doigts croisés en prières et, disséminés dans la foule, les *sâdhus* demi-nus que leur corps immobile et bronzé métamorphosait en statues.

Le ciel s'illumina davantage, des cirrus floconneux s'ourlèrent de rose et la journée des oiseaux commença : des avocettes et des courlis se mirent à courir sur les berges à la recherche de crabes et d'écrevisses, des huppes au plumage orangé picoraient déjà sur les bouses, les sanderlings et les geais saluèrent de leurs chants le soleil, dont l'arc de feu venait d'apparaître, embrasant tout. Une clameur immense monta alors des ghâts, un million de soupirs de soulagement, puis cette foule que le soleil commençait à réchauffer et qui ne pouvait plus douter de la reviviscence du monde descendit par vagues successives jusque dans le Gange ; on se prosternait avec ferveur, immergeant la tête dans ces eaux singulières, immondes et purificatrices à la fois, puis on remontait sur les quais, les femmes démêlant leurs longues chevelures et s'asséchant comme elles le pouvaient sous leurs saris dégoulinants, tandis que les hommes, qui s'étaient baignés vêtus seulement de leurs pagnes, se rhabillaient avec leurs vêtements secs laissés en boule sur les marches de pierre.

Les prêtres qui allaient s'esquiver avec leurs paniers débordant de roupies et de bijoux ramenèrent brutalement à la réalité ces gens à qui le soleil venait de confirmer qu'ils avaient été trompés, alors, comme si un ordre d'indignation générale eût été donné par quelque mystérieux chef de file, des centaines de baigneurs fraîchement purifiés se ruèrent sauvagement sur les prêtres les invectivant et les rouant de coups, puis, s'emparant des paniers, ils se mirent à lancer autour d'eux argent et bijoux, sur lesquels fondirent des volées désordonnées d'hommes et de femmes plus avides que les bandes d'échassiers becquetant leur vie sur ces rivages de mort.

À Varanasi, comme partout ailleurs en Inde, non seulement la fin des temps n'était pas advenue, mais le cours normal des choses avait tout de suite repris ; cette rébellion subite des opprimés contre les prêtres et les autres qui les exploitent ne restera qu'une saisissante séquence d'images dans le documentaire sur Nehru, à l'abri quelque part dans les archives de Time-Life… et sans doute oubliée, sauf dans mon souvenir.

Le pandit Nehru fut réélu. Je quittai l'Inde quelques jours après, ayant échappé à la fin du monde et inconscient des chambardements que provoquerait dans ma vie la halte que j'avais choisi de faire à Paris avant de rentrer à Montréal, puis à New York.

*
* *

Je me réveillai en sursaut lorsque l'avion se posa, en pleine nuit, pour une escale d'une heure au Caire. Je ne comprenais pas ce que je faisais en Égypte et je dus me triturer la cervelle pour me rappeler que j'avais quitté Delhi. Jim Shepherd nous avait invités chez lui et nous avions célébré si sérieusement la fin de notre séjour en Inde qu'une brume épaisse avait anéanti tous les détails de ce départ. Ramassant ce qui me restait de forces, je me traînai jusqu'à l'aérogare du Caire, je cherchais de l'eau, une bière, n'importe quoi, *j'étais dans un état voisin du Massachusetts*, comme l'exprimait si originalement Maurice Sachs, et mes collègues Leacock et Shuker ne se portaient guère mieux.

L'avion redécolla et je retombai dans ce coma éthylique jusqu'à notre arrivée à Paris.

Il était dix heures du soir lorsque je retrouvai suffisamment mes esprits pour quitter l'Hôtel du Quai Voltaire et marcher jusqu'à Saint-Germain. C'était le printemps dans toute sa douceur, le lilas dans les jardins de l'église embaumait la place ; des platanes glissaient délicatement les poils de leurs jeunes feuilles jusque sur les trottoirs qu'une ondée récente faisait miroiter, dieu ! que j'étais ravi d'avoir quitté l'Inde, dont je gardais si peu de bons souvenirs… et ces relents de curry dont je me sentais toujours imprégné, Paris finirait bien par m'en délivrer ! Je flottais dans une délicieuse sensation de bien-être lorsque j'aperçus Claude à la terrasse du Flore, Claude Jutra, avec une jeune femme, une véritable beauté, que je ne connaissais pas. J'allai me plaquer dans la vitrine en face de lui, il manqua de s'étouffer en me reconnaissant.

Embrassades, présentation. Cette splendeur de femme avec qui il arrivait du cinéma et dont j'oublie le nom était (à juste titre) la personne en charge de la « beauté » au magazine *Elle*. J'eus un coup de chaleur, d'autant que la pression dans la chaudière, chauffée par trois mois de cuisine brûlante, n'avait profité que d'un très bref exutoire et qu'au su de l'inclination de Claude, cette nymphe devait être de peu d'intérêt pour lui. L'émoi qu'elle me causa fut instantané et sans doute un peu ridicule, mais on ne cravache pas un cheval déjà trop fringant ! Cette Mlle Beauté, c'était mon salut, l'oasis dans le désert, la grâce du condamné. Mon regard restait agrippé à elle, j'épiais ses moindres gestes, elle avait à peine posé la main sur son paquet de cigarettes que je grattais une allumette, elle n'avait pas avalé sa dernière gorgée que j'offrais une autre tournée.

— Qu'est-ce que tu fais demain soir ? me demanda Claude à brûle-pourpoint.

Je haussai les épaules, je ne pouvais quand même pas répondre que j'eusse souhaité de tout mon être passer cette prochaine soirée avec Mlle Beauté, en réalité je serais parti immédiatement au bout du monde avec elle.

— C'est que, m'expliqua Claude, je dois aller manger demain soir avec (appelons-la) Leila et il m'arrive un truc de dernière minute, incontournable, je me demandais si…

Il n'eut pas le temps de terminer sa requête, je m'étais déjà porté comme suppléant avec la voracité du crocodile qui claque des mâchoires en fondant sur sa proie. Craignant que mon emballement fût perçu pour ce qu'il était : une choquante convoitise de la chair, j'ajoutai que je ne voulais pas m'imposer, mais qu'il me convenait tout à fait d'essayer de le remplacer.

— Les Machucambos jouent à L'Escale, à deux pas, rue Monsieur-le-Prince, reprit Leila, ils sont formidables, je voulais que Claude les entende.

À part Atahualpa Yupanqui, je ne connaissais rien au folklore latino, Leila fit remarquer que Yupanqui était justement l'inspirateur des Los Machucambos, mais cela était bien superflu : pour l'accompagner je serais allé à un concert de grenouilles. Elle me proposa de lui passer un coup de fil, au début de l'après-midi de demain, afin de convenir d'un lieu de rendez-vous. Pour tout dire, je crois que mon empressement l'avait un peu inquiétée et qu'elle n'était pas prête pour le moment à me donner autre chose qu'un numéro de téléphone. Et ce soir, c'est Jutra qui la raccompagnerait chez elle. Je les vis avec regret disparaître dans un taxi.

Cette rencontre fortuite avec Mlle Beauté avait trop remué les braises pour espérer qu'elles s'éteignissent doucement d'elles-mêmes dans la solitude de ma chambre du quai Voltaire. Il y avait même danger d'incendie ! Après avoir erré quelques instants sur le boulevard de plus en plus désert – il était minuit passé –, je décidai d'aller traîner du côté de Pigalle, où des escouades de pompiers se tiennent toujours à la disposition.

Une Africaine qui roulait de manière indolente sa croupe potelée attira tout de suite mon attention. Des fleurs à grandes corolles rouge vif imprimées sur sa robe donnaient l'impression que cette femme était dévorée par des flammes qui lui avaient déjà calciné les jambes, les bras et le visage, tant sa peau était noire. Sans perdre de vue cette femme de jais que je ne voulais pas risquer de me faire chiper, je marchai quand même jusqu'à la prochaine intersection pour apprécier l'étalage. Il n'y avait pas photo, comme on dit. Le marché fut vite conclu : pour trois sous, elle ferait mes quatre volontés ! L'autel de son sacrifice se trouvait place de Clichy et j'offris de nous y rendre en taxi…

— Ah ! ces Américains, fit-elle. Trois cents mètres, on peut marcher.

Tandis que nous parcourions cette distance, elle comprit d'abord que je n'étais pas américain et s'assura ensuite de me bien préparer à la délicieuse délivrance qui m'attendait. Elle me soufflait à l'oreille de jolies saloperies, collait son sein ferme contre mon épaule pour que je sente l'agressivité de son mamelon et s'amusait par des caresses fugitives à vérifier l'intensité de mon désir. Ce pas de deux érotique nous conduisit jusqu'à une chambre minuscule dont l'unique fenêtre ouvrait sur les gesticulations héroïques du maréchal Moncey, perché sur son piédestal au centre de la place, et dont on aurait dit que, devant l'avancée de la nuit, il venait d'ordonner, sabre à la main, la retraite des garçons du Wepler qui empilaient fiévreusement les chaises de la terrasse tandis que les derniers clients prenaient la fuite.

Devant cette fenêtre, ne prenant pas la peine de fermer les rideaux, elle retira rapidement sa robe et son slip. Elle était magnifique, elle aurait pu, avec la cambrure de ses reins et l'arrondi de ses fesses désinvoltes, être le *Nu à contre-jour* de Bonnard, elle avait la même sensualité, la même élégance de formes, et le papier peint des murs de la chambre arborait le même fleuri vieillot.

Oui, c'est une panthère de velours noir et mat qui se glissa dans le lit avec son museau rose et charnu, ses crocs d'émail blanc, ses ongles translucides, étincelants comme des lames de schiste, et les effluves de savane et de karité que chaque mouvement de son corps libérait. Je m'abandonnai à l'avidité de ce fauve qui mordillait, léchait, pelotait, m'enveloppait de son corps et me mouillait de ses sueurs musquées. Aussi valeureusement qu'un Henry Stanley, je plongeai dans les profondeurs de son continent mystérieux et quand, ayant pagayé comme un forçat, j'atteignis la source de son plaisir – orgasme véritable ou admirablement feint – et qu'elle exulta comme un explorateur que l'on retrouverait après des années d'errance, je faillis pouffer de rire à l'idée de lui souffler à l'oreille la phrase mémorable de Stanley tombant enfin sur Livingstone après des mois de recherches ardues : « Docteur Livingstone, je suppose ? »

Ça, on peut le dire, je l'avais cherché, ce moment, je m'étais dépensé !

Elle sortit du lit, m'y retenant d'un geste, le temps de faire ses ablutions, et prenant un petit magnétophone dans son sac, elle offrit de me faire une danse de son Burundi natal. L'indicateur de mes préoccupations ethnographiques était à zéro, mais je ne voulus pas lui déplaire. Elle se mit à onduler gracieusement sur la musique rythmée qui sortait de son magnéto grésillant, puis les images de son corps de félin, de plus en plus nébuleuses, s'éteignirent comme des perséides dans le trou noir de ma tête.

Une trombe de lumière déboula dans la chambre. Le soleil venait de se hisser par-dessus les immeubles de la place de Clichy. Je m'éveillai en sursaut et courus vers mes vêtements sur le crochet, derrière la porte. Mon passeport était toujours dans la poche intérieure de mon veston et mon porte-monnaie, dans une des poches du pantalon. Ouf ! C'était une pute honnête, jusqu'à ce que j'ouvre le porte-monnaie : des cinq cents dollars que j'avais retirés à l'American Express, il restait deux billets de cent francs, environ cinquante cents à cette époque, de quoi prendre le métro ou un café et un croissant. J'optai pour le petit déjeuner, j'en avais grandement besoin.

Je marchai jusqu'à Pigalle avant de choisir un bistrot qui convînt à mon air si déconfit qu'aucune des putes matinales que je croisai ne daigna lever les yeux sur moi, sentant probablement que j'avais déjà donné. Je flambai mes quelques sous sur un croissant et deux ou trois cafés noirs, question de bien me décaper la cervelle et de me remémorer un des principes fondamentaux de la débauche : eh con ! on ne s'endort jamais après avoir baisé une pute.

Il fallait maintenant que je revienne à pied jusqu'au quai Voltaire, j'en avais pour plus d'une demi-heure et le courage me manquait, lorsque j'entendis un tonitruant : « Fournier ! »

C'était un bon Samaritain, c'était le poète Roland Giguère, parfait franchouillard : béret basque sur la tête, deux baguettes sous le bras. Souriant de toutes ses dents jaunies par la nicotine, il se précipita vers moi en s'écriant :

— Le monde est petit !

Je ne l'avais pas vu depuis quatre ou cinq ans, je ne savais pas qu'il était là, installé pour quelques mois dans un minuscule appartement dans une rue menant à Montmartre. Il croula littéralement de rire en entendant comment je venais d'être dévalisé et m'invita chez lui, je saluerais Denyse et il me prêterait de quoi me débrouiller temporairement.

Pourquoi dans cette conversation de retrouvailles glissa-t-il qu'il avait rencontré la veille chez des amis une fille formidable, une petite blonde de Stratford ? Allez savoir ! Elle était peintre ou designer, il n'avait pas bien compris.

— Stratford on Avon ? demandai-je.

— Non, Stratford, Ontario. C'est une Canadienne qui ne parle pas un mot de français et qui vient d'arriver à Paris. Elle est très mignonne, précisa Giguère avec le regard espiègle et un peu triste de quelqu'un dont on sentait que lui pesait sa vie avec une femme monotone et sans charme.

— As-tu son téléphone ?

— Elle n'a pas de téléphone, dit Giguère en se levant pour prendre un bout de papier sur une commode, mais j'ai une adresse, elle s'appelle Anne, je n'ai pas son nom de famille, et elle habite avec des amis, tiens ! pas très loin du quai Voltaire.

Une bonne partie de l'après-midi, je fis la navette entre l'hôtel et cette adresse où on ne répondait jamais. L'idée de rencontrer cette inconnue m'avait enfiévré à tel point que, pour être certain d'être libre, le cas échéant, j'avais appelé Mlle Beauté pour décommander notre rendez-vous.

Alors que j'allais jeter l'éponge et me maudire de cette fâcheuse décision, on répondit enfin à mes coups de sonnette désespérés, une voix qui n'osa pas ouvrir tant que je n'eusse pas raconté que j'étais un grand ami de Giguère, le peintre qu'elle avait rencontré, que je souhaitais l'inviter à dîner, que nous ne serions pas seuls, qu'il y aurait Leacock, un ami cinéaste, et Annie Tresgots, une des monteuses des films de Jean Rouch. À cette nomenclature rassurante, la porte s'entrebâilla livrant tout juste passage à des yeux saphir et une voix timide qui finit par acquiescer à l'invitation.

Je ne me séparai d'Anne Pritchard que deux semaines plus tard. Après avoir dîné, nous avions dansé toute la nuit au Bilboquet, rue Saint-Benoît, et lundi, alors que j'aurais dû reprendre l'avion, Leacock, voyant mon désarroi, trouva pour que je puisse demeurer à Paris l'astuce de me faire superviser le sous-titrage français du film *Eddie*, tourné en 1961, par l'équipe de Drew Associates aux 500 milles d'Indianapolis sur le pilote Eddie Sachs ; favori, Sachs avait obtenu la *pole position* et mené durant presque toute la course pour la perdre dans les dernières secondes derrière A. J. Foyt. Eddie (il mourra brûlé vif dans la même épreuve deux ans plus tard) fut si secoué de voir la victoire lui échapper ainsi *in extremis* qu'on l'aperçoit dans le film courir vers une salle de toilette et vomir, mais cette séquence très dramatique n'a pas de conclusion, l'image se fige et vire au blanc. Bill Ray avait tourné toute la scène, mais son assistant la gâcha. En effet, dans l'énervement, ce dernier exposa la pellicule à la lumière du jour en la sortant du chargeur de la caméra. Ray, ancien photographe vedette du magazine *Life*, se rendant compte de l'accident et fou de rage, cassa littéralement la gueule à cet assistant. J'en viendrai aux poings avec Bill Ray moi aussi, un an plus tard, alors que nous tournions ensemble un film sur des inondations dans le Midwest américain et que nous différions d'opinion sur la manière d'intervenir avec les gens que nous filmions.

Il y avait chez Drew Associates une mentalité, héritée sans doute de la tradition des grands photographes de *Life* : les Capa, Eisenstaedt ou Bourke-White qui eurent tout risqué, même leur vie, pour une photo ; cette attitude qui déteindra sur moi tranchait franchement avec les méthodes bon enfant du cinéma-vérité de l'Office national. C'est à New York que j'aurai appris à ne jamais laisser les sentiments, la peur ou la pudeur me retenir de prendre les images que je jugeais essentielles pour le propos d'un film. Rien ne devait distraire de cette finalité. Voilà aussi pourquoi j'ai souvent manqué de compassion pour les acteurs ou les techniciens ne partageant pas cette détermination. Avec une caméra, je me sentais invincible, je n'étais jamais fatigué et je m'attendais, à tort, au même zèle de la part de tous les autres.

Le film *Eddie* avait été sélectionné par deux vieilles dames qui exploitaient un cinéma d'art et d'essai à Saint-Germain ; elles devaient se charger du sous-titrage, mais elles comprenaient à peine l'anglais et le jargon de la course automobile, pour elles c'était du chinois.

Ce petit travail me permit de repousser mon départ d'une dizaine de jours, mais le moment arriva qui m'arracha le cœur, je fis mes adieux à Anne, sûr de ne plus jamais la revoir, elle qui s'était exilée en Europe pour guérir une peine d'amour et dont je me séparais, atteint par la contagion.

En guérirais-je ? Pas sûr.

Comment éviter de faire escale à Montréal ? Je n'avais pas mis les pieds chez moi depuis près de quatre mois. Je ne prévins personne. En sortant du taxi, rue Grey, l'escalier qui montait à l'étage me sauta au visage, c'était les marches d'un échafaud, je me sentais condamné, un mort en sursis.

Ma vie chambardée encore une fois.

Pourtant, tout semblait encore normal à la maison : il y avait ma fille, ma femme, une bonne, la levrette. Emmanuelle sautillait de plaisir, la levrette faisait des ronds à toute vitesse autour de moi, mais le vrai bonheur s'était éteint avec le goût âcre d'une chandelle que l'on mouche.

Je sortis des bagages un extraordinaire sari que j'avais rapporté pour Thérèse. Elle s'en drapa maladroitement, mais c'est l'élégance mystérieuse de la princesse que je revoyais, sa troublante odeur d'Orient qui revenait, souvenirs aussi vite effacés par d'autres images, celles d'Anne, ses cheveux fins et soyeux que je ne me lassais pas de caresser, ses mains, délicates, fleuries de bagues victoriennes, toujours en mouvement, son teint de lys qui rosissait chaque fois que la conversation s'animait ; non seulement le trouble que j'éprouvais ne s'amenuisait pas, mais la présence de Thérèse, de ma fille, de tout ce qui se posait en travers de ma nouvelle passion devenait un supplice.

Je me hâtai de fuir à New York.

Comme était loin la belle vie de l'hôtel Algonquin ! Je campais maintenant dans un loft que me louait pour une chanson mon collègue Pennebaker, au quatrième étage d'un immeuble décrépit, sur la 6e Avenue, à la hauteur de la 45e Rue. C'est-à-dire que je partageais ce vaste local, encombré de tout l'équipement qu'y avait entreposé Penny, avec d'innombrables colonies de coquerelles. Convoqués par je ne sais qui, ces cafards, au moment où je me couchais, convergeaient plusieurs fois par semaine en lents défilés sur le crépi lézardé du plafond vers un point généralement situé au-dessus de mon lit pour y tenir des assemblées générales, au terme desquelles, au lieu de se disperser calmement, il leur arrivait souvent de se laisser tomber par grappes sur le lit dont je sortais alors à toute vitesse ; je secouais la couverture et, méthodiquement, en les écrasant avec une chaussure, je mettais fin à la vie acrobatique de tous ceux qui n'avaient pas eu le temps de trouver refuge dans les nombreux interstices du plancher de cet ancien atelier de couture. La toilette du matin constituait aussi un moment propice à l'épuration des indésirables. Il en traînait toujours quelques-uns dans le lavabo et sur le plancher de la douche ; il fallait faire venir l'eau chaude en ouvrant doucement le robinet pour ne pas les effrayer, puis au moment opportun les diriger vers le remous bouillant de la vidange. Je poussais avec une vieille brosse à dents ceux qui essayaient de se soustraire à ce plongeon terminal, mais il n'était pas rare de voir des survivants, les antennes brisées, la tête écrabouillée, qui parvenaient à se hisser en clopinant le long du tuyau et reparaître sous la bonde dont je tirais brusquement le levier pour le coup de grâce, ils crevaient sectionnés par cette guillotine improvisée.

Chaque soir avant d'affronter mes hordes de colocataires, je faisais escale au Blarney Stone, juste en face du loft. Les établissements de cette chaîne de pubs irlandais fermaient à une heure du matin et, durant la dernière demi-heure, on soldait les whiskies, souvent au tiers du prix, ce qui permettait de se bourrer à bon compte et d'ignorer les coquerelles.

En principe, Anne Pritchard et moi nous étions séparés pour toujours, mais comment y arriver lorsque l'être aimé continue d'exister et de hanter chacune de ses pensées ? Je la voyais partout et à tout instant, mais je ne savais pas où elle se trouvait, je mourais d'inquiétude. J'appelais tous ceux qui pouvaient être au courant de ses allées et venues, personne ne l'avait rencontrée dernièrement, certains disaient qu'elle était partie pour le sud de la France, d'autres prétendaient qu'elle vivait maintenant à Londres, sans doute chez des amis dont on n'avait ni le nom, ni l'adresse, ni le téléphone.

Je devenais fou. Ces instants d'euphorie, ce bout de sentier parcouru ensemble menaient-ils bêtement à un précipice ? je ne pouvais m'y résigner.

J'eus alors une illumination stupide : j'essaierais de joindre le peintre Michael Snow, le type de qui Anne avait été amoureuse et qui l'avait laissée pour retourner à sa femme. Qui sait ? Il pourrait avoir reçu des nouvelles ou connaître des gens qui en auraient eu. J'appelai les grandes galeries de Toronto, on connaissait Snow de réputation, mais de là à me fournir son adresse ! Finalement, une bonne âme me suggéra d'appeler au bar de l'Hôtel Park Plaza où jouait souvent le peintre, qui était aussi pianiste de jazz.

Je tins enfin Snow au téléphone. Pas du tout aimable et très avare de renseignements. Devant mon insistance et pour se débarrasser, il m'indiqua un numéro, à Londres, que je signalai aussitôt, insoucieux du décalage horaire. La voix d'un homme bourru grogna de rappeler plus tard, que tout le monde dormait, y compris Anne. Elle était là !

Quelques jours plus tard, à Idlewild, j'attendais sous les ailes géantes de l'aérogare dessinée par Saarinen et fraîchement inaugurée un vol des TWA en provenance de Londres. Anne arrivait, j'avais pris la ferme résolution de me retirer avec elle dans le navire, de fermer les écoutilles et de me soustraire à toute nouvelle tempête du cœur. Je serais amoureux pour la dernière fois.

La vie presque parfaite. En ruines un an plus tard.

La générosité des investissements de Time-Life Broadcast pour Drew dont j'étais un des sociétaires avait pour but ultime de produire une collection de films exceptionnels, d'y associer un riche commanditaire tel Ford ou General Motors, constituant ainsi, croyait-on, un appât irrésistible pour l'un ou l'autre des trois grands réseaux américains de télévision. Mais Time-Life n'allait pas lâcher un tel morceau avant d'avoir obtenu une part de propriété du réseau qui y mordrait; c'était la façon détournée qu'avait imaginée l'empire de presse de Henry Luce pour se constituer un ensemble significatif dans le monde de la télédiffusion, dont il ne détenait que des pièces éparses aux quatre coins des États-Unis.

L'attrait de Time-Life pour le cinéma d'information datait de 1935, alors que Roy Edward Larsen avait convaincu Luce d'investir dans *The March of Time*, des actualités projetées dans presque toutes les salles du monde, avant le film principal. Le rayonnement de ces actualités – souvent des reconstitutions dramatiques et un peu pompeuses d'événements marquants – fut si extraordinaire qu'Orson Welles en fit une satire mordante dans *Citizen Kane.* Cependant, *The March of Time* coûtait une fortune, ne réalisa jamais de profits et s'éteignit en 1951 avec l'avènement de la télévision. Ces actualités avaient ouvert à Luce les salles de cinéma, les documentaires de Drew Associates lui fermeraient inexorablement les portes de la télévision, les trois réseaux se barricadant contre cet intrus redouté. Curieuse coïncidence, deux épisodes de dix minutes parmi les plus marquants de la série *March of Time* avaient été tournés en Inde, en 1942, et un des derniers grands sujets de Drew Associates fut celui que nous tournâmes en Inde, Leacock et moi, sur Nehru.

Une querelle de style avec Bob Drew sur la façon d'utiliser le matériel que j'avais tourné durant cinq semaines, avec Bill Ray, sur des inondations catastrophiques dans le Midwest américain, précipita mon départ de la société. C'est d'ailleurs pendant ce tournage – nous filmions dans un petit bled de l'Iowa –, que j'en étais venu aux mains avec Ray, bien plus costaud que moi, pour l'empêcher d'insister outre mesure sur les images atroces d'un couple qui venait de repêcher son enfant noyé.

Ces fermiers du Midwest sont inondés plus ou moins sévèrement à chaque printemps, mais ils s'accrochent à leur coin de terre plutôt que de s'établir ailleurs ; Drew me reprochait d'accorder plus d'importance à cet attachement sentimental qu'à l'entêtement absurde des paysans. Après un jour entier de discussions, je décidai de partir, en dépit des exhortations de Pennebaker et Leacock pour que je revienne sur ma démission, d'autant que le contrat de « Black Jack » London interdisait que je fisse du cinéma aux États-Unis pendant un an après un départ volontaire. Et instinctivement, je sentais que les choses allaient changer, que son impuissance à investir un des trois grands réseaux de télévision forcerait bientôt Time Inc. à fermer le robinet qui alimentait Drew Associates, ce qui se produira en effet un an plus tard.

Ce fut la conclusion abrupte d'une expérience exceptionnelle d'un peu plus de deux ans, bien que les liens avec Leacock ou Pennebaker n'aient jamais été rompus. Combien d'années par la suite je l'ai regrettée, cette décision de quitter New York ! J'ai maintenu la validité de ma fameuse *green card* durant longtemps dans l'espoir de retravailler un jour aux États-Unis, une occasion qui se représentera de nouveau dix ans plus tard et qui, à cause des circonstances, ne connaîtra pas non plus de vrais lendemains.

Anne ne souhaitait plus vivre au Canada, à Montréal encore moins, puisqu'elle ne parlait pas français. Nous allions donc de nouveau nous dire adieu, mais cette fois pas question de perdre sa trace, je n'allais pas revivre les angoisses de jadis. Mais comment insister pour qu'elle m'accompagnât dans ce néant qu'était devenue ma vie ?

J'avais conduit Anne à l'aéroport, elle repartait pour Londres, et je revins à Greenwich vider l'appartement lorsque la sonnerie du téléphone retentit. Jacques Bobet, producteur à l'Office national du film, avait entendu dire que je quittais New York et me proposait de tourner trois films que réaliserait Anne-Claire Poirier : elle avait peu d'expérience et cela le rassurait de me savoir à la caméra ; on tournerait le premier au Stampede de Calgary et deux autres à Stratford, Ontario, le premier sur un groupe de l'École nationale de théâtre de Montréal qui y passait l'été, l'autre sur Christopher Plummer qui interprétait *Cyrano* et *Macbeth*, dans le théâtre élisabéthain qui venait de remplacer le chapiteau original de Stratford.

Non, j'étais loin d'être un cas d'espèce, mais j'avais eu avec Anne-Claire une petite aventure qui lui avait fait imaginer détenir encore certains droits dont il aurait été bête de ne pas nous prévaloir au début de ce séjour dans une ville aussi ennuyeuse que Calgary, jusqu'à ce que le hasard du tournage mît sur ma route une jolie infirmière de Montréal, qui offrit gentiment les premiers soins. La sollicitude de cette touriste provoqua chez ma réalisatrice une violente colère qu'elle exprima par quelques gifles bien appliquées, au vu et au su de toute l'équipe. Heureusement pour elle, les supérieurs pouvaient encore à cette époque taper sur le petit personnel et je n'en pris pas outrement ombrage, mais nos relations professionnelles demeurèrent tendues jusqu'au départ de mon aide-soignante.

Accalmie de courte durée.

En effet, nous tournions avec Christopher Plummer depuis quelques jours seulement lorsque l'acteur reçut la visite de Joanne Woodward et de Paul Newman, ce dernier au faîte de sa renommée, il venait de terminer *Exodus* et *The Hustler*. C'était des amis en visite privée et Plummer nous avait demandé de ne pas les filmer, mais Anne-Claire, dont Newman tournait le sang, ne l'entendait pas ainsi. Après la générale, Plummer prenait un verre, à l'écart avec ses amis, au bar du théâtre. J'avais la caméra et Anne-Claire insistait pour que je l'accompagne à leur table ; je filmerais et ce n'était pas possible que Plummer fût assez malpoli pour s'objecter dans pareille circonstance. Je refusai. Dépitée de ne pas avoir d'excuse, Anne-Claire se leva d'un bond et s'invita à la table de Plummer, où elle colla assez longtemps pour que l'acteur me convoque dans sa loge, le lendemain, et m'annonce qu'il terminerait le film à une seule condition : que cette *stupid bitch* ne se trouve plus jamais dans son sillage et qu'elle passe par mon intermédiaire pour toute communication avec lui.

Mais une chose me tourmentait plus que ces incidents ridicules : je resterais cinq ou six semaines dans la ville où avait grandi Anne

Pritchard, que je n'arrivais pas à chasser de mes pensées. À l'atelier de décors, je retrouvais la renommée designer Tanya Moiseiwitsch, avec qui Anne avait travaillé plusieurs étés et dont elle m'avait tant parlé, je feuilletais les vieux programmes et voyais son nom parmi les assistantes ; le long de la rivière Avon, je reconnaissais les endroits qu'elle m'avait décrits, où elle pique-niquait avec son père ou venait s'asseoir avec sa grand-mère pour admirer les cygnes, j'étais là, inconsolable, avec le sentiment d'usurper sur les possessions de quelqu'un que j'avais lâchement renvoyé.

Par chance, il y avait Kate Reid à qui je pouvais me confier. Du même âge, ayant tous les deux un chagrin amoureux (elle et Austin Willis venaient de se séparer), nous nous étions pris d'affection l'un pour l'autre, puis nous partagions une vraie passion : le whisky, que nous buvions chez elle, à l'heure où les vrais Anglais s'adonnent au thé.

Moments d'une telle douceur.

Souvenirs qui émergent et me font languir d'elle, de cette actrice sublime, écorchée vive, belle et veloutée comme une pensée, cette femme de tous les tourments de l'âme qui ne retrouvait de force que sur scène ; elle devenait alors Lady Macbeth, la Mégère apprivoisée ou la tyrannique Clytemnestre d'Eschyle. Le destin a voulu que je ne travaille jamais avec Kate. Lorsque j'ai tourné plusieurs films d'affilée à Toronto, elle jouait à New York et lorsque enfin un rôle se serait présenté pour elle – elle eût si bien incarné l'Ève de l'adaptation cinématographique du roman de Beresford-Howe, *The Book of Eve* – elle avait déjà quitté ce monde, morte à Stratford justement, en 1993. J'avais vu Kate pour la dernière fois lorsqu'elle recréa sur Broadway, en 1984, au côté de Dustin Hoffman, *La Mort d'un commis-voyageur*. J'eus la chance inouïe d'assister à la première, Arthur Miller assis dans le fauteuil juste à côté de nous. Je m'évertuai à épier quelle appréciation le dramaturge avait de Kate par rapport à Milfred Dunnock, la Linda originale, ou du maniéré Hoffman par rapport à Lee J. Cobb, le premier Willy Loman. Je me souviens avoir vu Miller faire la moue par-ci par-là devant l'interprétation parfois un peu mièvre ou fabriquée de Hoffman, mais jamais au sujet du jeu de Kate, plus émouvant encore que jadis celui de Dunnock.

C'était un de ces après-midi d'épanchement, Kate, qui ne pouvait compter que sur le temps pour apaiser son propre chagrin, me fit la leçon : comment pourrais-je me morfondre pendant encore plusieurs semaines dans la ville natale même d'une amoureuse qui ne demanderait peut-être pas mieux que d'y revenir ? j'attendais quoi pour poser un geste ?

Un geste substantiel, je ne pouvais pas continuer de jouer au yoyo avec Anne.

Je la joignis à Londres

Accepterait-elle que nous fassions notre vie ensemble ? Je me séparerais formellement de Thérèse. Elle hésita plusieurs jours, puis accepta de revenir. J'exultais, mais j'éprouvais en même temps le sentiment bizarre que l'amour était un piège dont on ne peut déterminer qui doit s'y sentir pris, celui qui par amour le tend ou celui qui par amour s'y précipite.

Avec Anne, ces semaines de pur bonheur à Stratford resplendirent comme une pomme rouge au soleil, mais il y avait ce petit ver à l'intérieur, cette énigme qui me rongeait.

*
* *

Le plus simple eût sans doute été de terminer les trois films d'Anne-Claire Poirier et de réintégrer l'Office national comme me le proposait Jacques Bobet, mais je n'arrivais pas à m'y résigner. J'avais choisi d'échapper à cette petite vie de fonctionnaire à l'ONF dont plusieurs se sont fort bien accommodés toute leur carrière – Groulx, Godbout, Perrault, Anne-Claire et les autres –, je n'allais pas rentrer au bercail, tête basse, juste parce que la mangeoire y était pleine.

Et je me disais qu'il devait y avoir moyen à Montréal d'œuvrer dans le cinéma, ailleurs qu'à l'Office national. Méprise ! Deux ou trois sociétés chétives vivaient de misérables commandes de Radio-Canada et Omega Productions produisait quelques publicités et des films d'entreprise, point à la ligne.

Je n'allais pas crever de faim, au contraire : les commandes de la télévision jeunesse se remirent à pleuvoir. J'avais loué une jolie maison aux pieds des pentes de ski de Saint-Sauveur et j'étais retombé dans l'ornière de l'écriture pour le petit écran. Sept ans d'apprentissage du cinéma pour rembarquer dans cette galère, enchaîné à la machine à écrire. De quoi avoir envie de se consoler le plus souvent possible avec l'admirable cuisine du chef François Bouyeux au nouveau Chez son Père, au pied de la rue Saint-Laurent. Et se bourrer. Mais il fallait regagner les Laurentides.

Cette nuit-là, la Volkswagen n'y arriva pas. Poussée à bout par un écervelé, elle se cabra, sauta par-dessus le terre-plein de l'autoroute et exécuta une série de culbutes chaotiques avant d'atterrir sur le toit au milieu de l'autre chaussée. Seul notre engourdissement au whisky peut expliquer comment Anne et moi arrivâmes à nous extirper, secoués mais indemnes, de cet amas de ferraille juste bon pour la casse.

Ma tête ne valait guère mieux, dépecée chaque jour un peu plus par la télévision, ce charognard vorace ; elle serait sans doute partie à la casse, elle aussi, sans une rencontre fortuite avec Paul-Marie Lapointe et Gilles Constantineau. Nous nous étions connus comme poètes, ils étaient devenus journalistes, un peu désabusés, et ils avaient envie de créer quelque chose de neuf : un journal télévisé pour les jeunes, un hebdomadaire d'une demi-heure qui tiendrait compte des nouvelles préoccupations des jeunes de la Révolution tranquille et de la montée du nationalisme. Il fallait pour que réussisse le projet un preneur d'images avec l'expérience du journalisme et du cinéma direct. J'étais leur homme et ils tombaient à pic. C'est ainsi que naquit *Vingt ans express*, auquel se joignirent tout de suite James Bamber et, un an plus tard, Normand Cloutier. Le journal serait supervisé par Pierre Lebeuf, un réalisateur de Radio-Canada, mais entièrement produit par une société indépendante, la mienne, qu'il me fallut former à toute vapeur. J'essayai de convaincre le besson d'abandonner le magazine *Perspectives* afin de se lancer avec moi en production, mais Guy trouvait l'aventure trop risquée. Il consentit tout de même à investir mille dollars. Jacques Brillant, un financier de Rimouski, y alla lui aussi d'un investissement semblable et me facilita le crédit à la Banque Provinciale dont il faisait partie du conseil d'administration.

Deux postes-clés devaient être comblés pour assurer l'opération : un monteur et un preneur de son. Louis Portugais, un des fondateurs des éditions de L'Hexagone qui m'avaient publié, avait été remercié par l'Office national du film et avait fini par se dénicher un poste de régisseur au Théâtre du Nouveau Monde, où il s'emmerdait et ne gagnait presque rien. Je ne pouvais pas vraiment lui offrir davantage, mais de revenir dans l'univers du film comme monteur le comblait déjà.

Preneur de son : un de mes frères plus jeunes, Daniel. Ce dernier travaillait depuis deux ans à l'ONF, où il voulait devenir cameraman, mais s'entendait assez mal avec Dennis Gilson, le chef du département, un de ces quelques Anglais que le déménagement de l'Office à Montréal n'avait pas purgés de leur racisme. Daniel était très futé en électronique et je le convainquis (égoïstement) d'abandonner la caméra pour la prise de son. J'avais acheté un Nagra, mais il y avait toujours cet encombrant cordon ombilical avec la caméra qu'à New York Mitch Bogdonovitch avait coupé. Avec des moyens de fortune, nous réussîmes le même coup et Les Films Claude Fournier Inc. furent les premiers à tourner ici avec une caméra indépendante du magnétophone.

Diffusé le samedi après-midi, *Vingt ans express* devait être prêt au plus tard le samedi à douze heures, ultime limite. Pendant quatre-vingt-dix-neuf semaines, carburant au *single malt*, Louis Portugais et moi avons passé les nuits blanches, du vendredi au samedi, pour faire face à cette échéance. Et souvent, c'est Louis qui assurait lui-même la mise en ondes à la télévision, Pierre Lebeuf, le « réalisateur » n'étant pas toujours présent!

Je crois qu'il ne s'est jamais trouvé depuis à Radio-Canada pareille combinaison de journalistes expérimentés en charge d'une émission d'information et jouissant d'une telle liberté, puisque la production se faisait hors les murs et que Fernand Doré, directeur de la section jeunesse, nous donnait absolue carte blanche. Ainsi, *Vingt ans express* développa des contacts privilégiés avec les premières cellules du FLQ, filma l'entraînement de quelques-uns de ses membres dans un camp secret des Laurentides, documenta la popularité grandissante de la drogue chez les jeunes, les progrès du Rassemblement pour l'indépendance nationale, le départ fracassant de René Lévesque du Parti libéral, etc., etc. Nous consacrâmes une demi-heure entière à un député qui venait d'être élu au Parlement canadien, un jeune avocat de Shawinigan-Nord, Jean Chrétien. J'avais suivi le « p'tit gars de Shawinigan » durant plusieurs jours, pris des images de sa bibliothèque parfaitement anémique, illustré son empathie avec les petites gens de son comté, enregistré la vision modeste qu'il avait de son avenir politique; vu le milieu dont il était issu et le léger handicap de sa paralysie faciale – il considérait déjà comme une grande réussite d'avoir été élu député et affirmait ne pas regarder plus loin. L'entendant, sa femme Aline s'était insurgée: « Jean est trop modeste, je suis sûre qu'il va aller loin, je le verrais très bien premier ministre, un jour! » « Voyons Aline, exagère pas! » avait lancé le jeune Chrétien, flatté mais visiblement embarrassé. Il était difficile, à ce moment-là, de ne pas croire au dicton populaire selon lequel l'amour est aveugle.

Pour les soixante-cinq ans de Jean Chrétien, sa fille France Chrétien-Desmarais voulut lui offrir ce film. Je le cherchai pendant une journée entière dans les archives de Radio-Canada pour me rendre compte que les quatre-vingt-dix-neuf documentaires que nous avions tournés, riche portrait sociologique des jeunes d'une époque, avaient tous pris le chemin de la poubelle. Il n'en restait que cinq ou six, parmi les moins significatifs. Pourquoi ? Le pauvre Chrétien avait été victime lui aussi du zèle des éboueurs de la société d'État.

Cette minuscule société de production, je l'avais innocemment installée dans une belle et ancienne résidence d'un secteur justement résidentiel, rue Lincoln, en plein cœur de Montréal. Je vivais au rez-de-chaussée et la société, à l'étage, avec tout le nécessaire technique.

Claude Jutra avait commencé son premier long métrage, *À tout prendre*. Il habitait à deux pas et je l'aidais comme je pouvais en lui donnant de la pellicule vierge, en lui prêtant une caméra ou en le déchargeant de certaines obligations vis-à-vis de Johanne Harelle, la vedette de ce film dans lequel Claude dévoilerait son homosexualité.

Quant à la plupart des autres collègues de l'Office national, tout en manifestant leur snobisme envers les cinéastes qui cherchaient à créer un cinéma indépendant, dont j'étais, beaucoup d'entre eux ne se gênaient pas pour « emprunter » l'équipement professionnel de l'Office et nous chiper des contrats que ces accommodements leur permettaient de réaliser à moindre coût.

Mais le coup le plus sournois devait venir du grand patron, commissaire à la cinématographie canadienne, Guy Roberge, quelqu'un qui prétendait m'estimer. En 1964, l'État, par l'intermédiaire de l'Office national, sollicita des sociétés de production canadiennes un concept audiovisuel pour le futur Pavillon du Canada, à Expo 67. Il me revint à l'esprit une série de poèmes dramatiques écrits pour le Service international de Radio-Canada. Réalisés par Jean-René Major et dits par les meilleurs acteurs, ces poèmes décrivaient une géographie du Canada purement imaginaire puisque je n'avais pas encore voyagé à travers le pays. Je les fis lire à Louis Portugais, il fut emballé, et nous conçûmes à partir de ces textes et de plusieurs bouteilles de whisky un voyage audiovisuel fantastique à travers le pays. En vingt minutes, les visiteurs du pavillon parcourraient le Canada d'est en ouest sur une sorte de tapis magique, enveloppés dans la féerie kaléidoscopique de ses paysages entrecoupés de brèves scènes dramatiques racontant l'histoire canadienne. Et tout cela était d'un patriotisme !

Surprise ! Le jury national jugea non seulement que notre concept l'emportait haut la main, mais qu'il était le seul à faire preuve d'autant d'originalité. C'est comme si nous venions de gagner à la loterie. La production envisagée atteindrait plusieurs millions et nous avions commencé, Portugais et moi, à échafauder les rêves les plus fous ; enfin un budget à la mesure de notre enthousiasme.

Eh, eh ! pas si vite.

Appel du commissaire Roberge. Il me félicite de ce coup fumant auquel il ne se serait jamais attendu, me fait-il remarquer, et veut me rencontrer pour discuter de la suite des choses. Ne pourrais-je pas l'inviter à dîner chez moi ? Il apprécierait aussi de voir mes installations.

— Avec Marie ? demandai-je.

— Oui, ça lui ferait tellement plaisir de te voir.

Plaisir ? Étrange ! C'était la même Marie qui avait été horrifiée que je me sépare de Thérèse Arbic (son amie) et qui s'était mêlée jadis de lui faire part de mon inconstance lorsque j'en étais devenu amoureux, impardonnable calomnie (!).

Ah ça ! Les Films Claude Fournier Inc. et l'Office national du film, la comparaison était plus insoutenable que la légèreté de l'être, je le vis tout de suite dans les yeux de mon bigleux de Roberge et dans le regard snobinard de sa femme Marie. Heureusement qu'à Toronto un jury venait de décréter notre concept génial.

Et il me semble que, pour ajouter à la catastrophe, Anne avait admirablement cuisiné dans une sauce aux chanterelles des ris de veau, accueillis avec une moue dédaigneuse par l'ex-député libéral de Lotbinière, un *steak and potato man* invétéré jouant au grand manitou de la cinématographie canadienne. Par contre, le dessert fut apprécié, mais encore davantage les Montecristo que nous fumâmes, après nous être, Guy et moi, retirés à l'écart pour siroter une fine champagne Hine et discuter affaires.

Quelles dépenses stériles et inconsidérées !

M. le commissaire m'annonça, avec certains ménagements, j'en conviens ! qu'il soupçonnait depuis le début, et cette visite le lui avait confirmé, que mon entreprise ne pouvait pas s'acquitter d'un contrat aussi considérable. Et avant que j'eusse posé la moindre objection, il me précisa que, pour ma bonne santé financière, il avait constitué d'office un triumvirat imparable, formé de Crawley Films, d'Ottawa, d'Omega Productions, de Montréal, et, comment l'éviter ? des Films Claude Fournier inc.

— Tu seras bien encadré, je n'ai pas d'inquiétude.

— Et qui détiendra le pouvoir ?

— Personne, dit-il, en tétant son cigare cubain, vous serez chacun au tiers, donc tu n'auras qu'à te rallier à l'un ou l'autre des partenaires pour avoir le contrôle.

C'est ainsi que j'ai fait la connaissance du partenaire Frank Radford «Budge» Crawley, le patron de Crawley Films, société de production qu'il fonda avec sa femme Judith, en 1939. Dès ses débuts, Crawley Films eut l'avantage de profiter de tous les contrats gouvernementaux dont John Grierson, fondateur de l'Office national du film, ne voulait pas et, par la suite, la manne fédérale ne s'arrêta jamais, avantage de crécher à Ottawa. Budge le rubicond, avec ses yeux bleu ciel, la broussaille de ses sourcils et cette raie bien définie qui séparait en deux parties presque égales sa crinière crème, n'avait pourtant de charmant que son allure débonnaire de palomino. Gare au reste du pedigree ! Il était ambitieux, autoritaire et sans pitié.

La réalisation du concept que nous avions imaginé était aux antipodes d'une promenade paisible en forêt, elle exigerait des cavalcades et des cabrioles, de la recherche et d'importants déboursés, alors le palomino se mit à ruer : il préférait rester dans son box et voir le foin s'engranger. Désespérant de pouvoir dresser ce cheval rétif, les designers du pavillon du Canada, un groupe de Toronto, me proposèrent de former un nouveau consortium dont Crawley et Omega seraient exclus, ils verraient eux-mêmes à faire avaliser ce changement par le gouvernement. Dans un élan de fidélité naïve, je refusai. Plutôt que de m'en remercier, Budge, qui avait eu vent du complot, me convoqua à son camp de Chelsea, dans la Gatineau. L'azur de ses yeux s'était assombri, les pommettes de ses joues remuaient par saccades nerveuses, ses naseaux frissonnaient et, à chacune de ses respirations, étonnamment lentes et profondes, sa chemise à carreaux s'entrouvrait un peu, laissant paraître son poitrail puissant : c'était clair, l'animal allait se cabrer. Dès mon arrivée, Judith, après m'avoir salué, avait couru à la cuisine comme on se réfugie dans un abri de fortune pour regarder passer l'orage.

— *You could have screwed me*[30], tonna Budge en piaffant de ses deux sabots pour donner son élan à la grosse berçante sur laquelle il venait de s'asseoir et qui se mit en branle en craquant comme un carrosse trop lourdement chargé.

Comme je savais très bien à quoi il faisait allusion, je lui répondis que oui j'aurais pu, mais ne l'avais pas fait, que nous avions uni nos destinées dans ce mariage obligé et que nous finirions bien par nous entendre.

Budge immobilisa la berçante, lança dans mes yeux les pointes d'acier de son regard et, les mains crispées sur les accoudoirs, annonça qu'il me donnerait une importante leçon de vie. J'aperçus le visage triste de Judith, maigre et le teint hâve, dans l'encadrement de la porte de cuisine, témoin impuissant d'un duel dont un seul des combattants était armé.

— En affaires, m'expliqua-t-il, évidemment en anglais, lorsque l'occasion se présente de baiser quelqu'un, il faut tout de suite la saisir, sinon on se fait baiser. Tu n'en as pas profité, alors mon vieux, tu vas te faire baiser. J'ai fait le nécessaire et à compter d'aujourd'hui Crawley Films devient le maître d'œuvre des films pour le pavillon canadien.

— Et mon concept ?

— Il coûterait la peau des fesses et nous n'exécutons pas pareil contrat pour les beaux yeux du gouvernement du Canada, mais pour qu'il reste du foin dans le grenier, conclut Budge avec un rire voisin du hennissement.

Judith s'était de nouveau esquivée vers la cuisine. Le plat qu'elle avait préparé avait la saveur des circonstances : sec et indigeste.

Trois ans plus tard, à Expo 67, les visiteurs à l'amphithéâtre du pavillon canadien prenaient place, trois cents à la fois, sur des gradins qui faisaient le tour de trois salles : dans la première, projection sur un écran unique de paysages canadiens ; dans la deuxième, un film de

30. – Tu aurais pu me baiser.

Michel Brault sur deux écrans, illustrant certains faits marquants de notre histoire ; et enfin, dans le troisième, un film sur trois écrans représentant le Canada contemporain que j'avais tourné avec des moyens ridicules et trois caméras Arriflex 35 mm vaguement synchronisées sur le même axe d'entraînement, un bataclan que je charroyais dans le coffre d'une Mustang décapotable et que nous trimballions sur les lieux de tournage Anne et moi en nous éreintant, car il fallait faire des économies.

En dépit de l'austérité de ces tournages et de l'administration rigoriste – n'en doutons pas – du budget par Crawley Films, lorsque Budge rentra à l'écurie avec le bilan de l'opération, un an après l'Expo, nous fûmes à même de constater combien nous avions frôlé la catastrophe : en effet chacun des trois partenaires ne put engranger que la modeste somme de dix mille dollars, récolte lamentable au regard des champs ensemencés.

Je me revoyais avec Louis Portugais – quelle méprise ! –, célébrant jadis le gros lot, alors qu'il s'agissait à peine d'un prix de consolation.

Mais, tragiquement, cette chevauchée stérile marqua pour Louis le commencement de la fin. Taciturne mais idéaliste, talentueux sans flamboiement, Louis ne s'animait que devant les défis à relever, il s'y attaquait alors avec l'obstination impassible d'une bête de somme jusqu'à épuisement, mais au lieu du repos, c'est l'alcool qui lui donnait un coup de fouet et il reprenait le joug. Incapable d'accepter la dégradation de notre concept imposée par Crawley, Louis refusa de s'y associer de quelque manière que ce fût ; il réalisa un dernier film pour ma société, *Jeunesse année zéro*, premier prix du documentaire, puis il demanda à partir. Si j'avais eu la lune, je la lui aurais offerte, mais il l'eût sûrement refusée. Il résista encore quelques années aux tempêtes de son existence, puis les voiles se déchirèrent, des fissures apparurent dans la coque et, un jour, j'appris que ce navire en détresse avait sombré dans une mer lointaine et déserte, que personne, y compris moi, n'avait cherché à capter un S.O.S. Que peut-être aussi n'avait-il sciemment jamais transmis aucun signal de détresse ?

J'en ai souvent éprouvé des velléités de disparaître ainsi, mais le courage m'a manqué et il restait encore beaucoup de grands espoirs ; maintenant le voyage achève, dans le firmament l'espoir n'est plus qu'un mince filament, alors cette envie de saborder l'embarcation me hante et c'est toujours la même aboulie qui retient le coup de grâce. Au lieu d'accepter de paisiblement couler par le fond, je ficelle ce livre pièce après pièce comme si, sur ce radeau de la Méduse, j'espérais me sauver avec le désordre de ma vie.

*
* *

Quelque part au milieu de ces années soixante, alerté par je ne sais qui, arrive à Montréal le critique de cinéma du *Nouvel Observateur*, Michel Cournot. Je ne lis pas *Le Nouvel Obs*, je ne sais donc pas qu'il est un éminent critique parisien, ni qu'il défend âprement Claude Lelouch depuis ses premiers films que le reste de la critique a éreintés et je sais encore moins pourquoi il souhaite me rencontrer, si ce n'est que cette vague de cinéma post-Office national du film l'intéresse. Sans doute par les *Cahiers du cinéma*, il a entendu parler de *Seul ou avec d'autres*, il possède quelques notions du cinéma-vérité, un genre qui ne le passionne pas, et fait la tournée de certains cinéastes dont on lui a parlé, Jean-Pierre Lefebvre, entre autres, et moi.

Il est vrai que j'ai commencé à faire un peu de bruit. Évincé de la rue Lincoln par la Ville de Montréal pour d'évidentes questions de zonage (j'avais installé l'entreprise en zone résidentielle), je viens d'acheter un immeuble très ancien, historique même, sur la place Royale, dans le Vieux-Montréal, à l'angle de la rue Saint-Paul, et je suis en train de convaincre Pierre Lamy, le patron d'Onyx Films, de fusionner sa société avec la mienne afin de former une maison de production conséquente qui s'affranchirait de l'arbitraire des contrats de Radio-Canada. Ainsi naîtra Onyx-Fournier, qui perdra finalement mon patronyme alors que se joindront au groupe Gilles Carle, Roger Moride, les frères Denis et Claude Héroux ainsi que le besson – rassuré enfin sur le succès financier de l'entreprise. Il faut dire qu'en trois ou quatre ans Onyx Films deviendra la plus importante maison de production au Canada et que cette croissance extraordinaire pourrait faire l'objet d'un film tragicomique ; je me contenterai, dans le cours de mon récit, de quelques scènes choisies.

J'invite donc Michel Cournot à déjeuner et ce bonhomme parfaitement intello me prie de l'emmener dans un resto typique, pourquoi pas un endroit de hamburgers ? Nous mangerons donc au comptoir chez Harvey's où je le vois qui sort de l'emballage la tablette de gomme à mâcher Spearmint de Wrigley que la serveuse a posée dans l'assiette avec les sachets de moutarde, de relish et de ketchup, il soulève le pain et glisse soigneusement en garniture la gomme sur la boulette de viande. J'éclate de rire et lui explique que le chewing c'est pour après, pour purifier l'haleine. Il est déçu, il trouvait plutôt joli ce bâtonnet vert mat sur la viande graisseuse. Après ces extravagances gastronomiques, je lui fais visionner un film que j'achève sur le chanteur Tony Roman, monté génialement par Jacques Gagné, et un autre à peine terminé sur la célèbre course des 12 heures de Sebring, en Floride, où les pilotes canadiens Bob McLean et Jean Ouellette, se partageant le volant d'une Ford GT40, étaient les plus dangereux rivaux de Ferrari. À la quatrième heure de la compétition, alors que McLean vient de relayer Ouellette, sa GT perd une roue dans un virage en épingle, percute un pylône et explose, le pilote est brûlé vif. Plus tard, dans la même épreuve, quatre spectateurs sont tués par les débris d'une collision entre les voitures de Mario Andretti et Don Wester. Le film s'ouvrait sur de paisibles orangeraies et leurs arbres chargés de fruits éclatants, travellings interrompus par les intervalles dissonants des voitures lancées à toute vitesse sur la piste de Sebring, puis c'est l'accident fatal, la consternation dans le paddock et le coup de téléphone déchirant à la femme de McLean, demeurée en Colombie-Britannique.

Deux semaines après arrive *Le Nouvel Observateur*, les pages centrales sont entièrement consacrées à Jean-Pierre Lefebvre et moi, comme si nous étions les deux seuls cinéastes du Québec, des articles magnifiquement écrits, des coups de cœur comme je ne lirai plus jamais ensuite à mon sujet. J'envoie à Cournot un mot de remerciement, il me retourne ses coordonnées au cas où je viendrais prochainement à Paris.

Du temps passe. Je suis à Paris. Je joins Cournot. Il va entreprendre le tournage de son premier long métrage, *Les Gauloises bleues*. Je ne veux pas le déranger, il insiste et me donne rendez-vous à Ariane Films, chez Claude Lelouch, un des trois producteurs. J'arrive dans le feu d'une réunion de préproduction avec la scripte Suzanne Schiffman (l'attitrée de Truffaut), j'offre d'attendre, mais non ! Michel laisse tout, nous nous embrassons et devenons dès cet instant des frères. Nous le resterons jusqu'à sa mort, cinquante et un ans plus tard, une amitié indéfectible, des liens particuliers comme il n'en existera jamais avec personne d'autre, une confiance absolue, de l'estime, de l'affection.

Première véritable expérience d'un plateau de cinéma.

La scène des *Gauloises* se déroule dans la cour d'une usine, au nord de Paris, décor immense éclairé par plusieurs lampes à arc dont les charbons grésillent en laissant échapper dans la nuit fraîche un petit nuage de vapeur. Le directeur photo Alain Levent commande une armée d'électriciens alors que Michel, calme et confiant comme on imagine Napoléon avant une bataille, donne à Nella Bielski et Jean-Pierre Kalfon, ses acteurs, des indications que note soigneusement Schiffman. On est loin de l'Office national du film et du cinéma-vérité, c'est un autre monde, presque un autre métier, celui au fond que j'avais envisagé lorsque avec Claude Jutra nous avions commencé à écrire un long métrage dramatique et que survint cette longue digression de la caméra-stylo.

Je me contenterais du poste d'observateur privilégié, mais Michel a une autre idée, il décide de me faire jouer dans son film, une scène (heureusement très courte) qu'il écrira pour moi : j'incarnerai un terroriste du Front de libération du Québec. Dans certaines versions du film, la scène n'a pas survécu, mais je conserve une photo de plateau où je porte un tee-shirt avec l'inscription *Québec libre*, un an avant les propos du général.

Durant les deux jours que je passe en studio, François Périer partage sa loge avec moi et je meuble le temps, entre les prises, en donnant à Annie Girardot, qui aimerait un jour jouer en Amérique, des leçons de prononciation anglaise. Michel prétend que la célèbre actrice a un béguin pour moi, mais je n'en crois rien, d'autant qu'elle a une liaison avec Lelouch.

Si j'exerce un certain charme, je dirais que c'est plutôt sur Nella Bielski, la nouvelle et troisième femme de Michel, la fille d'un général de l'Armée rouge qu'il a rencontrée à l'occasion d'un reportage à Moscou. Nella est folle de mon accent, elle dont le sien est à couper au couteau, et affirme que je lui rappelle lord Byron, sobriquet qu'elle me donnera durant la dizaine d'années qu'elle vivra avec Michel avant qu'il ne tombe amoureux de l'actrice Martine Pascal, à qui j'avais insolemment prédit une idylle de cinq ans maximum lorsque nous allâmes tous les trois manger ensemble, la première fois. Martine m'en a gentiment tenu rigueur assez longtemps et, surtout, elle m'a terriblement fait mentir, puisque Michel restera avec elle jusqu'à la fin, trente-cinq ans.

Un incident aussi drôle que curieux me fournira l'occasion de passer beaucoup de temps sur des plateaux de tournage français et cela m'amènera à me demander combien, au fond, notre apprentissage du cinéma documentaire et l'ardeur consacrée à l'invention du cinéma-vérité auront retardé l'éclosion de nos carrières de réalisateurs de longs métrages dramatiques. Gilles Carle, par exemple, moins marqué par le documentaire que Brault, Jutra ou moi, s'est développé plus rapidement, Denys Arcand aussi. Plus je frayais sur les plateaux de Robert Enrico, René Allio ou Guy Casaril, plus j'observais Claude Lelouch, dont j'admirais aussi la façon d'opérer la caméra, plus je me rendais compte que l'Office national avait atrophié notre imaginaire, qu'il fallait à tout prix nous affranchir de la tyrannie du réel. Nous savions filmer et monter, soit ! mais notre habileté dramatique, notre comportement avec les acteurs n'étaient qu'affaire d'instinct.

Cette expérience des plateaux français, je la dois indirectement à Annie Girardot.

Je suis de retour de Paris depuis un bon moment, la fusion avec Onyx Films est consommée, on a acheté un deuxième immeuble, place Royale, et les escarmouches fraternelles vont commencer : mon frère Guy choisit de pactiser avec André Lamy, les deux sembleront toujours plus intéressés par le profit que le produit, et je me rapproche plutôt de Pierre Lamy pour tenter d'humaniser la boîte et d'offrir de meilleures conditions de travail, entre autres aux pauvres monteurs qu'on aurait volontiers casés dans des placards puisque, se plaisait à répéter André, « de toute manière, ils travaillent à la noirceur. »

J'ai mon bureau à l'étage du 360, place Royale, au bout de l'escalier, au pied duquel se trouve la réceptionniste. Il est presque midi lorsque j'entends un brouhaha de conversations puis les pas précipités de deux hommes qui montent et font irruption dans mon bureau, l'un des deux est Alain Stanké que je connais vaguement.

— Si tu veux nous suivre, me dit-il péremptoirement.

— Vous suivre où ?

— Tu verras. C'est pas un gag, ce serait plutôt un enlèvement.

Intrigué, je les suis et nous montons dans un taxi qui attend à la porte et nous dépose devant le Ritz Carlton. Nous traversons le lobby et Stanké entrouvre doucement la porte du Palm Court en m'indiquant de garder le silence. J'aperçois des projecteurs, une caméra, on est en plein tournage d'une émission du *Sel de la semaine* avec Fernand Séguin. Ce dernier interviewe une femme que je reconnais tout de suite : Annie Girardot.

Je questionne Stanké du regard.

— C'est elle qui nous a demandé de te trouver, me souffle-t-il à l'oreille.

L'actrice m'aperçoit, elle se lève de son fauteuil en ordonnant à Séguin, décontenancé, d'interrompre momentanément l'interview et se précipite vers moi.

— T'es surpris, hein ! chuchote Annie dont le visage rayonne d'un tel plaisir que je la prends dans mes bras et l'embrasse comme un vieil amoureux.

— Tu peux m'attendre ? c'est presque fini, là !

J'acquiesce, elle retourne s'asseoir et Séguin, qui me jette un regard, disons hautain, termine son entrevue.

Quel tourbillon, cette femme ! Elle décide que nous déjeunons ensemble à la salle à manger du Ritz puis m'annonce que je pars à New York avec elle pour le week-end, la réservation d'avion est déjà faite. J'imagine d'abord qu'elle ne veut pas y aller seule et que c'est la raison de sa péremptoire invitation, mais non, après le repas, elle me présente l'entourage : son factotum, un grand efflanqué aux manières efféminées, qui répond au surnom de La Roquille, et une secrétaire.

Elle n'est pas dupe, mais avant de disparaître trois jours à New York avec une autre femme, je vais tout de même inventer quelque chose pour Anne. Ces inventions, ces escapades, elles se sont multipliées depuis un an comme si j'étais devenu insensible à la peine que je causais. Lorsque je reviens au bercail, le ciel reste triste un moment, puis, poussés par le vent doux de la tendresse revenue, les nuages finissent chaque fois par se dissiper.

Vais-je plonger déjà dans une autre aventure alors que je sors à peine d'une histoire extravagante ?

En effet, un an avant peut-être, j'avais rencontré Lise, Autrichienne d'origine dont le mari occupait un poste très élevé au gouvernement du Canada et qui semblait, grâce à lui, jouir d'un accès privilégié aux vols d'Air Canada ou à tout avion du gouvernement. N'arriva-t-elle pas un jour, dans le joli jet d'un ministère, me cueillir à Terre-Neuve où je tournais un film pour m'emmener passer un week-end de villégiature dans le Maine ? Une autre fois, c'est en Alberta qu'atterrira « son » petit avion, au grand ébahissement de Claude Sylvestre, qui réalisait cette première série couleur pour la télévision, dont je partageais le tournage avec Michel Brault.

Cette Lise – un peu plus âgée que moi – avait des cheveux de jais, les yeux sombres et mystérieux comme des améthystes, des lèvres fines toujours ourlées par un sourire énigmatique, il se dégageait d'elle, si délicate en apparence, l'énergie de je ne sais quel désespoir, celui qui permet au naufragé de survivre des jours en mer, au grimpeur qui ne sent déjà plus ses doigts gelés et sanguinolents de poursuivre l'ascension d'une paroi. J'avais été happé, dès le premier jour, par cette femme de vertige, enflammé par l'incendie qui la consumait inexorablement et que rien ne parvenait à assouvir, cette femme dont la passion ne connaissait que l'épuisement, jamais le repos.

Plusieurs fois je me suis rendu avec elle dans sa Vienne natale. Nous logions dans une suite du Bristol, mangions chez Sacher, Demel ou Schwarzenberg. Disons-le, nous ne vivions pas chichement, mais je faisais ma part, j'étais amant et contrebandier. Dès le premier voyage, le lendemain de notre arrivée à Vienne, je commençai à m'acquitter de ma fonction secondaire, je pris l'hydroptère pour Bratislava, où je devais rencontrer un M. Ivanov dans le hall du Devin. Lise m'en avait fait une description si parfaite qu'en entrant dans cet élégant hôtel, au bord du Danube, je me dirigeai aveuglément vers un des gros fauteuils de cuir noir où un homme dans la cinquantaine fumait en lisant un journal russe ; il s'était tassé contre un des accoudoirs pour laisser la place à son trench-coat râpé et au feutre gris qu'il avait posés sur l'autre ; lui-même portait un costume démodé en imprimé prince-de-Galles avec une lavallière à motif paisley et une pochette assortie, grosse fleur fanée accrochée à sa poitrine.

— Monsieur Ivanov ?

Il leva vaguement les yeux sur moi, sans répondre, en se donnant l'air de quelqu'un qui n'eût pas été ce M. Ivanov. Pourtant, ce ne pouvait être que lui.

— Monsieur Ivanov, je viens de la part de Lise... Lise S.

Muet, il replia son journal avec soin, se leva, jeta son trench sur ses épaules, garda son chapeau à la main et me fit signe de le suivre. En sortant de l'hôtel, il me demanda si c'était la première fois que je venais à Bratislava. Je lui répondis que oui et il m'annonça que nous allions vers la tour Saint-Michel, elle date du XIVe, la seule relique des fortifications médiévales de la ville. Nous arrêtâmes à un café juste avant où il me demanda de venir le retrouver dans une quinzaine de minutes. D'ici là, il me suggéra de monter dans la tour d'où j'aurais une vue magnifique sur la vieille ville. En effet ! et le Danube était d'un bleu parfait, celui de la valse de Johann Strauss.

Lorsque je revins, M. Ivanov m'attendait à une table, dans un coin isolé du café. Il me remit discrètement quatre petits objets enroulés avec soin dans du papier de soie.

— C'est fragile, me dit-il, et précieux ; glissez-les dans vos poches et prenez garde de ne pas vous cogner.

Je lui remis de la part de Lise une enveloppe cachetée qui semblait contenir une liasse de billets.

Je revis M. Ivanov une autre fois, deux jours plus tard : ce n'était pas un bavard, j'appris parce que j'insistais qu'il habitait Uzhhorod, en Ukraine, et qu'il y enseignait l'anglais dans un lycée. Une ou deux fois par an, il se rendait à Leningrad où il avait de la famille, un de ses cousins y était orfèvre.

Lorsque, fébrile, Lise commença à défaire les paquets que je lui rapportais, je crus qu'il s'agissait justement d'œuvres de ce cousin d'Ivanov. Elle déballa un minuscule cadre rond en émail bleu, orné d'un fin guillochis, ensuite un flacon à parfum en cristal de roche avec un bouchon en or terminé par une émeraude en cabochon, il y avait aussi un poudrier en or, art nouveau, décoré d'anémones en filigrane avec des cabochons de saphirs ; le dernier paquet contenait un plateau ovale en néphrite, monté sur des pattes en or. C'étaient des objets magnifiques, presque des miniatures, qui ne devaient pas sortir de l'URSS et qui n'étaient pas, m'apprit Lise, l'œuvre de ce vague cousin de M. Ivanov, mais plutôt du célèbre joaillier des tsars Alexandre III et Nicolas II, Pierre-Karl Fabergé, que je ne connaissais pas avant cette brève carrière de contrebandier. Et je ne me doutais pas de leur valeur avant d'arriver à Londres, chez Sotheby's, où elle vendit aux enchères ces quatre objets que j'avais rapportés allègrement de Bratislava et que Lise remballait maintenant avec d'infinies précautions pour les dissimuler dans ses bagages.

Quelques mois plus tard, nous revînmes de nouveau à Vienne et je retournai à Bratislava, cette fois pour un coquetier avec sa cuillère en émaux cloisonnés, un œuf miniature en pendentif et, surtout, une horloge rectangulaire d'une dizaine de centimètres, en émail blanc guilloché et décorée de fleurs de lilas en grisaille, des objets que Lise décida de mettre aux enchères à l'Hôtel Drouot, à Paris, de là un séjour mouvementé d'une semaine au Plaza Athénée.

Je commençais à me lasser de mes fonctions officielles avec Lise, aussi avais-je loué à son insu la plus petite et la moins chère des chambres de l'hôtel pour avoir la liberté de revoir certaines copines que j'avais encore à Paris, exercice de haute voltige, voire acrobatique puisque c'est le propre de l'acrobate de se placer dans une situation de déséquilibre et de résoudre cet état instable par des prouesses qui génèrent les mêmes sensations fortes que doivent éprouver les artistes du trapèze volant lorsqu'ils s'envoient en l'air ! Une semaine de virtuosité et d'efforts sportifs pour faire du corps un outil performant, sans compter cette gymnastique qu'impose à l'esprit l'indispensable entrelacs d'explications et de mensonges.

Voilà ce qui me revenait à la mémoire en descendant du taxi avec Annie Girardot au Plaza de New York alors qu'un crépuscule de sang coulait derrière les arbres de Central Park.

— Cours vite chez le concierge, me demanda-t-elle, voir s'il peut nous trouver des billets pour demain, je vais attendre les autres.

Les autres, c'étaient La Roquille et la secrétaire qui suivaient dans un second taxi avec les bagages et que nous avions perdus dans la circulation dense de ce vendredi soir.

La comédie musicale *Hair* venait d'ouvrir cette semaine même au Biltmore sur Broadway et son succès instantané laissait peu d'espoir de trouver des places, pas un samedi soir.

Lorsque je revins à la réception annoncer à Annie la mauvaise nouvelle évidente, elle m'empoigna par la main :

— Où est-ce qu'il est, ton concierge ?

Ce dernier devait être un habitué du cinéma Paris, juste à côté sur la 58e Rue, car il reconnut immédiatement Annie, ce qui ne l'empêcha pas de lui répéter ce qu'il venait de m'annoncer : *Hair* était complet pour des semaines à venir, c'était impossible…

— *Impossible, that's not French*[31], rétorqua Annie avec de jolis vestiges de l'accent que je lui avais enseigné.

Elle n'en démordait pas, elle voulait quatre places, au parterre, dont au moins deux côte à côte, qu'importe le prix.

— *But there's no way*[32], gémit le pauvre homme qui eût tant souhaité, cela se voyait, faire plaisir à l'actrice.

— C'est incroyable, dit-elle en se tournant vers moi, à Paris, au théâtre, à l'opéra, on garde toujours au moins deux places, juste au cas où le président de la République se pointerait par hasard.

Se ravisant qu'elle n'était sans doute pas plus importante qu'un président, Annie produisit un billet de cent dollars, le glissa dans la main du concierge en expliquant qu'elle se satisferait de deux places et qu'elle ajouterait un autre cent dollars lorsqu'il les lui apporterait.

C'est au centre de la sixième ou septième rangée du parterre que nous assistâmes à *Hair*, réjouis, enthousiasmés, ébahis. Il y a de ces spectacles de Broadway dont on garde le souvenir d'une telle audace, d'une telle perfection que c'est une bénédiction des dieux que d'avoir pu y assister. Avec sa musique hallucinatoire, sa façon franche et originale d'aborder la sexualité, le métissage, la guerre, la drogue, la nudité, tous des thèmes qui bouillonnaient dans les cerveaux de l'époque, *Hair*

31. – Impossible, ce n'est pas français.
32. – Je vous jure, y a pas moyen.

nous laissa tous les deux dans un état de légèreté physique incroyable, une félicité si parfaite que de ne pas immédiatement me toquer, surtout d'une grande actrice, eût été aussi improbable qu'une gelée blanche sur la porte de l'enfer.

Il était difficile de résister au torrent impétueux de Girardot, qui avait, durant ce week-end, pris la décision que j'irais vivre avec elle, à Paris, dans son appartement de la place des Vosges ; le travail ? c'était sans problème, elle était restée en bons termes avec Claude Lelouch et le convaincrait de produire les films que je souhaiterais écrire ou réaliser, et elle brûlait d'envie que je connaisse sa fille de six ans, Giulia, en manque d'un père plus convaincant – j'étais le nouveau candidat (!) – que Renato Salvatori, l'acteur qu'elle avait rencontré durant le tournage du film de Visconti, *Rocco et ses frères*, avec qui elle avait eu cette enfant et dont elle était déjà séparée. Elle ne divorcera jamais de Renato, acteur extraordinaire, mais alcoolique et joueur compulsif, qui sera emporté à cinquante-quatre ans par une cirrhose. Plusieurs fois, j'irai repêcher Renato avec Annie dans un petit bistro de la rue François-Miron où se jouaient les plus grosses parties de cartes de Paris. Il était en général bourré et avait accumulé d'imposantes dettes de jeu qu'elle réglait sans sourciller. Puis, elle le renvoyait à Rome où il vivait.

Je ne m'installerai jamais à Paris avec Annie Girardot, mais cette tocade durera plusieurs mois, se traduira par d'interminables conversations téléphoniques d'un continent à l'autre, des séjours parisiens mouvementés, et deviendra au fil des ans une tendre et intermittente amitié qui durera jusqu'à ce que la maladie étouffe, au début de 2007, la vie cognitive de l'actrice. Au début des années quatre-vingt-dix, nous allions enfin travailler ensemble, du moins tout l'indiquait. Nous avions réservé les droits du beau roman de Françoise Hamel, *La Semaine des petites douleurs*, une histoire très émouvante de relations mère-fille, située à Caen, la ville où Annie a passé son enfance, un rôle sur mesure pour elle. Anouk Grinberg – vedette importante après son grand succès dans *Merci la vie* de Bertrand Blier – avait accepté avec enthousiasme d'interpréter celui de sa fille.

— Un rôle au côté de cette merveilleuse actrice, avait tout de suite répondu Anouk, je n'ai même pas à réfléchir, je l'accepte.

Le projet avait vite trouvé son chemin jusqu'à la Gaumont où, un bon matin, le producteur Alain Poiré, qui s'était levé du mauvais pied, jugea Girardot carrément trop vieille et trop laide pour qu'il investisse dans un film dont elle serait la vedette ; il l'exprima dans des termes si grossiers et offensants qu'ils filtrèrent jusqu'aux oreilles de Georges Baume, l'agent d'Annie. Ce dernier, harcelé par l'actrice et touché sans doute par cette compassion qui permet d'accepter l'euthanasie d'un animal que l'âge a rendu inapte, finit par lui faire part au téléphone, alors que nous étions chez elle, de la réaction vénéneuse de Poiré.

— Trop vieille… pas baisable, mais Georges, c'est pas croyable, il le sait Poiré, je ne suis pas centenaire, je viens d'avoir soixante et un an, soixante et un, Georges, c'est pas terrible… répétait-elle, suffoquée par un terrible sentiment d'impuissance.

Puis elle raccrocha, ses jambes flageolaient, ne la supportaient plus, elle s'effondra par terre en larmes, dans cet appartement d'un immeuble plutôt modeste qu'elle avait acheté rue du Foin et où il y avait aussi un appartement pour Giulia. Depuis presque dix ans, il faut le dire, le cinéma avait abandonné sa vedette, l'actrice préférée des Français, dont le seul nom pendant longtemps avait suffi à financer un film.

Cette star, avec son côté Mme Tout le monde « qui n'était même plus baisable » selon la fine et lapidaire formule de Poiré, gisait sur le parquet, blessée à mort, mais ce n'était pas Mme Tout le monde qu'on venait d'assassiner, c'était l'incarnation des plus grandes héroïnes des quarante dernières années du cinéma français et italien : la Gisèle de *L'Homme aux clefs d'or* de Joannon, l'inoubliable Nadia de *Rocco*, l'indépendante Anna de *La Proie pour l'ombre* d'Alexandre Astruc, Kay Larsi de *Trois chambres à Manhattan* de Marcel Carné (prix d'interprétation féminine à Venise), Catherine de *Vivre pour vivre* de Lelouch, Danièle de *Mourir d'aimer* de Cayatte, l'histoire vraie d'une enseignante marseillaise qui se suicide en prison après avoir été condamnée pour une liaison avec un élève mineur

Elles agonisaient par terre, toutes ces héroïnes qui avaient modelé au long de quatre décennies une nouvelle représentation de la femme à l'écran. Quant au souvenir de celle qui, après avoir préparé un diplôme d'infirmière, sortit du Conservatoire de Paris avec deux premiers prix de comédie, classique et moderne, il s'était depuis longtemps éteint, comme celui de la géniale actrice que Jean Cocteau avait imposée dans *La Machine à écrire* et à qui la Comédie-Française avait tout de suite ouvert ses portes, portes qu'elle claqua trois ans plus tard, dans un retentissant geste d'indépendance.

Dès l'instant où un Poiré portait pareil jugement sur une actrice, il prononçait son arrêt de mort, aussi c'est avec le fantôme de Girardot que nous allâmes dîner, ce soir-là, dans un petit restaurant près du musée Picasso. La femme à la détermination farouche, la femme si entière à l'écran comme dans la vie, n'existait plus, elle n'était plus que cette ombre dont la bouche frissonnante de tourments et les yeux bouffis de tristesse déchiraient le visage, le regard ne voyait plus, l'esprit avait momentanément sombré. Comme une fleur s'étiole sans lumière, Annie, dans le demi-jour de l'oubli et loin des projecteurs, s'était déjà flétrie.

À New York, il y a vingt-cinq ans, en sortant de *Hair*, bras dessus, bras dessous, nous chantonnions comme deux adolescents hilares :

Where is the something
Where is the someone
That tells me why I live and die[33]

Ces paroles paraissaient alors avoir si peu d'importance, nous avions trente-sept ans tous les deux et encore tant de chemin devant nous, peut-être même ensemble, qui sait ? mais maintenant que nos vies avaient bifurqué depuis longtemps, que je vivais avec une autre femme, qu'Annie était de nouveau célibataire et qu'on cherchait à la jeter comme une fleur fanée, les mêmes questions – pourquoi on vit ? pourquoi on meurt ? – devenaient encore plus fondamentales tout en demeurant aussi cruellement sans réponse.

Nous la prîmes tour à tour dans nos bras, cette pâle fleur, nous lui murmurâmes qu'elle était une immortelle, un edelweiss, une étoile des

33. Où est cette chose
Où est celui
Qui me dira pourquoi je vis, pourquoi je meurs ?

sommets du cinéma et nous la rassurâmes : si nous ne pouvions réussir le montage financier du film avec elle, nous abandonnerions le projet, un point c'est tout.

La Semaine des petites douleurs ne se fit pas et Annie dut attendre jusqu'au tournant du nouveau siècle avant qu'un autre réalisateur, Michael Haneke, lui offre dans *La Pianiste* un rôle digne de son talent. L'image d'une des plus grandes actrices françaises, ostracisée par le mépris et la grossièreté des gens de pouvoir, c'est celle du désespoir et de l'impuissance, celle de l'instinct créateur anéanti, je la reconnaîtrais entre toutes, car je serai moi-même, dix ans plus tard, la victime d'un tireur qui, profitant de son poste élevé, déchargera ses armes dans notre direction pour le simple plaisir, on eût dit, d'assassiner.

*
**

Quelle que soit la vitesse de la vie, son train s'arrête toujours à des stations qui deviennent d'importants repères, car elles demeurent si précisément inscrites dans la mémoire qu'on se souvient avec exactitude, des années plus tard, du lieu et de la date de cet arrêt, du nom des gens qu'on a croisés, des sujets dont on a discuté et des impressions qui nous sont restées.

Ainsi, le 4 décembre 1967, à Paris, à la terrasse du Drugstore, boulevard Saint-Germain, à l'heure où *Le Monde* vient de paraître et qu'il est temps de prendre l'apéro, je me trouvai plongé, au propre comme au figuré, dans deux délirantes histoires de cœur.

Cet apéro, je le prenais avec Ted Allan, l'auteur de la vie du Dr Norman Bethune (*The Scalpel, the Sword*) et Marie-José Raymond. Nous discutions de ce que *Le Monde* venait de nous apprendre : un chirurgien jusqu'alors inconnu, le Dr Christiaan Barnard, avait, la veille, en Afrique du Sud, greffé un nouveau cœur à un pharmacien du nom de Lewis Washkansky, à l'article de la mort. Le bonhomme vivait toujours et son cœur de rechange battait normalement. Selon nous, cet exploit médical était si expérimental qu'il n'eût sans doute pas pu être tenté dans un pays aux exigences plus rigoureuses qu'en Afrique du Sud. Greffer un cœur, c'était redonner la vie, jouer à Dieu ! Prélever le cœur de quelqu'un, organe de son affectivité, et l'installer dans le corps d'un autre pour qu'il y reprenne désormais ses fonctions avec le bagage émotif de cet étranger nous semblait déborder la simple technique chirurgicale. Aucun de nous n'acceptait la notion que cette centrale des émotions ne fût qu'une vulgaire pompe à trimballer d'une carcasse à l'autre, mais nous restions médusés par l'audace de l'acte posé par le chirurgien sud-africain.

J'étais loin de me douter, à ce moment-là, que les transplantations cardiaques deviendraient presque une obsession et Christiaan Barnard, beaucoup plus qu'une connaissance.

Quant à mon propre cœur, il avait éprouvé, ces derniers temps, des émois tels qu'une simple pompe mécanique se fût tout de suite détraquée. Non ! qu'il eût été l'organe habile à gérer les émotions semblait l'évidence même. Et pourquoi pas aussi les tribulations et les tergiversations ? autant que mon cœur s'y accoutumât, car elles se multiplieraient.

Est-ce la peine de souligner que la vie sentimentale avec Anne avait connu certaines perturbations que seuls le flegme inné d'une Anglaise et son aimable contenance avaient pu rendre supportables. Cette existence lézardée n'allait cependant pas résister aux prochains assauts.

Le hasard avait placé sur ma route, presque deux ans auparavant, une femme qui s'était – il faut le comprendre de cette façon – si insidieusement insérée dans mon esprit que je n'en ressentis aucune sensation particulière. Comme si elle n'eût pas existé ou que cet incident n'eût été qu'imaginé.

C'était au crépuscule. Je revenais avec mon frère Daniel de tourner des courses de motos sur piste de terre, car j'avais commencé un portrait d'Yvon Duhamel, champion du monde dans cette discipline. L'épreuve avait eu lieu à une vingtaine de kilomètres de la maison d'un ami, le poète Jean-Robert Rémillard, que je ne voyais plus beaucoup depuis qu'il avait abandonné la ville pour cette ferme de Saint-Placide où il essayait de joindre les deux bouts en élevant des moutons. Il n'y arrivera d'ailleurs pas et se résignera à retourner à l'enseignement.

Pendant une des courses, Duhamel avait fait, dans une courbe prononcée, une chute spectaculaire ; s'étant engagé dans le virage à trop grande vitesse, il avait dû incliner sa moto si bas qu'elle glissa sous lui, dérapa sur la piste et se mit à tourner comme une toupie, catapultant son conducteur qui fila à la vitesse d'une torpille sur la surface inégale mais gazonnée à l'intérieur du circuit, pour venir s'immobiliser tout près de la caméra. Malgré son survêtement de cuir, la chaleur provoquée par le frottement sur l'herbe avait légèment brûlé le torse et les cuisses du coureur, qui s'en était tiré sans autres blessures graves. Pourtant, l'espace de quelques secondes, le cœur me manquant, c'est la mort terrifiante de Duhamel que j'avais cru suivre dans le viseur de la caméra, alors que le soleil à contre-jour décorait de milliers de paillettes d'or le linceul de poussière qui retombait sur lui.

La poussière. Ces courses sur terre battue en soulevaient autant qu'une tempête de sable dans le Sahara. C'est donc presque méconnaissables, derrière nos masques glaiseux, que nous nous présentâmes chez Jean-Robert pour le saluer et boire une bière, en restant gentiment dehors sur les chaises du parterre, tant nous étions crottés.

J'entrevis alors une femme assez grande et mince, couronnée d'une longue chevelure rousse éblouissante, une crinière de lion qui encadrait son visage très fin et pour ainsi dire aristocratique, une femme qui ne me fit sur le coup aucun effet particulier et dont je ne me souviendrai même pas du nom si tant est que Jean-Robert me la présentât, je n'en suis pas certain.

Que se passa-t-il par la suite ? Comment cela se produisit-il ? Et comment qualifier l'état dans lequel je me retrouvai ? Les amours que j'avais éprouvées jusqu'à maintenant, n'était-ce pas cela l'amour ? un sentiment subit et violent, un courant prodigieux, semblable à l'électricité dont, hélas, la tension diminue à mesure qu'il s'éloigne de sa source ? L'expérience des orages que j'avais vécus démontrait clairement aussi l'aspect plus ou moins éphémère des coups de foudre. Se pouvait-il que l'amour fût autre chose qu'un accident ? Autre chose qu'un piège bien dissimulé dans lequel on tombe, quelles que fussent les précautions ? puisque « tomber amoureux » est une expression depuis longtemps consacrée. Il n'y a, on le sait, que les clowns pour tomber avec préméditation !

Toujours est-il qu'après deux ans durant lesquels cette lionne rousse s'était par pur hasard liée d'amitié avec Anne Pritchard, ce qui, partant, m'avait permis de connaître aussi le mari (elle en avait un ainsi qu'un jeune enfant), cette brèche microscopique ouverte dans mon cœur à mon insu chez les Rémillard s'agrandit en un trou béant qui risquait de provoquer une telle déferlante que toute ma vie risquait d'en être chambardée. Gênante hypothèse pour quelqu'un qui avait assez bien réussi à contrôler les débits amoureux et à empêcher les turbines de s'emballer ; ne tournaient-elles pas juste assez gentiment pour garder le cœur allumé ? permettre d'autres influx ? et préserver dans ma vie cet effet magique d'aventures lumineuses et d'ombres douces qui en avaient fait jusque-là sa folie, son clair-obscur ?

Cette femme ne se présentait pas, en effet, comme une île enchanteresse, mystérieuse, à peine cartographiée, mais plutôt comme un continent inconnu, si lointain qu'y ayant mis le cap, rebrousser chemin n'eût pas été plus possible que pour une fusée lancée vers Vénus de revenir sur Terre. Et qu'importe si ce n'était que l'idée que je m'en étais faite, un portrait appréhendé ou une vision intuitive, le désir que je commençai d'éprouver pour elle devint de ce fait aussi véhément que l'assaut de mes inquiétudes. La mort de ma mère que j'avais aimée par-dessus tout avait, on eût dit, raréfié mes réserves d'oxygène : je pouvais plonger, soit ! mais cet état apnéique de l'amour ne pouvait pas dépasser certaines limites, il fallait remonter à la surface, respirer. Et si je trouvais le courage de faire le saut dans l'inconnu et que ce continent désiré se révélât une Atlantide ? J'allais et venais sur ce rivage d'incertitude où la mer efface à mesure la trace des hésitations et des atermoiements ; tiens ! là, il me semblait être descendu dans l'eau jusqu'à la hauteur des genoux, être venu à un cheveu de m'élancer, mais je n'avais pas dû puisque me revoilà sur cette pointe de sable près de rochers en affleurement contre lesquels les mouettes projettent des conques pour les ouvrir, et que maintenant je cours, éperdu, sur des dunes chevelues que le vent ébouriffe, le vent qui compose avec des lambeaux de nuages le contour d'un pays qui ne serait pas plus loin que l'horizon, s'il existait !

Je m'imaginais, jeune Christophe Colomb sur les falaises de Gênes, les yeux rivés sur l'ouest, écartelé entre la raison et l'impérieuse tentation d'une Inde mythique au tournant de la Terre.

C'est évident, un jour je ne résisterais plus et j'appareillerais moi aussi, obéissant à une recherche de bonheur insensée dont était exclu tout jugement de valeur et qui, comme la fatalité, ne départageait pas le bien du mal.

Voilà comment l'expédition commença, et pas innocemment !

Je réalisais trois films dramatiques de trente minutes, coproduction franco-allemande, que j'avais écrits, à Paris, pour Europe 1, en collaboration avec Gilles Sainte-Marie. Pour l'un de ces films, je choisis Marie-José Raymond, autant pour interpréter le rôle principal auprès de la vedette de la série, une actrice allemande, que pour connaître sa réaction si je lui déclarais subitement l'amour que j'éprouvais pour elle. Si je m'ouvrais à elle de ce fluide mystérieux qu'elle avait répandu en moi, de ce fil invisible et encore secret qui m'attachait à elle ?

Oui, ce sont habituellement des histoires de romans puisqu'on prétend que la fusion complète n'existe avec personne. Pourtant, cette nuit-là, dans ce lieu aussi peu romantique que cette chambre si ordinaire d'un motel ordinaire de Granby, je sais maintenant qu'il se produisit un événement extraordinaire, plus qu'une soudure ou qu'une union, mais la fusion fulgurante de deux êtres humains, fusion dont rien finalement ne viendrait à bout.

Un alizé se leva aussitôt et nous nous mîmes à filer vent sous vergue à une allure vertigineuse. Debout sur le tillac, le regard de cette femme pointait vers la contrée inconnue où elle m'emmenait, tandis que moi, inquiet, je regardais la distance effacer rapidement la terre derrière nous. Départ de vertige dans des eaux pourtant encombrées. Elle avait ses attaches et moi les miennes, alors comment pouvions-nous avoir déjà gagné le large ? Cet esquif que le destin venait pour ainsi dire d'improviser fendait l'eau avec l'assurance d'un cuirassé, en dépit des grains sournois et des mines que par envie on mouille au passage de ceux qui paraissent voguer vers des rivages heureux.

Ce navire fragile que le vent pousse toujours plus loin sur la mer, mènera-t-il quelque part ou ne serait-il qu'une galère dorée où sont enchaînés deux par deux des forçats de l'amour, condamnés à ramer à vide pour l'éternité ? Et la liberté, cette triste prisonnière de l'exclusivité ?

J'étais tourmenté par ces interrogations auxquelles je ne pouvais répondre, aussi décidai-je d'atermoyer, de dériver et de laisser fuir le temps. Cette lâcheté, je la connaissais assez bien, elle avait pris l'habitude, dans les moments de crise, de se présenter à ma porte, déguisée comme la sagesse, et je pouvais ainsi la laisser entrer en toute tranquillité d'esprit. La vie sembla plusieurs fois reprendre son cours ordinaire, mais il y avait ce bruit des gouttes tombant de la pale des rames en suspension au-dessus de l'eau, ce ne pouvait être qu'une halte momentanée.

Pendant une de ces haltes que j'attribuais au retour d'un moment de froide lucidité, je décidai d'élargir le champ d'activités d'Onyx Films. Au moment de l'Expo, je m'étais lié d'amitié avec le directeur culturel du pavillon de la Tchécoslovaquie. Il y avait dans ce pays une nouvelle vague de cinéastes dont les films méritaient d'être mieux distribués au Canada ; pour le moment, une Mme Desmarais détenait ce contrat de distribution, mais il arrivait à échéance et il suffirait, selon lui, que j'aille à Prague manifester mon intérêt pour qu'on me l'octroyât. Non seulement Pierre Lamy s'emballa pour mon projet, mais il nous vint à l'idée, si je décrochais le contrat, de construire dans le parking entre nos deux immeubles de la place Royale une grande salle de mixage qui, le soir, se transformerait en cinéma de répertoire avec acoustique et équipement à nul autre pareil à Montréal.

Je débarquai en Tchécoslovaquie en janvier, mais c'était le début du « printemps » de Prague. Quels moments d'euphorie dans cette ville sublime, à un moment où le peuple se crut libéré du joug communiste. Et cette allégresse n'était nulle part aussi palpable que dans les studios de Barrandov, où une bande de jeunes réalisateurs venait de donner naissance à la nouvelle vague du cinéma tchèque. Durant les quinze jours que je passai à Prague, je les rencontrai presque tous, ces réalisateurs : Miloš Forman, Jiri Menzel, Véra Chytilová, František Vláčil et, bien sûr, le dramaturge Václav Havel, dont le grand-père avait fondé ces fameux studios de Barrandov, au sud de Prague, au début des années trente. Nous passâmes plusieurs soirées ensemble au Vieux Soldat Zweig, la brasserie à la mode, Havel, Forman, Vláčil et moi. C'est dans ces soirées bien arrosées qu'allait en principe sombrer le contrat de Mme Desmarais ; en effet, l'espèce de général (car c'en était un) qui dirigeait les destinées du cinéma tchèque me promit, la main sur la ribambelle de médailles qui indiquaient l'endroit de son cœur, de me confier la distribution des films de mes nouveaux copains. J'ai donc acheté *Au feu les pompiers* de Forman, qui n'était pas encore terminé, mais dont j'avais visionné la copie de travail, *Trains étroitement surveillés* de Menzel, *Les Petites Marguerites* de Chytilová, qui en achevait le montage, et un film génial de trois heures, en noir et blanc, dont l'action se passait au Moyen Âge, *Marketa Lazarová* de Vláčil, cinéaste celui-ci de la génération précédente ; il recommençait à tourner après avoir été mis au rancart par le régime, durant plusieurs années. C'est grâce à Vláčil, quel merveilleux ivrogne ! que je découvris les propriétés curatives miraculeuses de la bière Pilsner Urquell ; plusieurs matins, ce médicament vint me tirer du coma et m'insuffler le courage de visiter des lieux aussi essentiels à la culture tchèque que, par exemple, les brasseries.

Lorsque je quittai Prague pour Paris, je n'emportais pas seulement dans mes bagages la promesse de tous ces nouveaux films, mais le brouillon d'un contrat exclusif de distribution (pauvre Mme Desmarais) et une option sur ses pièces de théâtre que Havel m'avait lui-même consentie.

Moi, dont les associés ne se gênaient pas pour mettre en doute le sens des affaires, j'étais à vrai dire assez fier de ces résultats. Et c'est en me vautrant dans une légitime autosatisfaction (!) qu'après avoir déposé mes choses à l'hôtel je me précipitai à Montparnasse pour effacer avec un poisson le souvenir des goulaches et autres plats de gros calibre dont Prague m'avait bombardé l'estomac. Ah ! Le Dôme avec sa sole de Douvre, délicate créature blond cendré allongée nonchalamment dans l'assiette sur une nappe de beurre fleurant la noisette, son dos contre une rangée de petits blinis aux pommes de terre, moelleux comme des coussins, cette merveille de poisson qui, finement incisé sur toute sa longueur, laisse découvrir lorsqu'on en retourne les filets sa chair blanche et ferme, incrustée de toutes les ciselures de la grande arête. Cette sole disparut rapidement, en compagnie d'un Chassagne-Montrachet, et je revins vers Saint-Germain où je ferais un petit saut dans une boîte de jazz avant d'aller dormir.

Dormir, on s'en reparlera !

La fumée qui étouffait cette cave basse et voûtée aux murs de pierres humides était si dense qu'on avait l'impression de descendre dans une mine où venait de se produire un coup de grisou. À la longue, les yeux finissaient par discerner une masse indistincte de clients plus affalés qu'assis sur des bancs adossés aux murs et, devant eux, des tables étroites, presque des tablettes de planches mal rabotées et disjointes où tout ce qui y était posé devenait bancal : les verres, les bouteilles et même ceux qui, les coudes sur la table, étayaient leur tête trop lourde contre le revers de leurs mains jointes. Sur une estrade, au centre, les trois musiciens, un pianiste, un saxophoniste et un contrebassiste, devaient jouer sans relâche depuis un moment : la sueur perlait sur leurs visages et répandait sous leurs aisselles des auréoles humides, bien que la température fût assez fraîche pour que les clients gardassent une écharpe ou leur manteau sur les épaules.

La maison ne servait que de la bière et du vin au pichet, je voulus continuer avec du blanc, mais la serveuse me le déconseilla gentiment et m'apporta un pichet de rouge plein d'entrain ; au lieu de rester étale, ce vin fringant produisait de minuscules bulles qui montaient et venaient crever à sa surface comme si quelque invisible amphibien respirait au fond du verre. Je ne pus m'empêcher de rêver à la bonne bouteille de whisky que j'avais pris la précaution de monter à la chambre avant d'aller dîner et dont ni le vin ni la musique ne sauraient me priver encore longtemps.

Je remarquai tout à coup une jeune fille, assise seule, dans l'ombre projetée par le piano. Il était difficile de discerner ses traits dans cette demi-obscurité, mais lorsque la porte donnant sur la réserve derrière le bar s'ouvrait, un rai de lumière venait brusquement éclairer son visage et faire étinceler ce qui me parut être des larmes qui roulaient le long de ses joues et qu'elles n'essuyaient pas. Avec des gestes lents, mécaniques, elle tirait de temps à autre une Player's du paquet posé devant elle et, avant de l'allumer, passait la paume de sa main sur ses joues pour les éponger. Dans la flamme orangée de l'allumette, ses yeux exorbités brasillaient quelques instants, puis leur lueur s'éteignait, s'avivant de nouveau chaque fois qu'elle tirait une bouffée. Et les larmes recommençaient à déborder de ces étangs profonds où s'était abîmé un chagrin qui en avait à jamais bouleversé la quiétude.

J'étais si absorbé par la vision de cette femme que je ne me rendis pas compte que les musiciens s'étaient retirés et que la boîte avait commencé de se vider. Je décidai de rentrer moi aussi, mais je ne pus me retenir d'arrêter à sa table et de lui demander si je pouvais l'aider. Elle leva ses yeux rougis vers moi, sans répondre.

Je n'insistai pas et sortis. J'attendis quelques instants près de la porte, puis je me dirigeai vers mon hôtel. J'entendis soudain des pas derrière moi, j'étais si certain que c'était elle que je ne me retournai pas, je me contentai de ralentir le pas, imperceptiblement. L'instant d'après, elle m'avait rejoint et nous continuâmes de marcher en silence, côte à côte, jusqu'à ce qu'elle éclate dans des sanglots déchirants qui m'arrêtèrent net ; je la saisis par les bras et la serrai aussi fort que je pouvais tout en maintenant une distance entre nous. Ou bien cette fille était cinglée ou c'était une écorchée vive, une blessée grave qu'on ne pouvait toucher sans prendre les plus grandes précautions.

— Mais qu'est-ce que vous avez ? murmurai-je avec une curiosité un peu exaspérée.

Je sentis son effort désespéré pour étouffer les sanglots qui lui nouaient la gorge, l'empêchant de parler.

Je relâchai mon étreinte.

— Si je peux vous aider, dites-le moi pour l'amour du ciel.

Ma façon d'invoquer l'amour du ciel la fit sourire, elle renifla et me dit d'une voix éraillée :

— Je n'ai pas envie d'être seule, ni d'être avec quelqu'un.

— Je ne suis personne, répondis-je doucement, et je viens de loin. Voulez-vous manger, boire quelque chose ? il y a L'Échaudé, passé la rue Bonaparte, la boîte ferme tard.

Elle hocha la tête.

— Où habitez-vous ? demanda-t-elle.

— La porte de verre, illuminée là-bas, c'est mon hôtel.

— Me laisseriez-vous m'asseoir dans votre chambre ? je ne vous dérangerais pas, je ne vous parlerai pas, vous ferez comme si je n'y étais pas.

— Si vous voulez !

— Je n'ai presque plus de cigarettes, dit-elle avec angoisse.

— Les tabacs sont fermés, laissez-moi voir si je ne pourrais pas… Et avant de me précipiter vers la boîte de jazz, je lui dis qu'ils n'auraient sans doute pas de Player's.

— Ça m'est égal, des blondes !

Évidemment, la porte était déjà verrouillée, mais à force d'insister, on m'ouvrit et la serveuse accepta de me vendre un paquet de Camel's entamé qu'elle avait dans son sac.

J'étais loin d'avoir une chambre luxueuse, mais il y avait quand même, de biais avec le lit et lui touchant presque, un fauteuil, si l'on peut qualifier ainsi cet objet à moitié dépaillé recouvert d'une housse de cretonne aussi fanée que ses fleurs.

— Étendez-vous sur le lit, je vais m'asseoir, je n'ai pas sommeil.

Elle voulut protester, mais je m'étais déjà calé dans l'unique fauteuil. Elle finit par enlever son manteau qu'elle laissa glisser par terre, s'étendit sur le lit après avoir retiré ses souliers et ferma les yeux.

Mon whisky !

— En voulez-vous un ? murmurai-je en me versant une grande rasade.

Elle hocha la tête et me demanda si elle pouvait fumer.

— Je vous accompagne, dis-je en allumant une Gauloise.

J'éteignis le misérable plafonnier, une espèce de compotier de verre jaunâtre, retenu au plafond par des chaînettes et dans lequel on aurait déposé trois poires lumineuses, pour ne laisser qu'une lampe de chevet qui n'éclairait presque rien.

Était-ce le whisky ? la présence de cette fille au chagrin mystérieux étendue près de moi ? l'ineffable parfum de son corps ? la moiteur provoquée par ces désirs qui montaient et que je repoussais ? le scintillement de nos cigarettes ? les lueurs tremblantes que chaque bouffée projetait dans la chambre ? je ne sais pas, mais une sensation extraordinaire de bien-être m'enveloppa tout à coup, une brume qui s'étira jusqu'à elle pour l'enfermer aussi dans son cocon velouté.

Je tressaillis au son de la voix étranglée d'une femme racontant qu'il ne lui restait qu'un mois à vivre, qu'un médecin le lui avait confirmé ce jour même et qu'elle m'avait suivi pour n'avoir pas à l'annoncer à ceux qui l'aimaient. Il n'était pas possible que cette voix vînt d'ailleurs, donc ce que j'avais pris pour la douceur d'un cocon était le linceul de la mort qui l'enveloppait déjà.

Immobile, les mains jointes sur son ventre comme une morte, elle fixait le plafond et rien ne me venait que j'eusse pu dire pour la réconforter.

Je me levai pour aller m'asseoir près d'elle sur le lit. Je pris ses pieds moites et glacés dans mes mains et je commençai à les caresser doucement, ou peut-être les masser pour que la vie leur revienne. Petit à petit, les frissons qui par vagues secouaient son corps s'évanouirent, sa respiration se calma et les battements de son cœur me rejoignirent par la plante de ses pieds. J'avais résolu de continuer jusqu'à ce qu'elle sombre dans le sommeil, ce qui n'arriva pas. Après un long moment, elle murmura :

— Allongez-vous, il faut que vous dormiez et je vous en empêche.

Elle insista, alors je m'étendis près d'elle qui me tourna le dos par discrétion, puis elle réclama que je lui parle de moi, de ce que je faisais, d'où je venais, que cela lui éviterait de se faire du sang d'encre.

— Je viens de Montréal, je réalise des films, des documentaires… Vous savez, je n'ai pas très envie de parler, laissez-moi plutôt vous prodiguer les tendresses que je ressens pour vous, voilà ce qui me ferait plaisir et, soyez sans crainte, je n'attends rien, essayez de dormir vous aussi.

Je passai inlassablement mes mains dans ses cheveux, dans son cou, le long de son dos, de lentes caresses, des tapotements, des pressions, des effleurements, toutes les modulations d'attouchements qui m'eussent permis de transmettre jusqu'à son âme l'inexprimable paroxysme d'être, cette sensation de plénitude dont le souvenir de la première fois que je l'avais éprouvée remonta à la surface à cet instant même.

C'était un soir de juillet, je venais d'avoir onze ans, il y avait eu au club de tennis de ma petite ville un tournoi qui s'était terminé tard et, au lieu de rentrer, je restai à traîner alors qu'on éteignait les lumières sur les courts et que se dispersaient les derniers spectateurs. Sur la galerie du bureau d'enregistrement, un joli bâtiment administratif qui jouxtait les tennis, j'aperçus une jeune fille qui étendait une couverture sur le plancher. En m'approchant, je reconnus Hélène Saint-Loup. Les Saint-Loup habitaient à Montréal, mais ils passaient leurs vacances d'été dans une grande maison qu'ils avaient construite sur une partie de la ferme d'un de mes oncles, à quelques kilomètres de Waterloo.

Hélène devait avoir dix-neuf ans, je ne la connaissais pas vraiment, mais j'étais curieux de constater qu'elle s'apprêtait à passer ainsi la nuit à la belle étoile.

— Tu vas dormir là ?

— J'ai mon vélo, mais il fait si chaud, je n'ai pas envie de rentrer, dit-elle, en s'étendant sur la couverture et en roulant pour s'en faire un oreiller le pull de coton ouatiné qu'elle portait.

Sa peau très bronzée contrastait avec le caraco blanc qui découvrait ses épaules douces, tiquetées de rousseurs comme les pages d'un livre ancien ; surprise sans doute par une averse de pépites d'or, elle en portait aussi les traces sur le nez, les joues et jusqu'à l'ourlet de ses lèvres.

— Tu peux me tenir compagnie… murmura-t-elle.

Je m'allongeai sur le ventre près d'elle, mais assez gauchement, si bien qu'en me relevant sur les coudes et posant mon menton dans les mains, mon visage se trouva à quelques centimètres à peine du sien. Je sentais les effluves capiteux monter des poils humides de ses aisselles et je n'arrivais pas à détourner le regard de ses lèvres qui frémissaient à chaque respiration et dont le souffle me chatouillait la joue. J'avais une envie folle de l'embrasser, mais comment aurais-je osé ? de la toucher, comment me serais-je permis ? D'étranges vibrations traversaient mon corps, les fantasmes se bousculaient dans mon esprit, mais je me sentais paralysé, incapable de tout mouvement et de toute décision. Je me laissai finalement retomber sur le dos, languide et sans ressort, comme une corde brisée.

Mon corps dut même se figer, car lorsque tout à coup elle posa sa main sur ma poitrine, je sursautai à la brûlure que j'en ressentis. Elle la retira aussitôt pour la déposer de nouveau, plus délicatement, me laissant apprivoiser sa présence, puis elle se mit à la promener précautionneusement sur mon ventre, mes cuisses, ne débordant jamais des sentiers qu'elle-même avait sans doute tracés, comme on ne cherche pas à effaroucher un jeune cheval qu'on débourre. Jamais plus loin que l'orée de l'interdit, ces caresses n'en finirent pas moins par suspendre le temps et me plonger dans une extase près de l'infini, l'infini que je voyais clairement, que je touchais, que je partageais avec elle, grâce à elle.

Dans la chambre d'hôtel, une aube timide entrait par la fenêtre dont je n'avais pas tiré les rideaux. Cette extase, remontée dans mon souvenir, mes caresses l'avaient communiquée à cette femme désespérée qui finalement s'était endormie. J'attendis longtemps avant de retirer ma main immobilisée sur son épaule de crainte d'interrompre l'induction de cette bienfaisante anesthésie. Et je m'endormis à mon tour.

Lorsque je me réveillai en sursaut, le jour tombait, la chambre se trouvait de nouveau dans la pénombre. La jeune femme n'était plus dans le lit, je courus à la salle de bain, elle n'y était pas non plus. Elle était partie. Tandis que cette nuit je la caressais, j'avais presque vidé la bouteille de whisky : pas étonnant que je n'eusse pas eu connaissance de son départ. En prenant le téléphone pour commander un café, j'aperçus une note sur la commode. Laconique. Elle avait simplement écrit « merci » et ajouté en post-scriptum que je devrais peut-être, puisque je travaillais dans le cinéma, contacter son patron dont elle me laissait le nom et le téléphone. Je pouvais me recommander d'elle, mais sans lui dévoiler le secret qu'elle m'avait confié. C'était signé : Sophie W.

Je téléphonai à ce M. Nathan dès le lendemain matin. Il fut si intrigué par mon coup de fil qu'il me fixa un rendez-vous pour l'après-midi même, à la terrasse du Paris, sur les Champs-Élysées ; il portait un costume marine avec une cravate à pois, je le reconnaîtrais facilement. D'autant plus facilement qu'avec son air affairé, son nez en bec d'aigle, son crâne dégarni auquel s'agrippaient quelques bouclettes rousses et de longs favoris frisottants, cet homme n'aurait pu être personne d'autre qu'un descendant du prophète hébraïque dont il portait le nom. M. Nathan réclama tout de suite des nouvelles de Sophie, sa secrétaire, mon appel ayant été le premier signe de vie reçu d'elle depuis trois jours, ce qui l'avait plongé dans la plus vive inquiétude.

— Elle va bien, elle va bien, mais elle passe un moment… difficile, lui rapportai-je sans conviction.

— Qu'est-ce que cela veut dire ? Vous connaissez Sophie depuis quand ?

Je me sentis comme un voleur pris en flagrant délit. J'avais dans les bras ce secret plus gros qu'une maison et M. Nathan me demandait des explications qu'on m'avait justement demandé de ne pas lui donner.

— Vous savez, j'ai rencontré Sophie par hasard, nous avons causé de ce que je fais et elle m'a conseillé de vous appeler, ce n'est pas plus malin que cela ; elle m'a dit que vous vous intéressiez au cinéma.

Je lui fis un bref historique de notre société de production à Montréal, lui racontai mon voyage en Tchécoslovaquie et les ententes que j'y avais amorcées, etc., etc. Il m'écoutait en se mordillant les ongles et en clignant nerveusement des yeux, ce qui me rendit nerveux à mon tour ; au fait, mes affaires l'intéressaient-elles ? J'avais l'impression d'essayer d'allumer un feu de bois vert.

— Avez-vous quelques minutes ? demanda-t-il tout à coup, laissant tomber de sa bouche l'ongle mâchuré de son index.

— J'ai tout mon temps.

Il régla l'addition et nous descendîmes les Champs-Élysées jusqu'au rond-point.

— Vous voyez, devant vous sur la gauche, cet immeuble décrépit qui fait le coin, m'indiqua-t-il d'un geste alors que nous traversions les Champs vers l'avenue Matignon, j'ai peut-être une proposition pour vous.

M. Nathan m'explique alors que l'immeuble serait complètement refait pour abriter un cinéma et un nouveau Drugstore, l'invention parisienne de Marcel Bleustein-Blanchet, le grand patron de Publicis, qu'il représentait dans cette affaire. Bleustein l'avait chargé de dénicher des partenaires, de préférence américains, qui, pour un investissement de deux cent mille dollars, acquerraient la moitié des actions de ce troisième Drugstore et du futur Cinéma Publicis Matignon, qu'ils ouvriraient en sous-sol une magnifique salle de trois cents places. Les travaux commenceraient incessamment et se termineraient en 1970. Nathan m'offrit de l'accompagner le lendemain chez l'architecte Guillaume Gilet, ainsi je pourrais apporter une copie des plans à Montréal au cas où le projet plairait à mes associés, ce dont je ne doutais pas un instant. Pour ce qui était de l'acceptation de notre groupe par Bleustein-Blanchet, c'était le cadet des soucis de M. Nathan. Nos activités effrénées de publicité nous garantissaient de bonnes liquidités – je l'en avais assuré – et elles constituaient un appât certain pour le patron de Publicis que le territoire nord-américain démangeait, nous projetions aussi de notre côté de construire une salle et n'étais-je pas maintenant le distributeur canadien du cinéma tchèque ?

Quel beau mariage ! Je n'avais qu'une hâte, c'était d'en communiquer le faire-part à mes principaux associés : les frères Pierre et André Lamy, Gilles Carle et Guy, le besson.

Ouille ouille ouille !

J'avais terminé récemment un film sur Émile Nelligan (mal reçu d'ailleurs par une partie de la critique) et j'avais passé beaucoup de temps à tourner à Saint-Jean-de-Dieu, cet abominable asile où fut interné le poète. Eh bien, il s'en fallut de peu qu'André Lamy ne m'y fasse enfermer à mon tour lorsqu'il m'entendit rêver de cette expansion internationale d'Onyx Films et m'enflammer à l'idée de distribuer le cinéma tchèque. Alors, le comble : nous associer à des Français, des juifs que nous ne connaissions ni d'Ève ni d'Adam ! Pour ce qui est de Gilles Carle, il se rangerait du côté de Pierre Lamy, comme à l'accoutumée.

Pierre Lamy, il fallait le connaître. Ce bonhomme lippu et obèse, bon comme un saint-bernard, salivait aussi comme un saint-bernard, et il était né avec un cheveu sur la langue qui le faisait bléser et exposait ses interlocuteurs à d'inévitables intempéries chaque fois qu'il ouvrait la bouche. Après des études universitaires en comptabilité, Pierre avait commencé sa carrière comme administrateur de la famille von Trapp, au Vermont, où il avait épousé une jeune cuisinière allemande qu'il appela joliment *liebling* toute sa vie et qui le lui rendit bien avec ces bons plats dont elle lui entretenait la panse. Mais, justement, cet homme toujours affamé manquait, à l'inverse de son frère André, d'appétit pour l'argent, il n'était pas ambitieux, peut-être même un peu flemmard, alors pourquoi, grosse carpe satisfaite dans son étang, aller frétiller dans des mers inconnues ? Cela dit, Pierre n'était pas resté insensible au projet et, si le besson était passé dans mon camp, il l'eût sans doute rallié, mais il se rangea du côté d'André Lamy, ce qui empêcha peut-être Onyx Films de se métamorphoser en une entreprise différente de celle qui se retrouvera au bord de la faillite, quatre ans plus tard, à la suite d'une sotte opération boursière, menée tambour battant par ceux des associés les plus âpres au gain et dont les rangs avaient été renforcés depuis par l'entrée dans la société des frères Claude et Denis Héroux !

J'étais si dépité que j'attendis une semaine avant de communiquer la décevante nouvelle à M. Nathan, à Paris. De son côté, il m'apprit que Sophie s'était informée s'il allait faire des affaires avec le « Canadien si gentil », à quoi il avait répondu que tout allait bien, ça baignait, quoi !

Eh bien ! pas du tout.

Je demandai des nouvelles d'elle. Nathan se tut, allongeant sinistrement ce silence transatlantique. Puis, il finit par m'annoncer que Sophie n'était plus là, plus de ce monde. J'en ressentis un choc surprenant, comme si elle venait de glisser, à l'instant même, entre les mailles de mes caresses et que mes mains eussent encore été imprégnées de la présence de son corps fragile, désormais aussi intangible qu'un souvenir.

Vingt ans plus tard, lorsque le visionnement de presse pour la sortie française de notre film *Les Tisserands du pouvoir* remplit la salle du Publicis Matignon et que nous allâmes avant la projection prendre un verre au Drugstore, bondé, je ne pus m'empêcher de penser qu'avec un peu d'audace et sans la myopie congénitale d'Onyx, ces endroits nous eussent appartenu, du moins en partie.

À Onyx Films, les choses allaient vite. Trop vite pour réfléchir ou perdre du temps à s'apitoyer sur ses rêves étouffés.

Raymond-Marie Léger, de l'Office du film du Québec, venait de laisser coup sur coup trois messages urgents auxquels je n'avais pas encore pris le temps de répondre. Impatient, il me relança au bureau en personne. Le Dr Pierre Grondin de l'Institut de cardiologie de Montréal venait de réussir, après un essai infructueux sur un monsieur Murphy, la première transplantation cardiaque au Canada. Son patient, M. Gaëtan Paris, sortirait bientôt de l'hôpital et l'équipe de Grondin, enhardie par ce succès, s'apprêtait à effectuer une nouvelle transplantation. Étais-je intéressé à tourner un film, un court métrage pour les salles, sur ce sujet ? Et comment donc !

Un battement de cœur plus tard, j'étais déjà en discussion avec le Dr Grondin afin de régler les détails de ce tournage, qui s'avérait très compliqué : nous travaillerions en 35 mm avec une Arriflex insonorisée, un monstre de caméra, reliée à un Nagra, et une autre Arriflex, à l'épaule celle-ci, tout cet équipement obligatoirement en parfait état d'asepsie, de même que les projecteurs nécessaires à l'éclairage. Et il n'était pas question d'être plus de trois dans la salle d'op. Je choisis donc de faire équipe avec Roger Moride, qui opérerait la caméra insonorisée, je tournerais les plans à l'épaule, Marie-José enregistrerait le son et verrait à tous les détails de régie.

Marie-José Raymond, oh là là, le tollé !

Il y en avait déjà plusieurs dans l'entourage qui connaissaient cette histoire amoureuse entre nous, mais la symbolique d'avoir à mes côtés cette femme pour qui battait maintenant mon cœur dans une salle où quelqu'un allait revivre grâce à un cœur neuf n'avait frappé que moi ! Si je m'obstinais à vouloir travailler avec elle, ce serait à mes risques et périls et pas question de la rémunérer, ça, on était formel là-dessus.

Rien ne me fit changer d'idée et l'équipe de trois se retrouva, quelques jours plus tard, pour une transplantation sur un M. Zaor qui ne tourna pas bien puisque l'homme succomba après deux jours. De notre côté aussi, cela n'avait pas été génial ; par ignorance, nous avions raté des moments cruciaux et gaspillé de la pellicule sur des détails insignifiants.

Il y avait à l'Institut un autre patient en attente et une nouvelle transplantation aurait lieu dès qu'on trouverait un donneur. Cette fois, je filmerais seul, caméra à l'épaule, et le Dr Grondin me guiderait tout au long. Cependant, malgré mon insistance, il n'était toujours pas question de me permettre de filmer le moment où, dans une salle d'op adjacente, on extrait le cœur du donneur. Tout au plus pourrais-je attendre à la porte de la salle et suivre en gros plan ce cœur frémissant qu'une assistante transporterait précautionneusement dans un simple bol en inox, émouvante transition à rebours entre la mort et la vie. Jamais dans ma carrière de cinéaste je n'ai vécu de moment plus poignant que celui où un cœur, agité de frissons spasmodiques, est déposé dans le thorax du receveur, rebranché, et que, sous l'effet de la défibrillation, il recommence à battre à un rythme normal. Cette expérience, je l'ai vécue cinq fois. En effet, lorsque j'eus terminé *Hearts* (*Cœurs neufs* en français), le court métrage pour les salles, je m'attaquai au tournage d'un film scientifique d'une heure sur les transplantations cardiaques qui me permit de rencontrer les sommités mondiales de l'histoire de la cardiologie, les Shumway, DeBakey, Cooley et bien sûr le célèbre Dr Christiaan Barnard, invité d'honneur du deuxième Symposium international sur les transplantations cardiaques, organisé à Montréal par le Dr Grondin et son équipe : les Drs Lepage et Castonguay.

Caméra au poing, nous avions accueilli Barnard à l'aéroport de Dorval. Homme au charme magique (et il le savait), le chirurgien sud-africain était aussi resplendissant que s'il eût été reçu par la garde d'honneur du plus grand État du monde, c'est l'effet que produisait un objectif pointé sur lui. La journée était magnifique et, afin de pouvoir filmer avec plus d'aise, nous avions loué une grosse américaine décapotable pour le ramener au Château Champlain, où il logerait. Marie-José faisait le chauffeur avec notre « vedette » sur le siège d'à côté, tandis que le preneur de son et moi occupions la banquette arrière. Les rubans de routes étagées de l'échangeur Turcot, fraîchement inauguré, rutilaient contre le ciel bleu, gigantesque arc de triomphe dont j'associai l'image avec le visage épanoui du plus célèbre chirurgien de l'époque, émerveillé par la modernité de la ville qu'il découvrait. (Après quarante ans, le pic des démolisseurs attend déjà ce pharaonique entrelacs de béton qui se désagrège et s'effrite.)

Ce sont des motifs éminemment scientifiques qui avaient attiré Barnard à Montréal, mais il n'allait pas pour autant s'empêcher de faire la fête, aussi comprit-il tout de suite qu'il valait mieux pour cela s'acoquiner avec nous que de rester à nager dans les huiles du symposium. Dès le premier soir, il souhaita que nous dînions ensemble pour aller danser ensuite dans une boîte.

D'origine française polynésienne, Danielle C., une amie d'une grande beauté, que nous avions engagée pour nous aider durant le tournage, se joignit à nous pour dîner au restaurant Chez son Père. Eh bien ! le chirurgien dont une biographie a titré qu'il était un « homme aux mains d'or » était pour les affaires délicates... doué aussi d'une dextérité sans pareille. Pendant le repas, tout en restant absorbé dans une intense discussion sur l'apartheid qu'il réprouvait, Barnard avait, à notre insu, habilement réussi avec ces mains d'or à défaire Danielle de tous ses vêtements de dessous, ne lui laissant que sa robe. Et cela de manière si charmante et rapide qu'elle n'avait pas eu le temps de protester ou même de tiquer. Elle déclina cependant l'invitation de terminer la soirée en boîte !

Cela dit, Barnard possédait un tel charme, une telle bonhomie, qu'il ne manqua pas de jolies compagnes, le reste de son séjour ici, devancières de célébrités comme Sophia Loren ou Gina Lollobrigida, qui firent plus tard battre le cœur de ce bonhomme antinomique ; il put aussi bien être considéré par *Paris Match* jusqu'en 1984 comme un des quatre plus grands séducteurs de la terre, que choisi (sans doute pour des raisons différentes) « homme de l'année » par les Nations unies, en 1999.

Pour la plupart, les cœurs des donneurs provenaient de jeunes dont la vie avait été fauchée dans un accident. Dans *Hearts*, c'était celui d'un jeune homme dont la moto avait fait une embardée funeste. Ainsi, dans la narration qu'il écrivit pour le film, Lawrence Durrell fit un rapprochement avec ce cœur que la mort enferme dans un cocon où il se transforme en chrysalide jusqu'à ce que la transplantation lui permette de prendre son essor et de devenir papillon.

Le court métrage était beau, émouvant, mais encore fallait-il écrire une narration qui soit à la hauteur. Marie-José que *Le Quatuor d'Alexandrie* avait beaucoup touchée proposa d'approcher Durrell, son écriture sensible et poétique ne pouvait que convenir à pareil sujet. Elle réussit, bien qu'il ne fût pas publié, à obtenir le téléphone de Durrell, à sa résidence de Sommières, en France. Elle appela, expliqua ce que nous avions en tête, le romancier réclama un peu de temps pour y réfléchir.

Le lendemain, un télégramme arrive, signé Durrell, avec un seul mot, en majuscules : OKAY. J'en renvoie un, très long, avec la description et l'enchaînement des plans du film.

Marie-José en avait eu l'idée, mais il n'était pas question de payer son voyage pour qu'elle m'accompagne chez Durrell. Après tout, chez Onyx, elle n'existait toujours pas. Vilenie et stupidité dont elle sera l'objet jusqu'au succès inattendu de *Deux femmes en or*. J'irai seul, moi qui n'avais pas lu un traître mot du romancier.

Le vol pour Paris atterrit avec beaucoup de retard et j'attends éternellement la correspondance pour Montpellier. Je joins Annie Girardot pour lui demander, dans les jours qui viennent, d'enregistrer une narration de Durrell. Il y a un moment que je ne lui ai pas donné de nouvelles, je me sens un peu mufle, mais bon !

J'arrive à Montpellier à la tombée de la nuit et Durrell m'attend à la première heure, le lendemain, je prends la voiture de louage et décide de dormir dans un hôtel près de l'aéroport. Une chambre triste. Encore quelques avions qui vrombissent au-dessus et donnent la bougeotte au lustre de verroterie suspendu au plafond, des trains qui beuglent pas loin en réveillant une meute d'alarmes et, sur la nationale juste devant, la caravane de poids lourds qui piétinent le silence de la nuit et le font gronder.

Une chambre pour les idées noires. Toute la nuit, elles défilent par groupes thématiques en commençant par la mort, elle a déjà ma mère, mon père dans ses rangs et prétend que je ne lui échapperai pas encore longtemps, je parviens à la chasser et les démons de l'inconfiance s'amènent, l'un d'eux lance en ricanant : poète ! et tous s'esclaffent ; un autre au regard impitoyable crie : cinéaste ! et tous se tapent les cuisses en proférant des insultes ; écrivain ! ironise encore un autre, provoquant des éructations grotesques, puis des images de moi se proposent à mon regard, kaléidoscope de mes bêtises, de mes hypocrisies, de mes inconstances et de mes goujateries, l'insupportable rosace des fragments de ma vie qui n'arrête pas de changer devant moi. Il arrive si rarement, ces nuits d'inquiétude et d'insomnie, de trouver grâce à ses propres yeux, de parvenir à fermer les vannes et de laisser monter le flot bienfaisant du sommeil.

Le jour se limite encore à un liseré de ciel lorsque je quitte l'hôtel, trois heures en avance sur mon rendez-vous, à vingt-cinq kilomètres de là. Soit ! j'irai repérer la maison de Durrell et prendre un café quelque part avant de sonner chez lui. Si l'on m'avait indiqué la départementale 22, direction sud-ouest, j'eusse trouvé tout de suite, mais non, c'était la maison Tartès, 15, route de Saussines, pourquoi faire simple ! Je trouve enfin : c'est à la sortie de la ville, en bordure de cette départementale. La maison Tartès est en pierre, ramassée, plutôt bourgeoise, surmontée d'un toit d'ardoise pas du tout dans le style des toits de la région. Lorsque je passe devant, les volets de métal blanc sont encore fermés au rez-de-chaussée et à l'étage, où des portes-fenêtres donnent sur deux balcons en encorbellement avec des balustrades de fer forgé, ornées d'élégantes volutes. Des fleurs, dans des pots d'Anduze, décorent chaque marche de l'escalier qui conduit à la porte de bois ouvragé de l'entrée.

Comme entendu, je reviens à neuf heures pile et Durrell lui-même sort à ma rencontre.

— Vous n'avez pas eu trop de mal à trouver ? me demande-t-il en français avec un accent anglais assez prononcé.

— Non, j'ai trouvé tout de suite !

(Je ne vais pas lui dire que je glandais là à la barre du jour !)

Il regarde avec un peu d'inquiétude l'équipement que je sors du coffre de la voiture, croyant d'abord qu'il s'agit d'un projecteur et que je vais lui montrer le film. C'est un magnétophone, j'ai prévu lui demander d'enregistrer sa propre narration, mais je n'ose pas le lui annoncer maintenant.

Durrell paraît petit, je dirais trapu, avec son visage ovale et rubicond, trop grand pour lui, un nez très présent, couperosé, son menton allongé laissant beaucoup d'espace pour la bouche et le trait fin de ses lèvres qu'un sourire narquois ourle en permanence. Sa chevelure lisse, séparée en deux parties égales par une raie soigneusement tracée, surplombe un front large, bombé, la forteresse de son esprit au pied de laquelle veillent des yeux clairs, scrutateurs, toujours de faction, attentifs au moindre mouvement de l'inspiration.

Il me présente à sa cuisinière, une dame d'un âge certain, décharnée, presque squelettique, en annonçant qu'elle nous réserve une belle surprise pour le déjeuner auquel il a aussi convié une amie de passage à Sommières.

— Vous mangez même ce que vous ne connaissez pas ? demande-t-il en allumant la première d'une cinquantaine de Gauloises qu'il fumera pendant la journée.

— J'aime tout, dis-je en observant sur le visage hâve de la cuisinière l'air résigné de l'esclave à qui son maître inflige chaque jour le supplice des fourneaux, lui interdisant de se nourrir sauf pour s'assurer de la perfection des plats et éviter de tomber d'inanition.

Dans la pièce sans fenêtre du rez-de-chaussée où il travaillait, Durrell me fit lire ce qu'il avait écrit sur les transplantations, en suivant l'enchaînement des images du film que je lui avais fourni. Je le sentais très inquiet alors que je parcourais le texte sans rature qu'il avait tapé sur la Underwood Noiseless des années quarante, et présumée portable, trônant sur la table. La simplicité, la poésie du texte, sa façon de transposer à un autre niveau l'exploit chirurgical de la transplantation cardiaque, c'était remarquable, magnifique, et lui qui attendait mon verdict, angoissé comme un collégien qui soumet sa première rédaction.

Je pris ses mains dans les miennes, les serrai et le rassurai : le texte n'était pas seulement inspirant, il était émouvant et il venait directement du cœur, cela se sentait.

Nous fîmes quelques ajustements, puis à deux ou trois endroits, je manquais de texte, des ajouts difficiles à écrire car il fallait sans quitter le mode poétique accommoder certaines images assez crues. Il demanda à la cuisinière d'apporter du café tandis qu'il réfléchissait à ces nouveaux passages. J'offris de le laisser seul, mais il refusa, en maugréant un peu que je le faisais travailler fort. Dans le brouillard des Gauloises qu'il fumait à la chaîne, il se mit à pianoter sur la Underwood, qui n'avait de silencieux que le Noiseless, gravé en lettres dorées sur sa façade, trois ou quatre paragraphes qu'il me demanda de lire par-dessus son épaule.

Je voyais l'heure du déjeuner approcher et je me dis qu'il vaudrait mieux enregistrer tout de suite, surtout que Durrell avait commencé à suggérer d'arrêter pour un apéritif.

Je sortis le Nagra de son étui et il blêmit.

— Qu'est-ce que vous voulez faire avec cela ?

— Vous avez une voix intéressante, il me semble que si vous lisiez votre texte vous-même... J'ai tout ce qu'il faut pour enregistrer.

— Je fais tout cela pour rien, répliqua-t-il, vous ne trouvez pas que vous exagérez un peu.

— Mais je ne vous demande pas de travailler pour rien, je vais vous payer quelque chose, même si c'est peu considérant l'écrivain que vous êtes.

Il demeura interdit.

— *How much?* demanda-t-il.

J'avais mille dollars en billets américains, cela convenait-il ?

Il ne s'attendait à rien, alors oui ! il était satisfait, très satisfait et il était prêt à enregistrer à condition que je rejoue l'enregistrement à l'invitée qu'il attendait et dont il appréciait le jugement puisqu'elle était dans les communications. Une coquetterie, car la voix de Durrell était chaude, convaincante, et il phrasait avec intelligence.

Ghislaine de Boysson, mince, élégante, début de la quarantaine peut-être, arriva sur le coup de midi. Cette femme, « envoûtante, au regard tantrique », comme il écrit les aimer, Durrell me la présenta comme une amie. Il l'épousera en 1973, un quatrième mariage qui se terminera par un divorce six ans plus tard.

De toute évidence, il la connaissait depuis peu, mais on voyait que les deux se plaisaient beaucoup réciproquement. Il ouvrit du champagne pour elle, mais me proposa, si je préférais, de prendre comme lui du whisky, ce que je fis, puis il me pria de faire entendre la narration. À la voix chaleureuse du narrateur, Mme de Boysson répliqua par des regards attendris et des cillements qui lui firent presque venir les larmes, on ne pouvait douter un seul instant de son appréciation favorable. Avec cet imprimatur, le travail était terminé (du moins Durrell le pensait) et il pouvait enfin nous entretenir de la surprise qui lui brûlait les lèvres : des ortolans ! Un de ses amis en avait capturé une douzaine qu'il avait dûment noyés dans l'armagnac après les avoir gavés plusieurs jours, à la noirceur, dans une boîte exiguë où les oiseaux n'avaient rien d'autre à faire que de s'empiffrer, des détails qui faisaient frémir Ghislaine d'horreur, mais dont Durrell avec un malin plaisir ne l'épargnait pas.

Nous prîmes place à une table dans la véranda qui surplombait le jardin, derrière la maison. Durrell déboucha avec enthousiasme *« a very good Claret »*, un médoc ! La cuisinière posa alors devant chacun de nous une assiette contenant trois ortolans qui avaient été plumés seulement et grillés tout rond sans avoir été vidés de leurs entrailles, ni débarrassés de leur tête. Répandant un fumet délicat de petit gibier et de foie gras, ils gisaient doucement au pied d'un tertre de champignons sauvages. (J'ai su trente ans plus tard par mon ami Alain Juppé qu'il eût fallu manger ces oiseaux avec une grande serviette de toile sur la tête pour bien emprisonner tous les arômes, mais Durrell l'épicurien nous épargna ce cérémonial qu'il devait tout de même connaître.)

En bouche, l'ortolan gicle d'un gras au goût de noisette, ses entrailles dégagent cette sensation capiteuse, indescriptible, du foie gras, et il faut, pour chaque bouchée de leur chair délicate, lutter contre des os minuscules qui agressent la bouche comme de fines arêtes de poisson, mais c'est un repas qui me restera toujours en mémoire, surtout parce que Durrell, ce midi-là, nous avait longuement entretenus de son amitié avec Henry Miller. De celui-ci, au moins, j'avais tout lu et l'admiration que je lui vouais et dont j'avais fait part à Durrell l'avait lancé sur le sujet. À vrai dire, j'avais surtout cherché à masquer mon ignorance de sa propre littérature.

Je ne sais pas si c'est le sujet de Miller ou les tendres œillades de Mme de Boysson, mais Durrell était en grande verve lorsque prit fin le déjeuner et que son invitée annonça, malgré ses protestations, qu'elle devait nous quitter.

— Vous avez sûrement encore du travail tous les deux, fit-elle remarquer à mon grand soulagement.

Avant que Durrell ne puisse répondre, j'avais acquiescé. En effet, il nous restait des bricoles, dont la traduction du texte en français.

— La traduction ! s'exclama l'écrivain, mais je n'écris pas le français, moi.

— Si, si, dit Ghislaine, il aime à se faire prier, mais il l'écrit très bien.

Cramoisi, Durrell mit gentiment Ghislaine à la porte avant qu'elle ne cause plus de dommages, il se versa un grand verre de whisky et se laissa tomber dans un fauteuil de la véranda avec la détermination de quelqu'un qui ne s'en relèverait jamais.

— Si vous voulez le texte en français, dit-il, vous n'avez qu'à le traduire vous-même.

— Je ne veux pas trahir votre pensée.

Durrell se leva d'un bond, empoigna la bouteille de whisky, me conseilla d'apporter un verre et me conduisit dans son bureau de travail, m'ordonnant de prendre place devant la Underwood.

— Vous allez traduire et je vais suivre par-dessus votre épaule ; si vous vous écartez de ma pensée, je vous le dirai.

Durrell ne connaissait peut-être pas suffisamment le français pour l'écrire, mais pour en discuter, c'était sans problème. Chaque tournure de phrase et chaque mot furent retournés, analysés, soupesés, mais le whisky nous permit, durant cette épreuve, de conserver une remarquable équanimité, j'ajouterais même de développer une étroite camaraderie. Durrell, gardait sa main droite sur mon épaule et lorsqu'il commençait à douter de quelque chose, il serrait les doigts pour me prévenir, je revenais en arrière en biffant avec des X, choisissais un autre mot, il resserrait ou desserrait alors sa prise, selon que le choix lui aillait ou pas. Quand l'étau se refermait, c'était sérieux, il fallait discuter, car il voulait que ma traduction reflète parfaitement sa pensée. Non, ce n'est pas la méthode de travail la moins stressante, mais j'eus le sentiment durant les deux heures que dura l'exercice de vivre en parfaite osmose avec l'écrivain. J'étais Durrell. Heureusement car nous terminâmes en même temps la traduction et la bouteille de whisky et il n'était plus tout à fait lui-même, ses jambes ne le portaient plus et il insistait pour que nous descendions dans le jardin afin que la cuisinière puisse prendre des photos des joyeux lurons que nous étions devenus.

Le trajet fut long jusqu'au jardin, Durrell avait des accès de rire qui sciaient ses jambes déjà fragiles, nous devions alors faire une halte, le soutenir du mieux que nous pouvions et le laisser reprendre son souffle avant de continuer. Mais, pour descendre au jardin, il y avait des marches, des marches de pierres trop étroites pour nous trois. Et la cuisinière qui n'arrêtait pas de râler contre monsieur qui se mettait dans cet état !

Durrell me demanda de l'attendre au pied des marches et, prenant une grande respiration, agrippé à la main courante, il échoua dans mes bras, sans encombre, mais mort de rire et toujours aussi déterminé à ce qu'une photo immortalise notre rencontre.

Mais s'il y a un ustensile avec lequel la cuisinière ne s'y entendait pas, c'était la caméra pourtant assez simpliste du maître de maison. J'avais beau indiquer le bouton de l'obturateur, elle pressait sur tout sauf ça, tandis que j'éprouvais un mal fou à garder Larry sur ses jambes près de moi. Décidément, elle était plus douée pour les ortolans que pour deux oiseaux hilares et ivres morts. Elle y parvint enfin, mais la photo que m'envoya Durrell, des mois plus tard, n'avait rien de mémorable sinon qu'elle illustrait un exploit tenant du miracle : Larry et moi, jambes flageolantes, plantés à quelques centimètres du bord d'une piscine (que je n'avais jamais vue) dans laquelle le moindre souffle de vent nous eût précipités et où nous eussions sans doute péri ! car comment imaginer que ce manche à balai, cet échalas à tablier, ce grand tibia sec nous eût sortis de là ?

Comment je suis rentré à Paris ce même soir reste encore plus mystérieux. En effet, en ouvrant la portière de la voiture de louage, je me retrouvai subitement dans un trou noir, une vie souterraine et schématique : absence de mémoire, suspension des sentiments, atrophie des facultés, un long tunnel au bout duquel j'aperçus finalement à travers le pare-brise du taxi qui m'y conduisait l'annonce lumineuse de l'Hôtel des Saint-Pères, à Saint-Germain.

Première heure, le lendemain, j'appelle Michel Cournot, que je n'ai pas vu depuis presque un an. Il a acquis les droits de *Renata n'importe quoi*, le roman que vient de publier Catherine Guérard chez Gallimard, il en a déjà terminé l'adaptation pour son deuxième long métrage et me demande de l'accompagner chez Lelouch qui va le produire, mais souhaite auparavant lui parler de casting. Ce n'est pas le Michel des bons jours et je comprends vite pourquoi en prenant un café avant le rendez-vous à Ariane Films, Lelouch est prêt à financer la production, à condition que Nella (la femme de Michel) ne tienne pas le rôle principal comme dans *Les Gauloises bleues*, dont l'insuccès lui est moins attribuable qu'aux événements de Mai 68 qui en ont empêché la projection au Festival de Cannes.

— Il pense à qui ?

— Sais pas ! Il serait assez con pour me proposer Bardot, dit Michel avec une moue dégoûtée.

Bardot ! N'importe qui, me dis-je, serait heureux de tourner avec elle, moi le premier ! et je le lui laisse délicatement sous-entendre, il se cabre aussitôt.

— Il y a déjà Girardot dans le coup, poursuit-il en tirant une bouffée d'un reliquat de Gauloise qu'il pince entre ses lèvres du bout des doigts, je n'ai pas besoin d'une autre vedette, ce sera Nella ou je ne ferai pas le film.

Rencontre dramatique chez Lelouch.

Je ne le sais pas, mais ces deux hommes se parleront pour la dernière fois de leur vie. Pourtant, c'est à Michel que Claude doit sa notoriété. En effet, lorsqu'il était carrément vilipendé par tous, et en particulier par la clique des *Cahiers du cinéma*, Michel avait été le seul à reconnaître l'extraordinaire talent de cinéaste de Lelouch, il lui avait écrit une série de papiers dithyrambiques dans *Le Nouvel Observateur*, l'avait soutenu envers et contre tous, faisant naître entre eux deux une amitié – entière chez Michel, plus intéressée chez Lelouch.

Il avait raison, Lelouch suggéra Brigitte Bardot, il lui avait demandé de lire *Renata*, elle fut emballée, le financement du film était assuré, dans le sac.

— Mais avec elle, réplique calmement Michel, c'est deux ou trois cents briques de plus.

— Mais je les obtiendrai sans problème, dit Lelouch avec son sourire de businesssman habile et narquois.

Je jette sur Michel un regard presque suppliant, je sais qu'il en a marre du journalisme et qu'il veut continuer à faire du cinéma. Je murmure quelque chose dans le genre «elle peut être très bien, Bardot!».

— Bardot, c'est une fille formidable, enchaîne Lelouch, tu vas pas t'emmerder et puis Renata, c'est pour elle! Vous ferez un beau film.

— Je ne ferai pas le film avec Bardot.

— Y a pas que Bardot, renchérit Lelouch, mais on n'y coupera pas, il faut une vedette, une grande.

— Une vedette, je n'y tiens pas, dit Michel, je tournerai le film avec Nella ou il ne se fera pas.

Oui, aussi bien que Lelouch, je pensais: quelle bêtise! mais nous savions l'un comme l'autre que Michel resterait intraitable. Pourquoi tenait-il tant à tourner *Renata* avec Nella? je ne le sais pas, en avait-elle fait une affaire de cœur? cela me paraissait invraisemblable à l'époque, mais j'ai changé d'idée par la suite.

En sortant de chez Lelouch, avenue Hoche, nous marchâmes longtemps en silence, Michel me tenant le bras, comme il le faisait toujours. Je le sentais immensément blessé, au bord des larmes, et j'avais le cœur dans un étau, car c'était évident qu'il venait de s'empêcher à jamais de poursuivre une carrière de réalisateur. Il avait claqué la porte à Lelouch et je le savais bien trop orgueilleux pour aller frapper ailleurs. *Les Gauloises bleues* resterait son seul film, Lelouch et lui ne s'adresseraient plus jamais la parole. En 2004, après le fiasco critique de son film *Les Parisiens*, lorsque Lelouch, désemparé, tint à connaître l'opinion de Cournot, c'est son directeur de production qui envoya un mot poli pour le prier de voir le film. Nous y allâmes ensemble, place de Clichy. Ce n'était pas du tout le désastre proclamé malicieusement par les critiques, au contraire! Nous en sortîmes enthousiastes et stupéfiés comme toujours par la virtuosité du cinéaste. Michel communiqua notre appréciation à Lelouch… mais par écrit!

J'étais un peu embarrassé en frappant chez Girardot, place des Vosges, parce qu'elle venait de m'annoncer, toute gaie, au téléphone, qu'elle tournerait de nouveau avec mon copain Michel et que je n'aurais pas d'autre choix que de la détromper. En outre, je m'amenais avec mon bastringue pour la faire travailler! Enregistrer un texte sur une histoire de cœur, alors que la nôtre penchait languissamment la tête, fleur étiolée que j'avais privée de lumière en tirant les rideaux sans vraies explications. Ces lâchetés, je les ai souvent eues, encore le courage de l'âne qui recule (!).

Heureusement, Annie trouva le texte de Durrell magnifique. Après l'enregistrement, nous allâmes dîner sur la place, dans un petit restaurant qui n'existe plus et où, ce soir-là, nous mangeâmes des sardines que le cuisinier faisait griller devant nous sur un feu de sarments. Il se dégageait de cet air enfumé, embaumant le fumet délicat des petits poissons, une douceur telle que les mots avec lesquels j'annonçai à Annie ce qu'au fond elle savait déjà arrivaient comme une pluie fine et réparatrice, l'apaisement d'amours trop dissemblables pour croître ensemble.

— Eh ben, faudra que tu me la présentes un jour, ta nouvelle merveille, dit Annie.

Oui, fis-je. Et nos regards s'accrochèrent. Longtemps. Je crus voir ses yeux s'humecter. Ou étaient-ce les miens qui s'embuaient ? Ou peut-être bêtement la fumée du feu de bois ?

Ou le malentendu qui, en se dissipant, avait momentanément troublé notre vue ?

Enfin, *Hearts* était terminé, il allait commencer sa vie dans sa version anglaise au Loews et *Cœurs neufs*, la version française, au Parisien, jumelé dans chaque salle à un long métrage en exclusivité. Les cinémas étaient voisins, alors nous irions dans chaque salle le présenter en compagnie de l'équipe des chirurgiens et de M. Gaëtan Paris, qui survivait depuis plusieurs mois à sa transplantation. Nous avions tourné avec lui une scène très émouvante dans le décor d'automne du mont Royal. Cette première, M. Paris ne la verra jamais, il mourra la journée même où elle eut lieu. Dans la salle, émue, sa femme – elle avait tenu à assister quand même à la présentation – se mit à sangloter en entendant son mari parler des espoirs venus avec son cœur neuf, espoirs hélas ! mort-nés.

Quelques mois plus tard, l'Institut de cardiologie imposait un moratoire sur les transplantations cardiaques tant que ne serait pas contrôlé le problème du rejet. La superbe du Dr Grondin avait été fortement ébranlée par son impuissance à conjurer la férocité du rejet, phénomène que tous les grands chirurgiens du moment avaient sous-estimé, croyant le contourner en pratiquant, au moment de l'opération, l'ablation du thymus, cette glande au rôle encore mystérieux.

Lorsque nous l'avions rencontré pour la première fois, le Dr Grondin affirmait avec une impudente audace que la transplantation cardiaque n'était finalement qu'un simple problème de plomberie.

Simple problème de plomberie, les histoires de cœur !

⁂

Oui, ce soir encore je dîne Chez son Père. J'y suis d'ailleurs presque aussi assidu que le chef Bouyeux lui-même et Alphonse, le maître d'hôtel, me réserve toujours la table à droite de l'entrée, un coin perdu dans le méli-mélo du rideau en clinquant de céramique imaginé par le peintre Jean-Paul Mousseau, gigantesque sautoir au cou de la salle à manger.

Valérie, le film de Denis Héroux avec Danielle Ouimet et Guy Godin, vient de prendre l'affiche, succès aussi instantané qu'inattendu. Ce film en noir et blanc, « le premier, a toujours proclamé Denis, qui déshabille une petite Québécoise », nous est assez familier puisqu'on en faisait le montage dans la salle voisine de celle où nous montions *Cœurs neufs*. D'ailleurs, dans une des versions soumises aux Drs Grondin et Lepage, nous avions « emprunté » des nus de *Valérie* que nous avions incorporés, à la blague, dans une séquence d'opération afin, avions-nous expliqué aux chirurgiens, d'illustrer les propos scabreux dont ils ne se privaient jamais durant leur travail. Les insertions étaient si vraisemblables que nos deux bonhommes, en état de syncope, étaient prêts à tous les arrangements pour que ces images fussent retranchées du film !

Subitement accourt du fond du restaurant pour me saluer une actrice (sans doute enivrée par le succès de *Valérie*) que Marie-José ne connaît pas ; elle s'invite carrément à la table et me demande sans gêne ni se préoccuper que je ne sois pas seul :

— Fournier, qu'est-ce que t'attends pour me déshabiller ?

C'est fait depuis des années (!) mais le moment est mal choisi pour les épanchements.

Avant même que j'aie le temps de faire les présentations, Monique Mercure a déboutonné sa blouse et dégrafé son soutien-gorge, exhibant deux seins ma foi assez présentables, œuvre si récente de la chirurgie esthétique que les deux globes retapés arborent encore des traces de bleuissement comme s'ils avaient froid.

— C'est pas mal, hein ? poursuit leur présentatrice en palpant les miraculés avec fierté. Ils m'ont coûté assez cher, il faut que je les montre, que je les amortisse, alors pense à moi.

Elle se relève en remballant ses précieux orbes et retourne s'asseoir avec ses amis.

Estomaqués ? Oui un peu.

Il n'y a pas très longtemps que Monique a amorcé sa carrière de comédienne – c'est une violoncelliste de formation –, elle a joué un peu à la télévision, Jutra lui a offert un petit rôle dans *À tout prendre* et, si on connaît son nom, c'est bien à cause de son mari, le compositeur de renom Pierre Mercure, dont elle est divorcée.

Réaliser un premier long métrage me turlupinait depuis un moment, j'avais même soumis à Lelouch, quelques mois auparavant, une idée de scénario avec Annie Girardot et Donald Sutherland, que j'avais connu durant le tournage de *Act of the Heart* de Paul Almond avec Geneviève Bujold, deux amis dont j'étais très proche à cette époque. Lelouch avait répondu qu'il participerait à n'importe quel film qu'il ferait plaisir à Girardot de tourner, mais je ne crois pas que mon idée l'emballait ; il avait ajouté en post-scriptum un axiome de son cru : « Les bons scénarios font rarement de bons films ! »

Il faut dire par ailleurs que les choses continuaient de se gâter pour moi chez Onyx Films, où je réalisais des publicités comme un forcené – Gilles Carle aussi, mais ce dernier avait convaincu Pierre Lamy de lui dégager du temps pour entreprendre *Red*, son troisième long métrage, dans lequel investirait la Société de l'industrie cinématographique canadienne, nouvellement formée. On ne me manifestait pas les mêmes égards, au contraire, et, parce que je regimbais, on me suggéra carrément d'envisager de quitter la boîte où j'avais, paraît-il, une mauvaise influence ; je prenais indûment le parti des monteurs, des cameramen et des autres techniciens pour qui on ne montrait pas beaucoup de considération puisque, dans la tête d'André Lamy, ils étaient tous éminemment fongibles !

L'envie me vint de claquer la porte, mais Marie-José me convainquit de tourner un long métrage avant de remettre ma démission d'une entreprise dont j'avais été l'initiateur.

Depuis son ouverture, j'empruntais l'autoroute des Cantons-de-l'Est pour voyager à la maison du XIXe siècle que j'avais achetée sur le rang des Anglais, à Saint-Paul-d'Abbotsford, et chaque fois que je passais sur le viaduc surplombant Brossard, je m'interrogeais, non sans une certaine perversité, sur ce que pouvaient bien fabriquer dans cette enfilade de maisons de Monopoly les femmes que leurs maris abandonnaient chaque matin pour aller travailler à Montréal. Si ces pauvres esseulées décidaient pour tuer l'ennui de mettre à contribution le bataillon de braves types qui sillonnaient leur quartier toute la journée : livreurs, facteurs, releveurs de compteurs, déménageurs, éboueurs, tous ceux qui heur ou malheur eussent pu tomber dans leurs rets… Et tiens ! si deux voisines, deux femmes en or, qui se connaissent à peine conjuguaient leurs charmes pour s'adonner à d'autres travaux de dames que la couture ou la broderie…

C'était un beau sujet de comédie, mais je ne le savais pas encore ! J'avais décidé de l'écrire avec Marie-José, mais elle ne le savait pas encore. Et, en cours de tournage, nous allions convenir de vivre ensemble, mais nous ne le savions pas encore.

Sentimentalement, quelle période trouble ! L'amour qui existait entre cette femme et moi, l'engagement et l'exclusivité qu'il semblait exiger me hantaient, j'imaginais une passerelle à perte de vue, au-dessus d'un gouffre profond et large comme le reste de ma vie, une passerelle si étroite qu'après m'y être engagé il deviendrait impossible de faire demi-tour. Les liaisons que j'avais eues, y compris le mariage, ne m'avaient jamais véritablement lié, elles tenaient pour autant que l'amour tînt, sans plus. Des amours éternelles ? ne rêvons pas ! et les passagères, quoi ! il faudrait maintenant en faire mon deuil ?

Nous nous serions bien retirés quelque part dans un hôtel pour écrire, mais je n'en avais pas les moyens. André Lamy suggéra son chalet au lac Ouareau. Je crus d'abord à un élan de générosité, va donc ! c'était tant par semaine et chaque bûche jetée dans la cheminée fut facturée en supplément.

France-Film avait déjà des picaillons dans *Red* qu'il distribuerait, alors on s'objecta à ce que je soumisse à son directeur, M. Georges Arpin, le scénario de *Deux femmes en or*, de crainte de brouiller les cartes. Je l'envoyai donc à Michael Costom, il avait des salles, une maison de distribution et avait manifesté de l'intérêt pour le nouveau cinéma québécois. Or ça, le bide ! Je ne sais pas s'il prit même la peine de lire dix pages.

À force d'insister, je convaincs Pierre Lamy de faire lire le scénario à M. Arpin. Il le lui envoie le vendredi soir et, dès lundi, ce dernier le rappelle, des trémolos dans la voix. Les scènes osées, explique-t-il, lui ont causé tant d'effet qu'il a dû se retirer du salon où il lisait, car il avait craint d'embarrasser sa femme qui tricotait doucement... Le film l'intéressait au plus haut point, mais il voulait rencontrer les auteurs pour leur faire part de certaines remarques.

Ce bonhomme, dans la cinquantaine avancée, avec sa bouille sympathique, son crâne chauve et bosselé, nous le rencontrâmes Chez son Père, évidemment ! Il avait hâte de nous faire part de ses commentaires, bien que la présence de Marie-José commençât par le troubler, il bégayait des sous-entendus en rougissant jusqu'aux yeux comme un homard dans l'eau bouillante. Le pauvre, s'il avait su que nous mangions à la table même où, quelques mois auparavant, Monique Mercure avait fait étalage de ses attributs restaurés !

Une fois rasséréné, M. Arpin nous expliqua ce qui le tracassait : nous avions écrit un film « léger » (il n'osait pas dire « érotique »), mais pourquoi donc assassiner à la fin du scénario ces deux sirènes en tablier, ces héroïnes accortes dont les prouesses allaient à jamais changer le point de vue de l'homme sur les banlieues ?

C'est vrai, cette histoire amusante de séduction se terminait en drame sanglant... les femmes en or séduisaient un émondeur d'arbre, un fou qui les réduisait en charpie avec sa tronçonneuse, quatre ans avant *The Texas Chain Saw Massacre*. Ça, M. Arpin ne le prenait pas !

— Je ne sais pas écrire, dit-il, mais je connais le public, il n'acceptera jamais un dénouement comme celui-là, il sera furieux.

Il avait raison. Il fallait trouver une autre résolution, une fin heureuse. Je n'en discutai même pas.

— J'ai très confiance, conclut-il en plissant les yeux avec malice, à la simple lecture, c'est déjà très excitant.

Je n'avais pas encore trouvé ce *happy end* que M. Arpin avait déjà fait parvenir son investissement de soixante-quinze mille dollars pour ce film dont le budget serait d'à peine un quart de million, la moitié moins que le film de Gilles Carle. Et j'avais résolu de tourner en techniscope, le système utilisé par Sergio Leone pour ses fameux westerns spaghetti.

En techniscope, le sytème d'entraînement de la caméra avance le cadre 35 mm de deux perforations à la fois plutôt que quatre. Le ratio de la partie exposée du cadre devient donc 1:2,35, soit celui du cinémascope, format obtenu normalement en tournant avec des objectifs anarmorphiques très coûteux. Pour le techniscope, on utilise des objectifs sphériques normaux, et c'est au moment de tirer les copies du négatif que l'image est anamorphosée. Le techniscope permet aussi d'économiser la pellicule puisque le film défile à quarante-cinq pieds à la minute plutôt qu'à quatre-vingt-dix.

Les caméras modifiées pour tourner selon cette technique viennent d'Italie. J'importe donc une Arriflex techniscope avec laquelle je tournerai aussi *Les Chats bottés* avant que la caméra soit revendue, au moment de la débâcle d'Onyx Films. Une des rares à avoir été importées en Amérique, cette caméra que j'ai bichonnée, pour laquelle je garde une petite tendresse, je sais qu'elle a tourné plusieurs autres films et qu'elle erre encore quelque part en Amérique. Mais où ? Alors qu'elle aurait pu reposer paisiblement à la Cinémathèque québécoise avec les autres reliques de notre cinéma.

Le techniscope étant une trouvaille de Technicolor Italie, la seule façon d'obtenir des rushes anamorphosés nous permettant de travailler ensuite sur une machine de montage normale était d'envoyer le film exposé au laboratoire Technicolor le plus près… à Hollywood. La pellicule partirait en fin de journée et, grâce au décalage, elle parviendrait chez Technicolor à temps pour être développée durant la nuit. Dès le lendemain matin, un technicien appellerait pour nous faire le rapport.

Premier jour de tournage à Montréal, le film décolle à temps pour Hollywood. Le lendemain, nous tournons dans une église protestante désaffectée, sur une route de campagne déserte, près de Granby. Tout à coup, deux voitures de la Sûreté du Québec, avec sirènes et gyrophares, déboulent dans la cour de l'église. Scène de nu, dans une église, ça y est, les flics sont à nos trousses ! Nous avons juste le temps de jeter un peignoir sur le corps rose et joliment potelé de Francine Moran, les visiteurs tapent furieusement dans la porte. Tout le monde se tient à carreau alors que Marie-José va bravement faire face à la musique. La jolie musique ! le tournage de la veille est impeccable, l'éclairage est magnifique, bravo ! Continuez !

Ce message des policiers leur a été transmis directement par Hollywood. Le technicien de Technicolor, n'ayant pu obtenir de la réceptionniste chez Onyx qu'une approximation de l'endroit où nous tournions et où nous ne pouvions de toute manière être joints par téléphone, avait pris l'initiative de communiquer avec la Sûreté, lui demandant en grâce de repérer notre équipe de tournage et de rapporter ces bonnes nouvelles. Ça, nous étions stupéfaits ! Jusqu'à la sortie de *Deux femmes en or*, ce ne sera pas la seule attention délicate de ce laboratoire où nous ne connaissions pourtant personne et que nous avions failli mettre dans le pétrin, car nous leur envoyions des scènes de nudité inhabituelles pour les Américains, et surtout, à cette époque, interdites. En principe, Technicolor aurait eu l'obligation de les faire visionner par les autorités américaines, ce qui eût sans doute privé les Québécois de la poitrine réinventée de Monique Mercure et des seins prodigieux de cette beauté de Louise Turcot, toujours propre et soignée, une actrice si simple et si charmante qu'elle devint tout de suite la chouchoute de l'équipe. Quelle fête que le corps de cette femme ! un trésor qu'elle avait sagement décidé de ne pas soustraire chichement aux regards de l'équipe : pas de fausse pudeur, sa nudité n'était qu'un autre de ses costumes.

Son « Qu'est-ce que t'attends pour me déshabiller ? » résonnait encore à mes oreilles lorsque j'appelai Monique Mercure pour lui proposer le rôle de Fernande, je ne m'attendais donc pas à ce qu'elle fit des manières. Et elle n'en fit pas ! Pas à trente-neuf ans, encore presque inconnue, et avec une chirurgie à amortir.

Pour sa voisine Violette, j'avais d'abord songé à Michelle, la deuxième femme du sculpteur Vaillancourt. Avec ses longs cheveux roux et bouclés, son visage de céruse, son regard aigue-marine et ses rondeurs délicates à la Botticelli, Michelle était excitante et elle n'aurait pas refusé le rôle, mais elle n'avait pas d'expérience et je n'étais pas convaincu que son principal motif ne fût pas de rendre jaloux le sculpteur, qui avait commencé à la délaisser. Armand était un ami, je le savais très possessif, avais-je envie de le mettre en rogne ?

Denis Héroux me suggéra de regarder du côté de Louise Turcot.

Il me restait à trouver des cocus sympathiques, pourquoi pas Donald Pilon et Marcel Sabourin ? Donald avait vraiment une bonne tête, un physique harmonieux et soit ! une façon de dire un peu faux, mais qu'il réussit à imposer et qui finit à la longue par transformer en véritable acteur ce commis-voyageur en vêtements pour dames.

Sabourin et Monique Mercure, en voilà qui ne se sont jamais pris pour la queue d'une poire, ils allaient bien ensemble, ces deux-là, qui accueillaient dédaigneusement ceux que j'engageais sans qu'ils fussent des acteurs reconnus. Leur attitude la plus condescendante, ils la réservèrent aux Jérolas (Jean Lapointe n'était pas encore acteur, Jérôme Lemay ne le serait jamais !) lorsqu'ils arrivèrent sur le plateau en détectives pour enquêter sur la mort inopinée d'un type (Georges Groulx) qui avait littéralement succombé aux charmes de l'une des deux femmes en or.

Longtemps avant qu'au cinéma on tournât des scènes de nudité, Marcel Proust avait eu le nez prémonitoire, lui qui écrivit que « pour chacun de nous, un Dieu spécial est là qui lui cache ou lui promet l'invisibilité de son défaut, de même qu'il ferme les yeux et les narines aux gens qui ne se lavent pas, sur la raie de crasse qu'ils portent aux oreilles et l'odeur de transpiration qu'ils gardent au creux des bras, et les persuadent qu'ils peuvent impunément promener l'une et l'autre dans le monde qui ne s'apercevra de rien ». Malheureusement, la caméra voit tout et obligeait les maquilleuses à se métamorphoser parfois en femmes de ménage pour récurer une des actrices qui croyait en ce Dieu spécial.

Bon ! c'étaient de bien petits soucis, considérant l'euphorie dans laquelle nous avons vécu pendant ce tournage dans les deux maisons que nous avions louées à Brossard, au bout de la rue Malo, des maisons voisines qui étaient à vendre depuis longtemps et que des acheteurs se sont arrachées après le succès phénoménal du film.

Ce succès, le seul je crois qui l'avait prévu, c'est M. Arpin de France-Film. D'ailleurs, lorsqu'il fit visionner le film à son conseil d'administration, le président, le notaire Leroux, fut si scandalisé qu'il voulut que France-Film retire ses billes de l'« œuvre ». M. Arpin s'y objecta formellement, il flairait la bonne affaire !

Quant à moi, je montais le film avec Marie-José depuis plusieurs mois, j'avais le nez dessus, aucune expérience en comédie, alors comment savoir ? Quelle surprise lorsque nous avons projeté une copie de travail pour Robert Charlebois et Mouffe, à qui nous avions demandé de composer la musique. Afin qu'ils ne s'ennuient pas, nous avions bourré la salle de projection, une cinquantaine de spectateurs recrutés au hasard qui ne s'attendaient à rien et certes pas à se bidonner comme ils le firent du début à la fin. J'avais du mal à le croire, j'avais envie de pleurer : ce film-là, je l'avais tourné par défi, par dépit, avec peu de moyens, un baroud d'honneur avant de quitter Onyx.

Dithyrambique, on peut dire que Charlebois l'était, et impatient de s'atteler à la musique qu'il était prêt à composer gratuitement. Pas question, d'autant que Me Claude-Armand Sheppard, consulté par Pierre Lamy, mit vite le holà à notre enthousiasme, on ne réglait pas une chose aussi complexe que des droits de musique en deux coups de cuillère à pot. Me Sheppard invita donc Guy Latraverse, désigné par Robert pour le représenter, Marie-José et moi à un déjeuner au Cercle universitaire afin d'effectuer un premier déblayage de l'affaire. Me Sheppard s'informa si l'on voulait du vin, oui bien sûr ! et il commanda un petit carafon de rouge avec trois verres, présumant que la petite dame du groupe ne buvait pas. Galant, Guy Latraverse demanda au garçon d'apporter un quatrième verre dans lequel il transvida quelques gouttes de sa part, une petite flaque rouge tremblant au fond de son verre. Je pris une gorgée et le temps de réfléchir si je partagerais galamment comme Guy, ma portion était déjà presque évaporée au fond de mon verre. Me Sheppard nous remit quelque temps après un imposant contrat de musique.

Pour Charlebois, malgré son enthousiasme, c'était une première expérience, aussi une semaine avant le mixage du film, à Toronto, il manquait toujours la musique pour la longue séquence de fin qu'il n'arrivait pas à orchestrer. Comme nous commencions à nous énerver,

Charlebois voulut nous rassurer : s'il n'avait pas terminé, il s'amènerait avec son groupe au Théâtre Saint-Denis « blower » pour cette séquence finale. Il était sérieux ! Problème, le film jouerait aussi en même temps au Théâtre Bijou. Charlebois s'adjoignit donc Art Phillips pour l'aider aux arrangements de cette musique orchestrale remarquable.

Cela se passait en 1970, notre cinéma était si artisanal qu'on cherchait encore à faire des économies... Une seule copie de *Deux femmes en or* fut tirée, même si le film était projeté dans deux salles. France-Film avait décalé les projections d'une trentaine de minutes, ce qui permettait à un messager à vélo de prendre la bobine terminée dans une salle pour la transporter à toute pompe dans l'autre, cinq voyages pour chaque projection de *Deux femmes en or* pendant l'année et plus que le film resta à l'affiche.

Red, le film de Gilles Carle, n'avait pas eu de succès et France-Film allait bien se rattraper avec *Deux femmes en or*, pour lequel nous avions demandé à Vittorio de concevoir l'affiche, un chef-d'œuvre de simplicité. Et Marie-José, qui n'a jamais manqué d'idées de marketing, suggéra, pour le soir de la première, d'enfermer les deux femmes en or dans la chambre forte d'une des banques de la place d'Armes. Un camion blindé de la Brink's les cueillerait là pour les amener, à la grande joie des photographes, jusqu'au Saint-Denis où deux puissants projecteurs entrecroiseraient dans le ciel leurs faisceaux lumineux.

Soirée de triomphe comme il n'en arrive pas si souvent dans la vie de quelqu'un. Plus de deux mille spectateurs qui n'avaient pas arrêté de rire aux larmes, qui avaient connu aussi des moments d'émotion et que les scènes érotiques avaient beaucoup titillés. Seuls les critiques firent la gueule, comme ils l'ont toujours fait à mon sujet. Tous ces présumés intellos, critiques, conservateurs et exégètes de notre cinéma pour qui le succès populaire a toujours constitué une tare impardonnable me font payer encore aujourd'hui ce succès énorme qui a contribué à donner créance au cinéma québécois. Pourtant, je demeure convaincu que ce premier succès a rassuré l'État sur le bien-fondé d'investir dans le cinéma, même si quelques puritains s'étaient levés en Chambre, à Ottawa, scandalisés que la SDICC fût impliquée dans cette production. *Deux femmes en or* a fait très tôt la démonstration qu'un film canadien pouvait attirer les foules.

En un rien de temps, l'investissement initial du film fut remboursé et les profits commencèrent à tomber dans la caisse d'Onyx, excitant la convoitise de SMA+, une société d'informatique nouvellement inscrite en bourse. Depuis un certain temps, nous avions commencé à envisager de faire d'Onyx Films une compagnie publique, mais c'était un lent processus, alors André Lamy et le besson se mirent à rêver à un mariage avec SMA+, ce qui ferait instantanément de nous une compagnie cotée en bourse. Et quelle jolie dot constituaient les liquidités venant de *Deux femmes en or*. Seulement à France-Film, cela rapportait tant que M. Arpin prit la décision d'ouvrir deux nouvelles salles, adjacentes au Saint-Denis. Il nous avait convoqués, Marie-José et moi, pour nous annoncer la nouvelle en primeur :

— Mes enfants, nous avait-il promis avec reconnaissance, il y aura toujours deux fauteuils pour vous au Saint-Denis aussi longtemps que vous vivrez !

Nous vivons toujours et n'avons jamais vu ces fauteuils !

Le succès inouï de *Deux femmes en or* ne nous aura donc jamais profité. Au départ, on nous avait demandé de céder – et nous avions stupidement obéi – nos droits à Onyx pour le montant symbolique d'un dollar, Onyx dont le conseil d'administration voterait, quelques mois plus tard, la fusion avec SMA+. Seuls Gilles Carle et moi nous opposâmes à cette opération financière, car nous étions d'avis qu'il ne fallait pas nous aventurer dans un autre domaine que le cinéma, où nous étions comme des poissons dans l'eau. Les autres prévalurent et, pendant toute une année, nous devînmes des millionnaires (virtuels). Les recettes de *Deux femmes en or* furent englouties par SMA+ dans l'achat d'énormes ordinateurs juste au moment où la technologie allait changer et rendre ces monstres obsolètes. Au premier anniversaire de cette fusion, obéissant à des pressions politiques, Power Corporation acquit pour une chanson SMA+ et Onyx Films, nous évitant la disgrâce de la faillite.

Ultime ironie avant cette déconfiture, M. Arpin demanda à Marie-José de l'accompagner à New York pour rencontrer les patrons de Cinemation. *Variety* s'était ému du succès énorme de *Deux femmes en or* et les Américains alléchés pensaient à un *remake*. Cinemation fit donc une offre pour le film que M. Arpin n'accepta pas tout de suite, il disait vouloir réfléchir. En sortant du bureau, avant même que Marie-José puisse exprimer son opinion, M. Arpin lui dit en lui faisant cette confidence :

— Vous vous rendez compte, tous des juifs ! Heureusement, on a déjà fait suffisamment d'argent avec votre film, on n'est pas obligé de commencer à faire affaire avec des juifs.

Fin du *remake* !

L'admirable naïveté ! Faire du business aux États-Unis, dans le cinéma, en nourrissant des préjugés sur les juifs et les Grecs, grand Dieu du ciel ! À l'époque, c'étaient des hommes d'affaires juifs ou grecs qui contrôlaient pratiquement toute l'industrie.

*
* *

En 1970, comme il venait d'être nommé solliciteur général du Canada dans le cabinet Trudeau, Jean-Pierre Goyer, grand ami du besson, informa ce dernier qu'il avait fait mettre deux cent cinquante mille dollars de côté pour célébrer le centième anniversaire de la Gendarmerie royale du Canada, dont il avait la responsabilité ministérielle. Pas bête, Guy Fournier suggéra que cet argent soit investi dans un film de long métrage, souvenir certes plus durable que toute autre forme de commémoration.

C'est ainsi que me fut confié le mandat de réaliser un film à la gloire des tuniques rouges, le célèbre corps policier né dans le ciboulot de sir John A. Macdonald, et sanctionné par la reine Victoria elle-même. La vocation de cette North-West Mounted Police était de faire régner la loi et l'ordre dans les Territoires du Nord-Ouest, «infestés» par les contrebandiers américains de whisky, et d'acclimater les Peaux-Rouges comme les Métis à notre incomparable civilisation.

Mon premier réflexe : essayer de convaincre John Wayne, un de mes acteurs préférés, d'incarner une police montée – il venait de tourner *True Grit*, *The Undefeated* et *Rio Lobo*. Obtenir son assentiment serait tout un exploit. J'expliquai à Wayne par téléphone que nous lui écririons un rôle de héros sur mesure, que le film marquerait le centenaire de la Gendarmerie, qui n'avait pas fait l'objet d'un grand film depuis *Northwest Mounted Police* de Cecil B. DeMille, en 1940, avec Gary Cooper et Paulette Goddard, etc. Juste le blabla pour qu'il ne nous refuse pas d'emblée avant même de recevoir une proposition de scénario.

Une histoire, eh bien ! il fallait en trouver une.

Centenaire ou pas, la Gendarmerie ne va pas exhiber comme ça ses albums de famille aux étrangers. Au quartier général, à Ottawa, l'archiviste sortait les documents au compte-gouttes, si bien qu'après des jours et des jours de recherches, nous n'avions toujours rien entrevu qui eût constitué l'argument d'un scénario ; à notre insu cependant, nous avions gagné la confiance de ce cerbère de l'histoire, qui nous invita un bon matin dans son bureau dont il ferma la porte à double tour. L'air nerveux et parlant si bas que nous l'entendions à peine, l'archiviste nous fit jurer de ne jamais dévoiler le nom de celui qui nous avait mis sur la piste de documents dont il avait tiré des copies et qu'il nous remettait en liasse dans le plus grand secret. Ces archives relataient l'histoire d'Almighty Voice, un jeune Indien cri d'une réserve de la Saskatchewan où, après un hiver particulièrement rude, la population crevait de faim.

Almighty Voice se rend au bureau des Affaires indiennes et demande la permission de tuer une vache du troupeau qui appartient en principe à la reine d'Angleterre. Le fonctionnaire le lui interdit, mais, indigné, Almighty Voice abat la vache et en distribue la viande aux Cris de la réserve. Il est immédiatement appréhendé. De sa cellule, il entend les gendarmes dirent qu'il sera pendu à l'aube pour son crime. Almighty Voice, qui les prend au sérieux, réussit à s'enfuir. Il retrouve sa femme et les deux quittent la réserve pour échapper à la police. Quelques semaines plus tard, il tire à bout portant un gendarme qui l'a repéré. Une chasse à l'homme s'organise qui durera un an. Almighty Voice, auquel se sont joints son frère et son beau-frère, est repéré dans un petit boisé qu'encercle aussitôt un détachement de la Gendarmerie royale. Ils n'en sortiront pas vivants. Après plusieurs assauts infructueux, la police pointe un canon, ni plus ni moins, sur les fugitifs qui refuseront de se rendre et seront abattus sans pitié.

Nous étions bouche bée, quelle matière incroyable ! Mais il nous parut devoir obtenir l'assentiment du ministre Goyer pour célébrer le centenaire de la Gendarmerie en recréant ce massacre. Un ministre canadien-anglais aurait-il acquiescé à pareille demande ? j'en doute. Jean-Pierre Goyer, lui, nous donna courageusement le feu vert, et il se chargeait de faire avaler cette grosse couleuvre en temps et lieu au commissaire William Higgitt, originaire justement de la Saskatchewan, où ce drame s'était déroulé. Je ne vous décris pas tout de suite la réaction de ce *redneck* endurci, ce policier de part en part et royaliste par surcroît, au visionnement du film terminé.

Corollaire évident de notre choix, nous perdrions John Wayne. Le type de héros appelé à pourchasser Almighty Voice devra être nuancé, tout en demi-teintes, pas le genre du Duke ! Nous nous interrogions d'ailleurs depuis un moment sur l'à-propos de confier le rôle principal de ce film à un Américain, quelle que fût sa notoriété. J'avais déjà commencé à songer au Canadien Donald Sutherland, une énorme vedette depuis le succès de *MASH* de Robert Altman, palme d'or à Cannes, primé aux Golden Globes et sélectionné aux Oscars.

Et comment ne pas penser immédiatement au romancier W. O. Mitchell pour écrire cette histoire ? il est originaire de la Saskatchewan et Brian, le héros de son premier roman, le classique *Who Has Seen the Wind*, qui vit entouré d'une galerie de personnages extravagants et savoureux, doit faire l'apprentissage de la vie, de la mort, de la liberté et de la justice, justement dans ce même décor particulier des Prairies, avec leurs ciels infinis et le souffle perpétuel du vent. Mais *Jake and the Kid*, une série radiophonique que Mitchell a située dans le village imaginaire de Crocus en Saskatchewan, l'a rendu si célèbre qu'il n'ose plus vraiment se mouiller. Le voilà comme un plongeur olympique, déjà couvert de médailles, au sommet de sa tour de dix mètres, qui hésite, tergiverse, referme ses orteils sur le plongeoir et ne se résigne pas à sauter dans le vide.

Ce n'est pas que W. O. n'est pas adorable. C'est un être délicieux, un raconteur génial et intarissable avec une manie désuète : il prise ! Sans arrêt. Mille fois pas jour, il se bourre les narines de tabac, il renâcle, grogne, sécrète, catarrhe et morve ensuite des boulettes visqueuses qui semblent stimuler son imagination, ces boulettes, il les roule entre le pouce et l'index de sa main droite et, lorsqu'elles ont atteint une consistance dont lui seul paraît avoir le secret, il les agglutine à la masse incrustée sous les bras de son fauteuil dans le salon de sa résidence, juste devant les portes toujours ouvertes d'une petite serre où il cultive des orchidées à qui il parle chaque matin, des orchidées qu'il vend pour des bouquets de mariée ; il n'en coupe jamais pour décorer sa maison, car Mitchell n'est pas dépensier. Ces déjections, ce guano nasal qui se desséchait lentement sous les appuie-bras répandait dans toute la maison de Calgary un parfum quasi indescriptible, une mixture de myrrhe, de nicotine et de bave de crapaud.

Après un mois d'efforts ardus dans cette atmosphère aromatique, nous arrivâmes à extirper de W. O. assez de matière pour écrire une présentation du film et de ses personnages, une plaquette d'une vingtaine de pages, illustrée de photos d'archives et de bribes de dialogue original, sublime, comme seul Mitchell en avait le secret, des phrases comme :

— *That man's so stubborn - he was to drown*
we'd find his body upstream[34].

Et cette perle :

— *Teeth so crooked she could've eat corn*
on the cob thru a barbed-wire fence[35].

D'interminables discussions nous firent nous arrêter sur un titre : *Alien Thunder*, et le choix d'un nom pour le personnage central que jouerait Donald Sutherland, *Dan Candy*, sergent, car Marie-José avait obtenu l'accord de l'acteur en retour d'un cachet presque dérisoire, même pour l'époque. Cependant, ce cachet allait prendre beaucoup d'embonpoint lorsque Me Dixon Dern, son avocat de Los Angeles, négocierait le contrat définitif, qui prévoyait un entourage important et des menus spéciaux pour la vedette dont la doctrine diététique excluait la viande pour réclamer homards, calmars et autres fruits de mer de Nouvelle-Écosse, sa province natale.

Nous étions arrivés à Los Angeles avec un projet de contrat pour Donald, préparé par Me Michel Vennat, à Montréal, un modeste document légal de quatre pages, et notre plaquette de présentation. La description des personnages écrite par Mitchell, les courts extraits de scènes avec leurs dialogues si inhabituels séduisirent tout de suite

34. – Ce bonhomme est si têtu, s'il fallait qu'il se noie,
c'est en amont qu'on retrouverait son cadavre.

35. – Ses dents sont si croches, elle arriverait à grignoter
un épi de blé d'Inde à travers des barbelés.

Hollywood. Le contrat de quatre pages ne connut pas le même succès, Dixon Dern le lança à la corbeille sans daigner le regarder, jeta sur nous un regard de commisération et nous soumit dans les jours qui suivirent un contrat d'une centaine de pages dans lequel rien n'était laissé au hasard : approbation de chaque page du scénario par l'acteur, cours d'équitation (il ne savait pas monter), ses exigences diététiques, logement, costumes, enfin tout ! Mais cette myriade de clauses semblait bien inutile, au regard des liens d'amitié que nous croyions avoir tissés avec Donald. Nous habitions comme lui au Chateau Marmont, sur Sunset Boulevard, nous le voyions presque chaque jour, il avait suggéré, sans que je le lui demande, au producteur Edward Lewis de m'engager pour réaliser le film qu'il préparait sur l'assassinat de Kennedy, *Executive Action*, scénarisé par Dalton Trumbo sur un argument de Donald Freed ; en retour, j'aiderais Sutherland et Jane Fonda à monter le documentaire de Francine Parker, le *FTA Show*, tourné sur les bases militaires américaines du Pacifique. Pour protester contre la guerre du Vietnam, Fonda et Sutherland avaient d'abord monté ce *Fuck The Army Show* à Broadway, une sorte de satire des spectacles de Bob Hope pour les forces armées, puis ils avaient résolu d'en faire un film à l'occasion de la tournée de la troupe dans le Pacifique.

Allumé par Betty Friedan, le féminisme s'était répandu comme un feu de brousse, en Californie, et ça flambait toujours lorsque j'offris bien innocemment à Sutherland d'aider Francine Parker à mettre de l'ordre dans les milliers de mètres de pellicule tournés par son équipe, composée uniquement de femmes sans beaucoup d'expérience. Heureusement, elles avaient fait une exception et « permis » à Eric Saarinen, de se joindre à elles. Saarinen avait été un des vingt-trois cameramen (parmi eux, le jeune George Lucas !) de *Gimme Shelter*, le film des frères Maysles sur le tragique concert des Rolling Stones, au circuit automobile Altamont, en Californie. Ce concert gratuit qui se voulait une réplique de Woodstock fut marqué par la violence : un jeune Noir fut assassiné à coups de couteau, un chauffard intoxiqué au LSD écrasa deux adolescents endormis dans leurs sacs de couchage et un autre drogué se noya dans un canal d'irrigation.

Je me pointe le premier matin avec Donald à la salle de montage où nous attendent Francine, la réalisatrice, Juliana Wang et Joan Weidman, deux des camerawomen, ainsi qu'une batterie d'assistantes, toutes me manifestant un certain respect – après tout je suis celui qui réalisera le prochain film de Sutherland –, respect qui s'évapora instantanément lorsqu'en toute ingénuité je posai l'outrageante question :

— *Which one of you girls is going to take notes*[36]*?*

Eh bien ! ces dames n'auraient pas été plus horrifiées si, singeant le personnage de Huysmans, l'affreux chanoine Docre, je m'étais fait tatouer sous les pieds des images de femmes afin de pouvoir marcher dessus et les écraser !

Encore un peu et je ne survivais pas aux regards assassins de ces femmes bafouées, bien que je me sentisse comme un innocent devant le peloton d'exécution.

Donald me sortit de la salle, et d'urgence.

Réfugiés dans un restaurant voisin, il m'expliqua l'horreur de mon comportement : j'avais traité ces professionnelles en subalternes en leur demandant de prendre des notes, je les avais humiliées, je devrais donc m'excuser et leur faire part de mon ferme propos de ne plus recommencer.

Jouait-il ou était-il sérieux ? Je crois qu'il l'était.

Je reparus donc à la salle de montage en phallocrate pénitent, je fis amende honorable, bien qu'il fallût plusieurs jours avant de regagner la confiance de celles que j'avais traînées dans la fange du machisme. Cependant, j'avais compris une chose essentielle : Hollywood était une autre planète.

Coïncidence étonnante, nous n'étions pas des inconnus sur cette autre planète. Le magazine *Parade*, inséré par les plus grands quotidiens américains dans leur édition du week-end, avait publié, quelques semaines auparavant, quatre pages sur le succès phénoménal de *Deux femmes en or* et sur le fait que ce film faisait depuis sa sortie l'objet de visionnements clandestins à Hollywood ; Glenn Ford en avait obtenu une copie (on n'a jamais su comment) et il la projetait dans ses cercles d'amis. Le reportage de *Parade* était illustré de plusieurs photos du

---

36. – Les filles, laquelle de vous prendra des notes ?

film et, surtout, d'une photo de sa productrice, Marie-José, que le magazine qualifiait de «*young and stunning beauty*[37]». À Hollywood, les nouvelles vont vite. Quelques jours après y avoir mis les pieds, nous étions déjà la «saveur du mois». Il arrivait ce que j'avais remarqué à New York, dix ans auparavant: les Américains préféraient manquer de discernement plutôt que de risquer de méconnaître une personne de talent; d'emblée ils donnent donc le bénéfice du doute aux gens dont ils soupçonnent qu'ils pourraient avoir quelque talent.

Forts de cette confiance, nous avions, en quelques jours, signé une entente de distribution avec la Metro Goldwyn Mayer pour *Alien Thunder*, l'Égyptien Fouad Said, qui venait de recevoir un Oscar technique pour l'invention du Cinemobile, avait insisté pour nous rencontrer et investir dans nos prochains films, puisqu'il était déjà trop tard pour *Alien Thunder,* dont la présentation originale l'avait séduit. C'est aussi à cette époque que j'ai connu Robert Gottschalk, un des patrons de Panavision, qui rêvait de développer une caméra légère et silencieuse, portable à l'épaule, cette fameuse Panaflex à l'ergonomie de laquelle je contribuerai par mes conseils et dont la première utilisation fut faite par Spielberg dans *Sugarland Express*. Je n'aurai pas l'occasion de tourner avec une Panaflex avant *Je suis loin de toi, mignonne*, en 1975. Nous n'avions pas les moyens de nous l'offrir, mais Gottschalk demanda à Mel Hoppenheim de me la louer pour deux sous en reconnaissance des services rendus et contre la promesse de tourner tout le film à l'épaule, démonstration de la maniabilité de cette merveille de caméra.

Nos allées et venues entre Montréal, Calgary et Hollywood durèrent plus d'un an et demi. À Montréal, nous nous affairions au reste du financement du film dont Claude Frenette pilotait le dossier auprès de Power Corporation, dossier qui deviendra en fin de compte l'affaire personnelle de M. Paul Desmarais lorsque l'investissement total retombera sur Power, qui ne voulait ni se plier à toutes les exigences de la Metro ni faire les courbettes habituelles devant Michael Spencer et ses fonctionnaires pour obtenir l'investissement de la SDICC. *Alien Thunder* (un million et demi de dollars) deviendra le premier film canadien dont le budget dépassera un million de dollars.

---

37. «jeune et d'une surprenante beauté».

Et bon sang ! les semaines et les semaines que nous passâmes à Calgary à extirper le scénario, bribes par bribes de l'imagination de Mitchell, une opération de forage si exténuante qu'il nous restait en fin de journée juste l'énergie pour avaler un steak en vitesse au Hy's Steak House, à l'époque le seul restaurant de Calgary digne de ce nom, et rentrer à l'hôtel. Mitchell, j'entends encore résonner à mes oreilles ce qu'il répétait dix fois par jour lorsque nous cherchions à lui faire étoffer une scène dramatique ou à lui arracher quelques mots de dialogue :

— *Let me go to my lumber yard, I should find what we need*[38].

Mitchell prétendait qu'il avait accumulé au cours de sa vie d'écrivain tellement de matériaux dans ce qu'il appelait sa « cour à bois » qu'il n'avait plus vraiment besoin de se casser la tête, il n'avait qu'à chercher un peu dans ce vaste entrepôt où il trouvait de tout... Pendant ce temps, à Hollywood, j'avais signé mon contrat avec Edward Lewis pour réaliser *Executive Action*, pourvu qu'il n'y ait pas de conflit de dates avec le tournage d'*Alien Thunder*. Ce n'était pas la première expérience de Lewis avec Trumbo, il avait produit deux de ses scénarios : *Lonely Are the Brave* et, surtout, *Spartacus*, qui avait donné lieu à un différend épique entre le scénariste et le réalisateur Stanley Kubrick.

Trumbo avait été forcé d'écrire le scénario de *Spartacus* en secret et ne pouvait se rendre sur le plateau de tournage, car il était l'un des « dix de Hollywood » qui avaient refusé de répondre aux questions de la commission du Congrès sur la présence d'une supposée influence communiste dans l'industrie cinématographique américaine, il avait été condamné à un an de prison et, comme ses neuf autres collègues, interdit de travail.

Appelé par Lewis à visionner les rushes de la première semaine de *Spartacus*, Trumbo se rend compte que Kubrick a retouché des scènes, sans doute à la demande de Kirk Douglas, la vedette du film et lui-même un des producteurs. Convaincu que ces changements altèrent la dynamique politique de l'histoire, le scénariste écrit à Kubrick un mémo de soixante-quinze pages si incendiaire que le

38. – Laissez-moi aller dans ma cour à bois, je devrais mettre la main sur ce qu'il nous faut.

réalisateur en fait une dépression qui retardera de plusieurs semaines la suite du tournage.

Cet épisode, je ne l'apprendrai que plus tard de la bouche même de Trumbo alors qu'il me demandait si j'acceptais qu'il me fasse des commentaires sur les rushes lorsque j'aurais commencé à tourner.

— Bien sûr que oui, répondis-je avec un enthousiasme naïf.

C'est alors qu'il me raconta l'incident Kubrick, en me redemandant si je tenais toujours à ses commentaires. Avais-je le choix de reculer ? Du coup, je lui dis que je lui apporterais le scénario d'*Alien Thunder* afin d'avoir son opinion. Lorsque je lui remis la brique à ma visite suivante, il la soupesa et me dit, avec un sourire malicieux et cette éternelle cigarette pincée entre ses lèvres, que le scénario pesait au moins cinq cents grammes de trop. Trois semaines plus tard, il énuméra la liste de toutes les scènes qu'il me conseillait de couper, certaines qu'il trouvait magnifiques, mais qui ne faisaient pas progresser l'action. Eh bien ! toutes celles qu'il avait suggéré de supprimer et que nous avions éventuellement tournées quand même, nous les fîmes disparaître au montage !

Trumbo, j'ai le souvenir d'un homme direct, d'une intelligence adamantine, sans états d'âme, sûr de lui, quelqu'un pour qui la mécanique de la scénarisation n'avait pas de secrets et qui la maîtrisait avec la précision froide d'un horloger. Nous travaillions chez lui, sur Mulholland Drive il me semble, dans une grande pièce avec des portes-fenêtres ouvrant sur un jardin ombragé ; un mur complet de cette pièce était recouvert d'armoires vitrées lumineuses, garnies de tablettes sur lesquelles était disposée une imposante collection d'objets précolombiens, amassée durant ses années d'exil au Mexique, où il s'était réfugié avec sa famille après sa condamnation par le comité du Congrès. Même placé sur une liste noire, Trumbo, le scénariste le plus recherché de Hollywood à cette époque, continua d'écrire sous des noms d'emprunt et souvent pour des cachets de misère. Ce boycott absurde prit officiellement fin en 1970, deux ans avant notre rencontre, lorsque la Screen Writers Guild lui décerna un prix pour l'ensemble de son œuvre. (Avant de mourir, en 1976, Trumbo reçut enfin l'Oscar qu'un prête-nom avait mérité à sa place pour *The Brave One* et, en 1993, posthumement, l'Oscar pour *Roman Holiday*.)

Lorsque je l'ai connu, Trumbo vivait depuis quelque temps avec Maria, une jeune Mexicaine dont il était tombé amoureux alors qu'elle était serveuse dans un Burger King. La différence d'âge entre eux était telle que Trumbo n'osait pas lui faire de déclaration, mais il se mit à manger des hamburgers avec une assiduité déconcertante, laissant à la serveuse des pourboires de plus en plus généreux. Maria, à qui n'avait pas échappé le charmant manège de cet homme dont elle ignorait la notoriété, attendait patiemment de son côté qu'il lui ouvrît son cœur. Quand enfin Trumbo lui avoua son amour et qu'ils décidèrent de vivre ensemble, Maria lui offrit, considérant sa condition très modeste, un cadeau princier, acheté avec l'argent des pourboires de Trumbo qu'elle avait mis de côté, depuis le tout début, ayant pressenti quelque coup du destin dans la rencontre avec cet homme si attentionné.

Lewis et Trumbo avaient évidemment réfléchi au casting de *Executive Action*, mais il n'était pas question d'engager des acteurs avant que je les rencontre et donne mon assentiment. À qui avaient-ils pensé ? Burt Lancaster dans le rôle principal, ensuite à Donald Sutherland, Will Geer, Robert Ryan, etc. Je vais les rencontrer, soit ! mais je suis forcément d'accord, comblé même. Comme l'intrigue traite de la théorie d'un complot pour assassiner le président Kennedy, nous utiliserons du matériel d'archives, mais il faut que je trouve les sosies de Lee Harvey Oswald et de Jack Ruby, ce qui prendra beaucoup de temps, l'assassinat de Kennedy date de dix ans seulement et tous les spectateurs auront frais à la mémoire le visage de ces personnages. Je rencontrerai au moins une centaine d'acteurs dans nos modestes bureaux de production de Westwood où je me prépare fébrilement à mon premier long métrage américain, tout en conservant un œil au scénario du western pour lequel j'essaie de faire accepter des coupures à Mitchell qui n'arrête pas de regimber, chaque scène lui a coûté un tel effort qu'on a l'impression de l'égorger vivant.

Alors que j'achève le repérage des lieux de tournage pour *Executive Action* et que je dois prendre l'avion pour Dallas afin d'imaginer comment intégrer les films d'archives et le tournage contemporain à Dealy Plaza, nous arrive une nouvelle qui me réjouit et me déçoit en même temps : Power Corporation a décidé de compléter elle-même le financement d'*Alien Thunder* et d'aller de l'avant avec le film.

Crève-cœur ! J'en ai assuré toute la préparation, mais je ne tournerai pas ce premier long métrage américain. C'est John Frankenheimer qui prendra la relève, mais lui-même, qui a déjà signé pour réaliser *The Iceman Cometh*, se retrouve bientôt avec un conflit d'horaire et sera remplacé à son tour par David Miller.

Oui, j'en avais rêvé, *Executive Action* m'ouvrirait les portes de Hollywood, qui, je m'en étais rendu compte en y travaillant, était pour un cinéaste l'équivalent de Rome pour un ecclésiastique. On y faisait du cinéma depuis trois quarts de siècle, la compétence était omniprésente dans tous les domaines, les structures existaient, alors qu'à cette époque au Canada il fallait encore presque tout inventer.

Mais au fond, *Alien Thunder* était un film encore plus important, la Metro y était engagée et nous avions nous aussi une grande vedette : Donald Sutherland, que le succès considérable de *MASH* avait propulsé aux premiers rangs. Je ratais une chance de faire ma marque, il m'en restait une, car personne ne doutait qu'*Alien Thunder* se retrouverait un jour en nomination aux Oscars, d'autant que nous avions réuni autour de Sutherland une distribution extraordinaire, tout d'abord des Indiens, des vrais : Chief Dan George, son fils Lenny, Gordon Tootoosis, Ernestine Gamble, Sarain Stump (ces trois derniers, des découvertes) Jean Duceppe, Kevin McCarthy, Jack Creley, etc. Et le scénario, beaucoup plus dramatique, avait un air de famille avec celui de *Little Big Man*, le film d'Arthur Penn avec Dustin Hoffman, qui avait remporté beaucoup de succès et pour lequel le même Chief Dan George avait été en nomination pour un Oscar.

Malheureusement, il fallut peu de temps avant que la bénédiction d'avoir Sutherland se métamorphosât en malédiction. Je l'avoue en toute candeur, je n'avais pas assez d'expérience pour composer avec cet acteur génial, soit ! mais machiavélique et pervers. Au lieu de l'aborder avec soins et circonspection comme on le ferait de toute maladie contagieuse encore mal connue, je pris Donald de front sans précaution ni ménagement et le tournage se transforma en affrontements perpétuels, alors que j'ose à peine décrire les incroyables problèmes de logistique que nous devions résoudre au jour le jour durant ces six mois au nord de la Saskatchewan, à Duck Lake, où nous avions construit de toutes pièces un village de la fin du XIXe siècle, imaginé par Anne Pritchard, qui conçut aussi tous les costumes du film ; aménagé presque dix kilomètres d'une voie ferrée temporaire pour y amener un train d'époque, constitué un corral de soixante chevaux qui, une nuit, nous ont tous faussé compagnie et que nous avons dû rattraper un par un, certains qui fuyaient à la nage dans les eaux froides du lac, sans compter les centaines de figurants cris qu'à plusieurs occasions pour des scènes de foule nous allions dans de petits avions cueillir, sur des réserves éloignées, des centaines d'Indiens que nous devions costumer, nourrir et qui n'avaient pas l'habitude des longues heures d'attente imposées par le tournage.

Était-ce de l'inconscience ou de l'héroïsme de tourner un film si complexe dans un endroit aussi magnifique mais aussi démuni de tout que le nord de la Saskatchewan ? Aucune commodité. Nous dûmes même ouvrir une salle à manger pour les acteurs et l'équipe. Cette cantine, dirigée par Alphonse, l'ancien maître d'hôtel du restaurant Chez son Père, toujours en smoking pour le dîner, acquit bientôt une réputation telle que les journaux en parlaient comme du meilleur endroit où manger à l'ouest de Toronto. Il faut dire qu'outre les fruits de mer que nous importions directement de la Nouvelle-Écosse pour l'estomac délicat de notre vedette, nous servions de l'oie sauvage, gracieuseté du chef-maquilleur Fred Blau, un chasseur invétéré, du caribou et de l'orignal que nos acteurs indiens rapportaient régulièrement à la cuisine.

Il y avait longtemps, lorsque nous commençâmes à tourner, que W. O. Mitchell s'était distancé du film, retirant même son nom du scénario dont tout le crédit ira par défaut (assez injustement) à George Malko, un écrivain de New York que la Metro avait recommandé pour faire au texte les changements que Mitchell refusait obstinément d'effectuer, drapé dans un ego de romancier aussi infini que les ciels de la Saskatchewan.

Donald Sutherland, ah ça, le poème !

Première tâche : un mois avant le début du film, lui apprendre à monter. Sur un cheval à sa taille. Noir, car c'était ce que nous avions décidé. Cette bête, je me rendis avec notre chef *wrangler*, John Scott, la choisir directement sur la piste de courses de Calgary, un cheval superbe qui n'était pas au départ une bête docile de cinéma, mais l'ardeur opiniâtre de Donald à apprendre à le monter réduisit cet impétueux athlète du turf à la placidité sereine d'un animal de compagnie. Mais on ne passe pas du tapecul au trot assuré de John Wayne sans que le derrière en pâtisse, aussi les fesses de Sutherland devinrent bientôt deux plaies vives qu'il fallut pommader chaque soir avec délicatesse. Eh bien ! ces soins, nous avions essayé de les confier à une nurse d'expérience, mais Sutherland insista pour qu'ils lui fussent prodigués par la productrice elle-même. Il baissait donc tous les soirs sa culotte devant la productrice afin qu'elle lui tartine les fesses, manifestation flagrante d'une misogynie dont il se privait rarement.

Une semaine avant le début du tournage, Donald, dont les fesses avaient enfin cicatrisé, nous surprit avec une demande spéciale : il exigeait que nous engagions Nancy Dowd comme script-girl. Nancy, qui avait collaboré au *FTA Show*, était une fille géniale, c'est elle qui écrira, en 1976, le scénario de *Slap Shot*, mais elle n'avait aucune notion de ce métier. Pour accommoder les caprices de notre vedette, nous congédiâmes donc la personne engagée à ce poste afin que Nancy puisse se joindre à l'équipe. Dix jours s'étaient à peine écoulés que Donald nous fit savoir qu'il ne supportait plus la présence de Nancy Dowd sur le plateau et il nous demanda de la remercier de ses services. Si nous n'obtempérions pas, il menaçait carrément de ne plus tourner.

C'est le même chantage qui, une nuit, priva toute l'équipe de sommeil, car il fallut à tout prix retrouver McNichol, le lévrier irlandais de Sutherland qui s'était enfui du motel, sans quoi le maître ne se présenterait pas au tournage le lendemain. La bête fut repérée aux petites heures après une battue systématique dans la campagne avoisinante.

Même pour Internet Movie Database, ce n'est pas un secret, c'est sur notre plateau que Sutherland a connu Francine Racette, qui est ensuite devenue sa femme. Pourtant, quelles mesquineries il a commencé par lui faire endurer. Elle parlait difficilement anglais, ainsi lorsqu'il lui donnait la réplique, Donald modifiait exprès et systématiquement les derniers mots d'un dialogue afin de la confondre. Pour sortir Francine du pétrin, l'assistant-réalisateur avait pris l'habitude de la prévenir d'un geste de la main que le moment de sa réplique arrivait. Pourtant, lorsque, à la fin du tournage, nous nous rendîmes compte que McNichol, le grand lévrier irlandais de Donald, avait, contre toute vraisemblance, réussi à s'accoupler à la très petite chienne de Francine, parfait prototype d'un corniaud de concierge parisien, et qu'une idylle avait commencé à fleurir entre leurs maîtres, l'équipe n'a pu résister à la tentation d'extrapoler…

Les caprices de Donald n'étaient pas toujours sans cruauté. Un jour que nous tournons la scène de l'enterrement de Malcolm, son collègue de la Gendarmerie, abattu par Almighty Voice, je prévois un gros plan de Sutherland alors qu'il aperçoit, au loin sur son cheval, le père du meurtrier, interprété par Chief Dan George. La vedette refuse de tourner ce gros plan si on n'envoie pas le chef là-bas, afin qu'il se retrouve véritablement dans son champ de vision, car, sans cela, son regard, explique-t-il, ne traduira pas correctement les sentiments qui l'habitent. Il y a un hic, Chief Dan George (il a soixante-dix ans) est malade comme un chien, il a une mauvaise grippe, nous demandons donc à un assistant d'endosser le costume du chef et d'aller passer à l'horizon, à un kilomètre peut-être de l'endroit où se trouve Sutherland. Ce dernier refuse de tourner. Son regard ne sera jamais vraisemblable, argumente-t-il, tant qu'il ne verra pas l'Indien en chair et en os. On tire Chief Dan George de son lit, on l'habille, on l'aide à monter sur son cheval et je réussis finalement à tourner ce gros plan de Donald. Ses collègues, l'équipe, tous sont révoltés, mais personne n'ose souffler mot.

À un autre moment, le personnage de Sutherland, Dan Candy, repère enfin Almighty Voice qu'il recherche depuis des semaines. Il l'aperçoit à l'instant où la femme de l'Indien va accoucher dans la brousse, aidée par deux vieilles Indiennes. Le scénario prévoit que Dan Candy le met en joue et tire un coup de semonce, cette page du scénario a été, comme chacune d'ailleurs, dûment approuvée par la vedette, ses initiales en témoignent. Il a plu et gelé durant la nuit, le lieu choisi pour la scène est devenu féerique, le sol est saupoudré de neige, les arbres sont couverts d'une fine couche de cristal, sur la surface unie et bleue du ciel roulent doucement des cumulus d'une blancheur éclatante.

Nous nous sommes pointés à l'aube avec le Cinemobile, cet énorme véhicule de Fouad Said qui contient tout l'équipement, et un autobus avec la soixantaine de techniciens de l'équipe. Au moment de nous mettre en place pour les premiers plans, Sutherland m'apprend qu'il ne tournera pas la scène, il n'a plus envie de menacer son rival alors que sa femme accouche. Je lui indique sa griffe au bas de la page du scénario. Rien à faire, qu'importe la cohérence dramatique, la vedette a décidé. Alors, tandis que l'équipe attend, dort ou joue au poker dans l'autobus, je discuterai avec Sutherland, de sept heures du matin à quatre heures de l'après-midi, sans arriver à le faire changer d'idée. Je deviens tellement exaspéré que mes assistants doivent me retenir de m'en prendre à lui physiquement (malgré la ridicule différence de taille, il me dépasse d'une tête !), et l'acteur, nous sommes un vendredi, décide de rentrer pour le week-end à Los Angeles afin de réfléchir. Une journée entière perdue, et le reste du tournage compromis s'il décidait de ne plus revenir. Marie-José parlementera longtemps au téléphone avec l'avocat et l'agent de Donald, de même qu'avec Jane Fonda, sa copine, et il reparaîtra à temps pour le début du tournage, le lundi matin, ayant effectué la dernière partie du trajet entre Calgary et Duck Lake dans une ambulance qu'il avait louée afin d'avoir un lit pour se reposer.

J'ai souvent pensé à la réponse que m'avait faite le réalisateur Tom Gries à la fin du tournage de *Lady Ice* avec Donald Sutherland. Nous nous étions rendus sur son plateau, à Key West, afin de faire les essayages des costumes de Donald pour *Alien Thunder*. Gentiment, j'avais demandé à Gries s'il y avait des choses particulières que je devrais connaître sur la façon de travailler avec l'acteur. Il me fixa longuement en silence, puis répondit avec un sourire malicieux :

— *You'll find out soon enough*[39].

Aucun film, je dois l'admettre, ne m'a donné autant de cauchemars qu'*Alien Thunder*. Soit ! il y avait eu ces problèmes avec l'acteur principal, mais aussi le labeur pénible, presque surhumain, du tournage avec une caméra énorme (la Mitchell modifiée par Panavision) et des objectifs anamorphiques fragiles et lourds que nous transportions à force de bras dans des savanes humides ou à travers des boisés denses, des charges avec lesquelles nous escaladions des collines, descendions des falaises abruptes ou que nous transportions à dos de cheval afin de ne pas laisser de traces anachroniques dans les prairies qui nous servaient de décors.

39. – Tu t'en rendras compte assez rapidement.

Par ailleurs, en travaillant avec eux, j'appris à connaître les Amérindiens comme il ne m'en eût jamais été possible autrement. J'ai gardé depuis ce temps une affection indélébile pour eux, un vrai parti pris. Je n'ai jamais connu d'acteur plus émouvant que Chief Dan George, plus sensible que la jeune Ernestine Gamble, plus impétueux que Gordon Tootoosis dont c'était le premier rôle ou plus mystérieux que Sarain Stump. Ce dernier, moitié Cri, moitié Shoshone, se présenta un bon matin au bureau de production, il se cherchait du travail, n'importe quoi. Depuis des semaines que nous tentions sans succès de distribuer le rôle de Napoléon Royal, un métis que s'adjoint Dan Candy dans sa quête du meurtrier Almighty Voice. Dès que je vis ce grand type, mince et très beau avec son teint olivâtre, ses yeux d'ébène, son regard languide, sa démarche de félin, je me dis, en espérant qu'il sache jouer, le voilà, Napoléon !

Je lui demande de lire une scène. Il est bouleversant de vérité et d'originalité. Espérons maintenant qu'il sache aller à cheval. Je lui pose la question et, à son air, je comprends que je viens de demander à un poisson s'il nage ou à un oiseau s'il vole. Je l'amène au corral se choisir une monture et, malheur ! il pointe du doigt un grand cheval ombrageux que nous avions isolé des autres, un étalon à robe indéfinissable, fauve ou isabelle, la queue naturellement anglaisée, de la sclérotique blanche autour des yeux, des taches sur le chanfrein et la croupe, comme si un de ses ancêtres avait cherché à se donner le genre Appaloosa.

— Impossible, lui dis-je, ce cheval est si rétif que personne n'arrive à l'approcher, même pas le *wrangler*, il s'en va à l'abattoir.

— Mais c'est le cheval que je veux, insista Sarain, vous inquiétez pas, je vais le maîtriser. Si je n'y parviens pas, vous en ferez ce que vous voudrez.

— Je vais demander à Scott de vous apporter une selle, une bride…

— Je n'ai besoin de rien, répliqua-t-il, il doit bien traîner un bout de corde quelque part, ça me suffira.

Sarain partit et revint un peu plus tard avec une couverture de laine, une corde, de quoi boire et manger. Il grimpa doucement la clôture de perches tout en s'adressant d'une voix calme au cheval qui s'énervait, piaffant furieusement et décochant des ruades, puis l'Indien se laissa glisser dans l'enclos, s'assit par terre, s'adossa à un des piquets de clôture, sortit un calepin et un crayon et se mit à dessiner la bête fébrile qui s'ébrouait devant lui en écumant de la bouche.

Dans ces immenses prairies de la Saskatchewan, le soleil n'en finit plus de glisser dans le ciel jusqu'à ce qu'il se décroche brusquement et tombe derrière l'horizon, aspirant avec lui la lumière. Sarain avait choisi ce moment pour se rapprocher à quelques pas seulement de la bête, qui avait commencé de se calmer, il s'étendit par terre près d'elle et s'enveloppa dans une couverture de laine. Intrigué, le cheval resta longtemps immobile, puis s'approcha à pas mesurés de cette forme couchée qu'il se mit à flairer avec appréhension, puis ensuite avec insistance. L'animal, apaisé, étira le cou, bâilla à la lune qui montait dans le ciel et s'endormit debout en laissant retomber sa tête près de celle de cet intrus sur qui il veillait déjà comme sur un ami.

En quelques jours, ce cheval impossible était devenu plus docile que Trigger et aussi habile qu'un animal de cirque. Sarain n'était pas que dresseur, nous apprîmes petit à petit que cet Indien magnifique – Rudolf Noureïev en plus séduisant – avait publié *There Is My People Sleeping*, un livre de poèmes, était coéditeur du magazine autochtone *Weewish Tree* et professeur d'art. L'été qui suivit le film, Sarain vint passer une dizaine de jours à Saint-Paul-d'Abbotsford pour nous annoncer qu'il se mariait. Nous ne le revîmes plus jamais, il mourut englouti dans des sables mouvants, près de Mexico, alors qu'il était en voyage de noces. Ces vers tout simples de Chief Dan George me reviennent en mémoire :

Le soleil dans l'herbe ne laisse pas de trace
Et nous comme lui disparaissons en silence.

En même temps que je commençais à monter le western, Claude Jutra, lui, s'attaquait au montage de *Kamouraska*, dont le tournage avait donné lieu à des dissensions pénibles entre Claude et son directeur photo, Michel Brault. L'amitié qui avait toujours existé entre eux restera altérée à jamais.

Curieuse période pour Jutra et moi. Nous venions tous deux de vivre une grande euphorie, moi à cause de l'énorme succès populaire de *Deux femmes en or*, lui par suite du succès critique de *Mon oncle Antoine*, et, pendant un temps, nous avons cru que le monde nous appartenait, notre réussite paraissait indubitable, d'autant que ces films imposants que nous achevions consacreraient à coup sûr nos carrières. Il rêvait de partir en France, moi à Hollywood. Et cela ne nous paraissait plus qu'une question de temps !

Cependant, il arrive parfois dans les films que s'y glissent, à l'insu de tous, des esprits malfaisants, des djinns, des dybbuks, des wendigos qui installent leur pagaïe et, subitement, les images – si organiques, sublimes et cohérentes fussent-elles –, on ne parvient plus à les intégrer dans une structure narrative adéquate. Et là, l'angoisse grandit.

Ces mauvais génies, nous les avons affrontés en même temps, Jutra et moi. Il les a combattus avec sa monteuse, Renée Lichtig, et moi avec Yves Langlois et Jacques Gagné, monteurs expérimentés s'il en était. Jutra a essayé d'exorciser les démons de *Kamouraska* en demandant l'aide de Truffaut et, de mon côté, je me suis rendu à New York visionner une copie de montage avec Dede Allen, assurément une des monteuses les plus renommées du cinéma américain moderne (*The Hustler*, *Bonnie and Clyde*, *Little Big Man*, *Dog Day Afternoon*, etc.).

Exorcisme à demi réussi. Les djinns continuaient de nous miner. Un soir, nous plongeâmes dans le whisky pour nous en débarrasser et cela fit son effet, pour quelques heures ! Certes, nous étions conscients de certains problèmes de structure qui affligeaient nos films, mais l'alcool les estompa et fit renaître tous les espoirs. Nous comptions l'un et l'autre sur la musique pour arrondir les angles, Jutra allait essayer de recruter Georges Delerue, moi j'avais déjà l'accord de Michel Legrand. Qu'importe la cuite que nous prîmes, ce soir-là, dans le bar face à la piscine extérieure au sommet de la Place Bonaventure, nous étions trop près l'un de l'autre, Claude et moi, pour nous cacher nos inquiétudes. Nous avions en quelque sorte commencé dans le métier ensemble et nous avions l'ambition de réussir ensemble. *Kamouraska*, *Alien Thunder* étaient des films importants, leur avenir conditionnerait le nôtre.

Après une longue période d'angoisse, le vent tourna du bon côté pour *Alien Thunder*, les problèmes de montage se solutionnèrent et lorsque Michel Legrand refusa d'en composer la musique parce qu'il ne considérait pas que ce film était dans ses cordes, Georges Delerue le remplaça ; ironiquement, il venait de dire non à *Kamouraska*, dont le visionnement ne lui avait pas plu du tout, il avait trouvé le film confus. D'un autre côté, Delerue était si emballé par le nôtre qu'il fit fabriquer exprès, selon des dessins anciens, deux flûtes à bec contrebasse, des instruments de bois dépassant deux mètres de longueur dont le souffle grave et obsédant rappelait le vent des plaines de la Saskatchewan.

Et, coup de chance, Noel Marshall, le producteur le plus en vue de Hollywood (il venait de produire deux grands succès coup sur coup : *The Harrad Experiment* et *The Exorcist*), s'enthousiasma pour le film. Je me souviens du soir où, regardant chez lui, à la télévision, la remise des Oscars, en compagnie de sa femme, l'actrice Tippi Hedren, et de Melanie Griffith, sa fille, Noel prédit que l'année suivante *Alien Thunder* ferait partie des films en nomination. D'ailleurs, aussitôt que j'aurais complété *Alien Thunder*, Noel m'avait demandé de tourner les images d'un film qu'il préparait depuis plusieurs années et dont les vedettes seraient des lions, de même que Tippi et Melanie.

Les lions, Marshall en était dingue. Il en gardait une vingtaine ainsi que plusieurs tigres de Sibérie dans un grand ranch de la vallée de San Fernando. Pour mieux les acclimater à la présence humaine, il en avait toujours un en pension dans leur résidence de Hollywood, une bête adulte qui se promenait en toute liberté et qu'il fallait prendre garde de ne pas brusquer tant qu'elle n'avait pas appris à nous connaître. Et pour mieux me familiariser avec mes futures vedettes, il m'amenait régulièrement passer de longues heures dans les enclos du ranch avec ces fauves qui venaient nous frôler, nous renifler ou carrément s'étendre dans l'herbe près de nous. Bien qu'une certaine familiarité se développât avec eux, je dois dire que mon sang se glaçait dans mes veines chaque fois que l'un d'eux poussait à l'improviste un rugissement terrifiant ou qu'en guise d'affection il me râpait la main ou la joue de sa grosse langue rêche et gluante. Marshall travailla dix ans à la réalisation de *Roar*, une véritable obsession qui se termina en catastrophe : Noel fut lui-même blessé gravement par un lion, des blessures dont il mit des années à se remettre, sa femme Tippi, sa belle-fille Melanie Griffith et le directeur photo Jean de Bont furent aussi attaqués par les fauves. Le film entraîna la ruine de Marshall, précipita son divorce d'avec Tippi Hedren et provoqua avec Mélanie une rupture qui dure toujours.

Un lion enragé, voilà justement à quoi ressemblait le commissaire William Higgitt le jour où il visionna *Alien Thunder* pour la première fois avec quelques autres collègues de la Gendarmerie royale, le ministre Goyer et M. Paul Desmarais, qui avait financé la presque totalité du film. Même Noel Marshall, pourtant habitué à sa ménagerie de fauves, s'alarma de voir la réaction de Higgitt, au terme de la projection. Le grand patron de la Gendarmerie avait les yeux révulsés, le pourpre de son visage apoplectique se confondait avec celui de sa tunique tandis qu'il restait enfoncé dans son fauteuil, tétanisé par une colère noire, un cumulonimbus qui menaçait d'éclater en tornade, ah ! il n'était pas joli à voir, le commissaire, avec son gradient de pression au niveau critique. Higgitt, comme il arrive parfois avec les cyclones, ne toucha pas terre devant nous, mais traversa la salle en trombe et disparut à l'horizon en laissant derrière lui un courant d'air glacial. Le film avait cependant ravi Jean-Pierre Goyer : il faut dire qu'il y avait eu un remaniement ministériel et que la Gendarmerie royale n'était plus de son ressort ! Quant à M. Paul Desmarais, il était perplexe, il avait bien vu la réaction du commissaire, le film faisait preuve d'un vrai penchant pour les Amérindiens et dépeignait assez justement la triste réalité de leur existence, avait-il eu raison, capitaliste notoire, d'engloutir plus d'un million de dollars dans pareille aventure ? je crois qu'il se posait la question. En tout cas il demanda à Marshall s'il pensait trouver bientôt un distributeur.

Marshall n'entretenait aucun doute là-dessus. Ce film-là, il y croyait !

Et moi, sur la foi du succès à venir, j'avais déjà commencé à écrire *Babs* en collaboration avec Bronte Woodard (*Grease*) pour le producteur new-yorkais Robert Lawrence, une comédie grinçante sur un couple d'un certain âge qui se remariait pour la énième fois et dont la femme insistait pour jouer à la pucelle et aller en voyage de noces aux chutes du Niagara. Nous écrivions le scénario, confortablement installés dans un hôtel choisi par Lawrence, le très chic Carlyle, sur la 76e Rue à New York. À chaque fois que nous commandions du café, on nous apportait aussi sur le plateau une demi-douzaine de roses. Après quelques jours, nous fûmes ensevelis sous les fleurs, notre suite ressemblait à un salon funéraire où eût reposé en chapelle ardente le corps de quelque important mafioso. Nous fûmes bien près de trépasser nous-mêmes lorsque, après un mois, le Carlyle nous pria d'acquitter notre note. Nous nous étions mal compris avec le producteur américain qui nous considérait comme des coproducteurs et ne prenait en charge que les dépenses de Woodard, pas les nôtres. Et nous n'avions même pas terminé le scénario ! Mais comme nous avons ri avec le grassouillet et gay Bronte, une étoile dont la lumière venait juste d'apparaître dans le ciel de Hollywood.

Au départ, pour que nous fassions connaissance, Robert Lawrence nous avait tous conviés à dîner au restaurant tournant de la tour Skylon surplombant les chutes du Niagara, un des décors du futur film. L'avion de Bronte était arrivé de Los Angeles avec du retard, aussi se présenta-t-il au restaurant une bonne demi-heure après nous, ce qui ne contribua pas à soulager sa timidité naturelle. Son visage de lune, avec sa houppette de fins cheveux blonds, piqua tout un soleil lorsqu'il dut faire répéter plusieurs fois nos noms français qu'il nous demanda même d'épeler. Il était si nerveux qu'il manqua tomber à la renverse en cherchant à s'asseoir avant que le maître d'hôtel ait eu le temps de repousser la chaise, qu'il avait tirée pour lui permettre de prendre place à table. À cette époque où il était encore de mise de garder l'homosexualité sous le boisseau, celle de Bronte, aussitôt qu'il se sentit en confiance, devint si tonitruante qu'elle attira vers nous les regards de tous les convives. Et le maître d'hôtel qui devait en être, mais secrètement, commença de nous manifester le zèle extravagant du pélican pour sa nichée. Dans ce décor extraordinaire dont le restaurant faisait lentement le tour, à cent mètres d'altitude, le maître d'hôtel revenait constamment à notre table, s'inquiétant de tout à propos de plats dont la qualité eût justifié, si les fenêtres n'eussent pas été scellées, de les balancer dans le maelström des chutes.

À la fin du repas, alors que Lawrence attendait la note, Bronte Woodard commença de s'agiter, il piaffait curieusement de la patte gauche en faisant des cercles avec le pied comme s'il cherchait quelque chose, finalement il se pencha sous la table et, lorsqu'il releva la tête, il était blanc comme un linge. Comme les Anglaises ou les Américaines, surtout celles d'un certain âge, en ont souvent la manie, Bronte expliqua qu'il avait retiré ses chaussures durant le repas et qu'il avait dû poser l'une d'elles sur la couronne immobile du plancher et l'autre sur la partie qui tourne. Le restaurant en avait fait du chemin depuis, alors il n'avait plus qu'un soulier. Plus rouge qu'une tomate, il fit discrètement part de sa mésaventure au maître d'hôtel qui se confondit en excuses, maudissant cette rotation de l'établissement qui leur causait souvent des ennuis : là c'était une chaussure, mais d'autres fois c'était un sac à main ou un attaché-case et, plus dramatique encore, raconta-t-il, un couffin avait déjà été déposé sur cette partie immobile et les parents étaient repartis en oubliant leur bébé qu'on avait découvert juste à l'heure de la fermeture, lorsqu'il s'était mis à chialer.

— Ne vous inquiétez pas, dit le maître d'hôtel à Bronte, je fais le nécessaire !

Côté discrétion, il eût été préférable pour Bronte de quitter le restaurant à cloche-pied, car l'instant d'après ce ne fut rien de moins que l'alerte rouge. Garçons et marmitons, enfin tout ce qu'il y avait de disponible comme personnel, certains armés de lampes de poche, entreprirent, sous la direction du maître d'hôtel, une battue en règle dans l'établissement, faisant lever les clients, bougeant les chaises et les tables tandis que le trio de jazz qui n'avait pas pris de pause de la soirée s'arrêta de jouer, accentuant encore la gravité du moment. Encore un peu et la panique allait s'emparer des clients qui, devant ce branle-bas inusité, commencèrent à se demander si l'intégrité même de la tour n'était pas en cause, avait-on découvert un défaut de structure ? cette salle à manger rotative dans les nuages allait-elle s'effondrer ? un forcené avait-il déposé une bombe ?

Non !

Précédé par le maître d'hôtel, qui faisait la roue comme un paon, un garçon portant à bout de bras un plateau d'argent sur lequel avait été déposée la chaussure vint la présenter à Bronte, si cérémonieusement qu'il faillit en mourir de honte. La musique reprit et le calme revint dans la ziggourat où le scénariste, encore sous le choc d'avoir enfin retrouvé sa chaussure prodigue, n'arrivait pas à en rattacher les lacets.

Ce ne serait pas sa dernière mésaventure.

Après le mois au Carlyle, je revins quelques jours à Niagara avec Bronte et Marie-José, l'affaire pour celle-ci d'entreprendre les négociations pour des lieux de tournage et pour nous de trouver des anecdotes amusantes qui enrichiraient le scénario. Nous allions ensuite raccompagner Bronte à Buffalo, d'où il prendrait l'avion pour Los Angeles. C'était le plan ! Les douaniers américains en avaient d'autres.

En traversant le pont Rainbow qui enjambe si élégamment la Niagara pour passer du côté américain, nous cherchions comment intégrer à notre comédie la symbolique du pont qui traversait la rivière avant celui-là, le *Pont de la lune de miel*, qui fut emporté par un embâcle, à l'hiver de 1938. C'était justement con comme la lune, mais n'y avait-il pas un rapprochement à exploiter… ce lien fragile entre deux rives, deux êtres, les relations qui se refroidissent, la glace, l'embâcle, le désastre… Enfin ! la sorte d'élucubrations qui viennent à l'esprit lorsque des scénaristes essaient de se donner du genre.

Au poste-frontière où j'expliquai que nous ne serions pas plus d'une heure aux États-Unis, le temps de raccompagner notre copain à l'aéroport, le douanier adopta tout de suite une attitude suspicieuse, pas envers nous qui étions étrangers, mais envers Bronte, un Américain comme lui. Il avait détecté chez lui quelque chose qui ne lui plaisait pas. Il lui demanda ses papiers et Bronte commença par fouiller nerveusement dans les poches extérieures de son veston sans rien trouver, mais en s'énervant. Au moment où il allait porter la main vers la poche arrière droite de son pantalon, le douanier dégaina son revolver et le lui braqua au visage en vociférant :

— *Freeze, freeze right there*[40].

Gelé, Bronte ? Non, changé en statue de sel ! Tétanisé. Le douanier avait beau lui commander de descendre de voiture, il n'osait plus bouger, il lui arracha presque le bras et le poussa tête première contre le capot de l'auto pour le fouiller. Palpant un renflement justement dans la poche arrière droite du pantalon, le douanier jappa un « qu'est-ce que c'est ? » si menaçant que Bronte balbutia en égrenant les syllabes : « C'est mon porte… portefeuille… mes pa, mes papiers. »

40. – Ne bouge plus, plus un geste !

— *Take it out*[41] !

Tandis que le douanier sortait un à un les papiers du portefeuille que venait de lui remettre Bronte, il lui demanda d'où il venait.

— Los Angeles, répondit-il.

— C'est un permis de conduire de l'Alabama !

— Je suis né là, bredouilla Bronte.

— Moi aussi, répliqua le douanier, et je n'ai jamais entendu là-bas quelqu'un avec une voix de crécelle comme la tienne.

Il ajouta pour lui-même un «*fuckin' faggot*[42]» qui n'augurait pas bien et ordonna à Bronte de prendre ses bagages pour passer à la fouille. J'ouvris le coffre, Bronte, qui tremblait comme une feuille, prit une valise et le douanier lui indiqua le chemin du poste avec le canon de son revolver qu'il rengaina finalement en nous demandant de nous garer à un endroit qu'il nous désigna et d'attendre.

Il devint bientôt évident que nous n'arriverions pas à Buffalo à temps pour le vol de Los Angeles, il y avait une heure que nous séchions sur pied, sans nouvelles de notre ami. Nous laissâmes écouler une autre demi-heure et Marie-José résolut d'aller voir ce qui pouvait bien se passer. Quelle ne fut pas sa surprise en entrant dans le poste de douane de voir ses vêtements et ses dessous étalés sur un comptoir tandis qu'elle entendait Bronte nier en pleurnichant qu'il transportait dans ses bagages des vêtements féminins. Au lieu de prendre sa valise, il avait pris sa presque jumelle, celle de Marie-José que des douaniers avaient ouverte tandis que d'autres le fouillaient. Prévenus de ce qu'il transportait comme bagage, ils procédèrent alors à une fouille quasi archéologique, le faisant se déshabiller pour aller vraiment au fond des choses et cherchant à lui faire avouer qu'il n'était pas du tout dans le show-business comme il l'affirmait, mais qu'il devait parcourir les États-Unis en donnant des spectacles de travesti, contrevenant ainsi à l'article 2422 de la loi fédérale qui interdit à toute personne de voyager d'un État à un autre afin de pratiquer la prostitution ou de participer à toute activité sexuelle de nature criminelle. Seulement des douaniers pouvaient imaginer que les dessous de Marie-José eussent convenu à

41. – Sors-les !
42. «putain de tapette !»

notre rondouillet Bronte, mais il fallut quand même les confronter à leur débilité et aller chercher l'autre valise pour compléter une démonstration on ne peut plus concluante. En effet, en l'ouvrant, les douaniers aperçurent, épinglée à l'endos du couvercle, une grande photo d'Ann-Margret et Bronte, joue contre joue, et dédicacée. Ça, la gueule des douaniers, il fallait voir ! Ann-Margret, l'actrice, la vamp, l'ex-copine d'Elvis. Seul celui qui avait intercepté Bronte, aussi con qu'une valise sans poignée, refusa de voir la lumière, tous les autres se confondant en excuses et cherchant à en savoir plus long sur les liens qu'il entretenait avec la vedette. Bronte prit un air réservé, poussa un soupir discret mais patent de sous-entendus, et expliqua qu'il existait entre eux une étroite relation… professionnelle, Ann-Margret était une intime.

Si Bronte avait fait son entrée à Hollywood, c'était grâce à elle, Ann-Margret, pour qui il avait conçu les canevas de quelques-uns de ses numéros de music-hall à Las Vegas et à Lake Tahoe. D'ailleurs, dès qu'il arriverait à Hollywood, Bronte avait pour mission de lui faire lire notre scénario, car nous songions à elle pour le rôle de Babs ; depuis qu'elle avait été dirigée par Mike Nichols dans *Carnal Knowledge* et nommée pour un Oscar, tout le monde prenait la déesse suédoise beaucoup plus au sérieux.

Lorsque nous arrivâmes enfin à l'aéroport de Buffalo, il ne restait qu'un avion pour New York et, avec un peu de chance, une liaison possible avec le vol de nuit pour Los Angeles. L'incident de la douane et l'anticipation de nous revoir prochainement pour terminer le scénario de *Babs* justifiaient bien du champagne, c'est ce que nous commandâmes dans le bar où, à cette heure, la barmaid nous le servit en nous prévenant de ne pas prendre racine, elle avait commencé d'astiquer le zinc et elle fermait sa caisse. Et comme pour s'assurer que nous avions bien compris, elle baissa aussi la lumière. Dans la pénombre, les bulles de champagne se mirent à scintiller comme des étoiles lointaines, ce qui nous parut d'un parfait augure – qui nous eût désormais arrêtés ? nous avions le vent en poupe.

Minute !

Rien n'alla comme prévu. Absolument rien. Lorsque la silhouette de Bronte s'évanouit dans le couloir qui le menait à l'avion, je ne m'en serais jamais douté, mais il disparaissait de notre vie pour toujours.

Babs resterait un scénario inachevé, un point c'est tout, il n'y aurait pas de film, car tout cet échafaudage reposait sur le succès d'*Alien Thunder*, ce gros navire que nous avions mis plus de trois ans à construire et qui resterait pour ainsi dire en cale sèche. Les *majors* qui visionnèrent le film le trouvaient trop « art et essai », aussi Noel Marshall me convainquit de modifier le début, de sucrer le prologue : des dessins magnifiques d'Anne Pritchard, accompagnés par une narration exprimant la sagesse amérindienne… « Nous les Indiens, lorsque nous tuons une bête, nous la mangeons toute… Lorsque nous bâtissons nos maisons, nous ne faisons pas de trou… Nous n'abattons pas les arbres, nous secouons leurs branches pour récolter les glands et les pignes… L'homme blanc, lui, laboure le sol, abat les arbres, tue tout, sans précaution, alors comment l'esprit de la terre peut-il apprécier ces Blancs qui laissent des cicatrices partout où ils passent ? »

Je consentis aussi à édulcorer la scène où Almighty Voice égorge une vache avec son couteau, les Américains acceptaient sans sourciller le dénouement du film alors qu'on abat Almighty Voice et ses frères à coups de canon, mais cette scène de boucherie, ah ! non, c'était trop affreux !

Je me revois encore dans le laboratoire de Toronto, effectuant ces coupures qui me fendaient le cœur et jetant stupidement à la poubelle le négatif de ces images, ce qui empêcherait à tout jamais de reconstituer l'original. Mais je n'apprendrai pas de cette erreur grossière que je répéterai deux ans plus tard avec un autre film.

Finalement, le film charcuté fut pris en distribution mondiale par Cinerama Releasing, et nous fûmes invités au Festival international de Karlovy Vary. Comble de malchance, Cinerama Releasing tomba en faillite avant de lancer notre western. Le film sortit cependant à Montréal sous son titre français, *Le Tonnerre rouge*, et ne garda pas l'affiche longtemps malgré la belle performance de Jean Duceppe, dans un rôle, il faut le dire, secondaire. Puis, tout à coup, il apparut sur les écrans parisiens et Michel Cournot, qui avait adoré, me consacra une page entière, dithyrambique, dans *Le Nouvel Observateur* – contrairement à nos critiques locaux, Michel a toujours apprécié ce que je faisais ! J'apprendrai par hasard trois ans plus tard de la bouche de Patrick Macnee et de Joanna Lumley, les vedettes de *Chapeau melon et bottes de cuir*, avec qui je réalisai deux épisodes de cette série britannique, qu'*Alien Thunder*, projeté en Angleterre sous le titre de *Dan Candy's Law*, y était devenu un film culte, jamais on n'avait vu les Indiens présentés de cette manière ni un Sutherland aussi en possession de ses exceptionnels moyens. L'attitude des deux acteurs britanniques, qui m'avaient un peu snobé au départ, changea du tout au tout lorsqu'ils surent que ce film culte, qui avait changé de titre sans que je le sache, c'est moi qui l'avais réalisé.

Et ce pauvre M. Paul Desmarais !

Pour tout dire, je crois qu'il aura quand même réussi à tirer son épingle du jeu, car un bon jour Marie-José reçut un coup de téléphone d'un riche commerçant de viande de Chicago, il était sur son voilier, à Miami, et venait d'acheter d'un Mister Desmaraize le copyright d'*Alien Thunder* et souhaitait obtenir quelques détails pertinents à sa nouvelle propriété. Un peu après, nous apprîmes avec plus de surprise encore que le copyright du même film avait également été vendu en Allemagne en retour d'avantages fiscaux. Plus de trente ans ont passé et ce film dont nous avions cédé nos droits pour seulement quinze ans est maintenant disponible sur Amazon.com, distribué par Trinity Home Entertainment, une société américaine dont Google nous prévient qu'accéder à son site peut endommager l'ordinateur. Ce DVD vendu par Amazon, dont la qualité de l'image et du son est immonde, a été numérisé à partir d'une copie piratée on ne sait où ni comment, un autre exemple idoine de l'improbité d'une industrie où les créateurs, une fois leur film lancé sur les sentiers de la distribution, courent plus de risque d'être dévalisés que les riches voyageurs de jadis dans la forêt de Sherwood.

Il me faudrait bien un jour passer un coup de fil à M. Desmarais pour m'assurer que les soucis du financement d'*Alien Thunder* ne l'ont ni trop affecté, ni plongé dans quelque sentiment, même temporaire, de précarité dont je ne voudrais pas encore maintenant me sentir coupable... Des amis m'ont rapporté que le grand patron de Power Corporation avait longtemps regretté cette aventure dans le cinéma, mais une certaine bonne humeur lui revint le jour où, devant le Conseil de la radiodiffusion et des télécommunications canadiennes, je présentai (à la demande d'un des aides de M. Desmarais) un mémoire favorisant l'acquisition du Canal Dix par Power. Après mon témoignage,

M. Desmarais se leva pour venir me serrer la main et me remercier, ma foi ! assez sincèrement de cet appui. Le CRTC, présidé par Me André Bureau, rejeta cependant cette demande.

Or, *Alien Thunder* ayant connu ce sort misérable (il reste une copie de conservation aux Archives nationales du Canada), Robert Lawrence se désintéressa immédiatement de *Babs*, je ne revis jamais Bronte. Nous échangeâmes des messages affectueux, en 1978, au moment de l'énorme succès de *Grease*, avec Travolta et Olivia Newton-John, dont il avait écrit le scénario ; deux ans plus tard, Bronte écrivit *Can't Stop the Music*, boudé par le public et démoli unanimement par la critique, qui décréta que c'était le plus mauvais film de l'année. Bronte fut si atteint par cet échec qu'il n'y survécut pas, il mourut à trente-neuf ans, quelques mois plus tard.

L'échec d'*Alien Thunder* n'eut pas pour moi de conséquences aussi dramatiques, mais n'empêche ! il n'y avait maintenant pas grand monde qui osait investir dans nos projets. Un an sans travail ! mais magnifiquement installés dans nos nouveaux bureaux, à l'angle des rues de La Gauchetière et University, avec le premier répondeur téléphonique à être utilisé à Montréal – nous l'avions rapporté de Los Angeles et nous avions dû expliquer dans le message qu'il s'agissait d'une machine à laquelle on pouvait se confier, sinon les gens, désorientés, raccrochaient aussitôt. Bien que nous fussions terriblement endettés, je proposai à André Link, de Cinépix, et Pierre David, des Films Mutuels, de s'associer à Rose Films pour produire notre prochain long métrage dans lequel nous serions trois partenaires égaux, y compris pour la distribution, chacun investissant cent mille dollars dans l'entreprise. J'avais résolu, toujours avec la collaboration de Marie-José, d'écrire une comédie grossière et satirique, *La pomme, la queue et les pépins*, son thème étant simple : le personnage principal, un véritable Don Juan (Donald Lautrec) décide enfin de se marier et, pour des raisons mystérieuses, incompréhensibles, à compter du soir de ses noces, patatras ! l'engin est cassé, il n'arrive plus à bander. Dans la quête désespérée du couple pour éclaircir ce mystère, tout y passera : satire des vedettes de la télévision, du monde médical, des politiciens, dont certains nous menacèrent d'injonction si l'on ne retirait pas certains passages du film.

Nous obtempérâmes, n'ayant pas les moyens de nous engager dans des batailles juridiques, mais il y avait ceci de clair : nous assistions à la naissance du *politically correct*.

Mais nous n'étions pas pour autant sortis de l'auberge. Le film se termine sur la guérison du héros, qui retrouve enfin sa vaillance, dans une scène où la caméra capte en plan rapproché le réveil de son membre viril. Dans l'apothéose d'un acte conjugal enfin consommé, cette queue revivifiée devient une source intarissable de sperme qui inonde la chambre et risque d'engloutir le couple. Jamais au cinéma on n'avait encore montré d'érection, sauf dans des films pornos, mais cette fois les images étaient si organiques, si indispensables à l'action que je ne voyais pas comment le Bureau de surveillance (censure) du cinéma pouvait m'obliger à les supprimer. J'avais raison. André Guérin, le président du Bureau et, jusque-là un ami, me convoqua pour me féliciter.

— Claude, m'annonça-t-il dans son style un peu ampoulé, tu as donné ses lettres de noblesse à la tuyauterie masculine, les scènes d'érection de ton film sont fugaces, bien intégrées et essentielles. C'est une première, nous allons les autoriser, mais forcément nous te donnons un visa de dix-huit ans.

Génial, on ne me coupait pas la queue et je repoussais un peu les frontières de l'interdit.

C'est Lautrec qui demanda alors une injonction pour empêcher la sortie du film à moins qu'il soit amputé de cette queue. Le juge rejeta la cause sur-le-champ, pas question de mutiler une œuvre d'art.

Merci M. le Juge, mais attention ! il existe d'autres pouvoirs, des pouvoirs occultes tout aussi puissants, des confréries... On exerça auprès d'André Guérin des pressions si efficaces que le visa du film nous fut retiré quelques minutes avant la première ; la salle était pleine, la projection fut contremandée. Lautrec avait argué que la queue n'était pas de lui (non pas qu'il eût accepté qu'on montrât la sienne) et que cette figuration lui causait un grave préjudice. Ayant eu vent de ces doléances, nous affichâmes dans le hall du cinéma, avant la première, un panneau avec le rectificatif suivant : « La queue dans le film est celle de M. Gaston Pépin que nous remercions de sa généreuse contribution. »

Rectificatif inutile puisque, sans visa, la projection était interdite.

Mais quel coup de publicité ! Le lendemain, tous les chroniqueurs des médias s'en donnaient à cœur joie : comment se faisait-il que les producteurs avaient dû avoir recours à M. Pépin ? Lautrec n'avait pas de queue ? Ou en avait-il honte ? Ou encore souffrait-il lui-même du mal affligeant que son personnage ?

Débordement médiatique bien plus dommageable pour Lautrec que s'il avait accepté de bonne grâce l'engin respectable et généreux que lui avait donné la magie du cinéma.

André Guérin avait choisi de retirer ainsi notre visa, mais il lui fallait trouver une porte de sortie ; il proposa donc que les parties choisissent un arbitre dont la décision serait irrévocable. Bien joué, Ponce Pilate. Quoi faire d'autre ? Et tiens ! tandis qu'on remettait tout en cause, Han Masson, notre vedette féminine, décida d'en appeler elle aussi à l'arbitre : elle passait trop de temps à poil dans le film, elle se plaignait donc d'avoir manqué de costumes.

Visionnement tendu avec l'arbitre désigné, le producteur Pierre Lamy, et tous les plaignants !

La décision de Pierre : mettre la queue sous le boisseau. Pour ce qui est de Han Masson, elle pouvait aller se rhabiller, elle avait, selon lui, bien assez de costumes.

Le soir même de cette décision, David Cronenberg nous prêta la caméra avec laquelle il tournait *Shivers*, nous achetâmes au marché une courgette du bon gabarit et reconstituâmes avec cet ersatz tous les plans d'érection, mais sous les draps. Bêtement – je n'avais pas appris des coupures d'*Alien Thunder* – je jetai à la poubelle le négatif des plans de queue, empêchant qu'existât un jour un *director's cut*. Il ne resterait pour les archives que le « *Guérin's cut* », la version à la courgette ! Les critiques assassinèrent le film, certains se trompèrent même de légume, parlant de « navet », comme quoi ces gens disent souvent n'importe quoi.

Le public, lui, adora ce film drôle, vulgaire, satirique et… végétarien qui nous remit à flot. J'avais hypothéqué ma propriété de Saint-Paul pour assurer notre partie de financement, je ne reprendrais plus jamais pareil risque.

À cette histoire ancienne s'est ajouté l'an dernier un post-scriptum qui m'a beaucoup amusé : François Avard, que je rencontrais pour la première fois, m'a confié que, sans *La pomme, la queue et les pépins*, il n'aurait jamais écrit *Les Bougon* ; il connaissait par cœur une grande partie des dialogues de ce film qui avait été l'inspiration de sa série, aussi amusante que controversée.

*
* *

Années de nostalgie, de joies brèves, de tristesses diffuses. La vie paraît s'étirer à perte de vue comme une plage immense, l'infini devant et derrière, mais des voiles de brume roulent sur le sable avec la marée et obscurcissent la vue. Je tourne la tête et, passé quelques mètres, je n'aperçois déjà plus ce que j'ai fait ni d'où je viens, je regarde devant et ne vois pas de but, l'avenir semble s'achever quelques pas plus loin, alors qu'il s'effrange, s'ouate et s'évapore.

Et moi dont les amours ne se sont jamais éternisées, voilà plus de dix ans que celui-ci dure, que brûle entre Marie-José et moi une passion si dévorante que j'imagine nos cœurs devenus apyres de n'avoir pas déjà été consumés. Elle est le vent dans la voilure, l'intelligence qui guide la force, la pente que l'on grimpe, insoucieux qu'au sommet apparaîtra le versant qui décline, et l'insane espoir qu'il se trouvera là-haut suffisamment d'oxygène pour y vivre et n'en jamais redescendre.

Les caprices du métier auraient-ils remplacé les inconstances du cœur ?

Montréal me boude, ainsi qu'elle se détourne de Jutra, sans que nous nous expliquions pourquoi. J'irai travailler à Toronto, lui ira aussi ! Nos destinées suivent un chemin curieusement parallèle. Par ailleurs, rompant mon exil ontarien, Marie-José et moi vivrons plusieurs mois à Rome, entraînés là par les arcanes des abris fiscaux du cinéma.

Dieu seul sait par quel hasard nous rencontrons un avocat de Montréal, champion canadien de ces échafaudages fiscaux. Me Jean-Pierre Bourbeau est petit comme Napoléon, mais il est aussi fin stratège. Il recueille son argent un peu partout au Canada et bâtit en collaboration avec Harry Alan Towers, producteur britannique dont la carrière remonte au début des années soixante, des abris fiscaux dont profitera entre autres le célèbre producteur italien Carlo Ponti. Marie-José devient ainsi le producteur exécutif de *La Notte dell'alta marea*, tourné en Martinique, et moi, je contribue au scénario, en plus de transporter de Montréal à Fort-de-France des mallettes bourrées de liasses de billets américains, joliment empilés et retenus par un gros élastique... comme dans les films. Mais je ne serai pas seul à transporter du liquide, je me souviens d'un jour où Marie-José se rendit à Winnipeg avec Harry Towers pour prendre possession d'un gros montant d'argent, recueilli chez des investisseurs de l'Ouest par celui qu'encore aujourd'hui nous connaissons sous le surnom de « rabbin ». C'est l'hiver et il fait à Winnipeg un vent à écorner les bœufs alors que le rabbin sort de son hôtel avec un grand sac de papier brun rempli de billets, il glisse malencontreusement sur le trottoir, le précieux sac lui échappe, un coup de vent le déchire et les billets s'envolent comme le duvet d'un oreiller éventré. Harry et le rabbin commencent une chasse effrénée en criant à Marie-José de les aider, mais elle est morte de rire de les voir courir dans tous les sens, essayant de clouer les billets au sol avec le bout du pied, s'étendant de tout leur long pour ratisser ceux qui ont glissé sous les autos garées, en attrapant d'autres habilement au vol pour finir enfin, à bout de souffle, par reconstituer presque tout le magot, une somme considérable qui allait servir à Ponti pour produire *Una giornata particolare* d'Ettore Scola, une coproduction dans laquelle jouaient les Canadiens John Vernon, Françoise Berd et Nicole Magny. Pour compenser notre apport financier à ce film, Marie-José et moi avions convaincu Carlo Ponti de coproduire un autre film dont nous avions l'idée, *Kidnapping, Italian Style*, une comédie que nous écririons avec Pippo Franco, le Fernandel italien, qui en serait aussi la vedette, et que nous tournerions en Italie.

Marie-José est allée au couvent du Sacré-Cœur à Rome, elle a habité la Villa Médicis, elle parle l'italien, et, durant les quatre mois que nous passâmes dans un luxueux hôtel de la Via Veneto, on peut dire que Rome, une beauté elle-même, n'était pas restée insensible à celle de Marie-José, nous étions invités partout, il n'y avait pas une soirée où nous n'étions pas reçus quelque part : chez Franco Zeffirelli ou Lina Wertmüller, chez le sculpteur Franchina ou le brasseur Peroni. Nous avons aussi connu durant notre séjour un jeune financier, Eugenio Festa, avec qui nous sommes restés liés longtemps ; son père, en voyage d'affaires à Montréal, avait été tué tragiquement par une balle perdue, lors d'un hold-up dans une banque du boulevard Dorchester. Et par l'entremise d'Eugenio, qui s'est finalement installé à Montréal, nous avons connu Noemi Ruggieri, la fille d'un sénateur italien.

Noemi, comment passer sous silence cette femme splendide ? qui habitait une résidence luxueuse sur le mont Royal après avoir épousé et divorcé d'un Français fortuné – mais avant ce deuxième mari il y avait eu le fils d'un riche homme d'affaires de Terre-Neuve. Qui prend mari prend pays, Noemi connaissait le dicton, mais avait une évidente faiblesse en géographie. Lorsqu'elle vint s'établir dans son pays d'adoption, un jour de mai, il avait abondamment neigé sur Terre-Neuve et elle crut sincèrement en regardant, par le hublot de l'avion, que son mari avait fait dérouler, à perte de vue, un magnifique tapis blanc en son honneur. Mais son cœur se glaça instantanément lorsque, chaussés de fins escarpins italiens, ses pieds s'enfoncèrent dans cet élégant mais impitoyable tapis de neige. Quelques jours plus tard, elle réclamait le divorce et se réfugiait à Montréal afin de permettre au gotha romain de récupérer de la grande réception de mariage à laquelle il venait tout juste d'assister. Or, Noemi n'eut ni la force de résister à la magnificence de l'automne québécois ni à la richesse de son nouveau prétendant et se remaria presque aussitôt. Autre mariage éphémère. Dans la maison cossue sur la montagne que lui laissa le deuxième mari, cette Vénus plurilingue, entourée de centaines de paires de souliers et accompagnée d'une cafetière qui dispensait des expressos d'un velouté indescriptible, donnait pour se distraire des cours de langue : Marie-José peaufinait son italien, moi, j'essayais d'en maîtriser les rudiments, Eugenio perfectionnait son anglais et mon ami l'architecte Moshe Safdie, à qui j'avais fait une description du professeur, avait résolu, lui, de se mettre au français. Bizarrement, Marie-José est la seule à qui ces cours privés profitèrent, sans doute parce que les charmes du professeur n'exerçaient pas sur elle le même pouvoir de distraction que sur nous. Aux dernières nouvelles, Noemi avait épousé un milliardaire et vivait en Suède, encore nostalgique que son destin l'ait à jamais privée de l'air tiède de Rome.

Quant à Marie-José et moi, deux événements inattendus allaient mettre abruptement fin à notre aventure romaine. Nous terminions le scénario de *Kidnapping* lorsque l'ancien premier ministre Aldo Moro, enlevé par les Brigades rouges, fut retrouvé mort dans le coffre d'une voiture abandonnée en plein cœur de Rome. Devant cet acte de barbarie qui avait révolté le monde entier, il n'était plus possible pour nous de poursuivre notre projet de comédie sur un kidnapping à l'italienne ! et nous prîmes tout de suite rendez-vous avec Carlo Ponti.

Ponti ne savait pas que Marie-José parlait l'italien, alors nous discutions soit en anglais, soit en français.

Ce matin-là, à son bureau, nous évaluons les moyens de récupérer le projet, puisque Ponti continue d'être intéressé par une comédie avec Pippo Franco, qui n'a encore jamais tourné et qui est au sommet de sa popularité. Tout à coup, le téléphone sonne et l'on comprend petit à petit pourquoi notre interlocuteur devient de plus en plus agité. C'est la secrétaire personnelle de Carlo et Sophia, elle est à leur résidence, les *carabinieri* sont à la porte avec un mandat de perquisition du fisc. Ponti finit par hurler au téléphone de les empêcher à tout prix d'entrer, mais la pauvre femme n'y arrive pas, ils l'ont écartée et sont déjà dans la maison qu'ils commencent à fouiller. Il baisse alors la voix, ordonne à l'assiégée de bien tirer le rideau qui camoufle la porte de l'escalier dérobé qui conduit à la pièce du sous-sol, où il conserve tous ses dossiers. Où sont-ils maintenant ? Que font-ils ? ne cesse de répéter Ponti à la secrétaire à qui, semble-t-il, un policier ordonne maintenant de raccrocher.

Ponti, l'air désemparé, retire lentement le combiné de son oreille, le repose sur son socle et nous demande de fixer un autre rendez-vous avec son adjointe, il doit absolument rentrer chez lui et nous verra plus tard, aussitôt qu'il aura réglé cette petite urgence.

À l'hôtel, Marie-José finit par joindre au téléphone un assistant de Ponti qui a toujours été gentil à notre égard. La « petite urgence » de Carlo, nous explique-t-il, nous touchera directement, car son patron a décidé de ne pas affronter le fisc et de se réfugier en Suisse. Voilà qui règle le sort du film, mais j'ai une illumination subite : la note d'hôtel, une ardoise de quatre mois !

Mieux vaut fuir nous aussi avant que se répande la nouvelle de la défection de notre producteur, qui est censé régler cette addition. Le jour se lève à peine, le lendemain, alors que nous attendons à la porte de l'hôtel un taxi qui tarde, il y a une montagne de bagages, nous avons demandé un break. Nous prendrons à Fiumicino le premier vol pour Paris. À la réception, tout s'est bien passé, je me suis contenté de répéter que le tout serait réglé comme convenu par la Champion, la société de M. Ponti. Mais nous faisons toujours le pied de grue lorsque s'arrête devant nous le camion de livraison des journaux et que, suffoqués, nous voyons le livreur entrer à l'hôtel avec la pile du quotidien du matin qui annonce en manchette la fuite de celui qui doit régler notre note. Notre taxi arrive enfin, ne trouve pas de place devant l'hôtel et doit s'arrêter au milieu de la Via Veneto. Je transporte les bagages à la course, mais comme je reviens chercher le dernier, le caissier sort en m'apostrophant, pas besoin de connaître l'italien pour comprendre ce qu'il veut. Je lui demande d'attendre une seconde, le temps de charger la dernière valise, or mes intentions sont loin d'être pures, j'ai déjà fait signe au chauffeur de reprendre le volant, je fermerais moi-même le hayon. Le caissier me prend en chasse, mais je suis déjà dans la voiture et Marie-José ordonne au chauffeur de décoller, nous sommes très en retard. Le caissier se précipite en hurlant sur la poignée de la portière et nous lui filons littéralement entre les doigts. Exit à l'italienne.

Heureusement qu'à Toronto c'est plus calme. Je tourne les épisodes de *Chapeau melon* et deux autres dramatiques pour la télévision, adaptées de nouvelles de Jack London. Dans *Scorn of Women*, le rôle principal est tenu par Eva Gabor, elle a un charme très hongrois, un sens de l'humour adorable, je lui promets de surveiller ses éclairages, car pour des raisons syndicales je ne peux pas tenir la caméra, bref nous nous entendons comme larrons en foire et elle me donne à lire un roman d'un auteur peu connu dont l'action se déroule à Prague durant les années de guerre, elle en a acheté les droits et souhaite produire un long métrage que je réaliserais. Peut-être enfin vais-je tourner à Hollywood. Et qui m'en empêcherait cette fois ?

Directement François Truffaut.

Eva me résume le bouquin écrit en hongrois et plus elle progresse dans l'intrigue, plus je blêmis.

— Arrête, lui dis-je, ce film-là, il est fait, il existe.

— C'est impossible, c'est moi qui détiens les droits.

— Tu n'as pas vu *Le Dernier Métro* de Truffaut avec Catherine Deneuve ? c'est étrangement semblable à ton roman, mais transposé à Paris.

Eva est scandalisée.

Je lui explique que c'est une habitude assez française chez les réalisateurs, y compris chez Truffaut, de s'inspirer de bouquins peu connus et d'en transformer l'intrigue juste assez pour ne pas risquer d'être inquiétés. Dans ce cas-ci, c'était non seulement un obscur romancier, mais le livre avait été publié en hongrois, qu'y avait-il à craindre ? Au pire, les droits aboutiraient entre les mains d'une Eva Gabor, mais que pourrait-elle en faire puisque le film serait déjà tourné ?

Je venais de rater le dernier métro pour Hollywood.

Durant ces quelques années d'exil torontois, on ne m'avait pas oublié complètement au Québec. Pierre David me demanda de réécrire un scénario prometteur mais assez gauche qu'avaient imaginé Dominique Michel et Denise Filiatrault à partir de cette fameuse course au mariage, à Montréal, au début des années quarante, alors que les couples s'unissaient en quatrième vitesse afin d'éviter que le conjoint soit conscrit. *Je suis loin de toi, mignonne*, une comédie agréable, permit de réunir pour la première fois au grand écran le duo de Dominique et Denise et me fournit l'occasion de travailler une autre fois (la dernière) avec l'incomparable Denis Drouin, l'équivalent masculin de Juliette Huot, des acteurs simples, efficaces et travailleurs qui ne se prenaient pas la tête.

Je tournai aussi une autre comédie, en anglais celle-ci, que j'avais écrite en collaboration avec John Dunning ; nous avions choisi comme vedette, erreur monumentale, Harry Reems. Cette comédie, dont le titre original était *The Clean-Up Squad*, racontait l'histoire d'une escouade de la moralité aux mœurs assez élastiques, dirigée par un rigoriste, un Monsieur Net dont ses subalternes se débarrasseront en l'impliquant dans une histoire rocambolesque avec une *call-girl.* Nous avions misé pour le succès américain du film sur l'ironie de faire interpréter ce rôle de policier puritain à Reems, une ex-star du porno que le succès phénoménal de *Deep Throat* avait rendu célèbre.

Marie-José et moi avions vu *Deep Throat*, à Los Angeles, dans un cinéma « normal ». Nous n'avions pas eu à nous voiler le visage comme les premiers spectateurs au World Theater de New York, car des déclarations de Jacqueline Onassis et Truman Capote venaient de conférer à ce film porno un air de respectabilité. Bondée, notre salle s'était même levée spontanément pour ovationner les protagonistes au moment où Reems, pénis au clair, le plonge dans la gorge de Linda Lovelace, qui l'avale jusqu'à la garde en donnant l'impression que ce spectaculaire empalement est le plus beau jour de sa vie.

Ce que nous ne savions pas, c'est que malgré la notoriété de *Deep Throat* et de ceux qui avaient pris sa défense en vertu du premier amendement de la Constitution, tous les distributeurs américains s'étaient donné le mot pour ne jamais distribuer un film, fût-il légitime, dans lequel jouerait Harry Reems. Heureusement, il y a eu Ted Turner, dont le réseau a programmé *Cops and Other Lovers* (le titre américain du film) pendant des années. J'ai bien apprécié le commentaire laissé par un spectateur à propos de notre film sur le site Internet Movie Database, il écrit : « *Just crack a beer, check your brain, and hope you're not one of those sensitive types. Then you'll have a blast with this one. Sure it's dirty and raunchy. But that's the point*[43]*...* »

Le casting de ce film avait causé tout un émoi au jardin du Ritz Carlton, à Montréal, le midi où Marie-José et moi y avions invité Anneka Di Lorenzo. Celle-ci, après avoir été la Penthouse Pet de 1975, était devenue la maîtresse de l'éditeur du magazine, Bob Guccione, qui rêvait de la voir jouer au cinéma. Guccione avait eu vent de notre film et dare-dare nous envoya Anneka de New York.

---

43. « Ouvre-toi une bière, prends congé de ton cerveau, en espérant que tu n'es pas une de ces mauviettes... Et tu vas t'éclater avec ce film-là. Oui, c'est cochon et torride. Mais c'est fait exprès... »

Une fille somptueuse, longs cheveux roux avec accroche-cœurs, les yeux céladon, un décolleté à faire tomber un ministre, Anneka voulait s'assurer que nous évaluerions son talent sous toutes les coutures, or elle avait apporté une collection de photos d'elle, nue, très grand format. Dans cet endroit strict où le veston et la cravate restaient toujours de rigueur, il est difficile de ne pas causer un vif émoi lorsque les photos d'une femme aussi nue et aussi belle passent à table d'un convive à l'autre. Non seulement les garçons n'arrêtaient pas de s'inquiéter que nous fussions bien servis, mais les clients ! Tous trouvaient une raison pour se lever et s'attarder près de notre table, leur appétit visiblement plus excité par les charmes d'Anneka que par le menu du Ritz. De voir ainsi conjuguées la présence réelle et la représentation de la parfaite beauté, d'être là tout près, de pouvoir pour ainsi dire toucher en même temps à l'une et contempler l'autre, d'entendre celle en chair et en os s'animer et commenter l'autre, s'enivrer du parfum de l'une et figer dans sa mémoire les formes voluptueuses de l'autre, transforma tout à coup en un grand reposoir ce jardin qui n'avait jamais à son menu présenté quoi que ce soit d'aussi délicat et relevé.

Je me demande encore pourquoi j'ai renvoyé Anneka à New York sans lui donner le rôle.

⁂

Lorsque les recettes de *Deux femmes en or* commencèrent de faire déborder les coffres d'Onyx Films, j'essayai de convaincre Pierre Lamy de réunir le conseil d'administration afin d'élaborer une politique de production de longs métrages. Nous étions passés à côté du Drug Store et du cinéma tchèque, la société se retrouvait, grâce à moi, dans une situation financière inespérée, j'insistais pour planifier l'avenir. Je partais en vacances en Italie, Pierre Lamy promit qu'à mon retour le conseil se pencherait sur cette question.

Non seulement Pierre avait-il une tendance à la mollesse, mais devant Gilles Carle, il perdait tous ses moyens. Gilles, qui le mettait dans sa poche, n'avait qu'un objectif : tourner au plus vite, au diable la planification ! À mon retour, son film *Les Mâles* était déjà en préparation.

En vacances, Marie-José et moi avions imaginé qu'Onyx, outre produire des scénarios originaux, pourrait aussi s'attaquer aux grands romans de la littérature canadienne et elle avait, dès ce moment, songé à *Bonheur d'occasion* de Gabrielle Roy. Geneviève Bujold incarnerait une Florentine extraordinaire, Jean Leclerc, sans doute un Jean Lévesque séduisant et crédible.

Cependant, les droits de *Bonheur d'Occasion* paraissaient bien verrouillés à la Universal et, Onyx n'ayant aucune planification, il valait mieux songer à autre chose, d'autant que France-Film attendait de moi une deuxième comédie. Certainement pas un drame d'époque.

Dix ans plus tard, Marie-José n'avait pas oublié ce projet, mais les droits du roman reposaient dans ces tombeaux où dorment à Hollywood les trésors qui lui appartiennent et qu'elle a soit oubliés, soit décidé de les laisser se momifier. La Universal avait payé le roman très cher (soixante-quinze mille dollars) dès sa parution, en 1945, et il n'était pas question pour elle de s'en départir, même si elle n'avait jamais produit le film. Tiens, tiens ! un producteur étranger s'y intéressait subitement, raison de plus de ne pas exhumer les droits.

Par chance, Dixon Dern (l'ancien avocat de Donald Sutherland), devenu un ami, jouait régulièrement au tennis avec un des vice-présidents de la Universal et, par ce biais, nous finîmes par pouvoir au moins engager des négociations. *Bonheur d'occasion*, c'était un morceau de notre patrimoine, Gabrielle Roy vieillissait, elle avait été si déçue que son roman, premier prix Fémina québécois, ne soit jamais transposé à l'écran. La Universal décide finalement de vendre, elle souhaite retrouver son investissement, Marie-José les convaincra d'en accepter la moitié.

Comme le roman jouissait d'une grande notoriété en anglais, nous prîmes la décision de le tourner en deux versions originales : anglaise et française. Ça ne s'était encore jamais fait. Et nous serions rigoureux, nous tournerions même les plans silencieux deux fois afin, en bout de course, d'avoir deux négatifs originaux complets. Nous engagerions aussi des monteurs différents. *The Tin Flute* serait monté par Yves Langlois, *Bonheur d'occasion* par André Corriveau. Et comme si ce n'était pas encore assez complexe, nous ferions du même coup une série de cinq heures pour la télévision, ce qui impliquait des décisions comme supprimer pour le long métrage un des enfants de la famille Lacasse, Sam Latour, le propriétaire des *Deux Records*, interprété par Gratien Gélinas, etc. Tout ce casse-tête (images du long métrage, celles de la télévision, les prises en français, celles en anglais) avait été prévu d'avance et minutieusement orchestré avec Monique Champagne, la scripte, qui fit un travail si remarquable que Robert Enrico m'appela pour profiter de cette expérience et engagea Monique lorsqu'il réalisa dans les deux langues *Au nom de tous les miens*, aussi un long métrage et une série.

Pendant les deux ans que durèrent l'écriture et la préparation de *Bonheur d'occasion*, Marie-José communiquait chaque semaine avec Gabrielle Roy qui, de son appartement de Québec ou de sa retraite de Petite-Rivière-Saint-François, suivait attentivement le progrès de l'entreprise. Même si je me mourais d'envie de connaître Gabrielle Roy, il avait été entendu que Marie-José serait l'unique interlocutrice, jusqu'à l'aboutissement des scénarios, que nous enverrions à la romancière ; j'irais ensuite la rencontrer afin d'obtenir ses commentaires, pure délicatesse puisque rien ne nous y forçait.

Lorsque je lus *Bonheur d'occasion* pour la première fois, à quinze ans, j'avais été frappé par les similarités entre le personnage de Rose-Anna et ma mère, celui d'Azarius et mon père. C'est sans doute ce qui inconsciemment me guida vers Marilyn Lightstone et Michel Forget lorsque je distribuai les rôles, car ces acteurs avaient un air de famille avec mes parents. Ces choix sont d'ailleurs les seules choses qui firent vivement réagir Gabrielle Roy, mais pour d'autres raisons. Elle s'étonna que nous choisissions une juive pour incarner une mère canadienne-française, et encore plus un « clown », comme elle décrivait Michel Forget, pour jouer Azarius. Mme Roy devait regarder la télévision, moi pas. Lorsque Michel s'amena au bureau de casting d'Isabelle Lajeunesse pour lire quelques scènes du scénario, je fus frappé par son naturel et sa bonhomie ; j'aimais aussi son allure physique. Dès qu'il sortit de la salle, je demandai à Isabelle si ce M. Forget avait un peu d'expérience. Elle me regarda comme si j'arrivais d'une autre planète.

— Claude, dit-elle, c'est le personnage principal du *Tac au Tac*.

Je ne savais pas davantage de quoi elle parlait ; elle dut m'expliquer. Gabrielle Roy, elle, le savait et, très inquiète, elle demanda à Marie-José si j'étais conscient d'avoir choisi un clown. Oui, j'étais certain de moi, comme je l'étais du choix de Marilyn, et leurs performances devaient me donner raison, Marilyn reçut même un prix d'interprétation au Festival international de Moscou.

Et quelle bataille pour amener Marilyn là-bas, car le Bureau des festivals, à Ottawa, avait décidé qu'on ne pouvait déléguer une Canadienne d'origine juive à ce festival, de crainte d'embarrasser nos hôtes russes, expliquait-on. Le bureau assumait les frais de voyage de deux acteurs et Forget ne pouvant être du voyage, nous tenions absolument à ce que Marilyn accompagnât le film avec Mireille Deyglun, notre jeune vedette. Pour le Bureau des festivals, pas question ! Finalement, c'est le gouvernement du Québec qui défraya le voyage de Marilyn Lightstone à Moscou. Nous étions si furieux de cette attitude antisémite qu'après le festival, nous mîmes Pierre Elliott Trudeau au courant de cette affaire. Choqué, Trudeau promit de remédier à la situation. Quelques mois plus tard, le Bureau des festivals perdit son statut particulier et fut intégré à Téléfilm Canada. Mais petite revanche de fonctionnaires, nous ne fûmes plus jamais par la suite invités à aucun festival ! Et aucun de mes films n'eut droit de cité à la rétrospective *Les cinémas du Canada* à Beaubourg, en 1993, dont la présélection avait été évidemment faite par ces mêmes esprits mesquins.

Les scénarios terminés, j'eus droit à cette seule et unique rencontre avec Gabrielle Roy. Elle nous consacrerait une journée entière. Nous avions rendez-vous à dix heures du matin. Elle répondit elle-même à la porte. Comme elle me parut petite et frêle ! Mais elle dardait sur nous un regard d'acier bleu si intense que s'estompaient aussitôt les froissures de son visage anguleux dont la peau semblait plus fragile et délicate que des pétales de papaver. Je l'étreignis avec tant d'affection que, sans m'en rendre compte, je la soulevai de terre, cette plume de femme qui, je crois, se sentit émue de mes débordements. C'est que j'avais l'impression de l'avoir toujours connue, moi qui attendais depuis deux ans de la rencontrer et dont Marie-José depuis tout ce temps me faisait part des conversations qu'elle entretenait avec elle. La romancière me demanda si je voulais voir son bureau. Absolument. Feutré mais plutôt austère, presque monastique. Sur la table de travail étaient empilées les pages d'un gros manuscrit, celui de *La Détresse et l'Enchantement*, ses mémoires, qu'elle achevait. Puis, nous passâmes au salon, dont les fenêtres dominaient de si loin le paysage grandiose du fleuve que les bateaux voguaient sans fendre l'eau ni sembler laisser de sillage ; elle s'assit dans une berceuse ancienne aux formes graciles dont le siège et le dossier avaient été recouverts de coussins douillets ; quasi immobile dans cette berceuse, ses mains aux longs doigts fins posées sur son giron, Gabrielle Roy balançait doucement en parlant sa tête d'avant en arrière, timide et fébrile comme une poule d'eau dans son nid. Les scénarios anglais et français sur la petite table près d'elle, elle les avait lus et relus attentivement, elle se dit d'accord avec des libertés que nous avions prises : nous avions ensoleillé un peu le dénouement et tempéré la résignation de Rose-Anna, qui extérioriserait des moments de révolte absents du roman. Gabrielle Roy avait cependant noté des erreurs de français dans la didascalie et bien qu'elle sût que cela ne se verrait pas, elle m'en passa quand même la remarque.

Dans telle scène, par exemple, j'indiquais que les bouteilles de lait avaient été posées près de la porte à l'intention du laitier.

— Les bouteilles sont donc vides, fit-elle observer.

J'acquiesçai.

— Alors, m'expliqua-t-elle gentiment en appuyant bien sur le «à», il faut écrire «bouteilles à lait».

Je lui promis évidemment de corriger dans le scénario définitif cette malencontreuse faute et toutes les autres qu'elle avait relevées.

Plus nous lui parlions du tournage, qui débutait la semaine suivante, plus nous sentions chez elle une espèce d'agitation intérieure qui auréolait son regard et la rendait très volubile, elle dont la première impression qu'elle donnait en était une de réserve, presque de froideur. Elle voulait tout savoir sur les acteurs, les lieux que nous avions repérés à Saint-Henri, s'inquiétait de la façon dont nous allions reconstituer le décor du Quinze-Cents:

— Il reste peut-être une façade, dit-elle, mais à l'intérieur tout aura changé.

Elle s'émerveillait que nous tournions à Saint-Hyacinthe l'extérieur de ce Quinze-Cents et l'intérieur en studio, mais resta stupéfaite d'apprendre que nous avions construit un tramway et qu'une ligne passerait devant le Quinze-Cents, comme dans son roman, qu'elle revivait avec émotion à travers ce que nous lui racontions du film.

Elle ferma les yeux, soupira, épuisée autant par ce que nous lui décrivions de la préparation du film que par ce retour de quarante ans en arrière, alors que, journaliste à la pige, avait germé l'idée de *Bonheur d'occasion*. C'est en explorant ces rues misérables de Saint-Henri que Mme Roy développa son sens aigu de l'injustice. Lorsque Rose-Anna, cherchant une maison, s'engage dans une rue derrière la gare, ce n'est pas le personnage, mais bien la romancière qui réagit: «Bientôt, elle arriva dans la rue Workman, qui porte bien son nom. “Travaille, ouvrier, dit-elle, épuise-toi, peine, vis dans la crasse et la laideur.”»

Avant de quitter son appartement en fin d'après-midi, je pris de nouveau Gabrielle Roy dans mes bras, je pressai ma bouche sur ses joues, longuement, avec la même affection que lorsque nous étions arrivés, toutefois j'éprouvai la sensation inconfortable de ne pas la connaître davantage, mais au contraire d'avoir été moi-même observé, analysé, grossi mille fois sous un microscope à l'oculaire duquel son regard d'aigle était resté collé. L'examen lui avait sans doute donné confiance, car elle n'avait plus qu'un désir : voir le film, envie qui la démangea de plus en plus au fur et à mesure des comptes rendus que lui fit Marie-José, par téléphone, durant les six mois du tournage.

Le montage du film anglais est le premier à être terminé et nous procédons aussitôt à un visionnement test devant une centaine de personnes recrutées par une annonce radio. Les commentaires sont élogieux. Succès. La structure fonctionne, on retrouve l'émotion du roman, de ses personnages, et l'atmosphère particulière de Saint-Henri est bien reconstituée. François Dompierre s'attaquera maintenant à la musique. Je lui avais demandé de penser à une chanson, quelques jours plus tard il m'appelle pour me faire entendre une très belle mélodie sur laquelle Mouffe a déjà commencé d'écrire des paroles.

Et enfin nous visionnons le montage du film français, aussi devant une centaine de spectateurs choisis au hasard. Bide. Catastrophe. Rien ne fonctionne. Mystère total. Ce sont les mêmes images qu'en anglais, les mêmes acteurs, mais l'émotion n'y est pas, ni le rythme, ni ces petits moments de légère ironie qui émaillaient le film en anglais. Je sors de la salle de projection, m'assieds sur les marches du grand escalier du hall de l'Office national du film (nous produisions *Bonheur d'occasion* avec l'unité anglaise de cette institution, l'unité française l'ayant boudé) et je pleure comme un enfant dont on vient de briser le jouet le plus précieux.

Je me souviens de la tendresse de Diane Juster (invitée par Michel Forget au visionnement), que je ne connaissais pas vraiment et qui vint s'asseoir près de moi pour tenter de me consoler. Elle prétendait avec, j'en ai peur, une obligeance feinte qu'elle n'avait pas du tout visionné la même catastrophe que moi, les acteurs jouaient bien, l'adaptation du roman était juste, enfin toutes ces choses qui ne consolent pas vraiment. Durant la nuit d'insomnie qui suivit, je pensai qu'il n'était pas possible que le même scénario, tourné avec les mêmes acteurs, fonctionnât dans une langue et pas dans l'autre, qui était non seulement la langue originale du roman, mais aussi celle de la plupart des acteurs. Il fallait que ce fût une question de montage. Le monteur André Corriveau ne manquait pas de métier, mais, pour une raison inexpliquée, l'émotion et le rythme des images lui avaient échappé complètement. Je ne voulais pas qu'on le congédiât, alors je m'assis avec lui et nous recommençâmes le montage de A à Z, je lui indiquais tout, au cadre près. Après ce travail fastidieux qui s'étira sur des semaines, le film français retrouva une cadence et une émotion au moins égales à celles de la version anglaise. Mais cette métamorphose soulevait une angoissante question existentielle : il était vraisemblable que bon nombre de films, dans l'histoire du cinéma, eussent été gâchés par le montage sans que jamais personne eût eu les moyens de le détecter, ce double tournage en faisait la démonstration patente. Et si le fiasco de *Heaven's Gate* de Cimino n'avait été au fond qu'un problème de montage. Terrifiant.

Le film ne fut pas terminé à temps pour que nous puissions nous rendre à Québec le montrer à Gabrielle Roy avant notre départ pour le Festival international de Moscou. Nous eûmes, Marie-José et moi, un long téléphone déchirant avec Mme Roy qui, la voix haletante, nous disait qu'elle ne verrait sans doute jamais le film, car sa santé – plutôt son désir de vivre, sentions-nous – déclinait de plus en plus, les forces lui manquaient. Je promis que nous lui organiserions, dès notre retour, un visionnement privé dans un cinéma de Québec.

— C'est très gentil de votre part, je ne promets pas de vous attendre. Et si je prends du mieux, j'irai à Petite-Rivière.

— Nous irons vous le montrer à Petite-Rivière.

— Il n'y a pas de cinéma là-bas, dit-elle.

— Nous trouverons bien une façon.

— Êtes-vous contents du film ? demanda-t-elle. Et Azarius ?

— Il est formidable, Mireille et Marilyn aussi.

— Bonne chance à Moscou, termina-t-elle.

Il ne lui restait qu'un filet de voix, la conversation l'avait épuisée.

Nous ne parlerions plus jamais à Gabrielle Roy.

Juste comme allait commencer la conférence de presse après la projection à Moscou, je fus prévenu par François Matisse, premier secrétaire de l'ambassade canadienne, que Mme Roy venait de mourir.

Elle s'était éteinte au moment même où la projection avait lieu au palais du festival devant une salle comble. En préambule de la conférence, je dus annoncer la triste nouvelle. Marie-José, Mireille Deyglun, Marilyn Lightstone éclatèrent en sanglots, et les journalistes du monde entier comprirent que disparaissait non seulement une romancière célèbre, mais quelqu'un de la famille, une parente, car son œuvre avait fait de nous tous des proches.

Bonheur d'occasion, c'est aussi pour moi le souvenir douloureux du départ appréhendé de Claude Jutra. Il m'avait annoncé deux ans auparavant qu'il souffrait d'Alzheimer, une maladie dont on parlait encore peu, mais dont lui, médecin, savait qu'il était atteint, et il m'avait confié qu'il avait l'intention de ne jamais se rendre au bout de cette déchéance qui s'installait inexorablement. Je lui offris le rôle du notaire Létourneau dans le film, et les quelques jours que nous passâmes ensemble furent en quelque sorte nos adieux. La maladie avançait vite, nous tournions une scène, l'instant d'après il avait oublié, nous devions transcrire ses répliques sur des cartons que nous brandissions sous ses yeux pour les prises et constamment le rappeler à la réalité, mais seulement d'être ensemble sur le plateau nous remplissait l'un et l'autre d'un bien-être et d'une sérénité étranges comme lorsque, sur les rives du lac Écho, en écoutant la pluie froisser l'eau, nous échafaudions la structure de notre premier long métrage, envisageant une étroite et longue collaboration : j'écrirais puisque cela me venait plus facilement qu'à lui et il réaliserait puisque je ne savais pas encore que ma vie prendrait aussi cette direction.

Comment Claude a trouvé après *Bonheur d'occasion* les ressources pour réaliser *La Dame en couleurs*, son dernier film, cela tient du prodige ou peut-être à la présence du premier assistant-réalisateur, Mireille Goulet, qui m'a secondé pour tant de films ; son expérience et son efficacité sont telles qu'un réalisateur arriverait à faire un film les yeux fermés et les doigts dans le nez.

Même s'il ne remporta pas les grands honneurs du Festival de Moscou, *Bonheur d'occasion* y connut un tel succès que l'Union soviétique fut le premier pays du monde à l'acheter. Mireille Deyglun avait fait deux fois la une de la *Pravda*, c'est Valentina Terechkova, la première femme cosmonaute, elle-même qui avait remis à Marilyn

Lightstone son prix d'interprétation et qui avait demandé qu'on lui présente le réalisateur ; Valentina m'offrit à cette occasion une édition des poèmes de Pouchkine, qu'elle avait autographiée.

Le film remporta ensuite un grand prix au Festival des films du monde de Montréal et fut sélectionné pour représenter le Canada aux Academy Awards, à Hollywood. Nous avions demandé un budget à l'Office national du film et à Téléfilm Canada pour promouvoir *Bonheur d'occasion* auprès des membres de l'académie. On nous répondit, à l'époque, que tous les pays s'abaissaient à cela, mais pas le Canada avec son sens si aigu du *fair-play*. C'est ainsi que le film a raté d'une place d'être mis en nomination dans la catégorie des films étrangers. Heureusement que, pour Denys Arcand, le Canada avait enfin renoncé à ce rigorisme puritain.

*
* *

Presque cinq ans sans tourner de film. Rose Films inc., qui a emménagé dans de jolis locaux du Vieux-Montréal, si près de l'église Notre-Dame qu'à chaque printemps, lorsque restent ouvertes les fenêtres, on peut entendre l'Orchestre symphonique de Montréal répéter Bach ou Mozart, cette pauvre petite société frôle maintenant la faillite, car ses patrons, embrigadés par les deux gouvernements, l'ont pour ainsi dire abandonnée.

Marie-José Raymond est d'abord recrutée par Ottawa pour coprésider avec Steven Roth, producteur lui aussi, une commission sur l'avenir du cinéma canadien de long métrage dont les mises en chantier ne cessent de décliner, la majorité des compagnies de production lorgnant plutôt du côté de la télévision. Après des mois et des mois à réfléchir et à sillonner le Canada pour entendre tout le monde, la Commission Raymond-Roth recommandera l'implantation d'un fonds de soixante millions de dollars dédié au long métrage. Et, surprise ! les recommandations du rapport seront presque toutes acceptées par le gouvernement, y compris cette nouvelle injection de fonds.

Pendant ce temps, M. Clément Richard, ministre des Affaires culturelles du Québec, me nomme président de l'Institut québécois du cinéma, et c'est à ce titre que M. Marcel Masse, ministre des Communications à Ottawa, me demande de convaincre les réseaux de télévision privés et publics du Québec d'unir leurs forces et de se joindre à un consortium des télévisions française, suisse, belge et canadienne, une délicate médiation qui mènera à la fondation de TV-5 Québec-Canada. Membre fondateur, je siégerai au conseil pendant plusieurs années.

Ces batailles achevant, je me retrouve à Cannes avec Marie-José, où nous croyons pouvoir enfin entreprendre un ambitieux projet dont elle a eu l'idée : l'histoire de l'exode de près d'un million de Canadiens français qui ont quitté le Québec, au début du XXe siècle, pour se rendre travailler aux États-Unis dans les immenses filatures qu'y ouvraient les tisserands français, ces derniers ayant flairé l'importance du marché américain. Nous projetons une série dramatique de six heures en coproduction avec la France et peut-être WGBH, la télévision publique de Boston.

Nous sommes rentrés à l'hôtel très tard et crevés après une rencontre avec les dirigeants de France 3, d'autant plus intéressés par notre sujet que leurs unités dramatiques de la région de Lille n'ont jamais grand-chose à se mettre sous la dent. Trois heures du matin, le téléphone ! Je tâtonne et finis par trouver le combiné. Une voix anglaise, quelqu'un du Canada, qui demande à parler à Mlle Raymond. D'un ton bourru, je signale à mon interlocutrice que la France et le Canada ne font pas partie du même fuseau horaire et qu'ici nous sommes en pleine nuit. Tu parles si elle s'en fout ! Elle insiste pour que Marie-José prenne le téléphone, le ministre fédéral du Commerce extérieur désire lui parler. Et c'est par cet oiseau nocturne qu'elle apprend que les négociations pour un traité de libre-échange entre le Canada et les États-Unis vont commencer incessamment et que le premier ministre Brian Mulroney souhaite qu'elle prenne charge de l'important comité qui déterminera l'avenir de toutes les industries artistiques et culturelles dans le nouvel environnement économique à naître de ces négociations. Jusqu'à la signature du traité de libre-échange entre le Canada et les États-Unis, Marie-José présidera bénévolement ce comité, à qui l'on a donné un nom français impossible, Groupe de consultations sectorielles sur le commerce extérieur portant sur les industries artistiques et culturelles, et une mission quasi impossible : protéger la fragile culture canadienne contre la voracité de l'aigle américain. Du succès de ce comité, qui convaincra le Canada de résister aux assauts des Américains, naîtra la notion d'« exception culturelle », la première fois qu'on exprimait le principe selon lequel la culture fait partie du patrimoine national et ne peut être soumise aux mêmes règles commerciales que les biens matériels. Cette damnée exception culturelle, ce poison que concoctait cette Toffana moderne avec son comité, les Américains ont bien failli la rejeter et se retirer de la table en claquant la porte. Mais non ! à la onzième heure, ils l'avalent en grimaçant.

Personne n'avait déployé autant d'efforts contre l'exception culturelle que le bon Jack Valenti, président de la Motion Picture Association of America. Les circonstances voulurent que je fusse chargé de transiger avec ce rusé serpent du lobbying, un mini-Texan d'un mètre soixante, visage rôti par le soleil et coiffé d'une éclatante crinière blanche, toujours grimpé sur les talons hauts de ses bottes western en pur lézard et vêtu d'un costume foncé avec, à la boutonnière, lorsque je le rencontrai pour la première fois, le ruban rouge de la Légion d'honneur que venait de lui remettre Jack Lang, ministre français de la Culture. Clément Richard, notre ministre, m'avait demandé de l'aider à négocier avec les *majors* une nouvelle entente qui laisserait un peu d'espace aux distributeurs québécois de films. Et je faisais en même temps partie d'un comité indépendant, réunissant les principaux dirigeants des entreprises culturelles du Canada, qui s'était donné pour mission de veiller au grain durant les négociations de libre-échange. C'est avec ces deux chapeaux que je rencontrai souvent Valenti, une rencontre en particulier reste gravée dans mon souvenir : j'avais lunché avec Jack dans un restaurant de Washington où il n'avait pas cessé de se lever de table chaque fois qu'entrait un client qu'il connaissait, et il les connaissait tous ! Véritable yo-yo, il bondissait, serrait la main de ces gens qui étaient tous en général des politiciens, me les présentait et se rasseyait, l'œil constamment aux aguets de crainte d'en rater un seul. C'est là qu'il m'expliqua comment il avait mis dans sa poche la majorité des politiciens du Sénat ou du Congrès en leur organisant régulièrement la projection de films nouveaux et en s'assurant qu'au moins une des vedettes soit présente.

— Et surtout, précisait-il sur le ton de la confidence, il faut connaître son monde, ne pas faire la gaffe d'inviter quelqu'un d'un peu zinzin, une Sarandon ou une Fonda…

Et hop ! il est de nouveau debout qui serre des mains, sourit de toute sa denture parfaitement blanche, ces arcades sourcilières prenant cette forme aiguë qui accentue encore l'affabilité qui se répand sur tout le visage de Valenti lorsqu'il rencontre quelqu'un. En public, cet homme n'est disponible que dans le mode convivial, mais en privé, attention ! Après le déjeuner, nous revenons au quartier général de son association, sur Eye Street, et là un orage obscurcit bientôt son uniforme ciel bleu.

Il commence à maugréer contre cette nouvelle attitude protectionniste des Canadiens, le cinéma américain, selon lui, est un art qui ne doit pas connaître de frontières, puis la crécelle de sa voix tourne de plus en plus vite, grince, s'emballe, il fulmine contre la furie, la sorcière qui dirige le comité canadien des négociations dans le domaine de la culture.

— Je ne sais pas, rage-t-il, où ils l'ont pêchée, celle-là, mais on me dit qu'elle est intraitable, qu'elle cherche à empêcher la libre circulation de notre cinéma, alors que partout dans le monde on ne demande qu'une chose : voir nos films.

Une longue tirade acerbe contre ce cerbère qui voudrait arrêter les cinéphiles aux portes du paradis.

— *I think her name's Raymond, do you know this witch*[44]*?* finit-il par s'enquérir.

Je m'efforce de ne pas éclater de rire, mais je suffoque.

Il insiste pour savoir si je la connais.

— Oui, vaguement.

Je ne vais certainement pas lui avouer que c'est ma sorcière bien-aimée et me faire jeter ! après tout je ne négocie pas pour Ottawa, moi, mais pour Québec.

Il me demande alors en grâce de les aider :

— Si vous pouviez la rencontrer et essayer de lui faire entendre raison, dit-il, vous ne savez pas le service que vous rendriez à l'industrie.

Je lui promis évidemment de faire de mon mieux.

L'autre personne qui rendait Valenti nerveux à cette époque, c'était Pierre Marc Johnson, qui avait remplacé René Lévesque. Avec ce dernier, les Américains ne s'étaient jamais sentis menacés, car non seulement savait-on à quel point il n'appréciait que leur cinéma, mais à un moment où ils avaient menacé de boycotter le marché du Québec, Lévesque avait indiqué à Valenti dans une note personnelle dont j'ai vu

44. – Je crois qu'elle se nomme Raymond, connaissez-vous cette sorcière ?

la copie qu'il ne restreindrait jamais l'accès des *majors* à notre marché. Lorsque Pierre Marc est devenu premier ministre, en octobre 1985, Marie-José, la sorcière elle-même, avait été mandatée par Ottawa pour l'informer du détail des négociations de libre-échange. Comment Valenti l'apprit, je ne puis le dire, mais il le sut et l'existence de cette messagère le rendit aussi nerveux qu'un cerf qui sent la présence d'un coyote. Pendant les dix semaines où Johnson fut au pouvoir avant les élections, Valenti m'appela tous les jours afin de se rassurer que le Parti québécois ne préparait pas quelque coup fourré. Le jour même des élections, le 12 décembre, il me passa un coup de fil de San Antonio, où il donnait une conférence, on lui avait rapporté que le Parti québécois perdrait sans doute le pouvoir, mon Dieu ! était-ce le bon pronostic ? En effet, les libéraux étaient en avance. Voilà ! fin de mes rapports avec Valenti. Plus jamais de nouvelles, il avait dû être complètement rassuré par le retour de Robert Bourassa.

Je continuerai encore deux ans mon travail de conseiller, cette fois auprès de Mme Lise Bacon, nouvelle ministre des Affaires culturelles, à qui je fis part de la fameuse note de Lévesque à Valenti. Elle négociait avec les *majors*, elle voulait absolument prendre connaissance de cette lettre que les fonctionnaires du gouvernement cherchèrent avec acharnement pendant des mois. Sans succès. Ce document s'était mystérieusement évaporé.

Le travail que Marie-José et moi faisions de part et d'autre nous conduisit au premier Sommet de la francophonie, à Paris. C'est là, à l'Hôtel Raphaël, au cours de la réception d'ouverture, qu'un grand type à la chevelure baudelairienne m'aborda en me tapant gentiment sur l'épaule.

— Vous êtes bien Claude Fournier ? me demande-t-il.

J'acquiesce.

Il me serre la main et se présente :

— Lucien Bouchard, je suis le nouvel ambassadeur du Canada à Paris.

Une longue amitié naquit instantanément.

*
* *

Lorsque je me retourne aujourd'hui et regarde vingt ans derrière, je vois encore le rivage aussi clairement que si je venais de le quitter et pourtant il me semble apercevoir l'autre rive, pas si loin devant. Comme si je n'avais pas bougé. Pourtant. Lorsque nous avons repris la barre de notre société à la dérive après avoir, Marie-José et moi, passé autant de temps à guider les navires des autres, la vie s'est mise à filer à toute vitesse, échecs comme succès, des montagnes russes!

Parce que nous retournions à notre métier chaque fois que nous n'étions pas au service d'une cause, un peu comme nos grands-mères arrivaient à travers leur besogne à piquer leurs courtepointes, nous pûmes enfin mettre le point final au scénario des *Tisserands du pouvoir*. La partie française du scénario n'eût jamais été si juste sans la collaboration de Michel Cournot, qui avait une connaissance presque proustienne du monde des lainiers de Roubaix-Tourcoing, et en particulier de celui de Jean Prouvost qui, après avoir propulsé La Lainière de Roubaix au premier rang de l'industrie textile européenne, s'était diversifié du côté de la presse, achetant *Paris-Soir*, où Michel avait débuté dans le journalisme avec Pierre Lazareff.

Notre saga racontait l'industrialisation du Nord-Est américain par ces lainiers français qui recrutaient ici leur main-d'œuvre travailleuse et bon marché, des milliers de Canadiens français qui essaimèrent en Nouvelle-Angleterre, considérant ni plus ni moins comme un don du ciel la chance d'échapper à la misère du Québec et de trouver de l'emploi pour des patrons qui parlaient leur langue et qui étaient, par surcroît, catholiques. Comme l'histoire se répète! Ainsi, c'est parce que les patrons étaient catholiques que les Polonais migrèrent vers les filatures et les houillères du nord de la France, à la fin du XIXe siècle. L'intrigue des *Tisserands* se déroulait sur près de cent ans et sa structure complexe ramenait constamment les spectateurs à la vie contemporaine de la Nouvelle-Angleterre, où le français a disparu et où les racines canadiennes-françaises des habitants s'estompent comme de vieilles photos de famille confiées aux archives de quelque obscur musée, que seul l'entêtement d'un conservateur vieillissant garderait encore ouvert. Il n'y entre plus personne, le français est mort, il reste sur les enseignes des commerces, ici et là, des noms de famille qu'on ne sait même plus prononcer, tristes et laconiques vestiges d'un peuple disparu.

Nous revenions d'un voyage de six semaines en Nouvelle-Angleterre lorsque, à une réception privée à l'île d'Orléans, à l'occasion de la venue à Québec des grands voiliers, nous passâmes plus d'une heure à discuter avec René Lévesque du sort de ces exilés qui, seraient-ils restés, eussent fait du Québec la province la plus populeuse du Canada. Avec leur postérité, nous serions maintenant au-delà de quinze millions, l'équilibre canadien ne serait pas le même. Subitement, les larmes vinrent aux yeux du premier ministre alors qu'il supputait que l'assimilation des Canadiens français de Nouvelle-Angleterre risquait d'être en microcosme ce qui guettait les Québécois. Ce soir-là, Lévesque se demandait avec une infinie tristesse si la bataille pour la survivance du français dans laquelle il avait entraîné le Québec n'était pas désespérée, s'il n'avait pas que prolongé une agonie. Les voiliers qui glissaient silencieusement sur le fleuve, plus bas, avaient jadis apporté avec eux la civilisation française, leurs équipages, cette nuit, étaient à des siècles de telles préoccupations, ils ne voguaient pas utile, mais pour le sport et le spectacle.

Le distributeur René Malo fut si enthousiasmé par l'histoire des *Tisserands* qu'il nous convainquit de ne pas tourner uniquement pour la télévision, il s'engageait à sortir en salle deux longs métrages coup sur coup, à une ou deux semaines d'intervalle, une nouveauté ! De notre côté, il faudrait tourner en 35 mm et prévoir des montages différents. Nous avions déjà une distribution fabuleuse : Madeleine Robinson, Jean Desailly, Gabrielle Lazure, Gratien Gélinas, Michel Forget et deux jeunes comédiens : Charlotte Laurier, qui avait joué dans plusieurs films québécois dont *Bonheur d'occasion*, et Aurélien Recoing, qui faisait ses débuts au cinéma, mais recevrait l'année suivante le prix Gérard-Philipe, décerné en France au meilleur acteur de théâtre.

Lorsque Madeleine Robinson accepta le rôle de Betty, femme d'Auguste Roussel, industriel lainier qu'interpréterait Jean Desailly, je fus très ému d'avoir l'occasion de la diriger, monstre sacré que la directrice de casting me dépeignit d'emblée en teintes très sombres, car ce monstre avait un caractère à l'avenant et même un contrat signé n'engageait en rien cette actrice ombrageuse, qui pouvait aussi bien claquer la porte d'un plateau que s'en prendre physiquement à un partenaire ; elle avait déjà fichu une telle raclée à l'acteur Raymond Gérôme qu'il l'avait victorieusement traînée en cour pour voies de fait. Madeleine était près de ses sous, résultat sans doute d'une enfance misérable – son père, pâtissier, s'étant séparé de sa mère, poinçonneuse de métro, elle avait dû à quatorze ans travailler en usine pour subvenir aux besoins de trois frères plus jeunes –, elle entretenait aussi une phobie maladive des avions et ne pouvait supporter le moindre accroc à la ponctualité, s'étant installée en Suisse sans doute autant pour la parfaite exactitude de ses habitants que pour contrarier les ardeurs du fisc français.

La première rencontre avec Mme Robinson, m'avait-on prévenu, serait déterminante. Elle aura lieu à Paris, chez un grand coiffeur avec qui on déciderait d'une coiffure qui la rajeunirait autant que possible, Madeleine étant, sujet délicat, à la limite de l'âge plausible pour le personnage. Rendez-vous, quatorze heures. Je m'assure que ma montre suisse bon marché est impeccablement réglée et je me pointe dix minutes à l'avance avec des chocolats que je suis allé choisir moi-même chez Jean-Paul Hévin. Par bonheur, elle arrive sept minutes en retard, ce qui me permet de lui jouer la comédie. En pointant l'heure à ma montre, je feins d'être outré par ce retard qui chambarde le reste de ma journée et je l'enguirlande, devant le coiffeur qui n'en croit pas ses oreilles. Elle commence par blâmer la circulation, la difficulté de se garer, puis tout à coup, elle éclate de rire.

— Vous le petit Canadien, dit-elle, vous me faites marcher.

Je ris à mon tour, la prends tendrement dans mes bras et lui dis ma joie de travailler avec elle… malgré son manque de ponctualité. Nos rapports, durant le tournage, seront uniformément tendres et souvent drôles : en effet, Madeleine Robinson avait si bien maîtrisé mon accent et le timbre un peu particulier de ma voix qu'il lui arrivait de donner le commandement d'une prise à ma place sans que personne n'entendît de différence. Puis, un jour, catastrophe ! Nous allons commencer une scène cruciale entre le personnage de Betty, interprété par Robinson, et celui de la petite ouvrière que souhaite épouser son fils, rôle tenu par Charlotte Laurier, qui est déjà sur le plateau. Charlotte n'a pas encore vingt ans, elle porte de magnifiques costumes des années folles et, avec ses yeux incroyables, elle fait flotter autour d'elle une étonnante aura de charme et de mystère. Nous attendons Robinson qui n'arrive pas. On me prévient alors qu'elle ne se sent pas bien, elle est dans sa loge. Je m'y rends, je frappe discrètement à la porte. Pas de réponse. Je frappe de nouveau. Puis je l'entends, à peine audible, qui demande :

— C'est Claude ?

— Je peux entrer ?

Elle met beaucoup de temps, puis m'y invite finalement.

Défaite, en larmes, elle cache son visage dans ses mains et, à travers ses sanglots, m'explique qu'il lui arrive une chose terrible, elle n'arrive plus à se souvenir de son texte, elle a perdu la mémoire. Je lui dis tendrement que la mémoire ne s'envole pas subitement comme un oiseau effrayé, que c'est sans doute la fatigue, je la chouchoute comme une enfant et finis par la convaincre d'essayer de tourner la scène, réplique par réplique, nous pourrions même commencer par les gros plans de Charlotte, ce qui lui laisserait le temps de mater ce texte indocile.

Elle arrive sur le plateau alors que John Berry, le directeur photo, s'extasie sur la manière dont le visage de Charlotte réagit à la lumière, et dont le regard resplendit malgré le rebord en visière de son chapeau. Je me précipite vers Madeleine pour détourner son attention et lui suggère de commencer par ses gros plans à elle, son maquillage vient d'être fait et la scripte pourra lui souffler le texte, si jamais elle éprouvait des difficultés.

— Ça ne se voit pas que…

— Pas du tout. *And here's to you Mrs. Robinson*[45], répondis-je en effleurant sa joue d'un baiser.

45. – Et voilà, c'est pour vous Mme Robinson.

Elle sourit, requinquée. J'avais pris l'habitude de l'appeler *Mrs. Robinson* comme dans la chanson de Simon and Garfunkel et lui servais souvent après une bonne prise le dernier vers du premier couplet : *God bless you please, Mrs. Robinson*[46].

Après-midi de tournage difficile, mais émouvant. Je m'excusai d'abord auprès de l'équipe de changer d'axe, nous allions maintenant commencer la scène avec Robinson, ce qui les obligeait à remanier leur éclairage. C'est que j'avais eu l'intuition que le malaise de Mme Robinson venait de la présence de Charlotte, si belle, si jeune, sur qui était braquée toute l'attention des techniciens. Je demandai discrètement à Berry d'apporter beaucoup de soin à l'éclairage de Madeleine afin de la rassurer. Elle eut des trous, elle se trompa dans son texte, elle demanda des pauses, mais elle y arriva finalement.

En observant Madeleine comme il est seulement possible à travers l'objectif d'une caméra, je fus frappé des similitudes physiques et des idiosyncrasies particulières aux deux actrices. Or, cela ne pouvait avoir échappé à l'actrice vieillissante que cette rencontre avec Charlotte avait dû reporter cinquante ans en arrière, alors qu'après avoir été acceptée par charité chez Charles Dullin, où elle n'avait pas les moyens de payer ses cours, sa beauté et son talent lui permirent à dix-neuf ans de décrocher le premier d'une centaine de grands rôles au cinéma, dans *Le Mioche* de Léonide Moguy.

Lorsque j'allai embrasser Madeleine dans sa loge après la journée de tournage, elle voulut s'excuser :

— Pardonnez-moi, dit-elle tristement, cela m'arrive pour la première fois, mais en apercevant cette petite plus tôt, j'ai eu un choc terrible, je me suis revue jeune, belle comme elle, et regardez la vieille dame amère et plissée que je suis devenue.

La capiteuse Céline Lomez avec qui je dînais un de ces soirs parce que je songeais à elle pour un rôle me demanda en parlant pointu, alors que j'allumais un cigare :

— Mais, Claude, dites-moi, vous n'êtes pas un fumeur invertébré ?

46. « Que Dieu vous bénisse, Mme Robinson. »

— Non, pas vraiment ! répondis-je, sans m'étouffer sur le Monte Cristo, et un souvenir me revint, celui de Madeleine Robinson, véritable fumeuse « invertébrée » celle-là, mais avec colonne vertébrale et coriace, une cheminée que nous n'avions jamais pu arrêter de griller clope après clope, même au château du Vert Bois, à Bondues, où nous avions pourtant promis aux propriétaires, les Prouvost, qu'il serait interdit à quiconque de fumer dans cette « folie » datant de 1743 et qui était propriété de la famille depuis 1869.

Avant même de savoir que ce château classique, au milieu d'un parc de cinquante hectares, était la résidence justement d'un des plus grands patrons français des textiles, nous avions espéré en faire le décor de nos héros.

Lorsque nous annonçâmes à la direction de France 3, à Lille, que nous souhaitions tourner chez Albert Prouvost, c'est seulement la politesse qui les retint de nous rire au nez. Personne n'avait jamais tourné dans ce château, les Prouvost avaient toujours refusé.

Jacob et Isaac n'eussent pas été plus dépités d'apprendre que la Terre promise leur était désormais interdite. Et surtout, après avoir entrevu le Vert Bois, il était évident que je ne trouverais jamais mieux. Mais ce qui paraît impossible à tous ne l'est pas forcément pour Marie-José, dont la ténacité dépasse celle de la fourmi.

Elle commence par appeler Cournot. Bide, ses relations sont plutôt du côté de Jean Prouvost, *Paris Match* et compagnie, il se pourrait, sait-on jamais en France, que ces familles fussent rivales. Puis, illumination ! Elle joint la personne à l'origine de toute l'histoire des *Tisserands*, cette amie de sa famille qu'elle appelle « tante Monette » et dont les parents étaient dans les peignages, à Roubaix, ville qu'elle a quittée très jeune pour épouser Roger Charbin, un soyeux de Lyon. Elle lui apprend que l'usine de sa famille a fini par être absorbée par Le Peignage Amédée Prouvost et La Lainière de Roubaix, mais il ne subsiste pas de réelle acrimonie, Marie-José peut appeler Anne Prouvost en se réclamant d'elle.

La bonne piste !

Téléphone enjôleur à Anne Prouvost dont nous avions aussi appris par tante Monette qu'elle était l'héritière des champagnes Moët et Chandon – décidément les Prouvost n'avaient pas besoin d'un tournage dans leur propriété pour arrondir leurs fins de mois –, Marie-José transmet les salutations de Monette, insiste sur le fait que nous sommes canadiens-français et raconte brièvement l'histoire du film.

Le lendemain, nous garons notre voiture devant la longue allée du château et nous apercevons tout de suite, venant à notre rencontre dans la bruine, une dame à la démarche vive, grande et mince, ses cheveux gris sont parfaitement coiffés, ses yeux bleus presque violets, veloutés comme des fleurs d'iris, confèrent à son visage un magnétisme troublant, cette femme superbe, soixante ans peut-être, c'est la châtelaine.

Nous traversons le pont-levis au-dessus de la douve où des canards glissent silencieusement et entrons dans le hall du château ; sur la gauche, dans des armoires de verre illuminées, sont exposées des collections de minéraux et de céramiques anciennes, des centaines de pièces ; à droite, à l'entrée du salon où nous conduit Mme Prouvost, trône un buste de Lucien Bonaparte. Comme dans presque tous ces beaux endroits en France, les fauteuils du salon sont de style, mais raides et inconfortables, nous nous asseyons sur le bout des fesses en admirant les Chagall, les Braque et les Rouault qui décorent les murs. Dans le hall, nous avions entrevu des Bonnard, des Laurens et des Caillebotte.

Nous expliquons en brossant le tableau le plus sombre possible comment se passe un tournage de film : le nombre de gens impliqués, l'appareillage énorme, l'éclairage, mais nous la rassurons aussi sur notre sens des responsabilités : par exemple, nous décrocherions les tableaux des murs pour les remplacer par des reproductions, ni les techniciens ni les acteurs n'auraient le droit de fumer à l'intérieur du château, etc., etc. À notre grande surprise, Mme Prouvost ne dit pas non et nous offre de visiter les lieux afin de ne pas perdre de temps à discuter des modalités si, par hasard, l'endroit ne nous plaisait pas.

Cette visite nous fait découvrir des décors que nous n'aurions jamais espérés : une très belle chapelle dans le jardin, la conciergerie du XVIIe siècle, des bassins bordés de saules pleureurs pour alimenter les douves et des bosquets d'arbres rares que l'arrière-grand-mère d'Albert Prouvost a fait planter et qui sont devenus des spécimens magnifiques : sophoras, tulipiers, noyers d'Amérique, micocouliers.

— Vous n'écorchez pas trop les patrons ? s'enquiert abruptement Anne Prouvost.

Je lui offre de lire le scénario. Elle refuse et demande que nous la rappelions demain lorsqu'elle aura parlé à son mari.

Oui, les Prouvost nous feront la faveur de tourner au Vert Bois. Ils ne demandent rien en retour, mais nous offrons de repeindre les volets dont la peinture s'écaille et d'envoyer une armée de jardiniers pour ratisser les allées du jardin à la française, tailler les haies de buis et de charme.

Une dizaine de jours avant le début du tournage, catastrophe ! L'aîné des Prouvost, Albert-Bruno, parti en Argentine pour une tournée des estancias leur appartenant, disparaît en avion au-dessus de la Sierra Grande. Albert-Bruno, c'est l'aîné, l'héritier, mais c'est aussi le dernier de la famille qui s'intéresse aux textiles. Après des jours d'incertitude terrible, on le retrouvera mort dans les débris de son avion et cet empire qui symbolise encore la puissance des grandes familles du Nord s'en trouve en grave péril.

Nous nous rendons au château. Quoi dire, quoi faire devant la détresse de ce couple que nous connaissons à peine, mais qui nous a manifesté tant de confiance et de générosité ? Je prends Anne Prouvost dans mes bras sans réserve, avec la même affection, je crois, que si elle eût été ma mère, puis elle nous accompagne à la bibliothèque, son mari est assis là, plongé dans une songerie si mélancolique, si lointaine, qu'il ne remarquera notre présence qu'en entendant sa femme murmurer :

— Albert, nos amis canadiens sont venus nous témoigner leur sympathie.

Il se lève, un roseau droit et lisse, nous serre la main, ses lèvres balbutient des remerciements à peine audibles. Le destin semble avoir brisé cet homme qui n'a pas soixante-dix ans, cet homme volontaire qui avait eu l'audace de déménager à brûle-pourpoint en Caroline son usine de Woonsocket lorsqu'il avait considéré ses ouvriers trop exigeants, cet Albert Prouvost que le chagrin emportera quatre ans plus tard n'existe pratiquement déjà plus.

Aussi fâcheux que cela soit pour nous, tourner maintenant au Vert Bois serait d'une telle incivilité ! il faut donc trouver d'urgence des décors de remplacement, sinon c'est tout le plan de travail qui s'en trouverait compromis ; les dates sont déjà prévues pour le reste du tournage, à Saint-Tropez et à Montréal.

Anne Prouvost, à qui nous faisons part de notre décision, nous demande, inquiète :

— Mes pauvres enfants, vous allez vous débrouiller comment ?

Comment ? Je hausse les épaules. Marie-José explique qu'elle a déjà donné les instructions à la décoratrice d'essayer de trouver un autre lieu.

— Faites-moi plaisir, dit-elle, ne changez pas vos plans. Nous nous faisions une joie de vous avoir là et maintenant encore davantage. Ce sont des moments atroces, vous aiderez à faire diversion à notre chagrin.

Une foule venue de partout assista aux funérailles d'Albert-Bruno à Marcq-en-Barœul et, le surlendemain, avec une grâce remarquable, Anne Prouvost accueillit pour dix jours au Vert Bois nos acteurs et l'équipe de tournage. Tous se plièrent aux interdictions, dont celle de ne pas fumer, sauf Madeleine Robinson, qui cachait sa cigarette dans la paume de sa main, comme une jeune délinquante, aussitôt qu'elle apercevait le bout du nez de la châtelaine. Après deux jours de ce manège qui faisait bien rigoler Mme Prouvost, cette dernière invita l'actrice à se joindre à elle dans ses salons particuliers, elles pourraient ainsi à leur guise donner libre cours à leurs petites habitudes. Jean Desailly, à qui la beauté d'Anne Prouvost n'avait pas échappé, allait souvent les retrouver, prétextant une irrésistible envie d'en griller une, lui qui n'aimait que les cigares, mais qui n'aurait jamais osé en empester le château.

Lucien Bouchard nous avait demandé la permission de venir sur le plateau, lui qui s'intéressait au cinéma mais n'avait jamais eu l'occasion d'assister à un tournage. Le château du Vert Bois nous parut l'endroit idéal où l'inviter. Recevoir l'ambassadeur du Canada à Paris, Anne Prouvost s'en montra ravie. Et davantage lorsqu'elle aperçut ce beau ténébreux descendre de sa voiture noire à chauffeur, et plus encore quand, ayant à peine posé le pied dans le hall d'entrée, il reconnut Lucien Bonaparte, comme si ce dernier s'était posté là sur un piédestal pour l'attendre.

— Je ne me trompe pas, demande-t-il, c'est bien Lucien Bonaparte ?

Anne acquiesce.

— Pardonnez-moi ma curiosité, est-ce qu'il y a un lien avec votre famille ?

— C'est mon ancêtre, réplique Anne, la modestie dans la voix et l'orgueil dans les yeux.

Ce qui nous surprit tous, c'est que Lucien Bouchard connaissait les Bonarparte presque mieux que leur propre descendante. Alors, une longue conversation commença au sujet de la famille, on avait l'impression de deux cousins éloignés qui se retrouvent après des années d'absence et qui font le point sur la parenté.

—Vous ne croyez pas, racontait par exemple l'ambassadeur, que les relations entre Napoléon et son frère Lucien ont commencé à se détériorer le jour où ce dernier a renoncé à la carrière des armes pour entrer au séminaire de Brienne ?

— Pardon, le corrige Anne, c'était à Aix-en-Provence.

Lucien fait le tour de sa mémoire :

—Vous avez raison, madame, Brienne c'est là où il rencontre son frère pour lui annoncer qu'il entre au séminaire. Et finalement, ce sera la Révolution française qui le détournera de sa vocation…

— La Révolution et l'influence de Pascal Paoli.

— Dont il a été le secrétaire pour ensuite ourdir contre lui un complot…

— Qui avorte, précise Anne.

—Absolument.

Et cela se poursuivra durant tout le repas, Lucien Bouchard revenant souvent sur les relations orageuses entre les célèbres frères…

— Deux êtres aux antipodes l'un de l'autre, fait remarquer Anne.

— Bien sûr, votre ancêtre n'a jamais eu l'ambition dévorante de son aîné, c'était un littéraire, un poète, on lui a même donné un fauteuil à l'Académie française, c'était aussi un assidu du salon de Mme Récamier, un admirateur même… on peut le comprendre

—Ah ça ! on n'en a jamais parlé dans la famille… Mme Récamier ? demande Anne sur un ton dubitatif.

— Si ! Pas aussi captivé que Chateaubriand, mais quand même.

—Je vous crois, je vous crois.

Lorsque je connus Lucien Bouchard davantage, je me rendis compte que son inconditionnelle admiration, c'est à Napoléon qu'il la vouait. Il a pour lui une véritable passion, il le voit comme un modèle que personne ne parviendra jamais à égaler, un homme d'une telle force intellectuelle qu'il pouvait, aime-t-il à raconter, dicter à trois secrétaires en même temps.

Je ne me souviens pas bien, mais il me semble que Lucien m'ait dit un jour que sa mère lui avait donné ce prénom en l'honneur de Lucien Bonaparte, mais il eût sans doute préféré le prénom de l'autre, et les qualités qui allaient avec, bien qu'il ressemblât lui-même davantage au plus jeune des deux frères. Physiquement et intellectuellement.

L'éditeur Jacques Fortin, de Québec-Amérique, ayant entendu parler du sujet des *Tisserands*, me passa un coup de fil, il voulait prendre connaissance du scénario. Il me rappela quelques jours plus tard, pour s'informer s'il me serait possible de transposer cette histoire en roman, de le faire assez rapidement pour le publier au moment du Salon du livre de Montréal, en novembre 1988, et avant la sortie des longs métrages. René Lévesque venait de mourir, il avait engagé sa veuve, Corinne, comme éditrice et souhaitait l'assigner à ce projet auquel René s'était intéressé de près. Très près, en effet, puisque j'avais convaincu René, après sa démission comme premier ministre, de venir à Lille tenir un rôle de jésuite dans le film. Il accepta avec d'autant plus d'enthousiasme que cela lui eût donné l'occasion de passer du temps avec l'ancien premier ministre français Pierre Mauroy et maire de Lille, un de ses amis. D'ailleurs, Lévesque avait écrit à Mauroy une lettre lui demandant de nous faciliter autant que possible notre tournage dans sa ville. Ce mot de recommandation, quel sésame ! Pierre Mauroy nous donna presque la ville. Comme il s'agissait d'un film d'époque, les autorités fermaient carrément tout le secteur environnant les endroits où nous tournions afin de nous protéger des anachronismes sonores, et pas un seul lieu où nous souhaitions tourner nous fut refusé. Lille nous appartenait. Hélas ! un contretemps de dernière minute priva René d'entrer pour quelques jours dans les ordres – sa soutane avait même été taillée –, le gouvernement Bourassa lui ayant demandé d'accueillir, au même moment, à Gaspé, un haut dignitaire français.

J'avais environ sept ou huit mois devant moi avant la sortie des films. Marie-José se chargerait de la postproduction des films et je commencerais à écrire furieusement mon premier roman. L'histoire était construite, soit ! mais j'étais déterminé à ce que le roman ne ressemblât pas à un calque du scénario, j'approfondis la psychologie des personnages, j'inventai des histoires parallèles, des chemins de traverse, bref j'écrivis sans arrêt pendant six mois, dix heures par jour, un marathon durant lequel je m'interrogeai souvent sur mes véritables préférences : cinéaste ou écrivain. Trente-deux ans avaient passé depuis le dernier recueil de poèmes et j'avais oublié les transes dans lesquelles nous plonge parfois l'écriture, un état d'exaltation intérieure que ne procure jamais un plateau de cinéma. Un après-midi, alors que je cherchais à décrire les états d'âme du personnage de Valmore, au moment où il prend la décision de se pendre, des images de la vie souvent triste et frustrante de mon père, décédé il y avait longtemps, m'assaillirent et me plongèrent dans une telle mélancolie que je pleurai durant des heures, comme si la noria de ma mémoire n'arrivait plus à contenir le flot débordant de mes émotions. Tandis que j'écrivais, les yeux brouillés de larmes, j'imaginais que mon père, de là où il se trouvait, devait me souffler ces sentiments jamais exprimés entre nous et que l'acte d'écrire exhumait des fosses profondes où se terrent *incommunicado* les sens et la conscience.

Le roman fut prêt de justesse pour le Salon du livre, où il connut tout de suite beaucoup de succès, chaque citoyen ayant dans sa famille des parents qui durent s'exiler aux États-Unis, au début du XXe siècle, pour échapper à la misère, alors que le gouvernement fédéral, plutôt que de leur venir en aide, payait des Ukrainiens et des Allemands pour venir s'établir dans les Prairies canadiennes et s'assimiler à la population anglophone, réduisant d'autant la proportion des francophones du Canada. Le roman fut bien sûr ignoré par certains bonzes de la critique, mais d'autres moins ampoulés lui réservèrent un accueil surprenant. Dans *Le Devoir*, par exemple, Jean-Roch Boivin écrivit : « Claude Fournier s'y révèle un grand écrivain, quel que soit le matériau qu'il manie, qu'il sonde les tréfonds obscurs de l'âme de ses personnages ou qu'il raconte les affrontements des pouvoirs qui se disputent leur vie, il pratique [...] un style qui s'efface devant ce qu'il décrit. Cela place *Les Tisserands du pouvoir* à sa digne place sur les rayons des grands romans, avec les *Germinal* et les *Guerre et Paix*, des romans au souffle ample qui savent rejoindre toutes les catégories de lecteurs. »

Je n'en demandais pas tant. Par ailleurs, dès le Salon du livre, je me rendis compte combien ce succès instantané déplaisait à des écrivains que j'avais cru des amis ; seuls Yves Beauchemin, Gaston Miron et Arlette Cousture semblaient se réjouir, les autres que je croisais au Salon ne me saluaient même plus lorsqu'ils n'arrivaient pas à m'éviter. Pas moins mesquins que mes collègues cinéastes, les écrivains !

Le roman fut tout de suite acheté avec un intéressant à-valoir par La Table ronde pour être publié en France. La tournée de promotion fut organisée quelques mois avant la présentation de la série sur France 3 et la publicité que cela suscitait contribua pour beaucoup au succès du roman. Je me souviendrai toujours du petit pincement au cœur que je ressentis lorsqu'en descendant à l'aéroport de Nice j'aperçus, bien placée chez le libraire, une grosse pile des *Tisserands* et que je vis plusieurs clients se procurer le livre. Et cela avant même que j'entreprisse la tournée proprement dite de la presse, de la radio et de la télévision, dans le sud de la France. Cette tournée, c'était une vacance, je la faisais avec Marie-José tandis que l'attachée de presse voyageait de son côté, nous précédant aux divers rendez-vous.

Un midi, alors que nous revenions d'une entrevue à Télé Monte-Carlo, je décide d'arrêter déjeuner à l'Hôtel du Cap, à Éden-Roc. Il y a de l'orage dans l'air, mais loin au large, où le ciel sombre qui donne une teinte grise et violacée à la Méditerranée n'a pas encore bousculé les cumulus qui flottent au-dessus de nous comme de gigantesques meringues ; nous descendons au Gril, une magnifique terrasse qui surplombe la plage rocheuse, et nous commandons, cuit sur le charbon de bois, un loup dont on devine la chair divinement moelleuse sous les zébrures noires que le feu a laissées sur sa peau, un poisson digne d'être accompagné par du champagne.

Il me semble que Marie-José passe alors une remarque anodine sur le rythme, malgré tout assez serré, de notre horaire. Je prends un air blessé, puis, d'un regard circulaire, j'embrasse la beauté qui nous entoure et lui réponds le plus sérieusement du monde :

— Ma chère, j'en connais plus d'une qui donnerait tout ce qu'elle possède pour le privilège de faire ainsi la côte avec un auteur.

Mais j'avais trop insisté sur le « faire la côte » pour qu'elle ne pige pas immédiatement toute l'autodérision qu'il y avait dans ma remarque qui la fit crouler de rire et qu'elle me ressert encore sitôt que la tentation me viendrait de me prendre pour un autre.

Pour une rare fois, lorsque sortirent les longs métrages, à deux semaines d'intervalle, les critiques rentrèrent leurs griffes. Luc Perreault, qui n'avait toujours manifesté que hargne à mon égard, accorda aux *Tisserands* la une de son journal avec un titre flatteur. Une fois n'est pas coutume ! Nos écrivassiers de cinéma reprirent bientôt avec moi leurs habitudes carnassières.

L'avantage d'un livre, c'est qu'il n'en tient qu'à soi de le mener à terme et je sais de quoi je parle, moi qui peine depuis deux ans pour terminer celui-ci. Monter une production dépend de tant de facteurs hors de sa propre volonté qu'on peut au moins en blâmer d'autres, y compris des forces surnaturelles : guigne, hasard, destin. Par exemple, on peut certainement accuser la faute à pas de chance de n'avoir jamais réussi à tourner *Prima Donna*, la biographie romancée d'une des plus grandes divas de l'histoire, Emma Albani. Née à Chambly en 1847, Emma Lajeunesse partit de ce village près de Montréal pour conquérir le monde de l'opéra et devenir la confidente de la reine Victoria. Après des recherches à Covent Garden, à Londres, à Saint-Pétersbourg et Moscou, où Marie-José se fit remettre par nul autre que le ministre de la Culture de l'URSS, enthousiasmé par le sujet et notre projet de tournage en Union soviétique, tous les documents concernant la célèbre soprano et ses tournées dans ce pays, alors que le tsar Nicolas II tomba follement amoureux d'elle, nous décidâmes de confier le scénario à Michel Garneau tandis que nous terminions les *Tisserands*.

La Traviata de Zeffirelli avec Teresa Stratas venait de connaître beaucoup de succès, aussi lorsque nous approchâmes la Gaumont à Paris pour coproduire *Prima Donna*, on nous dit oui immédiatement… si nous obtenions l'accord de Stratas pour interpréter le rôle d'Albani. Teresa eût sans doute retourné les appels de Zeffirelli, mais les nôtres à elle ou à son agent restèrent rigoureusement sans réponse. Et inutile de chercher quelqu'un d'autre : les investisseurs restaient braqués sur Stratas. Un an plus tard – le projet à toutes fins utiles est enterré –, le téléphone sonne au bureau de Montréal : Stratas désire me parler.

À quoi tient ce miracle ? à Gabrielle Roy !

En effet, Stratas vient par hasard de regarder à la télévision *The Tin Flute*, elle me raconte avoir été si impressionnée par la sensibilité de la réalisation, la délicatesse des sentiments, qu'elle a demandé à son agent de trouver mon numéro et elle appelle pour s'excuser de ne pas nous avoir donné signe de vie avant. Elle souhaite travailler avec moi et veut me rencontrer à New York aussitôt que je le pourrai. Me voilà fou de joie.

Prima Donna renaît de ses cendres. Temporairement.

Oui, Stratas interprétera Albani, aussitôt qu'elle aura pris connaissance du scénario auquel Michel Garneau travaille maintenant sans désemparer. Entre-temps, Marie-José et moi nous lions d'amitié avec elle que nous allons souvent visiter à New York. Comment ne pas succomber devant cette minuscule femme à la beauté intense, cette fille d'un immigrant grec arrivé à Toronto sans un rond avec une vieille paire de godasses empruntées à un ami de la famille, cette diva qui s'esquive un soir du Metropolitan Opera, écœurée par la vue de toutes ces rombières de la haute, inondées de rivières de diamants, aux premiers rangs du parterre, et qui s'enfuit en Inde pour y travailler incognito avec Mère Teresa jusqu'à ce que celle-ci découvre sa véritable identité et la convainque de revenir à la scène. Elle utilise la parabole des talents pour lui expliquer qu'elle servira davantage Dieu en chantant qu'en s'occupant des mourants, quitte, suggère-t-elle, à envoyer à la mission de Calcutta une partie de ses cachets. Mais Stratas ne reviendra pas sur scène tout de suite, elle veillera d'abord sur Lotte Lenya, atteinte de cancer, jusqu'à sa mort, puis elle se rendra malade elle-même à s'occuper de son père, à Toronto, frappé par la maladie d'Alzheimer. Elle l'accompagnera jusqu'à la fin à travers les moments les plus terribles de la maladie, qu'elle nous décrivit en pleurant, des années plus tard.

Après avoir lu le scénario de Michel Garneau, Stratas voulut le rencontrer, elle avait des remarques et considérait que plusieurs scènes manquaient de profondeur. Michel, lui, estimait le scénario parfait et ne doutait pas un instant que s'il allait lui-même en faire la lecture à haute voix, Teresa en saisirait les subtilités et la profondeur. Malgré sa prestance et sa voix magnifique, Michel ne réussit pas complètement à convaincre Teresa, qui avait soigneusement analysé le texte, souvent remarquable, et fait des suggestions pour renforcer les liens entre les personnages, surtout la relation entre Albani et la reine Victoria. Michel, resté imperméable à nos propres commentaires, fut ébranlé par ceux de Stratas qui, il faut bien le dire, avait raison sur presque tout. Il consentit à revoir son texte.

Inutilement. *Prima Donna* allait connaître sa deuxième mort.

Nos investisseurs européens n'étaient plus la Gaumont, mais la Générale d'images, nouvelle filiale de la Générale des eaux. Manque de chance, la société venait de se casser la figure avec *La Bohème* de Luigi Comencini et elle n'allait pas se rembarquer de sitôt dans un autre film qui chante.

Le deuxième véritable regret que je traîne d'un projet qui n'a pas abouti, c'est cette série de quatre heures sur la vie d'Alma Mahler que j'avais écrite pour un consortium de télévision France-Allemagne-Italie et que j'avais espéré réaliser avec Isabella Rossellini ou Sophie Marceau. Regret aussi de n'avoir jamais touché à un film dont le sujet était la musique. Je me voyais si bien filmant Gustav Mahler dirigeant une de ses symphonies, à Vienne, j'avais même demandé à Charles Dutoit (qui a des airs du célèbre compositeur) s'il accepterait d'être, pour la direction d'orchestre, la doublure de l'acteur qui interpréterait Mahler, pour qui nous avions songé à Sami Frey. Cette série n'a jamais vu le jour. Avec Dutoit, je me suis repris en lui donnant un rôle dans *Juliette Pomerleau*, le roman d'Yves Beauchemin adapté pour la télévision.

Corinne Lévesque avait étrenné son métier d'éditrice avec moi et le succès du livre nous avait beaucoup rapprochés. René était mort depuis maintenant quelques années, mais il arrivait souvent à Corinne d'être seule dans son appartement de l'île des Sœurs, aussi avions-nous pris l'habitude de l'inviter assez régulièrement à la campagne. J'avais connu Lévesque bien avant elle et, la curieuse ! elle voulait tout savoir. C'est ainsi que germa dans mon esprit l'idée d'une mini-série de télévision sur la vie de René. Avec Lucien Bouchard, à qui j'en avais parlé, nous convînmes d'attendre encore un peu, un an peut-être, avant d'aborder le sujet, ce qu'il offrit de faire à ma place afin qu'elle ne se sentît aucune obligation. Ce jour vint et, tout de suite, Corinne se montra d'accord. J'écrivis rapidement un projet d'une vingtaine de pages et le lui soumis. L'orientation lui plaisait et nous nous mîmes d'accord de ne pas ébruiter le projet.

Avant d'entreprendre pareille aventure, je pris rendez-vous avec Pierre Desroches, le patron de Téléfilm Canada, un ami de vieille date, et, dans la plus grande confidentialité, je lui fis part de mes intentions afin d'obtenir une assurance que pareil projet sur un chef nationaliste serait recevable à Téléfilm, organisme fédéral. Pour Desroches, c'était un projet majeur sur lequel il convenait avec moi de garder le secret pour le moment, me laissant la liberté de le divulguer seulement quand je le jugerais à propos.

Les trois ans qui suivent ne seront que trahisons, promesses brisées et maquignonnage.

Curieuse coïncidence, trois semaines plus tard, Corinne revint passer le dimanche à la campagne pour m'annoncer que le producteur Claude Héroux venait de lui proposer le même projet de série et qu'il lui offrait deux cent mille dollars pour sa collaboration et les droits sur les mémoires de Lévesque, *Attendez que je me rappelle*.

— Je préfère travailler avec toi, me dit-elle, mais René ne m'a pas laissé grand-chose, je n'ai pas les moyens de perdre autant d'argent.

Je lui offris sur-le-champ les mêmes conditions.

— Et s'il m'offrait davantage ?

Étonné de ce marchandage, je promis à Corinne que nous égalerions toute offre supérieure que lui ferait Héroux.

Nous nous entendîmes finalement sur le montant de deux cent mille dollars, et en prime, un manteau de vison que Marie-José dessinerait pour Corinne et qu'elle irait se faire tailler chez le fourreur Denis Hivon, à Granby. Tope là ! À plus tard, une entente plus formelle. D'autant que je prévois deux ans de recherche et d'écriture pour arriver à un scénario définitif, j'en connais long sur René avant son entrée en politique, mais après, la vie nous a distancés et c'est justement cette période qui sera au cœur de la série.

Alors que je commence les recherches, les Productions du Verseau me demandent en grâce d'aider deux auteurs qui leur ont soumis un excellent projet de télésérie, *Scoop*, mais dont les textes sont refusés à répétition par Téléfilm Canada ; si je pouvais au moins leur en écrire trois, question de débloquer la série que Radio-Canada s'est engagée à acheter pourvu que Téléfilm y participe. C'est ainsi que le destin a voulu que je connaisse Fabienne Larouche et Réjean Tremblay. Reprenant les idées de ce tandem, je réécris trois textes qui sont aussitôt acceptés par Téléfilm, puis question de gagner du temps, j'en écris trois autres, et finalement je me laisse prendre au jeu, le journalisme étant après tout mon premier métier. Je propose de réaliser la série, tout le monde est d'accord, je signe un contrat avec le Verseau.

Tout à coup, sans crier gare, Radio-Canada demande au Verseau de me virer, il semblerait qu'on trouve que je prends trop de place dans la vie de cette série. C'est agaçant, car le Verseau appartient à ma belle-sœur, que je me vois forcé de poursuivre en même temps que Radio-Canada, responsable en somme de ce bris de contrat. Je confie toute l'affaire à Me Claude-Armand Sheppard et, chômeur, je pars au MIP-TV, à Cannes, où nous allons tenter d'intéresser la France à deux projets : *René Lévesque* et un long métrage sur la vie fabuleuse de Louis Hémon, l'auteur de *Maria Chapdelaine*. Zéro intérêt pour Lévesque, Hémon, eh bien ! on va y réfléchir.

Un après-midi, alors que je marche sur la Croisette en direction du Carlton, où Marie-José a des rendez-vous, j'entends une voix féminine qui m'interpelle, je regarde autour de moi et j'aperçois traversant la rue en courant une femme que je ne reconnais pas.

— Claude, vous êtes bien Claude Fournier ? me demande-t-elle en anglais.

J'acquiesce.

— Vous ne me reconnaissez pas, nous nous sommes vus au Festival de Banff, il y a...

Sans doute mille ans, car je scrute son visage et bêche ma mémoire sans succès, rien !

— Wendy Wacko, claironne-t-elle.

Le nom ne me dit rien non plus. Voyant mon embarras, elle m'assure que c'est sans importance, tout ce qui lui importe c'est que je sois là en chair et en os : elle cherche un réalisateur d'expérience.

— Qu'est-ce que vous faites actuellement ?

Et avant que j'aie eu le temps de répondre, elle renchérit :

— Par hasard, vous ne seriez pas libre pour les quatre prochains mois ?

— Oui, peut-être.

— Vous êtes mon homme! s'exclame-t-elle si bruyamment que les passants se retournent, craignant que je sois victime d'agression, car elle est aussi costaude qu'exubérante.

Elle plonge la main dans son grand sac en bandoulière, en sort un scénario, une brique, qu'elle me remet en m'implorant de le lire d'ici le lendemain matin. C'est une dramatique de deux fois deux heures, une coproduction en grave péril avec l'Australie et Disney Channel: la partie canadienne qu'elle représente doit fournir le réalisateur, la vedette féminine et la postproduction, mais les producteurs australiens n'ont pas retenu le réalisateur qu'elle leur avait suggéré et lui ont servi un ultimatum; elle a jusqu'à demain, sinon l'affaire tombe à l'eau... ce qui ira très vite puisque les Australiens logent sur un magnifique voilier qu'elle m'indique, ancré près du Palais.

— Et qui vous dit qu'ils m'accepteront, moi!

— Avec l'expérience que vous avez, j'en suis sûre.

Elle griffonne sur le scénario un téléphone où la joindre et me pousse carrément vers quelque part en ordonnant:

— Vite, allez lire et donnez-moi des nouvelles. Si vous aimez – mais vous verrez c'est un beau film –, nous avons rendez-vous à neuf heures demain, sur le bateau, là-bas.

C'est sans doute une merde, car les bons scénarios ne tombent pas du ciel comme cela, pensai-je, mais cette fois j'eus tort: *Golden Fiddles*, adapté d'un roman de Mary Grant Bruce, publié en 1926, était une histoire charmante, peuplée de personnages attachants et si typiquement australiens que j'entrevis tout de suite le défi à relever, moi pour qui cet univers était parfaitement étranger. Le lendemain matin, je me présentai sur la passerelle du voilier avec cinq minutes de retard, attendu par évidemment Wendy Wacko et deux grands types, les producteurs australiens, qui m'auscultaient avec l'air de ne pas trop croire que ce lapin sorti de son chapeau par la magicienne pouvait être le réalisateur dont elle venait aussi de leur fournir à la onzième heure une filmographie, obtenue je ne sais où.

L'interrogatoire fut bref. Oui, j'avais aimé le texte, oui, j'avais des suggestions de changements, oui j'étais prêt à travailler avec une équipe de tournage et des acteurs australiens et oui, j'étais libre pour partir là-bas d'ici trois semaines. C'était clair, ma gueule leur revenait. Il restait à nous entendre financièrement et je demandai également à rencontrer Kate Nelligan, la vedette féminine, avant d'accepter définitivement. Dans un pays où tout me serait étranger, producteurs, acteurs et techniciens, il valait mieux que la vedette et moi nous entendions comme larrons en foire…

Quelques jours tard, je suis à New York, Kate Nelligan m'a donné rendez-vous pour le lunch à la Trattoria dell'arte, en haut de la 7e Avenue. Dès que je mets le pied dans le restaurant, je l'aperçois à une table au fond, un peu à l'écart, quelle tête superbe elle a ! – mais je sens aussi dans le restaurant une agitation que je ne m'explique pas –, j'embrasse Kate, je m'assieds et lui demande en souriant :

— *Are you the one causing all the commotion*[47] *?*

Elle hoche la tête et indique une table près de laquelle je viens de passer et où s'affairent plusieurs serveuses auprès de Jeff Bridges, Martin Sheen et Robin Williams qui déjeunent ensemble, bruyamment.

— Je ne voyais que vous, dis-je à Kate.

Bien sûr, c'était galant, mais vrai. Ses yeux transfigurent l'ovale de son visage presque parfait, l'air un peu strict, protestant peut-être, mais contredit par l'opulence de ses cheveux ondoyants et la volupté de sa bouche. Elle rayonne.

Moment de silence.

Puis elle me dit sur un ton que je ne décode pas exactement :

— *So, you've worked with Donald Sutherland*[48] *!*

— Vous aussi ! Dans *Eye of the Needle*, vous étiez remarquable.

— *So what do you think of Donald*[49] *?*

Je me sens comme un plongeur sur le tremplin de dix mètres, je serre les orteils sur la bordure et, subitement pris de vertige, j'essaie d'évaluer : je saute ou je redescends. Je prends une longue respiration et décide de répondre exactement ce que je pense :

— *I think Donald is an asshole !*

47. – C'est vous qui causez tout ce branle-bas ?
48. – Ainsi, vous avez travaillé avec Donald Sutherland !
49. – Alors, dites-moi ce que vous pensez de Donald.

— *So do I*[50], s'exclame-t-elle après m'avoir laissé m'inquiéter un instant, puis elle éclate de rire et m'annonce qu'elle aurait sans doute refusé de travailler avec moi si j'avais répondu autrement à sa question. Sur cette confidence, n'étions-nous pas tacitement convenus de bien nous entendre ?

Je pars donc confiant pour l'Australie.

Plus tard, là-bas, elle me racontera comment Donald l'avait humiliée durant ce tournage et la rage sourde que je sentais encore chez elle me faisait penser à une réplique d'*Adam's Rib*, le film de Cukor : « Une femme dédaignée ouvre des volcans à chaque pas. »

Il y a dans *Eye of the Needle* une scène amoureuse entre Lucy Rose et l'espion allemand Heinrich Faber, interprété par Sutherland. Les deux sont étendus sur un canapé et Lucy Rose descend le long du corps de l'Allemand pour lui faire « une politesse ». Coupe à un gros plan de Donald, aussi impassible qu'une vache regardant passer un train. Prise deux ! Le réalisateur Richard Marquand demande à Sutherland de réagir, de manifester peut-être une ombre de plaisir.

L'acteur, selon Kate, aurait répliqué à Marquand quelque chose dans le genre : « Comment t'imagines-tu qu'une femme comme elle puisse me faire le moindre effet ? » Kate l'avait encore de travers dans la gorge dix ans plus tard.

Après deux semaines de préparation à Adelaide, car c'est dans cette région que *Golden Fiddles* sera tourné, on m'annonce que la production est retardée d'un mois. Je décide de rester sur place – pas désagréable puisque je suis installé à Glenelg dans un joli appartement sur une plage de l'océan Austral – et je pourrai ainsi peaufiner la préparation, d'autant plus que le casting s'avère un casse-tête. Un des rôles féminins principaux devait être interprété par Nicole Kidman, mais son ascension vertigineuse au firmament des vedettes provoqua son désistement. Il fallait donc, tâche ardue, évacuer Kidman de la tête des producteurs et lui substituer une petite actrice blonde, fine comme une mouche, Rachel Friend. Nelligan sera entourée d'une distribution exceptionnelle, des acteurs qu'on connaît peu ici, le Néo-Zélandais

50. – Je pense que Donald est un trou du cul.
– Moi aussi !

John Bach, par exemple, et l'Australien Cameron Daddo, un véritable Apollon, un garçon si beau que toutes les têtes se retournaient sur son passage lorsqu'il vint deux ans plus tard nous retrouver, Marie-José et moi, à Paris et à Cannes, au moment du festival, avant d'entreprendre une carrière à Hollywood à laquelle il mit fin prématurément, incapable de vivre si loin de son pays natal.

Moi aussi j'en éprouvai du mal à vivre si longtemps loin de Marie-José. Longue traversée du Sahara ! Une seule oasis, les dix jours où elle vint me rejoindre de l'autre côté du globe. J'avais, en route pour l'Australie, fait par bonheur escale à Hong Kong, où je passai une journée à visiter et une autre à marchander le fax le plus petit et le plus portable au monde, appareil dont je savais instinctivement qu'il deviendrait mon GPS sentimental durant cette traversée du désert. À mon retour, Marie-José, qui avait conservé toutes nos communications, m'en montra l'impressionnante pile, des centaines. Il arrivait souvent, alors que je dînais, d'avoir ce bijou de fax près de mon assiette et d'entretenir avec elle une conversation aller-retour, le « chat » avant l'heure !

Un matin, mauvaise surprise ! Un fax de Marie-José, rentré pendant la nuit, m'annonce que Corinne Lévesque a changé d'idée, qu'elle n'honorera pas l'entente verbale que nous avions et qu'elle a décidé de céder à Claude Héroux, qui a choisi Télé-Métropole comme diffuseur, les droits sur la série *René Lévesque*. Sans la moindre explication.

Je suis furieux de cette trahison, mais que faire ? je suis aux antipodes, là où un projet qu'on jette à la cuvette s'en va à l'égout en tournant dans le sens inverse des aiguilles d'une montre, mais il y va quand même.

Après avoir longuement réfléchi, je me dis que nous n'avons pas besoin de l'aval de Corinne pour produire cette série, ni des mémoires de René dont on n'achetait les droits que pour justifier la somme considérable versée à sa veuve. Mais il fallait un diffuseur. Téléfilm consent à poursuivre le développement avec nous, même si la série n'a pas la caution de Corinne, nous demandons alors à Me Sheppard de proposer à Radio-Canada d'en devenir le diffuseur et, en retour, nous abandonnerons notre poursuite contre elle et contre le Verseau dans l'affaire *Scoop*. Radio-Canada accepte le marché avec enthousiasme.

Commence alors, à Téléfilm, un concours à la *Star Académie*, qui durera un an, entre le projet que nous écrivons et celui que Héroux a confié, je crois, à Clément Perron. Et une semaine avant que Téléfilm n'annonce le grand gagnant, un téléphone de Pierre Desroches me prévient qu'à son très grand regret ce n'est pas nous qui remporterons le concours, bien que notre scénario soit supérieur de cent coudées.

Je ne comprends pas.

Pierre m'annonce que Radio-Canada s'est retirée comme diffuseur et il se voit donc dans l'obligation de confier la production à Claude Héroux. Je lui demande de nous donner trois jours pour trouver un autre diffuseur puisqu'il le dit lui-même, Téléfilm considère notre scénario meilleur.

— Je veux bien, dit-il, mais il faut que vous trouviez un diffuseur qui offrira les mêmes conditions financières que Radio-Canada.

— Laisse-moi la chance d'essayer.

Un diffuseur, il n'en restait qu'un : Quatre-Saisons, et ne rêvons pas, ce réseau n'investissait plus depuis longtemps dans des séries dramatiques.

J'appelle en catastrophe Jean Fortier, alors P.-D.G de Quatre-Saisons, et je lui explique l'urgence de la situation : il a trois jours pour décider si son réseau recommence à investir dans des séries lourdes et, si oui, il devra, pour *René Lévesque*, débourser les mêmes montants que Radio-Canada. Et je lui apporte dare-dare le scénario.

Surprise, stupéfaction plutôt ! Deux jours plus tard, Fortier et son directeur de la programmation, Vincent Leduc, nous remettent une lettre d'intention, ils acceptent de participer au projet aux mêmes conditions que le diffuseur d'État.

Lorsque j'annonce par téléphone à Pierre Desroches que je lui fais porter cette lettre d'intention sur-le-champ, je crois qu'il va avoir une attaque, il s'étouffe, cherche ses phrases, bredouille quelque chose comme : c'est une telle surprise... laisse-moi y penser... je te reviens.

Il ne me reviendra jamais. Quatre-Saisons et nous avions fait toutes ces acrobaties pour rien. Téléfilm investira dans le *René Lévesque* de Claude Héroux. Qu'importent la qualité du scénario ou les promesses qui avaient été faites.

Le jour où parut aux Éditions de l'Homme *René Lévesque, portrait d'un homme seul*, la biographie que j'avais écrite par dépit en six mois, en m'inspirant du scénario refusé, Corinne Lévesque y alla d'une déclaration fracassante, répétant aux médias sa phrase toute faite : « Le livre de Claude Fournier ne vaut même pas le papier sur lequel il est imprimé ! » Elle admettait ensuite ne pas l'avoir lu, ni vouloir le lire.

Dès le début de cette journée où des dizaines d'entrevues étaient prévues avant la conférence de presse au quartier général de la Société Saint-Jean-Baptiste, rue Sherbrooke, je sentis qu'on s'était donné le mot pour m'assassiner. Même Christiane Charette. Ses recherchistes avaient envoyé mon livre, la veille, à un neveu de Lévesque qu'ils avaient invité en même temps que moi pour tenter de me confondre, mais qui n'y réussit pas, puisque je connaissais son oncle cent fois mieux que lui. Christiane se fit ensuite un plaisir de me rapporter l'appréciation de Corinne. Et comme si cela ne suffisait pas, je fus accueilli en sortant du studio par trois cameramen qui me filmèrent à l'improviste et dont les puissants projecteurs me forcèrent à me voiler les yeux. Ils étaient accompagnés par Joyce Napier, ce roseau (pensant) de notre télévision avec son panache en bataille et sa bouche panoramique d'où dégoulinaient les questions-pièges.

Elle commencera ensuite son reportage en expliquant que je me cache le visage devant la caméra, car je ne dois pas être trop fier de mon œuvre. Jean-François Lépine répétera dix fois au téléjournal que ce *René Lévesque* ne nous apprend rien de nouveau – il avait vite parcouru le livre en diagonale ! (Étonnamment, les mêmes journalistes s'extasieront, une décennie plus tard, sur de prétendues révélations faites par Pierre Godin dans sa biographie en quatre volumes, révélations déjà contenues pour la plupart dans les trois-cent cinquante pages de la mienne.) Ainsi, pendant un *spin* médiatique qui dura presque un mois, éditorialistes, critiques et commentateurs pourfendirent mon *Portrait d'un homme seul*, en rivalisant d'improbité et en multipliant sous-entendus, réticences et calomnies ; les seuls à prendre sérieusement ma défense seront Lysiane Gagnon et Franco Nuovo. Et Lucien Bouchard – il a lu le manuscrit longtemps avant sa publication – déclare dans des entrevues que cette biographie représente plutôt fidèlement le Lévesque qu'il a connu.

Les lecteurs, eux, se précipiteront, faisant du livre un des grands best-sellers de l'édition québécoise. Sept réimpressions en dix jours et des ruptures de stock partout. Au Salon du livre de Montréal, je suis carrément assiégé, je dédicace des centaines et des centaines d'exemplaires, jusqu'à en avoir des ampoules. Le succès est tel que tous les auteurs que je connais et que je croise détournent la tête pour n'avoir pas à m'adresser la parole (sauf évidemment les Beauchemin, Cousture et Miron dont l'attitude à mon endroit ne variera jamais) et qu'en dépit du nombre d'exemplaires vendus le livre ne sera pas choisi comme le plus populaire de ce salon. Je ne m'y attendais d'ailleurs pas, ne faisant pas partie de la confrérie.

Il me reste de la préparation de cette série et du livre sur Lévesque, dont à peu près rien n'a été contesté à ce jour, environ trois cents heures d'entrevues – j'en remettrai un jour les rubans aux Archives nationales –, car il y a, dans les enregistrements et les notes de ces rencontres, d'étonnantes révélations dont je ne me suis pas servi, mais qui enrichiront la compréhension du personnage de Lévesque, ses hésitations devant la souveraineté à tout crin, ses profondes réticences à propos des lois sur la langue, le comportement pas toujours très loyal de ceux qui l'entouraient et sa séparation dramatique de son plus fidèle collaborateur, Jean-Roch Boivin.

Après cet énorme succès, le P.-D.G des Éditions de l'Homme n'avait qu'un souhait : que je m'attaque le plus rapidement possible à une autre biographie politique, et il avait des suggestions.

Le mien, mon souhait, c'était de revenir à une comédie, un genre dont j'étais demeuré éloigné depuis longtemps. Je raconterais l'histoire d'un architecte, marié et père de deux enfants, dont le bureau fait faillite et qui tente de se recycler comme antiquaire. Antiquaire ! mais presque tous les antiquaires du monde sont gais, alors pour réussir dans le métier, cet architecte se fera passer pour gai, entraînant son associé dans l'aventure, et cherchant par tous les moyens à éviter que sa femme ou ses collègues découvrent la supercherie. *J'en suis*, dont le succès au box-office, aux dires des exploitants de salles, a redonné un nouvel élan au cinéma québécois qui traînait alors de la patte, m'a donné l'occasion de travailler avec Roy Dupuis, sans doute l'acteur le plus doué que nous ayons, et de faire découvrir Patrick Huard, qui n'avait encore jamais joué au cinéma. Ce film permit aussi à Dan Bigras de composer sa première musique de film, en plus de jouer un petit rôle que je le convainquis d'accepter (il en était terrorisé) et qui curieusement lui donna le goût de poursuivre aussi une carrière d'acteur, et finalement de réalisateur. Peu de temps après, je lui donnais un rôle beaucoup plus important dans l'adaptation pour la télévision du roman d'Yves Beauchemin, *Juliette Pomerleau*.

J'en suis ressuscita l'engouement des spectateurs pour le cinéma québécois, mais il remua aussi l'ardeur hargneuse des critiques. Décidément, je ne trouverais jamais grâce devant ces roquets mal dressés qui ne se gênent pas pour mordre et faire leurs besoins partout ; soit, on peut les ignorer ! mais, comme l'écrivait Paul Valéry, il reste que «le plus sale roquet peut faire une blessure mortelle, il suffit qu'il ait la rage».

Je ne perds rien pour attendre, il s'en trouvera en effet un avec la rage, un que ses maîtres n'auront jamais réussi à contrôler et dont ils finiront par se débarrasser avant qu'il ne les morde eux-mêmes.

Le temps s'écoule avec une telle rapidité que me voilà à un âge où bien des cinéastes décident de ranger leurs outils. Moi pas. Ce métier me passionne tellement que j'ai envie de mourir caméra à la main, je tournerai tant que je tiendrai debout et j'engueule mon ami Michel Brault d'avoir abandonné trop tôt cet outil magique, le prolongement de notre imagination et de notre pensée.

En moins de trois ans, je tournerai une série de quatre heures, inspirée de la vie et de l'œuvre de Félix, et deux autres longs métrages (mes derniers ?).

Il y avait longtemps que Marie-José avait racheté les droits d'un roman canadien à succès, *The Book of Eve*, par Constance Beresford-Howe, une œuvre pas facile à adapter et encore moins facile à vendre, puisque c'est l'histoire d'une dame d'un milieu fortuné qui, le jour de ses soixante-cinq ans, claque la porte de chez elle en laissant derrière un mari insupportable. Déconcerté, celui-ci coupera les vivres à sa femme en comptant qu'elle reviendra bientôt comme une brebis galeuse et repentante. Réfugiée dans l'appartement en sous-sol d'une conciergerie minable, Éva non seulement finira par se refaire une vie, mais elle deviendra amoureuse d'un immigrant roumain, un drôle de zigoto dont je confierai le rôle à Daniel Lavoie, oui, Daniel Lavoie le chanteur, dont le talent avec lequel il s'acquittera de sa tâche épatera sa partenaire, la célèbre actrice Claire Bloom, celle-là même qui fit ses débuts au cinéma avec Charlie Chaplin, dans *Limelight*.

The Book of Eve, une coproduction avec l'Angleterre sera pour son producteur Marie-José un cauchemar invraisemblable du début à la fin. Le contrat est signé avec Claire Bloom, un contrat qui nous engage à lui verser son cachet qu'on tourne le film ou pas, cependant à la dernière minute, à la suite de l'attentat du 11 septembre 2001 à New York, le million et plus qui doit venir de Londres ne se matérialise pas et il faut, à la onzième heure, financer aussi la partie anglaise, car le film doit demeurer une coproduction afin de profiter d'arrangements fiscaux ultérieurs, propres à la Grande-Bretagne.

Tandis que j'ai la chance de travailler avec une actrice comme Claire Bloom, ma pauvre Marie-José, samouraï hardi et solitaire, se mesure aux hordes d'avocats lancées contre elle par les shogouns de la finance cinématographique. Conseillée par André Link, un producteur qui l'estime beaucoup, et par son propre avocat, Sam Berliner, qui se demande souvent comment elle va y arriver, Marie-José maniera le sabre avec tant d'adresse que ses agresseurs tomberont les uns après les autres et que nous nous retrouverons enfin un jour, à Londres, où je l'accompagnai pour récupérer un chèque énorme remboursant l'investissement qu'elle avait elle-même financé au nom de la société britannique. Ce jour-là, aussi courageux que d'habitude (reprenant avec talent le rôle de l'âne qui recule), j'étais allé, tandis qu'elle se trouvait dans cette étude d'avocats, lui choisir chez Burberry, pas loin, un très élégant imper, comme si elle n'avait pas abondamment fait la démonstration qu'elle pouvait supporter tous les orages, avec ou sans un prêt-à-pleuvoir de chez Burberry.

Claire Bloom, quel poème !

Depuis qu'elle a été découverte par Chaplin, aux côtés de qui elle fut la vedette de *Limelight*, cette femme a tourné plus de cent films, elle est montée sur les planches dans les plus grands rôles du théâtre international, elle a reçu tous les honneurs, je ne sentis donc pas d'emblée le besoin de la guider comme une débutante, surtout que nous avions vraiment analysé le personnage qu'elle devait incarner. Nous nous en étions parlé durant deux jours, à Seattle, où elle terminait une tournée de la comédie musicale *A Little Night Music*.

Premier jour de tournage en studio, Éva est dans sa cuisine, elle va au congélateur du frigo prendre un sac de pois verts congelés pour l'appliquer sur l'œil au beurre noir de Johnny, le voisin d'en haut descendu la visiter. Claire fait tout bien, mais elle ne referme pas la porte du congélateur. Je coupe et lui dis :

— Vous n'avez pas refermé la porte du congé.

— Mais, réplique-t-elle, vous ne me l'aviez pas demandé.

Je refais le plan, cette fois elle referme la porte.

Je tourne ensuite un plan moyen de la même scène et de nouveau elle ne referme pas la porte. Je coupe et le lui fais remarquer.

— Mais vous ne me l'aviez pas dit !

Je n'en crois pas mes oreilles. Ce soir-là, elle me demande autant que possible de toujours répéter avec elle l'action complète de chaque plan.

— *Claude, please, walk me through every shot, so I do exactly what you want*[51].

C'est ainsi qu'elle avait appris avec Chaplin, qui lui indiquait précisément chaque mouvement, chaque geste, et c'est ainsi qu'elle se sentait à l'aise.

Impossible de ne pas penser à cette nouvelle génération d'acteurs avec qui il faut constamment ruser pour obtenir ce que l'on désire, car ils savent toujours mieux que le metteur en scène ce qu'ils doivent faire ! Discussions souvent interminables. J'adore la simplicité d'une Janine Sutto qui dit à chaque fois :

— Claude, ne me demande pas ce que j'en pense, dis-moi ce que tu veux et je vais te le faire.

Janine est octogénaire et continue de pratiquer son métier avec la même passion. C'est une vraie ! comme Gisèle Casadesus, ancienne sociétaire de la Comédie-Française, maintenant nonagénaire, avec qui

51. – S'il te plaît, Claude, prends-moi par la main et indique-moi l'action pour chaque plan, ainsi je ferai exactement ce que tu veux.

j'ai eu l'occasion de travailler, il y a quelques années. Gisèle n'avait qu'un seul jour de tournage, quelques répliques, et pourtant c'était la même application que si tout le film avait reposé sur elle.

Claire Bloom et Daniel Lavoie, tout un poème aussi !

Il y avait dans *The Book of Eve* une seule scène d'amour, scène que je voulais très pudique, considérant l'âge de Claire. J'avais choisi de ne montrer que leurs visages, les deux protagonistes pouvaient donc demeurer vêtus jusqu'aux épaules. Ils étaient tous les deux si nerveux à mesure qu'approchait le tournage de cette scène que je dus la leur expliquer chaque matin, dans la salle de maquillage, pendant toute la semaine qui précédait. J'avais répété au moins cent fois que je me contenterais de montrer leurs visages, puis un de ces matins, Claire, toujours inquiète, me demande comment les spectateurs vont comprendre qu'ils font l'amour.

— Vous êtes une actrice si fine, si expérimentée, lui répondis-je, je ne doute pas un instant qu'avec la seule expression de votre visage, vous pouvez faire comprendre l'orgasme.

Elle bondit presque de la chaise de maquillage en s'écriant :

— *Claude, do you have to use such vulgar language*[52] *!*

— Mais, poursuivis-je, je ne crois pas qu'orgasme soit un mot vulgaire, ça dit ce que ça veut dire ! En connaissez-vous un autre ?

Elle réfléchit puis, rassérénée, elle conclut :

— *Well, I suppose you're right*[53].

En dépit de toutes ces discussions, le tournage de la scène s'avéra épique. *Primo*, les deux acteurs réclamèrent un plateau fermé, c'est-à-dire que ne resteraient en studio que les techniciens absolument indispensables, six ou sept en tout. Claire et Daniel, blottis l'un contre l'autre sur le canapé où ils « feront l'amour », me demandent si cette demi-douzaine de techniciens est vraiment essentielle. Je les assure que oui. *Secundo*, nous passons une heure à palabrer, tergiverser, la scène leur fait peur, ne serait-il pas possible de l'éliminer ? etc. C'est Claire qui finalement, de guerre lasse, dit à Daniel :

52. – Claude, est-ce bien nécessaire d'utiliser un langage aussi vulgaire ?
53. – Oui, je suppose que tu as raison.

— Allons-y, plongeons !

La caméra est à l'arrière du canapé, on n'aperçoit que leurs têtes au-dessus du dossier. Claire porte un jupon par-dessus son soutien-gorge, Daniel Lavoie a consenti, à la dernière minute, à retirer sa chemise, le voilà torse nu ! Prise un. Chastes baisers, esquisses de caresses, les têtes basculent gentiment contre le bras du canapé, mais, à travers le viseur, je constate que Claire paraît si inconfortable que je n'imagine pas comment elle arrivera à simuler le moment de grâce dont j'ai besoin. Je lui demande ce qui ne va pas.

— C'est que Daniel me fait mal avec ses chaussures, peut-être pourrait-il les retirer !

Voilà donc Daniel, torse nu et en pieds de chaussettes. Non, nous n'irons pas plus loin !

Claire Bloom et Susannah York, encore tout un poème !

Dans le scénario, May, une vieille copine d'Éva, ayant appris que cette dernière a plaqué son mari après quarante ans de mariage, décide de venir de Floride la visiter. Les retrouvailles des deux femmes donnent lieu à des scènes très drôles alors qu'elles se vident franchement le cœur à propos des hommes, la visiteuse utilisant un langage assez corsé. Nous avons envoyé le scénario à Susannah York, qui accepte le rôle. Lorsque j'annonce cette bonne nouvelle à Claire Bloom, elle me fait aussitôt remarquer que le dialogue de May est parfois assez vulgaire, elle connaît Susannah et prétend que cette dernière n'acceptera pas de jouer les scènes telles qu'écrites. Pourtant, elle a signé son contrat. Qu'importe, réplique Claire, il vaut vraiment mieux prévenir : passons le week-end à revoir le dialogue.

Aussitôt Susannah débarquée à Montréal, je lui annonce qu'il y a des modifications au scénario et lui présente la version édulcorée. Elle me rappelle de son hôtel, quelques heures plus tard, poliment furieuse. Qu'arrive-t-il ? Elle adorait le personnage de May avec son langage direct, maintenant c'est insipide, sans intérêt. Pourrait-on revenir à l'original ? Absolument. J'explique que nous avions modifié les dialogues à la suggestion d'une personne qui la connaît et qui craignait qu'elle soit embarrassée.

— Se peut-il qu'on me connaisse si mal ? s'exclame Susannah qui éclate de rire.

Trois ans plus tard, elle m'appelle de Londres : elle veut que je lui envoie les deux versions du texte et me demande la permission d'utiliser ce quiproquo dans une comédie qu'elle écrit.

Il fallait beaucoup de confiance à une actrice pour interpréter le rôle principal du dernier long métrage que j'ai écrit, *Je n'aime que toi*, et beaucoup de talent. La Daisy de ce film, soit elle est une pute, soit elle s'est inventé un passé de pute, c'est au spectateur de décider. Le dialogue du film est cru, à la limite de l'acceptable, plusieurs des scènes sont sur le fil du rasoir, c'est une œuvre que j'ai voulue très personnelle et qui a été mal reçue ici, un film dont Denys Arcand a déclaré publiquement qu'il n'avait pas eu la carrière qu'il méritait. *Je n'aime que toi* a cependant été vendu dans une quinzaine de pays par une société française de distribution qui refuse de nous remettre le produit de ses ventes, un autre exemple éloquent de cette curieuse industrie où se confondent très souvent négoce et brigandage.

En dépit de ses tares, il reste du cinéma des moments de bonheur inaltérable comme la joie de pratiquer un aussi fabuleux métier et l'occasion de rencontres exceptionnelles, émouvantes, avec le talent. Noémie Godin-Vigneau, bel exemple d'un don inouï, original. Mais cette femme, gracieuse comme mélèze au vent, exceptionnellement photogénique, n'aura sans doute pas la carrière qu'elle mériterait. Elle a été la vedette coup sur coup de deux films qui n'ont pas été des succès : *Nouvelle-France*, de Beaudin, et le mien, et, en outre, la vie elle-même, la vraie, la fascine davantage que la vie d'actrice. Ces deux films eussent mieux fonctionné, Noémie, qui sait ? eût pu se laisser emporter dans les rapides du succès, mais le temps qui lui a été donné de réfléchir l'a guidée vers d'autres rivages.

Ce dernier long métrage m'a donné l'occasion aussi de travailler avec une autre femme au talent très particulier, Jorane. Je fus le premier à confier la musique d'un film à cette chanteuse-musicienne et tous les autres réalisateurs qui lui demandent depuis de collaborer à leurs films lui fournissent l'occasion de démontrer les qualités exceptionnelles qu'elle possède et confirment que peut-être ai-je fait montre, au cours de ma carrière, d'un certain flair.

Ce flair ne m'avait d'ailleurs pas abandonné lorsque j'ai confié à Daniel Lavoie de réincarner Félix Leclerc et de recréer ses chansons dans la minisérie inspirée de la vie et de l'œuvre du célèbre chansonnier. Il y a vingt ans que Félix est mort, soit! mais dans vingt ans encore, lorsque l'image du vrai Félix se sera en définitive estompée de la mémoire collective, les prochaines générations auront au moins l'occasion de regarder cette interprétation qui rend bien plus justice à l'original que l'a prétendu la horde des détracteurs aiguillonnée par un roitelet du milieu culturel québécois, dépossédé de son trône, trois ans plus tard, par ceux-là même qui l'y avaient installé. Et que penser de ces (prétendus) amis qui se sont aussitôt détournés de nous, de crainte d'encourir la disgrâce du prince?

Je m'arrête là, préférant suivre la recommandation de l'ancien juge en chef de la Cour suprême américaine, Warren Earl Burger: « *You don't enter a pissing contest with a skunk*[54]. »

Je conserverai toujours frais à la mémoire ce long téléphone de Gaëtane, la veuve de Félix, me faisant part de ses sentiments après avoir visionné le film, un an avant sa présentation à la télévision: l'œuvre l'avait bouleversée, elle avait rouvert l'album de leur vie amoureuse de manière si évocatrice qu'elle n'en avait pas dormi durant des jours et des jours. Elle me demanda de remercier Daniel Lavoie et Catherine Sénart, « tellement plus belle que moi », fit-elle humblement remarquer.

J'ai la ferme conviction que mon *Félix Leclerc* sera plus important pour notre mémoire collective que le triste tronçon d'autoroute qui porte son nom. Glossateurs, critiques, commentateurs et petits pourvoyeurs d'opinions en tous genres, l'attention momentanée qu'on leur porte éclipse souvent le fait que la majorité d'entre eux, contempteurs par habitude, sombrent bien vite et à jamais dans l'oubli tandis que renaissent plus tard beaucoup des œuvres qu'ils avaient avec tant de délectation cherché à détruire.

Misérable besogne de termites.

54. « On ne pisse pas dans un concours contre une mouffette. »

⁂

Ces si rares amitiés à la vie, à la mort. Ces indéfectibles épissures.

Milieu des années 1980. Nous sommes invités pour la deuxième fois chez ces connaissances du XVIe, à Paris, où nous avons déjà fait l'expérience d'y mal manger, mais il s'agit de relations d'affaires, pas question d'évoquer l'embarras gastrique, et pourtant ! Arrive tout de suite après nous un grand type dans la soixantaine, plutôt bel homme avec ses cheveux argentés, légèrement ondulés, ses yeux bleus au regard inquisiteur et son visage découpé à la Jack Palance, l'acteur américain, dont il pourrait être le sosie. Il porte un veston croisé avec une cravate écarlate, contrastant avec la sobriété de son costume. Sitôt qu'il entre, tous se précipitent pour le saluer et lui serrer la main – ou bien l'homme est riche ou bien très important –, ignorant aussi complètement que si elle eût été transparente la jeune femme qui l'accompagne, une minuscule mais jolie Asiatique dans la vingtaine.

Comme prévu, nous mangerons mal, mon ami Michel Cournot m'ayant d'ailleurs toujours affirmé qu'en France c'est chez les rupins qu'on mange le plus mal, et, durant tout le repas qui va vite (il n'y a pas de quoi s'attarder), personne n'adressera la parole, ni ne portera la moindre attention à l'invitée transparente, sauf moi, qui finirai par apprendre en dressant l'oreille, car elle murmure plus qu'elle ne parle, que son prénom est Françoise, qu'elle est vietnamienne et hôtesse de l'air.

Les convives passent ensuite au salon. Marie-José et moi poursuivons la conversation avec Françoise, dans un coin isolé dont personne ne s'approchera, l'îlot des pestiférés.

Un peu plus tard, Jack Palance, qui se nomme en fait Paul Lepercq, vient chercher la jeune femme, c'est l'heure de partir. Il nous serre la main, nous remet sa carte en disant qu'il aimerait bien nous revoir.

Quelques jours plus tard, de retour à Montréal, au beau milieu d'une désagréable giboulée de mars, coup de téléphone. Paul Lepercq demande pourquoi nous n'irions pas passer deux ou trois jours chez lui, aux Bermudes, où l'on annonce du temps chaud et magnifique pour le week-end.

Dans l'air tiède et moite des Bermudes, Françoise et lui nous attendent à l'aéroport pour nous emmener ensuite dans la plus ancienne résidence des îles, au bord de Puget Sound, juste en face du ferry menant à Hamilton. Nous découvrons que notre hôte est banquier, que sa société a son siège social aux Bermudes et des succursales à New York et à Mexico, une banque d'investissement et de développement. Il fait la navette entre New York et Paris, sur le Concorde, une ou deux fois par semaine. Et c'est sur le Concorde qu'il a rencontré Françoise, il y a moins de quatre mois. Il l'avait remarquée en montant dans l'avion et lui avait avoué gentiment :

— Si je devais un jour avoir des enfants, mademoiselle, j'aimerais qu'ils fussent de vous.

Puis, en cours de route, il lui demanda s'il pouvait l'inviter à dîner à Londres, à un moment où ils s'y trouveraient tous les deux. Ce monsieur d'un certain âge lui faisait ces avances avec tant de gentillesse qu'elle lui donna son téléphone, en se disant qu'il serait plus aisé au bout du fil de se soustraire à ses invitations. Un mois plus tard, il l'invitait à dîner en lui expliquant qu'elle pouvait être tranquille, ils ne seraient pas seuls, il avait invité d'autres amis.

Tranquille, bien sûr, mais comment ne pas tomber sous le charme de cet homme raffiné, cultivé, généreux, s'intéressant aux arts, un homme de la Renaissance, car si les hommes de la Renaissance existent encore, Paul Lepercq en était un exemple typique. Françoise est fiancée à un journaliste du *New York Times*, elle le quittera et vivra avec Paul et jusqu'à la mort de ce dernier une histoire d'amour qui durera douze ans et dont nous serons les témoins privilégiés.

Paul venait d'une famille de financiers de Lyon. Son père fut ministre des Finances dans le gouvernement du général de Gaulle jusqu'à sa mort prématurée dans un accident de voiture. Toute la promotion de Paul à Polytechnique avait été désignée par les nazis pour du travail obligatoire, mais il réussit à passer en Espagne pour ensuite joindre la marine française libre, à Alger, jusqu'à la fin de la guerre. Paul avait un aîné et un frère cadet, qui venait de mourir de la tuberculose et à propos duquel sa mère ne cessait de répéter que le ciel lui avait enlevé le plus beau et le plus intelligent de ses fils. Quantité négligeable, Paul choisit d'échapper à ce climat et de poursuivre à l'Université Harvard de Boston des études en économie où, brillant étudiant, il fut bientôt recruté par Jean Riboud pour la Banque Schlumberger de New York, qui deviendrait éventuellement la Banque Lepercq de Neuflize. Après son divorce au début des années soixante d'une Américaine qui sombra dans l'alcoolisme, Paul, avec son allure et son charme français, devint rapidement la coqueluche de ce gratin où l'on retrouvait entre autres les Kennedy, mais plutôt que de se laisser entraîner dans les remous de cette société, il choisit de s'impliquer dans le mécénat, assurant d'abord le sauvetage de la Brooklyn Academy of Music que la ville voulait raser et dont il devint le président du conseil d'administration après avoir fait engager comme directeur artistique Harvey Litchtenstein. Sous la direction de celui-ci, la BAM grandit jusqu'à devenir un des plus hauts lieux de la danse contemporaine, accueillant les Merce Cunningham, Twyla Tharp, Pina Bausch et permettant au jeune Peter Brook d'y monter sa version du poème épique *Mahabharata*.

Ce qui était extraordinaire de Paul Lepercq, c'est qu'il s'intéressait à tout, aux arts bien entendu, mais davantage peut-être aux êtres humains, quel que soit leur rang. Il ne prenait jamais un taxi sans engager une conversation soutenue avec le chauffeur, il s'informait sur tout, il voulait tout savoir et prenait sans cesse des notes. Il était l'homme de confiance de Nicolas Seydoux à la Gaumont, en même temps qu'il siégeait au conseil de direction du Théâtre Bolchoï et contribuait à restaurer la bibliothèque de l'Opéra Garnier. Il vivait dans un appartement assez modeste, mais aménagé sur trois étages de manière très originale sur la rue de Tournon à Paris, en même temps qu'il avait acheté un château dans le Perche et un palazzo qu'il restaurait à Venise. Il possédait aussi deux autres résidences à Auribeau Moulin Vieux, village médiéval perché au bord de la Siagne, sur les hauteurs de Cannes.

Il vous amenait dans les plus grands restaurants de New York, mais lorsque vous insistiez pour lui rendre la politesse, il réclamait les hot-dogs du Pool Room de la rue Saint-Laurent ou les tacos pimentés de quelque boui-boui mexicain de New York. Je me souviens d'un restaurant scandinave fabuleux, à Manhattan, où avant d'assister à une représentation de *Carousel* au Théâtre Vivian Beaumont il nous avait invités à manger en compagnie du metteur en scène Nicholas Hytner. Si fascinante que fût la conversation de Hytner sur la reprise du *musical* de Rogers et Hammerstein, cela n'empêchait personne de savourer les plats exceptionnels qu'on déposait devant nous. À un moment, je me penche vers Paul et lui murmure qu'en sortant je prendrai les coordonnées du restaurant.

— Ce n'est pas la peine, réplique-t-il avec une simplicité désarmante, tu n'as pas les moyens de manger là, laisse-moi plutôt vous inviter.

Avec Paul, c'était toujours net, direct, sans ambiguïté.

Pendant plusieurs années, alors que nous devions aller à Cannes pour le festival ou le MIP-TV, il nous prêtait une de ses maisons d'Auribeau, des résidences magnifiques surplombant la Siagne, dont les rives sont couvertes des plus beaux mimosas de France. Comme nous adorions ce vieux village médiéval, il m'appela un jour de son bureau de New York pour m'annoncer qu'il y a une maison à vendre : suis-je intéressé à l'acquérir ?

— Absolument, dis-je, c'est combien ?

— Mon vieux, réplique-t-il aussitôt, si tu me demandes le prix, c'est que tu n'as pas l'argent pour l'acheter !

Et il raccroche avant même que j'aie pu ajouter un traître mot.

Même si les fréquents coups de fil de Paul restaient toujours très brefs, des coups de sonde pour mesurer l'amitié, celui-là m'avait franchement un peu blessé. Mais j'eus à peine le temps de ruminer, le téléphona sonna de nouveau. C'était encore lui.

— Acheter une maison à Auribeau, ce serait vraiment trop bête, nous en avons déjà deux, il y a une cameriste, tout ce qu'il faut, elles sont à toi, tu y vas quand tu veux. Allez, je t'embrasse, pardonne-moi ma stupidité.

Paul, qui n'avait pas d'héritier direct, épouse Françoise, en 1991, aux Bermudes, mariage auquel nous ne pouvons pas assister. Un an plus tard, elle donne naissance à Edmée et, pour célébrer cet heureux événement, Paul loue un bateau et invite quelques amis très intimes à naviguer une dizaine de jours dans les Cyclades. Encore une fois, le coup de téléphone est laconique :

— Les amis, j'aimerais bien que vous veniez avec nous dans les Cyclades. Dix jours. Je vous prends en charge à partir d'Athènes. Je veux une réponse d'ici demain.

Ce fut évidemment oui.

La nounou d'Edmée, une Haïtienne, serait du voyage, ainsi que le Dr Jean-Pierre Tarot (c'est lui qui accompagnera le président Mitterrand durant la dernière année de sa maladie) et un vieil ami de Paul, Roland Vandenbossche, patron de Schlumberger pour l'Asie. Et ce sera lui, Roland, qui sera chargé de tenir les comptes, car lorsque nous ne mangions pas à bord, il avait été entendu que nous séparerions les dépenses, dépenses somptuaires puisque Marie-José et moi dûmes débourser à la fin du voyage environ vingt dollars américains !

Nous quittâmes Athènes sur une mer d'huile, à six heures du matin, à destination de Kéa, mais deux heures plus tard, la mer Égée se déchaîna à tel point que le capitaine s'informa si nous souhaitions faire demi-tour. Je ne sais pas si c'est la vieille expérience de Paul dans la marine française, mais il résolut que nous poursuivrions notre course vers Kéa, course à obstacles, car notre yacht conçu pour des vents ne dépassant pas sept à l'échelle de Beaufort se trouva au beau milieu de bourrasques atteignant cette limite, et face à des déferlantes de deux ou trois mètres. En temps normal, il restait moins de deux heures pour atteindre Kéa, il nous en fallut cinq, alors que tout dans le bateau se mit à valser : le téléviseur, la vaisselle, les tables, les fauteuils. Françoise, qui gardait Edmée, un poupon de trois mois, dans ses bras dut la remettre à Marie-José, qui la remit à son tour au cuisinier, qui arrivait tant bien que mal à garder son équilibre. Tout le monde se réfugia dans les cabines, sauf Paul et moi, qui ne quittâmes pas la cabine de pilotage, lui sans doute parce qu'il ne craignait rien, moi parce que j'avais aussi hâte que Christophe Colomb d'apercevoir un bout de terre à travers les traînées d'écume.

Le reste du voyage se passa dans une merveilleuse harmonie, alors que nous faisions de courtes escales dans les îles les moins achalandées, nous ancrant pour dormir dans de petites criques où nous parvenaient la fraîcheur de la nuit, les parfums délicats de la garrigue et, de temps en temps, le bêlement timide d'un chevreau cherchant sa mère. Il y eut dans ce tableau idyllique un matin d'inharmonie ; il avait été convenu la veille de lever l'ancre à six heures, mais le Dr Tarot manquait à l'appel, disparu depuis les premières lueurs de l'aube jogger parmi les troupeaux de chèvres, ces taches blanches, figées çà et là par le sommeil sur les collines roussies. Debout sur la passerelle, Paul demanda au capitaine de sonner trois brefs coups de sirène et annonça qu'il accordait au retardataire cinq minutes de grâce avant de lever l'ancre. Françoise, comme nous tous, crut à une blague, mais les cinq minutes écoulées, Paul ordonna, imperturbable, au capitaine de retirer la passerelle et de se mettre en route. Nous étions déjà à une centaine de mètres de la rive lorsque nous aperçûmes Jean-Pierre, à bâbord, courant au sommet d'une colline. Mais pas question de faire demi-tour, Paul savait Jean-Pierre bon nageur et l'obligea à plonger à la mer pour venir nous rejoindre là où nous passerions à cinq ou six cents mètres de l'endroit où il se trouvait.

À bout de souffle et d'humeur massacrante, le Dr Tarot se hissa à bord et se mit à regimber, prétextant que nous étions en vacances, pas en pleines manœuvres militaires. Vacances ou pas, Paul ne l'entendait pas de cette façon : lui, que l'on eût dit réglé sur le temps atomique international, était ponctuel à la seconde près et n'en acceptait pas moins des autres. Moi qui n'avais jamais eu ce que Balzac appelle « une ponctualité d'amoureux », je la développai par amitié pour Paul et j'essaie encore maintenant de conserver cette qualité, sachant très bien que je n'aurais pas comme Tarot la forme nécessaire pour rejoindre à la nage un bateau qui se sauve.

À cause de ces liens avec Michel Cournot ou Moshe Safdie, je savais que l'amitié existait ; ce qui m'était plus étranger jusqu'à ce que je connusse Paul, c'est que la véritable amitié n'est pas instantanée, qu'elle se forge avec la pratique, qu'elle a besoin de réciprocité et qu'une fois enracinée, elle ne possède peut-être pas la beauté et l'éclat de l'amour, mais elle reste la plante nourricière qui résiste le mieux aux rigueurs des passions, celle qui s'accommode de toutes les zones.

Cette amitié avec Paul dura douze ans et ne se démentit jamais jusqu'à sa mort, des centaines de coups de téléphone de tous les coins du monde l'ayant entretenue : échanges brefs, affectueux, simples comme des appels de phare pour signaler nos présences, il arrivait que nous nagions alors en plein bonheur ou que menacent des tempêtes effroyables – cette leucémie par exemple qui sapa ses dernières années –, mais cela nous rassurait, je crois, de constater que nous étions toujours à flot, en route de Nouvelle-Amitié à Tendre-sur-Reconnaissance, suivant les itinéraires romantiques imaginés par Mme de Scudéry.

Très jeune, j'avais perdu Jean Saint-Denis, puis ensuite Claude Jutra, deux amis qui emportèrent avec eux la moitié de ma vie. Il m'apparut alors que l'aptitude à contacter de nouvelles amitiés s'étiole avec le temps, que le cœur resté trop longtemps en jachère risque de tomber en friche et qu'il faudrait alors pour l'essarter un courage que l'âge ne cesse jamais de miner. La vieillesse risque donc ainsi de devenir si solitaire et si triste qu'elle étouffe la moindre lueur d'espoir, le dernier reflet crépusculaire du firmament.

Cet espoir, Paul n'arrêtait jamais de l'entretenir pour lui, mais plus encore pour les autres, comme si la vigueur de l'amitié pouvait conjurer jusqu'à la mort. Lorsqu'il apprit que le danseur Jorge Donn, pour qui Maurice Béjart avait créé tant d'œuvres, était atteint du sida, que le temps était compté qu'il lui restait à vivre, il le convainquit de donner une série de représentations solo, car je crois sincèrement qu'il espérait que Jorge conquerrait la terrible maladie ou qu'à tout le moins ces spectacles détourneraient son esprit de l'inexorable. Paul loua le Théâtre des Champs-Élysées pendant dix jours, s'arrangea pour qu'il ne restât jamais un fauteuil vide et Jorge donna, durant ces dix soirées, les représentations les plus magnifiques et les plus émouvantes de sa carrière, comme s'il avait déterminé d'enchâsser dans ces quelques jours toutes les années de danse qu'allait lui voler la maladie. Nous assistâmes avec Paul à presque toutes les représentations et, après, nous mangions tous ensemble à la Maison Blanche, le restaurant juste au-dessus du théâtre, le seul endroit où Jorge Donn pouvait encore traîner son corps affaibli qui semblait arrêter de lui obéir sitôt que le rideau tombait. L'instant d'avant, ce danseur qui avait été plus gracieux que tous les cygnes, ce danseur traînait maintenant son blanc plumage sur le sol raboteux, comme le cygne de Baudelaire, et le cœur plein de son beau lac natal tendait sa tête avide vers le ciel ironique et cruellement bleu, adressant sans doute à Dieu des reproches que son regard absent rendait inscrutables ! Jorge, qui avait commencé à danser à cinq ans, à Buenos Aires, s'éteignit quelques mois plus tard, à Lausanne, il n'avait pas encore quarante-cinq ans.

Ce Lepercq de fidélité et de générosité, comment, après l'exemple qu'il nous avait donné, aurions-nous pu ne pas veiller sur lui avec la même tendresse lorsque, brusquement, il fut frappé par une maladie dont on ne croyait jamais qu'elle finirait par l'emporter ? Il sortait justement d'un premier séjour à l'hôpital et nous mangions avec Françoise, la petite Edmée et quelques amis au quai de la Tournelle, dans une telle euphorie de le sentir si bien, que nous nous donnâmes rendez-vous dès le surlendemain au meilleur sushi de Paris, chez Isami, sur l'île Saint-Louis.

Mais en rentrant à l'appartement, une nouvelle bouleversante nous attendait. Depuis plusieurs jours, nous appelions Lucien Bouchard chez lui sans obtenir de réponse, ce qui commençait à nous causer beaucoup de soucis, mais, à cet instant même, pas question de rappeler de nouveau. À Montréal, c'est en pleine nuit. Nous allons nous mettre au lit lorsque le téléphone sonne. C'est la sœur de Marie-José, Danielle, radiologue à l'Hôpital Notre-Dame, qui nous apprend que Lucien est hospitalisé à Saint-Luc et que des collègues de cet hôpital lui disent que sa vie est en danger. Une maladie mystérieuse qu'on avait d'abord identifiée comme une phlébite. Nous annulerons tous nos rendez-vous et prendrons le premier avion pour Montréal.

Huit heures plus tard, nous sommes avec Audrey au chevet de Lucien, à qui les médecins viennent d'annoncer qu'ils doivent lui amputer une jambe qu'a dévorée une bactérie vorace dont on tente désespérément d'arrêter la marche inexorable vers son cœur. Nous le couvrons d'affection et remontons à la chapelle de l'hôpital accompagner Audrey, qui s'y rendra prier chaque jour. Nous nous relaierons au chevet de Lucien jusqu'au 21 décembre, alors qu'il obtiendra enfin son congé, la veille de son anniversaire. Chaque soir, en rentrant de l'hôpital, j'avais pris l'habitude de consigner à l'intention de Lucien le journal des gestes et des sentiments de ceux qui l'entourèrent durant ce dramatique épisode de sa vie (en omettant certaines visites intempestives, souvent tard le soir, de quelques personnalités politiques ayant bu et imposant une présence à son chevet qu'elles croyaient vitales !) et de divers autres événements dont il ne pouvait avoir eu connaissance. Ce journal d'une soixantaine de pages, intitulé *Petite gazette d'une amitié*, avec une couverture joliment dessinée par Marie-José, est un exemplaire unique que je lui remis le jour de son anniversaire ; il contenait aussi une photo que j'avais prise d'Audrey reflétant son incroyable inquiétude et des détails des assauts cruels de la maladie de leur père dans le cœur d'Alexandre et Simon, encore si jeunes.

Combien de moments de grands bonheurs nous avons heureusement aussi vécus ensemble : des vacances aux îles de la Madeleine, au moment où l'été pique sur les champs et les dunes des millions de fines lames vertes coiffées d'iris de velours bleu comme si ces bijoux délicats étaient sortis des maisons multicolores posées çà et là comme des écrins dans la campagne ; ou encore ces fêtes de Noël à Sitges, la messe de minuit à l'église basque, la découverte du monastère Santa Maria de Poblet, à Vimbodi, en Catalogne. Dans cette abbaye cistercienne du XIIe siècle, qui fait maintenant partie du patrimoine mondial de l'humanité, nous avons attendu des heures afin d'assister à l'office des vêpres où nous n'étions que nous quatre, transportés par la grandeur du lieu et la sublimité du grégorien, aussi près, je suppose, que nous puissions jamais être du ciel. Dieu faisait l'invisible, bien sûr ! mais comme cela nous était égal devant la présence réelle de l'amitié, tangible, palpable, tel un cocon soyeux et paisible que le fil des siècles aurait enroulé autour de nous.

Et après une visite officielle à Paris de Lucien, premier ministre, ces deux jours que nous nous étions réservés pour une tournée du sud de la France que nous connaissons si bien. Nous nous étions donné rendez-vous à Lille, où il avait eu une brève rencontre avec M. Pierre Mauroy. De là, un avion du gouvernement français nous ramena à Nice. Ce n'était plus la visite officielle, mais nous étions tout de même accompagnés par deux voitures d'escorte du gouvernement dont en général les conducteurs possèdent la fougue qu'avait justement à cette époque Jacques Villeneuve. J'avais donc loué une voiture en conséquence, une Mercedes habile à suivre l'auto qui nous ouvrait si gentiment et si autoritairement la route. Lucien voyagerait avec nous tandis qu'Audrey, avec sa grand-mère, fermerait le cortège dans le deuxième véhicule d'escorte.

D'après moi, et ce devrait être de notoriété publique, le meilleur nougat au monde, c'est Sénéquier qui le confectionne à Saint-Tropez, et qu'on ne me casse pas les nougats avec les semelles de Montélimar! Combien de fois Marie-José et moi avons-nous fait le trajet entre Auribeau et Saint-Tropez uniquement pour boire un express à la terrasse de Sénéquier et faire provision de leur nougat blanc, si velouté, si moelleux qu'on a l'impression de border son palais dans le plus délicat des édredons. Mais cette fois, ainsi escortés, quel trajet par la Provençale! Même le massif de l'Estérel s'éclipse en un clin d'œil. Et pas la peine de se garer, la Mercedes encore bouillante, nous l'abandonnâmes carrément devant la terrasse chez Sénéquier et, avant même qu'on prît notre commande, nos copains de la Garde nationale avaient fait disparaître les véhicules, nous libérant la vue sur les voiliers du port. Après le déjeuner, nous reprîmes la route par la côte, plus paisiblement, question de ne pas ballotter les précieux lingots de nougat fleurant la pistache et le miel malgré leur carapace de papier de plomb.

Le lendemain, nous passons l'avant-midi à visiter la Fondation Maeght, à Saint-Paul-de-Vence, visite géniale guidée par Jean-Louis Prat, qui a dirigé pendant quarante ans cet extraordinaire musée né d'un grand malheur qui avait frappé Aimé et Marguerite Maeght, en 1953: la mort de Bernard, leur fils cadet. Le couple Maeght avait ouvert il y avait huit ans, à Paris, une galerie devenue le pôle de l'avant-garde: les Bonnard, Chagall, Miro, Duchamp et Kandinsky n'étaient pas que des peintres qu'ils exposaient, ils étaient aussi leurs amis. Les voyant détruits par la mort de leur fils, Braque et Léger incitèrent les Maeght, qui venaient d'acheter un terrain à Vence, à créer quelque chose qui les aiderait à transcender leur malheur. À l'ouverture de ce musée si particulier érigé dans les odeurs de thym et de romarin, André Malraux avait déclaré: «Ici est tenté quelque chose d'exceptionnel. Ceci n'est pas un musée. Ce qui se passe ici est peut-être quelque chose de l'esprit.» C'est vrai que ce zigzag à travers les mobiles de Calder, les *Hommes qui marchent* de Giacometti et ces haltes enchantées devant les bassins de Braque ou le musée imaginaire de Miro stimulent directement l'esprit. Ce n'est pas un musée, c'est un espace où l'imagination s'éveille et galope en liberté comme un cheval sauvage, curieusement en harmonie avec l'art et la nature.

Pour cette visite à la Fondation, nous avions aussi été chargés d'une mission par Bernard Lamarre, président du Musée des beaux-arts de Montréal, qui souhaitait que nous sondions Jean-Louis Prat : y avait-il une chance que le génial conservateur de Maeght acceptât, dans un avenir pas trop lointain, le même poste à Montréal ? Nous n'entretînmes pas beaucoup d'espoir sur le succès de notre mission. La liberté que la Fondation donnait à Prat, l'enthousiasme extraordinaire que ce dernier entretenait toujours pour ce lieu après y avoir passé presque quarante ans et, il faut l'admettre, ce délicieux climat de Provence... Bernard Lamarre, aussi fin coryphée fût-il, n'était pas à la veille de constituer un chœur de sirènes aux chants assez séduisants pour détourner le conservateur de son paradis méditerranéen. Il était impossible de prévoir que, quelques années plus tard, un écueil surviendrait, séparant les héritiers Maeght de Jean-Louis Prat. Trop tard, Bernard avait déjà attiré quelqu'un d'autre au musée de Montréal.

L'autre partie de cette dernière journée de congé du premier ministre, nous la passâmes à l'abbaye cistercienne du Thoronet, dans le Var. Cette abbaye du début du XIIe siècle est, de toutes celles que je connais, ma préférée, à cause de son dépouillement et de son humble simplicité, vertus fondamentales de la règle bénédictine, revue et corrigée par saint Bernard de Clairvaux. Marie-José et moi la visitions pour la énième fois, mais il y avait un bonheur très particulier de partager avec un ami que l'on aime ce lieu d'une telle harmonie, d'admirer cette architecture de pierre calcaire aux reflets gris et à la peau rude, aussi rêche que l'habit de laine écrue qui donna aux cisterciens le sobriquet de moines blancs. Et l'église abbatiale, une nef à quatre travées couverte d'une voûte en berceau brisé où des verrières translucides déversent des flots de lumière, aucun autre ornement, aucun décor pour distraire le regard dirigé tout droit vers l'autel principal et sa petite fenêtre en surplomb, parfaitement orientée vers le soleil levant, celui des points cardinaux d'où l'on dit que reviendra le Christ à la fin des temps. Mais ce qu'il y a de plus étonnant dans cette église, c'est l'acoustique avec son écho prolongé, une réverbération de douze secondes qui devait imposer aux chanteurs de chanter lentement et à l'unisson, mais qui nous a fait imaginer une expérience que nous aurions beaucoup aimé tenter. En effet, cet écho permettrait à une seule voix de chanter à la tierce, à la quinte ou à l'octave, soit d'emmagasiner carrément des accords comme s'il y avait plusieurs voix. Cette expérience, nous sommes venus bien près de la réaliser avec l'actrice Arielle Dombasle, dont non seulement la voix est magnifique, mais qui raffole de ce genre d'expérimentation. Nous avions donc fait des plans avec elle et sollicité la collaboration du saxophoniste Jan Garbarek, puis ce beau projet s'est hélas perdu dans le pot-pourri de toutes nos activités. Le Thoronet ne bouge pas et chaque fois que nous y revenons, l'idée renaît. Il ne faudrait que du temps et un peu d'argent, les austères cisterciens ne finissent-ils pas toujours par en trouver ? Donc, un jour, peut-être…

L'amitié coule parfois comme un long fleuve entraînant dans son cours, et en silence, une richesse alluvionnaire, souvent insoupçonnée, dont on se rendra compte au fil des ans qu'elle aura amoncelé un delta, qu'il se sera ramifié, alors qu'il n'y avait eu au départ que la découverte en apparence banale d'une personne dont on n'eût jamais soupçonné qu'elle était un lac profond ni que le courant de cette source nouvelle eût risqué d'affouiller profondément sa vie et de la transfigurer. Oui, ce parcours avec Lucien Bouchard a débouché dans un estuaire où d'autres courants se sont retrouvés, de manière si oblique dans un cas que j'en reste encore étonné, une décennie plus tard.

Le succès du portrait que j'avais publié de René Lévesque avait été tel que Pierre Lespérance, le P.-D.G des Éditions de l'Homme, me fit venir à son bureau pour me demander d'écrire une biographie de Robert Bourassa. D'autant qu'il savait que, durant mes recherches sur Lévesque, j'avais recueilli beaucoup d'informations (parfois trop !) sur Bourassa, tant sur le plan politique que sur le plan personnel. Ma réaction fut immédiate :

— Je ne pourrais jamais écrire sur quelqu'un que je n'aime pas.

Aimer quelqu'un pour Pierre ne semblait pas une condition *sine qua non* au travail qu'il me demandait.

Pour moi, si ! De plus, je connaissais sur Robert Bourassa des faits qui eussent certainement assuré le succès du livre, mais que ma conscience répugnait à dévoiler. M. Lespérance me suggéra d'entrer en contact avec John Parisella avant de prendre une décision définitive.

— Ma décision est prise, lui dis-je, et c'est non.

Par acquit de conscience, j'essayai une fois de joindre Parisella alors que nous étions tous les deux à Paris, je lui laissai un message auquel il ne répondit pas et, quant à moi, l'affaire était close.

Plusieurs semaines après, le téléphone sonne à mon bureau, c'est la secrétaire qui m'annonce que M. Bourassa veut me parler.

— Je vous avais demandé de filtrer les appels.

— Mais c'est M. Bourassa, réplique-t-elle.

— Je ne connais aucun M. Bourassa, répliquai-je de plus en plus de mauvaise humeur.

— Bien voyons ! C'est M. Bourassa, l'ancien premier ministre.

Je prends donc l'appel et après quelques politesses d'usage, M. Bourassa me dit qu'il a beaucoup aimé le livre que j'avais écrit sur Lévesque, puis il ajoute :

— Je me suis laissé dire que vous vouliez aussi écrire une biographie sur moi.

— Qui vous aurait parlé de cela ?

— Des gens !

Ma remarque sort alors d'un jet, brutale, sans faux-fuyant.

— Je suis désolé, monsieur Bourassa, c'est si difficile d'écrire un livre, je ne pourrais jamais en écrire un sur quelqu'un que je n'aime pas !

Marie-José qui travaille dans le même bureau que moi et entend tout est sidérée.

Après quelques instants de silence, mon interlocuteur éclate d'un rire qui paraît très sincère et me dit non sans un certain humour :

— On ne sait jamais, peut-être que vous m'aimeriez si vous me connaissiez.

Je reste sans voix.

— Voulez-vous que nous mangions ensemble, je ne sais pas, au moment où cela vous conviendrait ? me demande M. Bourassa.

C'est ainsi que commencera avec l'ancien premier ministre une série de rencontres, toujours des déjeuners dans des restaurants, au rythme de deux ou trois par mois pendant plus d'un an, des conversations qui ne duraient jamais moins de deux heures et durant lesquelles je ne prenais aucune note, au début parce que je n'avais nullement l'intention d'écrire sur lui et ensuite parce que je me pris pour lui d'une telle affection, surtout lorsque je l'entendais me parler de ses enfants et de ses petits-enfants avec tant d'émotion -- j'étais moi-même encore sous le choc de la naissance d'Arnaud, le premier de mes petits-enfants – que je n'aurais plus osé écrire cette biographie sans me censurer outre mesure. Et pour comble, je me rendis compte que sa femme, Andrée Simard, avait été mon rendez-vous surprise, alors que j'avais dix-sept ans et que j'étais allé passer un week-end chez des amis de sa famille, à Sorel.

M. Bourassa était d'une intelligence exceptionnelle, mais d'une certaine timidité qui, malgré sa grande simplicité, pouvait le faire paraître à prime abord froid et distant. Mais, le connaissant mieux, combien j'appréciais de lui sa façon d'extérioriser sans fausse pudeur les sentiments qu'il éprouvait pour les autres et pour moi en particulier. Nous partagions aussi la même passion pour le bon vin et la cuisine. C'était un gourmand délicat.

À un de nos déjeuners, M. Bourassa commença de m'entretenir de l'appréciation qu'il éprouvait pour Lucien Bouchard, mais sans savoir que c'était un ami. Il l'avait rencontré, par hasard, dans un restaurant, ils avaient échangé quelques mots et, me disait-il, il eût souhaité que les circonstances leur eussent permis de se connaître davantage.

Je le prévins alors, en rigolant, de prendre garde à ce qu'il pouvait me raconter sur Lucien, car c'était un ami intime. Le visage de M. Bourassa s'illumina :

— Croyez-vous, demanda-t-il, qu'il vous serait possible de nous organiser une rencontre dans un endroit privé et discret ?

— Le plus facilement du monde, répondis-je, arrangeons un dîner à la maison avec Andrée, que je n'ai pas revue depuis cette fameuse *blind date* dont elle n'a certainement pas gardé un souvenir impérissable, et Lucien viendra de son côté avec Audrey.

La veille de cette rencontre, je préviens notre homme de ferme pour que le jardin soit bien à l'ordre et il manque carrément de tomber en syncope.

— M. Bourassa, me dit-il dégoûté, je ne peux pas croire que vous allez recevoir cet homme-là chez vous.

Il faut dire que mon bonhomme, un Gaspésien, est un souverainiste sans faille, bien plus solide que le rocher Percé, et qu'il a l'habitude depuis plusieurs années de plutôt voir des gens comme Lucien, Bernard Landry, Jean-Roch Boivin, ou Yves Beauchemin nous visiter, mais Bourassa ! Et ce dernier en même temps que Lucien, quelle hérésie !

Lucien et Audrey arrivent les premiers, puis les Bourassa. Assez tôt, car Lucien déteste dîner tard.

Ce mardi 5 septembre 1995 est une soirée sublime, l'air est tiède et le soleil qui se couche darde ses rayons rouges à travers les grands sapins qui bordent la véranda où nous prendrons l'apéro : du champagne accompagné de canapés au foie de morue frais des îles de la Madeleine et au saumon fumé. Cette première partie se déroulera comme les premières rondes d'un combat de boxe de championnat ; les deux hommes, qui paraissent vraiment se respecter l'un l'autre, commencent par s'étudier avec précaution. La portée de Bourassa est plus courte, mais il possède beaucoup d'aplomb et même s'il ne fait pas physiquement le poids face à son adversaire, il est clair que sa vaste expérience compensera. Lucien paraît très content d'avoir accepté la rencontre et on le sentirait presque impressionné par la qualité de l'homme qu'il affronte. Les premiers échanges : quelques directs par Bourassa pour évaluer la résistance de la mâchoire de son adversaire dans les secteurs de la finance et de l'économie, de prétendus points faibles que lui avaient sans doute signalés ses entraîneurs après avoir analysé les performances de Bouchard dans ce domaine depuis qu'il était monté dans l'arène politique. Lucien réplique par quelques coups à la tête. Lui, le féru de littérature et de philosophie, veut savoir s'il trouvera un peu de Proust ou de Spinoza dans la tête de son adversaire. Après quelques rondes, au moment où la cloche sonne pour passer à table, on pourrait annoncer que chacun a marqué le même nombre de points. Le score est nul avec peut-être un léger avantage pour Bourassa, en présumant que Keynes, Friedman ou Galbraith soient plus précieux pour l'homme d'État que Descartes, Aristote ou Burckhardt. Le combat s'annonce passionnant.

La joute reprendra, petit à petit, aussitôt que les convives se seront conditionné l'estomac avec un velouté de concombres à la crème sûre. Puis, les hommes feront des pauses entre les échanges pour déguster un carré d'agneau québécois, cuit sur le gril, servi avec une sauce à la gelée de pommes et une casserole de légumes à la Missoni, arrosé de Grands Échézeaux 1982. L'enthousiasme de Bourassa pour le menu va-t-il le ralentir pour la suite du combat ou ses propensions d'épicurien seront-elles contrebalancées par la gourmandise naturelle de Lucien ?

Non, car les sujets se corsent. On en vient rapidement à l'entente de juin entre le Parti québécois, l'Action démocratique et le Bloc québécois qui conduit au deuxième référendum sur la souveraineté du Québec, qui aura lieu le 30 octobre suivant. Les coups se font de plus en plus précis, Bourassa cherchant obliquement par des crochets à éprouver les convictions souverainistes de Lucien, qui réplique par d'impressionnantes combinaisons de coups, des coups qui portent et semblent ébranler Bourassa, lequel continue cependant à douter de la détermination des Québécois : il semble en effet plus près d'y croire lui-même que la majorité de ceux dont il aura été le premier ministre pendant quatorze ans.

Vrai de vrai, depuis que cette rencontre entre les deux hommes politiques a été arrangée, Marie-José a résolu qu'il fallait profiter de la circonstance pour ébranler suffisamment (ou séduire) Robert Bourassa pour qu'à tout le moins il ne prenne pas position contre le camp du oui au référendum qui approchait. Mais comme promoteur (et ex-membre fondateur du RIN), elle avait une ambition encore plus démesurée : le faire prendre position en faveur du oui. À Lucien et moi qui lui répétions qu'elle rêvait en couleurs, Marie-José nous répliquait qu'après l'échec de l'accord du lac Meech, Robert Bourassa eût pu déclarer sur-le-champ la souveraineté du Québec et que la population l'eût suivi.

Elle nous avait prévenus, Lucien et moi, qu'elle trouverait le moment opportun pour rappeler délicatement à Bourassa qu'elle l'avait jugé d'une grande lâcheté de rater cette occasion. Ce moment se présenta après la salade et les fromages – Saint-Basile-de-Portneuf, Pierre Robert et Livarot – servis avec un Château Lynch Bages 1983, et avant qu'elle n'apporte sur la table un sublime gâteau de sa main, au fromage à l'ancienne, tapissé d'une confiture de cerises de terre.

M. Bourassa, un peu essoufflé, venait de reprendre son coin après une ronde assez vive avec Lucien lorsque Marie-José lui demanda s'il se souvenait de la déclaration qu'il avait faite à l'Assemblée nationale après l'échec de Meech.

— Oui, dans ses grandes lignes, mais je ne pourrais sans doute pas vous la répéter mot à mot.

— J'ai encore moins de mémoire que vous, dit-elle en souriant, alors je l'ai notée.

Elle déplia alors une feuille qu'elle avait déposée sur la desserte et commença de lire :

« *Sur le plan politique, on doit constater que, à l'ajournement de cette première partie de la session, l'accord du lac Meech n'est pas ratifié. Donc, la résolution du Québec qui a été adoptée il y a trois ans moins une journée n'a plus d'existence juridique. Au nom de tous les Québécois, je vais exprimer ma profonde déception… En 1987, il y avait eu une entente, à la suite de trois changements de gouvernement, la signature qui avait été donnée par les provinces n'a pas été respectée ; cette fois encore, en 1990, deux provinces qui s'étaient engagées à tout faire pour faire adopter la résolution n'ont pas respecté leur engagement.*

« *… Jusqu'à 1985, on disait :* What does Quebec want ? *Nous avons exprimé clairement les demandes du Québec. Donc, depuis 1985, la question est :* What does Canada want ?… *et on attend encore la réponse du Canada à cet égard…* »

Et Marie-José continue de lire, cette fois en appuyant bien sur chacun des mots :

« *Le Canada anglais doit comprendre de façon très claire que, quoi qu'on dise et quoi qu'on fasse, le Québec est aujourd'hui et pour toujours une société distincte, libre et capable d'assumer son destin et son développement.* »

— C'est bien ce que vous avez déclaré le 22 juin 1990, trois jours avant la Saint-Jean-Baptiste ?

M. Bourassa acquiesce.

— Et tout le monde vous appuyait, poursuit Marie-José, tous les partis et, plus important encore, la majorité de la population.

— Oui, dit-il en riant, pour une rare fois dans ma carrière politique, j'avais rallié tout le monde.

— Ce discours-là était très fort, monsieur Bourassa, et la situation s'y prêtait, ne croyez-vous pas que, si vous aviez décidé alors de décréter la souveraineté du Québec, toute la population vous aurait suivi, y compris les partis politiques ? Vous auriez réussi là où René Lévesque a toujours échoué. C'est à vous qu'on devrait le pays.

Robert Bourassa réfléchit longuement, mais il ne répond pas.

— Franchement, insiste Marie-José, vous aviez le Québec à vos pieds, vous auriez pu proclamer la souveraineté…

Nous sommes évidemment tous suspendus aux lèvres de Bourassa, mais ce ne sera pas lui qui répondra. Andrée, sa femme assise à ma droite, et qui n'a pas parlé beaucoup de la soirée, s'écrie sur un ton autoritaire, presque véhément :

— Robert, tu sais très bien que je ne t'aurais jamais laissé faire !

Et Andrée jeta à Robert le regard foudroyant qu'une mère lance à son enfant pour lui éviter de commettre une grosse bêtise.

Le combat magnifique engagé entre Bourassa et Bouchard venait de se terminer brutalement par K.-O., et le coup de grâce n'avait même pas été porté par un des protagonistes.

Il fallut toute la douceur du gâteau au fromage et de sa confiture pour que se réchauffe un peu l'atmosphère glaciale qu'avait répandue dans la salle à manger la semonce péremptoire d'Andrée Simard.

Agacé et cherchant désespérément à changer de sujet, M. Bourassa commença gentiment de questionner Lucien sur ses ambitions politiques ; il était curieux de savoir si ce dernier songeait un jour à devenir premier ministre du Québec, un poste où, lui disait-il, il rendrait de bien plus précieux services à la population qu'en restant à Ottawa, à la tête du Bloc québécois, parti dont il comprenait pourquoi il avait été fondé, mais pour lequel il n'envisageait qu'un avenir bouché. Il ne cachait certes pas son admiration personnelle pour Lucien, soulignant avec humour combien il eût souhaité avoir lui-même la moitié de son charisme. Lucien demeurait sur son quant-à-soi pour ce qui est de son avenir politique, bien que nous sentions tous combien l'attirait le poste à Québec. Il était cependant évident qu'il n'entreprendrait jamais quelque action que ce soit contre M. Jacques Parizeau, qu'il respectait beaucoup plus, à cette époque, que durant et après son propre passage à la tête du gouvernement du Québec.

Autant Andrée Simard n'eût jamais aiguillonné M. Bourassa vers la souveraineté, autant Audrey Best ne se sentait pas d'affinités avec le statut de première dame du Québec. Elle ne perdait d'ailleurs jamais une occasion de répéter avec un certain mépris que le premier ministre du Québec ne représentait pas plus que le gouverneur de l'État américain le moins important. Qui, demandait-elle, rêverait d'être la femme du gouverneur du Wyoming? Certainement pas Audrey, la Californienne.

Ne s'avouant pas vaincue malgré la remarque péremptoire d'Andrée Simard et ayant flairé que M. Bourassa en avait été blessé, Marie-José, usant de tout le charme dont elle est capable, refit bifurquer la conversation sur le référendum.

— Monsieur Bourassa, lui dit-elle, nous en avons discuté et vous pourriez nous rendre un grand service, à Lucien et à nous tous qui croyons en la souveraineté du Québec.

— Vous n'allez pas me demander de changer de camp, dit-il en jetant un coup d'œil vers Lucien pour jauger si ce dernier était vraiment inclus dans ce « nous en avons discuté ».

Lucien demeura imperturbable.

— Ce qui serait extraordinaire, poursuivit Marie-José, c'est que vous ne fassiez pas campagne pour le non contre nous, que vous décidiez de rester à l'écart.

Lucien sourit. Andrée Simard restait muette.

— De toute manière, fit remarquer Audrey, les gens savent de quel côté vous êtes.

— Vous pourriez vous reposer, dit Marie-José en posant sa main sur le bras de M. Bourassa, assis à sa droite. Victoria, notre exclusion de la Constitution en 1981, Meech, Charlottetown, qu'est-ce qu'on lui doit, au Canada anglais? Est-ce qu'il a fait assez pour vous pour que vous continuiez à vous battre contre nous?

— Je ne peux pas vous le promettre formellement, ce serait contre ma nature, répliqua M. Bourassa avec ce sourire intrigant et madré qui lui seyait si bien, mais je ne ferai pas campagne pour le non, je n'en ai pas l'intention.

Je ne sais pas si M. Bourassa, à ce moment précis, jetait la serviette, j'eus plutôt le sentiment qu'il en avait assez de ces batailles dont il n'était jamais sorti victorieux et que, ma foi! si l'avenir du pays devait changer de direction grâce à quelqu'un comme Lucien, qu'il semblait franchement estimer, eh bien! pourquoi pas?

Le moment eût largement justifié du champagne. J'en offris. M. Bourassa opta pour de l'eau-de-vie de framboise sauvage venant d'une distillerie artisanale des Vosges. Un frais parfum de framboise se mélangea bientôt aux arômes de la flambée dans la cheminée ; le temps s'était rafraîchi, nous étions passés au salon où M. Bourassa, qui avait annoncé qu'il partirait tôt, restait toujours passé une heure du matin, bien calé dans les coussins de duvet du sofa, cherchant à tout connaître de Lucien qui, lui, ne cessait de poser questions sur questions sur les diverses étapes de la vie politique de son interlocuteur. On assistait tantôt à l'audition d'un futur premier ministre, tantôt au cours magistral d'un autre qui l'avait été à quatre reprises.

Il était près de deux heures lorsque les Bourassa nous quittèrent. Lucien, qui avait depuis longtemps passé son moment d'exit habituel, tenait absolument à commenter la réaction d'Andrée Simard et l'effet qu'elle produisit sur son mari. Le fédéralisme incurable d'Andrée ne pouvait que remonter au début de la Seconde Guerre mondiale, alors qu'Ottawa, par l'intermédiaire de C. D. Howe, le « ministre de Tout », comme on l'avait surnommé, avait littéralement assuré l'immense fortune des trois frères Simard de Sorel, Jos, Ludger et Édouard (le père d'Andrée) en les inondant de contrats militaires dans les chantiers navals de Marine Industries dont, en 1943 par exemple, sortait un cargo de dix mille tonnes par semaine, sans compter les corvettes et les balayeurs de mines et, dans les usines de Sorel Industries, le seul centre de production de matériel d'artillerie en Amérique du Nord où l'on procédait à la fabrication d'armes à partir des matières premières : des canons à obus de vingt-cinq livres, et plus tard des obus de huit pouces et quatre pouces. Au plus fort de la production, Marine et Sorel Industries employèrent plus de douze mille hommes, une véritable mine d'or pour les frères Simard et pour Sorel.

Lorsque le jeune avocat Robert Bourassa, issu d'une famille plus que modeste de la paroisse Saint-Pierre-Claver, dans l'est de Montréal, épouse Andrée Simard, en 1958, il se retrouve à des années-lumière du temps où sa famille devait se saigner à blanc pour lui permettre de continuer ses études au Collège Brébeuf. Celui que Pierre Trudeau avait qualifié avec mépris de mangeur de hot-dogs avait maintenant les moyens (l'intelligence aussi) d'aller se chercher une maîtrise en sciences économiques et politiques à Oxford, puis à Harvard une maîtrise en fiscalité et en droit des finances. Lorsqu'il devint à trente-six ans, en 1970, le plus jeune premier ministre de l'histoire du Québec, il était sans doute aussi le mieux qualifié de tous ses prédécesseurs.

Mais il devait beaucoup aux Simard qui, eux, devaient tout à Ottawa et son homme fort, Clarence Decatur Howe. La légende veut (j'en fis moi-même état dans mon essai sur Lévesque) que Bourassa ait jonglé avec l'idée de se joindre à René Lévesque au moment où ce dernier, avec un petit groupe, discutait justement au sous-sol chez les Bourassa de la fondation d'un parti souverainiste. Andrée, dans sa cuisine, en fricotant sa sauce à spaghetti pour le groupe, devait tendre l'oreille et l'on peut supposer que le même interdit viscéral eût été prononcé, les souverainistes eussent-ils convaincu son Robert de se joindre à eux.

Notre discussion, après le départ des Bourassa, ce soir-là, nous amena à d'amusantes considérations (auxquelles avait sûrement contribué l'eau-de-vie de framboise) : nous fîmes, par exemple, un rapprochement entre Bourassa et Socrate, tous deux issus de parents pauvres, mais qui reçurent une éducation classique, Bourassa parce que ses parents se saignèrent à blanc, Socrate parce que son père y était forcé par la loi athénienne. Socrate put se consacrer librement à la philosophie grâce à la richesse de Criton… Bourassa profita de cette liberté en politique, grâce à la situation de fortune de sa femme. Socrate fut puni pour s'être élevé contre les valeurs morales traditionnelles et avoir introduit des divinités nouvelles, que serait-il arrivé à Bourassa s'il avait fait fi de l'*establishment* et promulgué la souveraineté ? La ciguë pour lui aussi ?

Robert Bourassa fut si enchanté de cette soirée qu'il m'appela dès le lendemain pour qu'on remette cela au plus tôt, enfin ! aussitôt que Lucien serait sorti de l'aventure référendaire. Il offrit de nous inviter chez lui, mais j'insistai pour installer la tradition à Saint-Paul, c'était discret et tranquille, et je lui fis remarquer le plaisir que nous avions à cuisiner pour quelqu'un qui l'appréciait autant que lui. Cet homme-là, qualité fort estimable, savait boire et manger.

Nous communiquâmes ensemble deux ou trois fois par semaine durant la campagne référendaire, c'était parfois un conseil qu'il voulait que je transmette à Lucien, d'autres fois, un élément tactique, ce référendum l'intéressait comme s'il y avait pris part lui-même. Le

30 octobre, jour de la votation, il me téléphona trois fois. Autant, quelques jours plus tôt, il nous voyait gagnants, autant maintenant il doutait que nous l'emportions.

— Mais ce sera très chaud, admettait-il.

Je lui avais dit que nous serions en compagnie de Lucien pour attendre les résultats et je lui fis promettre de venir nous retrouver si nous étions victorieux.

Il promit de se joindre à nous et ne fit jamais la moindre allusion à ce que ce geste eût pu signifier pour son image. Et si nous perdons, lui dis-je, auriez-vous la gentillesse d'appeler Lucien, vous avez mon numéro de portable, je vais le laisser allumé et je vous le passerai.

Lorsqu'on entra au Palais des congrès avec Lucien et Audrey, les premiers résultats, ceux des îles de la Madeleine, furent annoncés et ils nous étaient favorables.

— Nous allons gagner, dit Lucien, avec un enthousiasme qui le fit parcourir presque au pas de course le long corridor menant à notre loge, lui le grand échassier à la patte brisée.

Ces premières flambées de joie s'éteignirent petit à petit, comme l'espoir que naisse enfin un pays.

Autour de neuf heures mon portable sonna : c'était, comme il l'avait promis, M. Bourassa. Je n'avais pas fait part à Lucien de cette promesse et je crois qu'il fut extrêmement touché par cette attention si délicate et par les marques de sympathie que lui témoigna M. Bourassa. Lorsque je repris mon portable, après leur conversation, je ne pus m'empêcher d'exprimer à M. Bourassa cette chaleureuse amitié que j'avais développée envers lui.

— C'est réciproque, répondit-il simplement, et il raccrocha.

Nous ne nous doutions pas alors que, quelques jours plus tard, Lucien Bouchard deviendrait premier ministre du Québec, après la démission prématurée mais compréhensible de M. Jacques Parizeau. Pas plus que nous ne pouvions prévoir combien progresserait rapidement la maladie de M. Bourassa qui avait resurgi.

À plusieurs reprises, après que Lucien fut devenu premier ministre, nous avons tenté d'organiser à Saint-Paul un autre dîner comme celui où les deux hommes s'étaient rencontrés, mais il y avait toujours des empêchements d'horaire, et finalement la santé de M. Bourassa devint une entrave infranchissable.

Trois semaines environ avant son décès, alors que je partais pour Paris, je reçus de M. Bourassa une note manuscrite très courte – l'écriture en était incertaine, presque chancelante – dans laquelle il écrivait qu'il ne lui était plus possible de prévoir quand nous pourrions nous retrouver de nouveau. C'était signé : « amicalement, Robert Bourassa ». J'appelai sa femme pour lui dire que je serais absent et surtout qu'elle l'embrasse pour moi. Je me doutais assez de la gravité de l'état de M. Bourassa, je ne lui demandai pas de précisions.

J'appris la nouvelle de sa mort, à Paris, et je pris les dispositions pour revenir assister aux funérailles. Naïvement, j'avais imaginé que j'entrerais comme cela à l'église Notre-Dame, pourvu que j'arrive assez tôt.

Je me garai dans la rue Saint-Laurent, juste au nord du boulevard René-Lévesque. J'étais en avance, assez pour faire un pied de nez à Trudeau et prendre un hot-dog au Pool Room en souvenir d'un homme dont je n'aurais jamais cru, deux ans auparavant, que sa mort serait source d'autant de tristesse. Je descendis ensuite à pied jusqu'à l'église Notre-Dame pour me rendre compte que je ne franchirais jamais les cordons de police. Je n'avais pas de laissez-passer, rien ! Je traînai un peu le long des barricades en espérant que peut-être un policier me reconnaîtrait et me ferait la faveur de me laisser entrer. Pas de chance ! J'aperçus de loin le cercueil qu'on portait dans l'église, puis je me retirai dans un coin de la place d'Armes. J'entendais de loin la cérémonie, mais surtout je réfléchissais à ces curieuses coïncidences de la vie : cet homme dont j'avais refusé d'écrire la biographie parce que je le détestais venait de disparaître en creusant un vide imprévisible dans mon cœur et, bien fait pour moi ! je ne pouvais même pas m'approcher de son cercueil pour un dernier adieu.

Le lendemain, Lucien me téléphona, il ne m'avait pas vu aux funérailles et cela l'avait étonné puisqu'il savait l'affection que j'avais développée pour M. Bourassa.

— Lucien, lui dis-je, j'ai bien essayé, mais il y avait des barricades, on m'a refoulé.

— Tu es bête, tu n'avais qu'à appeler mon chef de cabinet.

Puis, il s'excusa de ne pas y avoir pensé lui-même ; cela dit, il n'était même pas certain que je serais de retour de Paris.

Au fond, ce n'était pas important, M. Bourassa savait, lui, que j'étais tout près, que je pensais à lui, et, finaud comme il l'était, il devait depuis longtemps avoir compris que, si on me le demandait, je refuserais de nouveau d'écrire sa biographie, car maintenant je manquais trop d'objectivité.

En juin 1996, nous sommes en plein tournage de la série basée sur le roman de Beauchemin, *Juliette Pomerleau*. Appel de Lucien Bouchard qui souhaite nous inviter au dîner officiel qui inaugurera la visite au Québec du premier ministre de la République française, M. Alain Juppé. C'est un événement important qui marque la reprise des visites alternées des premiers ministres français et québécois ; aucun premier ministre français n'est venu au Québec depuis que M. Jacques Chirac a assisté au Sommet francophone de Québec, il y aura maintenant neuf ans.

Ce dîner a lieu sur un bateau, sur le Saguenay, le lundi 10 juin, nous avons congé de tournage ce jour-là, nous pourrions accepter l'invitation, mais à la condition absolue d'être de retour pour le tournage du mardi qui commence aux aurores (comme tous les foutus tournages, le drame de ma vie de cinéaste).

Lucien, qui partira de Montréal sur l'avion du gouvernement, nous offre de l'accompagner, mais il faudra revenir à Montréal par nos propres moyens, car l'avion du gouvernement repartira de Bagotville avec M. Juppé et sa femme pour s'arrêter à Québec.

— Il y a plein d'invités qui possèdent leur avion privé, je suis sûr que tu peux demander à quelqu'un de vous ramener, me dit Lucien.

Son cabinet envoie la liste des Saint-Ex et je vois le nom de Pierre Péladeau, que j'appelle immédiatement.

— Est-ce que Marie-José y sera ? s'informe tout de suite Pierre.

— Oui, bien sûr !

— Et toi, es-tu bien obligé de venir aussi ?

Ce gag entre Pierre Péladeau et moi durait depuis au moins vingt-cinq ans alors qu'ayant des velléités de se lancer dans le cinéma, il avait entrepris avec nous des pourparlers pour acheter notre société de production. Cette transaction qui ne s'est jamais conclue, on en a discuté au moins une dizaine de fois et, chaque fois, Pierre – que la sensibilité à la beauté de la femme n'a heureusement jamais quitté – demandait s'il était absolument nécessaire que je sois présent à ces négociations.

— Même si tu es là, je vous ramènerai avec plaisir de Bagotville et je peux même vous conduire ensuite à Saint-Paul en hélico.

— Pas la peine, lui dis-je, notre auto sera déjà à l'aéroport.

Dans le F-27 ronflant et vieillot qui nous transporte à Bagotville, comme Lucien désire travailler sur des dossiers, je vais faire un tour dans la cabine et le pilote m'indique un petit avion à réaction qui nous double à grande vitesse, c'est l'avion de M. Péladeau, me fait-il remarquer, et je lui dis que c'est avec lui que nous reviendrons.

— Vous allez voir la différence, me dit-il en riant.

Puis il ajoute que nous leur rendrions bien service si nous pouvions convaincre M. Bouchard qu'il serait grand temps que le gouvernement du Québec changeât d'avion. Je ne le lui dis pas, mais je n'ai pas tant d'influence sur Lucien que cela… et surtout je sais qu'il n'est pas dépensier, il n'est panier percé ni pour lui, ni pour l'État.

Devant la passerelle du bateau sur lequel aura lieu le dîner d'État, nous nous joignîmes à un groupe d'invités – Louise Beaudoin et Bernard Landry, entre autres – qui attendaient leur badge indiquant à quelle table le protocole les avait placés. Le dîner serait servi au retour d'une randonnée sur le Saguenay pour enfin baptiser trois caps : Liberté, Égalité et Fraternité, qui attendaient patiemment cette consécration depuis que Québec les avait ainsi désignés, en 1989, pour marquer le bicentenaire de la Révolution française.

Malaise et conciliabule à la table, les préposées trouvaient les places de tout le monde, mais pas les nôtres !

— Vous avez été invités par qui ? demande l'une d'elles.

— Par M. Bouchard.

On continue de chercher lorsqu'une attachée du bureau du premier ministre nous aperçoit et explique :

— Leurs noms ne sont pas là et ils n'ont pas de badge, Mme Raymond et M. Fournier sont à la table d'honneur. Suivez-moi.

Elle nous conduisit sur le pont en avant du bateau où se trouvaient déjà le premier ministre français, Lucien et d'autres invités de marque.

Il ne restait que le fauteuil à gauche d'Alain Juppé, qui m'invita d'un geste à m'y asseoir. Je me présentai et comme la conversation – c'était avec Laurent Beaudoin je crois – était amorcée sur les trains à grande vitesse, j'entrepris un plaidoyer (éloquent, je crois) sur l'efficacité des TGV français et combien nous devrions prendre exemple sur la France, au moins sur des liaisons comme Québec, Montréal, Toronto et New York. Un peu étonné de mon intérêt pour le TGV, M. Juppé s'informa si j'avais fait un documentaire sur le sujet.

— Non, lui dis-je, je ne fais plus de documentaires.

— Quel genre de films faites-vous?

— De la fiction, des longs métrages surtout.

— Il faut absolument que je vous présente à ma femme Isabelle, dit-il, elle écrit des bouquins, mais elle rêve d'écrire des scénarios.

Je sens alors quelqu'un qui me tape gentiment sur l'épaule, derrière le cordon qui nous sépare du reste des invités, je me retourne: c'est Pierre Péladeau.

— J'aimerais bien parler à M. Juppé, me chuchote-t-il, passe-moi ta chaise, sans ça je ne te ramène pas à Montréal, mon petit Christ! ajoute-t-il avec un sourire malicieux.

Je présente Pierre à Alain Juppé et je lui cède évidemment mon fauteuil.

Après le baptême des trois caps, le dîner d'État!

Mon souvenir, c'est que nous étions une douzaine à une grande table ovale, sur une petite estrade, au centre de la salle à manger. Les autres invités, trois cents peut-être, étaient assis par groupes de huit ou dix à des tables disposées tout autour. Comme il n'y avait aucun des ministres de Lucien à la table d'honneur, qu'ils étaient dispersés çà et là dans la salle, je crus me rendre compte chez certains dont je croisai le regard, au cours du repas, qu'ils acceptaient mieux les vocables de «liberté, égalité, fraternité» pour les caps du fjord du Saguenay que pour ces deux intrus, héritiers de leur place à la table d'honneur! (La même chose se reproduira à Paris, lors de la visite officielle de Lucien, au dîner offert en l'honneur du premier ministre Lionel Jospin, d'ailleurs heureux de retrouver Marie-José, qu'il avait consultée à quelques reprises sur l'établissement en France d'une chaîne musicale alors qu'il était ministre de l'Éducation.)

J'étais assis à gauche d'Isabelle Juppé qui, apprenant que j'étais réalisateur de cinéma et que ma femme, à l'autre bout de la table, était producteur, s'empressa de se pencher vers son mari pour lui dire :

— Tu devrais prendre exemple, Alain, tu vois que M. Bouchard ne craint pas de donner une place d'honneur à des artistes.

Isabelle Juppé ! Difficile de ne pas tomber sous son charme, elle est belle, intelligente et d'une simplicité désarmante. Pendant presque tout le repas, nous discutâmes de scénarisation et elle insista pour que nous la rappelions la prochaine fois que nous serions à Paris.

— Je n'ai pas votre adresse, dis-je bêtement.

— C'est simple, c'est à Matignon, répondit-elle en riant.

Il se produisit à la fin de ce dîner d'État un incident révélateur du mystère inexplicable qu'est le charisme. Sur le quai, une foule considérable attendait avec impatience que les invités descendissent du bateau. Protocole oblige, les premiers à apparaître furent le premier ministre Bouchard et son homologue français, Alain Juppé. La foule se précipita évidemment sur Lucien, le fils de la région, puis subitement la moitié des gens l'abandonnèrent lorsqu'ils aperçurent Pierre Péladeau. Pierre n'était pas un Adonis, sa démarche était gauche comme celle d'un canard, mais sa bonhomie, ses yeux rieurs, son sourire espiègle étaient irrésistibles, les gens l'appelaient par son prénom, cherchaient à le toucher, ce n'était pas l'enthousiasme débridé que suscitent les vedettes rock, mais plutôt la vénération qu'inspire un thaumaturge. Le principal miracle de Péladeau était celui qu'il avait fait de sa propre vie : sa réussite ne l'avait pas distancé de l'homme ordinaire ; au contraire, elle avait démontré qu'elle était à la portée de chacun. Il était l'exemple parfait du rêve américain à l'échelle des Québécois.

Nous montâmes en limousine avec Pierre jusqu'à l'aéroport de Bagotville puisqu'il nous ramenait dans son avion. Comme le petit aéroport avait accueilli cette journée-là un nombre inhabituel d'appareils, il avait fallu en garer jusque du côté de l'aéroport militaire et il se trouva qu'on avait égaré celui de Pierre Péladeau. Une heure après notre arrivée à la petite aérogare, on n'avait toujours pas retracé son appareil. Il fallait l'entendre raconter, avec une simplicité presque enfantine à tous ceux qui arrêtaient le saluer :

— Vous ne me croirez pas, ils ont perdu mon avion !

À d'autres, ils disaient sur un ton narquois :

— Ce doit être un coup du fédéral, ils sont allés stationner mon avion du côté de l'aéroport militaire et ils ne veulent plus me le rendre.

Nous décollâmes donc avec beaucoup de retard, mais bientôt le pilote annonça qu'il apercevait devant lui le F-27, l'avion du gouvernement qui transportait les deux premiers ministres.

— Pèse dessus, ordonna Pierre, comme un garnement, et fais aller tes ailes qu'on les nargue un peu avec leur antiquité.

Il se recala dans son fauteuil, avec l'air heureux d'un gamin qui vient de réussir un coup pendable.

Les Juppé, le président Chirac ayant convoqué des élections que lui seul était convaincu de gagner sans problème, ne restèrent pas assez longtemps à Matignon pour que nous les y retrouvions là. Mais après leur visite officielle, ils avaient confié à Lucien Bouchard qu'ils aimeraient bien nous revoir ; nous profitâmes d'une visite qu'ils firent peu de temps après à Montréal pour les inviter à Saint-Paul. Lucien devait y être aussi, mais il se trouva qu'il était au même moment en voyage officiel en Chine. Audrey vint et nous invitâmes aussi Bernard Landry, un ami d'université de Marie-José, et sa femme, Lorraine Laporte, qui venait d'être nommée juge. Bernard était aux Finances, Alain l'avait été aussi, il y avait de quoi faire la conversation ! Mais ce dont je me souviens le plus clairement, c'est le long et convaincant exposé que Bernard Landry fit à Alain sur la satisfaction qu'il éprouvait à être le numéro deux du gouvernement. Il jurait dur comme fer n'avoir pas la moindre petite ambition de devenir premier ministre : bras droit, éminence grise, homme de confiance, ministre des Finances, enfin tout ! mais pour le reste, il suivait l'Évangile selon saint Matthieu : « Mon père, s'il est possible, que ce calice s'éloigne de moi. »

Il dut se faire une raison, car, comme un bon fils de Zébédée, il but sans renâcler le calice lorsqu'on le lui présenta !

Après avoir lu le livre de Christopher Browning, *Ordinary Men*, Marie-José eut l'idée d'un très beau sujet de film : *Le Silence empoisonné*.

Une jeune Munichoise, qui étudie la médecine à l'Université McGill, et à qui les parents n'ont jamais dévoilé que son grand-père avait fait partie des *Einstatzgruppen*, ces machines à tuer qui assurèrent entre autres le nettoyage ethnique de la Pologne, tombe amoureuse d'un étudiant dont la grand-mère d'origine polonaise a été violée et torturée justement, coïncidence romanesque, par ce même bonhomme. Comment réagiront les jeunes amoureux qui découvrent ensemble ce terrible secret ? Marie-José décide de travailler avec Isabelle Juppé sur ce synopsis, qu'elle présente au producteur français René Cleitman (*Cyrano de Bergerac, Le Hussard sur le toit,* etc.), qui s'emballe immédiatement pour cette histoire difficile et risquée. Cleitman, lui-même un enfant juif qui fut caché par une famille dans le sud de la France pour éviter d'être déporté à Auschwitz, nous admet n'avoir jamais parlé à sa propre femme, une Française, de son passé singulier, donc s'il y a quelqu'un pour comprendre « ce silence empoisonné »...

Pendant plus de deux ans, nous élaborerons ce scénario, tantôt avec Isabelle qui vient passer des semaines dans notre maison d'invités, à Saint-Paul, tantôt en nous rendant nous-même à la résidence des Juppé, à Bordeaux, dont Alain est devenu le maire. Ce scénario terminé ne verra pas le jour, car notre producteur, Cleitman, qui survit au même moment à la délirante aventure du film qu'il produit avec Terry Gilliam, *The Man Who Killed Don Quixote* (un autre film qui ne se fera pas pour des raisons si extravagantes qu'on les comprend seulement en visionnant le documentaire, *Lost in La Mancha*), tombe subitement malade et meurt, peu de temps après, d'une tumeur au cerveau.

L'amitié, qui s'est rapidement développée entre les Juppé et nous, s'est ensuite cimentée dans les épreuves qui se sont abattues sur nous tour à tour. Autant nous sommes toujours demeurés à leurs côtés durant les pénibles affaires judiciaires auxquelles il a été confronté, autant ils sont restés à nous réconforter lorsqu'un indicible malheur a fait basculer nos vies.

Il y eut des moments, à Paris, où nous ne nous voyions pas ailleurs que chez eux ou chez nous afin d'éviter des incidents pénibles, comme un soir où nous allâmes dans un restaurant du Marais et qu'un client, au moment où nous sortions après avoir dîné, apostropha grossièrement Alain sur un ton pour que tout le monde entende :

— Tiens, ils sont gentils, ils vous ont retiré vos menottes !

— Oui, répliqua Alain, essayant de rester impassible, on me les enlève le soir, c'est plus pratique au restaurant.

Sans compter les poignards assassins arrivant de tous les recoins politiques, les attaques personnelles, les insinuations, les affronts. Cet homme dont tous savaient qu'il servit de bouc émissaire, cet homme que la politique n'avait jamais enrichi, bien au contraire ! a tout supporté ; même à ses amis les plus intimes, il n'a jamais rien dévoilé qui pût contribuer de quelque manière à sa justification. Alain Juppé est un homme de loyauté et de fidélité sur qui j'ai eu envie de tourner un film, que j'ai eu envie de suivre durant son exil au Québec et son éventuel retour en France. Le projet cheminait en coproduction avec la France jusqu'au moment où nous avons été, Marie-José et moi, les objets d'attaques si malintentionnées de gens en position de pouvoir qu'il était devenu impossible d'en compléter le financement. Et presque au même moment, alors qu'il se préparait à venir au Québec enseigner à l'École nationale d'administration, Alain lui-même fut victime de la polémique hargneuse et mesquine que suscita un intellectuel hautain avec un long article dans le journal *Le Devoir*, article qui blessa profondément Alain. C'est d'ailleurs ce même bonhomme qui s'insurgea (et s'en ouvrit à quelques-uns) le soir où, à Matignon, son frère, ancien premier ministre, reçut du premier ministre Raffarin le titre de commandeur de la Légion d'honneur alors que lui (le savant, l'historien, comme il aime à se définir) devait se satisfaire du titre de chevalier. Après la cérémonie à Matignon, nous nous étions rendus, rue de Bourgogne, dans un de nos restaurants favoris, Courtalhac (il n'existe plus) avec Catherine Leconte et Jean-François Lisée sécher quelques larmes sur cette irrémissible injustice (!) infligée au titulaire de la Chaire de recherche du Canada sur la dynamique comparée des imaginaires collectifs.

J'ai toujours ressenti beaucoup d'attrait pour les femmes ou les hommes politiques, ceux que j'appréciais évidemment et chez qui je sentais un désir sincère d'utiliser le pouvoir qui leur était confié pour faire bouger des choses. Cette estime, je l'ai eue pour Mme Gandhi, pour Lise Bacon, pour Catherine Tasca, je l'ai évidemment eue pour Brian Mulroney, Marcel Masse et d'autres que j'ai connus beaucoup plus intimement comme Trudeau, Lévesque et Lucien évidemment, à qui cependant j'ai eu de la difficulté à pardonner son abrupt retrait de la politique, car je crois qu'il avait peut-être mal apprécié l'ascendant qu'il possédait sur les Québécois et l'attachement inouï que ceux-ci lui témoignaient.

Cette même estime, je l'éprouve envers Alain Juppé dont la France, les circonstances politiques s'y prêtant, pourrait certainement profiter autant de l'intelligence que de son complet engagement envers l'État.

L'intérêt malgré tout assez discret que j'ai pour la politique et le fait de n'être identifié à aucun parti a parfois provoqué certains quiproquos. Il m'en revient un à la mémoire, particulièrement cocasse.

Nous sommes invités à dîner à Paris avec Lucien Bouchard chez le financier Bernard Arnault, dont la deuxième femme est une excellente pianiste, la Québécoise Hélène Mercier (un flirt de Lucien avant l'ère Arnault). C'est l'époque où Alain Juppé est toujours président du RPR et que le cœur de Nicolas Sarkozy soupire, car il n'a pas ce qu'il désire. Nous sommes quinze ou seize à une longue table ovale, dont Bernard Arnault, Roubaisien à la personnalité austère, astringente, occupe le centre d'un des côtés. Lucien est à sa droite et Sarkozy à sa gauche. À droite de Lucien est assise Cécilia Sarkozy et moi, je me trouve à la droite de celle-ci. En face, de l'autre côté de la table, s'assiéra Isabelle Juppé, qui arrive un peu en retard et que je salue d'un geste discret de la main. Alain est retenu et ne se présentera qu'au dessert. Marie-José est assise, au bout opposé de la table, avec Marc Jacobs, le directeur artistique de Louis Vuitton ; elle que la mode a toujours passionnée, qui a été l'attachée de presse de Paco Rabanne, est dans son élément, ils parleront chiffons une bonne partie du repas jusqu'à ce que leur voisin, Claude Bébéar, patron du groupe AXA et ténor du capitalisme français, se joigne à leur conversation pour demander à Jacobs s'il n'aurait pas une solution à son problème : chasseur de grands fauves, Bébéar explique qu'il n'a encore jamais trouvé d'étuis intéressants pour ses nombreux fusils et il se demande s'il ne serait pas intéressant d'en fabriquer dans des matières qui rappelleraient justement les proies des fauves qu'il poursuit (oryx, antilope ou gazelle par exemple), des étuis qui s'appareilleraient aussi aux confortables et souples vestes d'astrakan qu'on venait de lui tailler, car les nuits sont souvent fraîches là où il pratique son sport de prédilection. Visiblement, la chasse n'est pas le sujet favori de Marc Jacobs, dont l'attention est heureusement vite détournée par le Château d'Yquem 1983 dont on vient de déboucher plusieurs bouteilles pour célébrer la victoire de notre hôte après sa si longue bataille pour acquérir le contrôle du célèbre vignoble des Lur-Saluces.

De mon côté, on chassait aussi. Bien que personne n'attaquât son mari, Cécilia Sarkozy gardait toutes griffes dehors, au cas où. N'ayant aucune idée du fait que je connaissais les hommes politiques français ou que j'avais, moi un Canadien, la moindre notion de la politique dans l'Hexagone, j'avais perfidement placé Alain Juppé dans la mire de Cécilia, eh bien je vous dis, si Lucky Luke tire plus vite que son ombre, celle-là, quelle fine gâchette aussi ! Je n'avais pas fini de prononcer le mot « charisme » qu'elle avait mis en joue son crâne dégarni, son langage trop châtié, sa démarche raide, un peu empesée, si je mentionnais son intelligence, elle avait déjà tiré à la tête.

— Pour supposer qu'Alain est un foudre de guerre, c'est que vous ne connaissez pas Nicolas, dit-elle.

— Les rapports avec la presse ?

— Juppé ! Nullissime.

Bref, Cécilia n'en ratait pas un, elle n'avait pas sitôt entendu le déclic du *ball-trap* que le pigeon d'argile avait volé en éclats.

Et sur les ruines de Juppé, elle se mit avec enthousiasme et grande habileté à construire son mari pour moi. Il y avait dans son immodestie vis-à-vis de lui quelque chose d'admirable, de touchant même. Oui, un vieil adage veut qu'il y ait toujours une femme derrière un grand homme, mais si – en plus d'être amoureuse – elle est aussi publicitaire…

Alors que nous sortons de table et que Cécilia va me présenter celui qu'elle considère comme l'incarnation du génie de la politique, nous arrivons plutôt face à face avec Alain Juppé qui vient d'entrer, nous nous embrassons ; il n'a pas encore vu Marie-José, demande où elle est et, lorsqu'il se retourne pour parler à Cécilia qu'il avait saluée rapidement, elle n'est plus là. Elle a disparu.

C'est le lendemain seulement que je pus expliquer à Alain et surtout à Isabelle l'attitude franchement glaciale que leur avait manifestée

Cécilia tout le reste de la soirée ou pourquoi les yeux lui sortaient de la tête chaque fois que son regard croisait le mien.

Je l'admets, il m'arrive d'être enclin à la zizanie.

De ces amis que seulement la mort peut nous enlever, il y en a un dont jamais deux semaines ne se passent sans que nous ne communiquions ensemble, où qu'il soit dans le monde, car son travail le retient plus souvent aux quatre coins de la terre qu'à Boston, où il a sa résidence et son bureau principal. Moshe Safdie avait été le tuteur de Marie-José alors qu'il achevait son cours d'architecture à McGill et qu'elle commençait le sien, qui fut interrompu prématurément lorsqu'elle fut élue reine du carnaval de McGill et que le doyen d'architecture jugea que si frivole couronne ne seyait pas à une étudiante de sa noble faculté. Je rencontrai Moshe, de mon côté, à l'inauguration d'Habitat 67, mais c'est par l'intermédiaire de Geneviève Bujold et Paul Almond que notre amitié se développa. Ainsi, deux ans passèrent avant de découvrir, Marie-José et moi, que nous avions cet ami en commun. Un demi-siècle maintenant d'une amitié sans faille, le genre de liens sur lesquels il serait presque indécent d'écrire tant ils sont tissés de petites et grandes générosités, de secrets et de confidences, d'espoirs et de désespoirs partagés, et de cette longue suite de marques d'affection qui n'ont leur sens véritable que pour ceux qui savent s'étreindre sans se dérober au pincement au cœur ni aux frémissements qui courent alors secrètement sous la peau. Moshe, nous l'avons incité à quitter le Québec, où le succès d'Habitat et la hargne du maire Drapeau, qui eût tant voulu sa tour plutôt que ce ramassis de boîtes au bord du fleuve, ne lui attiraient que des mesquineries alors que l'Université Harvard, au milieu des années soixante-dix, le réclamait pour sa chaire d'urbanisme. C'est finalement depuis les États-Unis, ou de son autre bureau, à Jérusalem, que cet architecte de génie fait parler les pierres, le béton et le verre partout dans le monde et qu'en dépit de nos longues séparations il conserve vivante l'architectonique de l'amitié comme s'il en repensait chaque jour les règles.

Il est arrivé à Moshe, comme cela est possible pour tout homme intelligent, séduisant et généreux, que son architecture matrimoniale soit ébranlée par quelque séisme. Eh bien ! un peu grâce à nous, éternels apprentis en matière de fidélité conjugale, une fissure importante a pu être réparée entre lui et sa deuxième femme, Michal, photographe de renom. Pour notre plus grand bonheur et celui de leurs amis, l'édifice tient, il a peut-être même gagné en solidité.

Ce qui m'émerveille quand j'admire l'immense jardin dans lequel nous vivons, jardin dont nous avons nous-mêmes planté, depuis plus de quarante ans, tous les arbres, c'est que les plus anciens ne cessent de grandir, que des sapins, des mélèzes, des frênes et même des chênes dépassent maintenant quinze mètres, qu'ils sont comme nos plus vieux amis, et que, chaque année depuis, nous ne cessons pas de planter, que parmi ces plus récentes plantations se trouvent de nouveaux spécimens vigoureux, florissants, dont l'empreinte est si nette dans notre paysage qu'elle paraît maintenant définitive : des piliers comme Me Raynold Langlois ou Me Jacques Jeansonne, qui avaient été piqués là temporairement pour notre protection, qui se sont trouvés bien dans ce terreau et ont gracieusement pris racine ; est aussi subitement apparue une plante délicate comme Claire Léger, et Claude Allaire a suivi avec des spores de bolets, de chanterelles et de morilles qui s'obstinent à ne pas encore donner signe de vie sous les vieilles pruches qui leur ont donné refuge. Cécile, Ron, Lise et Robert, etc., comme autant d'autres plantes, sont aussi apparus dans le paysage.

Ces amitiés, les anciennes comme celles qui viennent de s'enraciner, sont ce qu'il y a de plus près d'un jardin d'Éden, elles m'ont ramené à la conclusion de *Candide*. Et j'écris en m'inspirant de Voltaire.

« Vous devez avoir, dit Candide, une vaste et magnifique terre ?

— Je n'ai que quarante arpents, répondis-je ; je les cultive avec ma femme ; le travail éloigne de nous trois grands maux : l'ennui, le vice, et le besoin. »

« Candide, en retournant dans sa métairie, fit de profondes réflexions sur mon discours. Il dit à Pangloss et à Martin :

“Ce bon vieillard me paraît s'être fait un sort bien préférable à celui des six rois avec qui nous avons eu l'honneur de souper.” »

*
* *

Il est déjà onze heures du soir, ce 4 juillet 1994, lorsque nous nous apprêtons à faire de la confiture de fraise. Il est un peu tard, j'en conviens, mais il a fait si chaud dans la journée que nous avons décidé d'attendre à la fraîche, d'autant que notre belle-fille Sofie, qui doit donner un coup de main, attend son premier enfant d'une journée à l'autre et que cette chaleur lui pèse plus qu'à nous tous. Jérôme, le futur père, achève avec elle et Marie-José d'équeuter les fruits et comme cette dernière me commande (cela lui arrive) de commencer à faire fondre le sucre dans la bassine à confitures, je me rebelle : nous n'avons pas encore dîné, des steaks appétissants marinent à température de la pièce et j'annonce que pas une fraise n'entrera dans la bassine avant que ces entrecôtes persillées ne trouvent le chemin de nos estomacs déserts.

Je n'ai jamais manqué d'autorité lorsque je crevais de faim et Jérôme, qui prend immédiatement mon parti, rend implacable notre mouvement insurrectionnel.

Mais je n'ai pas sitôt entrepris de faire rissoler des pommes de terre que Sofie se réfugie dans la berceuse, assaillie par des crampes qui ne peuvent être que des contractions puisqu'elle a le ventre comme une cloche, mais l'estomac aussi vide que les nôtres.

— Jérôme, annonce-t-elle, je crois qu'il vaut mieux rentrer et prévenir la sage-femme.

Ils habitent à un kilomètre dans une jolie maisonnette de bois sur le flanc du mont Yamaska et c'est là qu'ils ont décidé d'avoir leur enfant, car les deux sont aussi allergiques aux médecins qu'aux hôpitaux.

La sage-femme habite Saint-Jean-sur-Richelieu, elle a demandé qu'on la prévienne quelques heures à l'avance.

Les contractions s'accélèrent, Sofie a des nausées, ils partent donc sans manger. C'est évident, Jérôme n'aura pas (lui non plus) une nuit facile devant lui, je le réconforte en lui promettant d'aller lui porter son repas.

Une demi-heure plus tard, j'arrive chez eux avec une assiette très chaude et l'entrecôte saignante avec sa garniture de pommes de terre nouvelles, de véritables boules d'or piquées de persil finement ciselé. Marie-José va vers Sofie, qui trempe dans un bain aromatisé d'on ne sait quelle concoction, recommandée par la sage-femme. Jérôme attaque férocement le steak, je lui ouvre une bouteille de vin et nous les laissons à leur belle besogne, Marie-José s'étant informée mille fois s'ils avaient besoin d'elle.

C'est évident qu'elle ne fermera pas l'œil de la nuit. Ses angoisses, ses inquiétudes, j'arrive à les contenir jusqu'à l'aurore, mais comme le soleil n'apporte pas de nouvelles, Marie-José, qui n'ose pas téléphoner, décide de presser du jus d'orange frais et d'aller en poser un grand pot sur leur comptoir de cuisine (cela masquera, croit-elle, son irrépressible curiosité de future grand-mère).

Lorsque nous arrivons sur le chemin poussiéreux qui monte vers la maison, elle aperçoit dans la cour une automobile étrangère, sûrement celle de la sage-femme. Je ne sais pas si cela la rassure ou décuple son angoisse.

Elle bondit de la voiture et, en ouvrant la porte de la maison, le pot de jus à la main, elle est accueillie par un piaillement sans équivoque, celui d'un enfant qui vient de naître. Il y avait longtemps que je n'avais pas vu le visage de Marie-José s'illuminer ainsi, ses prunelles flamboyer d'une joie venant du plus profond de l'âme. Elle se précipita au salon où l'on avait étendu un futon par terre parce que c'était la pièce la plus fraîche. Sofie, le visage encore ruisselant, mais rayonnant de bonheur, y était adossée contre des coussins, le nouveau-né, un costaud de cinq kilos, encore gluant des sèves de sa mère, à plat ventre sur le sien, et cherchant déjà à relever la tête, attiré sans doute par les rais de lumière scintillante qui entraient par la fenêtre alors que le soleil achevait d'escalader la montagne pour enflammer l'aube à la grandeur du paysage.

Il régnait dans toute la maison cette atmosphère douce et tendre, cette odeur fraîche et parfumée que l'on ressent parfois au lever du soleil d'un matin de printemps calme, dans un verger, alors que les boutons de fleurs commencent à éclore, que les radiations de la terre qui se réchauffe semblent visibles et que les abeilles organisent, silencieuses, sans précipitation, les longues heures de butineuses qui les attendent.

Aucun peintre, si doué fût-il, n'eût été capable de rendre cette scène plus pastorale, plus lumineuse et plus simple.

— Veux-tu le prendre ? demanda Sofie à Marie-José, dont les yeux n'avaient pas quitté ce petit paquet que la vie venait de déballer.

Elle prit le nouveau-né, le pressa doucement contre elle, caressant sa tête déjà couverte de duvet. On n'entendait que le léger sifflement de sa respiration comme s'il n'était pas encore naturel que l'air passât par sa bouche et son nez.

La sage-femme, avec une assistante, s'affairait à remettre de l'ordre dans la cuisine, où traînait d'ailleurs si peu de chose, l'arrivée dans le monde de ce garçon ne semblant avoir causé aucun tracas particulier. Mon souvenir, c'est qu'il avait déjà été déterminé que l'enfant se nommerait Arnaud, et la placidité naturelle dont il faisait preuve après moins de quinze minutes en ce bas monde ne présageait pas qu'il risquât de se rebeller contre ce prénom moins courant que d'autres.

J'étais assis, muet, médusé devant cette scène, moi qui avais raté la naissance de mon fils et qui avais assisté à celle de ma fille dans la salle d'attente de l'unité d'obstétrique de l'Hôpital Maisonneuve, en m'enfumant de Gauloises, comme c'était la coutume à l'époque.

Subitement, Marie-José se leva et vint déposer Arnaud sur moi. Je fus pris de terreur panique, je le dis à ma grande honte, je n'avais jamais tenu dans mes bras un enfant naissant, ce bonsaï d'humain qui reposait sur moi n'apparaissait pas si fragile, pourtant je n'osais pas le toucher, par crainte, par respect, peut-être aussi à cause d'une obscure répugnance ou encore de quelque perception encore irrésolue. Il commença de bouger, je n'eus pas le choix que de sortir de mon état cataleptique et de l'entourer de mes bras. Le protéger. Entre la totale inconscience de ce petit bonhomme à qui Sofie venait de donner l'être et ma propre conscience bousculée, mise sens dessus dessous, il se produisit une sorte d'osmose, un échange indéfinissable, un arc d'une force à laquelle je ne pus me soustraire, bien que je comprisse immédiatement qu'il nous soudait à jamais.

Ainsi s'installa en moi la détermination, au moins envers lui, d'être un grand-père comme je n'avais jamais été père. Chaque fois, en grandissant, que cet enfant s'approchait de moi, il y avait ce courant mystérieux qui passait entre nous, cette ambition, inintelligente j'en conviens, qu'Arnaud devienne un jour celui que j'eus espéré être et dont je n'avais jamais été que l'ombre confuse.

Marie-José l'adorait carrément, elle dont l'amour pour les enfants n'a jamais connu de ratés. Elle qui éprouve une joie indicible à leur communiquer la délicatesse des sentiments, son amour de l'art et de la beauté, à partager ses savoirs avec eux, ne doutant jamais que la terre sera fertile dans laquelle tombent ces grains de connaissance.

Parce qu'il fut le premier de nos petits-enfants, Arnaud jouit bien sûr de certains privilèges, il n'avait pas quatre ans lorsque nous l'amenâmes à Paris où la cour carrée du Louvre devint un de ses endroits favoris ; il se fit même une copine, Louise, une des petites-filles de Michel Cournot et Martine, pendant un long séjour à l'île de Ré.

De retour de l'île, en route pour Paris, nous avions passé avec Arnaud la nuit au château de Rochecotte, l'ancien palais de Talleyrand, datant du XVIIIe siècle, dans la vallée de la Loire. Ce qui l'avait le plus impressionné de cet endroit magnifique, c'était le cèdre du Liban, en face du château, un arbre de plus de trois siècles dont une dizaine d'hommes, les bras étendus, n'arrivent pas à encercler le tronc aussi torturé que le parcours du prince de Talleyrand lui-même.

Arnaud était un voyageur aguerri, il avait fait son premier séjour en France à quelques mois, dans un sac, sur le ventre de sa mère, puis déjà à deux ans, il avait visité le Costa Rica, où habitait alors son autre grand-père.

Ce soir-là, à Rochecotte, il nous apparut peut-être risqué d'emmener à la grande salle à manger ce bambin de quatre ans qui venait de visiter l'immense aquarium de La Rochelle, avait voyagé plusieurs heures en auto et avait rêvé tout l'après-midi que nous ferions un « petit » crochet vers Tours, où habitait Louise, à qui il avait fait, la veille, au départ de celle-ci de l'île, des adieux déchirants.

Le menu de la salle à manger paraissait cependant irrésistible, alors nous convînmes, Marie-José et moi, d'y descendre avec Arnaud : s'il se sentait trop fatigué ou devenait turbulent, elle remonterait avec lui à la chambre et je poursuivrais mon repas seul.

Inutile de dire qu'il était le seul enfant de cet âge dans cette salle quatre étoiles et qu'en le voyant le maître d'hôtel avait eu le même air agacé que s'il nous avait pris en flagrant délit de jeter des perles aux pourceaux.

Je n'ai plus le souvenir exact de ce que nous commandâmes, mais Arnaud, sur les conseils du maître d'hôtel, resté condescendant, opta pour un filet de bœuf :

— Bleu, précisa-t-il.

— Bleu ?

— Oui, s'il te plaît.

(Ce n'est pas que nous n'avions pas expliqué le vouvoiement, mais…)

Le plat était présenté avec des salsifis, des Lyonnaises et une sauce facultative aux morilles. Arnaud n'avait aucune idée de ce qu'étaient les salsifis, les Lyonnaises ou les morilles, mais cela lui convenait, d'autant plus que nous lui expliquâmes que le salsifis ressemblait à une carotte blanche et que les Lyonnaises étaient les pommes de terre que mangeaient les rois avant que des salopards n'inventassent les chips qu'ils emprisonnèrent dans des sachets de plastique pour les vendre dans les dépanneurs. Il tiqua un peu sur les morilles lorsqu'il apprit que c'était un champignon, pas exactement son végétal de prédilection, mais le maître d'hôtel avait indiqué que la sauce venait dans une saucière à part.

Le filet était, bien sûr, tendre et délicieux, mais lorsque Arnaud le nappa de la sauce aux morilles et avala sa première bouchée, apercevant le maître d'hôtel, il l'interpella :

— Monsieur, lui dit-il, ta sauce est un véritable délice pour le palais !

Les termes de cette appréciation étaient nouveaux pour nous, mais venant d'un petit sauvageon du Québec, ils scièrent les jambes de ce M. Quatre-Étoiles du château de Talleyrand. Durant tout le reste du repas, il s'affaira autour de nous comme si nous étions la royauté même. Arnaud eut droit à tous les égards et je ne pus m'empêcher de penser à une réplique que Jean Desailly adressait à son jeune fils dans

Les Tisserands du Pouvoir alors qu'il s'embarquait pour les États-Unis: « Fais-nous honneur là-bas, n'oublie jamais que tu représentes ta famille et la France ! »

Ce n'était pas la première fois qu'Arnaud nous amusait avec ses reparties parfois étonnantes. Il devait avoir un an lorsqu'il fit la connaissance de Lucien Bouchard et, dès le premier instant, des rapports singuliers s'établirent entre eux. Il arriva même en quelques occasions que le seul qui pût apaiser un inconsolable chagrin d'Arnaud fut Lucien. Lorsque le premier ministre s'annonçait et qu'Arnaud passait le week-end à la maison, ce dernier demandait toujours:

— Est-ce qu'il amène les « enfants » Bouchard ?

Les athlétiques Alexandre et Simon, champions de natation, amateurs de frisbee et de VTT, impressionnaient beaucoup Arnaud.

Un jour que Lucien s'amena pour le brunch du dimanche, la jambe de son pantalon repliée et attachée à la cuisse, car il profitait souvent de visites chez des amis pour se débarrasser de sa prothèse, Arnaud, qui l'avait pourtant vu ainsi auparavant, fut subitement intrigué:

— Lucien, demanda-t-il, est-ce un crocodile qui t'a mangé la jambe ?

— Non, un requin ! Dans les mers du Sud, répliqua Lucien, entrant dans le jeu.

— C'est donc que tu as été pirate, car ça arrive toujours aux pirates !

— Oui, dit Lucien, adoptant un air énigmatique, j'ai commencé ma carrière comme pirate.

Debout sur une jambe, au milieu de la salle à manger inondée de soleil, gesticulant avec sa béquille, sa barbe d'un jour ombrant son visage et le soleil lustrant ses longues mèches noires et rebelles, ce Lucien – il ne faisait plus aucun doute à l'enfant – avait pu être pirate.

Puis, après avoir réfléchi, Arnaud voulut savoir si c'était en essayant de voler le trésor des autres qu'il avait été attaqué par un requin, car fit-il remarquer:

— Les pirates cherchent toujours à voler les trésors des autres !

Un jour que nous le reconduisions à Montréal (c'était pendant la campagne électorale), Arnaud voulut savoir pourquoi Lucien était si désordre et laissait traîner ses photos tout le long de l'autoroute.

Il peut sembler y avoir de la complaisance, même une certaine mièvrerie à rapporter ainsi des propos d'enfants. Et pourquoi principalement ceux d'Arnaud alors qu'après une sœur lui était née, Luce, puis finalement un petit frère, Éloi, et qu'en France des cousines s'étaient ajoutées à la famille, nos petites-filles parisiennes, Clémence et Pauline ? Deux étés, cette ribambelle d'enfants, auxquels s'ajoutèrent pendant plusieurs jours Clara Juppé et sa grande sœur Charline, la fille d'Isabelle, transformèrent la propriété de Saint-Paul en colonie de vacances, sous la direction ferme de Marie-José, qui monta avec eux une pièce de théâtre, organisa des olympiques, des excursions de botanique dans la montagne et retint les services de Marie-Claude, une monitrice de natation qui avait aussi dirigé une école au Guatemala et ne ratait pas une occasion de faire la leçon à ceux qui levaient le nez sur un plat, alors que là-bas, leur expliquait-elle, les enfants doivent se contenter de grosses fèves rouges, matin, midi et soir.

Avant le dîner, l'apéritif, accompagné de tarama ou de saucisson, était toujours servi à la véranda et chacun, qui savait lire, devait à tour de rôle lire à haute voix un chapitre d'*Un bon petit diable* de la comtesse de Ségur ; on ne manquait pas, selon les circonstances, de commenter que certaines sévérités de Marie-José étaient du bonbon à côté de ce que Mme Mac' Miche faisait endurer au pauvre Charles.

Arnaud et Luce revinrent avec nous à Paris et sur la Côte d'Azur, nous les trimballâmes à New York pour la première du Cirque du Soleil et le spectacle du *Roi Lion*, dont ils connaissaient évidemment l'histoire par cœur. Cependant, depuis qu'il avait eu quatre ans, c'était à Éloi de réclamer que nous l'amenions en voyage. Il avait entendu parler du Louvre, s'était fait décrire *Les Captifs* de Van den Bogaert (sculpture immense, la préférée d'Arnaud), il les avait entendus s'exclamer sur le petit manège au métro Saint-Paul, à Paris, juste devant la boulangerie où nous achetions baguettes et pains au chocolat ; et ils lui avaient parlé de Times Square et de ce protestataire tout vêtu de blanc, étendu sur le terre-plein pour réclamer la paix, qui avait davantage impressionné Arnaud que les gratte-ciel ; Éloi jugeait donc que son tour était venu. Promis, juré, il serait du prochain voyage à Paris.

Cinq ans auparavant, les parents, Sofie et Jérôme, qui avaient acheté une maison sur la rue Logan à Montréal et venaient de finir de la retaper, prirent brusquement la décision de quitter la métropole après que des malfaiteurs eurent, en pleine nuit, lancé un cocktail

Molotov dans la porte cochère de l'immeuble contigu au leur et qui fut presque entièrement détruit par le feu. Leur maison avait subi des dommages considérables, mais par une chance inouïe, eux comme leurs voisins échappèrent, de justesse mais sains et saufs, au sinistre. Arnaud avait six ans et il avait gardé de cette expérience une peur presque maladive du feu.

Fin août de cette année-là, Sofie et Jérôme descendaient la côte abrupte qui conduit à Petite-Rivière-Saint-François, où ils avaient investi dans une maison qu'ils destinaient à leurs vacances de ski au Massif. Ils furent saisis par la lumière vaporeuse et étrange du fleuve, semé de ces centaines de pierres noires, comme des phoques en détresse, que la marée abandonne en se retirant et qui donnent à la côte cette beauté si rude, presque rébarbative, et cette illumination s'avéra la vision subite d'un cheminement qui devait avoir mûri depuis longtemps dans leur esprit : c'est là, dans Charlevoix, qu'ils fuiraient Montréal. La maison de ski deviendrait leur résidence permanente et ils trouveraient bien de quoi se débrouiller dans ce lieu paradisiaque, où Gabrielle Roy avait passé ses étés à écrire, et où avait peint Jori Smith comme tant d'autres artistes.

Ces petits-enfants que nous voyions si souvent vivraient désormais à plus de trois heures de route. Nous songeâmes à acheter une maison là-bas pour nous rapprocher d'eux, le cottage de Jori Smith, une amie de la mère de Marie-José, existait toujours, mais il eût exigé un travail de restauration énorme et, anomalie presque rédhibitoire, il appartenait à une dame qui consentait à le vendre, sauf que le terrain sur lequel il se trouvait appartenait à sa sœur qui, elle, ne voulait pas s'en départir ! Mais plus grave encore, ce village m'angoissait, il m'étouffait. Non seulement Petite-Rivière est un cul-de-sac qui n'aboutit nulle part, mais les maisons de l'unique rue sont d'un côté si encaissées entre celle-ci et l'à-pic de la montagne qu'on dirait des grottes de troglodytes. Les autres maisons qui leur font face, de l'autre côté de la rue, sont toutes construites dos au fleuve, augmentant encore la sensation de claustrophobie qui se dégage de ce village dont l'insularité maladive des habitants pétrifie les étrangers, attirés par la perfide beauté des lieux. Et l'hiver, cette rue se transforme en une sorte d'étroite tranchée dans la neige avec des percées çà et là pour marquer l'entrée des maisons dont on n'aperçoit que le faîte des toits au-dessus des parois verticales grugées par les souffleuses. Ainsi, pendant une bonne partie de l'hiver, les enfants, comme des taupes, s'amusent comme ils peuvent dans ce dédale de tunnels glacés alors que le soleil abandonne aussitôt qu'il le peut cette vie rabougrie.

Malgré la beauté angoissante du lieu, malgré la joie de retrouver les petits-enfants, il ne m'est pas arrivé une fois en cinq ans de quitter Petite-Rivière-Saint-François sans que s'appesantisse sur moi un lourd couvercle d'angoisses. En traversant le village pour remonter vers la route de Québec, l'auto se remplissait de ténèbres. Comment décrire ses sombres sentiments que je ressentais au tréfonds de mon être, cet étrange effluve d'existence perdue, de vie brisée, qui sourdait de l'improbabilité de ce lieu que des millions d'épinettes noires et maigrichonnes retiennent de glisser à la mer et disparaître à jamais ?

Pourquoi ces retours semblaient-ils toujours tristes et languissants ? N'y avait-il pas eu la joie d'avoir vu ces amours de petits-enfants ? Comment aurions-nous pu appréhender la catastrophe qui nous attendait en rançon de ce bonheur ? De grands oiseaux sinistres avaient commencé à tournoyer au-dessus de nos têtes, mais rien, rien pourtant ne laissait présager qu'ils fussent autre chose que les traînées de crépuscule que tend sur l'horizon le soleil qui disparaît.

*
* *

Ce mois de février 2006, nous le passerons à Venise, dans le magnifique appartement au dernier étage de Ca' Paulina, le palazzo de notre amie Françoise, sur le canal Widman. J'ai commencé d'écrire ce livre, je sors peu, sauf pour quelques visites à Murano au restaurant Ai Frati, où l'on sert le meilleur *risotto al pesce* de toute la Vénétie, un risotto aux fruits de mer, parfaitement iconoclaste, parce qu'au dernier moment on le monte au lait, avec du parmesan et du citron. Je me montre si entiché par ce plat qu'à la deuxième visite le chef m'en donne la recette et qu'à la visite suivante il m'emmène à la cuisine, où je cuisinerai le risotto moi-même sous sa supervision. Une dizaine de cuistots m'observent avec une impertinence compréhensible, j'ai un trac fou, mais le test sera très acceptable.

Pour une fois, Marie-José peut visiter les musées à sa guise, elle ne se sent pas brusquée par mes impatiences, elle peut admirer inlassablement les trésors de la Scuola di San Giorgio ou des Gallerie dell'Accademia, j'écris durant le jour et je monte au crépuscule l'attendre sur l'*altana* ; je joue à Pénélope en prenant bien garde, à l'encontre de celle-ci, de ne pas perdre dans l'ordinateur une seule maille de mon ouvrage.

Oui, nous irons à La Fenice et je passerai aussi du temps à traîner dans les boutiques d'artisans de notre quartier, dont celle de Sylvio Barbini, souffleur de verre. Les Barbini travaillent le verre depuis le XVIIe siècle et ce sont même les ancêtres de Sylvio qui ont fabriqué les globes de verre qui illuminent la place de la Concorde, à Paris. Plus modestement, Sylvio soufflera à notre demande pour chacun de nos petits-enfants des animaux miniatures d'une grande finesse que nous leur offrirons à Pâques après leur course traditionnelle aux œufs en chocolat, disséminés un peu partout sur la propriété.

Au retour de Venise, c'est le congé scolaire, Éloi réclame de le passer à Saint-Paul, où il n'est encore jamais venu seul et où il a toujours dû partager notre attention avec d'autres. Il a commencé à jouer aux échecs et prétend que, si je lui donnais quelques leçons (je suis nul, mais encore d'une certaine utilité à un enfant de cinq ans), il pourrait chauffer son frère aîné.

Quelle semaine délicieuse ! Et quel ravissement lorsque se glisse dans la chambre en même temps que l'aurore pour venir s'insérer entre nous, dans le lit, un petit bonhomme presque trop beau pour être vrai, encore tiède de sommeil, et qui demande dans un murmure doux comme une caresse, on croirait le baiser du vent, de se faire lire une histoire. Insignifiance et perfection de moments que, par pudeur, on hésite à décrire, mais dont, s'ils existent, doit être composée la béatitude céleste.

Cette présence qui pourrait sembler dérisoire et banale apaise comme par magie le souvenir de la tempête médiatique sauvage provoquée par la direction de Radio-Canada, qui a foudroyé notre vie professionnelle et atteint ma confiance jusqu'au tréfonds. Cet enfant, tiens ! qui a bien failli me battre aux échecs, hier soir, et qui écoute paisiblement l'histoire lue par Marie-José, cet enfant aurait-il comme saint Georges le pouvoir de vaincre les dragons ?

Il faut dire que ces deux garçons, autant Éloi que son frère aîné Arnaud, entretiennent avec nous depuis leur naissance une relation intuitive exacerbée ; tout est à fleur de peau, comme s'ils avaient déjà saisi la différence entre l'éraflure et la blessure profonde, ou compris qu'« il n'y a aucun rapport, ainsi que l'analyse Romain Rolland, entre l'idée de la souffrance et l'être qui saigne et qui souffre [,] aucun rapport entre la pensée de la mort et les convulsions de la chair et de l'âme qui se débat et meurt ».

Le lendemain de la disparition à quatre-vingt-quatorze ans de la mère de Marie-José, Arnaud et Éloi lui proposent, la voyant triste, d'aller marcher avec elle sur la propriété, de faire sauter les truites de l'étang et même de faire le tour des sentiers de la forêt enchantée. Je les accompagne. Ils se font raconter pour la énième fois l'histoire des arbres qui bordent les allées et que nous avons plantés nous-mêmes, ils se souviennent de l'année où l'étang a été creusé, se rappellent d'avoir intercalé des milliers de petits cailloux de rivière entre les billots dont est fait le sol du gazebo, construit pendant qu'ils étaient là, en vacances. Comment Arnaud a-t-il pu percevoir, à ce moment précis, cette vague inquiétude qui nous traversait l'esprit ? inquiétude dont nous ne parlions jamais, même entre nous : qu'arrivera-t-il de cette propriété à laquelle nous avons tant travaillé et qui nous a donné tant de plaisir ?

Arnaud s'arrêta brusquement dans l'allée d'érables écarlates qui mène à l'étang, puis nous serrant par la main, Marie-José et moi, il nous dit d'un air singulièrement grave pour un garçon de huit ans :

— Quand vous allez mourir, j'aimerais bien pouvoir m'occuper de tout ce qu'il y a ici.

D'abord décontenancée, Marie-José lui fit ensuite remarquer :

— Tu sais, tu aurais beaucoup de choses à apprendre et c'est tout un travail.

— Je suis prêt à apprendre, répliqua Arnaud d'un air déterminé.

— Je vais t'aider, propose Éloi, dans une diction encore à peine intelligible.

À l'étang, les deux garçons orchestrèrent, en galopant d'un bout à l'autre de la nappe d'eau, un éblouissant ballet acrobatique de truites prêtes à toutes les cabrioles pour attraper les crevettes séchées qu'ils leur lançaient. Les rayons du soleil au ras de l'eau faisaient briller, le temps de leur culbute, les robes de strass des nageuses qui replongeaient, faisaient un virage éclair et bondissaient de nouveau sur une autre proie, soit par appétit, soit par pur plaisir d'amuser la galerie.

Arnaud avait introduit la pensée de la mort, sans provoquer tristesse ou consternation. Aucun rapport – il avait raison, l'auteur de *Jean-Christophe* – entre cette simple pensée « et les convulsions de la chair et de l'âme qui se débat et meurt ».

Le vendredi 17 mars 2006, Éloi garde Marie-José pendant une bonne demi-heure au téléphone. Il ne se tient pas de joie car il a eu la permission de découcher pour la première fois, il va souper et dormir chez son ami Kevin, à cinq maisons de chez lui, rue Principale à Petite-Rivière. Il est si intarissable qu'Arnaud doit interrompre la conversation, car l'heure est déjà passée à laquelle on attend son cadet pour le souper.

— Jézo (c'est le surnom qu'il lui a toujours donné), je vais emmener Éloi chez Kevin, puis je te rappelle plus tard.

Elle lui avait promis de nouveaux personnages Warhammer et Arnaud devait lui faire part de ses choix pour qu'elle les lui commande par l'Internet.

Il ne rappela pas.

Vers quatre heures, dans la nuit de vendredi à samedi, la sonnerie du téléphone retentit dans la chambre, mais nous décidons de ne pas décrocher, car un peu avant minuit des appels d'une connaissance se sont succédé aux cinq minutes, une alcoolique qui, deux ou trois fois par mois, tard le soir, téléphone à répétition pour des conversations parfaitement incohérentes. Une fois repérée, nous l'abandonnons à la boîte vocale, mais elle continue ce téléphonage, guerre d'usure, jusqu'à ce qu'elle sombre dans son coma éthylique.

Les sonneries se succèdent, deviennent insupportables.

Marie-José se résout enfin à décrocher le combiné.

Et subitement, elle qui était assise sur le bord du lit tombe à genoux par terre, en se tordant de douleur, et pousse un gémissement de détresse, une plainte atroce que je continue encore d'entendre, un tintement funeste qui résonnera toujours dans ma tête quand tout le reste se sera tu.

Je me précipite sur elle sans oser la toucher ou la prendre dans mes bras tant je la sens à vif. Je crains d'exacerber son inexprimable souffrance.

Suffoquée d'émotion, elle me passe le combiné pour que je raccroche.

Je meurs à mon tour d'angoisse.

Transie par la douleur, les yeux chavirés, haletante, elle murmure :

— Éloi… Arnaud. Ils sont partis coucher chez un ami, la maison a flambé. Ils sont morts. Ils sont tous morts : nos deux enfants, leur ami et sa mère.

Je n'arrive pas à décrire les minutes qui suivirent. Nous étions dans les bras l'un de l'autre, ayant perdu la sensation même de nos propres corps, plus rien n'avait de sens : nos vies, nos amours, nos rêves s'étaient volatilisés comme explose un avion en plein ciel.

Pas de larmes, que de la rage.

Nous préparons machinalement nos bagages et prenons la route de Charlevoix.

Aube terne, glaciale.

Jusqu'à Québec, les champs restent mornes, sans neige, tandis que saillent le long de la route les andains crasseux formés par les chasse-neige. Je roule rapidement, mais avec l'espoir absurde de ne jamais arriver, comme si le destin n'était qu'un intrus qui frappe à la porte et à qui il suffit de ne pas répondre.

À Sainte-Anne-de-Beaupré, je suggère que nous arrêtions prendre une bouchée. Marie-José acquiesce. Il doit, à elle aussi, lui être passé par la tête de ne jamais arriver puisqu'elle n'a pas l'habitude d'avoir faim, et encore moins aujourd'hui. D'ailleurs, elle ne prendra qu'une bouchée de rien et une gorgée de café.

Sur la route des Caps, c'est de nouveau l'hiver. Les épinettes noires frissonnent, les pieds dans la neige, et donnent de la tête contre le ciel bas encombré de nuages de tristesse, couleur de fumée. Je tourne pour descendre vers Petite-Rivière dans cette côte abrupte où la signalisation ne manque pas, à chaque kilomètre, d'indiquer de passer en petite vitesse. À mesure que nous approchons, nos cœurs se serrent, mais tant ! Aucune boîte de vitesses ne pourrait retarder indéfiniment le malheur qui nous attend.

Il y a déjà plusieurs autos près de la maison de Sofie et Jérôme. Marie-José descend avant même que je me gare, elle détourne la tête, cent mètres plus loin un camion à incendie bloque une partie de la rue et des volutes de fumée s'élèvent de cet endroit, répandant jusqu'ici leur odeur âcre.

Jérôme dans les bras de sa mère éclate en sanglots, des sanglots qu'il voudrait retenir, mais qui l'étranglent. Il restera longtemps rivé à Marie-José qui lutte, elle me le racontera plus tard, contre cette pensée monstrueuse qui soulève sa conscience, devrait-elle regretter d'avoir donné naissance à un enfant pour qu'il traverse pareilles horreurs ?

Je serre Sofie longtemps contre moi. En silence. Je sens son ventre secoué par d'étranges frémissements, des déchirures, comme si au moment même où je la tiens contre moi un monstre arrachait de ses entrailles pour les précipiter dans l'au-delà les âmes de deux enfants qui s'y seraient encore désespérément agrippées.

Dans la chambre d'enfants, près du hall d'entrée, Luce, avec ce regard vague et esseulé qui continue de marquer le visage de la jeune fille qu'elle est devenue, est assise en pyjama sur le bord de son lit, elle serre dans ses bras la grosse peluche d'un alligator que nous avions achetée pour Éloi, souvenir de San Francisco. («Ali», il dormait avec, c'était son oreiller, son ami et son arme, car brandie par la queue à bout de bras, cette peluche bien rembourrée d'un mètre de long pouvait être redoutable.)

On sent dans toute la maison cette détresse indéfinissable qui doit régner partout dans le monde où frappe une catastrophe et où meurent des enfants, mais là ce sont des images réelles, pas de télé, pas de distanciation. La scène de ce père palestinien qui chercha en vain à servir de bouclier à son enfant qui mourut sous les tirs israéliens me remonte à la mémoire et prend déjà un autre sens. Son vrai sens.

Cruauté impitoyable du destin.

Ne revenant pas, Arnaud avait appelé de chez Kevin : la mère de celui-ci l'invitait à dîner lui aussi, ils regarderaient ensuite un film tous ensemble et il resterait peut-être à coucher.

Sofie et Jérôme, ils ont la grippe tous les deux, en profitent pour se coucher tôt. Vers onze heures, un voisin tape à leur porte, il y a un incendie pas loin. Tandis que résonne la sirène de la caserne des pompiers, ils s'habillent à la hâte et préparent des couvertures chaudes à emporter pour les sinistrés. (L'expérience vécue, rue Logan à Montréal, leur a enseigné l'importance de ces détails.)

Jérôme arrive sur les lieux en même temps que le camion à incendie : la petite maison de bois de deux étages, enveloppée de flammes, brasier impénétrable, est celle de Martine et Kevin, celle où sont ses enfants. Le feu est trop avancé, c'est impossible que les occupants n'en soient pas déjà sortis. Tandis que le petit contingent de pompiers, des volontaires dont la plupart répondent à leur premier appel, déroulent tant bien que mal un boyau à peine plus gros qu'un tuyau d'arrosage et qu'ils arrivent à le brancher à une borne-fontaine, Jérôme court frénétiquement, délirant d'inquiétude, à toutes les maisons des alentours dont les habitants ont commencé à descendre dans la rue, il questionne : ce n'est pas possible, les enfants seront sortis, quelqu'un les aura recueillis.

Ils ne sont nulle part.

Ils ne peuvent être que dans cet enfer contre lequel on a enfin braqué le misérable jet de la lance d'arrosage.

Sofie, Jérôme, dans les bras l'un de l'autre, resteront là longtemps, le sang glacé, parfaitement impuissants, consumés par la fatalité.

Il y a des heures que tout espoir s'est évanoui lorsque je sors marcher vers le lieu de la tragédie. Les pompiers achèvent d'étouffer les flammes qui surgissent encore par-ci par-là dans cet amas de poutres calcinées, de tôles tordues et de restants de murs où, il n'y a pas dix heures, nos petits-enfants, leur copain et sa mère regardaient paisiblement un film.

Je reste en face, du côté opposé de la rue. Derrière moi, c'est le salon funéraire de Petite-Rivière, un immeuble lugubre dont l'accès est bouché par les montagnes de neige souillée poussées là depuis le début de l'hiver. Tandis qu'on continue d'arroser, deux ou trois hommes, armés de fourches et de pelles, commencent à fouiller les décombres. Une fourgonnette de la morgue de Baie-Saint-Paul arrive et vient se garer tout près de la maison incendiée. Deux hommes en descendent avec des bâches de plastique blanches et attendent qu'on leur fasse signe.

On trouve rapidement un premier corps, celui de la mère sûrement, puisqu'il faudra deux hommes pour transporter jusqu'au fourgon la bâche dans laquelle on l'a enveloppée. À mesure qu'on découvrira les enfants, il suffira d'un homme pour porter la bâche dont il tient d'une seule main les quatre coins réunis, comme s'il transportait par le bout des ailes un grand oiseau blanc, sans vie. Deux de ces oiseaux étaient mes petits-enfants en allés.

Quatre morts dans le feu d'une bicoque à Petite-Rivière-Saint-François, il n'y avait sans doute pas de quoi ameuter un maire ou un curé, c'était banal ! N'en était-il pas mort huit dans un incendie, il y a quelques années à peine ? C'est sans doute ce qui explique que le maire n'ait jamais pris la peine d'exprimer quelque sympathie pour les familles ; quant au curé, il a, le dimanche, deux jours après le sinistre, célébré une messe à laquelle il a convoqué les caméras de la télévision, sans daigner prévenir les familles. Cet abbé Paradis, aussi curé de Baie-Saint-Paul, il a bien fallu le rencontrer, la tragédie avait suscité beaucoup d'émotion au Québec et le seul endroit assez grand à Petite-Rivière pour accueillir à une cérémonie de recueillement tous ceux qui avaient manifesté l'intention d'être présents, c'était l'église. Par contre, les familles ne voulaient ni d'une cérémonie religieuse, ni de la présence des caméras de la télévision dans l'église.

Deux réunions presque surréalistes eurent lieu au presbytère de Baie-Saint-Paul avec ce curé Paradis afin d'obtenir qu'il nous louât l'église pour la cérémonie, qu'il consentît à ce qu'on n'y célèbre pas d'office religieux et qu'enfin il acceptât de ne pas admettre la télé dans l'église. Quel sacrifice on lui imposait là !

Il argumenta comme un démon que les caméras ne violeraient pas l'intimité des familles, qu'il n'avait qu'à demander aux télévisions de rester en *zoom in* sur lui durant le temps de la cérémonie, etc., etc.

— Mais comment ? demanda Sofie qui se refusait à voir son chagrin étalé sur les écrans, comment, monsieur le curé, pouvez-vous contrôler la télévision ?

— Madame, lui révéla ce Paradis, je ne suis pas né de la dernière pluie, faites-moi confiance ! Si je vous disais, qu'avant Baie-Saint-Paul, j'ai été curé à Saint-Romuald et j'ai officié sans problème, avec la télévision dans l'église, à deux grosses funérailles de membres des Hells Angels. Des Hells, madame !

Sofie sortit pleurer doucement, sans esclandre. Pour cet insensible représentant du Seigneur, il n'y avait peut-être pas de différence entre des Hells assassinés ou des enfants qui n'ont pas été baptisés et meurent dans un incendie : dans un cas comme dans l'autre, ne s'agirait-il que d'un règlement de comptes ?

Il y avait dans le chœur de l'église de Petite-Rivière, décoré de simples marguerites blanches, une table sur laquelle étaient disposées de sublimes photos de Kevin, de sa mère Martine, d'Arnaud et d'Éloi, cinq ans, le plus jeune.

Des centaines de proches de Sofie et de Jérôme vinrent de partout. Les familles. Et nos amis les plus chers, ces amis à la vie à la mort :

Lucien, Alain et Isabelle, Pierre-Karl Péladeau et même Luc Lavoie, dont la sensibilité résiste pourtant mal à ces moments d'émotion. Louise Latraverse, une amie de jeune fille de Marie-José, l'avait rejointe après des années d'absence et avait, avec une simplicité éloquente, présidé la cérémonie que les caméras de télévision suivirent de l'extérieur avec le trop-plein de la foule, pour qui nous avions installé des haut-parleurs.

Deux semaines plus tard, les cendres d'Arnaud et d'Éloi, accompagnées des animaux de verre soufflés pour eux à Venise, étaient déposées en terre dans le petit cimetière de l'église Saint Paul's Anglican d'Abbotsford, à côté de l'endroit où nous avons choisi, il y a déjà longtemps, d'être inhumés, Marie-José et moi, à l'ombre d'une jolie et ancienne croix de fer, sous un noyer bicentenaire, dans un décor qui eût inspiré Gainsborough. Familles et amis nous entouraient, nous comblaient d'affection. Idole d'Éloi qui connaissait ses chansons par cœur, Zachary Richard vint lui chanter *Jean Batailleur*, en duo avec Luce, la petite sœur, le cœur si gros de ses deux frères.

Ce lieu où les enfants nous attendent rappelle l'histoire de l'installation dans notre région des colons anglais et écossais et des loyalistes venus après la guerre d'indépendance américaine. Nous avons réussi après des années d'efforts à le faire classer par Québec. Étrange coïncidence, le territoire de cette propriété que j'ai achetée à Saint-Paul avant même de connaître Marie-José, celui du cimetière où nous rejoindrons les enfants, tout cela fit jadis partie de l'immense seigneurie Dessaulles de Saint-Hyacinthe, les Dessaulles, les ancêtres directs de Marie-José… comme si après plus de deux siècles une boucle se refermerait.

À part Marie-José bien sûr, il n'y a peut-être que mon « frère » Michel Cournot qui saisit l'ampleur de cette catastrophe qui avait ravagé nos vies. Je mis plusieurs semaines à trouver le courage de l'appeler pour lui annoncer la terrible nouvelle. Quel atroce souvenir, ce coup de téléphone ! Je m'étouffais dans les sanglots, je n'arrivais pas à expliquer ce qui était arrivé. Lorsqu'il comprit, Michel me dit qu'il voulait venir à Saint-Paul. J'essayai de l'en dissuader, il avait quatre-vingt-quatre ans, un cancer le minait et il avait une peur bleue de l'avion. Cette phobie l'empêchait depuis plusieurs années de visiter ses fils à New York et à la Réunion. Il me téléphona dès le lendemain : la semaine de la mi-juin me convenait-elle ?

Le vol n'avait pourtant pas de retard, mais nous attendîmes une bonne heure à Dorval avant que n'apparaissent Michel avec Martine, ils sortirent parmi les derniers. Son sourire, son bonheur quand il nous vit et que nous pûmes nous serrer dans les bras comme des prisonniers, séparés depuis trop longtemps par quelque injuste condamnation.

Je ne sais pas quelle intuition a provoqué que nous repassions, Michel et moi, ces quarante années d'amitié, dont cette période étrange où il fut roulé dans la farine par Émile Ajar et publia coup sur coup *Gros-Câlin* et *La Vie devant soi*. Il se trouva que nous étions à Paris lorsque Michel préparait la publication de *La Vie devant soi*. Nous choisîmes ensemble la couverture et la typo, mais Michel (dont Nella, sa femme d'alors, trouvait que le style avait d'étranges similitudes avec celui de Gary) avait commencé à douter que l'œuvre fût d'Ajar, qu'il n'avait d'ailleurs toujours jamais rencontré. Un premier rendez-vous raté eut lieu en Suisse, Ajar ne se présentant pas. Cependant, il fut fidèle à un deuxième rendez-vous, une semaine plus tard, dans un appartement misérable de Genève où, pour une raison que Michel ne s'expliquait pas, l'auteur ne quitta jamais un intimidant revolver noir Smith & Wesson de 9 mm qu'il faisait tourner dans ses mains ou pointait sur quelque cible imaginaire tandis qu'il récitait par cœur de longs passages de *La Vie devant soi* pour bien signifier que le roman était de lui. Même après tant d'années, je sentis combien Michel restait blessé d'avoir été ainsi trompé, surtout par Romain Gary, un ami. Il me racontait cette affaire et des larmes lui venaient aux yeux, Michel, je le sentais bien, était devenu quelqu'un de très fragile, si frêle qu'il réclamait le support de mon bras chaque fois que nous sortions, fût-ce tout près dans le jardin.

Pourtant, il insista pour venir dans Charlevoix, il voulait connaître le pays où avaient vécu les petits-enfants, voulait témoigner sa sympathie à Luce, Sofie et Jérôme.

Martine et Michel furent accueillis à Petite-Rivière, non pas comme nos amis, mais avec une affection et une tendresse qu'on réserverait à des parents très proches. La réponse si chaleureuse aux sentiments qu'exprimaient Martine et Michel prit ces derniers par surprise, je crois. Comment un couple qui venait d'être si cruellement éprouvé pouvait-il encore posséder les ressources pour dispenser autant d'amour à des gens au fond qu'ils connaissaient à peine ? Ou peut-être est-ce justement cette grandeur d'âme, cette noblesse de sentiments qui empêchent les êtres humains d'être pulvérisés lorsqu'ils sont précipités dans ce grand collisionneur qu'est le destin ?

J'étais loin de me douter que je ne reverrais plus jamais Michel, que cette extraordinaire visite au moulin seigneurial des Tremblay, aux Éboulements, était la dernière fois que je l'entendrais me parler de son enfance ; il expliquait à Luce, attentive comme devant un livre d'images, le fonctionnement de ce moulin d'antan qu'il connaissait bien puisqu'il y en avait un semblable dans la métairie de ses grands-parents, dans le Gers, lorsqu'il avait son âge à elle.

Normalement, nous serions retournés à Paris, mais nous n'arrivions pas à nous y résigner. Nous préférions nous terrer, comme des bêtes blessées, et attendre que s'apaisent les douleurs les plus aiguës.

Autour de Noël, Michel commença de se sentir plus mal et je promis à Martine de voler à son chevet, aussitôt que nous aurions passé en famille ces premières fêtes depuis la disparition des enfants. Trois jours avant de prendre l'avion, en janvier, on me découvrit quelque bêtise qui m'envoya à l'hôpital pour un mois.

Tandis qu'on roulait ma civière à toute vitesse jusqu'à l'unité de soins intensifs et que j'éprouvai la nette sensation que c'était la fin, j'aperçus dans un pays étrange, au sommet d'une falaise noire et abrupte, deux enfants qui m'observaient. Je les reconnus tout de suite, l'image d'Éloi ou Arnaud n'avait pas bougé d'un iota.

— C'est Claude, dit Arnaud à Éloi qui n'en semblait pas convaincu.

De la hauteur où il se trouvait, Éloi se pencha en avant pour mieux voir et j'aperçus son grand frère l'agripper par le bras, de crainte qu'il tombe. Le visage d'Éloi s'épanouit.

— Si Claude arrive, s'exclama-t-il, on pourrait recommencer à se promener en VTT.

— C'est vrai, fit Arnaud, ici on a tout l'espace, mais pas de VTT.

— Veux-tu qu'on vienne te chercher ? me cria Arnaud de là-haut.

— Mais je ne vois pas José, fit remarquer Éloi, il va trop s'ennuyer, il faut qu'ils viennent tous les deux.

La civière ondulait à travers les corridors bondés comme un cortège funèbre dans la rue étroite d'un village hindou, puis, comme par enchantement, des portes de verre s'ouvrirent devant et le chariot glissa dans l'atmosphère feutrée de la salle de soins intensifs, les rives du Gange, l'apaisement ! Que les signaux sonores des appareils de monitorage, le souffle des respirateurs et le bruissement des allées et venues des infirmières, comme la piaillerie d'oiseaux exotiques

Et Marie-José maintenant à mon chevet, ignorant qu'un instant plus tôt je serais parti sans regret et paisible vers cette contrée indistincte où j'avais aperçu les enfants.

Quelques jours avant d'obtenir mon congé de l'hôpital, Michel, lui, mourut à La Salpêtrière, ce que Marie-José me cacha jusqu'à mon retour à la maison. Je n'allais pas pouvoir voyager pour des mois, je dus me contenter d'une lettre à Michel que lut pour moi Robert Hossein lors de la cérémonie au Père-Lachaise pour honorer la mémoire de celui qui, selon l'opinion de plusieurs, fut le plus grand critique français de notre époque et, dans mon esprit, l'ami le plus cher que j'aie eu.

Pablo Neruda, mon poète préféré après Gaston Miron, donnait à son autobiographie parue chez Gallimard, en 1976, le titre : *J'avoue que j'ai vécu*, et j'ai eu envie de m'écrier presque à la blague lorsque j'ai commencé d'écrire, il y a trois ans : « Pablo, moi aussi j'ai vécu. »

J'ai vécu, mais est-ce que je vivrais encore ?

J'ai aimé une femme, comme je n'avais pas espéré qu'il fût possible, et elle me l'a rendu, ce qui est aussi prodigieux que redoutable.

Toutes sortes de courants qui demeureront toujours mon secret m'ont souvent éloigné de la côte, je me suis senti égaré, parfois en détresse, mais heureusement, comme un nageur qui a de l'instinct ou de la chance, je sentis chaque fois au dernier moment le sol revenir sous mes pieds.

J'ai lutté pendant toute ma carrière de cinéaste contre une coterie de pseudo-critiques, pseudo-exégètes, pseudo-intellos, enfin des pseudos de tout acabit qui n'ont jamais compris ce que je faisais dans ce métier, mais cela m'a plutôt fouetté.

J'ai été heureux, je ne m'y attendais pas.

J'ai été aussi frappé par le malheur le plus terrible qui soit, cela non plus je ne m'y attendais pas. Il n'y a pas plus cruel que de voir souffrir et se désespérer la femme que l'on aime et qu'un improbable destin a broyée.

Oui, Pablo, moi aussi j'ai vécu. Mais à force de vivre, les raisons finissent par manquer. Les raisons de continuer se raréfient, mais il faut continuer d'en chercher et d'en trouver, car je ne crois pas que l'amour seul suffise. Ce serait imposer à d'autres une responsabilité trop terrible, même si le temps qui reste se rétrécit de plus en plus. Et que, finalement, la force de vivre s'évanouira, sans faire de bruit… comme une fumée.

Filmobiographie

1958-1963 Office national du film du Canada. D'abord scénariste, devient ensuite réalisateur, monteur et caméraman. *Télesphore Légaré, garde-pêche*, 30 min. N&B, réalisation. Prix du meilleur court métrage canadien.
Alfred Desrochers, 30 min. N&B, réalisation.
La France sur un caillou, 20 min. N&B, réalisation.
La Lutte, 30 min. N&B, coréalisation, caméra. Prix du meilleur documentaire aux États-Unis (Blue Ribbon, American Society of Cinematographers).

1964-1965 Sociétaire de Drew Associates, filiale de Time-Life Inc., à New York.
Eddie Sachs, 60 min. coul., directeur de la version française.
Football, 60 min. N&B, caméraman.
Susan Starr, 60 min. N&B, réalisation avec D.A. Pennebaker.
Nehru, 60 min. N&B, réalisation avec Richard Leacock.
Midwest, 60 min. N&B, réalisation.

1965 Pour l'Office national du film du Canada,
Nomades de l'Ouest, 30 min. N&B, réalisation, caméra et montage.
Les Ludions, 30 min. N&B, caméra.
30 minutes, Mr. Plummer, 30 min. N&B, caméra.

1966 Fonde à Montréal la société Les Films Claude Fournier Ltée. Produit et tourne 99 films documentaires de 30 minutes pour Radio-Canada, série Vingt ans Express, dont l'un, «Jeunesse Année zéro», remporte le prix de meilleur documentaire canadien de l'année 1966.
Vivre en ce pays, série, 12 films de 30 min. couleur.

1967 Spectacle multi-écrans pour le pavillon du Canada, Expo 1967, caméra et réalisation.
Film pour le futur, pour le pavillon du Québec, Expo 1967.

1968 Fusion de la société Les Films Claude Fournier Ltée avec Onyx Films inc.
Le Dossier Nelligan, 90 min. couleur, réalisation et caméra.
On sait où entrer Tony, mais c'est les notes, 30 min., N&B. Primé au Festival du Film de Montréal.
Sebring, la 5e heure, 30 min. couleur, caméra et réalisation.
Maliotenam, 30 min. N&B. Primé au Festival des Peuples, à Florence.

Hearts, 20 min. couleur, caméra et réalisation.
Cœurs neufs, 60 min. couleur, réalisation et caméra.

1970 *Deux femmes en or*, long métrage, 104 min. scope couleur, coscénariste, réalisation et caméra.

1971 *Les Chats bottés*, long métrage, 100 min. scope couleur, coscénariste, réalisation et caméra.

1972 Fonde la société Rose Films inc. avec Marie-José Raymond.
Alien Thunder, long métrage, 95 min. panavision, couleur, réalisation et caméra.

1974 *La pomme, la queue et les pépins*, long métrage, 95 min. couleur, dialoguiste, réalisation et caméra.

1975 *Je suis loin de toi, mignonne*, 107 min. couleur, coscénariste, réalisation et caméra.
Aliments, gentils aliments, documentaire, 15 min. couleur, réalisation.

1976 *Et Dieu créa l'été*, documentaire, 20 min. couleur, réalisation et caméra.

1977 *Les Arrivants*, téléfilm, 60 min. couleur, réalisation et coscénariste.
The Gladiators, dans la série britannique *The Avengers*, 60 min. couleur, réalisation.

1978 *Monday Morning Blues*, scénario de long métrage.

1979 *Cops and Other Lovers*, long métrage, 95 min. couleur, coscénariste, réalisation.
Frédéric, 19 textes de 30 min. pour Radio-Canada et Antenne II.

1980 Campagne publicitaire de l'ALCAN. Réalisation. Premier prix pour la meilleure campagne publicitaire (caméra).
Publicité Club, Montréal.
The Scorn of Women, téléfilm, 60 min. couleur, adaptation d'une nouvelle de Jack London, coscénariste et réalisation.

1981 *The Frontier Below*, documentaire, 30 min. couleur, réalisation.

1983 *Bonheur d'occasion*, *The Tin Flute*, adaptation du roman de Gabrielle Roy, long métrage, 120 min. couleur, français et anglais, coscénariste, réalisation et caméra.
Prix d'interprétation au Festival international du Film de Moscou.

1984	*Bonheur d'occasion*, *The Tin Flute*, minisérie, 5 heures, couleur, français, anglais, coscénariste, caméra, réalisation.
1985	*Page trois - Un ordinateur au cœur*, téléfilm, 60 min., couleur, dialogues et réalisation.
1986	*Lavalin Industries*, documentaire pour le Groupe Lavalin, 11 min., couleur, coscénariste, caméra, réalisation.
1987	*Les Tisserands du pouvoir*, minisérie, 6 heures, couleur, scénariste en collaboration avec Michel Cournot, caméra et réalisation. *Les Tisserands du pouvoir*, long métrage, 240 min., couleur, scénariste en collaboration avec Michel Cournot, caméra et réalisation.
1990	*Golden Fiddles*, minisérie, 4 heures, couleur, coproduction Australie-Canada, réalisation.
1991-1992	*René Lévesque*, scénario, minisérie, 6 heures.
1991-1993	*Alma Mahler*, minisérie, 4 heures pour France 2, RAI télévision et Beta Taurus, scénario.
1994	*Ces enfants d'ailleurs*, série, 13 heures pour TVA, adaptation du roman d'Arlette Cousture, couleur, scénario.
1996	*J'en suis*, long métrage, 120 min., couleur, coscénariste, réalisation, caméra.
1997-1998	*Juliette Pomerleau*, minisérie, 10 heures, couleur, adaptation du roman d'Yves Beauchemin, scénariste, réalisateur, caméra.
1999	*Le Silence empoisonné*, scénario de long métrage en collaboration avec Isabelle Juppé sur une idée originale de Marie-José Raymond.
2001	*The Book of Eve*, long métrage en coproduction avec l'Angleterre, couleur, coscénarisation et réalisation.
2003	*Je n'aime que toi*, long métrage, couleur, scénario, images et réalisation.
2003-2005	*Félix Leclerc :* I *Les esprits du fleuve* ; II *Le cercle des loups*, minisérie, 4 heures, coproduction Canada-France.
2007	Directeur, projet *Éléphant, mémoire du cinéma québécois* pour Quebecor inc.

Cet ouvrage a été composé en Ehrhardt 11,5/14 et achevé d'imprimer en février 2009 sur les presses de Imprimerie Lebonfon Inc. à Val-d'Or, Canada.

Imprimé sur du papier postconsommation,
traité sans chlore, accrédité Éco-Logo et fait à partir de biogaz.

certifié

procédé sans chlore

100 % post-consommation

archives permanentes

énergie biogaz